데이터 중심 애플리케이션 설계

신뢰할 수 있고 확장 가능하며 유지보수하기 쉬운
시스템을 지탱하는 핵심 아이디어

데이터 중심 애플리케이션 설계

신뢰할 수 있고 확장 가능하며 유지보수하기 쉬운
시스템을 지탱하는 핵심 아이디어

지은이 마틴 클레프만

옮긴이 정재부, 김영준, 이도경

펴낸이 박찬규 | 엮은이 이대엽 | 디자인 북누리 | 표지디자인 아로와 & 아로와나

펴낸곳 위키북스 | 전화 031-955-3658, 3659 | 팩스 031-955-3660

주소 경도 파주시 문발로 115, 311호 (파주출판도시, 세종출판벤처타운)

가격 36,000 | 페이지 608 | 책규격 188 x 240

초판 발행 2018년 04월 12일

ISBN 979-11-5839-098-3 (93000)

등록번호 제406-2006-000036호 | 등록일자 2006년 05월 19일

홈페이지 wikibook.co.kr | 전자우편 wikibook@wikibook.co.kr

이 도서의 국립중앙도서관 출판시도서목록 CIP는
서지정보유통지원시스템 홈페이지(http://seoji.nl.go.kr)와
국가자료공동목록시스템(http://www.nl.go.kr/kolisnet)에서 이용하실 수 있습니다.
CIP제어번호 2018009889

데이터 중심 애플리케이션 설계

신뢰할 수 있고 확장 가능하며 유지보수하기 쉬운
시스템을 지탱하는 핵심 아이디어

마틴 클레프만 지음
정재부, 김영준, 이도경 옮김

O'REILLY®   위키북스

기술은 우리 사회에서 강력한 힘이다. 데이터, 소프트웨어, 통신은 얼마든지 나쁜 용도로 사용될 수 있다. 즉, 불공정한 권력 구조를 굳히고 인권을 유린하고 기득권을 보호하는 데 쓸 수 있다. 물론 좋은 용도로도 사용 가능하다. 소외된 사람들의 목소리를 듣고 모든 사람을 위한 기회를 만들고 재난을 피하는 데 사용될 수 있다. 이 책을 선을 위해 일하는 모든 사람에게 바친다.

컴퓨팅은 대중문화다. … 대중문화는 역사를 무시한다. 대중문화는 정체성과 참여하는 느낌에 관한 것이다. 대중문화는 협력하지 않고 과거와 미래도 관련이 없다. 즉 대중문화는 현재에 살아있다. 나는 돈을 벌기 위해 코드를 작성하는 사람들 대부분도 마찬가지라고 생각한다. 그들은 자신들의 문화가 어디서 비롯됐는지 아무도 모른다.

     – 앨런 케이, *Dr. Dobbs* 저널 인터뷰에서*(2012)*

Part **2**

분산 데이터

Part 3

파생 데이터

저자 소개

마틴 클레프만(Martin Kleppmann)은 영국 캠브리지 대학에서 분산 시스템을 연구하는 연구원이다. 마틴은 링크트인(LinkedIn)과 래포티브(Rapportive) 등의 인터넷 회사에서 대규모 데이터 인프라를 다루는 소프트웨어 엔지니어와 사업가로 일했다. 그 과정에서 많은 고생을 하며 몇 가지를 배웠고 사람들이 이 같은 실수를 반복하지 않기를 바라는 마음에 이 책을 썼다.

마틴은 정규 컨퍼런스 강연자이자 블로거, 오픈소스 공헌자로 활약 중이다. 그는 심오한 기술적 개념은 모든 사람들이 쉽게 접근 가능해야 하고 이해가 깊으면 깊을수록 더 좋은 소프트웨어를 개발하는 데 도움이 된다고 믿는다.

역자 소개

정재부

현재 네이버에서 다양한 분산 오픈소스 솔루션을 이용한 데이터 처리 플랫폼을 개발, 운영하고 있다. 하둡, 슬라이더 기반의 멀티테넌트 분산 플랫폼 구축과 스톰, 스파을 이용한 데이터 처리 프레임워크 개발에 관심이 많다. 《빅데이터: 람다 아키텍처로 알아보는 실시간 빅데이터 구축의 핵심 원리와 기법》(정보문화사, 2016)을 공역했다.

김영준

아주대학교에서 컴퓨터공학을 전공했다. 네이버에서 검색 서비스, 모니터링 시스템, 증분 검색 솔루션을 개발했다. 현재는 딥러닝에 기반한 이미지 검색 기술을 연구하고 있다. 《빅데이터: 람다 아키텍처로 알아보는 실시간 빅데이터 구축의 핵심 원리와 기법》(정보문화사, 2016)을 공역했다.

이도경

서울대학교 컴퓨터 공학부를 졸업했고 동 대학원에서 석사 학위를 받았다. 네이버에서 검색 시스템 개발과 시스템 운영을 경험했고 대규모 실시간 처리 시스템 설계와 개발 및 시스템 운영을 했다. 지금은 이전 빅데이터 처리 경험을 바탕으로 대규모 실시간 추천 시스템을 설계, 개발, 운영하고 있다. 《빅데이터: 람다 아키텍처로 알아보는 실시간 빅데이터 구축의 핵심 원리와 기법》(정보문화사, 2016)을 공역했다.

역자 서문

우리는 항상 데이터를 만든다. 아침에 몇 시에 일어나서 무엇을 하는지, 아이의 생일 선물로 무엇을 샀는지, 선물을 사면서 어떤 물건들을 함께 둘러봤는지가 모두 데이터다. 예전에는 무의미하다고 생각했던 행동과 생각이 데이터란 이름으로 지속적으로 축적되고 축적된 데이터를 활용해서 우리의 삶을 편리하게 도와주는 서비스가 많이 늘어나고 있다. 과거에 즐겨봤던 영화를 기반으로 새로운 영화를 추천해주거나 기존 소비 패턴을 참고해 나에게 필요할 것 같은 상품을 알려주기도 한다. 하지만 이런 멋진 일들은 그냥 이뤄지는 것이 아니다. 많은 사람들의 행동을 모두 기록하고 이 기록을 분석해 원하는 가치를 찾아내야 한다. 또한 원하는 가치가 무엇인지조차도 분석을 통해 찾아내야만 한다.

"구슬이 서 말이라도 꿰어야 보배"라는 우리 속담이 있다. 즉, 아무리 중요한 데이터도 잘 다듬고 정리해야 더 가치가 생기는 것이다. 저자는 이 책에서 구슬을 잘 꿰는 방법을 우리에게 알려준다. 어떻게 많은 데이터를 잘 보관할 것인지, 보관된 데이터는 어떻게 효율적으로 사용할 수 있는지를 상세히 설명한다. 책에 상세 내용을 모두 담을 수 없는 경우는 참고 문헌을 통해 알 수 있도록 도와주며, 기본 개념을 구현한 다양한 오픈소스에 대해서도 소개하고 있다. '데이터'를 다루는 개발자가 이 책을 옆에 두고 있다면 훌륭한 조언자가 함께하는 기분일 것이다.

함께 번역 작업을 진행한 이도경 님과 김영준 님께 깊이 감사드리며 두 분이 함께 해주셔서 이번 번역도 할 수 있었다고 생각한다. 그리고 번역 작업에만 신경 쓸 수 있도록 배려해준 아내 김선희와 아빠와 놀지 못해 아쉬워했지만 아빠 작업을 응원해준 사랑스러운 딸 정다인에게 고마움과 사랑의 말을 전한다.

정재부

IT 업계에는 늘 화제가 되는 유행어(buzz word)가 있고 기술의 발전 속도만큼 유행어도 빠르게 변한다. 몇 년 동안 화제가 됐던 '빅데이터'도 이제 그 자리를 '인공지능'이나 '블록체인'에 내준 것처럼 보인다. 그러나 빅데이터 기술과 데이터의 중요성이 결코 줄어들지는 않았다. 인공지능의 한 분야인 딥러닝이 최근 들어 각광받는 데는 과거에 상상하지 못했던 규모의 데이터를 다룰 수 있게 된 덕도 크다. 미래에는 또 다른 기술이 떠오르겠지만 데이터 처리 기술이 그 기반을 튼튼히 뒷받침해줘야 할 것임은 분명하다.

이 책은 데이터 처리의 기본기를 다지기에 좋은 참고서다. 데이터 모델 설계, 질의 언어, 복제, 트랜잭션, 일괄 처리, 스트림 처리 등 데이터 처리의 다양한 측면을 다루면서도 내용이 충실하고 이해하기 쉽게 쓰였다. 1부에서는 데이터 시스템의 기초를 다루고 2부에서는 복제와 파티셔닝 등 분산 환경에서 쓰이는 데이터 처리 기술을 다룬다. 3부에서는 일괄 처리와 스트림 처리를 설명한 후 미래의 데이터 시스템은 어떠해야 하는지에 관한 저자의 의견을 제시한다. 빠른 시간 내에 읽기 쉽지 않은 분량이지만 차근차근 읽어 나가면 데이터 기술을 잘 이해하고 데이터 시스템을 구축하는 데 큰 도움이 될 것이다. IT 기술서적은 출간된 지 1~2년만 지나도 쓸모없어지는 경우가 많지만 이 책에서는 특정 기법이나 솔루션보다는 기본 원리를 상세히 설명하므로 몇 년이 지나도 이 책의 가치는 떨어지지 않을 거라고 확신한다.

원서가 'Early Release' 버전일 때부터 평판이 매우 좋아서 정식 출간되기를 고대했고 정식 버전이 나와 읽어보려던 차에 마침 번역 제의가 와서 번역에 참여하게 됐다. 이번이 두 번째지만 역시 번역은 어려운 작업이라고 느꼈다. 역자의 부족함이 원서에 누를 끼치지 않기를 바랄 뿐이다. 끝으로 좋은 책을 번역할 기회를 주신 위키북스와 업무가 바쁜 중에도 번역하느라 고생하신 이도경, 정재부 님께 감사드린다.

김영준

하둡, 스파크 같은 오픈소스 대용량 분산 데이터 처리 솔루션은 집단 지성의 힘으로 수년에 걸쳐 발전했고 이 글을 쓰는 시점에는 이미 성숙 단계에 접어들었다. 이제는 시스템 운영에 있어 단순한 장비 장애나 데이터 이전 및 확장 등의 고민은 확실히 크게 줄었다. 하지만 시스템 설계자, 개발자, 운영자의 입장에서 현장에서 느끼는 불안감은 전혀 줄지 않았다. 이 불안감이 대체 어디서 오는 걸까?

이런 규모의 데이터를 빠르게 생성하고 유지하기 위해서는 매우 복잡한 여러 시스템을 거쳐야 한다. 이 복잡한 시스템들은 대개 여러 조직에 걸쳐 있을 뿐 아니라 각 시스템이 항상 정상적으로 동작한다고 보장할 수 없다. 장애에 대응하기 위해 전력을 다하더라도 오직 예측 가능한 상황만이 미리 대응 가능할 뿐 예측하지 못하는 상황은 언제든지 생긴다. 혹시 문제가 발생한다 해도 서비스와 시스템에 관련된 모든 사람이 모든 시스템을 잘 알고 대응하기는 사실상 불가능하다. 낙관적으로 생각해서 모든 관련 시스템을 꿰뚫고 있는 전문가가 있어 이런 문제를 알아서 해결해 준다고 치자. 그러나 이 전문가도 결국 사람이다. 인공지능이 완전히 사람을 대체하기 전에는 사람이 전혀 개입하지 않는 시스템은 없다. 사람은 언제나 실수를 하게 마련이고 때로는 그 실수가 전체 시스템을 마비시킬 가능성도 적지 않다. 또한 성숙한 오픈소스와 훌륭한 개발자들이 작성한 코드가 모든 작업 부하에 잘 작동한다는 보장이 없기 때문에 시스템 설계와 솔루션 선택은 사람의 직관에 의존할 수밖에 없다.

딱히 해결책을 찾지 못한 채 매일 이런 불안감 속에 지내던 중 이 책의 번역 의뢰가 들어왔고 작업에 들어갔다. 번역 작업은 매우 고됐고 상당한 인내심이 필요했다. 하지만 나는 이 책을 번역하게 된 것을 매우 행운이라 생각한다. 이 책을 번역하지 않았다면 이 정도로 이 책을 정독하고 행간을 파악하려 노력하지는 않았을 것이다. 이 노력은 앞서 언급한 불안감을 해소하는 데 큰 도움이 됐다. 현업에서 막연히 체득하고 있던 빅데이터의 근본 원리가 머릿속에서 하나씩 정리돼 체계가 잡힘은 물론 앞으로 대규모 처리 시스템이 나아가야 할 길을 알게 됐기 때문이다. 저자인 클레프만은 이 문제의 핵심을 매우 상세하면서도 정말 쉽게 설명했다. 데이터 시스템 구축을 시작한다면 혹은 이미 시스템을 구축하고 운영하고 있다면 이 책은 반드시 읽어야 한다. 물론 가볍게 읽을 분량의 책은 아니지만 이 책에서 다루는 내용에 비하면 잘 정리된 요약본에 가깝다.

함께 번역하느라 고생한 영준 님, 재부 님께 정말 감사한다는 말씀을 전하고 싶다. 꼼꼼하지 못한 내가 번역이라는 작업을 끝까지 할 수 있었던 건 전적으로 두 사람 덕분이다. 긴 시간 번역 작업을 하는 데 배려해주느라 수고한 아내 김진옥과 아들 이강민, 딸 이연재. 고맙고 사랑한다.

이도경

머리말

NoSQL, 빅데이터, 웹규모, 샤딩, 최종적 일관성, ACID, CAP 정리, 클라우드 서비스, 맵리듀스, 실시간. 최근 소프트웨어 엔지니어링 분야, 특히 서버 사이드 시스템과 백엔드 시스템 분야에서 일한 사람이라면 데이터 저장 및 처리와 관련한 유행어 공세에 시달려 봤을 것이다.

지난 10년간 데이터베이스와 분산 시스템 분야에서 여러 흥미로운 발전이 있었고 이를 기반으로 애플리케이션을 개발하는 방법에도 발전이 있었다. 이런 발전을 가져온 원동력은 매우 다양하다.

- 구글, 야후!, 아마존, 페이스북, 링크트인, 마이크로소프트, 트위터 같은 인터넷 기업은 엄청난 양의 데이터와 트래픽을 다룬다. 이런 규모의 데이터 및 트래픽을 효율적으로 처리하기 위해 새로운 도구를 만들어야 했다.

- 기업은 민첩해야 하고 적은 노력으로 가설을 테스트해야 하며 빠르게 시장을 간파해 대처해야 한다. 이는 개발 주기를 단축하고 데이터 모델을 유연하게 해야 가능하다.

- 자유 오픈소스 소프트웨어는 큰 성공을 거뒀다. 이제는 여러 분야에서 자유 오픈소스 소프트웨어를 상용 소프트웨어나 맞춤형 자체 개발 소프트웨어보다 선호한다.

- CPU 클록 속도는 거의 증가하지 않고 있다. 하지만 멀티코어 프로세서가 표준이 됐고 네트워크는 계속 빨라지고 있다. 즉 병렬 처리는 계속 늘고 있다는 뜻이다.

- 아마존 웹서비스 같은 서비스형 인프라(IaaS) 덕택에 소규모 팀에서도 여러 장비에 분산된 시스템을 개발할 수 있고 나아가 여러 지역에 분산된 시스템도 구축이 가능하다.

- 이제 사람들은 많은 서비스에 고가용성을 요구한다. 정전이나 유지보수 때문에 서비스 중단시간이 길어지는 상황을 사람들이 점점 받아들이지 못하고 있다.

데이터 중심 애플리케이션(data-intensive application)은 이러한 기술적 발전을 활용해 실현 가능한 범위를 넓힌다. 데이터 양, 데이터 복잡성, 데이터가 변하는 속도 등, 데이터가 주요 도전 과제인 애플리케이션을 **데이터 중심적(data-intensive)**이라고 말한다. 반대로 CPU 사이클이 병목인 경우 **계산 중심적(compute-intensive)**이라고 한다.

데이터 중심적 애플리케이션의 데이터 저장과 처리를 돕는 도구와 기술은 이런 변화에 빠르게 적응한다. NoSQL 같은 새로운 종류의 데이터베이스 시스템이 많은 주목을 받고 있지만 메시지 큐, 캐시, 검색 색인, 일괄 처리 프레임워크와 스트림 처리 프레임워크, 그리고 해당 관련 기술도 NoSQL 못지 않게 매우 중요하다. 많은 애플리케이션이 이런 기술들을 조합해 사용한다.

지면을 가득 채우는 이런 유행어는 새로운 가능성에 대한 열광의 신호다. 이 자체로도 훌륭하다. 하지만 소프트웨어 엔지니어 또는 아키텍트로서 훌륭한 애플리케이션을 만들려면 다양한 기술과 해당 기술들의 트레이드오프를 올바르고 정확하게 이해해야 한다. 이런 수준에 도달하려면 유행어에 그칠 것이 아니라 더욱 깊이 파고 들어야 한다.

다행히도 이런 급격한 기술 변화에도 변하지 않는 원리가 있다. 이 원리는 사용하는 도구의 버전과도 상관이 없다. 이 원리를 이해하면 각 도구가 적합한 장소와 도구를 잘 활용하는 방법, 그리고 도구에 숨어있는 함정을 피하는 방법을 알 수 있다. 이것이 이 책이 필요한 이유다.

이 책의 목적은 다양하고 빠르게 변하는 데이터 저장과 처리 기술 분야를 탐험하는 데 도움을 주는데 있다. 이 책은 특정 도구의 설명서도 아니고 따분한 이론으로 가득 찬 교과서도 아니다. 대신 성공적인 데이터 시스템을 예로 들어 여러 유명 애플리케이션의 기반 기술을 설명하고 서비스 환경에서 확장성과 성능, 그리고 신뢰성 요구사항을 항상 충족하기 위해 사용하는 기술을 설명한다.

이 책에서는 데이터 시스템의 내부로 들어가 핵심 알고리즘을 파헤치고 그 원리와 알고리즘이 가진 트레이드오프를 설명한다. 이 과정에서 데이터 시스템에 **대해 생각하는** 유용한 여러 방법을 찾아볼 것이다. 즉, 데이터 시스템의 동작 **방식**뿐만 아니라 **왜** 그런 식으로 동작하며 어떤 질문을 해야 하는지를 알아본다.

이 책을 다 읽고 나면 특정 목적에 어떤 기술이 적합한지 결정하는 능력과 좋은 애플리케이션 아키텍처의 기반을 만들기 위해 도구를 조합하는 방법을 이해하는 능력이 생긴다. 데이터베이스 저장 엔진을 바닥부터 만들기는 쉽지 않지만 다행히 그럴 필요는 거의 없다. 하지만 시스템 내부의 동작 방식에 대한 직관을 기른다면 시스템 동작을 추론할 수 있고 올바른 설계를 위한 의사결정이 가능하고 발생 가능한 모든 문제를 추적할 수 있다.

대상 독자

이 책은 데이터를 저장하고 처리하는 서버 또는 백엔드가 있고 인터넷(예를 들어 웹 애플리케이션이나 모바일 앱, 인터넷에 연결된 센서 등)을 사용하는 애플리케이션을 개발하는 사람에게 안성맞춤이다.

이 책은 소프트웨어 엔지니어와 소프트웨어 아키텍트, 그리고 코딩을 사랑하는 기술 관리자를 위한 책이다. 운영하는 시스템 아키텍처에 관해 어떤 의사결정을 내려야 하는 상황이라면 특히 그렇다. 이를테면 특정 문제를 해결할 도구를 찾고, 찾은 도구를 어떻게 적용하는 게 최선인지 파악해야 하는 상황 등을 말한다. 설사 도구 선택의 여지가 없을지라도 사용하는 도구의 장단점을 더 잘 이해하는 데 이 책이 도움이 된다.

웹 기반 애플리케이션이나 네트워크 서비스를 개발한 경험이 있고 관계형 데이터베이스와 SQL에 익숙해야 한다. 비관계형 데이터베이스나 다른 데이터 관련 도구를 알고 있다면 더욱 좋지만 필수는 아니다. TCP나 HTTP처럼 널리 쓰이는 네트워크 프로토콜에 대한 일반적인 지식이 있다면 도움이 된다. 어떤 프로그래밍 언어나 프레임워크를 사용하는지는 무관하다.

아래 중 하나라도 해당한다면 이 책이 매우 유용하다.

- 데이터 시스템을 확장성 있게 만드는 방법을 알고 싶다. 예를 들어 웹 또는 모바일 앱이 수백만 명의 사용자를 감당할 수 있게 하고 싶다.
- 애플리케이션이 고가용성을 갖춰야 하고(중단시간 최소화) 운영상 견고해야 한다.
- 시스템 규모가 커지고 요구사항과 기술이 바뀌더라도 오랜 기간 쉽게 유지보수할 수 있는 방법을 찾고 있다.
- 사물의 동작 방식에 대해 타고난 호기심이 있다. 대형 웹사이트와 온라인 서비스의 내부가 어떻게 돌아가는지 알고 싶다. 이 책은 다양한 데이터베이스와 데이터 처리 시스템의 내부를 분해한다. 이런 시스템 설계에 반영된 기발한 생각을 탐험하는 것이 매우 즐겁다.

사람들이 확장성 있는 데이터 시스템을 논할 때 이렇게 얘기하곤 한다. "구글이나 아마존이 아니잖아. 확장성 걱정은 집어치우고 그냥 관계형 데이터베이스 써!" 이 말에는 진실이 담겨 있다. 필요없는 확장성을 갖추기 위한 노력은 낭비고 유연하지 못한 설계 속에 갇힐 수 있다. 사실상 일종의 성급한 최적화다. 그러나 작업에 걸맞는 도구를 선택하는 것도 중요하다. 그리고 기술은 저마다 장단점이 있다. 관계형 데이터베이스는 중요하다. 하지만 관계형 데이터베이스가 데이터를 다루기 위한 마지막 보루는 아니라는 점을 앞으로 설명한다.

이 책에서 다루는 내용

이 책에서는 특정한 소프트웨어 패키지와 API를 설치하는 방법 또는 사용법을 자세히 설명하지 않는다. 이런 내용을 다루는 문서는 이미 많이 있다. 대신 데이터 시스템의 기초가 되는 다양한 원리와 트레이드오프에 대해 논의하고 다양한 제품이 채택한 서로 다른 여러 설계 결정을 살펴본다.

각 장의 끝에는 이 책의 참고 문헌을 정리했다. 이 책을 출판할 당시 각 참고 문헌의 온라인 링크를 모두 확인했지만 안타깝게도 웹 특성상 링크는 언제든 깨질 수 있다. 링크가 깨졌거나 인쇄본을 읽고 있다면 검색 엔진을 사용해 참고 자료를 찾을 수 있다. 학술 논문은 구글 학술 검색(Google Scholar)에서 제목을 검색하면 열람 가능한 PDF 파일을 구할 수 있다. 다른 방법으로 http://github.com/ept/ddia-references에서 링크를 최신 상태로 유지하기 때문에 이곳을 통해 모든 참고 자료를 얻을 수 있다.

이 책에서는 데이터 시스템 **아키텍처**와 데이터 중심 애플리케이션으로 데이터 시스템을 통합하는 방법을 주로 다룬다. 이 책은 배포, 운영, 보안, 관리 등의 영역은 다루지 않는다. 이 영역은 복잡하고 중요한 주제라 이 책에서 피상적으로 다루기에는 부족하다. 해당 영역의 전문서에서 다루는 것이 옳다.

이 책에서 설명하는 많은 기술은 유행어인 **빅데이터** 영역에 속한다. 그러나 "빅데이터"라는 용어는 너무 지나치게 사용되고 명확히 정의되지 않아서 진지한 엔지니어링 토론에서 유용하지 않다. 이 책에서는 단일 노드 시스템 대 분산 시스템, 온라인/대화식 대 오프라인/일괄 처리 시스템과 같이 덜 모호한 용어를 사용하겠다.

이 책은 자유 오픈소스 소프트웨어(free and open source software, FOSS)를 선호한다. 소스코드를 읽고 수정하고 실행하는 것은 세부적인 작동 방식을 이해하기에 매우 좋은 방법이기 때문이다. 또한 오픈 플랫폼은 특정 벤더에 종속되는 위험을 줄여준다. 하지만 적절한 곳에서 독점 소프트웨어(클로즈드 소스 소프트웨어(closed-source software), 서비스형 소프트웨어(software as a service) 또는 문헌에는 설명이 있지만 공개적으로 배포하지 않은 기업 내 소프트웨어)도 설명한다.

이 책의 개요

이 책은 3부로 구성돼 있다.

1. 1부에서는 데이터 중심 애플리케이션 설계를 뒷받침하는 근본 개념을 설명한다. 1장에서는 이 책을 통해 달성하고자 하는 신뢰성(reliability)과 확장성(scalability), 유지보수성(maintainability)을 설명한다. 이 장에서 신뢰성과 확장성과 유지보수성에 대해 어떻게 생각해야하는지와 어떤 방식으로 달성할 수 있는지 설명한다. 2장에서는 여러 데이터 모델과 질의 언어를 비교하고 여러 상황에서 어떻게 적절히 사용하는지 알아본다. 3장에서는 저장 엔진에 관해 이야기한다. 데이터베이스가 데이터를 효율적으로 찾기 위해 디스크에 데이터를 어떻게 배치하는지 설명한다. 4장에서는 데이터 부호화(직렬화(serialization))의 형식을 설명하고 시간이 흐름에 따라 스키마를 발전시키는 방법을 다룬다.

2. 2부에서는 한 장비에 저장하던 데이터에서 여러 장비에 분산해 저장하는 데이터로 무대를 옮긴다. 이는 확장성을 달성하는 데 흔히 필요하지만 다양하고 독특한 도전 과제를 던져준다. 5장에서 복제(replication)를 시작으로 6장에서 파티셔닝/샤딩(partitioning/sharding)을, 7장에서 트랜잭션(transaction)을 설명한다. 8장에서는 분산 시스템에서 발생하는 문제를 좀 더 자세히 살펴보고 9장에서는 분산 시스템에서 일관성(consistency)을 달성하고 합의(consensus)에 도달하는 것이 무엇을 의미하는지 설명한다.

3. 3부에서는 특정 데이터셋에서 다른 데이터셋을 파생하는 시스템을 설명한다. 파생 데이터는 이종 시스템에서 자주 발생한다. 원하는 모든 것이 가능한 단일 시스템이 없다면 애플리케이션은 여러 다른 데이터베이스와 캐시와 색인 등의 시스템을 통합해서 사용해야 한다. 10장에서 데이터를 파생하는 일괄 처리 접근법을 다루는 것으로 시작해서 11장에서는 스트림 처리로 데이터를 파생하는 방법을 다룬다. 마지막 12장에서는 이 책에서 설명한 모든 내용을 종합해서 미래에 신뢰할 수 있고 확장 가능하며 유지보수하기 쉬운 애플리케이션을 구축하는 접근법을 설명한다.

참고 문헌과 추가 참고 도서

이 책에서 설명한 대부분의 내용은 학회 발표, 연구 논문, 블로그 글, 코드, 버그 추적기, 메일링 리스트, 엔지니어링 문화 등 다양한 형태로 여러 곳에서 이미 언급된 내용이다. 이 책은 다양한 출처에서 가져온 가장 중요한 개념을 요약하고 본문 전체에 해당 문헌 출처를 표시했다. 특정 영역을 더욱 깊게 탐구할 수 있게끔 각 장의 끝에 참고 문헌을 정리했다. 참고 문헌의 대부분은 온라인에서 자유롭게 열람할 수 있다.

감사의 말

이 책은 많은 사람의 학문적 연구와 산업 현장에서 쌓인 경험을 바탕으로 한 생각과 지식을 결합하고 체계화한 책이다. 컴퓨터 산업은 항상 새롭고 빛나는 것에 매료되는 경향이 있다. 하지만 나는 이전에 했던 일에서 배울 것이 어마어마하게 많다고 생각한다. 이 책은 논문, 블로그 글, 강연, 문서 등 800개가 넘는 문헌을 참고했다. 나에게는 이 같은 여러 문헌이 너무나도 값진 학습 자료였다. 나는 이 같은 자료를 통해 지식을 공유해준 저자들에게 매우 감사한다.

또한 나는 사적인 대화를 통해 많은 것을 배웠다. 나와 아이디어를 논의하고 내게 어떤 것을 끈기 있게 설명하는 데 시간을 내어준 많은 사람들에게 감사를 표한다. 특히 조 애들러(Joe Adler), 로스 앤더슨(Ross Anderson), 피터 베일리시(Peter Bailis), 매톤 발라씨(Márton Balassi), 알래스터 베레스포드(Alastair Beresford), 마크 캘러핸(Mark Callaghan), 맷 클래이톤(Mat Clayton), 패트릭 콜리슨(Patrick Collison), 션 크립스(Sean Cribbs), 시산크라 다스(Shirshanka Das), 니클라스 엑스트럼(Niklas Ekström), 스테판 에웬(Stephan Ewen), 앨런 페커테(Alan Fekete), 줄라 포라(Gyula Fóra), 카미유 푸르니에(Camille Fournier), 안드라스 파인트(Andres Freund), 존 가버트(John Garbutt), 세스 길버트(Seth Gilbert), 톰 헤겟(Tom Haggett), 팻 핼랜드(Pat Helland), 조 헬러슈타인(Joe Hellerstein), 야콥 호만(Jakob Homan), 하이디 하워드(Heidi Howard), 존 허그(John Hugg), 줄리안 하이드(Julian Hyde), 콘래드 어윈(Conrad Irwin), 에반 존스(Evan Jones), 플라비오 준큐라(Flavio Junqueira), 제시카 커(Jessica Kerr), 카일 킹스베리(Kyle Kingsbury), 제이 크렙스(Jay Kreps), 칼 레르체(Carl Lerche), 니콜라 리오숑(Nicolas Liochon), 스티브 로프란(Steve Loughran), 리 말라보네(Lee Mallabone), 네이썬 마츠(Nathan Marz), 케이티 맥카프리(Caitie McCaffrey), 조시 맥레런(Josie McLellan), 크리스토퍼 미클존(Christopher Meiklejohn), 이언 메이어(Ian Meyers), 네하 네르크헤데(Neha Narkhede), 네하 나룰라(Neha Narula), 캐시 오닐(Cathy O'Neil), 오노라 오닐(Onora O'Neill), 루도빅 오르반(Ludovic Orban), 조란 페르코브(Zoran Perkov), 줄리아 파울스(Julia Powles), 크리스 리코미니(Chris Riccomini), 헨리 로빈슨(Henry Robinson), 데이빗 로젠탈(David Rosenthal), 제니퍼 룰먼(Jennifer Rullmann), 매튜 새크먼(Matthew Sackman), 마틴 숄(Martin Scholl), 아미트 셀라(Amit Sela), 그웬 샤피라(Gwen Shapira), 그렉 스퍼리어(Greg Spurrier), 샘 스톡스

(Sam Stokes), 벤 스탑포드(Ben Stopford), 톰 스튜어트(Tom Stuart), 다이애나 바실레(Diana Vasile), 라훌 보라(Rahul Vohra), 핏 워든(Pete Warden), 그리고 마지막으로 브렛 울드리지 (Brett Wooldridge)에게 감사한다.

이 책의 초안을 감수하고 귀중한 의견을 제공해 준 사람들이 있다. 나는 그들에게 많은 빚을 졌다. 특히 라울 아지파티(Raul Agepati), 타일러 아키다우(Tyler Akidau), 마티아스 앤더슨(Mattias Andersson), 사샤 바라노프(Sasha Baranov), 비이나 바사바라히(Veena Basavaraj), 데이빗 베어(David Beyer), 짐 브릭만(Jim Brikman), 폴 캐리(Paul Carey), 라울 카스트로 페르난데스 (Raul Castro Fernandez), 조셉 챠우(Joseph Chow), 데릭 엘킨스(Derek Elkins), 샘 엘리엇 (Sam Elliott), 알렉산더 갈레고(Alexander Gallego), 마크 그로버(Mark Grover), 스투 할로웨 이(Stu Halloway), 하이디 하워드(Heidi Howard), 니콜라 클레프만(Nicola Kleppmann), 스 테판 크루파(Stefan Kruppa), 비요른 매드슨(Bjorn Madsen), 샌더 막(Sander Mak), 스테판 포 드코빈스키(Stefan Podkowinski), 필 포터(Phil Potter), 하미드 라마자니(Hamid Ramazani), 샘 스톡스(Sam Stokes), 벤 섬머스(Ben Summers)는 이 책에 많은 공헌을 했다. 물론 책에 남은 오류나 내용에 관한 불쾌한 의견은 모두 내 책임이다.

책을 실제로 출판하는 데 도움을 주고 내 느린 집필과 이상한 요구를 참아준 편집자 마리 부규호 (Marie Beaugureau), 마이크 라우키즈(Mike Loukides), 앤 스펜서(Ann Spencer)와 오라 일리 팀 모두에게 감사의 인사를 전한다. 올바른 단어를 찾는 데 도움을 준 레이첼 헤드(Rachel Head)에게 감사한다. 수행할 다른 업무가 있음에도 집필할 시간과 자유를 준 알래스터 베레스포드 (Alastair Beresford), 수잔 굿휴(Susan Goodhue), 네하 나르크헤데(Neha Narkhede), 케빈 스 콧(Kevin Scott)에게 감사한다.

각 장에 동반된 지도를 매우 세심하게 그려준 세비어 디완(Shabbir Diwan)과 에디 프리드만(Edie Freedman)에게 특별히 감사한다. 지도를 만들 때 관습에 얽매이지 않고 매우 아름다워 눈을 뗄 수 없을 정도로 만들어 준 것은 매우 훌륭하다.

마지막으로 내 가족과 친구들에게 내 사랑을 전한다. 그들 없이는 거의 4년이 걸린 집필 작업을 해 내지 못했을 것이다. 당신들이 최고다!

표지 설명

《데이터 중심 애플리케이션 설계》의 표지 동물은 인도 멧돼지(학명: Sus scrofa cristatus)로 인도, 미얀마, 네팔, 스리랑카, 타이에서 서식하는 멧돼지 종이다. 인도 멧돼지는 등의 털이 높게 자라 있지만 털로 뒤덮여 있지 않고 더 크고 쭉 뻗은 두개골을 가지고 있다는 점에서 유럽 멧돼지와 구별된다.

인도 멧돼지의 털은 회색이나 검은 색으로 척추를 따라 굵고 뻣뻣하게 돋아나 있다. 수컷은 송곳니가 돌출돼 있어 경쟁 수컷과 싸우거나 천적 방어에 사용한다. 수컷은 암컷보다 크지만 평균적으로 어깨까지 높이가 33~35인치이고 몸무게가 200~300파운드에 달한다. 인도 멧돼지의 천적은 곰과 호랑이 그리고 다양한 대형 고양이과 동물이다.

멧돼지는 야행성이고 잡식성으로 식물 뿌리, 곤충, 썩은 고기, 땅콩, 베리, 작은 동물 등 다양한 야생 동식물을 먹는다. 멧돼지는 쓰레기와 농작물 밭을 파헤쳐서 심하게 망가뜨리고 농부들의 분노를 사기도 한다. 멧돼지는 하루에 4,000~4,500칼로리를 먹어야 한다. 멧돼지는 후각이 매우 발달해 땅 속의 식물과 굴을 파 숨어 있는 동물을 쉽게 찾는다. 그러나 시력은 나쁘다.

멧돼지는 인류 문화에서 오랫동안 중요한 의미로 쓰였다. 힌두교 전설에서 멧돼지는 비슈누(Vishnu) 신의 화신이다. 고대 그리스 묘비에서 멧돼지는 용맹한 패배자의 상징으로 쓰였다(반대로 승리의 상징은 사자). 멧돼지의 공격성 때문에 스칸디나비아와 독일, 앵글로 색슨 전사들의 갑옷과 무기에 그려졌다. 중국 십이지에서 돼지는 결단력과 열정을 상징한다.

오라일리 표지에 나온 동물 다수가 멸종 위기에 있다. 이 동물 모두는 세상에 매우 중요한 존재다. 이 동물들을 돕는 방법이 궁금하면 animals.oreilly.com을 방문하라.

표지 그림은 쇼(Shaw)의 동물학(Zoology)에서 가져왔다.

Part 1

데이터 시스템의 기초

처음 4개의 장에서는 데이터 시스템이 단일 장비거나 여러 클러스터 장비에 분산됐거나 상관없이 모든 상황에서 적용되는 기본 개념을 알아본다.

- 1장에서는 책 전반에 걸쳐 사용하는 전문 용어와 접근 방식을 소개한다. **신뢰성**(reliability), **확장성**(scalability), **유지보수성**(maintainability) 같은 단어의 실제 의미와 이 같은 목표를 달성하기 위해 어떻게 해야 하는지 알아본다.

- 2장에서는 다양한 데이터 모델과 질의 언어를 비교한다. 이 둘은 개발자 관점에서 데이터베이스를 가장 가시적으로 구별할 수 있는 요소다. 다양한 모델이 여러 상황에서 어떻게 적합한지 알아본다.

- 3장에서는 저장소 엔진(storage engine)의 내부와 데이터베이스가 디스크에 어떻게 데이터를 배치하는지 알아본다. 다양한 저장소 엔진은 서로 다른 작업부하(workload)에 맞춰 최적화되며 올바른 저장소 엔진을 선택하는 것은 성능에 큰 영향을 준다.

- 4장에서는 다양한 데이터 부호화(encoding, 직렬화) 포맷을 비교한다. 애플리케이션 요구사항이 변경되고 시간이 지남에 따라 스키마(schema)를 변경해야 하는 환경에서 어떻게 사용되는지 살펴본다.

이후 2부에서는 분산 파일 시스템의 특정한 문제를 다룬다.

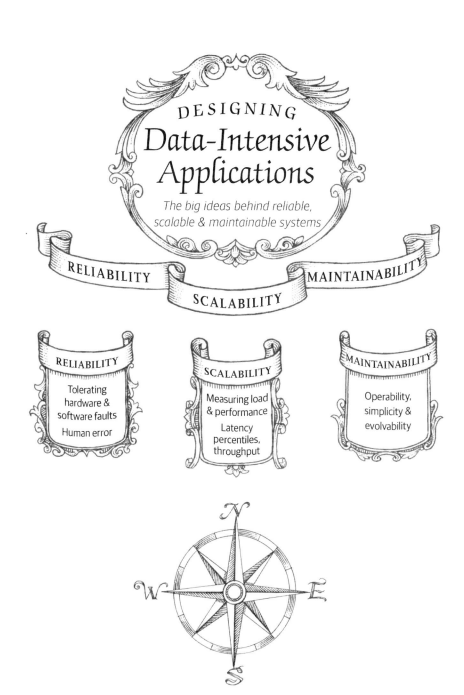

01장

신뢰할 수 있고 확장 가능하며 유지보수하기 쉬운 애플리케이션

인터넷은 잘 동작하고 있어서 대부분의 사람들은 인공의 무언가라기보다 태평양 같은 천연 자원으로 생각한다. 이런 규모의 기술이 이토록 오류가 없었던 적은 언제가 마지막일까?

– 앨런 케이, Dr. Dobbs 저널 인터뷰에서(2012)

오늘날 많은 애플리케이션은 **계산 중심**(compute-intensive)과는 다르게 **데이터 중심**(data-intensive)적이다. 이러한 애플리케이션의 경우 CPU 성능은 애플리케이션을 제한하는 요소가 아니며, 더 큰 문제는 보통 데이터의 양, 데이터의 복잡도, 데이터의 변화 속도다.

일반적으로 데이터 중심 애플리케이션은 공통으로 필요로 하는 기능을 제공하는 표준 구성 요소(standard building block)로 만든다. 예를 들어, 많은 애플리케이션은 다음을 필요로 한다.

- 구동 애플리케이션이나 다른 애플리케이션에서 나중에 다시 데이터를 찾을 수 있게 데이터를 저장(**데이터베이스**)

- 읽기 속도 향상을 위해 값비싼 수행 결과를 기억(**캐시**)

- 사용자가 키워드로 데이터를 검색하거나 다양한 방법으로 필터링할 수 있게 제공(**검색 색인**(search index))

- 비동기 처리를 위해 다른 프로세스로 메시지 보내기(**스트림 처리**(stream processing))

- 주기적으로 대량의 누적된 데이터를 분석(**일괄 처리**(batch processing))

너무나 뻔한 말처럼 들린다면 이는 언제나 많은 생각 없이 사용할 수 있게 **데이터 시스템**이 성공적으로 추상화됐기 때문이다. 애플리케이션을 만들 때 대부분의 엔지니어들은 처음부터 새로운 데이터 저장소 엔진을 작성하는 모습을 상상하지 않는다. 왜냐하면 데이터베이스가 데이터 저장 작업을 위해 더할 나위 없이 좋은 도구이기 때문이다.

하지만 현실은 그리 간단하지 않다. 애플리케이션마다 요구사항이 다르기 때문에 데이터베이스 시스템 또한 저마다 다양한 특성을 가지고 있다. 캐싱을 위한 다양한 접근 방식과 검색 색인을 구축하는 여러 가지 방법 등이 있다. 애플리케이션을 만들 때 어떤 도구와 어떤 접근 방식이 수행 중인 작업에 가장 적합한지 생각해야 한다. 단 하나의 도구만으로 할 수 없는 것을 해야 하는 경우 도구들을 결합하기 어려울 수도 있다.

이 책은 데이터 시스템의 원칙(principle)과 실용성(practicality), 그리고 이를 활용한 데이터 중심 애플리케이션을 개발하는 방법을 모두 담고 있다. 이 책에서 소개된 다양한 도구가 공통으로 지닌 것은 무엇이고 서로 구별되는 것은 무엇인지, 그리고 어떻게 그러한 특성을 구현해냈는지 알아본다.

신뢰할 수 있고 확장 가능하며 유지보수하기 쉬운 데이터 시스템을 구축하기 위한 기초적인 노력을 살펴보는 것으로 이번 장을 시작한다. 신뢰성, 확장성, 유지보수성의 의미를 명확히 하고 이를 고려하는 몇 가지 방법을 개략적으로 설명하고 이후 장에서 필요한 기본 사항을 거듭 검토한다. 다음 장에서는 데이터 중심 애플리케이션을 개발할 때 고려해야 할 다양한 설계 결정 사항을 계층별로 계속 살펴본다.

데이터 시스템에 대한 생각

일반적으로 데이터베이스, 큐, 캐시 등을 매우 다른 범주에 속하는 도구로 생각한다. 데이터베이스와 메시지 큐는 표면적으로 비슷하더라도(둘 다 얼마 동안 데이터를 저장) 매우 다른 접근 패턴을 갖고 있어 서로 다른 성능 특성이 있기 때문에 구현 방식이 매우 다르다.

그러면 모든 것을 왜 **데이터 시스템**이라는 포괄적 용어로 묶어야 할까?

데이터 저장과 처리를 위한 여러 새로운 도구는 최근에 만들어졌다. 새로운 도구들은 다양한 사용 사례(use case)에 최적화됐기 때문에 더 이상 전통적인 분류에 딱 들어맞지 않는다[1]. 예를 들어 메시지 큐로 사용하는 데이터스토어(datastore)인 레디스(Redis)가 있고, 데이터베이스처럼 지속성(durability)을 보장하는 메시지 큐 아파치 카프카(Apache Kafka)도 있다. 분류 간 경계가 흐려지고 있다.

두 번째로 점점 더 많은 애플리케이션이 단일 도구로는 더 이상 데이터 처리와 저장 모두를 만족시킬 수 없는 과도하고 광범위한 요구사항을 갖고 있다. 대신 작업(work)은 단일 도구에서 효율적으로 **수행할 수 있는** 태스크(task)로 나누고 다양한 도구들은 애플리케이션 코드를 이용해 서로 연결한다.

예를 들어 메인 데이터베이스와 분리된 애플리케이션 관리 캐시 계층(멤캐시디(Memcached)나 유사한 도구를 사용)이나 엘라스틱서치(Elasticsearch)나 솔라(Solr) 같은 전문(full-text) 검색 서버의 경우 메인 데이터베이스와 동기화된 캐시나 색인을 유지하는 것은 보통 애플리케이션 코드의 책임이다. 그림 1-1은 이 같은 모습을 살짝 보여준다(자세한 내용은 다음 장에서 살펴본다).

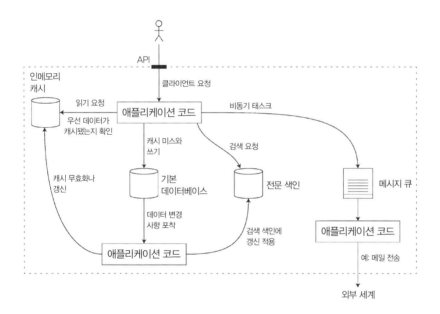

그림 1-1. 다양한 구성 요소를 결합한 데이터 시스템 아키텍처의 예

서비스 제공을 위해 각 도구를 결합할 때 서비스 인터페이스나 애플리케이션 프로그래밍 인터페이스(API)는 보통 클라이언트가 모르게 구현 세부 사항을 숨긴다. 기본적으로 좀 더 작은 범용 구성 요소들로 새롭고 특수한 목적의 데이터 시스템을 만든다. 복합 데이터 시스템(composite data system)은 외부 클라이언트가 일관된 결과를 볼 수 있게끔 쓰기에서 캐시를 올바르게 무효화하거나 업데이트하는 등의 특정 보장 기능을 제공할 수 있다. 이제부터 개발자는 애플리케이션 개발자뿐만 아니라 데이터 시스템 설계자이기도 하다.

데이터 시스템이나 서비스를 설계할 때 까다로운 문제가 많이 생긴다. 내부적으로 문제가 있어도 데이터를 정확하고 완전하게 유지하려면 어떻게 해야 할까? 시스템의 일부 성능이 저하되더라도 클라이언트에 일관되게 좋은 성능을 어떻게 제공할 수 있을까? 부하 증가를 다루기 위해 어떻게 규모를 확장할까? 서비스를 위해 좋은 API는 어떤 모습일까?

관련자의 기술 숙련도, 기존 시스템의 의존성, 전달 시간 척도, 다양한 종류의 위험에 대한 조직의 내성, 규제 제약 등은 시스템 설계에 영향을 줄 수 있는 많은 요소다. 이런 요소는 상황에 크게 좌우된다.

이 책에서는 대부분의 소프트웨어 시스템에서 중요하게 여기는 세 가지 관심사에 중점을 둔다.

신뢰성(Reliability)
하드웨어나 소프트웨어 결함, 심지어 인적 오류(human error) 같은 **역경**에 직면하더라도 시스템은 지속적으로 **올바르게 동작**(원하는 성능 수준에서 정확한 기능을 수행)해야 한다. 6쪽 "신뢰성"을 참고한다.

확장성(Scalability)
시스템의 데이터 양, 트래픽 양, 복잡도가 **증가**하면서 이를 처리할 수 있는 적절한 방법이 있어야 한다. 11쪽 "확장성"을 참고한다.

유지보수성(Maintainability)
시간이 지남에 따라 여러 다양한 사람들이 시스템 상에서 작업(현재 작업을 유지보수하고 새로운 사용 사례를 시스템에 적용하는 엔지니어링과 운영)할 것이기 때문에 모든 사용자가 시스템 상에서 **생산적으로** 작업할 수 있게 해야 한다. 18쪽 "유지보수성"을 참고한다.

이 용어들은 종종 그 의미를 명확하게 이해하지 못한 채 사용되곤 한다. 이번 장의 나머지 부분에서는 엔지니어링 관점에서 신중하게 신뢰성, 확장성, 유지보수성을 생각하는 방법을 살펴본다. 다음 장에서는 이러한 목표를 달성하기 위한 다양한 기술과 아키텍처, 알고리즘을 설명한다.

신뢰성

누구나 어떤 것을 신뢰하거나 신뢰하지 않는다는 의미가 무엇인지에 대한 직관적인 개념을 가지고 있다. 소프트웨어의 경우 일반적인 기대치는 다음과 같다.

- 애플리케이션은 사용자가 기대한 기능을 수행한다.

- 시스템은 사용자가 범한 실수나 예상치 못한 소프트웨어 사용법을 허용할 수 있다.

- 시스템 성능은 예상된 부하와 데이터 양에서 필수적인 사용 사례를 충분히 만족한다.

- 시스템은 허가되지 않은 접근과 오남용을 방지한다.

이 모든 것이 "올바르게 동작함"을 의미하는 경우, 대략 "무언가 잘못되더라도 지속적으로 올바르게 동작함"을 신뢰성의 의미로 이해할 수 있다.

잘못될 수 있는 일을 **결함(fault)**이라 부른다. 그리고 결함을 예측하고 대처할 수 있는 시스템을 **내결함성(fault-tolerant) 또는 탄력성(resilient)**을 지녔다고 말한다. 내결함성이라는 용어는 약간 오해의 소지가 있다. 모든 종류의 결함을 견딜 수 있는 시스템을 만들 수 있음을 시사하지만 실제로는 실현 가능하지 않다. 예를 들어 블랙홀이 지구와 지구 상의 모든 서버를 삼켜버려도 웹 호스팅이 가능한 내결함성을 지닐 순 없다. 따라서 **특정 유형**의 결함 내성에 대해서만 이야기하는 것이 타당하다.

결함은 장애(failure)와 동일하지 않다[2]. 일반적으로 결함은 사양에서 벗어난 시스템의 한 구성 요소로 정의되지만, **장애**는 사용자에게 필요한 서비스를 제공하지 못하고 시스템 전체가 멈춘 경우다. 결함 확률을 0으로 줄이는 것은 불가능하다. 따라서 대개 결함으로 인해 장애가 발생하지 않게끔 내결함성 구조를 설계하는 것이 가장 좋다. 이 책에서는 신뢰할 수 없는 여러 부품으로 신뢰할 수 있는 시스템을 구축하는 다양한 기법을 다룬다.

반직관적이지만 이러한 내결함성 시스템에서 경고 없이 개별 프로세스를 무작위로 죽이는 것과 같이 고의적으로 결함을 일으켜 결함률을 증가시키는 방법은 납득할 만하다. 실제로 많은 중대한 버그는 미흡한 오류 처리에 기인한다[3]. 고의적으로 결함을 유도함으로써 내결함성 시스템을 지속적으로 훈련하고 테스트해서 결함이 자연적으로 발생했을 때 올바르게 처리할 수 있다는 자신감을 높인다. 넷플릭스(Netflix)의 **카오스 몽키(Chaos Monkey)**[4]가 이런 접근 방식의 한 예다.

일반적으로 결함 예방을 넘어 내결함성을 갖기를 선호하지만 예방책이 해결책보다 더 좋은 경우(예를 들어 해결책이 없기 때문에)가 있다. 바로 보안 문제다. 예를 들어 공격자가 시스템을 손상시키고 민감한 데이터에 대한 접근 권한을 얻는다면 이를 되돌릴 수 없다. 이 책은 다음 절에서 설명하는 것처럼 해결책이 있는 결함 유형을 다룬다.

하드웨어 결함

시스템 장애의 원인을 생각할 때 하드웨어 결함이 바로 떠오른다. 하드디스크가 고장 나고, 램에 결함이 생기고, 대규모 정전 사태가 발생하고, 누군가가 네트워크 케이블을 잘못 뽑는 것과 같은 결함을 말한다. 규모가 큰 데이터센터에서 일하는 사람은 많은 장비를 다룰 경우 이 같은 일은 **늘상** 일어난다고 말한다.

하드디스크의 평균 장애 시간(mean time to failure, MTTF)은 약 10 ~ 50년으로 보고됐다[5, 6]. 따라서 10,000개의 디스크로 구성된 저장 클러스터는 평균적으로 하루에 한 개의 디스크가 죽는다고 예상해야 한다.[1]

시스템 장애율을 줄이기 위한 첫 번째 대응으로 각 하드웨어 구성 요소에 중복(redundancy)을 추가하는 방법이 일반적이다. 디스크는 RAID 구성으로 설치할 수 있고 서버는 이중 전원 디바이스와 핫 스왑(hot-swap) 가능한 CPU를, 데이터센터는 건전지와 예비 전원용 디젤 발전기를 갖출 수 있다. 구성 요소 하나가 죽으면 고장 난 구성 요소가 교체되는 동안 중복된 구성 요소를 대신 사용할 수 있다. 이런 접근 방식은 하드웨어 문제로 장애가 발생하는 것을 완전히 막을 수는 없지만 이해하기 쉽고 보통 수년 간 장비가 중단되지 않고 계속 동작할 수 있게 한다.

최근까지 단일 장비의 전체 장애는 매우 드물기 때문에 대부분의 애플리케이션은 하드웨어 구성 요소의 중복으로 충분했다. 새 장비에 백업을 매우 빠르게 복원할 수 있는 한, 장애 발생 시 중단시간(downtime)은 대부분의 애플리케이션에 치명적이지 않다. 따라서 다중 장비 중복은 고가용성(high availability)이 절대적으로 필수적인 소수의 애플리케이션에서만 필요했다.

하지만 데이터 양과 애플리케이션의 계산 요구가 늘어나면서 더 많은 애플리케이션이 많은 수의 장비를 사용하게 됐고 이와 비례해 하드웨어 결함율도 증가했다. 또한 아마존 웹 서비스(Amazon Web Service, AWS) 같은 일부 클라우드 플랫폼은 가상 장비 인스턴스가 별도의 경고 없이 사용할 수 없게 되는 상황이 상당히 일반적이다[7]. 이런 플랫폼은 단일 장비 신뢰성보다 유연성(flexibility)과 탄력성(elasticity)[2]을 우선적으로 처리하게끔 설계됐기 때문이다.

따라서 소프트웨어 내결함성 기술을 사용하거나 하드웨어 중복성을 추가해 전체 장비의 손실을 견딜 수 있는 시스템으로 점점 옮겨가고 있다. 게다가 이런 시스템에는 운영상 장점이 있다. 장비를 재부팅해야 하는 경우(예를 들어 운영체제 보안 패치를 적용) 단일 서버 시스템은 계획된 중단시간이 필요하지만 장비 장애를 견딜 수 있는 시스템은 전체 시스템의 중단시간 없이 한 번에 한 노드씩 패치할 수 있다(4장의 순회식 업그레이드 참고).

소프트웨어 오류

보통 하드웨어 결함을 무작위적이고 서로 독립적이라고 생각한다. 즉 한 장비의 디스크에 장애가 있다고 해서 다른 장비의 디스크에 장애가 발생하지는 않는다는 뜻이다. 약하게 상관관계(예를 들어

1 (옮긴이) 'MTTF = 가동 시간 / 장애 횟수'이므로 장애 횟수는 가동 시간을 MTTF로 나누면 된다. 따라서 하루 장애 횟수는 10000(장비 수) * 1 / (30 * 365) ≒ 1이 된다.
2 17쪽의 "부하 대응 접근법"에 정의돼 있음.

서버 랙의 온도 같은 공통 원인)가 있을 수도 있다. 그렇지 않다면 다수의 하드웨어 구성 요소에 동시에 장애가 발생하지는 않는다.

또 다른 부류의 결함으로 시스템 내 체계적 오류(systematic error)가 있다[8]. 이 결함은 예상하기가 더 어렵고 노드 간 상관관계 때문에 상관관계 없는 하드웨어 결함보다 오히려 시스템 오류를 더욱 많이 유발하는 경향이 있다[5]. 예를 들면 다음과 같다.

- 잘못된 특정 입력이 있을 때 모든 애플리케이션 서버 인스턴스가 죽는 소프트웨어 버그. 예를 들어 리눅스 커널의 버그로 인해 많은 애플리케이션이 일제히 멈춰버린 원인이 된 2012년 6월 30일 윤초를 생각해보자.
- CPU 시간, 메모리, 디스크 공간, 네트워크 대역폭처럼 공유 자원을 과도하게 사용하는 일부 프로세스.
- 시스템의 속도가 느려져 반응이 없거나 잘못된 응답을 반환하는 서비스.
- 한 구성 요소의 작은 결함이 다른 구성 요소의 결함을 야기하고 차례차례 더 많은 결함이 발생하는 연쇄 장애(cascading failure)[10].

이 같은 소프트웨어 결함을 유발하는 버그는 특정 상황에 의해 발생하기 전까지 오랫동안 나타나지 않는다. 이런 상황으로 볼 때 소프트웨어에는 환경에 대한 일종의 가정이 있다는 사실을 알 수 있다. 이 가정은 대개 사실이지만 어떤 이유로 최종적으로는 사실이 아니게 된다[11].

소프트웨어의 체계적 오류 문제는 신속한 해결책이 없다. 시스템의 가정과 상호작용에 대해 주의 깊게 생각하기, 빈틈없는 테스트, 프로세스 격리(process isolation), 죽은 프로세스의 재시작 허용, 프로덕션 환경에서 시스템 동작의 측정, 모니터링, 분석하기와 같은 여러 작은 일들이 문제 해결에 도움을 줄 수 있다. 시스템이 뭔가를 보장하길 기대한다면(예를 들어 메시지 큐에 수신된 메시지 수와 송신된 메시지 수가 같다) 수행 중에 이를 지속적으로 확인해 차이가 생기는 경우 경고를 발생시킬 수 있다[12].

인적 오류

사람은 소프트웨어 시스템을 설계하고 구축하며, 운영자로서 시스템을 계속 운영한다. 이들이 최선의 의도를 갖고 있어도 사람은 미덥지 않다고 알려져 있다. 예를 들어 대규모 인터넷 서비스에 대한 한 연구에 따르면 운영자의 설정 오류가 중단의 주요 원인인 반면 하드웨어(서버나 네트워크) 결함은 중단 원인의 10~25% 정도에 그친다[13].

사람이 미덥지 않음에도 시스템을 어떻게 신뢰성 있게 만들까? 최고의 시스템은 다양한 접근 방식을 결합한다.

- 오류의 가능성을 최소화하는 방향으로 시스템을 설계하라. 예를 들어 잘 설계된 추상화, API, 관리 인터페이스를 사용하면 "옳은 일"은 쉽게 하고, "잘못된 일"은 막을 수 있다. 하지만 인터페이스가 지나치게 제한적이면 사람들은 좋은 점을 잊은 채 제한된 인터페이스를 피해 작업한다. 따라서 이런 시스템 설계는 올바르게 작동하게끔 균형을 맞추기가 어렵다.

- 사람이 가장 많이 실수하는 장소(부분)에서 사람의 실수로 장애가 발생할 수 있는 부분을 분리하라. 특히 실제 데이터를 사용해 안전하게 살펴보고 실험할 수 있지만 실제 사용자에게는 영향이 없는 비 프로덕션 **샌드박스(sandbox)**를 제공하라.

- 단위 테스트부터 전체 시스템 통합 테스트와 수동 테스트까지 모든 수준에서 철저하게 테스트하라[3]. 자동 테스트는 널리 사용되며 잘 알려져 있다. 특히 정상적인 동작에서는 거의 발생하지 않는 코너 케이스(corner case)를 다루는 데 유용하다.

- 장애 발생의 영향을 최소화하기 위해 인적 오류를 빠르고 쉽게 복구할 수 있게 하라. 예를 들어 설정 변경 내역을 빠르게 롤백(roll back)하고 새로운 코드를 서서히 롤아웃(roll out)하게 만들고(예상치 못한 버그가 일부 사용자에게만 영향이 미치게 함) 이전 계산이 잘못된 경우를 대비해 데이터 재계산 도구를 제공하라.

- 성능 지표와 오류율 같은 상세하고 명확한 모니터링 대책을 마련하라. 모니터링을 다른 엔지니어링 분야에서는 **원격 측정(telemetry)**이라고 부른다(일단 로켓이 발사되면 원격 측정은 일어나는 일을 추적하고 장애 해석을 위해 필수적이다[14]). 모니터링은 조기에 경고 신호를 보내줄 수 있고 특정 가정이나 제한을 벗어나는지 확인할 수 있게 한다. 문제가 발생했을 때 지표(metrics)는 문제를 분석하는 데 매우 중요하다.

- 조작 교육과 실습을 시행하라. 까다롭지만 매우 중요한 측면이다. 하지만 책의 범위를 벗어나므로 여기서 다루지는 않는다.

신뢰성은 얼마나 중요할까?

신뢰성은 원자력 발전소나 항공 교통 관제 소프트웨어만을 위한 것이 아니다. 더 많은 수의 일상적인 애플리케이션도 안정적으로 작동해야 한다. 비즈니스 애플리케이션에서 버그는 생산성 저하의 원인이고(공식 자료 수치를 잘못 전달하면 법적으로 위험하다) 전자 상거래 사이트의 중단은 매출에 손실이 발생하고 명성에 타격을 준다는 면에서 많은 비용이 든다.

"중요하지 않은" 애플리케이션도 사용자에 대한 책임(responsibility)이 있다. 사진 애플리케이션에 아이들의 사진과 동영상을 모두 보관한 부모를 생각해보자[15]. 사진과 동영상이 보관된 데이터베이스에 갑자기 오류가 생기면 부모는 어떻게 느낄까? 그들은 백업을 복원하는 방법을 알고 있을까?

증명되지 않은 시장을 위해 시제품을 개발하는 비용이나 매우 작은 이익률의 서비스를 운영하는 비용을 줄이려 신뢰성을 희생해야 하는 상황이 있다. 하지만 이 경우에는 비용을 줄여야 하는 시점을 매우 잘 알고 있어야 한다.

확장성

시스템이 현재 안정적으로 동작한다고 해서 미래에도 안정적으로 동작한다는 보장은 없다. 성능 저하를 유발하는 흔한 이유 중 하나는 부하 증가다. 어쩌면 시스템의 동시 사용자 수가 1만 명에서 10만 명 또는 100만 명에서 1,000만 명으로 증가했을 수도 있다. 시스템은 전에 처리했던 양보다 더 많은 데이터를 처리하고 있을지도 모른다.

확장성은 증가한 부하에 대처하는 시스템 능력을 설명하는 데 사용하는 용어지만 시스템에 부여하는 일차원적인 표식이 아님을 주의하자. "X는 확장 가능하다" 또는 "Y는 확장성이 없다" 같은 말은 의미가 없다. 오히려 확장성을 논한다는 것은 "시스템이 특정 방식으로 커지면 이에 대처하기 위한 선택은 무엇인가?"와 "추가 부하를 다루기 위해 계산 자원을 어떻게 투입할까?" 같은 질문을 고려한다는 의미다.

부하 기술하기

무엇보다 시스템의 현재 부하를 간결하게 기술해야 한다. 그래야 부하 성장 질문(부하가 두 배로 되면 어떻게 될까?)을 논의할 수 있다. 부하는 **부하 매개변수(load parameter)**라 부르는 몇 개의 숫자로 나타낼 수 있다. 가장 적합한 부하 매개변수 선택은 시스템 설계에 따라 달라진다. 부하 매개변수로 웹 서버의 초당 요청 수, 데이터베이스의 읽기 대 쓰기 비율, 대화방의 동시 활성 사용자(active user), 캐시 적중률 등이 될 수 있다. 평균적인 경우가 중요할 수도 있고 소수의 극단적인 경우가 병목 현상의 원인일 수도 있다.

이를 조금 더 구체적으로 설명하기 위해 트위터(Twitter)를 예로 살펴보자(2012년 11월에 공개된 데이터를 토대로)[16]. 트위터의 주요 두 가지 동작은 다음과 같다.

> **트윗(tweet) 작성**
> 사용자는 팔로워에게 새로운 메시지를 게시할 수 있다(평균 초당 4.6k 요청. 피크일 때 초당 12k 요청 이상).

> **홈 타임라인(timeline)**
> 사용자는 팔로우한 사람이 작성한 트윗을 볼 수 있다(초당 300k 요청).

단순히 초당 12,000건의 쓰기(피크일 때의 트윗 작성 속도) 처리는 상당히 쉽다. 하지만 트위터의 확장성 문제는 주로 트윗 양이 아닌 팬 아웃(fan-out)[3] 때문이다. 개별 사용자는 많은 사람을 팔로우하고 많은 사람이 개별 사용자를 팔로우한다. 이 두 가지 동작을 구현하는 방법은 크게 두 가지다.

---

3 전자공학에서 빌려온 용어로, 팬 아웃은 다른 게이트의 출력에 배속된 논리 게이트 입력의 수를 뜻한다. 출력은 배속된 모든 입력을 구동하기 위한 충분한 전류를 공급해야 한다. 트랜잭션 처리 시스템에서 하나의 수신 요청을 처리하는 데 필요한 다른 서비스의 요청 수를 설명하기 위해 팬 아웃을 사용한다.

1. 트윗 작성은 간단히 새로운 트윗을 트윗 전역 컬렉션에 삽입한다. 사용자가 자신의 홈 타임라인을 요청하면 팔로우하는 모든 사람을 찾고, 이 사람들의 모든 트윗을 찾아 시간순으로 정렬해서 합친다. 그림 1-2와 같은 관계형 데이터베이스에서는 다음과 같이 질의를 작성한다.

```
SELECT tweets.*, users.* FROM tweets
    JOIN users ON tweets.sender_id = users.id
    JOIN follows ON follows.followee_id = users.id
    WHERE follows.follower_id = current_user
```

2. 각 수신 사용자용 트윗 우편함처럼 개별 사용자의 홈 타임라인 캐시를 유지한다(그림 1-3 참고). 사용자가 **트윗을 작성**하면 해당 사용자를 팔로우하는 사람을 모두 찾고 팔로워 각자의 홈 타임라인 캐시에 새로운 트윗을 삽입한다. 그러면 홈 타임라인의 읽기 요청은 요청 결과를 미리 계산했기 때문에 비용이 저렴하다.

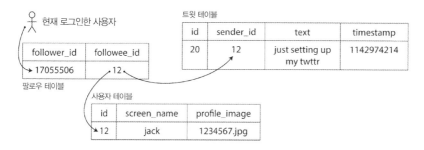

그림 1-2. 트위터 홈 타임라인 구현을 위한 간략한 관계형 스키마

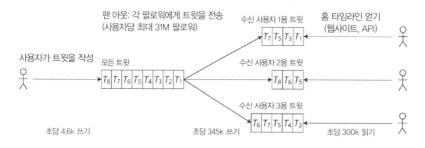

그림 1-3. 2012년 11월 부하 매개변수와 함께 팔로워에게 트윗을 전송하기 위한 트위터의 데이터 파이프라인[16].

트위터의 첫 번째 버전은 접근 방식 1을 사용했는데, 시스템이 홈 타임라인 질의의 부하를 유지하기 위해 고군분투해야 했고, 그 결과 접근 방식 2로 전환했다. 게시된 트윗의 평균 속도가 홈 타임라인 읽기 속도보다 100배 정도 낮기 때문에 접근 방식 2가 더 잘 동작한다. 그래서 이 경우에는 쓰기 시점에 더 많은 일을 하고, 읽기 시점에 적은 일을 하는 것이 바람직하다.

하지만 접근 방식 2의 불리한 점은 이제 트윗 작성이 많은 부가 작업을 필요로 한다는 점이다. 평균적으로 트윗이 약 75명의 팔로워[4]에게 전달되므로 초당 4.6k 트윗은 홈 타임라인 캐시에 초당 345k건의 쓰기가 된다. 그러나 평균값은 사용자마다 팔로워 수가 매우 다르다는 사실을 가린다. 즉 일부 사용자는 팔로워가 3천만 명이 넘는다. 이것은 단일 트윗이 홈 타임라인에 3천만 건 이상의 쓰기 요청이 될지도 모른다는 의미다! 적시에 트윗을 전송하는 작업이(트위터는 5초 이내에 팔로워에게 트윗을 전송하려고 노력한다) 중요한 도전 과제다.

트위터 사례에서 사용자당 팔로워의 분포(해당 사용자의 트윗 빈도에 따라 편중될 수도 있음)는 팬 아웃 부하를 결정하기 때문에 확장성을 논의할 때 핵심 부하 매개변수가 된다. 애플리케이션마다 특성은 매우 다르지만 부하에 대한 추론에 비슷한 원리를 적용할 수 있다.

트위터 일화의 최종 전개는 다음과 같다. 접근 방식 2가 견고하게 구현돼 트위터는 두 접근 방식의 혼합형(hybrid)으로 바꾸고 있다. 대부분 사용자의 트윗은 계속해서 사람들이 작성할 때 홈 타임라인에 펼쳐지지만 팔로워 수가 매우 많은 소수 사용자(예를 들어 유명인)는 팬 아웃에서 제외된다. 사용자가 팔로우한 유명인의 트윗은 별도로 가져와 접근 방식 1처럼 읽는 시점에 사용자의 홈 타임라인에 합친다. 이 혼합형 접근 방식은 좋은 성능으로 지속적인 전송이 가능하다. 조금 더 기술적인 근거를 다룬 후에 12장에서 트위터 사례를 다시 설명한다.

성능 기술하기

일단 시스템 부하를 기술하면 부하가 증가할 때 어떤 일이 일어나는지 조사할 수 있다. 다음 두 가지 방법으로 살펴볼 수 있다.

- 부하 매개변수를 증가시키고 시스템 자원(CPU, 메모리, 네트워크 대역폭 등)은 변경하지 않고 유지하면 시스템 성능은 어떻게 영향을 받을까?
- 부하 매개변수를 증가시켰을 때 성능이 변하지 않고 유지되길 원한다면 자원을 얼마나 많이 자원을 늘려야 할까?

두 질문 모두 성능 수치가 필요하다. 따라서 시스템 성능에 대해 간단히 살펴보자.

하둡(Hadoop) 같은 일괄 처리 시스템은 보통 **처리량(throughput)**(초당 처리할 수 있는 레코드 수나 일정 크기의 데이터 집합으로 작업을 수행할 때 걸리는 전체 시간)에 관심을 가진다.[5] 온라인 시스템에서 더 중요한 사항은 서비스 **응답 시간(response time)**, 즉 클라이언트가 요청을 보내고 응답을 받는 사이의 시간이다.

---

4 (옮긴이) 75=345k/4.6k

5 이상적인 세계에서 일괄 처리 작업의 수행 시간은 데이터 집합의 크기를 처리량으로 나눈 값이다. 현실에서는 쏠림(skew)(데이터가 작업자 프로세스(worker process) 간 균등하게 분산돼 있지 않음)으로 인해 수행 시간이 종종 더 오래 걸리기도 한다. 제일 느린 태스크가 완료되길 기다려야 하기 때문이다.

지연 시간(latency)과 응답 시간(response time)

지연 시간과 **응답 시간**을 종종 같은 뜻으로 사용하지만 동일하지는 않다. 응답 시간은 클라이언트 관점에서 본 시간으로, 요청을 처리하는 실제 시간(서비스 시간) 외에도 네트워크 지연과 큐 지연도 포함한다. 지연 시간은 요청이 처리되길 기다리는 시간으로, 서비스를 기다리며 휴지(latent) 상태인 시간을 말한다[17].

클라이언트가 몇 번이고 반복해서 동일한 요청을 하더라도 매번 응답 시간이 다르다. 실제로 다양한 요청을 다루는 시스템에서 응답 시간은 많이 변한다. 그러므로 응답 시간은 단일 숫자가 아니라 측정 가능한 값의 **분포**로 생각해야 한다.

그림 1-4에서 각 회색 막대는 서비스에 대한 요청을 나타내고 막대의 높이는 요청에 소요된 시간을 보여준다. 대부분의 요청은 꽤 빠르지만 가끔 꽤 오래 걸리는 **특이 값**(outlier)이 있다. 아마도 느린 요청은 더 많은 데이터를 처리하기 때문에 본질적으로 더 비쌀지도 모른다. 하지만 모든 요청에 동일한 시간이 걸려야 한다고 생각하는 상황에도 다양한 값을 얻게 된다. 백그라운드 프로세스의 컨텍스트 스위치(context switch), 네트워크 패킷 손실과 TCP 재전송, 가비지 컬렉션 휴지(garbage collection pause), 디스크에서 읽기를 강제하는 페이지 폴트(page fault), 서버 랙의 기계적인 진동[18]이나 다른 여러 원인으로 추가 지연이 생길 수 있다.

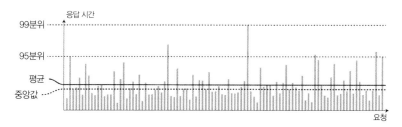

그림 1-4. 평균과 백분위 예시: 서비스에 대한 100건의 샘플 요청에 대한 응답 시간

보고된 서비스 **평균** 응답 시간을 살피는 일은 일반적이다(엄밀히 말하면 "평균"이란 용어가 특정 공식을 의미하지는 않지만 실제로는 대개 **산술 평균**(arithmetic mean, n개 값이 주어지면 모든 값을 더하고 n으로 나눔)으로 이해한다). 하지만 "전형적인" 응답 시간을 알고 싶다면 평균은 그다지 좋은 지표가 아니다. 얼마나 많은 사용자가 실제로 지연을 경험했는지 알려주지 않기 때문이다.

일반적으로 평균보다는 **백분위**(percentile)를 사용하는 편이 더 좋다. 응답 시간 목록을 가지고 가장 빠른 시간부터 제일 느린 시간까지 정렬하면 중간 지점이 **중앙값**(median)이 된다. 예를 들어, 중간 응답 시간이 200밀리초면 요청의 반은 200밀리초 미만으로 반환되고 나머지 반은 그보다 오래 걸린다는 뜻이다.

사용자가 보통 얼마나 오랫동안 기다려야 하는지 알고 싶다면 중앙값이 좋은 지표다. 사용자 요청의 절반은 중앙값 응답 시간 미만으로 제공되고, 나머지 반은 중앙값보다 오래 걸린다. 중앙값은 **50분위**로서 p50으로 축약할 수 있다. 중앙값은 단일 요청을 참고한다는 점을 주의하자. 사용자가 여러 개의 요청을 보내면(세션이 많거나 한 페이지에 여러 자원이 포함돼 있어서) 최소한 하나의 요청이 중앙값보다 느릴 확률이 50%보다 훨씬 높다.

특히 값이 얼마나 좋지 않은지 알아보려면 상위 백분위를 살펴보는 것도 좋다. 이때 사용하는 백분위는 **95분위, 99분위, 99.9분위**가 일반적이다(축약해서 **p95, p99, p999**). 요청의 95%, 99%, 99.9%가 특정 기준치보다 더 빠르면 해당 특정 기준치가 각 백분위의 응답 시간 기준치가 된다. 예를 들어, 95분위 응답 시간이 1.5초라면 100개의 요청 중 95개는 1.5초 미만이고, 100개의 요청 중 5개는 1.5초보다 더 걸린다. 그림 1-4에서 이를 확인할 수 있다.

꼬리 지연 시간(tail latency)으로 알려진 상위 백분위 응답 시간은 서비스의 사용자 경험에 직접 영향을 주기 때문에 중요하다. 예를 들어 아마존은 내부 서비스의 응답 시간 요구사항을 99.9분위로 기술한다. 99.9분위는 요청 1,000개 중 1개만 영향이 있음에도 말이다. 보통 응답 시간이 가장 느린 요청을 경험한 고객들은 많은 구매를 해서 고객 중에서 계정에 가장 많은 데이터를 갖고 있어서다(즉, 이 고객들은 가장 소중한 고객이다[19]). 웹 사이트를 빠르게 제공 가능하게끔 보장해 고객을 계속 행복하게 만드는 게 중요하다. 아마존은 응답 시간이 100밀리초 증가하면 판매량이 1% 줄어들고[20] 1초가 느려지면 고객의 만족도 지표는 16% 줄어드는 현상[21, 22]을 관찰했다.

반면 99.99분위(10,000건의 요청 중 가장 느린 1건)를 최적화하는 작업에는 비용이 너무 많이 들어서 아마존이 추구하는 목표에 충분히 이익을 가져다주지 못한다고 여겨진다. 최상위 백분위는 통제할 수 없는 임의 이벤트에 쉽게 영향을 받기 때문에 응답 시간을 줄이기가 매우 어려워 이점은 더욱 줄어든다.

예를 들어 백분위는 **서비스 수준 목표(service level objective, SLO)**와 **서비스 수준 협약서(service level agreement, SLA)**에 자주 사용하고 기대 성능과 서비스 가용성을 정의하는 계약서에도 자주 등장한다. 다음 문장은 서비스 수준 협약서의 한 예다. "응답 시간 중앙값이 200밀리초 미만이고 99분위가 1초 미만인 경우(응답 시간이 길면 서비스가 종료될 수도 있다) 정상 서비스 상태로 간주하며 서비스 제공 시간은 99.9% 이상이어야 한다." 이런 지표는 서비스 클라이언트의 기대치를 설정해 서비스 수준 협약서를 지키지 못하면 고객이 환불을 요구할 수 있게 한다.

큐 대기 지연(queueing delay)은 높은 백분위에서 응답 시간의 상당 부분을 차지한다. 서버는 병렬로 소수의 작업만 처리할 수 있기 때문에(예를 들어 CPU 코어 수에 제한됨) 소수의 느린 요청 처리만으로도 후속 요청 처리가 지체된다. 이 현상을 **선두 차단**(head-of-line blocking)이라 한다. 서버에서 후속 요청이 빠르게 처리되더라도 이전 요청이 완료되길 기다리는 시간 때문에 클라이언트는 전체적으로 응답 시간이 느리다고 생각할 것이다. 이런 문제 때문에 클라이언트 쪽 응답 시간 측정이 중요하다.

시스템의 확장성을 테스트하려고 인위적으로 부하를 생성하는 경우 부하 생성 클라이언트는 응답 시간과 독립적으로 요청을 지속적으로 보내야 한다. 만약 클라이언트가 다음 요청을 보내기 전에 이전 요청이 완료되길 기다리면 테스트에서 인위적으로 대기 시간을 실제보다 더 짧게 만들어 평가를 왜곡한다[23].

실전 백분위

상위 백분위는 단일 최종 사용자 요청의 일부로서 여러 번 호출되는 백엔드 서비스에서 특히 중요하다. 병렬로 호출해도 최종 사용자 요청은 여전히 병렬 호출 중 가장 느린 호출이 완료되길 기다려야 한다. 그림 1-5에서 볼 수 있듯이 하나의 호출만으로도 전체 최종 사용자의 요청을 느리게 할 수 있다. 작은 비율의 백엔드 호출만 느려도 최종 사용자 요청이 여러 번 백엔드를 호출하면 느린 호출이 발생할 가능성이 증가한다. 그래서 최종 사용자 요청 중 많은 비율의 응답 시간이 결국 느려진다. 이 효과를 **꼬리 지연 증폭**(tail latency amplification)이라 한다[24].

서비스의 모니터링 대시보드에 응답 시간 백분위를 추가하려면 지속적으로 백분위를 효율적으로 계산할 필요가 있다. 예를 들어, 지난 10분간 요청의 응답 시간을 롤링 윈도(rolling window)로 유지하고 싶다면 1분마다 구간 내 중앙값과 다양한 백분위를 계산해 각 지표를 그래프에 그리면 된다.

단순한 구현으로 시간 구간 내 모든 요청의 응답 시간 목록을 유지하고 1분마다 목록을 정렬하는 방법이 있다. 이 구현이 너무 비효율적이라면 상황에 따라 포워드 디케이(forward decay)[25], T 다이제스트(t-digest)[26], Hdr히스토그램(HdrHistogram)[27] 같은, CPU와 메모리 비용을 최소로 하면서 좋은 백분위 근사치를 계산할 수 있는 알고리즘이 있다. 백분위 평균(예를 들어, 시간 해상도를 줄이거나 여러 장비의 데이터를 결합하기)은 수학적으로 의미가 없으니 주의하자. 응답 시간 데이터를 집계하는 올바른 방법은 히스토그램을 추가하는 것이다[28].

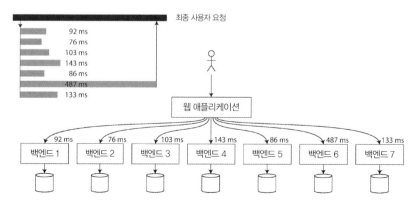

그림 1-5. 요청을 처리하기 위해 여러 번 백엔드 호출이 필요한 상황에서 단 하나의 느린 백엔드 요청이 전체 최종 사용자 요청을 느리게 한다.

부하 대응 접근 방식

성능 측정을 위한 부하와 지표를 기술하는 매개변수에 대해 설명했으니 본격적으로 확장성 논의를 시작한다. 부하 매개변수가 어느 정도 증가하더라도 좋은 성능을 유지하려면 어떻게 해야 할까?

부하 수준 1단계에 적합한 아키텍처로는 10배의 부하를 대응할 수 없다. 급성장하는 서비스를 맡고 있다면 부하 규모의 자릿수가 바뀔 때마다 혹은 그보다 자주 아키텍처를 재검토해야 할지 모른다.

사람들은 확장성과 관련해 **용량 확장**(scaling up)(**수직 확장**(vertical scaling), 좀 더 강력한 장비로 이동)과 **규모 확장**(scaling out)(**수평 확장**(horizontal scaling), 다수의 낮은 사양 장비에 부하를 분산)으로 구분해서 말하곤 한다. 다수의 장비에 부하를 분산하는 아키텍처를 **비공유**(shared-nothing) 아키텍처라 부른다. 단일 장비에서 수행될 수 있는 시스템은 보통 간단하지만 고사양 장비는 매우 비싸기 때문에 상당히 집약된 작업 부하는 대개 규모 확장을 피하지 못한다. 현실적으로 좋은 아키텍처는 실용적인 접근 방식의 조합이 필요하다. 예를 들어 적절한 사양의 장비 몇 대가 다량의 낮은 사양 가상 장비보다 여전히 훨씬 간단하고 저렴하다.

일부 시스템은 **탄력적**(elastic)이다. 즉 부하 증가를 감지하면 컴퓨팅 자원을 자동으로 추가할 수 있다. 반면 그렇지 않은 시스템은 수동으로 확장(사람이 용량을 분석하고 시스템에 더 많은 장비 추가를 결정)해야 한다. 탄력적인 시스템은 부하를 예측할 수 없을 만큼 높은 경우 유용하지만 수동으로 확장하는 시스템이 더 간단하고 운영상 예상치 못한 일이 더 적다(209쪽의 "파티션 재균형화" 참고).

다수의 장비에 상태 비저장(stateless) 서비스를 배포하는 일은 상당히 간단하다. 하지만 단일 노드에 상태 유지(stateful) 데이터 시스템을 분산 설치하는 일은 아주 많은 복잡도가 추가적으로 발생한다. 이런 이유로 확장 비용이나 데이터베이스를 분산으로 만들어야 하는 고가용성 요구가 있을 때까지 단일 노드에 데이터베이스를 유지하는 것(용량 확장)이 최근까지의 통념이다.

분산 시스템을 위한 도구와 추상화가 좋아지면서 이 통념이 적어도 일부 애플리케이션에서는 바뀌었다. 대용량 데이터와 트래픽을 다루지 않는 사용 사례에도 분산 데이터 시스템이 향후 기본 아키텍처로 자리 잡을 가능성이 있다. 이 책의 나머지 부분에서는 많은 종류의 분산 데이터 시스템을 다루고 확장성뿐만 아니라 손쉬운 사용과 유지보수를 어떻게 달성하는지 설명한다.

대개 대규모로 동작하는 시스템의 아키텍처는 해당 시스템을 사용하는 애플리케이션에 특화돼 있다. 범용적이고 모든 상황에 맞는(one-size-fits-all) 확장 아키텍처(비공식적으로 마법의 확장 소스(magic scaling source)라 부른다)는 없다. 아키텍처를 결정하는 요소는 읽기의 양, 쓰기의 양,

저장할 데이터의 양, 데이터의 복잡도, 응답 시간 요구사항, 접근 패턴 등이 있다. 혹은 (대개) 이 요소 중 일부 조합에 더 많은 문제가 추가된 경우도 있다.

예를 들어 각 크기가 1kB인 초당 100,000건의 요청을 처리하도록 설계한 시스템과 각 크기가 2GB인 분당 3건의 요청을 처리하기 위해 설계한 시스템은 서로 같은 데이터 처리량이라 해도 매우 다르다.

특정 애플리케이션에 적합한 확장성을 갖춘 아키텍처는 주요 동작이 무엇이고 잘 하지 않는 동작이 무엇인지에 대한 가정을 바탕으로 구축한다. 이 가정은 곧 부하 매개변수가 된다. 이 가정이 잘못되면 확장에 대한 엔지니어링 노력은 헛수고가 되고 최악의 경우 역효과를 낳는다. 스타트업 초기 단계나 검증되지 않은 제품의 경우에 미래를 가정한 부하에 대비해 확장하기보다는 빠르게 반복해서 제품 기능을 개선하는 작업이 좀 더 중요하다.

확장성을 갖춘 아키텍처가 특정 애플리케이션에 특화됐을지라도 이런 아키텍처는 보통 익숙한 패턴으로 나열된 범용적인 구성 요소로 구축한다. 이 책에서는 이러한 구성 요소와 패턴에 대해 설명한다.

유지보수성

소프트웨어 비용의 대부분은 초기 개발이 아니라 지속해서 이어지는 유지보수에 들어간다는 사실은 잘 알려져 있다. 이런 유지보수에는 버그 수정, 시스템 운영 유지, 장애 조사, 새로운 플랫폼 적응, 새 사용 사례를 위한 변경, 기술 채무(technical debt) 상환, 새로운 기능 추가 등이 있다.

유감스럽게도 여전히 소프트웨어 시스템상에서 일하는 많은 사람은 소위 **레거시** 시스템 유지보수 작업을 좋아하지 않는다. 어쩌면 다른 사람의 실수를 고쳐야 하거나 한물 간 플랫폼에서 작업해야 하거나 정말 하기 싫은 일을 해야 하는 시스템에 관여해야 하기 때문이다. 모든 레거시 시스템은 각자 나름대로의 불편함이 있다. 그래서 이런 레거시 시스템을 다루기 위해 일반적으로 추천할 만한 방법을 제시하는 일은 매우 어렵다.

하지만 희망적인 점은 유지보수 중 고통을 최소화하고 레거시 소프트웨어를 직접 만들지 않게끔 소프트웨어를 설계할 수 있다는 것이다. 아니 꼭 그래야 한다. 그러기 위해 주의를 기울여야 할 소프트웨어 시스템 설계 원칙은 다음 세 가지다.

운용성(operability)

운영팀이 시스템을 원활하게 운영할 수 있게 쉽게 만들어라.

단순성(simplicity)

시스템에서 복잡도를 최대한 제거해 새로운 엔지니어가 시스템을 이해하기 쉽게 만들어라(사용자 인터페이스의 단순성과는 다르다는 점에 유의하라).

발전성(evolvability)

엔지니어가 이후에 시스템을 쉽게 변경할 수 있게 하라. 그래야 요구사항 변경 같은 예기치 않은 사용 사례를 적용하기가 쉽다. 이 속성은 **유연성(extensibility)**, **수정 가능성(modifiability)**, **적응성(plasticity)**으로 알려져 있다.

이전에 설명했지만 신뢰성, 확장성을 달성하기 위한 쉬운 해결책은 없다. 그보다 운용성, 단순성, 발전성을 염두에 두고 시스템을 생각하려 노력해야 한다.

운용성: 운영의 편리함 만들기

"좋은 운영은 종종 나쁜(또는 불완전한) 소프트웨어의 제약을 피하는 대안이 될 수 있다. 하지만 좋은 소프트웨어라도 나쁘게 운영할 경우 작동을 신뢰할 수 없다."[12]는 말이 있다. 운영 중 일부 측면은 자동화할 수 있고 또 자동화해야 한다. 그러나 자동화를 처음 설정하고 제대로 동작하는지 확인하는 일은 여전히 사람의 몫이다.

시스템이 지속해서 원활하게 작동하려면 운영팀이 필수다. 좋은 운영팀은 일반적으로 다음과 같은 작업 등을 책임진다[29].

- 시스템 상태를 모니터링하고 상태가 좋지 않다면 빠르게 서비스를 복원

- 시스템 장애, 성능 저하 등의 문제의 원인을 추적

- 보안 패치를 포함해 소프트웨어와 플랫폼을 최신 상태로 유지

- 다른 시스템이 서로 어떻게 영향을 주는지 확인해 문제가 생길 수 있는 변경 사항을 손상을 입히기 전에 차단

- 미래에 발생 가능한 문제를 예측해 문제가 발생하기 전에 해결(예를 들어 용량 계획)

- 배포, 설정 관리 등을 위한 모범 사례와 도구를 마련

- 애플리케이션을 특정 플랫폼에서 다른 플랫폼으로 이동하는 등 복잡한 유지보수 태스크를 수행

- 설정 변경으로 생기는 시스템 보안 유지보수

- 예측 가능한 운영과 안정적인 서비스 환경을 유지하기 위한 절차 정의

- 개인 인사 이동에도 시스템에 대한 조직의 지식을 보존함

좋은 운영성이란 동일하게 반복되는 태스크를 쉽게 수행하게끔 만들어 운영팀이 고부가가치 활동에 노력을 집중한다는 의미다. 데이터 시스템은 동일 반복 태스크를 쉽게 하기 위해 아래 항목 등을 포함해 다양한 일을 할 수 있다.

- 좋은 모니터링으로 런타임(runtime) 동작과 시스템의 내부에 대한 가시성 제공
- 표준 도구를 이용해 자동화와 통합을 위한 우수한 지원을 제공
- 개별 장비 의존성을 회피. 유지보수를 위해 장비를 내리더라도 시스템 전체에 영향을 주지 않고 계속해서 운영 가능해야 함.
- 좋은 문서와 이해하기 쉬운 운영 모델(예를 들어 "X를 하면 Y가 발생한다") 제공
- 만족할 만한 기본 동작을 제공하고, 필요할 때 기본값을 다시 정의할 수 있는 자유를 관리자에게 부여
- 적절하게 자기 회복(self-healing)이 가능할 뿐 아니라 필요에 따라 관리자가 시스템 상태를 수동으로 제어할 수 있게 함
- 예측 가능하게 동작하고 예기치 않은 상황을 최소화함

단순성: 복잡도 관리

소규모 소프트웨어 프로젝트에서는 간단하고 표현이 풍부한 코드로 말끔하게 시스템을 작성할 수 있지만 프로젝트가 커짐에 따라 시스템은 매우 복잡하고 이해하기 어려워진다. 복잡도는 같은 시스템에서 작업해야 하는 모든 사람의 진행을 느리게 하고 나아가 유지보수 비용이 증가한다. 복잡도 수렁에 빠진 소프트웨어 프로젝트를 때론 **커다란 진흙 덩어리(big ball of mud)**로 묘사한다[30].

복잡도는 다양한 증상으로 나타난다. 상태 공간의 급증, 모듈 간 강한 커플링(tight coupling), 복잡한 의존성, 일관성 없는 명명(naming)과 용어, 성능 문제 해결을 목표로 한 해킹, 임시방편으로 문제를 해결한 특수 사례(special-casing) 등이 이런 증상이다. 이 주제는 이미 많이 회자되고 있다[31, 32, 33].

복잡도 때문에 시스템 유지보수가 어려울 때 예산과 일정이 초과되곤 한다. 복잡한 소프트웨어에서는 변경이 있을 때 버그가 생길 위험이 더 크다. 개발자가 시스템을 이해하고 추론하기 어려워지면 시스템에 숨겨진 가정과 의도치 않은 결과 및 예기치 않은 상호작용을 간과하기 쉽다. 반대로 복잡도를 줄이면 소프트웨어 유지보수성이 크게 향상된다. 따라서 단순성이 구축하려는 시스템의 핵심 목표여야 한다.

시스템을 단순하게 만드는 일이 반드시 기능을 줄인다는 의미는 아니다. **우발적 복잡도(accidental complexity)**를 줄인다는 뜻일 수도 있다. 모슬리(Moseley)와 마크스(Marks)[32]는 우발적 복잡

도를 소프트웨어가 풀어야 할 (사용자에게 보이는) 문제에 내재하고 있지 않고 구현에서만 발생하는 것으로 정의했다.

우발적 복잡도를 제거하기 위한 최상의 도구는 **추상화**다. 좋은 추상화는 깔끔하고 직관적인 외관 아래로 많은 세부 구현을 숨길 수 있다. 또한 좋은 추상화는 다른 다양한 애플리케이션에서도 사용 가능하다. 이러한 재사용은 비슷한 기능을 여러 번 재구현하는 것보다 더 효율적일 뿐만 아니라 고품질 소프트웨어로 이어진다. 추상화된 구성 요소의 품질 향상이 이를 사용하는 모든 애플리케이션에 도움이 되기 때문이다.

예를 들어, 고수준 프로그래밍 언어는 기계 언어, CPU 레지스터, 시스템 호출을 숨긴 추상화다. SQL은 디스크에 기록하고 메모리에 저장한 복잡한 데이터 구조와 다른 클라이언트의 동시 요청과 고장 후 불일치를 숨긴 추상화다. 물론 고수준 언어로 프로그래밍해도 여전히 기계어를 사용한다. 단지 **직접** 사용하지 않을 뿐이다. 프로그래밍 언어의 추상화 덕분에 기계어를 생각할 필요가 없기 때문이다.

하지만 좋은 추상화를 찾기는 매우 어렵다. 분산 시스템 분야에는 여러 좋은 알고리즘이 있다. 하지만 관리 가능한 수준에서 시스템 복잡도를 유지하는 데 도움이 되는 추상화로 이런 알고리즘을 묶는 방법은 명확하지 않다.

책 전반에 걸쳐 좋은 추상화를 눈여겨볼 것이다. 이런 추상화는 큰 시스템의 일부를, 잘 정의되고 재사용 가능한 구성 요소로 추출할 수 있게 한다.

발전성: 변화를 쉽게 만들기

시스템의 요구사항이 영원히 바뀌지 않을 가능성은 매우 적다. 시스템의 요구사항이 끊임없이 변할 가능성이 훨씬 크다. 새로운 사실을 배우고 미처 예기치 않은 사용 사례가 나타나고 비즈니스 우선순위가 바뀌고 사용자가 새로운 기능을 요청하고 새로운 플랫폼이 기존 플랫폼을 대체하고 법적 또는 규제 요구사항이 변경되고 시스템의 성장으로 인한 아키텍처 변화 등이 이런 요구사항에 해당한다.

조직 프로세스 측면에서 **애자일(agile)** 작업 패턴은 변화에 적응하기 위한 프레임워크를 제공한다. 또한 애자일 커뮤니티는 테스트 주도 개발(test-driven development(TDD))과 리팩토링(refactoring) 같이 자주 변화하는 환경에서 소프트웨어를 개발할 때 도움이 되는 기술 도구와 패턴을 개발하고 있다.

이런 애자일 기법에 대한 설명은 대부분 매우 작고, 로컬 규모(동일 애플리케이션 내 소스코드 파일이 몇 개만 있음)에 초점을 맞추고 있다. 이 책에서는 다양한 애플리케이션이나 다른 특성을 가진 서비스로 구성된 대규모 데이터 시스템 수준에서 민첩성을 높이는 방법을 찾는다. 예를 들면 홈 타임라인을 구성하기 위한 트위터의 아키텍처(11쪽의 "부하 기술하기")를 접근 방식 1에서 접근 방식 2로 "리팩토링"하는 방법을 찾는다.

데이터 시스템 변경을 쉽게 하고 변화된 요구사항에 시스템을 맞추는 방법은 시스템의 간단함과 추상화와 밀접한 관련이 있다. 간단하고 이해하기 쉬운 시스템은 대개 복잡한 시스템보다 수정하기 쉽다. 하지만 이것은 매우 중요한 개념이기 때문에 데이터 시스템 수준에서 민첩성을 언급할 때는 민첩성 대신 다른 단어로 **발전성**을 사용하겠다[34].

정리

이번 장에서는 데이터 중심 애플리케이션을 생각하는 기본적인 방법 몇 가지를 살펴봤다. 이 원칙들은 이 책의 나머지 부분에서 기술적인 세부 사항을 좀 더 깊게 살펴보는 데 도움될 것이다.

애플리케이션이 유용하려면 다양한 요구사항을 충족시켜야 한다. 다양한 요구사항에는 **기능적 요구사항**(여러 방법으로 데이터를 저장하고 조회하고 검색하고 처리하게끔 허용하는 작업과 같이 해야 하는 일)과 **비기능적 요구사항**(보안, 신뢰성, 법규 준수, 확장성, 호환성, 유지보수성과 같은 일반속성)이 있다. 이번 장에서는 신뢰성, 확장성, 유지보수성을 자세히 살펴봤다.

신뢰성은 결함이 발생해도 시스템이 올바르게 동작하게 만든다는 의미다. 결함은 (일반적으로 무작위적이고 비상관 관계의) 하드웨어와 (보통 체계적이고 다루기 어려운) 소프트웨어 버그와 (가끔 불가피하게 실수를 하는) 사람에게 있을 수 있다. 내결함성 기술은 최종 사용자에게 특정 유형의 결함을 숨길 수 있게 해준다.

확장성은 부하가 증가해도 좋은 성능을 유지하기 위한 전략을 의미한다. 확장성을 설명하려면 먼저 양적으로 부하와 성능을 설명하는 방법이 필요하다. 부하를 설명하는 예로 트위터의 홈 타임라인을, 성능 측정 방법으로 응답 시간 백분위를 간단히 살펴봤다. 확장 가능한 시스템에서는 부하가 높은 상태에서 신뢰성을 유지하기 위해 처리 용량을 추가할 수 있다.

유지보수성에는 많은 측면이 있지만 유지보수성의 본질은 시스템에서 작업하는 엔지니어와 운영 팀의 삶을 개선하는 데 있다. 좋은 추상화는 복잡도를 줄이고 쉽게 시스템을 변경할 수 있게 하며 새로운 사용 사례에 적용하는 데 도움이 된다. 좋은 운용성이란 시스템의 건강 상태를 잘 관찰할 수 있고 시스템을 효율적으로 관리하는 방법을 보유한다는 의미다.

안타깝게도 애플리케이션을 신뢰할 수 있고 확장 가능하며 유지보수하기 쉽게 만들어주는 간단한 해결책은 없다. 하지만 여러 애플리케이션에서 계속 재현되는 특정 패턴과 기술이 있다. 이후 몇 개의 장에서는 데이터 시스템 몇 가지를 예제로 살펴보고 이런 목표를 향해 데이터 시스템이 어떻게 작동하는지 분석한다.

이 책의 3부에서는 그림 1-1처럼 여러 구성 요소가 함께 동작하도록 구성한 시스템 패턴을 살펴본다.

참고 문헌

[1] Michael Stonebraker and Uğur Çetintemel: "'One Size Fits All': An Idea Whose Time Has Come and Gone," at *21st International Conference on Data Engineering* (ICDE), April 2005.

[2] Walter L. Heimerdinger and Charles B. Weinstock: "A Conceptual Framework for System Fault Tolerance," Technical Report CMU/SEI-92-TR-033, Software Engineering Institute, Carnegie Mellon University, October 1992.

[3] Ding Yuan, Yu Luo, Xin Zhuang, et al.: "Simple Testing Can Prevent Most Critical Failures: An Analysis of Production Failures in Distributed Data-Intensive Systems," at *11th USENIX Symposium on Operating Systems Design and Implementation* (OSDI), October 2014.

[4] Yury Izrailevsky and Ariel Tseitlin: "The Netflix Simian Army," *techblog.netflix.com*, July 19, 2011.

[5] Daniel Ford, François Labelle, Florentina I. Popovici, et al.: "Availability in Globally Distributed Storage Systems," at *9th USENIX Symposium on Operating Systems Design and Implementation* (OSDI), October 2010.

[6] Brian Beach: "Hard Drive Reliability Update – Sep 2014," *backblaze.com*, September 23, 2014.

[7] Laurie Voss: "AWS: The Good, the Bad and the Ugly," *blog.awe.sm*, December 18, 2012.

[8] Haryadi S. Gunawi, Mingzhe Hao, Tanakorn Leesatapornwongsa, et al.: "What Bugs Live in the Cloud?," at *5th ACM Symposium on Cloud Computing* (SoCC), November 2014. doi:10.1145/2670979.2670986

[9] Nelson Minar: "Leap Second Crashes Half the Internet," *somebits.com*, July 3, 2012.

[10] Amazon Web Services: "Summary of the Amazon EC2 and Amazon RDS Ser- vice Disruption in the US East Region," *aws.amazon.com*, April 29, 2011.

[11] Richard I. Cook: "How Complex Systems Fail," Cognitive Technologies Laboratory, April 2000.

[12] Jay Kreps: "Getting Real About Distributed System Reliability," *blog.empathybox.com*, March 19, 2012.

[13] David Oppenheimer, Archana Ganapathi, and David A. Patterson: "Why Do Internet Services Fail, and What Can Be Done About It?," at *4th USENIX Symposium on Internet Technologies and Systems* (USITS), March 2003.

[14] Nathan Marz: "Principles of Software Engineering, Part 1," *nathanmarz.com*, April 2, 2013.

[15] Michael Jurewitz: "The Human Impact of Bugs," *jury.me*, March 15, 2013.

[16] Raffi Krikorian: "Timelines at Scale," at *QCon San Francisco*, November 2012.

[17] Martin Fowler: *Patterns of Enterprise Application Architecture*. Addison Wesley, 2002. ISBN: 978-0-321-12742-6

[18] Kelly Sommers: "After all that run around, what caused 500ms disk latency even when we replaced physical server?" *twitter.com*, November 13, 2014.

[19] Giuseppe DeCandia, Deniz Hastorun, Madan Jampani, et al.: "Dynamo: Ama- zon's Highly Available Key-Value Store," at *21st ACM Symposium on Operating Systems Principles* (SOSP), October 2007.

[20] Greg Linden: "Make Data Useful," slides from presentation at Stanford University Data Mining class (CS345), December 2006.

[21] Tammy Everts: "The Real Cost of Slow Time vs Downtime," *webperformancetoday.com*, November 12, 2014.

[22] Jake Brutlag: "Speed Matters for Google Web Search," *googleresearch.blogspot.co.uk*, June 22, 2009.

[23] Tyler Treat: "Everything You Know About Latency Is Wrong," *bravenewgeek.com*, December 12, 2015.

[24] Jeffrey Dean and Luiz André Barroso: "The Tail at Scale," *Communications of the ACM*, volume 56, number 2, pages 74–80, February 2013. doi:10.1145/2408776.2408794

[25] Graham Cormode, Vladislav Shkapenyuk, Divesh Srivastava, and Bojian Xu: "Forward Decay: A Practical Time Decay Model for Streaming Systems," at *25th IEEE International Conference on Data Engineering* (ICDE), March 2009.

[26] Ted Dunning and Otmar Ertl: "Computing Extremely Accurate Quantiles Using t-Digests," *github.com*, March 2014.

[27] Gil Tene: "HdrHistogram," *hdrhistogram.org*.

[28] Baron Schwartz: "Why Percentiles Don't Work the Way You Think," *vividcortex.com*, December 7, 2015.

[29] James Hamilton: "On Designing and Deploying Internet-Scale Services," at *21st Large Installation System Administration Conference* (LISA), November 2007.

[30] Brian Foote and Joseph Yoder: "Big Ball of Mud," at *4th Conference on Pattern Languages of Programs* (PLoP), September 1997.

[31] Frederick P Brooks: "No Silver Bullet – Essence and Accident in Software Engi- neering," in *The Mythical Man-Month*, Anniversary edition, Addison-Wesley, 1995. ISBN: 978-0-201-83595-3

[32] Ben Moseley and Peter Marks: "Out of the Tar Pit," at *BCS Software Practice Advancement* (SPA), 2006.

[33] Rich Hickey: "Simple Made Easy," at *Strange Loop*, September 2011.

[34] Hongyu Pei Breivold, Ivica Crnkovic, and Peter J. Eriksson: "Analyzing Software Evolvability," at *32nd Annual IEEE International Computer Software and Applications Conference* (COMPSAC), July 2008. doi:10.1109/COMPSAC.2008.50

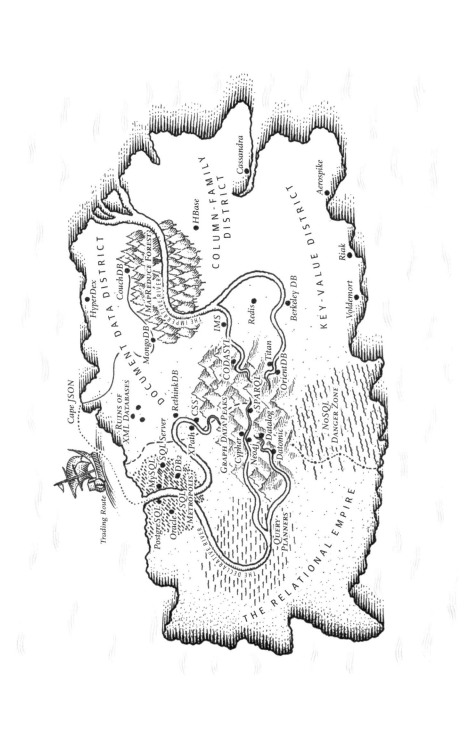

THE DECLARATIVE RIVER

Trading Route

Cape JSON

HyperDex

DOCUMENT DATA DISTRICT

MongoDB

CouchDB

THE IMPERATIVE RIVER

MAPREDUCE FOREST

RUINS OF
XML DATABASES

RethinkDB

XPath

CSS

SQL Server

MySQL

SQL
METROPOLIS

PostgreSQL

Oracle

DB2

Cypher

Neo4j

GRAPH DATA PEAKS

Datalog

Datomic

CODASYL

SPARQL

Titan

OrientDB

QUERY
PLANNERS

THE DECLARATIVE RIVER

THE RELATIONAL EMPIRE

IMS

Redis

Berkeley DB

COLUMN-FAMILY
DISTRICT

HBase

Cassandra

KEY-VALUE DISTRICT

Aerospike

Riak

Voldemort

NoSQL
DANGER ZONE

02장

데이터 모델과
질의 언어

내 언어의 한계는 내 세계의 한계를 의미한다.

– 루트비히 비트겐슈타인, 논리-철학 논고(1922)

데이터 모델은 아마도 소프트웨어 개발에서 제일 중요한 부분일 것이다. 왜냐하면 데이터 모델은 소프트웨어가 어떻게 작성됐는지 뿐만 아니라 해결하려는 **문제를 어떻게 생각해야 하는지**에 대해서도 지대한 영향을 미치기 때문이다.

대부분의 애플리케이션은 하나의 데이터 모델을 다른 데이터 모델 위에 계층을 둬서 만든다. 각 계층의 핵심적인 문제는 다음 하위 계층 관점에서 데이터 모델을 **표현**하는 방법이다. 예를 들어 보자.

- 애플리케이션 개발자는 현실(사람, 조직, 상품, 행동, 자금 흐름, 센서 등)을 보고 객체나 데이터 구조, 그리고 이러한 데이터 구조를 다루는 API를 모델링한다. 이런 구조는 보통 애플리케이션에 특화돼 있다.

- 데이터 구조를 저장할 때는 JSON이나 XML 문서, 관계형 데이터베이스 테이블이나 그래프 모델 같은 범용 데이터 모델로 표현한다.

- 데이터베이스 소프트웨어를 개발하는 엔지니어는 JSON/XML/관계형/그래프 데이터를 메모리나 디스크 또는 네트워크 상의 바이트 단위로 표현하는 방법을 결정한다. 이 표현은 다양한 방법으로 데이터를 질의, 탐색, 조작, 처리할 수 있게 한다.

- 더 낮은 수준에서 하드웨어 엔지니어는 전류, 빛의 파동, 자기장 등의 관점에서 바이트를 표현하는 방법을 알아냈다.

복잡한 애플리케이션에서는 여러 API를 기반으로 만든 API처럼 중간 단계를 더 둘 수 있지만 기본 개념은 여전히 동일하다. 각 계층은 명확한 데이터 모델을 제공해 하위 계층의 복잡성을 숨긴다. 이 추상화는 다른 그룹의 사람들(예를 들어 데이터베이스 벤더의 엔지니어와 데이터베이스를 사용하는 애플리케이션 개발자)이 효율적으로 함께 일할 수 있게끔 한다.

다양한 유형의 데이터 모델이 있고 각 데이터 모델은 사용 방법에 대한 가정을 나타낸다. 어떤 종류의 사용법은 쉽고 어떤 동작은 지원하지 않는다. 어떤 연산은 빠르지만 또 어떤 연산은 매우 느리게 작동한다. 어떤 데이터 변환은 자연스럽지만 다른 어떤 데이터 변환은 부자연스럽다.

하나의 데이터 모델만을 완전히 익히는 데도 많은 노력이 필요하다(관계형 데이터 모델링 책이 얼마나 많은지 생각해보자). 데이터 모델을 하나만 사용하고 내부 동작에 대한 걱정이 없을지라도 소프트웨어 작성은 그 자체로 충분히 어렵다. 그러나 데이터 모델은 그 위에서 소프트웨어가 할 수 있는 일과 할 수 없는 일에 지대한 영향을 주므로 애플리케이션에 적합한 데이터 모델을 선택하는 작업은 상당히 중요하다.

이번 장에서는 데이터 저장과 질의(앞의 목록에서 2번 항목)를 위한 다양한 범용 데이터 모델을 살펴본다. 특히 관계형 모델(relational model)과 문서 모델(document model), 그리고 몇 가지 그래프 기반 데이터 모델(graph-based data model)을 비교한다. 또한 다양한 질의 언어를 살펴보고 사용 사례도 비교한다. 3장에서는 이런 데이터 모델이 실제로 어떻게 구현(앞의 목록에서 3번 항목)되는지 저장소 엔진의 동작 방식을 통해 설명하겠다.

관계형 모델과 문서 모델

오늘날 가장 잘 알려진 데이터 모델은 1970년 에드가 코드(Edgar Codd)가 제안한 관계형 모델[1]을 기반으로 한 SQL이다. 데이터는 (SQL에서 **테이블**이라 불리는) **관계(relation)**로 구성되고 각 관계는 순서 없는 **튜플(tuple)**(SQL에서 **로우(row)**) 모음이다.

관계형 모델은 이론적 제안이었고 당시 많은 사람은 관계형 모델을 효율적으로 구현할 수 있을지 의문을 제기했다. 하지만 1980년대 중반에 관계형 데이터베이스 관리 시스템(relational database management system, RDBMS)과 SQL은 정규화된 구조로 데이터를 저장하고 질의할 필요가 있는 사람들 대부분이 선택하는 도구가 됐다. 관계형 데이터베이스의 우위는 약 25 ~ 30년 정도(컴퓨터 역사에서는 아주 오랜 시간) 지속됐다.

관계형 데이터베이스의 근원은 1960년대와 1970년대에 메인프레임 컴퓨터에서 수행된 **비즈니스 데이터 처리**에 있다. 이 사용 사례는 보통 **트랜잭션 처리**(영업이나 은행 거래, 항공 예약, 창고에 재고 보관)와 **일괄 처리**(고객 송장 작성, 급여 지불, 보고)로 오늘날의 관점에서는 일상적으로 수행되는 일이다.

당시 다른 데이터베이스를 사용하는 애플리케이션 개발자는 데이터베이스의 내부 데이터 표현에 대해 많이 고민해야 했지만 관계형 모델의 목표는 정리된 인터페이스 뒤로 구현 세부 사항을 숨기는 것이다.

수년 동안 데이터 저장과 질의를 위해 많은 접근 방식이 경쟁했다. 1970년대와 1980년대 초반에는 **네트워크 모델**과 **계층 모델**이 주요 대안이었지만 결국 관계형 모델이 우위를 차지했다. 객체 데이터베이스는 1980년대 후반과 1990년 초반에 나타났다가 다시 사라졌다. XML 데이터베이스는 2000년대 초반에 등장했지만 매우 적게 채택됐다. 관계형 모델의 경쟁자들은 당시에 대대적으로 과장 광고를 했지만 얼마 가지 않았다[2].

컴퓨터가 훨씬 더 강력해지고 네트워크화됨에 따라 컴퓨터를 점점 더 다양한 목적으로 사용하기 시작했다. 놀랍게도 관계형 데이터베이스가 비즈니스 데이터 처리라는 본래 영역을 넘어 폭넓은 다양한 사용 사례에도 보편화되는 것으로 나타났다. 오늘날 웹에서 볼 수 있는 대부분의 서비스(예를 들어 온라인 게시물, 토론, 소셜 네트워크, 전자 상거래, 게임, SaaS(software-as-a-service) 생산성 애플리케이션 등)는 여전히 관계형 데이터베이스를 통해 제공된다.

NoSQL의 탄생

현재 2010년대에 NoSQL은 관계형 모델의 우위를 뒤집으려는 가장 최신 시도다. "NoSQL"이라는 이름은 실제로 어떤 특정 기술을 참고한 것이 아니기에 적절하지 않다. 원래 NoSQL은 2009년에 오픈소스, 분산 환경, 비관계형 데이터베이스 밋업(meetup)용 인기 트위터 해시태그였다[3]. 그럼에도 이 용어는 신경을 자극했고 웹 스타트업 커뮤니티를 넘어 빠르게 확산됐다. 지금은 인기 있는 여러 데이터베이스 시스템과 #NoSQL 해시태그가 연관돼 있다. 그래서 NoSQL은 다시 거슬러 올라가 **Not Only SQL**로 재해석됐다[4].

NoSQL 데이터베이스 채택한 데는 다음과 같은 다양한 원동력이 있다.

- 대규모 데이터셋이나 매우 높은 쓰기 처리량 달성을 관계형 데이터베이스보다 쉽게 할 수 있는 뛰어난 확장성의 필요

- 상용 데이터베이스 제품보다 무료 오픈소스 소프트웨어에 대한 선호도 확산

- 관계형 모델에서 지원하지 않는 특수 질의 동작

- 관계형 스키마의 제한에 대한 불만과 더욱 동적이고 표현력이 풍부한 데이터 모델에 대한 바람[5]

애플리케이션은 저마다 요구사항이 다르다. 한 사용 사례에 맞는 최적의 기술 선택은 또 다른 사용 사례에 맞는 최적의 선택과는 다를 수 있다. 그러므로 가까운 미래에는 관계형 데이터베이스가 폭넓은 다양함을 가진 비관계형 데이터스토어와 함께 사용될 것이다. 이런 개념을 종종 **다중 저장소 지속성(polyglot persistence)**이라 한다[3].

객체 관계형 불일치

오늘날 대부분의 애플리케이션은 객체지향 프로그래밍 언어로 개발한다. 이는 SQL 데이터 모델을 향한 공통된 비판을 불러온다. 데이터를 관계형 테이블에 저장하려면 애플리케이션 코드와 데이터베이스 모델 객체(테이블, 로우, 칼럼) 사이에 거추장스러운 전환 계층이 필요하다. 이런 모델 사이의 분리를 종종 **임피던스 불일치(impedance mismatch)**[1]라고 부른다.

액티브레코드(ActiveRecord)나 하이버네이트(Hibernate) 같은 객체 관계형 매핑(ORM) 프레임워크는 전환 계층에 필요한 상용구 코드(boilerplate code)의 양을 줄이지만 두 모델 간의 차이를 완벽히 숨길 수 없다.

예를 들어 그림 2-1은 관계형 스키마에서 이력서(링크트인 프로파일)를 어떻게 표현하는지 보여준다. 프로필 전체는 고유 식별자인 user_id로 식별한다. first_name과 last_name 같은 필드는 사용자마다 정확하게 하나씩 있어 users 테이블의 칼럼으로 모델링할 수 있다. 하지만 대부분의 사람들은 경력(직위)에 넣을 직업이 하나 이상이며 학력 기간과 연락처 정보도 다양하다. 사용자와 이들 항목은 일대다(one-to-many) 관계다. 이 관계는 다양한 방법으로 나타낼 수 있다.

- 전통적인 SQL 모델(SQL:1999[2] 이전)에서 가장 일반적인 정규화 표현은 직위, 학력, 연락처 정보를 개별 테이블에 넣고, 외래 키로 그림 2-1과 같이 users 테이블을 참조하는 방식이다.

- SQL 표준의 마지막 버전에서 구조화된 데이터타입(datatype)과 XML 데이터에 대한 지원을 추가했다. 이 지원으로 단일 로우에 다중 값을 저장할 수 있고 문서 내 질의와 색인이 가능해졌다. 이런 기능은 오라클, IBM DB2, 마이크로소프트 SQL 서버, 포스트그레스큐엘(PostgreSQL) 같은 데이터베이스마다 제각각 다양한 형태로 지원한다[6, 7]. JSON 데이터타입도 IBM DB2, 마이SQL과 포스트그레스큐엘을 포함한 여러 데이터베이스에서 지원한다.

---

1 전자공학에서 빌려온 용어다. 모든 전기 회로는 입력과 출력에 일정한 임피던스(교류에 대한 저항)를 갖고 있다. 한 회로의 출력을 또 다른 회로의 입력으로 연결했을 때 두 회로의 출력과 입력 임피던스가 일치하면 연결을 통한 전력 전달은 최대가 된다. 임피던스가 불일치하면 신호 반사 및 여러 문제를 일으킬 수 있다.

2 (옮긴이) 1999년에 제정된 SQL 표준으로 SQL3로도 불린다.

- 세 번째 방법으로 직업, 학력, 연락처 정보를 JSON이나 XML 문서로 부호화해 데이터베이스의 텍스트 칼럼에 저장한 다음 애플리케이션이 구조와 내용을 해석하게 하는 방식이다. 이 방식을 쓰면 일반적으로 부호화된 칼럼의 값을 질의하는 데 데이터베이스를 사용할 수 없다.

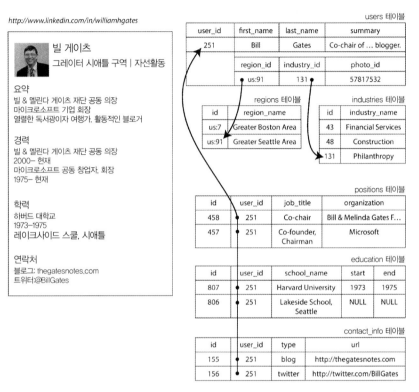

그림 2-1. 관계형 스키마를 사용해 링크트인 프로필을 표현. 위키미디어 커먼즈가 제공한 빌 게이츠의 사진(작가: 리카르도 스터케르트, 아헨시아 브라질.)

이력서 같은 데이터 구조는 모든 내용을 갖추고 있는 **문서**라서 JSON 표현에 매우 적합하다. 예제 2-1을 보자. JSON은 XML보다 훨씬 더 간단해 매력적이다. 몽고DB(MongoDB)[9], 리싱크DB(RethinkDB)[10], 카우치DB(CouchDB)[11]와 에스프레소(Espresso)[12] 같은 문서 지향(document-oriented) 데이터베이스는 JSON 데이터 모델을 지원한다.

예제 2-1. JSON 문서로 표현한 링크트인 프로필

```
{
    "user_id": 251,
    "first_name": "Bill",
    "last_name": "Gates",
```

```
    "summary": "Co-chair of the Bill & Melinda Gates... Active blogger.",
    "region_id": "us:91",
    "industry_id": 131,
    "photo_url": "/p/7/000/253/05b/308dd6e.jpg",
    "positions": [
        {"job_title": "Co-chair", "organization": "Bill & Melinda Gates Foundation"},
        {"job_title": "Co-founder, Chairman", "organization": "Microsoft"}
    ],
    "education": [
        {"school_name": "Harvard University", "start": 1973, "end": 1975},
        {"school_name": "Lakeside School, Seattle", "start": null, "end": null}
    ],
    "contact_info": {
        "blog": "http://thegatesnotes.com",
        "twitter": "http://twitter.com/BillGates"
    }
}
```

일부 개발자는 JSON 모델이 애플리케이션 코드와 저장 계층 간 임피던스 불일치를 줄인다고 생각한다. 4장에서 설명하겠지만 데이터 부호화 형식으로서 JSON이 가진 문제도 있다. 스키마의 부족을 장점으로 종종 인용하기도 하는데 이에 대해서는 39쪽의 "문서 모델에서의 스키마 유연성"에서 설명하겠다.

JSON 표현은 그림 2-1의 다중 테이블(multi-table) 스키마보다 더 나은 **지역성(locality)**을 갖는다. 관계형 예제에서 프로필을 가져오려면 다중 질의(각 테이블에 user_id로 질의)를 수행하거나 users 테이블과 그 하위 테이블 간에 난잡한 다중 조인을 수행해야 한다. JSON 표현에서는 모든 관련 정보가 한 곳에 있어 질의 하나로 충분하다.

사용자 프로필에서 사용자에서 직위, 학력 기록, 연락처 정보로 대응되는 일대다 관계는 의미상 데이터 트리 구조와 같다. 이 트리 구조는 JSON 표현에서 명시적으로 드러난다(그림 2-2 참고).

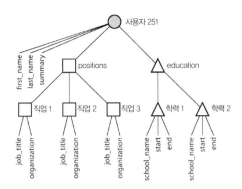

그림 2-2. 트리 구조를 형성하는 일대다 관계

다대일과 다대다 관계

앞 절의 예제 2-1에서 region_id와 industry_id는 평문인 "그레이터 시애틀 구역"과 "자선활동"이 아닌 ID로 주어졌다. 왜일까?

사용자 인터페이스에 지역과 업계를 입력할 수 있는 자유 텍스트 필드가 있다면 평문으로 저장하는 편이 합리적이지만 지리적 지역과 업계의 표준 목록으로 드롭다운 리스트나 자동 완성 기능을 만들어 사용자가 선택하게 하는 데는 다음과 같은 장점이 있다.

- 프로필 간 일관된 스타일과 철자

- 모호함 회피(예를 들어 이름이 같은 여러 도시가 있는 경우)

- 갱신의 편의성. 이름이 한 곳에만 저장되므로 이름을 변경해야 하는 경우 전반적으로 갱신하기 쉽다(예를 들어 정치적 사건으로 도시 이름이 변경되는 경우)

- 현지화 지원. 사이트를 다른 언어로 번역할 때 표준 목록을 현지화해 지역과 업계를 사이트를 보는 사람의 언어로 표시할 수 있다.

- 더 나은 검색. 예를 들어 워싱턴 주에 있는 자선가를 검색하려 할 때 지역 목록에 시애틀이 워싱턴에 있다는 사실을 부호화("그레이터 시애틀 구역" 문자열로는 "워싱턴"을 식별하지 못함)할 수 있기 때문에 원하는 프로필을 찾을 수 있다.

ID나 텍스트 문자열의 저장 여부는 중복의 문제다. ID를 사용하는 경우 (**자선 활동**이라는 단어처럼) 사람에게 의미 있는 정보는 한 곳에만 저장하고 그것을 참조하는 모든 것은 ID를 사용한다(데이터베이스 내에서만 의미가 있음). 텍스트를 직접 저장한다면 그것을 사용하는 모든 레코드에서 사람을 의미하는 정보를 중복해서 저장하게 된다.

ID를 사용하는 장점으로 ID 자체는 아무런 의미가 없기 때문에 변경할 필요가 없다. 즉 식별 정보를 변경해도 ID는 동일하게 유지할 수 있다. 하지만 의미를 가지는 경우라면 미래에 언젠가는 ID를 변경해야 할 수도 있다. 만약 정보가 중복돼 있으면 모든 중복 항목을 변경해야 한다. 이것은 쓰기 오버헤드와 불일치(정보의 일부 중복은 갱신됐지만 다른 중복 항목이 갱신되지 않음) 위험이 있다. 이런 중복을 제거하는 일이 데이터베이스의 정규화 이면에 놓인 핵심 개념이다.[3]

데이터베이스 관리자와 개발자는 정규화와 비정규화에 대해 논쟁하길 좋아하지만 지금은 판단을 보류한다. 이 책의 3부에서 이 주제로 돌아가 캐싱, 비정규화, 파생 데이터를 체계적으로 다루는 방법을 알아본다.

중복된 데이터를 정규화하려면 **다대일(many-to-one)** 관계(많은 사람들은 한 특정 지역에 살고 많은 사람들은 한 특정 업계에서 일한다)가 필요한데 안타깝게도 다대일 관계는 문서 모델에 적합하지 않다. 관계형 데이터베이스에서는 조인이 쉽기 때문에 ID로 다른 테이블의 로우를 참조하는 방식은 일반적이다. 문서 데이터베이스에서는 일대다 트리 구조를 위해 조인이 필요하지 않지만 조인에 대한 지원이 보통 약하다.[4]

데이터베이스 자체가 조인을 지원하지 않으면 데이터베이스에 대한 다중 질의를 만들어서 애플리케이션 코드에서 조인을 흉내 내야 한다. (예제의 경우 애플리케이션이 지역과 업계 목록을 간단히 메모리에 유지할 수 있을 정도로 충분히 작고 천천히 변경된다. 그럼에도 조인을 만드는 작업은 데이터베이스에서 애플리케이션 코드로 옮겨야 한다.)

더욱이 애플리케이션의 초기 버전이 조인 없는(join-free) 문서 모델에 적합하더라도 애플리케이션에 기능을 추가하면서 데이터는 점차 상호 연결되는 경향이 있다. 이력서 예제에 몇 가지 변경 사항을 생각해보라.

엔티티(entity)로서의 조직과 학교

이전 설명에서 organization(사용자가 일하는 회사)과 school_name(사용자가 공부한 곳)은 문자열이다. 이것도 문자열 대신 엔티티로 참조하면 어떨까? 각 조직, 학교 또는 대학에는 웹 페이지(로고와 뉴스 피드 등도 포함)가 있을 것이다. 조직과 학교를 엔티티로 참조하면 각 이력서에는 언급된 조직과 학교로 연결하는 링크를 포함하거나 조직의 로고 및 추가 정보를 포함할 수 있다(링크트인 예제를 위해 그림 2-3 참고).

---

3 관계형 모델에 대한 문헌은 정규화 유형을 나누어 구분하지만 이런 구분은 실용성 면에서는 중요치 않다. 경험상 한 곳에 저장할 수 있는 값이 중복된다면 그 스키마는 정규화되지 않았다.

4 이 책을 쓰는 현재 리싱크DB는 조인을 지원하고 몽고DB는 지원하지 않는다. 카우치DB는 미리 선언된 뷰에서만 지원한다.

추천서

새로운 기능으로 한 사용자가 또 다른 사용자를 위해 추천서를 작성하는 기능을 넣는다고 해보자. 추천서는 추천받은 사용자 이력서에는 추천인의 이름과 사진이 함께 보여진다. 만약 추천인이 자신의 사진을 갱신하면 추천인이 작성한 모든 추천서에 새로운 사진을 반영해야 한다. 따라서 추천서는 작성자(추천인) 프로필을 참조해야 한다.

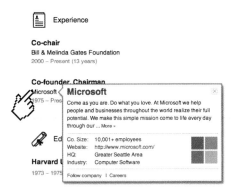

그림 2-3. 회사 이름은 단순한 문자열이 아니라 회사 엔티티에 대한 링크다. 링크트인닷컴(linkedin.com) 스크린샷.

그림 2-4는 추천서와 같은 새로운 기능이 다대다(many-to-many) 관계를 어떻게 필요로 하는지 보여준다. 각 점선 내 데이터는 하나의 문서로 묶을 수 있지만 조직, 학교, 기타 사용자는 참조로 표현해야 하고 질의할 때는 조인이 필요하다.

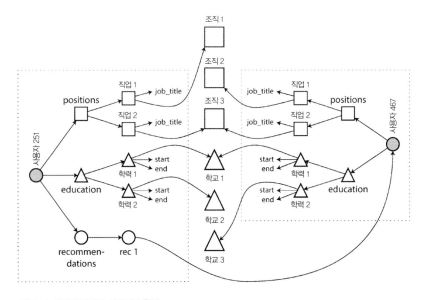

그림 2-4. 다대다 관계로 이력서를 확장

문서 데이터베이스는 역사를 반복하고 있나?

관계형 데이터베이스는 일상적으로 다대다 관계와 조인을 사용하지만 문서 데이터베이스와 NoSQL 은 데이터베이스에서 다대다 관계를 표현하는 제일 좋은 방법에 대한 논쟁을 다시 열었다. 이 논쟁은 NoSQL보다 훨씬 더 오래됐으며 사실상 가장 초기의 전산화 데이터베이스 시스템으로 돌아간다.

1970년대 비즈니스 데이터 처리를 위해 가장 많이 사용한 데이터베이스는 IBM의 **정보 관리 시스템(Information Management System, IMS)**으로, 원래는 아폴로 우주 프로그램에서 재고 관리를 위해 개발됐고 1968년 처음 상업적으로 출시됐다[13]. IMS는 IBM 메인프레임 상의 OS/390에서 오늘날에도 사용 중이고 유지보수되고 있다.

IMS의 설계는 **계층 모델**이라 부르는 상당히 간단한 데이터 모델을 사용했다. 계층 모델은 문서 데이터베이스에서 사용하는 JSON 모델과 놀랍게도 비슷하다[2]. 그림 2-2의 JSON 구조와 마찬가지로 모든 데이터를 레코드 내에 중첩된 레코드 트리로 표현한다.

문서 데이터베이스처럼 IMS도 일대다 관계에서는 잘 동작한다. 하지만 다대다 관계 표현은 어려웠고 조인은 지원하지 않았다. 개발자는 (비정규화된) 데이터를 중복할지 한 레코드와 또 다른 레코드의 참조를 수동으로 해결할지 결정해야 했다. 1960년대와 70년대의 이 문제는 오늘날 문서 데이터베이스를 사용해서 작업 중인 개발자가 풀어야 할 문제와 매우 비슷하다[15].

계층 모델의 한계를 해결하기 위해 다양한 해결책이 제안됐다. 가장 두드러지는 해결책 두 가지는 **관계형 모델**(SQL이 되어 세상을 지배했다)과 **네트워크 모델**(초기에는 많은 신봉자들이 있었지만 결국 희미하게 잊혀졌다)이다. 두 진영 간 "대논쟁"은 1970년대 대부분 동안 지속됐다[2].

두 모델이 해결하려는 문제가 오늘날에도 여전히 관련이 많기 때문에 이 논쟁을 현재 관점으로 간략히 다시 살펴볼 가치가 있다.

네트워크 모델

네트워크 모델은 코다실(Conference on Data Systems Languages, CODASYL)이라 불리는 위원회에서 표준화했다. 다양한 여러 데이터베이스 벤더가 네트워크 모델을 구현했고 **코다실 모델**이라고도 부른다[16].

코다실 모델은 계층 모델을 일반화한다. 계층 모델의 트리 구조에서 모든 레코드는 정확하게 하나의 부모가 있다. 네트워크 모델에서 레코드는 다중 부모가 있을 수 있다. 예를 들어 "그레이터 시애틀 구역" 지역을 위한 하나의 레코드는 이 지역에 사는 모든 사용자에 연결될 수 있다. 코다실 모델은 다대일과 다대다 관계를 모델링할 수 있다.

네트워크 모델에서 레코드 간 연결은 외래 키보다는 프로그래밍 언어의 포인터와 더 비슷하다(여전히 디스크에 저장되긴 한다). 레코드에 접근하는 유일한 방법은 최상위 레코드(root record)에서부터 연속된 연결 경로를 따르는 방법이다. 이를 **접근 경로**라 한다.

가장 간단한 경우는 접근 경로가 연결 목록의 순회와 같을 때다. 목록의 맨 앞에서 시작해서 원하는 레코드를 찾을 때까지 한 번에 하나의 레코드를 보는 방식이다. 하지만 다대다 관계의 세계에서는 다양한 다른 경로가 같은 레코드로 이어질 수 있고 네트워크 모델을 사용하는 프로그래머는 경로의 맨 앞에서 이런 다양한 접근 경로를 계속 추적해야 한다.

코다실에서 질의는 레코드 목록을 반복해 접근 경로를 따라 데이터베이스의 끝에서 끝까지 커서를 움직여 수행한다. 만약 레코드가 다중 부모(즉, 다른 레코드에서 다중으로 유입된 포인터)를 가진다면 애플리케이션 코드는 다양한 관계를 모두 추적해야 한다. 코다실 위원회도 이 방식이 n차원 데이터 공간을 항해하는 것과 같다고 인정했다[17].

수동 접근 경로 선택은 1970년대에는 (탐색이 매우 느린 테이프 드라이브와 같이) 매우 제한된 하드웨어 성능을 가장 효율적으로 사용할 수 있었지만 데이터베이스 질의와 갱신을 위한 코드가 복잡하고 유연하지 못한 문제가 있었다. 계층 모델과 네트워크 모델 모두, 원하는 데이터에 대한 경로가 없다면 어려운 상황에 놓인다. 접근 경로를 변경할 수 있지만 아주 많은 수작업 데이터베이스 질의 코드를 살펴봐야 하고 새로운 접근 경로를 다루기 위해 재작성해야 한다. 애플리케이션의 데이터 모델을 바꾸는 작업은 매우 어려운 일이었다.

관계형 모델

대조적으로 관계형 모델이 하는 일은 알려진 모든 데이터를 배치하는 것이다. 관계(테이블)는 단순히 튜플(로우)의 컬렉션이 전부다. 얽히고설킨 중첩 구조와 데이터를 보고 싶을 때 따라가야 할 복잡한 접근 경로가 없다. 임의 조건과 일치하는 테이블의 일부 또는 모든 로우를 선택해서 읽을 수 있고 일부 칼럼을 키로 지정해 칼럼과 일치하는 특정 로우를 읽을 수 있다. 다른 테이블과의 외래 키 관계에 대해 신경 쓰지 않고 임의 테이블에 새 로우를 삽입할 수 있다.[5]

---

5 외래 키 제약이 수정을 제한할 수 있지만 관계형 모델에서는 이런 제약이 필요하지 않다. 제약이 있더라도 관계형 모델은 외래 키에 대한 조인을 질의를 할 때 수행한다. 반면 코다실은 삽입하면 사실상 조인이 수행된 상태가 된다.

관계형 데이터베이스에서 질의 최적화기(query optimizer)는 질의의 어느 부분을 어떤 순서로 실행할지를 결정하고 사용할 색인을 자동으로 결정한다. 이 선택은 실제로 "접근 경로"다. 하지만 큰 차이점은 접근 경로를 애플리케이션 개발자가 아니라 질의 최적화기가 자동으로 만든다는 점이다. 그래서 접근 경로를 따로 생각할 필요가 없다.

새로운 방식으로 데이터에 질의하고 싶은 경우 새로운 색인을 선언하기만 하면 질의는 자동으로 가장 적합한 색인을 사용한다. 새로운 색인을 사용하기 위해 질의를 바꿀 필요가 없다(43쪽 "데이터를 위한 질의 언어"도 참고). 따라서 관계형 모델은 애플리케이션에 새로운 기능을 추가하는 작업이 훨씬 쉽다.

관계형 데이터베이스를 위한 질의 최적화기는 복잡해서 수년 간의 연구와 개발 노력을 필요로 한다 [18]. 관계형 모델에서 주목할 만한 점은 질의 최적화기를 한번 만들면 데이터베이스를 사용하는 모든 애플리케이션이 혜택을 받을 수 있다는 점이다. 만약 질의 최적화기가 없다면 범용 최적화기를 만들기보다 특정 질의를 위한 접근 경로를 직접 코딩하는 게 쉽지만 장기적으로는 범용 솔루션이 유리하다.

문서 데이터베이스와의 비교

문서 데이터베이스는 한 가지 측면에서 계층 모델로 되돌아갔다. 문서 데이터베이스는 별도 테이블이 아닌 상위 레코드 내에 중첩된 레코드(그림 2-1의 positions, education, contact_info 같은 일대다 관계)를 저장한다.

하지만 다대일과 다대다 관계를 표현할 때 관계형 데이터베이스와 문서 데이터베이스는 근본적으로 다르지 않다. 둘 다 관련 항목은 고유한 식별자로 참조한다. 관계형 모델에서는 **외래 키**라 부르고 문서 모델에서는 **문서 참조**(document reference)라 부른다[9]. 이 식별자는 조인이나 후속 질의를 사용해 읽기 시점에 확인한다. 현재까지는 문서 데이터베이스가 코다실의 전철을 밟지 않고 있다.

관계형 데이터베이스와 오늘날의 문서 데이터베이스

관계형 데이터베이스와 문서 데이터베이스를 비교하는 경우 내결함성(5장 참고)과 동시성 처리(7장 참고)를 포함해 고려해야 할 차이점이 많이 있다. 이번 장에서는 데이터 모델의 차이점에만 집중한다.

문서 데이터 모델을 선호하는 주요 이유는 스키마 유연성, 지역성에 기인한 더 나은 성능 때문이고 일부 애플리케이션의 경우 애플리케이션에서 사용하는 데이터 구조와 더 가깝기 때문이다. 관계형 모델은 조인, 다대일, 다대다 관계를 더 잘 지원함으로써 문서 데이터 모델에 대항한다.

어떤 데이터 모델이 애플리케이션 코드를 더 간단하게 할까?

애플리케이션에서 데이터가 문서와 비슷한 구조(일대다 관계 트리로 보통 한 번에 전체 트리를 적재)라면 문서 모델을 사용하는 것이 좋다. 문서와 비슷한 구조를 여러 테이블(그림 2-1의 positions, education, contact_info)로 나누어 **찢는(shredding)** 관계형 기법은 다루기 힘든 스키마와 불필요하게 복잡한 애플리케이션 코드를 발생시킨다.

문서 모델에는 제한이 있다. 예를 들어 문서 내 중첩 항목을 바로 참조할 수는 없어서 "사용자 251의 직위 목록의 두 번째 항목"과 같이 표현해야 한다(계층 모델에서 접근 경로와 매우 유사). 하지만 문서가 너무 깊게 중첩되지 않으면 일반적으로 문제가 되지 않는다.

문서 데이터베이스의 미흡한 조인 지원은 애플리케이션에 따라 문제일 수도 있고 아닐 수도 있다. 예를 들어 어떤 시점에 발생한 이벤트를 기록하는 문서 데이터베이스를 사용하는 분석 애플리케이션에서는 다대다 관계가 결코 필요하지 않다[19].

하지만 애플리케이션에서 다대다 관계를 사용한다면 문서 모델은 매력이 떨어진다. 비정규화로 조인의 필요성 줄이기가 가능하지만 애플리케이션 코드는 비정규화된 데이터의 일관성을 유지하기 위해 추가 작업을 해야 한다. 조인은 애플리케이션 코드에서 데이터베이스에 다중 요청을 만들어 흉내낼 수 있지만 복잡도가 애플리케이션으로 이동할 뿐만 아니라 보통 데이터베이스 내 특화된 코드로 수행되는 조인보다 더 느리다. 이런 경우에 문서 모델을 사용하는 것은 훨씬 더 복잡한 애플리케이션 코드와 나쁜 성능으로 이어질 수 있다[15].

일반적으로 어떤 데이터 모델이 애플리케이션 코드를 더 간단하게 만드는지 말할 수 없다. 데이터 항목 간에 존재하는 관계 유형에 따라 다르다. 상호 연결이 많은 데이터의 경우 문서 모델은 곤란하지만 관계형 모델은 무난하며 그래프 모델(50쪽의 "그래프형 데이터 모델" 참고)은 매우 자연스럽다.

문서 모델에서의 스키마 유연성

대부분의 문서 데이터베이스와 관계형 데이터베이스에서 지원하는 JSON은 문서의 데이터에 어떤 스키마를 강요하지 않는다. 보통 관계형 데이터베이스에서 제공하는 XML은 선택적으로 스키마 유효성 검사를 포함할 수 있다. 스키마가 없다는 뜻은 임의의 키와 값을 문서에 추가할 수 있고 읽을 때 클라이언트는 문서에 포함된 필드의 존재 여부를 보장하지 않는다는 의미다.

문서 데이터베이스는 종종 **스키마리스(schemaless)**로 불리지만 이는 오해의 소지가 있다. 데이터를 읽는 코드는 보통 구조의 유형을 어느 정도 가정한다. 즉 암묵적인 스키마가 있지만 데이터베이스는 이를 강요하지 않는다[20]. 조금 더 정확한 용어로 말하자면 **쓰기 스키마(schema-on-write)**(관계형 데이터베이스의 전통적인 접근 방식으로 스키마는 명시적이고 데이터 베이스는 쓰여진 모든 데이터가 스키마를 따르고 있음을 보장한다)와 반대되는 **읽기 스키마(schema-on-read)**(데이터 구조는 암묵적이고 데이터를 읽을 때만 해석된다)다[21].

읽기 스키마는 프로그래밍 언어에서 동적(런타임) 타입 확인과 유사하고 쓰기 스키마는 정적(컴파일 타임) 타입 확인과 비슷하다. 정적 타입 확인의 지지자와 동적 타입 확인 지지자 사이에서 상대적인 장점에 관해 열띤 논쟁을 하는 것처럼[22] 데이터베이스에서 스키마 강제는 논쟁의 여지가 있는 주제이며 일반적으로 옳고 그른 정답은 없다.

접근 방식 간 차이는 애플리케이션이 데이터 타입을 변경하고자 할 때 특히 뚜렷이 나타난다. 예를 들어 현재 하나의 필드에 사용자의 전체 이름을 저장하고 있지만 성과 이름을 분리해서 저장하고 싶다고 가정해보자[23]. 문서 데이터베이스에서는 새로운 필드를 가진 새로운 문서를 작성하기 시작하고 애플리케이션에서는 예전 문서를 읽은 경우를 처리하는 코드만 있으면 된다.

```
if (user && user.name && !user.first_name) {
    // 2013년 12월 8일 이전에 쓴 문서는 first_name이 없음
    user.first_name = user.name.split(" ")[0];
}
```

반면 "정적 타입"의 데이터베이스 스키마에서는 보통 다음 행과 같이 **마이그레이션(migration)**을 수행한다.

```
ALTER TABLE users ADD COLUMN first_name text;
UPDATE users SET first_name = split_part(name, ' ', 1); -- 포스트그레스큐엘
UPDATE users SET first_name = substring_index(name, ' ', 1); -- 마이SQL
```

스키마 변경은 느리고 중단시간을 요구하기 때문에 평판이 나쁘다. 전적으로 이런 평판을 받을 정도는 아니다. 대부분의 관계형 데이터베이스 시스템은 ALTER TABLE 문을 수 밀리초 안에 수행한다. 마

이SQL은 상당히 예외적이다. 마이SQL은 ALTER TABLE 시에 전체 테이블을 복사한다. 이는 큰 테이블을 변경할 때 수 분에서 수 시간까지 중단시간이 발생한다는 의미다. 이런 제약을 회피할 수 있는 다양한 도구가 있음에도 말이다[24, 25, 26].

큰 테이블에 UPDATE 문을 실행하면 모든 로우가 재작성될 수 있기 때문에 어떤 데이터베이스는 오래 걸릴 수 있다. 이 방식을 수용할 수 없다면 애플리케이션은 first_name이 기본값인 널(NULL)로 설정되게 남겨두고 문서 데이터베이스처럼 읽는 시점에 채울 수 있다.

읽기 스키마 접근 방식은 컬렉션 안의 항목이 어떤 이유로 모두 동일한 구조가 아닐 때(즉 데이터가 여러 다른 유형으로 구성돼 있음) 유리하다. 그 이유는 다음과 같다.

- 다른 여러 유형의 오브젝트가 있고 각 유형의 오브젝트별로 자체 테이블에 넣는 방법은 실용적이지 않다.
- 사용자가 제어할 수 없고 언제나 변경 가능한 외부 시스템에 의해 데이터 구조가 결정된다.

이 같은 상황에서 스키마는 득보다 실이 많다. 오히려 스키마리스 문서가 더 자연스러운 데이터 모델이다. 하지만 모든 레코드가 동일한 구조라서 예상 가능하다면 스키마가 문서화와 구조를 강제하기 위한 유용한 메커니즘이다. 스키마와 스키마 발전(schema evolution)은 4장에서 더 자세히 다룬다.

질의를 위한 데이터 지역성

문서는 보통 JSON, XML로 부호화된 단일 연속 문자열이나 (몽고DB의 BSON 같은) JSON 또는 XML의 이진 변형으로 저장된다. 웹 페이지 상에 문서를 보여주는 동작처럼 애플리케이션이 자주 전체 문서에 접근해야 할 때 **저장소 지역성(storage locality)**을 활용하면 성능 이점이 있다. 만약 그림 2-1과 같이 데이터가 다중 테이블로 나눠졌으면 전체를 검색하기 위해 다중 색인 검색이 필요하다. 이 경우 더 많은 디스크 탐색이 필요하고 더 많은 시간이 소요된다.

지역성의 이점은 한 번에 해당 문서의 많은 부분을 필요로 하는 경우에만 적용된다. 데이터베이스는 대개 문서의 작은 부분에만 접근해도 전체 문서를 적재해야 하기에 큰 문서에서는 낭비일 수 있다. 문서를 갱신할 때도 보통 전체 문서를 재작성해야 한다. 부호화된 문서의 크기를 바꾸지 않는 수정은 쉽게 수행할 수 있다[19]. 이런 이유로 일반적으로 문서를 아주 작게 유지하면서 문서의 크기가 증가하는 쓰기를 피하라고 권장한다[9]. 이 성능 제한 때문에 문서 데이터베이스가 유용한 상황이 많이 줄어든다.

지역성을 위해 관련 데이터를 함께 그룹화하는 개념이 문서 모델에만 국한되지는 않는다는 점이 중요하다. 예를 들어 구글의 스패너(Spanner) 데이터베이스는 부모 테이블 내에 (중첩되게) 테이블의 로우를 교차 배치되게끔 선언하는 스키마를 허용해 관계형 데이터 모델에서 지역성 특성을 동일하게 제공한다[27]. 오라클은 **다중 테이블 색인 클러스터 테이블(multi-table index cluster table)** 기능을 사용해 동일한 특성을 제공한다[28]. 빅테이블(Bigtable) 데이터 모델의 **칼럼 패밀리(column-family)** 개념(카산드라와 HBase에서 사용)이 지역성 관리와 유사한 목적이 있다.

지역성에 대해서는 3장에서 더 자세히 설명한다.

문서 데이터베이스와 관계형 데이터베이스의 통합

대부분의 관계형 데이터베이스 시스템(마이SQL은 제외)은 2000년대 중반 이후로 XML을 지원한다. 여기에는 XML 문서의 지역적 수정과 XML 문서 내부에서 색인하고 질의하는 기능을 포함한다. 그래서 문서 데이터베이스를 사용할 때와 매우 비슷한 데이터 모델을 애플리케이션이 사용할 수 있다.

포스트그레스큐엘은 9.3 버전부터[8], 마이SQL은 5.7 버전부터, IBM DB2는 10.5 버전부터[30], JSON 문서에 대해 비슷한 수준의 지원 기능을 제공한다. 웹 API용 JSON의 인기를 고려할 때, 그밖의 관계형 데이터베이스도 선례를 쫓아 JSON 지원 기능을 추가할 가능성이 높다.

문서 데이터베이스 쪽에서 본다면 리싱크DB는 질의 언어에서 관계형 조인을 지원하고 몽고DB 드라이버는 자동으로 데이터베이스 참조를 확인한다(실제로는 클라이언트 측 조인을 수행한다. 네트워크 왕복이 추가로 필요하고 최적화가 덜 되기 때문에 데이터베이스에서 수행되는 조인보다 느릴 수 있다).

관계형 데이터베이스와 문서 데이터베이스는 시간이 지남에 따라 점점 더 비슷해지고 있다. 이런 현상은 긍정적이다. 각 데이터 모델이 서로 부족한 부분을 보완[6]해 나가고 있기 때문이다. 만약 데이터베이스가 데이터를 문서처럼 다룰 수 있고 관계형 질의를 수행할 수 있다면 애플리케이션은 필요에 따라 가장 적합한 기능을 조합해 사용하면 된다.

관계형과 문서의 혼합 모델은 미래 데이터베이스들이 가야 할 올바른 길이다.

---

6 코드(Codd)는 관계형 모델에 대한 원래 설명[1]에서 실제로 관계형 스키마 내에 JSON 문서와 매우 유사한 개념을 허용한다고 했다. 코드는 이를 **간단하지 않은 영역**(non-simple domain)이라 불렀다. 이 개념은 로우의 값이 숫자나 문자열처럼 기본 데이터 타입일 뿐 아니라 중첩 관계(테이블)일 수도 있다는 뜻이다. 그래서 값으로서 임의의 중첩된 데이터 구조를 가질 수 있다. 30년이 지난 후에 SQL에 추가된 JSON이나 XML 지원과 매우 비슷하다.

데이터를 위한 질의 언어

관계형 모델이 등장했을 때 데이터를 질의하는 새로운 방법도 함께 나타났다. SQL은 **선언형** 질의 언어인 반면 IMS와 코다실은 **명령형** 코드를 사용해 데이터베이스에 질의한다. 이것은 무엇을 의미할까?

일반적으로 많이 사용하는 프로그래밍 언어는 명령형 언어다. 예를 들어 동물의 종 목록이 있을 때 목록에서 상어만 반환하는 코드는 다음과 같다.

```
function getSharks() {
    var sharks = [];
    for (var i = 0; i < animals.length; i++) {
        if (animals[i].family === "Sharks") {
            sharks.push(animals[i]);
        }
    }
    return sharks;
}
```

관계 대수(relational algebra)로는 다음과 같이 작성한다.

$$sharks = \sigma_{family = \text{"Sharks"}}(animals)$$

σ(그리스 문자로 시그마)는 선택 연산자(selection operator)이고, *family = "Sharks"* 조건에 일치하는 동물만 반환한다.

SQL을 정의할 때 관계 대수의 구조를 상당히 유사하게 따랐다.

```
SELECT * FROM animals WHERE family = 'Sharks';
```

명령형 언어는 특정 순서로 특정 연산을 수행하게끔 컴퓨터에게 지시한다. 지시의 예로 코드를 한 줄씩 단계별로 실행하고 조건을 평가하고 변수를 갱신하고 루프를 한 번 더 실행할지 여부를 결정하는 것을 들 수 있다.

SQL이나 관계 대수 같은 선언형 질의 언어에서는 목표를 달성하기 위한 **방법**이 아니라 알고자 하는 데이터의 패턴, 즉 결과가 충족해야 하는 조건과 데이터를 어떻게 변환(예를 들어 정렬, 그룹화,

집계)할지를 지정하기만 하면 된다. 어떤 색인과 어떤 조인 함수를 사용할지, 질의의 다양한 부분을 어떤 순서로 실행할지를 결정하는 일은 데이터베이스 시스템의 질의 최적화기가 할 일이다.

선언형 질의 언어는 일반적으로 명령형 API보다 더 간결하고 쉽게 작업할 수 있기 때문에 매력적이다. 하지만 더 중요한 점은 데이터베이스 엔진의 상세 구현이 숨겨져 있어 질의를 변경하지 않고도 데이터베이스 시스템의 성능을 향상시킬 수 있다는 점이다.

예를 들어 이번 절을 시작할 때 나왔던 명령형 코드에는 동물 목록이 특정 순서로 나타난다. 만약 데이터베이스 내부적으로 사용되지 않는 디스크 공간을 회수하고 싶다면 레코드를 옮겨야 할 수 있다. 하지만 그러면 동물이 나타나는 순서가 바뀔지도 모른다. 이 작업을 데이터베이스가 질의에 영향을 주지 않고 안전하게 수행할 수 있을까?

SQL 예제는 특정 순서를 보장하지 않으므로 순서가 바뀌어도 상관없다. 하지만 질의가 명령형 코드로 작성됐다면 데이터베이스는 코드가 순서에 의존하는지 여부를 확신할 수 없다. SQL이 기능적으로 더 제한적이라는 사실은 데이터베이스에게 자동으로 최적화할 수 있는 여지를 더 많이 준다는 의미다.

마지막으로 선언형 언어는 종종 병렬 실행에 적합하다. 오늘날 CPU는 이전보다 훨씬 더 높은 클록 속도로 실행해 빨라지기보다 더 많은 코어를 추가해 빨라지고 있다[31]. 명령형 코드는 명령어를 특정 순서로 수행하게끔 지정하기 때문에 다중 코어나 다중 장비에서 병렬 처리가 매우 어렵다. 선언형 언어는 결과를 결정하기 위한 알고리즘을 지정하는 게 아니라 결과의 패턴만 지정하기 때문에 병렬 실행으로 더 빨라질 가능성이 크다. 가능한 경우 데이터베이스는 질의 언어의 병렬 구현을 마음껏 사용할 수 있다[32].

웹에서의 선언형 질의

선언형 질의 언어의 장점은 데이터베이스에만 국한되지 않는다. 요점을 설명하기 위해 완전히 다른 환경(웹 브라우저)에서 선언형 접근 방식과 명령형 접근 방식을 비교해보자.

바다에 사는 동물에 대한 웹 사이트가 있다고 가정해 보자. 사용자는 현재 상어에 대한 페이지를 보고, 다음처럼 현재 선택된 "상어" 내비게이션 항목을 표시한다.

```
<ul>
    <li class="selected"> ❶
        <p>Sharks</p> ❷
        <ul>
```

```
                    <li>Great White Shark</li>
                    <li>Tiger Shark</li>
                    <li>Hammerhead Shark</li>
                </ul>
            </li>
            <li>
                <p>Whales</p>
                <ul>
                    <li>Blue Whale</li>
                    <li>Humpback Whale</li>
                    <li>Fin Whale</li>
                </ul>
            </li>
        </ul>
```

❶ 선택한 항목을 "selected" CSS 클래스로 표시한다.

❷ ⟨p⟩Sharks⟨/p⟩는 현재 선택한 페이지의 제목이다.

이제 현재 선택한 페이지의 제목을 파란색 배경으로 표시해 시각적으로 강조하고 싶다고 하자. 이는 CSS를 사용해서 쉽게 할 수 있다.

```
li.selected > p {
    background-color: blue;
}
```

여기서 CSS 선택자(selector) li.selected > p는 파란 스타일을 적용하려는 엘리먼트의 패턴을 선언한다. 다시 말해, selected라는 CSS 클래스를 가진 ⟨li⟩ 엘리먼트가 ⟨p⟩ 엘리먼트들의 부모가 된다. 예제의 ⟨p⟩Sharks⟨/p⟩ 엘리먼트는 이 패턴과 일치하지만 ⟨p⟩Whales⟨/p⟩의 부모 ⟨li⟩ 엘리먼트는 class="selected"가 없으므로 이 패턴과 일치하지 않는다.

CSS 대신 XSL을 사용해 비슷하게 할 수 있다.

```
<xsl:template match="li[@class='selected']/p">
    <fo:block background-color="blue">
        <xsl:apply-templates/>
    </fo:block>
</xsl:template>
```

여기서 XPath 표현식 li[@class='selected']/p는 이전 예제의 CSS 선택자 li.selected > p와 동일하다. CSS와 XSL은 문서의 스타일을 지정하기 위한 선언형 언어라는 공통점이 있다.

명령형 접근 방식을 사용해야 한다면 어떨지 생각해보자. 자바스크립트에서 코어 DOM(Document Object Model) API를 사용하면 결과는 다음과 같다.

```
var liElements = document.getElementsByTagName("li");
for (var i = 0; i < liElements.length; i++) {
    if (liElements[i].className === "selected") {
        var children = liElements[i].childNodes;
        for (var j = 0; j < children.length; j++) {
            var child = children[j];
            if (child.nodeType === Node.ELEMENT_NODE && child.tagName === "P") {
                child.setAttribute("style", "background-color: blue");
            }
        }
    }
}
```

이 자바스크립트 코드는 명령형으로 파란색 배경을 가진 <p>Sharks</p> 엘리먼트를 설정하지만 코드량이 엄청나다. 이 자바스크립트 코드는 CSS와 XSL보다 이해하는 데 더 오래 걸리고 어려울 뿐만 아니라 몇 가지 심각한 문제가 있다.

- selected 클래스가 삭제된 경우(예를 들어 사용자가 다른 페이지를 클릭한 경우) 코드가 재실행되더라도 파란색은 삭제되지 않는다. 그래서 전체 페이지가 다시 로딩될 때까지 하이라이트 표시가 유지된다. CSS를 사용하면 브라우저는 li.selected > p 규칙이 더 이상 적용되지 않을 때 자동으로 감지해서 selected 클래스가 삭제되자마자 파란 배경을 삭제한다.

- Document.getElementsByClassName("selected")나 document.evaluate() 같은 새로운 API의 장점(예를 들어 성능 향상)을 취하고 싶다면 코드를 재작성해야 한다. 반면 브라우저 벤더는 호환성을 깨뜨리지 않고 CSS와 XPath의 성능을 향상할 수 있다.

웹 브라우저에서 선언형 CSS 스타일을 사용하는 편이 자바스크립트에서 명령형으로 스타일을 다루기보다 훨씬 낫다. 마찬가지로 데이터베이스에서는 SQL 같은 선언형 질의 언어가 명령형 질의 API보다 훨씬 좋다고 나타났다.[7]

---

7 IMS와 코다실 둘 다 명령형 질의 API를 사용했다. 일반적으로 애플리케이션은 데이터베이스 레코드를 한번에 하나씩 순회하는 데 보통 코볼(COBOL) 코드를 사용했다[2, 16].

맵리듀스 질의

맵리듀스(MapReduce)는 많은 컴퓨터에서 대량의 데이터를 처리하기 위한 프로그래밍 모델로, 구글에 의해 널리 알려졌다[33]. 몽고DB와 카우치DB를 포함한 일부 NoSQL 데이터 저장소는 제한된 형태의 맵리듀스를 지원한다. 이 메커니즘은 많은 문서를 대상으로 읽기 전용(read-only) 질의를 수행할 때 사용한다.

전반적인 맵리듀스는 10장에서 자세히 설명하고 지금은 몽고DB의 모델 사용에 대해 간단히 살펴본다.

맵리듀스는 선언형 질의 언어도 완전한 명령형 질의 API도 아닌 그 중간 정도에 있다. 질의 로직은 처리 프레임워크가 반복적으로 호출하는 조각 코드로 표현한다. 맵리듀스는 여러 함수형 프로그래밍 언어에 있는 map(collect라고도 함)과 reduce(fold나 inject라고도 함) 함수를 기반으로 한다.

예를 들어 해양 생물학자가 되어 바다에서 동물을 볼 때마다 데이터베이스에 관찰 기록을 추가한다고 해보자. 지금부터 한 달에 얼마나 자주 상어를 발견하는지 보고서를 작성하려고 한다.

포스트그레스큐엘에서는 다음과 같이 질의를 표현할 수 있다.

```
SELECT date_trunc('month', observation_timestamp) AS observation_month, ❶
    sum(num_animals) AS total_animals
FROM observations
WHERE family = 'Sharks'
GROUP BY observation_month;
```

❶ date_trunc('month', timestamp) 함수는 timestamp가 포함되는 달력의 월을 결정하고 해당 월의 시작을 나타내는 타임스탬프를 반환한다. 즉 타임스탬프를 월의 시작으로 내림한다.

이 질의는 먼저 상어과에 속하는 종만 보이도록 관측치를 필터링한 다음, 관측치가 발생한 달력의 월로 그룹화하고 마지막으로 해당 달의 모든 관측치에 보여진 동물 수를 합친다.

같은 내용을 몽고DB의 맵리듀스 기능을 이용해 다음과 같이 표현할 수 있다.

```
db.observations.mapReduce(
    function map() { ❷
        var year  = this.observationTimestamp.getFullYear();
        var month = this.observationTimestamp.getMonth() + 1;
        emit(year + "-" + month, this.numAnimals); ❸
```

```
    },
    function reduce(key, values) { ❹
        return Array.sum(values); ❺
    },
    {
        query: { family: "Sharks" }, ❶
        out: "monthlySharkReport" ❻
    }
);
```

❶ 상어 종만 거르기 위한 필터를 선언적으로 지정한다(이것은 맵리듀스를 위한 몽고DB에 특화된 확장 프로그램이다).

❷ map은 자바스크립트 함수로, 질의와 일치하는 모든 문서에 대해 한 번씩 호출되며 this는 문서 객체로 설정된다.

❸ map 함수는 키("2013-12"나 "2014-1"과 같이 연도와 월로 구성된 문자열)와 값(관측치에 있는 동물 수)을 방출(emit)한다.

❹ map이 방출한 키-값 쌍은 키로 그룹화된다. 같은 키(같은 연도와 월)를 갖는 모든 키-값 쌍은 reduce 함수를 한 번 호출한다.

❺ reduce 함수는 특정 월의 모든 관측치에서 동물 수를 합친다.

❻ 최종 출력은 monthlySharkReport 컬렉션에 기록한다.

예를 들어 observations 컬렉션에 다음의 두 문서가 있다고 가정해보자.

```
{
    observationTimestamp: Date.parse("Mon, 25 Dec 1995 12:34:56 GMT"),
    family:     "Sharks",
    species:    "Carcharodon carcharias",
    numAnimals: 3
}
{
    observationTimestamp: Date.parse("Tue, 12 Dec 1995 16:17:18 GMT"),
    family:     "Sharks",
    species:    "Carcharias taurus",
    numAnimals: 4
}
```

map 함수는 각 문서마다 한 번 호출되고 결국 emit("1995-12", 3)과 emit("1995-12", 4)가 실행된다. 그 뒤에 reduce 함수는 reduce("1995-12", [3,4])로 호출되고 7을 반환한다.

몽고DB의 map과 reduce 함수는 수행할 때 약간 제약 사항이 있다. 두 함수는 **순수(pure)** 함수여야 한다. 즉 입력으로 전달된 데이터만 사용하고 추가적인 데이터베이스 질의를 수행할 수 없어야 하며 부수 효과(side effect)가 없어야 한다. 이런 제약 사항 때문에 데이터베이스가 임의 순서로 어디서나 이 함수를 실행할 수 있고 장애가 발생해도 함수를 재실행할 수 있다. 이런 제약 사항이 있어도 map과 reduce 함수는 여전히 강력하다. 문자열을 파싱하고 라이브러리 함수를 호출하고 계산을 실행하는 등의 작업을 map과 reduce 함수에서 할 수 있다.

클러스터 환경에서 분산 실행을 위한 프로그래밍 모델인 맵리듀스는 상당히 저수준 프로그래밍 모델이다. SQL 같은 고수준 질의 언어도 맵리듀스 연산의 파이프라인으로 구현할 수 있지만(10장 참고) 맵리듀스를 사용하지 않은 분산 SQL 구현도 많다. SQL에 단일 장비에서 수행되도록 제한하는 것은 없으며 맵리듀스가 분산 질의 실행에 대한 독점권을 가진 것도 아니다.

질의 중간에 자바스크립트 코드를 사용할 수 있다는 점은 고급 질의가 가능한 훌륭한 기능이지만 맵리듀스에만 해당하는 것은 아니다. 일부 SQL 데이터베이스도 자바스크립트 함수로 확장될 수 있다[34].

맵리듀스의 사용성 문제는 연계된 자바스크립트 함수 두 개를 신중하게 작성해야 한다는 점인데 이는 종종 하나의 질의를 작성하는 것보다 어렵다. 더욱이 선언형 질의 언어는 질의 최적화기가 질의 성능을 높일 수 있는 기회를 제공한다. 이런 이유로 몽고DB 2.2는 **집계 파이프라인(aggregation pipeline)**이라 부르는 선언형 질의 언어 지원을 추가했다[9]. 이 언어에서 앞의 상어 수 세기 질의는 다음과 같다.

```
db.observations.aggregate([
    { $match: { family: "Sharks" } },
    { $group: {
        _id: {
            year:  { $year:  "$observationTimestamp" },
            month: { $month: "$observationTimestamp" }
        },
        totalAnimals: { $sum: "$numAnimals" }
    } }
]);
```

집계 파이프라인 언어는 표현 측면에서 SQL의 부분 집합과 유사하지만 SQL의 영어 문장 스타일 구문보다는 JSON 기반 구문을 사용한다. 아마도 이 차이는 취향의 문제일 것이다. 여기서 배울 점은 NoSQL 시스템이 뜻하지 않게 SQL을 재발견하고 있다는 점이다.

그래프형 데이터 모델

앞에서 다대다 관계가 다양한 데이터 모델을 구별하는 중요한 기능임을 살펴봤다. 애플리케이션이 주로 일대다 관계(트리 구조 데이터)이거나 레코드 간 관계가 없다면 문서 모델이 적합하다.

하지만 데이터에서 다대다 관계가 매우 일반적이라면 어떻게 해야 할까? 관계형 모델은 단순한 다대다 관계를 다룰 수 있지만 데이터 간 연결이 더 복잡해지면 그래프로 데이터를 모델링하기 시작하는 편이 더 자연스럽다.

그래프는 두 유형의 객체로 이뤄진다. **정점(vertex)**(**노드**나 **엔티티**라고도 한다)과 **간선(edge)**(**관계**나 **호(arc)**라고도 한다)이다. 많은 유형의 데이터를 그래프로 모델링할 수 있다. 일반적인 예는 다음과 같다.

소셜 그래프
정점은 사람이고 간선은 사람들이 서로 알고 있음을 나타낸다.

웹 그래프
정점은 웹 페이지고 간선은 다른 페이지에 대한 HTML 링크를 나타낸다.

도로나 철도 네트워크
정점은 교차로이고 간선은 교차로 간 도로나 철로 선을 나타낸다.

이 같은 그래프 상에서 동작하는 잘 알려진 여러 알고리즘이 있다. 예를 들어 자동차 내비게이션 시스템은 도로 네트워크에서 두 지점 간 최단 경로를 검색하고 페이지랭크(pagerank)는 웹 그래프를 사용해 웹 페이지의 인기와 검색 결과에서 순위를 결정할 수 있다.

방금 전 예제에서 그래프의 정점은 모두 같은 유형(사람이나 웹 페이지, 도로 교차로)을 나타낸다. 하지만 그래프는 이런 **동종** 데이터에 국한되지 않는다. 그래프를 동종 데이터와 마찬가지 방식으로 사용하면 단일 데이터 저장소에 완전히 다른 유형의 객체를 일관성 있게 저장할 수 있는 강력한 방법을 제공한다. 예를 들어 페이스북은 다른 여러 유형의 정점과 간선을 단일 그래프로 유지한다. 정점은 사람, 장소, 이벤트, 체크인, 사용자가 작성한 코멘트를 나타낸다. 간선은 어떤 사람이 서로 친구인지 어떤 위치에서 체크인이 발생했는지 누가 어떤 포스트에 코멘트를 했는지 누가 이벤트에 참석했는지 등을 나타낸다[35].

이번 절에서는 그림 2-5의 예제를 사용한다. 어떤 소셜 네트워크나 계보 데이터베이스에서 가져온 예제로 아이다호(Idaho) 출신의 루시(Lucy)와 프랑스 본(Beaune) 출신의 알랭(Alain) 두 사람을 보여준다. 둘은 결혼해서 런던에 살고 있다.

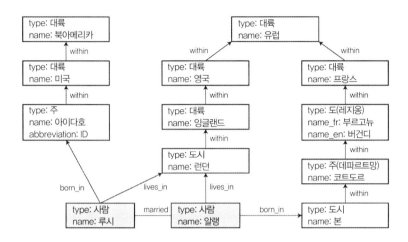

그림 2-5. 그래프 구조 데이터 예제(네모 상자는 정점을 나타내고, 화살표는 간선을 나타낸다)

그래프에서 데이터를 구조화하고 질의하는 몇 가지 다른(하지만 관련된) 방법이 있다. 이번 절에서는 **속성 그래프** 모델(네오포제이(Neo4j), 타이탄(Titan), 인피니티그래프(InfiniteGraph)로 구현됨)과 **트리플 저장소** 모델(데이토믹(Datomic), 알레그로그래프(Allegrograph) 등으로 구현됨)을 설명하고 그래프용 선언형 질의 언어 세 가지, 사이퍼(Cypher)와 스파클(SPARQL), 데이터로그(Datalog)를 살펴본다. 이 밖에도 그렘린(Gremlin)[36]과 같은 명령형 그래프 질의 언어와 프리글(Pregel)과 같은 그래프 처리 프레임워크가 있다(10장 참고).

속성 그래프

속성 그래프 모델에서 각 정점은 다음과 같은 요소로 구성된다.

- 고유한 식별자
- 유출(outgoing) 간선 집합
- 유입(incoming) 간선 집합
- 속성 컬렉션(키-값 쌍)

각 간선은 다음과 같은 요소로 구성된다.

- 고유한 식별자

- 간선이 시작하는 정점(**꼬리 정점**)

- 간선이 끝나는 정점(**머리 정점**)

- 두 정점 간 관계 유형을 설명하는 레이블

- 속성 컬렉션(키-값 쌍)

예제 2-2와 같이 두 개의 관계형 테이블(하나는 정점이고 하나는 간선)로 구성된 그래프 저장소를 생각해보자. 예제 2-2의 스키마는 각 정점이나 간선 속성 저장을 위해 포스트그레스큐엘 json 데이터타입을 사용했다. 머리와 꼬리 정점은 각 간선마다 저장된다. 정점을 위한 유입 간선과 유출 간선의 집합이 필요하다면 edges 테이블에 head_vertex나 tail_vertex로 각각 질의할 수 있다.

예제 2-2. 관계형 스키마를 사용해 속성 그래프 표현하기

```
CREATE TABLE vertices (
    vertex_id   integer PRIMARY KEY,
    properties json
);

CREATE TABLE edges (
    edge_id     integer PRIMARY KEY,
    tail_vertex integer REFERENCES vertices (vertex_id),
    head_vertex integer REFERENCES vertices (vertex_id),
    label       text,
    properties  json
);

CREATE INDEX edges_tails ON edges (tail_vertex);
CREATE INDEX edges_heads ON edges (head_vertex);
```

이 모델의 몇 가지 중요한 면은 다음과 같다.

1. 정점은 다른 정점과 간선으로 연결된다. 특정 유형과 관련 여부를 제한하는 스키마는 없다.

2. 정점이 주어지면 정점의 유입과 유출 간선을 효율적으로 찾을 수 있고 그래프를 순회할 수 있다. 즉 일련의 정점을 따라 앞뒤 방향으로 순회한다(예제 2-2에서 tail_vertex와 head_vertex 칼럼에 대해 색인을 생성하는 이유다).

3. 다른 유형의 관계에 서로 다른 레이블을 사용하면 단일 그래프에 다른 유형의 정보를 저장하면서도 데이터 모델을 깔끔하게 유지할 수 있다.

그림 2-5에서 볼 수 있듯이 이런 기능을 통해 그래프는 데이터 모델링을 위한 많은 유연성을 제공한다. 그림 2-5는 전통적인 관계형 스키마에서 표현하기 어려운 사례 몇 가지를 보여준다. 예를 들어 국가마다 지역 구조가 다르다(프랑스에서는 **주**(département)와 **도**(région)인 반면 미국에서는 **군**(county)과 **주**(state)다). 국가 안의 국가처럼 역사의 굴곡(독립된 주와 국가의 복잡성을 무시)이 있는 경우도 있고 데이터 입도(granularity)(루시의 현재 거주지는 도시로 명시돼 있지만 출생지는 주 수준으로만 명시됨)가 가지각색이다.

루시와 알랭 또는 그 밖의 사람에 대한 다른 여러 사실을 포함시키기 위해 그래프를 확장한다고 생각해 보자. 예를 들어 그들이 가진 음식 알레르기를 나타내고(알레르겐(allergen)은 정점으로 두고 사람과 알레르겐은 간선으로 구성해 알레르기를 표현) 어떤 음식에 어떤 물질이 포함됐는지 보여주는 정점 집합과 알레르겐을 연결할 때 사용할 수 있다. 그러면 각 사람들이 먹을 수 있는 안전한 음식이 무엇인지 알아내는 질의 작성이 가능하다. 그래프는 발전성이 좋아서 애플리케이션에 기능을 추가하는 경우 애플리케이션의 데이터 구조 변경을 수용하게끔 그래프를 쉽게 확장할 수 있다.

사이퍼 질의 언어

사이퍼(Cypher)는 속성 그래프를 위한 선언형 질의 언어로, 네오포제이 그래프 데이터베이스용으로 만들어졌다[37]. (사이퍼는 영화 **매트릭스**에 나오는 등장 인물의 이름으로, 암호학에서의 사이퍼(cipher)와는 관련이 없다[38].)

예제 2-3은 그림 2-5의 왼쪽 부분을 그래프 데이터베이스로 삽입하는 사이퍼 질의를 보여준다. 나머지 그래프도 비슷하게 추가할 수 있지만 가독성을 위해 생략했다. 각 정점에는 USA(미국)나 Idaho(아이다호) 같은 상징적인 이름이 지정돼 있다. 질의의 다른 부분에서 이 이름을 사용해 정점 간 간선을 화살표 표기를 사용해 만들 수 있다. 즉, `(Idaho) -[:WITHIN]-> (USA)`의 경우 꼬리 노드는 Idaho, 머리 노드는 USA인 WITHIN 레이블의 간선이 된다.

예제 2-3. 그림 2-5 데이터의 일부를 사이퍼 질의로 표현

```
CREATE
    (NAmerica:Location {name:'North America', type:'continent'}),
    (USA:Location     {name:'United States', type:'country' }),
    (Idaho:Location   {name:'Idaho', type:'state' }),
```

```
(Lucy:Person       {name:'Lucy' }),
(Idaho) -[:WITHIN]-> (USA) -[:WITHIN]-> (NAmerica),
(Lucy)  -[:BORN_IN]-> (Idaho)
```

그림 2-5의 모든 정점과 간선을 데이터베이스에 추가하면 흥미로운 질문 하나를 던질 수 있다. 예를 들어 **미국에서 유럽으로 이민 온 모든 사람들의 이름 찾기** 같은 질문이다. 더 정확하게 말하면 미국 내 위치의 BORN_IN 간선을 가진 정점과 유럽 내 위치의 LIVING_IN 간선을 갖는 모든 정점을 찾아서 이 정점들의 name 속성을 반환하는 문제다.

예제 2-4는 사이퍼에서 해당 질의를 어떻게 표현하는지 보여준다. MATCH 문에서는 같은 화살표 표기를 이용해 그래프에서 패턴을 찾는다. (person) -[:BORN_IN]-> ()는 BORN_IN 레이블을 가진 간선과 관련된 두 정점을 찾는다. 이 간선의 꼬리 정점은 person 변수에 묶여 있고 머리 정점은 명기하지 않은 채로 남아 있다.

예제 2-4. 미국에서 유럽으로 이민 온 사람을 찾는 사이퍼 질의

```
MATCH
    (person) -[:BORN_IN]-> () -[:WITHIN*0..]-> (us:Location {name:'United States'}),
    (person) -[:LIVES_IN]-> () -[:WITHIN*0..]-> (eu:Location {name:'Europe'})
RETURN person.name
```

질의는 다음과 같이 읽힌다.

다음 **두 가지** 조건을 만족하는 정점(person이라 부름)을 찾아라.

1. person은 어떤 정점을 향하는 BORN_IN 유출 간선을 가진다. 이 정점에서 name 속성이 "United States"인 Location 유형의 정점에 도달할 때까지 일련의 WITHIN 유출 간선을 따라간다.

2. 같은 person 정점은 LIVES_IN 유출 간선도 가진다. 이 간선과 WITHIN 유출 간선을 따라가면 결국 name 속성이 "Europe"인 Location 유형의 정점에 도달하게 된다.

각 person 정점마다 name 속성을 반환한다.

질의를 실행하는 데는 여러 가지 방법이 있다. 여기에 설명된 내용은 데이터베이스에서 모든 사람을 훑어보는 작업을 시작으로 사람들의 출생지와 거주지를 확인해 기준에 맞는 사람들만 반환한다.

하지만 동일하게 두 개의 Location 정점에서 시작해 반대 방향으로 수행할 수 있다. name 속성에 색인이 있다면 미국과 유럽을 나타내는 두 개의 정점을 효율적으로 찾는다. 그다음 각각의 WITHIN 유입

간선을 따라가며 미국과 유럽의 모든 위치(주, 지역, 도시 등) 찾기를 진행한다. 마지막으로 위치를 나타내는 정점 중 하나에서 BORN_IN이나 LIVES_IN 유입 간선을 통해 발견된 사람들을 구한다.

보통 선언형 질의 언어는 질의를 작성할 때 이처럼 수행에 대해 자세히 지정할 필요가 없다. 질의 최적화기가 가장 효율적이라고 예측한 전략을 자동으로 선택하므로 작성자는 나머지 애플리케이션만 작성하면 된다.

SQL의 그래프 질의

예제 2-2는 관계형 데이터베이스에서 그래프 데이터를 표현할 수 있음을 제안했다. 그렇다면 그래프 데이터를 관계형 구조로 넣어도 SQL을 사용해 질의할 수 있을까?

대답은 '예'지만 약간 어렵다. 관계형 데이터베이스에서는 대개 질의에 필요한 조인을 미리 알고 있다. 그래프 질의에서는 찾고자 하는 정점을 찾기 전에 가변적인 여러 간선을 순회해야 한다. 즉 미리 조인 수를 고정할 수 없다.

예제에서 간선 순회는 사이퍼 질의의 ( ) -[:WITHIN*0..]-> ( ) 문에서 발생한다. person의 LIVES_IN 간선은 위치 유형(거리, 도시, 지구, 군, 주 등)을 가리킨다. 도시는 군으로, 군은 주로, 주는 국가와 WITHIN 간선으로 이어진다. LIVES_IN 간선은 찾고자 하는 위치 정점을 직접 가리킬 수 있으나 위치 계층 구조에서 제거된 일부 수준일 수도 있다.

사이퍼에서 :WITHIN*0..는 이 사실을 매우 간결하게 표현한다. 이는 "0회 이상 WITHIN 간선을 따라가라"는 의미다. 정규 표현식의 * 연산자와 같다.

SQL:1999 이후로 가변 순회 경로에 대한 질의 개념은 **재귀 공통 테이블 식**(recursive common table expression)(WITH RECURSIVE 문)을 사용해서 표현할 수 있다. 예제 2-5는 이 기법을 사용해 동일한 질의(미국에서 유럽으로 이민 온 사람들의 이름 찾기)를 SQL로 표현했다(포스트그레스큐엘, IBM DB2, 오라클, SQL 서버에서 지원함). 하지만 사이퍼와 비교하면 문법이 매우 어렵다.

예제 2-5. 재귀 공통 테이블 식을 사용해 SQL로 표현한 예제 2-4와 동일한 질의

```
WITH RECURSIVE

    -- in_usa는 미국 내 모든 지역의 정점 ID 집합이다.
    in_usa(vertex_id) AS (
        SELECT vertex_id FROM vertices WHERE properties->>'name' = 'United States' ❶
    UNION
```

```
            SELECT edges.tail_vertex FROM edges ❷
                JOIN in_usa ON edges.head_vertex = in_usa.vertex_id
                WHERE edges.label = 'within'
    ),

    -- in_europe은 유럽 내 모든 지역의 정점 ID 집합이다.
    in_europe(vertex_id) AS (
            SELECT vertex_id FROM vertices WHERE properties->>'name' = 'Europe' ❸
        UNION
            SELECT edges.tail_vertex FROM edges
                JOIN in_europe ON edges.head_vertex = in_europe.vertex_id
                WHERE edges.label = 'within'
    ),

    -- born_in_usa는 미국에서 태어난 모든 사람의 정점 ID 집합이다.
    born_in_usa(vertex_id) AS ( ❹
        SELECT edges.tail_vertex FROM edges
            JOIN in_usa ON edges.head_vertex = in_usa.vertex_id
            WHERE edges.label = 'born_in'
    ),

    -- lives_in_europe은 유럽에서 태어난 모든 사람의 정점 ID 집합이다.
    lives_in_europe(vertex_id) AS ( ❺
        SELECT edges.tail_vertex FROM edges
            JOIN in_europe ON edges.head_vertex = in_europe.vertex_id
            WHERE edges.label = 'lives_in'
    )

SELECT vertices.properties->>'name'
FROM vertices
-- 미국에서 태어나 유럽에서 자란 사람을 찾아 조인한다.
JOIN born_in_usa      ON vertices.vertex_id = born_in_usa.vertex_id ❻
JOIN lives_in_europe ON vertices.vertex_id = lives_in_europe.vertex_id;
```

❶ 먼저 name 속성이 "United States"인 정점을 찾아 in_usa 정점 집합의 첫 번째 엘리먼트로 만든다.

❷ in_usa 집합의 정점들의 모든 within 유입 간선을 따라가 같은 집합에 추가한다. 모든 within 간선을 방문할 때까지 수행한다.

❸ name 속성이 "Europe"인 정점을 시작으로 동일하게 수행해 in_europe 집합을 만든다.

❹ 미국에서 태어난 사람을 찾기 위해 in_usa 집합의 각 정점에 대해 born_in 유입 간선을 따라간다.

❺ 비슷하게 유럽에서 사는 사람을 찾기 위해 in_europe 집합의 각 정점에 대해 lives_in 유입 간선을 따라간다.

❻ 마지막으로 조인을 이용해 미국에서 태어난 사람 집합과 유럽에서 사는 사람 집합의 교집합을 구한다.

동일한 질의를, 하나의 질의 언어는 4줄로 작성하고 다른 질의 언어는 29줄로 작성해야 한다는 점이다. 이는 다양한 데이터 모델이 서로 다른 사용 사례를 만족하기 위해 설계됐다는 사실을 보여준다. 따라서 애플리케이션에 적합한 데이터 모델 선택하는 작업은 중요하다.

트리플 저장소와 스파클

트리플 저장소 모델은 속성 그래프 모델과 거의 동등하다. 이 모델은 같은 생각을 다른 용어를 사용해 설명한다. 그럼에도 애플리케이션 구축에 유용한 도구일지도 모를 트리플 저장소를 위한 다양한 도구와 언어가 있기 때문에 논의할 만한 가치가 있다.

트리플 저장소에서는 모든 정보를 (**주어**(subject), **서술어**(predicate), **목적어**(object))처럼 매우 간단한 세 부분 구문(three-part statements) 형식으로 저장한다. 예를 들어 (**짐, 좋아하다, 바나나**) 트리플에서 **짐**은 주어, **좋아하다**는 서술어(동사), **바나나**는 목적어다.

트리플의 주어는 그래프의 정점과 동등하다. 목적어는 두 가지 중 하나다.

1. 문자열이나 숫자 같은 원시 데이터타입의 값. 이 경우 트리플의 서술어와 목적어는 주어 정점에서 속성의 키, 값과 동등하다. 예를 들어 (**루시, 나이, 33**)은 {"age":33} 속성을 가진 정점 lucy와 같다.

2. 그래프의 다른 정점. 이 경우 서술어는 그래프의 간선이고 주어는 꼬리 정점이며 목적어는 머리 정점이다. 예를 들어 (**루시, 결혼하다, 알랭**)에서 주어와 목적어인 **루시**와 **알랭**은 모두 정점이고 서술어 **결혼하다**는 두 정점을 잇는 간선의 레이블이다.

예제 2-6은 예제 2-3과 동일한 데이터를 보여주며 **터틀**(Turtle) 형식의 트리플로 작성됐다. 터틀 형식은 Notation3(N3)의 부분 집합이다[39].

예제 2-6. 그림 2-5 데이터의 일부를 Turtle 트리플로 표현

```
@prefix : <urn:example:>.
_:lucy      a         :Person.
_:lucy      :name     "Lucy".
_:lucy      :bornIn   _:idaho.
_:idaho     a         :Location.
_:idaho     :name     "Idaho".
```

```
_:idaho    :type    "state".
_:idaho    :within _:usa.
_:usa      a        :Location.
_:usa      :name    "United States".
_:usa      :type    "country".
_:usa      :within _:namerica.
_:namerica a        :Location.
_:namerica :name    "North America".
_:namerica :type    "continent".
```

위 예제에서는 그래프 정점을 _:someName으로 썼다. _:someName은 이 파일 외부의 것을 의미하지 않는다. _:someName은 트리플이 같은 정점을 참조하는지 달리 알지 못하기 때문에 존재한다. 서술어가 간선을 나타내면 목적어는 _:idaho   :within   _:usa처럼 정점이 된다. 서술어가 속성이라면 목적어는 _:usa   :name "United States"처럼 문자열 리터럴이 된다.

동일한 주어를 반복하는 작업은 단순 반복 작업이다. 다행히 세미콜론을 사용해 동일한 주어에 대해 여러 경우를 표현할 수 있다. 이 방식은 터틀 형식을 상당히 멋지고 읽기 쉽게 만든다. 예제 2-7을 보면 잘 나타난다.

예제 2-7. 예제 2-6의 데이터를 더 간결하게 작성하는 방법

```
@prefix : <urn:example:>.

_:lucy     a :Person;   :name "Lucy";          :bornIn _:idaho.
_:idaho    a :Location; :name "Idaho";         :type "state";   :within _:usa.
_:usa      a :Location; :name "United States"; :type "country"; :within _:namerica.
_:namerica a :Location; :name "North America"; :type "continent".
```

시맨틱 웹

트리플 저장소에 관한 내용을 읽다보면 **시맨틱 웹** 관련 기사의 소용돌이에 빠질지도 모른다. 트리플 저장소 데이터 모델은 시맨틱 웹과는 완전히 독립적이다. 예를 들어 데이토믹[40]은 트리플 저장소지만 시맨틱 웹과의 어떤 관계도 주장하지 않는다.[8] 하지만 많은 사람들이 이 둘은 매우 밀접한 관계가 있다고 생각하기 때문에 간략하게 논의할 필요가 있다.

---

8 기술적으로 데이토믹은 트리플이 아닌 5튜플을 사용한다. 두 개의 추가 필드는 버전 관리를 위한 메타데이터다.

시맨틱 웹은 기본적으로 간단하고 합리적인 개념이다. 즉 웹 사이트는 이미 사람이 읽을 수 있는 텍스트와 그림으로 정보를 게시하고 있으니 컴퓨터가 읽게끔 기계가 판독 가능한 데이터로도 정보를 게시하는 건 어떨까라는 개념이다. **자원 기술 프레임워크**(Resource Description Framework, RDF)[41]는 서로 다른 웹 사이트가 일관된 형식으로 데이터를 게시하기 위한 방법을 제안한다. RDF는 서로 다른 웹 사이트의 데이터가 일종의 전 인터넷 "만물 데이터베이스(database of everything)"인 **데이터 웹(web of data)**에 자동으로 결합할 수 있게 한다.

안타깝게도 시맨틱 웹은 2000년대 초반에 과대평가됐고 지금까지 현실에서 실현된 흔적이 없어 많은 사람이 부정적인 견해를 보였다. 또한 어지러운 약어의 과잉과 지나치게 복잡한 표준 제안, 자만심으로 어려움을 겪었다.

하지만 이런 단점들이 있음에도 시맨틱 웹 프로젝트에서 유래한 좋은 작업이 많이 있다. 시맨틱 웹에서 RDF 데이터를 게시하는 일에 관심이 없다고 하더라도 트리플은 애플리케이션의 훌륭한 내부 데이터 모델이 될 수 있다.

RDF 데이터 모델

예제 2-7에서 사용한 터틀 언어는 RDF 데이터를 사람이 읽을 수 있는 형식(human-readable format)으로 표현한다. 때로는 RDF를 XML 형식으로 쓰기도 한다. 하지만 XML 형식은 예제 2-8과 같이 같은 내용을 훨씬 장황하게 만든다. 한눈에 쉽게 보기 위해서는 터틀/N3를 선호하며 아파치 제나(Jena)[42] 같은 도구는 필요한 경우 서로 다른 RDF 형식으로 자동 변환할 수 있다.

예제 2-8. 예제 2-7의 데이터를 RDF/XML 구문으로 표현

```
<rdf:RDF xmlns="urn:example:"
    xmlns:rdf="http://www.w3.org/1999/02/22-rdf-syntax-ns#">

    <Location rdf:nodeID="idaho">
        <name>Idaho</name>
        <type>state</type>
        <within>
            <Location rdf:nodeID="usa">
                <name>United States</name>
                <type>country</type>
                <within>
                    <Location rdf:nodeID="namerica">
                        <name>North America</name>
```

```
                    <type>continent</type>
                </Location>
            </within>
        </Location>
    </within>
</Location>


<Person rdf:nodeID="lucy">
    <name>Lucy</name>
    <bornIn rdf:nodeID="idaho"/>
</Person>
</rdf:RDF>
```

RDF는 인터넷 전체의 데이터 교환을 위해 설계했기 때문에 약간 이상한 점이 있다. 트리플의 주어, 서술어, 목적어는 주로 URI다. 예를 들어 서술어는 단지 WITHIN이나 LIVES_IN이 아니라 <http://my-company.com/namespace#within> 또는 <http://my-company.com/namespace#lives_in> 같은 URI일 수 있다. 이런 설계의 배경은 데이터를 다른 사람의 데이터와 결합할 수 있어야 하기 때문이다. 만약 within이나 lives_in 단어에 다른 의미를 붙이면 실제로 서술어는 <http://other.org/foo#within>와 <http://other.org/foo#lives_in>이기 때문에 충돌이 생기지 않는다.

URL <http://my-company.com/namespace>는 반드시 실제로 접속 가능한 주소일 필요는 없다. RDF 관점에서는 단순히 네임스페이스일 뿐이다. http://가 붙은 URL과의 혼동을 피하기 위해 이번 절의 예제에서는 urn:example:within과 같이 접속할 수 없는 URI를 사용한다. 다행히 이 접두어는 파일의 맨 위에 한번만 지정하고 잊어버리면 된다.

스파클 질의 언어

스파클(SPARQL)은 RDF 데이터 모델을 사용한 트리플 저장소 질의 언어다[43](스파클은 SPARQL Protocol and RDF Query Language의 줄임말이다). 스파클을 사이퍼보다 먼저 만들었고 사이퍼의 패턴 매칭을 스파클에서 차용했기 때문에 이 둘은 매우 유사해 보인다[37].

앞에서 살펴본 질의(미국에서 유럽으로 이주한 사람을 찾기)는 사이퍼보다 스파클에서 더욱 간결해진다(예제 2-9 참고).

예제 2-9. 예제 2-4와 동일한 질의를 스파클로 표현

```
PREFIX : <urn:example:>

SELECT ?personName WHERE {
    ?person :name ?personName.
    ?person :bornIn / :within* / :name "United States".
    ?person :livesIn / :within* / :name "Europe".
}
```

구조는 매우 유사하며 다음 두 표현식은 동등하다(스파클에서 변수는 물음표로 시작한다).

```
(person) -[:BORN_IN]-> () -[:WITHIN*0..]-> (location)   # 사이퍼
?person :bornIn / :within* ?location.                   # 스파클
```

RDF는 속성과 간선을 구별하지 않고 서술어만 사용하기 때문에 속성 매칭을 위해 동일한 구문을 사용할 수 있다. 다음 표현식에 따르면 usa 변수는 문자열 값이 "United States"인 name 속성을 가진 모든 정점이어야 한다.

```
(usa {name:'United States'})   # 사이퍼
?usa :name "United States".    # 스파클
```

스파클은 훌륭한 질의 언어다. 시맨틱 웹이 아니더라도 애플리케이션이 내부적으로 사용하는 강력한 도구가 될 수 있다.

그래프 데이터베이스와 네트워크 모델의 비교

36쪽 "문서 데이터베이스는 역사를 반복하고 있나?"에서 코다실과 관계형 모델이 IMS에서 다대다 관계의 문제를 해결하기 위해 어떻게 경쟁했는지 설명했다. 언뜻 보면 코다실의 네트워크 모델은 그래프 모델과 유사해 보인다. 어쩌면 그래프 데이터베이스로 위장한 코다실이 다시 등장한 게 아닐까?

아니다. 코다실과 그래프 데이터베이스는 몇 가지 중요한 점에서 다르다.

- 코다실 데이터베이스에는 다른 레코드 타입과 중첩 가능한 레코드 타입을 지정하는 스키마가 있다. 그래프 데이터베이스에는 이런 제한이 없다. 모든 정점은 다른 정점으로 가는 간선을 가질 수 있다. 이것은 변화하는 요구사항을 쉽게 적용할 수 있는 유연성을 애플리케이션에 준다.

- 코다실에서 특정 레코드에 도달하는 유일한 방법은 레코드의 접근 경로 중 하나를 탐색하는 방식이다. 그래프 데이터베이스는 고유 ID를 가지고 임의 정점을 직접 참조하거나 색인을 사용해 특정 값을 가진 정점을 빠르게 찾을 수 있다.

- 코다실에서 레코드의 하위 항목은 정렬된 집합이므로 데이터베이스는 정렬(저장소 배치에 영향을 줄 수 있음)을 유지해야 하고 애플리케이션이 새로운 데이터를 데이터베이스에 삽입할 때 정렬된 집합에서 새로운 레코드의 위치를 염두에 둬야 한다. 그래프 데이터베이스에서 정점과 간선은 정렬하지 않는다. 질의를 만들 때만 결과를 정렬할 수 있다.

- 코다실에서 모든 질의는 명령형이고 작성이 어렵다. 또한 스키마가 변경되면 질의가 쉽게 손상된다. 원한다면 그래프 데이터베이스도 명령형 코드로 순회를 작성할 수 있다. 하지만 대부분의 그래프 데이터베이스는 사이퍼나 스파클 같은 고수준 선언형 질의 언어를 제공한다.

초석: 데이터로그

데이터로그(Datalog)는 스파클이나 사이퍼보다 훨씬 오래된 언어로 1980년대 학계에서 광범위하게 연구됐다[44, 45, 46]. 소프트웨어 엔지니어 사이에서는 잘 알려져 있지 않지만 그럼에도 중요한 이유는 이후 질의 언어의 기반이 되는 초석을 제공하기 때문이다.

실제로 일부 데이터 시스템에서 데이터로그를 사용한다. 예를 들어, 데이토믹[40]은 데이터로그를 질의 언어로 사용한다. 그리고 캐스캘로그(Cascalog)[47]는 데이터로그의 구현체로서 하둡의 대용량 데이터셋에 질의를 위한 용도다[9].

데이터로그의 데이터 모델은 트리플 저장소 모델과 유사하지만 조금 더 일반화됐다. (**주어, 서술어, 목적어**)로 트리플을 작성하는 대신 **서술어(주어, 목적어)**로 작성한다. 예제 2-10은 데이터로그로 예제 데이터를 작성하는 방법을 보여준다.

예제 2-10. 그림 2-5의 일부 데이터를 데이터로그 사실(fact)로 표현

```
name(namerica, 'North America').
type(namerica, continent).

name(usa, 'United States').
type(usa, country).
within(usa, namerica).

name(idaho, 'Idaho').
type(idaho, state).
within(idaho, usa).
```

---

9 데이토믹과 캐스캘로그는 데이터로그용 클로저(Clojure) S 표현식(s-expression) 문법을 사용한다. 이어지는 예제에서는 프롤로그(Prolog) 문법을 사용한다. 기능상 차이는 없지만 조금 더 읽기 쉽다.

```
name(lucy, 'Lucy').
born_in(lucy, idaho).
```

이제 데이터를 정의했으니 예제 2-11과 같이 이전과 동일한 질의를 작성할 수 있다. 사이퍼나 스파클의 질의와는 조금 다르게 보인다. 그렇다고 흥미를 잃을 필요는 없다. 데이터로그는 프롤로그의 부분 집합이다. 프롤로그는 컴퓨터 과학을 공부했다면 한 번쯤 본 적이 있을 것이다.

예제 2-11. 예제 2-4와 동일한 질의를 데이터로그로 표현

```
within_recursive(Location, Name) :- name(Location, Name).  /* 규칙 1 */

within_recursive(Location, Name) :- within(Location, Via), /* 규칙 2 */
                                    within_recursive(Via, Name).

migrated(Name, BornIn, LivingIn) :- name(Person, Name),     /* 규칙 3 */
                                    born_in(Person, BornLoc),
                                    within_recursive(BornLoc, BornIn),
                                    lives_in(Person, LivingLoc),
                                    within_recursive(LivingLoc, LivingIn).

?- migrated(Who, 'United States', 'Europe').
/* Who = '루시'. */
```

사이퍼와 스파클은 SELECT로 바로 질의하는 반면 데이터로그는 단계를 나눠 한 번에 조금씩 질의로 나아간다. 먼저 새로운 서술어를 데이터베이스에 전달하는 **규칙(rule)**을 정의한다. 이 예제에서는 서술어 within_recursive와 migrated 두 개를 새로 정의한다. 서술어는 데이터베이스에 저장된 트리플이 아니다. 서술어는 데이터나 다른 규칙으로부터 파생된다. 규칙(rule)은 함수가 다른 함수를 호출하거나 재귀적으로 자신을 호출하는 것처럼 다른 규칙을 참조할 수 있다. 이처럼 복잡한 질의를 작은 부분으로 나눠 차례차례 구성할 수 있다.

규칙에서 대문자로 시작하는 단어는 변수다. 그리고 서술어는 사이퍼와 스파클의 서술어와 대응된다. 예를 들어 name(Location, Name)은 변수 Location = namerica와 Name = 'North America'를 가진 트리플 name(namerica, 'North America')에 대응된다.

시스템이 :- 연산자의 오른편에 있는 **모든** 서술어의 대응을 찾으면 규칙이 적용된다. 규칙이 적용될 때 :- 의 왼편이 데이터베이스에 추가된다(변수는 대응된 값으로 대체된다).

다음은 이 규칙을 적용할 수 있는 방법 중 하나다.

1. 데이터베이스에 name(namerica, 'North America')가 존재하면 규칙 1을 적용한다. 규칙 1은 within_recursive(namerica, 'North America')를 생성한다.

2. 데이터베이스에 within(usa, namerica)가 존재하고 이전 단계에서 within_recursive(namerica, 'North America')를 생성했으면 규칙 2를 적용한다. 규칙 2는 within_recursive(usa, 'North America')를 생성한다.

3. 데이터베이스에 within(idaho, usa)가 존재하고 이전 단계에서 within_recursive(usa, 'North America')를 생성했으면 규칙 2를 적용한다. 규칙 2는 within_recursive(idaho, 'North America')를 생성한다.

within_recursive 서술어는 규칙 1과 2를 반복 적용해 데이터베이스에 포함된 북아메리카(또는 다른 장소 이름)의 모든 위치를 찾을 수 있다. 이 과정은 그림 2-6에서 설명한다.

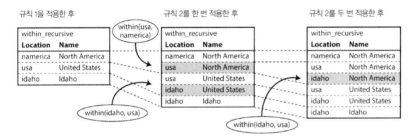

그림 2-6. 예제 2-11에서 데이터로그 규칙을 사용해 아이다호가 북아메리카에 있는지 확인

이제 규칙 3으로 특정 LivingIn 장소에서 살면서 특정 BornIn 장소에서 태어난 사람을 찾을 수 있다. 질의는 BornIn = 'United States'와 LivingIn = 'Europe'이고 변수 Who에 사람을 남기게 한 다음 데이터 로그 시스템에 어떤 값이 변수 Who에 나타날 수 있는지 물어본다. 최종적으로 이전 사이퍼나 스파클 질의와 같은 답을 얻는다.

데이터로그 접근 방식은 이번 장에서 이전에 설명한 질의 언어와는 다른 사고가 필요하다. 하지만 다른 질의의 규칙을 결합하거나 재사용할 수 있기 때문에 매우 강력한 접근 방식이다. 간단한 일회성 질의에 사용하기는 편리하지 않지만 데이터가 복잡하면 더 효과적으로 대처할 수 있다.

정리

데이터 모델은 광범위한 주제다. 이번 장에서는 다양한 종류의 모델을 간략하게 살펴봤다. 각 모델의 모든 세부 사항을 담진 못했지만 설명했던 개략적 내용만으로도 애플리케이션의 요구사항에 가장 적합한 모델을 찾고 싶은 욕구를 충분히 자극했을 것으로 기대한다.

역사적으로 데이터를 하나의 큰 트리(계층 모델)로 표현하려고 노력했지만 다대다 관계를 표현하기에는 트리 구조가 적절하지 않았다. 이 문제를 해결하기 위해 관계형 모델이 고안됐다. 최근 개발자들은 관계형 모델에도 적합하지 않은 애플리케이션이 있다는 사실을 발견했다. 새롭게 등장한 비관계형 데이터저장소인 "NoSQL"은 다음과 같은 두 가지 주요 갈래가 있다.

1. **문서 데이터베이스**는 데이터가 문서 자체에 포함돼 있으면서 하나의 문서와 다른 문서 간 관계가 거의 없는 사용 사례를 대상으로 한다.

2. **그래프 데이터베이스**는 문서 데이터베이스와는 정반대로 모든 것이 잠재적으로 관련 있다는 사용 사례를 대상으로 한다.

세 가지 모델(문서, 관계형, 그래프) 모두 현재 널리 사용하고 있으며 각 모델은 각자의 영역에서 훌륭하다. 한 모델을 다른 모델로 흉내 낼 수 있지만(예를 들어 그래프 데이터는 관계형 데이터베이스로 표현할 수 있다) 그 결과는 대부분 엉망이다. 이것이 바로 단일 만능 솔루션이 아닌 각기 목적에 맞는 다양한 시스템을 보유해야 하는 이유다.

문서 및 그래프 데이터베이스가 가진 공통점 중 하나는 일반적으로 저장할 데이터를 위한 스키마를 강제하지 않아 변화하는 요구사항에 맞춰 애플리케이션을 쉽게 변경할 수 있다는 점이다. 하지만 애플리케이션은 데이터가 특정 구조를 갖는다고 가정할 가능성이 높다. 이는 스키마가 명시적인지(쓰기에 강요됨) 암시적인지(읽기에 다뤄짐)의 문제일 뿐이다.

각 데이터 모델은 고유한 질의 언어나 프레임워크를 제공한다. 몇 가지 예로 SQL, 맵리듀스, 몽고DB의 집계 파이프라인, 사이퍼, 스파클, 데이터로그 등을 설명했다. 또한 CSS와 XSL/XPath도 다뤘는데 이는 데이터베이스 질의 언어는 아니지만 흥미로운 유사점이 있다.

많은 분야를 다뤘다 하더라도 아직 언급되지 않은 많은 데이터 모델이 남았다. 간략하게 몇 가지 예를 들면 다음과 같다.

- 게놈(genome) 데이터로 작업하는 연구원은 종종 **염기 서열 유사도 검색**(sequence-similarity searches)을 수행해야 한다. 이 작업은 (DNA 분자를 나타내는) 하나의 아주 긴 문자열을 가지고, 유사하지만 동일하지 않은 문자열을 대용량 문자열 데이터베이스에서 찾는 작업을 말한다. 여기서 설명한 어떤 데이터베이스도 이 같은 사용 사례를 처리할 수 없기 때문에 연구원들이 젠뱅크(GenBank)라는 특화된 게놈 데이터베이스 소프트웨어를 작성했다[48].

- 입자 물리학자들은 수십년 동안 빅데이터 스타일의 대규모 데이터 분석을 해왔고 대형 강입자 충돌기(Large Hadron Collider, LHC) 같은 프로젝트의 작업은 데이터 규모가 현재 수백 페타바이트에 달한다! 이런 규모에서 하드웨어 비용이 통제 불능 상태가 되지 않기 위해서는 사용자 정의 솔루션이 필요하다[49].

- 전문(full-text) 검색은 틀림없이 데이터베이스와 함께 자주 사용되는 일종의 데이터 모델이다. 정보 검색은 이 책에서 다루지 않는 광범위한 전문 주제지만 3장과 3부에서 색인 검색을 다룬다.

아직 다루지 못한 많은 데이터 모델은 일단 그대로 남겨둔다. 다음 장에서는 이번 장에서 설명한 데이터 모델을 **구현**할 때 발생할 수 있는 트레이드오프를 살펴본다.

참고 문헌

[1] Edgar F. Codd: "A Relational Model of Data for Large Shared Data Banks," Communications of the ACM, volume 13, number 6, pages 377–387, June 1970. doi:10.1145/362384.362685

[2] Michael Stonebraker and Joseph M. Hellerstein: "What Goes Around Comes Around," in Readings in Database Systems, 4th edition, MIT Press, pages 2–41, 2005. ISBN: 978-0-262-69314-1

[3] Pramod J. Sadalage and Martin Fowler: NoSQL Distilled. Addison-Wesley, August 2012. ISBN: 978-0-321-82662-6

[4] Eric Evans: "NoSQL: What's in a Name?," blog.sym-link.com, October 30, 2009.

[5] James Phillips: "Surprises in Our NoSQL Adoption Survey," blog.couchbase.com, February 8, 2012.

[6] Michael Wagner: SQL/XML:2006 – Evaluierung der Standardkonformität ausgewählter Datenbanksysteme. Diplomica Verlag, Hamburg, 2010. ISBN: 978-3-836-64609-3

[7] "XML Data in SQL Server," SQL Server 2012 documentation, technet.microsoft.com, 2013.

[8] "PostgreSQL 9.3.1 Documentation," The PostgreSQL Global Development Group, 2013.

[9] "The MongoDB 2.4 Manual," MongoDB, Inc., 2013.

[10] "RethinkDB 1.11 Documentation," *rethinkdb.com*, 2013.

[11] "Apache CouchDB 1.6 Documentation," *docs.couchdb.org*, 2014.

[12] Lin Qiao, Kapil Surlaker, Shirshanka Das, et al.: "On Brewing Fresh Espresso: LinkedIn's Distributed Data Serving Platform," at *ACM International Conference on Management of Data* (SIGMOD), June 2013.

[13] Rick Long, Mark Harrington, Robert Hain, and Geoff Nicholls: *IMS Primer*. IBM Redbook SG24-5352-00, IBM International Technical Support Organization, January 2000.

[14] Stephen D. Bartlett: "IBM's IMS—Myths, Realities, and Opportunities," The Clipper Group Navigator, TCG2013015LI, July 2013.

[15] Sarah Mei: "Why You Should Never Use MongoDB," *sarahmei.com*, November 11, 2013.

[16] J. S. Knowles and D. M. R. Bell: "The CODASYL Model," in *Databases—Role and Structure: An Advanced Course*, edited by P. M. Stocker, P. M. D. Gray, and M. P. Atkinson, pages 19–56, Cambridge University Press, 1984. ISBN: 978-0-521-25430-4

[17] Charles W. Bachman: "The Programmer as Navigator," *Communications of the ACM*, volume 16, number 11, pages 653–658, November 1973. doi:10.1145/355611.362534

[18] Joseph M. Hellerstein, Michael Stonebraker, and James Hamilton: "Architecture of a Database System," *Foundations and Trends in Databases*, volume 1, number 2, pages 141–259, November 2007. doi:10.1561/1900000002

[19] Sandeep Parikh and Kelly Stirman: "Schema Design for Time Series Data in MongoDB," *blog.mongodb.org*, October 30, 2013.

[20] Martin Fowler: "Schemaless Data Structures," *martinfowler.com*, January 7, 2013.

[21] Amr Awadallah: "Schema-on-Read vs. Schema-on-Write," at *Berkeley EECS RAD Lab Retreat*, Santa Cruz, CA, May 2009.

[22] Martin Odersky: "The Trouble with Types," at *Strange Loop*, September 2013.

[23] Conrad Irwin: "MongoDB—Confessions of a PostgreSQL Lover," at *HTML5DevConf*, October 2013.

[24] "Percona Toolkit Documentation: pt-online-schema-change," Percona Ireland Ltd., 2013.

[25] Rany Keddo, Tobias Bielohlawek, and Tobias Schmidt: "Large Hadron Migrator," SoundCloud, 2013.

[26] Shlomi Noach: "gh-ost: GitHub's Online Schema Migration Tool for MySQL," *githubengineering.com*, August 1, 2016.

[27] James C. Corbett, Jeffrey Dean, Michael Epstein, et al.: "Spanner: Google's Globally-Distributed Database," at *10th USENIX Symposium on Operating System Design and Implementation* (OSDI), October 2012.

[28] Donald K. Burleson: "Reduce I/O with Oracle Cluster Tables," *dba-oracle.com*.

[29] Fay Chang, Jeffrey Dean, Sanjay Ghemawat, et al.: "Bigtable: A Distributed Storage System for Structured Data," at *7th USENIX Symposium on Operating System Design and Implementation* (OSDI), November 2006.

[30] Bobbie J. Cochrane and Kathy A. McKnight: "DB2 JSON Capabilities, Part 1: Introduction to DB2 JSON," IBM developerWorks, June 20, 2013.

[31] Herb Sutter: "The Free Lunch Is Over: A Fundamental Turn Toward Concurrency in Software," *Dr. Dobb's Journal*, volume 30, number 3, pages 202-210, March 2005.

[32] Joseph M. Hellerstein: "The Declarative Imperative: Experiences and Conjectures in Distributed Logic," Electrical Engineering and Computer Sciences, Univer— sity of California at Berkeley, Tech report UCB/EECS-2010-90, June 2010.

[33] Jeffrey Dean and Sanjay Ghemawat: "MapReduce: Simplified Data Processing on Large Clusters," at *6th USENIX Symposium on Operating System Design and Implementation* (OSDI), December 2004.

[34] Craig Kerstiens: "JavaScript in Your Postgres," *blog.heroku.com*, June 5, 2013.

[35] Nathan Bronson, Zach Amsden, George Cabrera, et al.: "TAO: Facebook's Distributed Data Store for the Social Graph," at *USENIX Annual Technical Conference* (USENIX ATC), June 2013.

[36] "Apache TinkerPop3.2.3 Documentation," *tinkerpop.apache.org*, October 2016.

[37] "The Neo4j Manual v2.0.0," Neo Technology, 2013.

[38] Emil Eifrem: Twitter correspondence, January 3, 2014.

[39] David Beckett and Tim Berners-Lee: "Turtle – Terse RDF Triple Language," W3C Team Submission, March 28, 2011.

[40] "Datomic Development Resources," Metadata Partners, LLC, 2013.

[41] W3C RDF Working Group: "Resource Description Framework (RDF)," *w3.org*, 10 February 2004.

[42] "Apache Jena," Apache Software Foundation.

[43] Steve Harris, Andy Seaborne, and Eric Prud'hommeaux: "SPARQL 1.1 Query Language," W3C Recommendation, March 2013.

[44] Todd J. Green, Shan Shan Huang, Boon Thau Loo, and Wenchao Zhou: "Datalog and Recursive Query Processing," *Foundations and Trends in Databases*, volume 5, number 2, pages 105–195, November 2013. doi:10.1561/1900000017

[45] Stefano Ceri, Georg Gottlob, and Letizia Tanca: "What You Always Wanted to Know About Datalog (And Never Dared to Ask)," *IEEE Transactions on Knowledge and Data Engineering*, volume 1, number 1, pages 146–166, March 1989. doi:10.1109/69.43410

[46] Serge Abiteboul, Richard Hull, and Victor Vianu: *Foundations of Databases*. Addison-Wesley, 1995. ISBN: 978-0-201-53771-0, available online at *webdam.inria.fr/Alice*

[47] Nathan Marz: "Cascalog," *cascalog.org*.

[48] Dennis A. Benson, Ilene Karsch-Mizrachi, David J. Lipman, et al.: "GenBank," *Nucleic Acids Research*, volume 36, Database issue, pages D25–D30, December 2007. doi:10.1093/nar/gkm929

[49] Fons Rademakers: "ROOT for Big Data Analysis," at *Workshop on the Future of Big Data Management*, London, UK, June 2013.

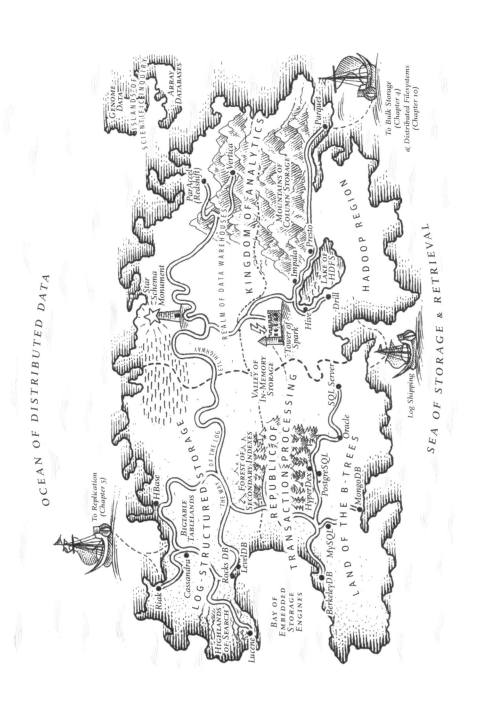

OCEAN OF DISTRIBUTED DATA

ISLANDS OF SCIENTIFIC INQUIRY

GENOME DATA

ARRAY DATABASES

Parquet

To Bulk Storage
(Chapter 4)
& Distributed Filesystems
(Chapter 10)

Vertica

ParAccel
(Redshift)

KINGDOM OF ANALYTICS

MOUNTAINS OF
COLUMN STORAGE

Presto

Star
Schema
Monument

REALM OF DATA WAREHOUSES

Impala

LAKE OF
HDFS

HADOOP REGION

Hive

Drill

THE LOG HIGHWAY

Tower of
Spark

To Replication
(Chapter 5)

HBase

LOG-STRUCTURED STORAGE

BIGTABLE
TABLELANDS

THE WAY OF THE LOG

Valley of
IN-MEMORY
STORAGE

SQL Server

Log Shipping

Cassandra

Rocks DB

LevelDB

FOREST OF A
SECONDARY INDEXES

REPUBLIC OF
TRANSACTION PROCESSING

Oracle

SEA OF STORAGE & RETRIEVAL

Riak

BAY OF
EMBEDDED
STORAGE
ENGINES

HyperDex

PostgreSQL

LAND OF THE B-TREES

HIGHLANDS
OF SEARCH

BerkeleyDB

MySQL

MongoDB

Lucene

저장소와
검색

항상 주변을 단정히 정돈하는 사람은 단지 찾기를 너무 귀찮아하는 사람이다.

– 독일 속담

가장 기본적인 수준에서 데이터베이스는 두 가지 작업을 수행한다. 어떤 데이터를 받으면 데이터를 저장하고 나중에 그 데이터를 요청하면 다시 데이터를 제공한다.

2장에서 애플리케이션 개발자가 데이터베이스에 데이터를 제공하는 형식을 설명했다. 그리고 나중에 다시 요청할 수 있는 메커니즘인 데이터 모델과 질의 언어도 살펴봤다. 이번 장에서는 같은 내용을 데이터베이스 관점에서 살펴본다. 즉, 데이터베이스가 데이터를 저장하는 방법과 데이터를 요청했을 때 다시 찾을 수 있는 방법을 설명하겠다.

데이터베이스가 저장과 검색을 내부적으로 처리하는 방법을 애플리케이션 개발자가 주의해야 하는 이유는 무엇일까? 대개 애플리케이션 개발자가 처음부터 자신의 저장소 엔진을 구현하기보다는 사용 가능한 여러 저장소 엔진 중에 애플리케이션에 적합한 엔진을 선택하는 작업이 필요하다. 특정 작업부하(workload) 유형에서 좋은 성능을 내게끔 저장소 엔진을 조정하려면 저장소 엔진이 내부에서 수행되는 작업에 대해 대략적인 개념을 이해할 필요가 있다.

특히 트랜잭션 작업부하에 맞춰 최적화된 저장소 엔진과 분석을 위해 최적화된 엔진 간에는 큰 차이가 있다. 93쪽 "트랜잭션 처리나 분석?"에서 이 뚜렷한 차이를 살명한다. 그리고 98쪽 "칼럼 지향 저장소"에서는 분석에 최적화된 저장소 엔진 제품군을 살펴본다.

우선 이번 장에서는 익숙한 데이터베이스 종류인 관계형 데이터베이스와 소위 NoSQL라 불리는 데이터베이스에 사용되는 저장소 엔진에 대해 설명한다. 그리고 **로그 구조**(log-structured) 계열 저장소 엔진과 (B트리(B-tree) 같은) **페이지 지향**(page-oriented) 계열 저장소 엔진을 검토한다.

데이터베이스를 강력하게 만드는 데이터 구조

세상에서 제일 간단한 데이터베이스를 생각해보자. 이 데이터베이스는 두 개의 bash 함수로 구현했다.

```bash
#!/bin/bash

db_set () {
    echo "$1,$2" >> database
}

db_get () {
    grep "^$1," database | sed -e "s/^$1,//" | tail -n 1
}
```

키-값 저장소를 함수 두 개로 구현했다. db_set key value를 호출하면 데이터베이스에 key와 value를 저장할 수 있다. 키와 값은 어떤 것이든 (대부분) 가능하다. 예를 들어 값이 JSON 문서가 될 수도 있다. db_get key를 호출하면 해당 키와 연관된 가장 최근 값을 찾아 반환할 수 있다.

다음은 작동 예시다.

```
$ db_set 123456 '{"name":"London","attractions":["Big Ben","London Eye"]}'

$ db_set 42 '{"name":"San Francisco","attractions":["Golden Gate Bridge"]}'

$ db_get 42
{"name":"San Francisco","attractions":["Golden Gate Bridge"]}
```

기본적인 저장소 형식은 매우 간단하다. 매 라인마다 쉼표로 구분된 키-값 쌍을 포함한 텍스트 파일(CSV 파일과 유사하며 이스케이핑 문제는 무시함)이다. db_set을 호출할 때마다 파일의 끝에 추가하므로 키를 여러 번 갱신해도 값의 예전 버전을 덮어 쓰지 않는다. 최신 값을 찾기 위해서는 파일에서 키의 마지막 항목을 살펴봐야 한다(그래서 db_get에서 tail -n 1을 실행한다).

```
$ db_set 42 '{"name":"San Francisco","attractions":["Exploratorium"]}'

$ db_get 42
{"name":"San Francisco","attractions":["Exploratorium"]}

$ cat database
123456,{"name":"London","attractions":["Big Ben","London Eye"]}
42,{"name":"San Francisco","attractions":["Golden Gate Bridge"]}
42,{"name":"San Francisco","attractions":["Exploratorium"]}
```

일반적으로 파일 추가 작업은 매우 효율적이기 때문에 db_set 함수는 매우 간단한 작업의 경우에는 실제로 꽤 좋은 성능을 보여준다. db_set과 마찬가지로 많은 데이터베이스는 내부적으로 추가 전용(append-only) 데이터 파일인 **로그(log)**를 사용한다. 실제 데이터베이스는 다뤄야 할 더 많은 문제(예: 동시성 제어, 로그가 영원히 커지지 않게끔 디스크 공간을 회수, 오류 처리, 부분적으로 기록된 레코드 처리)가 있지만 기본 원리는 같다. 로그는 믿기지 않을 정도로 유용하다. 이 사실은 책 나머지 부분에서 여러 번 확인할 수 있다.

 로그라는 단어는 애플리케이션 로그를 언급할 때 종종 사용되기도 한다. 이때 로그는 애플리케이션에서 무슨 일이 일어났는지 기술한 텍스트를 출력한다. 이 책에서 **로그**는 조금 더 일반적인 의미로 연속된 추가 전용 레코드다. 로그는 사람이 읽을 수 있는 형식일 필요는 없다. 특정 읽기 전용 프로그램만 읽을 수 있는 바이너리일 수도 있다.

반면 db_get 함수는 데이터베이스에 많은 레코드가 있으면 성능이 매우 좋지 않다. 매번 키를 찾을 때마다 db_get은 키가 있는지 찾기 위해 전체 데이터베이스 파일을 처음부터 끝까지 스캔해야 한다. 알고리즘 용어로 검색 비용이 $O(n)$이다. 데이터베이스의 레코드 수가 두 배로 늘면 검색도 두 배 오래 걸린다. 바람직하지 않다.

데이터베이스에서 특정 키의 값을 효율적으로 찾기 위해서는 다른 데이터 구조가 필요하다. 바로 **색인**이다. 이번 장에서는 다양한 색인 구조를 살펴보고 여러 색인 구조를 비교하는 방법을 알아본다.

색인의 일반적인 개념은 어떤 부가적인 메타데이터를 유지하는 것이다. 이 메타데이터는 이정표 역할을 해서 원하는 데이터의 위치를 찾는 데 도움을 준다. 동일한 데이터를 여러 가지 다양한 방법으로 검색하고자 한다면 데이터의 각 부분에 여러 가지 다양한 색인이 필요하다.

색인은 기본 데이터(primary data)에서 파생된 **추가적인** 구조다. 많은 데이터베이스는 색인의 추가와 삭제를 허용한다. 이 작업은 데이터베이스의 내용에는 영향을 미치지 않는다. 단지 질의 성능에만 영향을 준다. 추가적인 구조의 유지보수는 특히 쓰기 과정에서 오버헤드가 발생한다. 쓰기의 경우 단순히 파일에 추가할 때의 성능을 앞서기 어렵다. 왜냐하면 단순히 파일에 추가하는 작업이 제일 간단한 쓰기 작업이기 때문이다. 어떤 종류의 색인이라도 대개 쓰기 속도를 느리게 만든다. 이는 데이터를 쓸 때마다 매번 색인도 갱신해야 하기 때문이다.

이것은 저장소 시스템에서 중요한 트레이드오프다. 색인을 잘 선택했다면 읽기 질의 속도가 향상된다. 하지만 모든 색인은 쓰기 속도를 떨어뜨린다. 이런 이유로 데이터베이스는 보통 자동으로 모든 것을 색인하지 않는다. 애플리케이션 개발자나 데이터베이스 관리자가 애플리케이션의 전형적인 질의 패턴에 대한 지식을 활용해 수동으로 색인을 선택해야 한다. 그래야 필요 이상으로 오버헤드를 발생시키지 않으면서 애플리케이션에 가장 큰 이익을 안겨주는 색인을 선택할 수 있다.

해시 색인

먼저 키-값 데이터를 색인해보자. 키-값 데이터가 색인할 수 있는 유일한 종류의 데이터는 아니지만 매우 일반적이고 더욱 복잡한 색인을 위한 구성 요소로 유용하다.

키-값 저장소는 대부분의 프로그래밍 언어에서 볼 수 있는 **사전** 타입(dictionary type)과 매우 유사하다. 보통 해시 맵(hash map)(해시 테이블(hash table))으로 구현한다. 해시 맵은 많은 알고리즘 교과서[1, 2]에서 설명하고 있어서 여기서 동작 방식을 자세히 설명하지 않는다. 인메모리 데이터 구조를 위한 해시 맵이 이미 있으니 디스크 상의 데이터를 색인하기 위해 인메모리 데이터 구조를 사용하는 것은 어떨까?

앞의 예제처럼 단순히 파일에 추가하는 방식으로 데이터 저장소를 구성한다고 가정해보자. 그러면 가장 간단하게 가능한 색인 전략은 다음과 같다. 키를 데이터 파일의 바이트 오프셋에 매핑해 인메모리 해시 맵을 유지하는 전략이다. 바이트 오프셋은 그림 3-1과 같이 값을 바로 찾을 수 있는 위치다. 파일에 새로운 키-값 쌍을 추가할 때마다 방금 기록한 데이터의 오프셋을 반영하기 위해 해시 맵도 갱신해야 한다(새로운 키를 삽입할 때와 존재하는 키를 갱신할 때 모두 적용된다). 값을 조회하려면 해시 맵을 사용해 데이터 파일에서 오프셋을 찾아 해당 위치를 구하고 값을 읽는다.

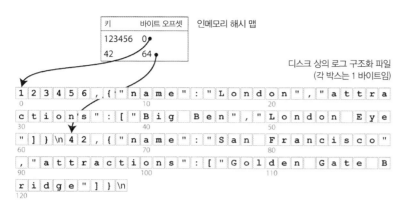

그림 3-1. CSV와 유사한 형식의 키-값 쌍의 로그 저장하기. 인메모리 해시 맵으로 색인했다.

이 방식은 매우 단순해 보이지만 실제로 많이 사용하는 접근법이다. 사실 이 방식은 비트캐스크 (Bitcask)(리악(Riak)의 기본 저장소 엔진)가 근본적으로 사용하는 방식이다[3]. 비트캐스크는 해 시 맵을 전부 메모리에 유지하기 때문에 사용 가능한 램(RAM)에 모든 키가 저장된다는 조건을 전 제로 고성능으로 읽기, 쓰기를 보장한다. 값은 한 번의 디스크 탐색으로 디스크에서 적재할 수 있기 때문에 사용 가능한 메모리보다 더 많은 공간을 사용할 수 있다. 만약 데이터 파일의 일부가 이미 파 일 시스템 캐시에 있다면 읽기에 디스크 입출력이 필요하지 않다.

비트캐스크 같은 저장소 엔진은 각 키의 값이 자주 갱신되는 상황에 매우 적합하다. 예를 들어 키는 고양이 동영상의 URL이고 값은 비디오가 재생된 횟수(재생 버튼을 누를 때마다 증가함)인 경우다. 이런 유형의 작업부하에서는 쓰기가 아주 많지만 고유 키는 많지 않다. 즉, 키당 쓰기 수가 많지만 메모리에 모든 키를 보관할 수 있다.

지금까지 설명한 것처럼 파일에 항상 추가만 한다면 결국 디스크 공간이 부족해진다. 이 상황은 어 떻게 피할 수 있을까? 특정 크기의 세그먼트(segment)로 로그를 나누는 방식이 좋은 해결책이다. 특정 크기에 도달하면 세그먼트 파일을 닫고 새로운 세그먼트 파일에 이후 쓰기를 수행한다. 그림 3-2와 같이 세그먼트 파일들에 대해 컴팩션(compaction)을 수행할 수 있다. 컴팩션은 로그에서 중복된 키를 버리고 각 키의 최신 갱신 값만 유지하는 것을 의미한다.

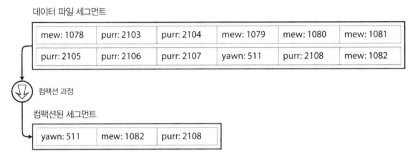

그림 3-2. 키-값 갱신 로그를 컴팩션하고(모든 고양이 동영상이 재생된 횟수를 더함) 각 키의 최신 값만을 유지

더욱이 컴팩션은 보통 세그먼트를 더 작게 만들기 때문에(하나의 키는 세그먼트 내에서 대체로 여러 번 덮어쓰기 된 것을 가정함) 그림 3-3에서 보는 것처럼 컴팩션을 수행할 때 동시에 여러 세그먼트들을 병합할 수 있다. 세그먼트가 쓰여진 후에는 절대 변경할 수 없기 때문에 병합할 세그먼트는 새로운 파일로 만든다. 고정된 세그먼트의 병합과 컴팩션은 백그라운드 스레드에서 수행할 수 있다. 컴팩션을 수행하는 동안 이전 세그먼트 파일을 사용해 읽기와 쓰기 요청의 처리를 정상적으로 계속 수행할 수 있다. 병합 과정이 끝난 이후에는 읽기 요청은 이전 세그먼트 대신 새로 병합한 세그먼트를 사용하게끔 전환한다. 전환 후에는 이전 세그먼트 파일을 간단히 삭제하면 된다.

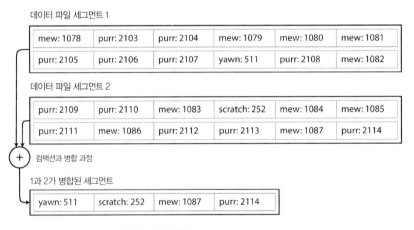

그림 3-3. 컴팩션과 세그먼트 병합을 동시에 수행

이제 각 세그먼트는 키를 파일 오프셋에 매핑한 자체 인메모리 해시 테이블을 갖는다. 키의 값을 찾으려면 최신 세그먼트 해시 맵을 먼저 확인한다. 만약 키가 없다면 두 번째 최신 세그먼트 등을 확인한다. 병합 과정을 통해 세그먼트 수를 적게 유지하기 때문에 조회할 때 많은 해시 맵을 확인할 필요가 없다.

이런 간단한 생각을 실제로 구현하려면 세부적으로 많은 사항을 고려해야 한다. 실제 구현에서 중요한 문제 몇 가지만 간략히 들자면 다음과 같다.

파일 형식

CSV는 로그에 가장 적합한 형식이 아니다. 바이트 단위의 문자열 길이를 부호화한 다음 원시 문자열(이스케이핑할 필요 없이)을 부호화하는 바이너리 형식을 사용하는 편이 더 빠르고 간단하다.

레코드 삭제

키와 관련된 값을 삭제하려면 데이터 파일에 특수한 삭제 레코드(때로는 툼스톤(tombstone)이라 불림)를 추가해야 한다. 로그 세그먼트가 병합될 때 툼스톤은 병합 과정에서 삭제된 키의 이전 값을 무시하게 한다.

고장(Crash) 복구

데이터베이스가 재시작되면 인메모리 해시 맵은 손실된다. 원칙적으로는 전체 세그먼트 파일을 처음부터 끝까지 읽고 각 키에 대한 최신 값의 오프셋을 확인해서 각 세그먼트 해시 맵을 복원할 수 있다. 하지만 세그먼트 파일이 크면 해시 맵 복원은 오랜 시간이 걸릴 수 있고 이는 서버 재시작을 고통스럽게 만든다. 비트캐스크는 각 세그먼트 해시 맵을 메모리로 조금 더 빠르게 로딩할 수 있게 스냅숏을 디스크에 저장해 복구 속도를 높인다.

부분적으로 레코드 쓰기

데이터베이스는 로그에 레코드를 추가하는 도중에도 죽을 수 있다. 비트캐스크 파일은 체크섬을 포함하고 있어 로그의 손상된 부분을 탐지해 무시할 수 있다.

동시성 제어

쓰기를 엄격하게 순차적으로 로그에 추가할 때 일반적인 구현 방법은 하나의 쓰기 스레드만 사용하는 것이다. 데이터 파일 세그먼트는 추가 전용이거나 불변(immutable)이므로 다중 스레드로 동시에 읽기를 할 수 있다.

추가 전용 로그는 언뜻 보면 낭비처럼 보인다. 예전 값을 새로운 값으로 덮어서 정해진 자리에 파일을 갱신하는 방법은 어떨까? 하지만 추가 전용 설계는 여러 측면에서 좋은 설계다.

- 추가와 세그먼트 병합은 순차적인 쓰기 작업이기 때문에 보통 무작위 쓰기보다 훨씬 빠르다. 특히 자기 회전 디스크 하드 드라이브에서 그렇다. 일부 확장된 순차 쓰기는 플래시 기반 솔리드 스테이트 드라이브(SSD)도 선호한다[4]. 85쪽 "B트리와 LSM 트리 비교"에서 더 자세히 설명하겠다.

- 세그먼트 파일이 추가 전용이나 불변이면 동시성과 고장 복구는 훨씬 간단하다. 예를 들어 값을 덮어 쓰는 동안 데이터베이스가 죽는 경우에 대해 걱정할 필요가 없다. 이전 값 부분과 새로운 값 부분을 포함한 파일을 나누어 함께 남겨두기 때문이다.

- 오래된 세그먼트 병합은 시간이 지남에 따라 조각화되는 데이터 파일 문제를 피할 수 있다.

하지만 해시 테이블 색인 또한 제한 사항이 있다.

- 해시 테이블은 메모리에 저장해야 하므로 키가 너무 많으면 문제가 된다. 원칙적으로는 디스크에 해시 맵을 유지할 수 있지만 불행하게도 디스크 상의 해시 맵에 좋은 성능을 기대하기란 어렵다. 이는 무작위 접근 I/O가 많이 필요하고 디스크가 가득 찼을 때 확장하는 비용이 비싸며 해시 충돌 해소를 위해 성가신 로직이 필요하다[5].

- 해시 테이블은 범위 질의(range query)에 효율적이지 않다. 예를 들어 kitty00000과 kitty99999 사이 모든 키를 쉽게 스캔할 수 없다. 해시 맵에서 모든 개별 키를 조회해야 한다.

다음 절에서는 이런 제한이 없는 색인 구조를 살펴본다.

SS테이블과 LSM 트리

그림 3-3에서 각 로그 구조화 저장소 세그먼트는 키-값 쌍의 연속이다. 이 쌍은 쓰여진 순서대로 나타나며 로그에서 같은 키를 갖는 값 중 나중의 값이 이전 값보다 우선한다. 이 점만 제외하면 파일에서 키-값 쌍의 순서는 문제가 되지 않는다.

이제 세그먼트 파일의 형식에 간단한 변경 사항 한 가지를 적용해 보자. 변경 요구사항은 일련의 키-값 쌍을 **키로 정렬**하는 것이다. 언뜻 보기에 이 요구사항은 순차 쓰기를 사용할 수 없게 만드는 것 같지만 잠시 후 이 점에 대해 알아본다.

이처럼 키로 정렬된 형식을 **정렬된 문자열 테이블**(Sorted String Table) 또는 짧게 **SS테이블**이라 부른다. 그리고 또한 각 키는 각 병합된 세그먼트 파일 내에 한 번만 나타나야 한다(컴팩션 과정은 이를 이미 보장한다). SS테이블은 해시 색인을 가진 로그 세그먼트보다 몇 가지 큰 장점이 있다.

1. 세그먼트 병합은 파일이 사용 가능한 메모리보다 크더라도 간단하고 효율적이다. 이 접근법은 **병합정렬**(mergesort) 알고리즘에서 사용하는 방식과 유사하다. 그림 3-4에서 이 방식을 볼 수 있다. 먼저 입력 파일을 함께 읽고 각 파일의 첫 번째 키를 본다(정렬된 순서에 따라). 그리고 가장 낮은 키를 출력 파일로 복사한 뒤 이 과정을 반복한다. 이 과정에서 새로운 병합 세그먼트 파일이 생성된다. 새로 만든 세그먼트 파일도 역시 키로 정렬돼 있다.

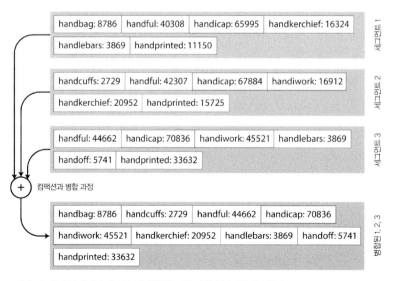

그림 3-4. 여러 SS테이블 세그먼트를 병합하고 각 키의 최신 값만 유지한다.

여러 입력 세그먼트에 동일한 키가 있으면 어떻게 해야 할까? 각 세그먼트에는 일정 기간 동안 데이터베이스에 쓰여진 모든 값이 포함된다는 점에 유의하자. 이것은 입력 세그먼트 하나의 모든 값이 다른 세그먼트의 모든 값보다 최신 값이라는 점을 의미한다(항상 인접한 세그먼트의 병합을 가정한다). 다중 세그먼트가 동일한 키를 포함하는 경우 가장 최근 세그먼트의 값은 유지하고 오래된 세그먼트의 값은 버린다.

2. 파일에서 특정 키를 찾기 위해 더는 메모리에 모든 키의 색인을 유지할 필요가 없다. 예를 들어 그림 3-5를 보자. handiwork 키를 찾으려 하지만 세그먼트 파일에서 키의 정확한 오프셋을 알지 못한다고 가정해보자. 그래도 handbag과 handsome 키의 오프셋을 알고 있고 정렬돼 있으므로 handiwork는 두 키 사이에 있다는 사실을 알 수 있다. 즉 handbag 오프셋으로 이동해 handiwork가 나올 때까지 스캔하면 된다(만약 키가 파일에 존재하지 않는 경우에는 찾지 못한다).

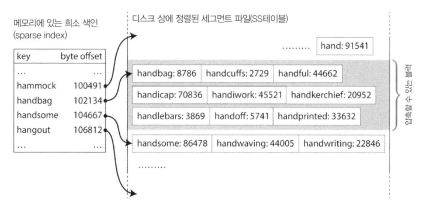

그림 3-5. 인메모리 색인을 가진 SS테이블

일부 키에 대한 오프셋을 알려주는 인메모리 색인이 여전히 필요하다. 하지만 색인 내용이 드문드문 희소할 수 있다. 수 킬로바이트 정도는 매우 빠르게 스캔할 수 있기 때문에 세그먼트 파일 내 수 킬로바이트당 키 하나로 충분하다.[1]

3. 읽기 요청은 요청 범위 내에서 여러 키-값 쌍을 스캔해야 하기 때문에 해당 레코드들을 블록으로 그룹화하고 디스크에 쓰기 전에 압축한다(그림 3-5에서 음영 영역을 나타낸다). 그러면 희소 인메모리 색인의 각 항목은 압축된 블록의 시작을 가리키게 된다. 디스크 공간을 절약한다는 점 외에도 압축은 I/O 대역폭 사용도 줄인다.

SS테이블 생성과 유지

지금까지는 괜찮았지만 데이터를 키로 정렬하려면 어떻게 해야 할까? 유입되는 쓰기는 임의 순서로 발생한다.

---

1 모든 키와 값이 고정 크기라면 세그먼트 파일에서 이진 검색을 사용하면 되기 때문에 인메모리 색인을 전혀 사용하지 않아도 된다. 하지만 현실적으로 보통 키-값은 가변 길이이므로 색인이 없다면 하나의 레코드가 끝나고 다음 레코드가 시작하는 곳을 알기 어렵다.

디스크 상에 정렬된 구조를 유지하는 일은 가능하지만(82쪽의 "B 트리" 참고) 메모리에 유지하는 편이 훨씬 쉽다. 레드 블랙 트리(red-black tree)나 AVL 트리와 같이 잘 알려졌고 사용 가능한 트리 데이터 구조는 많이 있다[2]. 이런 데이터 구조를 이용하면 임의 순서로 키를 삽입하고 정렬된 순서로 해당 키를 다시 읽을 수 있다.

이제 저장소 엔진을 다음과 같이 만들 수 있다.

- 쓰기가 들어오면 인메모리 균형 트리(balanced tree) 데이터 구조(예를 들어 레드 블랙 트리)에 추가한다. 이 인메모리 트리는 **멤테이블**(memtable)이라고도 한다.

- 멤테이블이 보통 수 메가바이트 정도의 임곗값보다 커지면 SS테이블 파일로 디스크에 기록한다. 트리가 이미 키로 정렬된 키-값 쌍을 유지하고 있기 때문에 효율적으로 수행할 수 있다. 새로운 SS테이블 파일은 데이터베이스의 가장 최신 세그먼트가 된다. SS테이블을 디스크에 기록하는 동안 쓰기는 새로운 멤테이블 인스턴스에 기록한다.

- 읽기 요청을 제공하려면 먼저 멤테이블에서 키를 찾아야 한다. 그다음 디스크 상의 가장 최신 세그먼트에서 찾는다. 그다음으로 두 번째 오래된 세그먼트, 세 번째 오래된 세그먼트 등에서 찾는다.

- 가끔 세그먼트 파일을 합치고 덮어 쓰여지거나 삭제된 값을 버리는 병합과 컴팩션 과정을 수행한다. 이 과정은 백그라운드에서 수행된다.

이 계획은 아주 잘 동작하지만 한 가지 문제가 있다. 만약 데이터베이스가 고장나면 아직 디스크로 기록되지 않고 멤테이블에 있는 가장 최신 쓰기는 손실된다. 이런 문제를 피하기 위해서는 이전 절과 같이 매번 쓰기를 즉시 추가할 수 있게 분리된 로그를 디스크 상에 유지해야 한다. 이 로그는 손상 후 멤테이블을 복원할 때만 필요하기 때문에 순서가 정렬되지 않아도 문제되지 않는다. 멤테이블을 SS테이블로 기록하고 나면 해당 로그는 버릴 수 있다.

SS테이블에서 LSM 트리 만들기

여기에 기술된 알고리즘은 기본적으로 레벨DB(LevelDB)[6]와 록스DB(RocksDB)[7], 그리고 다른 애플리케이션에 내장하기 위해 설계된 키-값 저장소 엔진 라이브러리에서 사용한다. 이 중에서 리악에서는 비트캐스크의 대안으로 레벨DB를 사용할 수 있고 구글의 빅테이블(Bigtable) 논문[9] (**SS테이블**과 **멤테이블**이라는 용어가 소개됐다)에서 영감을 얻은 카산드라와 HBase[8]에서도 유사한 저장소 엔진을 사용한다.

원래 이 색인 구조는 로그 구조화 병합 트리(Log-Structured Merge-Tree)(또는 LSM 트리)[10]란 이름으로 패트릭 오닐(Patrick O'Neil) 등이 발표했다. 이 색인 구조는 로그 구조화 파일 시스템의 초기 작업의 기반이 됐다[11]. 정렬된 파일 병합과 컴팩션 원리를 기반으로 하는 저장소 엔진을 LSM 저장소 엔진이라 부른다.

루씬(Lucene)은 엘라스틱서치나 솔라에서 사용하는 전문 검색 색인 엔진이다. 루씬은 **용어 사전**(**term dictionary**)을 저장하기 위해 유사한 방법을 사용한다[12, 13]. 전문 색인은 키-값 색인보다 훨씬 더 복잡하지만 이와 유사한 개념을 기반으로 한다. 검색 질의로 단어가 들어오면 단어가 언급된 모든 문서(웹 페이지, 제품 설명 등)를 찾는다. 이 접근법은 키를 단어(**용어**)로, 값을 단어를 포함한 모든 문서의 ID 목록(**포스팅 목록**(**postings list**))으로 하는 키-값 구조로 구현한다. 루씬에서 용어와 포스팅 목록의 매핑은 SS테이블 같은 정렬 파일에 유지하고 필요에 따라 백그라운드에서 병합한다[14].

성능 최적화

언제나처럼 실제로는 많은 세부 사항이 저장소 엔진을 잘 동작하게 만든다. 예를 들어, LSM 트리 알고리즘은 데이터베이스에 존재하지 않는 키를 찾는 경우 느릴 수 있다. 멤테이블을 확인한 다음 키가 존재하지 않는다는 사실을 확인하기 전에는 가장 오래된 세그먼트까지 거슬러 올라가야 한다(디스크에서 읽기를 해야 할 가능성이 있다). 이런 종류의 접근을 최적화하기 위해 저장소 엔진은 보통 **블룸 필터**(**Bloom filter**)를 추가적으로 사용한다[15]. (블룸 필터는 집합 내용을 근사한(approximating) 메모리 효율적 데이터 구조다. 블룸 필터는 키가 데이터베이스에 존재하지 않음을 알려주므로 존재하지 않는 키를 위한 불필요한 디스크 읽기를 많이 절약할 수 있다.)

또한 SS테이블을 압축하고 병합하는 순서와 시기를 결정하는 다양한 전략이 있다. 가장 일반적으로 선택하는 전략은 **크기 계층**(**size-tiered**)과 **레벨 컴팩션**(**leveled compaction**)이다. 레벨DB와 록스DB는 레벨 컴팩션(레벨DB의 이름이 여기서 유래했다)을 사용하고 HBase는 사이즈 계층을, 카산드라는 둘 다 지원한다[16]. 사이즈 계층 컴팩션은 상대적으로 좀 더 새롭고 작은 SS테이블을 상대적으로 오래됐고 큰 SS테이블에 연이어 병합한다. 레벨 컴팩션은 키 범위를 더 작은 SS테이블로 나누고 오래된 데이터는 개별 "레벨"로 이동하기 때문에 컴팩션을 점진적으로 진행해 디스크 공간을 덜 사용한다.

물론 여러 중요한 세부 사항이 있지만 LSM 트리의 기본 개념은 간단하고 효과적이다. LSM 트리의 기본 개념은 백그라운드에서 연쇄적으로 SS테이블을 지속적으로 병합하는 것이다. 이 개념은 데이터셋이 가능한 메모리보다 훨씬 더 크더라도 여전히 효과적이다. 데이터가 정렬된 순서로 저장돼 있다면 범위 질의를 효율적으로 실행할 수 있다(최소에서 최대까지 모든 키를 스캔). 이 접근법의 디스크 쓰기는 순차적이기 때문에 LSM 트리가 매우 높은 쓰기 처리량을 보장할 수 있다.

B 트리

지금까지 설명한 로그 구조화 색인이 점점 보편화되고 있지만 가장 일반적인 색인 유형은 아니다. 가장 널리 사용되는 색인 구조는 B 트리(B-tree)로 구조가 로그 구조화 색인과는 상당히 다르다.

B 트리는 1970년대에 등장했다[17]. B 트리는 이후 10년도 안 돼 "보편적인 색인 구조"라 불렸고 [18] B 트리는 이 기간 동안 테스트를 잘 견뎌냈다. 여전히 거의 대부분의 관계형 데이터베이스에서 표준 색인 구현으로 B 트리를 사용할 뿐 아니라 많은 비관계형 데이터베이스에서도 사용한다.

B 트리는 SS테이블과 같이 키로 정렬된 키-값 쌍을 유지하기 때문에 키-값 검색과 범위 질의에 효율적이다. 하지만 비슷한 점은 이 정도가 전부다. B 트리는 설계 철학이 매우 다르다.

앞에서 살펴본 로그 구조화 색인은 데이터베이스를 일반적으로 수 메가바이트 이상의 가변 크기를 가진 **세그먼트**로 나누고 항상 순차적으로 세그먼트를 기록한다. 반면 B 트리는 전통적으로 4KB 크기(때로는 더 큰)의 고정 크기 **블록**이나 **페이지**로 나누고 한 번에 하나의 페이지에 읽기 또는 쓰기를 한다. 디스크가 고정 크기 블록으로 배열되기 때문에 이런 설계는 근본적으로 하드웨어와 조금 더 밀접한 관련이 있다.

각 페이지는 주소나 위치를 이용해 식별할 수 있다. 이 방식으로 하나의 페이지가 다른 페이지를 참조할 수 있다(포인터와 비슷하지만 메모리 대신 디스크에 있음). 이 페이지 참조는 그림 3-6과 같이 페이지 트리를 구성하는 데 사용할 수 있다.

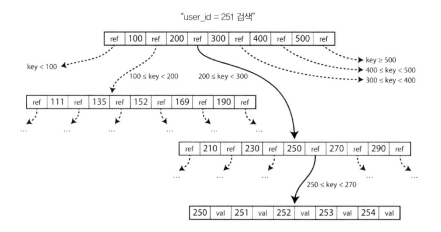

그림 3-6. B 트리 색인을 이용한 키 검색

한 페이지는 B 트리의 **루트(root)**로 지정된다. 색인에서 키를 찾으려면 루트에서 시작한다. 페이지는 여러 키와 하위 페이지의 참조를 포함한다. 각 하위 페이지는 키가 계속 이어지는 범위를 담당하고 참조 사이의 키는 해당 범위 경계가 어디인지 나타낸다.

그림 3-6의 예제에서는 키 251을 찾고 있었기 때문에 200과 300 경계 사이의 페이지 참조를 따라가야 한다는 사실을 알 수 있다. 그러면 200~300 범위와 비슷하게 생겼지만 좀 더 작은 범위로 더 나눈 페이지로 이동한다.

최종적으로는 개별 키(**리프 페이지(leaf page)**)를 포함하는 페이지에 도달한다. 이 페이지는 각 키의 값을 포함하거나 값을 찾을 수 있는 페이지의 참조를 포함한다.

B 트리의 한 페이지에서 하위 페이지를 참조하는 수를 **분기 계수(branching factor)**라고 부른다. 예를 들어 그림 3-6에서 분기 계수는 6이다. 실제로 분기 계수는 페이지 참조와 범위 경계를 저장할 공간의 양에 의존적인데, 보통 수백 개에 달한다.

B 트리에 존재하는 키의 값을 갱신하려면 키를 포함하고 있는 리프 페이지를 검색하고 페이지의 값을 바꾼 다음 페이지를 디스크에 다시 기록한다(페이지에 대한 모든 참조는 계속 유효하다). 새로운 키를 추가하려면 새로운 키를 포함하는 범위의 페이지를 찾아 해당 페이지에 키와 값을 추가한다. 새로운 키를 수용한 페이지에 충분한 여유 공간이 없다면 페이지 하나를 반쯤 채워진 페이지 둘로 나누고 상위 페이지가 새로운 키 범위의 하위 부분들을 알 수 있게 갱신한다. 그림 3-7을 참고하자.[2]

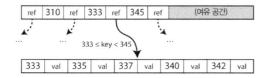

키 334를 추가한 후

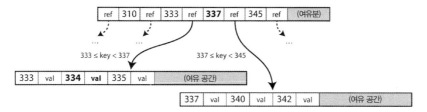

그림 3-7. 페이지 분리로 커진 B 트리

---

2 B 트리에 새로운 키를 삽입하는 작업은 상당히 직관적이다. 하지만 (트리 균형을 유지하면서) 삭제하는 작업은 조금 더 복잡하다[2].

이 알고리즘은 트리가 계속 **균형**을 유지하는 것을 보장한다. n개의 키를 가진 B 트리는 깊이가 항상 $O(log\ n)$이다. 대부분의 데이터베이스는 B 트리의 깊이가 3이나 4단계 정도면 충분하므로 검색하려는 페이지를 찾기 위해 많은 페이지 참조를 따라가지 않아도 된다(분기 계수 500의 4KB 페이지의 4단계 트리는 256TB[3]까지 저장할 수 있다).

신뢰할 수 있는 B 트리 만들기

B 트리의 기본적인 쓰기 동작은 새로운 데이터를 디스크 상의 페이지에 덮어쓴다. 이 동작은 덮어쓰기가 페이지 위치를 변경하지 않는다고 가정한다. 즉 페이지를 덮어쓰더라도 페이지를 가리키는 모든 참조는 온전하게 남는다. LSM 트리와 같은 로그 구조화 색인과는 아주 대조적인 점이다. 로그 구조화 색인은 파일에 추가만 할 뿐(결국 더 이상 쓸모 없는 파일은 삭제됨) 같은 위치의 파일은 변경하지 않는다.

디스크의 페이지를 덮어쓰는 일은 실제 하드웨어 동작이라고 생각할 수 있다. 자성의 하드드라이브의 경우 디스크 헤드를 적절한 곳으로 옮기고 회전하는 플래터의 올바른 위치가 돌아올 때까지 기다린 다음 적합한 섹터에 새로운 데이터를 덮어쓴다. SSD의 경우는 SSD가 저장소 칩의 상당한 블록을 한번에 지우고 다시 쓰기를 해야 하기 때문에 조금 더 복잡하다[19].

더욱이 일부 동작은 여러 다양한 페이지의 덮어쓰기를 필요로 한다. 예를 들어 삽입 때문에 페이지가 너무 많아져 페이지를 나눠야 한다면 분할된 두 페이지를 기록하고 두 하위 페이지의 참조를 갱신하게끔 상위 페이지를 덮어쓰기 해야 한다. 일부 페이지만 기록하고 데이터베이스가 고장 난다면 결국 색인이 훼손되기 때문에 이것은 매우 위험한 동작이다(예로 **고아 페이지**(orphan page)가 발생할 수 있다. 고아 페이지는 어떤 페이지와도 부모 관계가 없는 페이지를 말한다).

데이터베이스가 고장 상황에서 스스로 복구할 수 있게 만들려면 일반적으로 디스크 상에 **쓰기 전 로그**(write-ahead log, WAL)(**재실행 로그**(redo log)라고도 함)라고 하는 데이터 구조를 추가해 B 트리를 구현한다. 쓰기 전 로그는 트리 페이지에 변경된 내용을 적용하기 전에 모든 B 트리의 변경 사항을 기록하는 추가 전용 파일이다. 이 로그는 데이터베이스가 고장 이후 복구될 때 일관성 있는 상태로 B 트리를 다시 복원하는 데 사용한다[5, 20].

같은 자리의 페이지를 갱신하는 작업은 추가적인 골칫거리다. 다중 스레드가 동시에 B 트리에 접근한다면 주의 깊게 동시성 제어를 해야 한다. 그렇지 않으면 스레드가 일관성이 깨진 상태의 트리에

---

3 (옮긴이) 500^4 * 4096B = 256TB

접근할 수 있다. 동시성 제어는 보통 **래치(latch)**(가벼운 잠금(lock))로 트리의 데이터 구조를 보호한다. 이런 상황에서 로그 구조화 접근 방식은 훨씬 간단하다. 유입 질의의 간섭 없이 백그라운드에서 모든 병합을 수행하고 이따금 원자적으로 새로운 세그먼트를 이전 세그먼트로 바꾸기 때문이다.

B 트리 최적화

B 트리는 오랫동안 사용됐기 때문에 그 기간에 걸쳐 개발된 많은 최적화 기법이 있다는 점은 놀랍지 않다. 최적화 기법 몇 가지를 언급하자면 다음과 같다.

- 페이지 덮어 쓰기와 고장 복구를 위한 WAL 유지 대신 (LMDB 같은) 일부 데이터베이스는 쓰기 시 복사 방식(copy-on-write scheme)을 사용한다[21]. 변경된 페이지는 다른 위치에 기록하고 트리에 상위 페이지의 새로운 버전을 만들어 새로운 위치를 가리키게 한다. 이 접근 방식은 동시성 제어에도 유용하다. 236쪽 "스냅숏 격리와 반복 읽기"에서 볼 수 있다.

- 페이지에 전체 키를 저장하는 게 아니라 키를 축약해 쓰면 공간을 절약할 수 있다. 특히 트리 내부 페이지에서 키가 키 범위 사이의 경계 역할을 하는 데 충분한 정보만 제공하면 된다. 페이지 하나에 키를 더 많이 채우면 트리는 더 높은 분기 계수를 얻는다. 그러면 트리 깊이 수준을 낮출 수 있다.[4]

- 일반적으로 페이지는 디스크 상 어디에나 위치할 수 있다. 키 범위가 가까운 페이지들이 디스크 상에 가까이 있어야 할 필요가 없기 때문이다. 질의가 정렬된 순서로 키 범위의 상당 부분을 스캔해야 한다면 모든 페이지에 대해 디스크 찾기가 필요하기 때문에 페이지 단위 배치는 비효율적이다. 따라서 많은 B 트리 구현에서 리프(leaf) 페이지를 디스크 상에 연속된 순서로 나타나게끔 트리를 배치하려 시도한다. 하지만 트리가 커지면 순서를 유지하기가 어렵다. 반대로 LSM 트리는 병합하는 과정에서 저장소의 큰 세그먼트를 한 번에 다시 쓰기 때문에 디스크에서 연속된 키를 서로 가깝게 유지하기가 더 쉽다.

- 트리에 포인터를 추가한다. 예를 들어 각 리프 페이지가 양쪽 형제 페이지에 대한 참조를 가지면 상위 페이지로 다시 이동하지 않아도 순서대로 키를 스캔할 수 있다.

- **프랙탈 트리(fractal tree)**[22] 같은 B 트리 변형은 디스크 찾기를 줄이기 위해 로그 구조화 개념을 일부 빌렸다(프랙탈 트리는 기하학의 프랙탈과는 아무런 관련이 없다).

B 트리와 LSM 트리 비교

B 트리가 LSM 트리보다 일반적으로 구현 성숙도가 더 높지만 LSM 트리도 그 성능 특성 때문에 관심을 받고 있다. 경험적으로 LSM 트리는 보통 쓰기에서 더 빠른 반면 B 트리는 읽기에서 더 빠르다고 여긴다[23]. 읽기가 보통 LSM 트리에서 더 느린 이유는 각 컴팩션 단계에 있는 여러 가지 데이터 구조와 SS테이블을 확인해야 하기 때문이다.

---

4 이 변형을 때로 B+ 트리라 부른다. B+ 트리의 최적화가 너무 일반적이이라 종종 다른 B 트리 변형과 구별되지 않는다.

하지만 벤치마크는 보통 결정적이지 않고 작업부하의 세부 사항에 민감하다. 비교가 유효하려면 실제 필요한 작업부하로 시스템을 테스트해야 한다. 이번 절에서는 저장소 엔진의 성능을 측정할 때 고려하면 좋은 사항 몇 가지를 간략히 설명한다.

LSM 트리의 장점

B 트리 색인은 모든 데이터 조각을 최소한 두 번 기록해야 한다. 쓰기 전 로그 한 번과 트리 페이지에 한 번(페이지가 분리될 때 다시 기록)이다. 해당 페이지 내 몇 바이트만 바뀌어도 한 번에 전체 페이지를 기록해야 하는 오버헤드도 있다. 일부 저장소 엔진은 심지어 전원에 장애가 발생했을 때 일부만 갱신된 페이지로 끝나지 않게 동일한 페이지를 두 번 덮어쓴다[24, 25]

로그 구조화 색인 또한 SS테이블의 반복된 컴팩션과 병합으로 인해 여러 번 데이터를 다시 쓴다. 데이터베이스에 쓰기 한 번이 데이터베이스 수명 동안 디스크에 여러 번의 쓰기를 야기하는 이런 효과를 **쓰기 증폭(write amplification)**이라 한다. SSD는 수명이 다할 때까지 블록 덮어쓰기 횟수가 제한되기 때문에 쓰기 증폭은 SSD의 경우 특별한 관심사다.

쓰기가 많은 애플리케이션에서 성능 병목은 데이터베이스가 디스크에 쓰는 속도일 수 있다. 이 경우 쓰기 증폭은 바로 성능 비용이다. 저장소 엔진이 디스크에 기록할수록 디스크 대역폭 내 처리할 수 있는 초당 쓰기는 점점 줄어든다.

더욱이 LSM 트리는 보통 B 트리보다 쓰기 처리량을 높게 유지할 수 있다. (저장소 엔진 설정과 작업부하에 따라 다르긴 하지만) LSM 트리가 상대적으로 쓰기 증폭이 더 낮고 트리에서 여러 페이지를 덮어쓰는 것이 아니라 순차적으로 컴팩션된 SS테이블 파일을 쓰기 때문이다[26]. 이런 차이는 자기 하드드라이브에서 특히 중요하다. 자기 하드드라이브는 순차 쓰기가 임의 쓰기보다 훨씬 더 빠르다.

LSM 트리는 압축률이 더 좋다. 그래서 보통 B 트리보다 디스크에 더 적은 파일을 생성한다. B 트리 저장소 엔진은 파편화로 인해 사용하지 않는 디스크 공간 일부가 남는다. 페이지를 나누거나 로우가 기존 페이지에 맞지 않을 때 페이지의 일부 공간은 사용하지 않게 된다. LSM 트리는 페이지 지향적이지 않고 주기적으로 파편화를 없애기 위해 SS테이블을 다시 기록하기 때문에 저장소 오버헤드가 더 낮다. 레벨 컴팩션(leveled compaction)을 사용하면 특히 그렇다[27].

대다수의 SSD의 펌웨어는 내장 저장소 칩에서 임의 쓰기를 순차 쓰기로 전환하기 위해 내부적으로 로그 구조화 알고리즘을 사용한다. 그래서 저장소 엔진의 쓰기 패턴이 SSD에 미치는 영향은 분명하지 않다[19]. 하지만 낮은 쓰기 증폭과 파편화 감소는 SSD의 경우 훨씬 유리하다. 데이터를 더 밀집해 표현하면 가능한 I/O 대역폭 내에서 더 많은 읽기와 쓰기 요청이 가능하다.

LSM 트리의 단점

로그 구조화 저장소의 단점은 컴팩션 과정이 때로는 진행 중인 읽기와 쓰기의 성능에 영향을 준다는 점이다. 저장소 엔진은 컴팩션을 점진적으로 수행하고 동시 접근의 영향이 없게 수행하려 한다. 하지만 디스크가 가진 자원은 한계가 있다. 그래서 디스크에서 비싼 컴팩션 연산이 끝날 때까지 요청이 대기해야 하는 상황이 발생하기 쉽다. 처리량과 평균 응답 시간이 성능에 미치는 영향은 대개 작다. 하지만 로그 구조화 저장소 엔진의 상위 백분위(13쪽의 "성능 기술하기" 참고) 질의의 응답 시간은 때때로 꽤 길다. 반면 B 트리의 성능은 로그 구조화 저장소 엔진보다 예측하기 쉽다[28].

또 다른 컴팩션 문제는 높은 쓰기 처리량에서 발생한다. 디스크의 쓰기 대역폭은 유한하다. 초기 쓰기(로깅(logging)과 멤테이블을 디스크로 방출(flushing))와 백그라운드에서 수행되는 컴팩션 스레드가 이 대역폭을 공유해야 한다. 빈 데이터베이스에 쓰는 경우 전체 디스크 대역폭은 초기 쓰기만을 위해 사용할 수 있지만 데이터베이스가 점점 커질수록 컴팩션을 위해 더 많은 디스크 대역폭이 필요하다.

쓰기 처리량이 높음에도 컴팩션 설정을 주의 깊게 하지 않으면 컴팩션이 유입 쓰기 속도를 따라갈 수 없다. 이 경우 디스크 상에 병합되지 않은 세그먼트 수는 디스크 공간이 부족할 때까지 증가한다. 그리고 더 많은 세그먼트 파일을 확인해야 하기 때문에 읽기 또한 느려진다. 보통 SS테이블 기반 저장소 엔진은 컴팩션이 유입 속도를 따라가지 못해도 유입 쓰기의 속도를 조절하지 않으므로 이런 상황을 감지하기 위한 명시적 모니터링이 필요하다[29, 30].

B 트리의 장점은 각 키가 색인의 한 곳에만 정확하게 존재한다는 점이다. 반면 로그 구조화 저장소 엔진은 다른 세그먼트에 같은 키의 다중 복사본이 존재할 수 있다. 이런 측면 때문에 강력한 트랜잭션 시맨틱(semantic)를 제공하는 데이터베이스에는 B 트리가 훨씬 매력적이다. 많은 관계형 데이터베이스에서 트랜잭션 격리(transactional isolation)는 키 범위의 잠금을 사용해 구현한 반면 B 트리 색인에서는 트리에 직접 잠금을 포함시킨다[5]. 7장에서 이 점을 좀 더 자세히 살펴보겠다.

B 트리는 데이터베이스 아키텍처에 아주 깊게 뿌리내렸다. 그리고 많은 작업부하에 대해 지속적으로 좋은 성능을 제공하므로 B 트리가 곧 사라질 가능성은 거의 없다. 새로운 데이터 저장소에서는 로그 구조화 색인이 점점 인기를 얻고 있다. 사용 사례에 적합한 저장소 엔진의 유형을 결정하기 위한 빠르고 쉬운 규칙은 없기 때문에 테스트를 통해 경험적으로 결정하는 방법도 나쁘지 않다.

기타 색인 구조

지금까지는 키-값 색인을 살펴봤다. 키-값 색인의 대표적인 예는 관계형 모델의 **기본키**(primary key) 색인이다. 기본키로 관계형 테이블에서 하나의 로우를, 문서 데이터베이스에서 하나의 문서를, 그래프 데이터베이스에서 하나의 정점을 고유하게 식별할 수 있다. 데이터베이스에서 다른 레코드는 기본키(또는 ID)로 로우/문서/정점을 참조할 수 있다. 색인은 이런 참조를 찾을 때 사용한다.

보조 색인(secondary index)을 사용하는 방식도 매우 일반적이다. 관계형 데이터베이스에서는 CREATE INDEX 명령을 사용해 같은 테이블에 다양한 보조 색인을 생성할 수 있다. 보조 색인은 보통 효율적으로 조인을 수행하는 데 결정적인 역할을 한다. 예를 들어 2장의 그림 2-1에서 user_id 칼럼은 보조 색인이 있을 가능성이 높다. 각 테이블에서 동일한 사용자에 속한 모든 로우를 찾는 경우가 많기 때문이다.

보조 색인은 키-값 색인에서 쉽게 생성할 수 있다. 기본키 색인과의 주요 차이점은 키가 고유하지 않다는 점이다. 즉 같은 키를 가진 많은 로우(문서, 정점)가 있을 수 있다. 이 점은 두 가지 방법으로 해결할 수 있다. 색인의 각 값에 일치하는 로우 식별자 목록(전문 색인에서 포스팅 목록과 같음)을 만드는 방법 또는 로우 식별자를 추가해 각 키를 고유하게 만드는 방법이 있다. 어느 쪽이든 보조 색인으로 B 트리와 로그 구조화 색인 둘 다 사용할 수 있다.

색인 안에 값 저장하기

색인에서 키는 질의가 검색하는 대상이지만 값은 다음의 두 가지 중 하나에 해당한다. 값은 질문의 실제 로우(문서, 정점)거나 다른 곳에 저장된 로우를 가리키는 참조다. 후자의 경우 로우가 저장된 곳을 **힙 파일**(heap file)이라 하고 특정 순서 없이 데이터를 저장한다(추가 전용이거나 나중에 새로운 데이터로 덮어 쓰기 위해 삭제된 로우를 기록할 수도 있다). 힙 파일 접근은 일반적인 방식이다. 여러 보조 색인이 존재할 때 데이터 중복을 피할 수 있기 때문이다. 각 색인은 힙 파일에서 위치만 참조하고 실제 데이터는 일정한 곳에 유지한다.

힙 파일 접근 방식은 키를 변경하지 않고 값을 갱신할 때 꽤 효율적이다. 새로운 값이 이전 값보다 많은 공간을 필요로 하지 않으면 레코드를 제자리에 덮어쓸 수 있다. 새로운 값이 많은 공간을 필요로 한다면 상황은 조금 더 복잡해진다. 힙에서 충분한 공간이 있는 새로운 곳으로 위치를 이동해야 하기 때문이다. 이런 경우 모든 색인이 레코드의 새로운 힙 위치를 가리키게끔 갱신하거나 이전 힙 위치에 전방향 포인터를 남겨둬야 한다[5].

색인에서 힙 파일로 다시 이동하는 일은 읽기 성능에 불이익이 너무 많기 때문에 어떤 상황에서는 색인 안에 바로 색인된 로우를 저장하는 편이 바람직하다. 이를 **클러스터드 색인**(clustered index) 이라고 한다. 예를 들어 마이SQL의 이노DB(InnoDB) 저장소 엔진에서는 테이블의 기본키가 언제나 클러스터드 색인이고 보조 색인은 (힙 파일의 위치가 아닌) 기본키를 참조한다[31]. 마이크로소프트 SQL서버에서는 테이블당 하나의 클러스터드 색인을 지정할 수 있다[32].

클러스터드 색인(색인 안에 모든 로우 데이터를 저장)과 비클러스터드 색인(색인 안에 데이터의 참조만 저장) 사이의 절충안을 **커버링 색인**(covering index)이나 **포괄열이 있는 색인**(index with included column)이라 한다. 이 색인은 색인 안에 테이블의 칼럼 일부를 저장한다. 이렇게 하면 색인만 사용해 일부 질의에 응답이 가능하다(이런 경우를 색인이 질의를 **커버**했다고 말한다)[32].

모든 종류의 데이터 복제와 마찬가지로 클러스터드 색인과 커버링 색인은 읽기 성능을 높일 수 있지만 추가적인 저장소가 필요하고 쓰기 과정에 오버헤드가 발생한다. 또한 애플리케이션 단에서 복제로 인한 불일치를 파악할 수 없기 때문에 데이터베이스는 트랜잭션 보장을 강화하기 위해 별도의 노력이 필요하다.

다중 칼럼 색인

지금까지 설명한 색인은 하나의 키만 값에 대응한다. 이 방식은 테이블의 다중 칼럼(multi-column)(또는 문서의 다중 필드)에 동시에 질의를 해야 한다면 충분하지 않다.

다중 칼럼 색인의 가장 일반적인 유형은 **결합 색인**(concatenated index)이라고 한다. 결합 색인은 하나의 칼럼에 다른 칼럼을 추가하는 방식으로 하나의 키에 여러 필드를 단순히 결합한다(필드가 연결되는 순서는 색인 정의에 명시한다). 이 방법은 (**성, 이름**)을 키로 전화번호를 값으로 하는 색인을 제공하는 구식 종이 전화번호부와 유사하다. 순서가 정렬돼 있기 때문에 특정 성을 가진 모든 사람을 찾거나 특정 **성 이름** 조합을 가진 모든 사람을 찾을 때도 이 색인을 사용할 수 있다. 하지만 특정 이름을 가진 모든 사람을 찾을 때는 쓸모가 없다.

다차원 색인은 한 번에 여러 칼럼에 질의하는 조금 더 일반적인 방법이다. 특히 지리 공간 데이터에 중요하게 사용된다. 예를 들어 레스토랑 검색 웹 사이트에 각 레스토랑의 위도와 경도를 포함한 데이터베이스가 있다고 가정하자. 사용자가 지도에서 레스토랑을 찾는 다면 웹 사이트는 사용자가 현재 보는 네모난 지도 지역 내 모든 레스토랑을 찾아야 한다. 이를 위해 다음과 같이 이차원 범위 질의가 필요하다.

```
SELECT * FROM restaurants WHERE latitude  > 51.4946 AND latitude  < 51.5079
                    AND longitude > -0.1162 AND longitude < -0.1004;
```

표준 B 트리나 LSM 트리 색인은 이런 유형의 질의에 효율적으로 응답할 수 없다. 위도 범위 안의 모든 레스토랑(모든 경도에서)이나 경도 범위 안의 모든 레스토랑(남극과 북극 사이의 모든 곳)을 줄 수 있지만 둘을 동시에 주진 못한다.

한 가지 방법은 이차원 위치를 공간 채움 곡선(space-filling curve)을 이용해 단일 숫자로 변환한 다음 일반 B 트리 색인을 사용하는 것이다[34]. 좀 더 일반적인 방법은 R 트리처럼 전문 공간 색인(specialized spatial index)을 사용하는 것이다. 예를 들면 포스트GIS(PostGIS)는 R 트리 같은 지리 공간 색인을 구현했다. 지리 공간 색인 구현에는 포스트그레스큐엘의 일반화된 검색 트리(Generalized Search Tree) 색인 기능을 사용했다[35]. R 트리에 대한 문헌은 많이 있기 때문에 이 책에서는 R 트리를 자세히 설명하지 않는다.

흥미로운 점은 다차원 색인의 활용이 지리학적인 위치에만 국한되지 않는다는 점이다. 예를 들어 전자상거래 웹 사이트에서 특정 색상 범위의 제품을 검색하기 위해 (**빨강**, **초록**, **파랑**)의 3차원 색인을 사용한다거나 날씨 관측 데이터베이스에서 2013년에 기온이 25도에서 30도 사이인 모든 관측을 효율적으로 찾기 위해 (**날짜**, **기온**)의 2차원 색인을 사용할 수 있다. 1차원 색인을 사용하면 기온과 상관없이 2013년의 모든 레코드를 스캔한 다음 기온으로 필터링하거나 반대로 기온을 스캔하고 연도로 필터링해야 한다. 2차원 색인은 타임스탬프와 기온으로 동시에 범위를 줄일 수 있다. 하이퍼덱스(HyperDex)가 이 기법을 사용한다[36].

전문 검색과 퍼지 색인

지금까지 설명한 모든 색인은 정확한 데이터를 대상으로 키의 정확한 값이나 정렬된 키의 값의 범위를 질의할 수 있다고 가정한다. 이 색인으로는 철자가 틀린 단어와 같이 **유사한** 키에 대해서는 검색할 수 없다. 이처럼 **애매모호한(fuzzy)** 질의에는 다른 기술이 필요하다.

예를 들어 전문 검색 엔진은 일반적으로 특정 단어를 검색할 때 해당 단어의 동의어로 질의를 확장한다. 그리고 단어의 문법적 활용을 무시하고 동일한 문서에서 서로 인접해 나타난 단어를 검색하거나 언어학적으로 텍스트를 분석해 사용하는 등 다양한 기능을 제공한다. 루씬은 문서나 질의의 오타에 대처하기 위해 특정 편집 거리(edit distance)(편집 거리 1은 한 글자가 추가되거나 삭제되거나 교체됐음을 의미) 내 단어를 검색할 수 있다[37].

80쪽 "SS테이블에서 LSM 트리 만들기"에서 언급했듯이 루씬은 용어 사전을 위해 SS테이블 같은 구조를 사용한다. 이 구조는 작은 인메모리 색인이 필요하다. 이 인메모리 색인은 키를 찾는 데 필요한 정렬 파일의 오프셋을 질의에 알려주는 데 사용한다. 레벨DB에서 이 인메모리 색인은 일부 키의 희소 컬렉션이다. 하지만 루씬에서 인메모리 색인은 여러 키 내 문자에 대한 유한 상태 오토마톤(finite state automaton)으로[38] **트라이(trie)**와 유사하다. 이 오토마톤은 **레벤슈타인 오토마톤**(levenshtein automaton)으로 변환할 수 있다. 레벤슈타인 오토마톤은 특정 편집 거리 내에서 효율적인 단어 검색을 제공한다[39].

그 밖의 퍼지 검색 기술은 문서 분류 및 머신러닝의 방향으로 진행되고 있다. 자세한 사항은 정보 검색 교과서를 참고하길 바란다[예: 40].

모든 것을 메모리에 보관

이번 장에서 지금까지 설명한 데이터 구조는 모두 디스크 한계에 대한 해결책이었다. 디스크는 메인 메모리와 비교해 다루기 어렵다. 자기 디스크와 SSD를 사용할 때 읽기와 쓰기에서 좋은 성능을 원한다면 주의해서 데이터를 디스크에 배치해야 한다. 이런 이상함을 참을 수 있는 이유는 디스크에는 주요한 두 가지 장점이 있기 때문이다. 디스크는 지속성(디스크 내용은 전원이 꺼져도 손실되지 않는다)이 있고 램보다 기가바이트당 가격이 더 저렴하다.

램이 점점 저렴해져서 기가바이트당 가격 논쟁은 약해졌다. 데이터셋 대부분은 그다지 크지 않기 때문에 메모리에 전체를 보관하는 방식도 꽤 현실적이다. 혹은 여러 장비 간 분산해서 보관할 수도 있다. 이런 이유로 **인메모리 데이터베이스**가 개발됐다.

맴캐시드 같은 일부 인메모리 키-값 저장소는 장비가 재시작되면 데이터 손실을 허용하는 캐시 용도로만 사용된다. 하지만 다른 인메모리 데이터베이스는 지속성을 목표로 한다. 이 목표를 달성하는 방법은 (배터리 전원 공급 RAM과 같은) 특수 하드웨어를 사용하거나 디스크에 변경 사항의 로그를 기록하거나 디스크에 주기적인 스냅숏을 기록하거나 다른 장비에 인메모리 상태를 복제하는 방법이 있다.

인메모리 데이터베이스가 재시작되는 경우 특수 하드웨어를 사용하지 않는다면 디스크나 네트워크를 통해 복제본에서 상태를 다시 적재해야 한다. 디스크에 기록하더라도 여전히 인메모리 데이터베이스다. 왜냐하면 디스크는 전적으로 지속성을 위한 추가 전용 로그로 사용되고 읽기는 전적으로 메모리에서 제공되기 때문이다. 디스크에 기록하는 방식은 운영상의 장점도 있다. 디스크 상의 파일은 쉽게 백업이 가능하고 외부 유틸리티를 이용해 검사와 분석을 할 수 있다.

볼트DB(VoltDB), 멤SQL(MemSQL), 오라클 타임즈텐(Oracle TimesTen) 같은 제품은 관계형 모델의 인메모리 데이터베이스다. 이런 제품 벤더는 디스크 상 데이터 구조 관리와 관련된 오버헤드를 모두 없앴기 때문에 성능을 크게 개선했다고 주장한다[41, 42]. 램클라우드(RAMCloud)는 지속성 있는 오픈소스 인메모리 키-값 저장소다(메모리 데이터뿐 아니라 디스크 데이터도 로그 구조화 접근 방식을 사용한다)[43]. 레디스(Redis)와 카우치베이스(Couchbase)는 비동기로 디스크에 기록하기 때문에 약한 지속성을 제공한다.

직관에 어긋나지만 인메모리 데이터베이스의 성능 장점은 디스크에서 읽지 않아도 된다는 사실 때문은 아니다. 심지어 디스크 기반 저장소 엔진도 운영체제가 최근에 사용한 디스크 블록을 메모리에 캐시하기 때문에 충분한 메모리를 가진 경우에는 디스크에서 읽을 필요가 없다. 오히려 인메모리 데이터 구조를 디스크에 기록하기 위한 형태로 부호화하는 오버헤드를 피할 수 있어 더 빠를 수도 있다[44].

성능 외에도 인메모리 데이터베이스는 또 다른 재미있는 영역으로서 디스크 기반 색인으로 구현하기 어려운 데이터 모델을 제공한다. 예를 들어 레디스는 우선순위 큐와 셋(set) 같은 다양한 데이터 구조를 데이터베이스 같은 인터페이스로 제공한다. 또한 메모리에 모든 데이터를 유지하기 때문에 구현이 비교적 간단하다.

최근 연구에 따르면 인메모리 데이터베이스 아키텍처가 디스크 중심 아키텍처에서 발생하는 오버헤드 없이 가용한 메모리보다 더 큰 데이터셋을 지원하게끔 확장할 수 있다[45]. 소위 **안티 캐싱(anti-caching)** 접근 방식은 메모리가 충분하지 않을 때 가장 최근에 사용하지 않은 데이터를 메모리에서 디스크로 내보내고 나중에 다시 접근할 때 메모리에 적재하는 방식으로 동작한다. 이것은 운영체제가 가상 메모리와 스왑 파일에서 수행하는 방식과 유사하지만 데이터베이스는 전체 메모리 페이지보다 개별 레코드 단위로 작업할 수 있기 때문에 OS보다 더 효율적으로 메모리를 관리할 수 있다. 하지만 이 접근 방식은 (이번 장 시작 부분의 비트캐스크 예와 같이) 여전히 전체 색인이 메모리에 있어야 한다.

나아가 **비휘발성 메모리(non-volatile memory, NVM)** 기술이 더 널리 채택되면 저장소 엔진 설계의 변경이 필요할 것이다[46]. 현재 비휘발성 메모리 기술은 새로운 연구 분야지만 앞으로 계속 주목할 가치가 있다.

트랜잭션 처리나 분석?

초창기 비즈니스 데이터 처리는 데이터베이스 쓰기가 보통 판매, 공급 업체에 발주, 직원 급여 지불 등과 같은 **커머셜 트랜잭션(commercial transaction)(상거래)**에 해당했다. 금전 거래가 아닌 영역으로 데이터베이스가 확장됐어도 **트랜잭션**이란 용어는 변하지 않고 논리 단위 형태로서 읽기와 쓰기 그룹을 나타내고 있다.

 트랜잭션이 반드시 ACID(원자성(atomicity), 일관성(consistency), 격리성(isolation), 지속성(durability)) 속성을 가질 필요는 없다. **트랜잭션 처리**는 주기적으로 수행되는(예를 들어 하루에 한번) **일괄 처리** 작업과 달리 클라이언트가 지연 시간(low-latency)이 낮은 읽기와 쓰기를 가능하게 한다는 의미다. ACID 속성은 7장에서, 일괄 처리는 10장에서 설명하겠다.

비록 데이터베이스가 많은 여러 종류의 데이터(블로그 글의 댓글, 게임 액션, 주소록의 연락처 등)를 사용하기 시작했지만 기본적인 접근 패턴은 비즈니스 트랜잭션 처리와 유사하다. 보통 애플리케이션은 색인을 사용해 일부 키에 대한 적은 수의 레코드를 찾는다. 레코드는 사용자 입력을 기반으로 삽입되거나 갱신된다. 이런 애플리케이션은 대화식이기 때문에 이 접근 패턴을 **온라인 트랜잭션 처리(online transaction processing, OLTP)**라고 한다.

그러나 데이터베이스를 **데이터 분석(data analytic)**에도 점점 더 많이 사용하기 시작했다. 데이터 분석은 트랜잭션과 접근 패턴이 매우 다르다. 보통 분석 질의는 사용자에게 원시 데이터를 반환하는 것이 아니라 많은 수의 레코드를 스캔해 레코드당 일부 칼럼만 읽어(카운트, 합, 평균과 같은) 집계 통계를 계산해야 한다. 예를 들어 데이터가 판매 거래의 테이블이라면 분석 질의는 다음과 같다.

- 1월의 각 매장의 총 수익은 얼마일까?
- 최근 프로모션 기간 동안 평소보다 얼마나 더 많은 바나나를 판매했는가?
- X 브랜드 기저귀와 함께 가장 자주 구매하는 유아식 브랜드는 무엇인가?

이런 질의는 보통 비즈니스 분석가가 작성하며 회사 경영진이 더 나은 의사결정을 하게끔 돕는 보고서를 제공한다(**비즈니스 인텔리전스(business intelligence)**라고 함). 이런 데이터베이스 사용 패턴을 트랜잭션 처리와 구별하기 위해 **온라인 분석 처리(online analytic processing, OLAP)**라고 부른다[47].[5] OLTP와 OLAP의 차이점은 항상 명확하지는 않지만 몇 가지 전형적인 특성을 표 3-1에 정리했다.

---

5 OLAP에서 **온라인(online)**의 의미는 분명하지 않다. 미리 정의된 보고서를 위한 질의가 아니라 분석가가 탐색 질의를 위해 OLAP 시스템을 대화식으로 사용한다는 사실과 아마도 관련이 있을 것이다.

표 3-1. 트랜잭션 처리와 분석 시스템의 특성 비교

특성	트랜잭션 처리 시스템(OLTP)	분석 시스템(OLAP)
주요 읽기 패턴	질의당 적은 수의 레코드, 키 기준으로 가져옴	많은 레코드에 대한 집계
주요 쓰기 패턴	임의 접근, 사용자 입력을 낮은 지연 시간으로 기록	대규모 불러오기(bulk import, ETL) 또는 이벤트 스트림
주요 사용처	웹 애플리케이션을 통한 최종 사용자/소비자	의사결정 지원을 위한 내부 분석가
데이터 표현	데이터의 최신 상태(현재 시점)	시간이 지나며 일어난 이벤트 이력
데이터셋 크기	기가바이트에서 테라바이트	테라바이트에서 페타바이트

처음에는 트랜잭션 처리와 분석 질의를 위해 동일한 데이터베이스를 사용했다. 이와 관련해서 SQL이 매우 유연한 모습을 나타냈다. OLTP 유형 질의뿐만 아니라 OLAP 유형 질의에서도 잘 동작했다. 그럼에도 1980년대 후반과 1990년대 초반 회사들은 OLTP 시스템을 분석 목적으로 사용하지 않고 개별 데이터베이스에서 분석을 수행하는 경향을 보였다. 이 개별 데이터베이스를 **데이터 웨어하우스(data warehouse)**라고 불렀다.

데이터 웨어하우징

대개 기업은 수십 가지의 트랜잭션 처리 시스템을 갖추고 있다. 예를 들면 고객 대면 웹 사이트 강화, 실제 매장의 판매 관리(계산) 시스템 관리, 창고의 재고 이력 조사, 운송 수단을 위한 경로 계획, 공급업체 관리, 직원 관리 등을 하는 시스템이다. 이런 시스템은 복잡해서 유지보수를 위한 팀이 필요하기 때문에 각 시스템은 보통 서로 독자적으로 운영된다.

OLTP 시스템은 대개 사업 운영에 대단히 중요하기 때문에 일반적으로 높은 가용성과 낮은 지연 시간의 트랜잭션 처리를 기대한다. 그래서 데이터베이스 관리자는 OLTP 데이터베이스를 철저하게 보호하려 한다. 그래서 비즈니스 분석가가 OLTP 데이터베이스에 즉석 분석 질의(ad hoc analytic query)를 실행하는 것을 꺼려한다. 즉석 분석 질의는 대개 비용이 비싸기 때문이다. 분석 질의가 데이터셋의 많은 부분을 스캔해 이와 동시에 실행되는 트랜잭션의 성능을 저하시킬 가능성이 있다.

반대로 **데이터 웨어하우스**는 분석가들이 OLTP 작업에 영향을 주지 않고 마음껏 질의할 수 있는 개별 데이터베이스다[48]. 데이터 웨어하우스는 회사 내의 모든 다양한 OLTP 시스템에 있는 데이터의 읽기 전용 복사본이다. 데이터는 OLTP 데이터베이스에서 (주기적인 데이터 덤프나 지속적인 갱신 스트림을 사용해) 추출(extract)하고 분석 친화적인 스키마로 변환(transform)하고 깨끗하게 정리한 다음 데이터 웨어하우스에 적재(load)한다. 데이터 웨어하우스로 데이터를 가져오는 이 과정을 **ETL(Extract-Transform-Load)**이라 하며 그림 3-8에서 볼 수 있다.

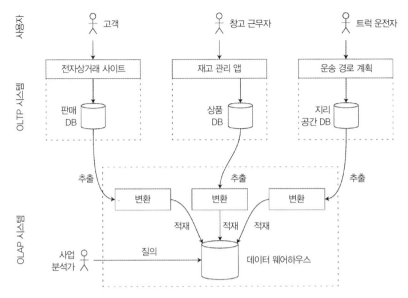

그림 3-8. 데이터 웨어하우스에 대한 ETL의 간략한 개요

현재 거의 모든 대기업에는 데이터 웨어하우스가 있지만 소규모 기업은 그렇지 않다. 아마도 대부분의 소규모 기업은 그렇게 많고 다양한 OLTP 시스템을 가지고 있지 않고 적은 양의 데이터를 가지고 있기 때문이다. 적은 양의 데이터는 일반적인 SQL 데이터베이스에 질의를 하거나 스프레드시트에서도 분석이 가능하다. 소규모 기업에서는 간단한 일이 대기업에서는 많은 노력을 필요로 한다.

분석을 위해 OLTP 시스템에 직접 질의하지 않고 개별 데이터 웨어하우스를 사용하는 큰 장점은 분석 접근 패턴에 맞게 최적화할 수 있다는 점이다. 이번 장 전반부에서 설명했던 색인 알고리즘은 OLTP에서 잘 동작하지만 분석 질의의 응답에서는 별로 좋지 않은 편이다.

이번 장의 나머지 부분에서는 분석에 최적화된 저장소 엔진을 살펴본다.

OLTP 데이터베이스와 데이터 웨어하우스의 차이점

SQL은 일반적으로 분석 질의에 적합하기 때문에 데이터 웨어하우스의 데이터 모델은 가장 일반적인 관계형 모델을 사용한다. SQL 질의를 생성하고 결과를 시각화하고 분석가가 (**드릴 다운(drill-down)**, **슬라이싱(slicing)**, **다이싱(dicing)** 같은 작업[6]을 통해) 데이터를 탐색할 수 있게 해주는 여러 그래픽 데이터 분석 도구가 있다.

---

6 (옮긴이) 드릴 다운은 요약된 정보에서 상세 정보까지 계층을 나눠 점점 구체적으로 분석하는 작업을 의미한다. 슬라이싱과 다이싱은 상세한 분석을 위해 주어진 큰 규모의 데이터를 작은 단위로 나누고 원하는 세부 분석 결과를 얻을 때까지 반복한다는 뜻이다.

표면적으로 데이터 웨어하우스와 관계형 OLTP 데이터베이스는 둘 다 SQL 질의 인터페이스를 지원하기 때문에 비슷해 보인다. 하지만 각각 매우 다른 질의 패턴에 맞게 최적화됐기 때문에 시스템의 내부는 완전히 다르다. 이제 다수의 데이터베이스 벤더는 트랜잭션 처리와 분석 작업부하 양쪽 모두 지원하기보다는 둘 중 하나를 지원하는 데 중점을 둔다.

마이크로소프트 SQL 서버와 SAP 하나(HANA) 같은 일부 데이터베이스는 동일한 제품에서 트랜잭션 처리와 데이터 웨어하우징을 지원한다. 하지만 이런 데이터베이스는 공통 SQL 인터페이스로 접근할 수 있는 저장소와 질의 엔진으로 점점 분리되고 있다[49, 50, 51].

테라데이터(Teradata), 버티카(Vertica), SAP 하나, 파르에이셀(ParAccel) 같은 데이터 웨어하우스 벤더는 보통 값비싼 상용 라이선스로 시스템을 판매한다. 아마존 레드시프트(Amazon RedShift)가 파르에이셀의 운영 버전이다. 최근 들어 다수의 오픈소스 SQL 온 하둡(SQL-on-Hadoop) 프로젝트가 생겨났다. 이 프로젝트들은 생긴 지 얼마 안 됐지만 상용 데이터 웨어하우스 시스템과의 경쟁을 목표로 한다. 아파치 하이브(Apache Hive), 스파크 SQL(Spark SQL), 클라우데라 임팔라(Cloudera Impala), 페이스북 프레스토(Facebook Presto), 아파치 타조(Apache Tajo), 아파치 드릴(Apache Drill)이 여기에 해당한다[52, 53]. 이 중 일부는 구글의 드레멜(Google's Dremel)에서 가져온 개념을 기반으로 한다[54].

분석용 스키마: 별 모양 스키마와 눈꽃송이 모양 스키마

2장에서 살펴본 것처럼 데이터 모델은 트랜잭션 처리 영역에서 애플리케이션의 필요에 따라 광범위하고 다양하게 사용된다. 반면 분석에서는 데이터 모델의 다양성이 훨씬 적다. 많은 데이터 웨어하우스는 **별 모양 스키마**(star schema)(**차원 모델링**(dimensional modeling)[55]이라고도 함)로 알려진 상당히 정형화된 방식을 사용한다.

그림 3-9의 예제 스키마는 식료품 소매업에서 볼 수 있는 데이터 웨어하우스를 나타낸다. 스키마 중심에 소위 **사실 테이블**(fact table)(이 예제에서는 `fact_sales`라고 함)이 있다. 사실 테이블의 각 로우는 특정 시각에 발생한 이벤트에 해당한다(여기에서 각 로우는 고객의 제품 구매에 해당한다). 소매 판매보다는 웹 사이트 트래픽을 분석한다면 각 로우는 페이지 뷰나 사용자 클릭에 해당한다.

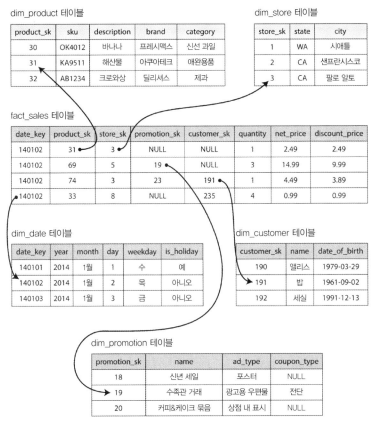

그림 3-9. 데이터 웨어하우스에서 사용하는 별 모양 스키마 예제

보통 사실은 개별 이벤트를 담는다. 이는 나중에 분석의 유연성을 극대화할 수 있기 때문이다. 하지만 이것은 사실 테이블이 매우 커질 수 있다는 의미다. 애플(Apple), 월마트(Walmart), 이베이(eBay) 같은 대기업은 데이터 웨어하우스에 수십 페타바이트의 트랜잭션 내역이 있고 이 중 대부분이 사실 테이블이다[56].

사실 테이블의 일부 칼럼은 제품이 판매된 가격과 공급자로부터 구매한 비용(이익 마진을 계산할 수 있음)과 같은 속성이다. 사실 테이블의 다른 칼럼은 **차원 테이블(dimension table)**이라 부르는 다른 테이블을 가리키는 외래 키 참조다. 사실 테이블의 각 로우는 이벤트를 나타내고 차원은 이벤트의 속성인 **누가(who)**, **언제(when)**, **어디서(where)**, **무엇을(what)**, **어떻게(how)**, **왜(why)**를 나타낸다.

예를 들어 그림 3-9에서 차원 중 하나는 판매된 제품이다. dim_product 테이블의 각 로우는 재고 관리 코드(stock-keeping unit, SKU), 설명(description), 브랜드 이름(brand name), 범주 (category), 지방 함량(fat content), 상품 크기(package size) 등 판매를 위한 제품의 한 유형을 나타낸다. fact_sales 테이블의 각 로우는 특정 트랜잭션에서 제품이 판매됐는지를 나타내기 위해 외래 키를 사용한다. 간단히 말해 고객이 여러 다양한 제품을 동시에 구매하면 사실 테이블에는 개별 로우로 표시된다.

심지어 날짜와 시간도 보통 차원 테이블을 사용해 표현한다. 차원 테이블을 사용하면 날짜에 대해 (공휴일과 같은) 추가적인 정보를 부호화할 수 있고 휴일과 평일의 판매 차이를 질의할 수 있다.

"별 모양 스키마"란 이름은 테이블 관계가 시각화될 때 사실 테이블이 가운데에 있고 차원 테이블로 둘러싸고 있다는 사실에서 비롯됐다. 이 테이블 간의 연결은 별의 광선과 같다.

이 템플릿의 변형을 **눈꽃송이 모양 스키마(snowflake schema)**라고 하며 차원이 하위차원으로 더 세분화된다. 예를 들어 브랜드와 제품 범주의 테이블을 분리할 수 있고 dim_product 테이블의 각 로우는 dim_product 테이블에 문자열로 브랜드와 범주를 저장하는 대신 외래 키로 참조할 수 있다. 눈꽃송이 스키마는 별 모양 스키마보다 더 정규화됐지만 분석가들이 별 모양 스키마를 작업하기 더 쉽다는 이유로 선호한다[55].

일반적인 데이터 웨어하우스에서 테이블은 보통 폭이 매우 넓다. 사실 테이블에는 대개 100개 이상의 칼럼이 있는데 수백 개인 경우도 있다[51]. 차원 테이블 또한 분석과 관련된 모든 메타데이터를 포함하므로 그 폭이 매우 넓다. 예를 들어 dim_store 테이블은 각 매장마다 제공되는 서비스의 세부 사항과 매장 내 베이커리 유무, 매장 면적, 최초 개업일, 마지막으로 리모델링한 날짜, 가까운 고속 도로와의 거리 등을 포함할 수 있다.

칼럼 지향 저장소

사실 테이블에 엄청난 개수의 로우와 페타바이트 데이터가 있다면 효율적으로 저장하고 질의하기는 어려운 문제가 된다. 차원 테이블은 보통 (수백만 로우 정도로) 훨씬 적어서 이번 절에서는 주로 사실 저장에 집중하겠다.

사실 테이블은 칼럼이 보통 100개 이상이지만 일반적인 데이터 웨어하우스 질의는 한 번에 4개 또는 5개 칼럼만 접근한다(분석용으로는 "SELECT *" 질의가 거의 필요하지 않다)[51]. 예제 3-1의 질의를 보자. 이 질의는 많은 수의 로우에 접근하지만(2013년에 과일과 사탕을 구매한 사람이 모두 나타난다), fact_sales 테이블의 3개 칼럼(date_key, prodct_sk, quantity)에만 접근할 필요가 있다. 이 밖의 다른 칼럼은 무시한다.

예제 3-1. 사람들이 요일에 따라 신선 과일을 사고 싶어하는지 사탕을 더 사고 싶어하는지 분석하기

```
SELECT
    dim_date.weekday, dim_product.category,
    SUM(fact_sales.quantity) AS quantity_sold
FROM fact_sales
    JOIN dim_date    ON fact_sales.date_key = dim_date.date_key
    JOIN dim_product ON fact_sales.product_sk = dim_product.product_sk
WHERE
    dim_date.year = 2013 AND
    dim_product.category IN ('Fresh fruit', 'Candy')
GROUP BY
    dim_date.weekday, dim_product.category;
```

이 질의를 어떻게 효율적으로 실행할 수 있을까?

대부분의 OLTP 데이터베이스에서 저장소는 **로우 지향** 방식으로 데이터를 배치한다. 테이블에서 한 로우의 모든 값은 서로 인접하게 저장된다. 이 점은 문서 데이터베이스와 유사하다. 문서 데이터베이스에서 전체 문서는 보통 하나의 연속된 바이트 열로 저장한다. 그림 3-1의 CSV 예제에서 이를 확인할 수 있다.

fact_sales.date_key와 fact_sales.product_sk 칼럼 모두 혹은 둘 중 하나에 색인이 있다고 하자. 이 색인은 저장소 엔진에 특정 날짜나 특정 제품의 모든 판매 내용을 찾을 수 있는 위치를 알려준다. 하지만 로우 지향 저장소 엔진이 예제 3-1과 같은 질의를 처리하기 위해서는 여전히 디스크로부터 (100개 이상의 속성을 포함하는) 모든 로우를 메모리로 적재한 다음 구문을 해석해 필요한 조건을 충족하지 않은 로우를 필터링해야 한다. 이 작업은 오랜 시간이 걸릴 수 있다.

칼럼 지향 저장소의 기본 개념은 간단하다. 모든 값을 하나의 로우에 함께 저장하지 않는 대신 각 칼럼별로 모든 값을 함께 저장한다. 각 칼럼을 개별 파일에 저장하면 질의에 사용되는 칼럼만 읽고 구분 분석하면 된다. 이 방식을 사용하면 작업량이 많이 줄어든다. 이 원리를 그림 3-10에서 확인할 수 있다.

관계형 데이터 모델로 칼럼 저장소를 이해하기가 가장 쉽지만 비관계형 데이터에도 동일하게 적용할 수 있다. 예를 들어 파케이(Parquet)[57]는 구글의 드레멜[54]을 기반으로 한, 문서 데이터 모델을 지원하는 칼럼 저장소 형식이다.

fact_sales 테이블

date_key	product_sk	store_sk	promotion_sk	customer_sk	quantity	net_price	discount_price
140102	69	4	NULL	NULL	1	13.99	13.99
140102	69	5	19	NULL	3	14.99	9.99
140102	69	5	NULL	191	1	14.99	14.99
140102	74	3	23	202	5	0.99	0.89
140103	31	2	NULL	NULL	1	2.49	2.49
140103	31	3	NULL	NULL	3	14.99	9.99
140103	31	3	21	123	1	49.99	39.99
140103	31	8	NULL	233	1	0.99	0.99

칼럼 저장소 배치

date_key file contents:	140102, 140102, 140102, 140102, 140103, 140103, 140103, 140103
product_sk file contents:	69, 69, 69, 74, 31, 31, 31, 31
store_sk file contents:	4, 5, 5, 3, 2, 3, 3, 8
promotion_sk file contents:	NULL, 19, NULL, 23, NULL, NULL, 21, NULL
customer_sk file contents:	NULL, NULL, 191, 202, NULL, NULL, 123, 233
quantity file contents:	1, 3, 1, 5, 1, 3, 1, 1
net_price file contents:	13.99, 14.99, 14.99, 0.99, 2.49, 14.99, 49.99, 0.99
discount_price file contents:	13.99, 9.99, 14.99, 0.89, 2.49, 9.99, 39.99, 0.99

그림 3-10. 관계형 데이터를 로우 단위가 아닌 칼럼 단위로 저장

칼럼 지향 저장소 배치는 각 칼럼 파일에 포함된 로우가 모두 같은 순서인 점에 의존한다. 그러므로 로우의 전체 값을 다시 모으려면 개별 칼럼 파일의 23번째 항목을 가져온 다음 테이블의 23번째 로우 형태로 함께 모아 구성할 수 있다.

칼럼 압축

질의에 필요한 칼럼을 디스크에서 읽어 적재하는 작업 외에도 데이터를 압축하면 디스크 처리량을 더 줄일 수 있다. 다행히 칼럼 지향 저장소는 대개 압축에 적합하다.

그림 3-10의 각 칼럼의 값 순서를 살펴보자. 많은 값이 반복해서 나타남을 알 수 있다. 압축을 하기에 이런 경향성은 매우 좋은 징조다. 칼럼의 데이터에 따라 다양한 압축 기법을 사용할 수 있다. 그중 한 가지 기법은 데이터 웨어하우스에서 특히 효과적인 **비트맵 부호화**(bitmap encoding)로서 그림 3-11에서 확인할 수 있다.

칼럼 값:

product_sk: | 69 | 69 | 69 | 69 | 74 | 31 | 31 | 31 | 31 | 29 | 30 | 30 | 31 | 31 | 31 | 68 | 69 | 69 |

가능한 각 값에 대한 비트맵:

product_sk = 29: | 0 | 0 | 0 | 0 | 0 | 0 | 0 | 0 | 0 | 1 | 0 | 0 | 0 | 0 | 0 | 0 | 0 | 0 |

product_sk = 30: | 0 | 0 | 0 | 0 | 0 | 0 | 0 | 0 | 0 | 0 | 1 | 1 | 0 | 0 | 0 | 0 | 0 | 0 |

product_sk = 31: | 0 | 0 | 0 | 0 | 0 | 1 | 1 | 1 | 1 | 0 | 0 | 0 | 1 | 1 | 1 | 0 | 0 | 0 |

product_sk = 68: | 0 | 0 | 0 | 0 | 0 | 0 | 0 | 0 | 0 | 0 | 0 | 0 | 0 | 0 | 0 | 1 | 0 | 0 |

product_sk = 69: | 1 | 1 | 1 | 1 | 0 | 0 | 0 | 0 | 0 | 0 | 0 | 0 | 0 | 0 | 0 | 0 | 1 | 1 |

product_sk = 74: | 0 | 0 | 0 | 0 | 1 | 0 | 0 | 0 | 0 | 0 | 0 | 0 | 0 | 0 | 0 | 0 | 0 | 0 |

런 렝스 부호화(run-length encoding):

product_sk = 29:	9, 1	0이 9개, 1이 1개, 나머지는 0
product_sk = 30:	10, 2	0이 10개, 1이 2개, 나머지는 0
product_sk = 31:	5, 4, 3, 3	0이 5개, 1이 4개, 0이 3개, 1이 3개, 나머지는 0
product_sk = 68:	15, 1	0이 15개, 1이 1개, 나머지는 0
product_sk = 69:	0, 4, 12, 2	0이 0개, 1이 4개, 0이 12개, 1이 2개
product_sk = 74:	4, 1	0이 4개, 1이 1개, 나머지는 0

그림 3-11. 압축된 단일 칼럼의 비트맵 색인 저장소

보통 칼럼에서 고유 값의 수는 로우 수에 비해 적다(예를 들어 소매 업체는 수십억 개의 판매 거래가 있지만 고유 제품은 단지 100,000개만 있다). 그러면 n개의 고유 값을 가진 칼럼을 가져와 n개의 개별 비트맵으로 변환할 수 있다. 고유 값 하나가 하나의 비트맵이고 각 로우는 한 비트를 가진다. 만약 로우가 해당 값을 가지면 비트는 1이고 그렇지 않으면 0이다.

n이 매우 작으면(예를 들어 country 칼럼이 대략 200개의 고유 값을 가지고 있음) 이 비트맵은 로우당 하나의 비트로 저장할 수 있다. 하지만 n이 더 크면 대부분의 비트맵은 0이 더 많다(이런 상황을 희소(sparse)하다고 말한다). 이런 경우 그림 3-11의 하단에서 보는 바와 같이 비트맵을 추가적으로 런 렝스 부호화할 수 있다. 이 방법을 사용하면 칼럼의 부호화를 현저히 줄일 수 있다.

이런 비트맵 색인은 데이터 웨어하우스에서 일반적으로 사용되는 질의 종류에 매우 적합하다.

WHERE product_sk IN (30, 68, 69):
  product_sk = 30, product_sk = 68, product_sk = 69에 대한 비트맵 세 개를 적재하고 세 비트맵의 비트 *OR*를 계산한다. 이 계산은 매우 효율적으로 수행할 수 있다.

WHERE product_sk = 31 AND store_sk = 3:
  product_sk = 31, store_sk = 3으로 비트맵을 적재하고 비트맵의 비트 *AND*를 계산한다. 이 계산은 각 칼럼에 동일한 순서로 로우가 포함되기 때문에 가능하다. 따라서 한 칼럼의 비트맵에 있는 k번째 비트는 다른 칼럼의 비트맵에서 k번째 비트와 같은 로우에 해당한다.

다양한 종류의 데이터에 대한 다양한 압축 스키마가 있지만 이를 자세히 다루진 않는다. 개략적인 내용은 [58]을 보기 바란다.

칼럼 지향 저장소와 칼럼 패밀리

카산드라와 HBase는 빅테이블[9]로부터 내려오는 **칼럼 패밀리** 개념이 있다. 하지만 이를 칼럼 지향적 이라고 부르기에는 오해의 소지가 많다. 각 칼럼 패밀리 안에는 로우 키에 따라 로우와 모든 칼럼을 함께 저장하며 칼럼 압축을 사용하지 않는다. 따라서 빅테이블 모델은 여전히 대부분 로우 지향이다.

메모리 대역폭과 벡터화 처리

수백만 로우를 스캔해야 하는 데이터 웨어하우스 질의는 디스크로부터 메모리로 데이터를 가져오는 대역폭이 큰 병목이다. 하지만 이 병목이 유일한 것은 아니다. 분석용 데이터베이스 개발자는 메인 메모리에서 CPU 캐시로 가는 대역폭을 효율적으로 사용하고 CPU 명령 처리 파이프라인에서 분기 예측 실패(branch misprediction)와 버블(bubble)을 피하며 최신 CPU에서 단일 명령 다중 데이터(single-instruction-multi-data, SIMD) 명령[59, 60]을 사용하게끔 신경 써야 한다.

디스크로부터 적재할 데이터 양 줄이기 외에도 칼럼 저장소 배치는 CPU 주기를 효율적으로 사용하기에 적합하다. 예를 들어 질의 엔진은 압축된 칼럼 데이터를 CPU의 L1 캐시에 딱 맞게 덩어리로 나누어 가져오고 이 작업을 (함수 호출이 없는) 타이트 루프(tight loop)에서 반복한다. CPU는 함수 호출이 많이 필요한 코드나 각 레코드 처리를 위해 분기가 필요한 코드보다 타이트 루프를 훨씬 빨리 실행할 수 있다. 칼럼 압축을 사용하면 같은 양의 L1 캐시에 칼럼의 더 많은 로우를 저장할 수 있다. 앞에서 설명한 비트*AND*와 *OR* 같은 연산자는 압축된 칼럼 데이터 덩어리를 바로 연산할 수 있게 설계할 수 있다. 이런 기법을 **벡터화 처리**(vectorized processing)라고 한다[58, 49].

칼럼 저장소의 순서 정렬

칼럼 저장소에서 로우가 저장되는 순서가 반드시 중요하지는 않다. 삽입된 순서로 저장하는 방식이 가장 쉽다. 새로운 로우를 삽입하는 작업은 각 칼럼 파일에 덧붙여 추가하는 것을 의미하기 때문이다. 하지만 이전의 SS테이블에서 했던 것처럼 순서를 도입해 이를 색인 메커니즘으로 사용할 수 있다.

각 칼럼을 독립적으로 정렬할 수는 없다. 그렇게 하면 더 이상 칼럼의 어떤 항목이 동일한 로우에 속하는지 알 수 없기 때문이다. 한 칼럼의 k번째 항목이 다른 칼럼의 k번째 항목과 같은 로우에 속한다는 것을 알고 있으니 로우를 재구성할 수 있다.

칼럼별로 저장됐을지라도 데이터는 한번에 전체 로우를 정렬해야 한다. 데이터베이스 관리자는 공통 질의에 대한 지식을 사용해 테이블에서 정렬해야 하는 칼럼을 선택할 수 있다. 예를 들어 질의가 지난 달(last month)처럼 시간 범위를 목표로 한다면 1차 정렬 키를 date_key로 하는 게 맞다. 그러면 질의 최적화기는 지난 달에 해당하는 로우만 스캔할 수 있으며 모든 로우를 스캔하기보다 훨씬 빠르다.

첫 번째 칼럼에서 같은 값을 가진 로우들의 정렬 순서를 두 번째 칼럼에서 정할 수 있다. 예를 들어 그림 3-10에서 data_key가 1차 정렬 키라면 저장소에 같은 날짜에 판매한 같은 제품을 함께 그룹화하게끔 product_sk를 보조 정렬 키로 하는 게 합리적이다. 이것은 특정 날짜 범위에 판매한 제품을 그룹화하거나 필터링하는 질의에 도움이 된다.

정렬된 순서의 또 다른 장점으로 칼럼 압축에 도움이 된다. 기본 정렬 칼럼에 고유 값을 많이 포함하지 않는다면 정렬한 후 기본 정렬 칼럼은 연속해서 같은 값이 연속해서 길게 반복된다. 간단한 런 렝스 부호화는 수십억 개의 로우를 가진 테이블이라도 수 킬로바이트로 칼럼을 압축할 수 있다. 그림 3-11에서 비트맵에 적용한 예를 볼 수 있다.

이런 압축 효과는 첫 번째 정렬 키에서 가장 강력하다. 두 번째나 세 번째 정렬 키는 그보다 뒤섞여 있어 반복된 값이 그렇게 길지 않다. 정렬 우선순위가 낮은 칼럼은 거의 임의 순서로 나타나므로 잘 압축되지 않는다. 하지만 초반 정렬된 몇 개의 칼럼을 압축하는 것은 전체적으로 여전히 이득이다.

다양한 순서 정렬

다양한 질의는 서로 다른 정렬 순서의 도움을 받으므로 같은 데이터를 **다양한 방식**으로 정렬해 저장한다면 어떨까? 이 기발한 확장 아이디어는 C 스토어(C-Store)에서 소개됐고 상업용 데이터 웨어하우스인 버티카에 채택됐다[61, 62]. 하나의 장비가 고장 나도 데이터를 잃지 않으려면 데이터를 여러 장비에 복제해 두는 작업이 필요하다. 복제 데이터를 서로 다른 방식으로 정렬해서 저장하면 질의를 처리할 때 질의 패턴에 가장 적합한 버전을 사용할 수 있다.

칼럼 지향 저장에서 여러 정렬 순서를 갖는 것은 로우 지향 저장에서 여러 2차 색인을 갖는 것과 약간 비슷하다. 하지만 로우 지향 저장은 한 곳(힙 파일이나 클러스터드 색인)에 모든 로우를 유지하고 2차 색인은 일치하는 로우를 가리키는 포인터만 포함한다는 점이 큰 차이점이다. 칼럼 저장에서는 일반적으로 데이터를 가리키는 포인터가 없고, 단지 값을 포함한 칼럼만 존재한다.

칼럼 지향 저장소에 쓰기

데이터 웨어하우스에서 이런 최적화는 합리적이다. 왜냐하면 대부분의 작업은 분석가가 수행하는 대량의 읽기 전용 질의이기 때문이다. 칼럼 지향 저장소, 압축, 정렬은 모두 읽기 질의를 더 빠르게 하지만 쓰기를 어렵게 한다는 단점이 있다.

B 트리 사용과 같은 제자리 갱신(update-in-place) 접근 방식은 압축된 칼럼에서는 불가능하다. 정렬된 테이블의 중간에 있는 로우에 삽입을 원하는 경우 모든 칼럼 파일을 재작성해야 한다. 로우는 칼럼 안의 위치에 따라 식별되므로 삽입은 모든 칼럼을 일관되게 갱신해야 한다.

다행히도 이번 장의 앞부분에서 LSM 트리라는 좋은 해결책을 이미 설명했다. 모든 쓰기는 먼저 인메모리 저장소로 이동해 정렬된 구조에 추가하고 디스크에 쓸 준비를 한다. 인메모리 저장소가 로우 지향인지 칼럼 지향인지는 중요하지 않다. 충분한 쓰기를 모으면 디스크의 칼럼 파일에 병합하고 대량으로 새로운 파일에 기록한다. 이 작업은 버티카가 하는 방식과 본질적으로 같다[62].

질의는 디스크의 칼럼 데이터와 메모리의 최근 쓰기를 모두 조사해 두 가지를 결합해야 한다. 그러나 질의 최적화기는 이런 구별을 사용자에게 드러내지 않는다. 분석가의 관점에서 삽입, 갱신, 삭제로 수정하는 데이터는 후속 질의에 즉시 반영한다.

집계: 데이터 큐브와 구체화 뷰

모든 데이터 웨어하우스가 칼럼 저장이 필수는 아니다. 전통적인 로우 지향 데이터베이스와 기타 아키텍처도 사용된다. 하지만 칼럼 저장소는 즉석 분석 질의에 대해 상당히 빠르기 때문에 급속하게 인기를 얻고 있다[51, 63].

간략하게 언급하고 넘어갈 만한 데이터 웨어하우스의 다른 측면으로 **구체화 집계(materialized aggregate)**가 있다. 앞에서 설명한 데이터 웨어하우스 질의는 보통 SQL에 COUNT, SUM, AVG, MIN, MAX 같은 집계 함수를 포함한다. 동일한 집계를 많은 다양한 질의에서 사용한다면 매번 원시 데이터를 처리하는 일은 낭비다. 질의가 자주 사용하는 일부 카운트(count)나 합(sum)을 캐시하는 건 어떨까?

이런 캐시를 만드는 한 가지 방법이 **구체화 뷰(materialized view)**다. 관계형 데이터 모델에서는 이런 캐시를 대개 표준 (가상) 뷰로 정의한다. 표준 뷰는 테이블 같은 객체로 일부 질의의 결과가 내용이다. 차이점으로 구체화 뷰는 디스크에 기록된 질의 결과의 실제 복사본이지만 가상 뷰(virtual view)는 단지 질의를 작성하는 단축키일 뿐이다. 가상 뷰에서 읽을 때 SQL 엔진은 뷰의 원래 질의로 즉석에서 확장하고 나서 질의를 처리한다.

원본 데이터를 변경하면 구체화 뷰를 갱신해야 한다. 구체화 뷰는 원본 데이터의 비정규화된 복사본이기 때문이다. 데이터베이스는 이 작업을 자동으로 수행할 수 있다. 하지만 이런 갱신으로 인한 쓰기는 비용이 비싸기 때문에 OLTP 데이터베이스에서는 구체화 뷰를 자주 사용하지 않는다. 데이터 웨어하우스는 읽기 비중이 크기 때문에 구체화 뷰를 사용하는 전략은 합리적이다(실제로 읽기 성능이 향상되는지는 경우에 따라 다르다).

데이터 큐브(data cuve) 또는 **OLAP 큐브**라고 알려진 구체화 뷰는 일반화된 구체화 뷰의 특별 사례다. 이는 다양한 차원으로 그룹화한 집계 테이블로 그림 3-12가 그 예다.

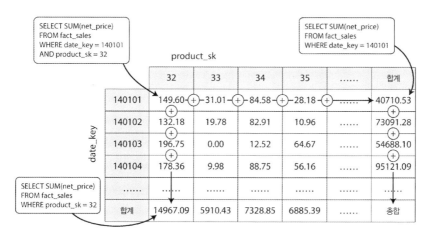

그림 3-12. 합으로 데이터를 집계한 2차원 데이터 큐브

이제 각 사실은 2차원 테이블에만 외래 키를 가진다고 가정해보자(그림 3-12에서는 외래 키가 **date**와 **product**다). 그러면 한 축은 날짜(date)고 다른 축은 제품(product)인 2차원 테이블을 그릴 수 있다. 각 셀은 날짜와 제품을 결합한 모든 사실의 속성(예: net_price)의 집계 값(예: SUM)을 포함한다. 각 로우나 칼럼에 같은 집계를 적용할 수 있고 1차원으로 축소한 요약(날짜와 관계없는 제품별 판매량이나 제품과 관계없는 날짜별 판매량)을 얻을 수 있다.

일반적으로 사실은 대개 2차원 이상이다. 그림 3-9에는 날짜, 제품, 매장, 프로모션, 고객으로 5차원이 있다. 5차원 하이퍼큐브(hypercube)가 어떤 모습일지 상상하기는 매우 어렵지만 원리는 동일하다. 각 셀은 특정 날짜, 제품, 매장, 프로모션, 고객이 결합된 판매량을 포함한다. 이 값은 각 차원을 따라 반복적으로 요약 가능하다.

구체화 데이터 큐브의 장점은 특정 질의를 효과적으로 미리 계산했기 때문에 해당 질의를 수행할 때 매우 빠르다. 예를 들어 어제 매장별 총 판매량을 알고 싶으면 백만 개 로우를 스캔할 필요 없이 적절한 차원을 따라 합계를 살펴보기만 하면 된다.

데이터 큐브의 단점은 원시 데이터에 질의하는 것과 동일한 유연성이 없다는 점이다. 예를 들어 가격은 차원 중 하나가 아니기 때문에 가격이 100달러 이상인 항목에서 발생한 판매량의 비율을 계산할 수 있는 방법이 없다. 따라서 대부분의 데이터 웨어하우스는 가능한 한 많은 원시 데이터를 유지하려고 노력한다. 데이터 큐브와 같은 집계 값은 특정 질의에 대한 성능 향상에만 사용한다.

정리

이번 장에서는 데이터베이스가 어떻게 저장과 검색을 다루는지 근본적인 내용을 알아보고자 했다. 데이터베이스에 데이터를 저장할 때 어떤 일이 일어날까? 그리고 이후 다시 데이터에 질의할 때 데이터베이스가 수행하는 작업은 무엇일까?

고수준에서 저장소 엔진은 트랜잭션 처리 최적화(OLTP)와 분석 최적화(OLAP)라는 큰 두 가지 범주로 나뉜다. OLTP와 OLAP의 사용 사례에서 보면 접근 패턴 간 큰 차이가 있다.

- OLTP 시스템은 보통 사용자 대면이기 때문에 대량의 요청을 받을 수 있다. 부하를 처리하기 위해 보통 애플리케이션이 각 질의마다 작은 수의 레코드만 다룬다. 애플리케이션은 키의 일부만 사용하는 레코드를 요청하고 저장소 엔진은 요청한 키의 데이터를 찾기 위해 색인을 사용한다. 이 경우는 대개 디스크 탐색이 병목이다.

- 데이터 웨어하우스와 유사한 분석 시스템은 최종 사용자가 아닌 비즈니스 분석가가 주로 사용하기 때문에 덜 알려져 있다. OLTP 시스템보다 훨씬 더 적은 수의 질의를 다루지만 각 질의는 대개 매우 다루기 어렵고 짧은 시간에 수백만 개의 레코드를 스캔해야 한다. 이 경우는 일반적으로 디스크 대역폭(디스크 탐색이 아닌)이 병목이다. 칼럼 지향 저장소는 이런 종류의 작업부하를 처리할 때 사용 가능한 날로 인기가 높아지고 있는 솔루션이다.

OLTP 측면에서 두 가지 주요한 관점을 살펴봤다.

- 로그 구조화 관점에서 파일에 추가와 오래된 파일의 삭제만 허용하고 한 번 쓰여진 파일은 절대 갱신하지 않는다. 비트캐스크, SS테이블, LSM 트리, 레벨DB, 카산드라, HBase, 루씬 등이 이 그룹에 속한다.

- 제자리 갱신 관점에서 덮어쓰기 할 수 있는 고정 크기 페이지의 셋으로 디스크를 다룬다. 이 관점에서 가장 큰 예가 B 트리다. B 트리는 모든 주요 관계형 데이터베이스와 많은 비정형 데이터베이스에서도 사용한다.

로그 구조화 저장소 엔진은 비교적 최근에 개발됐다. 핵심 아이디어는 임의 접근 쓰기를 체계적으로 디스크에 순차 쓰기로 바꾼 것이다. 하드드라이브와 SSD의 성능 특성에 맞춰 쓰기 처리량을 높이는 것이 가능하다.

OLTP 측면을 마무리하면서 좀 더 복잡한 색인 구조와 모든 데이터를 메모리에 유지하기 위해 최적화된 데이터베이스에 대해 간략히 살펴봤다.

다음으로 일반적인 데이터 웨어하우스의 고수준 아키텍처를 살펴보기 위해 저장소 엔진의 내부를 알아봤다. 이는 왜 분석 작업부하가 OLTP와 많이 다른지 설명해준다. 질의가 많은 수의 로우를 순차적으로 스캔해야 한다면 색인을 사용하는 방법은 적절하지 않다. 대신 질의가 디스크에서 읽는 데이터의 양을 최소화하기 위해 데이터를 매우 작게 부호화하는 일이 중요해졌다. 칼럼 지향 저장소가 어떻게 이 목표를 달성하는 데 도움이 되는지 설명했다.

애플리케이션 개발자가 저장소 엔진의 내부에 대한 지식이 있다면 특정 애플리케이션에 어떤 도구가 가장 적합한지 판단하기에 유리하다. 데이터베이스 파라미터 조정이 필요하다면 이런 이해는 크거나 작은 값이 가지는 효과가 무엇인지 상상할 수 있게 해준다.

이번 장의 내용만으로 특정 저장소 엔진을 튜닝하는 전문가가 될 수는 없지만 선택한 데이터베이스의 문서를 이해할 수 있는 충분한 어휘와 개념을 갖추는 데 분명 도움될 것이다.

참고 문헌

[1] Alfred V. Aho, John E. Hopcroft, and Jeffrey D. Ullman: Data Structures and Algorithms. Addison-Wesley, 1983. ISBN: 978-0-201-00023-8

[2] Thomas H. Cormen, Charles E. Leiserson, Ronald L. Rivest, and Clifford Stein: Introduction to Algorithms, 3rd edition. MIT Press, 2009. ISBN: 978-0-262-53305-8

[3] Justin Sheehy and David Smith: "Bitcask: A Log-Structured Hash Table for Fast Key/Value Data," Basho Technologies, April 2010.

[4] Yinan Li, Bingsheng He, Robin Jun Yang, et al.: "Tree Indexing on Solid State Drives," Proceedings of the VLDB Endowment, volume 3, number 1, pages 1195–1206, September 2010.

[5] Goetz Graefe: "Modern B-Tree Techniques," Foundations and Trends in Databases, volume 3, number 4, pages 203–402, August 2011. doi:10.1561/1900000028

[6] Jeffrey Dean and Sanjay Ghemawat: "LevelDB Implementation Notes," leveldb.googlecode.com.

[7] Dhruba Borthakur: "The History of RocksDB," rocksdb.blogspot.com, November 24, 2013.

[8] Matteo Bertozzi: "Apache HBase I/O – HFile," blog.cloudera.com, June, 29 2012.

[9] Fay Chang, Jeffrey Dean, Sanjay Ghemawat, et al.: "Bigtable: A Distributed Storage System for Structured Data," at 7th USENIX Symposium on Operating System Design and Implementation (OSDI), November 2006.

[10] Patrick O'Neil, Edward Cheng, Dieter Gawlick, and Elizabeth O'Neil: "The Log-Structured Merge-Tree (LSM-Tree)," Acta Informatica, volume 33, number 4, pages 351–385, June 1996. doi:10.1007/s002360050048

[11] Mendel Rosenblum and John K. Ousterhout: "The Design and Implementation of a Log-Structured File System," ACM Transactions on Computer Systems, volume 10, number 1, pages 26–52, February 1992. doi:10.1145/146941.146943

[12] Adrien Grand: "What Is in a Lucene Index?," at Lucene/Solr Revolution, November 14, 2013.

[13] Deepak Kandepet: "Hacking Lucene—The Index Format," hackerlabs.org, October 1, 2011.

[14] Michael McCandless: "Visualizing Lucene's Segment Merges," blog.mikemccandless.com, February 11, 2011.

[15] Burton H. Bloom: "Space/Time Trade-offs in Hash Coding with Allowable Errors," Communications of the ACM, volume 13, number 7, pages 422–426, July 1970. doi:10.1145/362686.362692

[16] "Operating Cassandra: Compaction," Apache Cassandra Documentation v4.0, 2016.

[17] Rudolf Bayer and Edward M. McCreight: "Organization and Maintenance of Large Ordered Indices," Boeing Scientific Research Laboratories, Mathematical and Information Sciences Laboratory, report no. 20, July 1970.

[18] Douglas Comer: "The Ubiquitous B-Tree," ACM Computing Surveys, volume 11, number 2, pages 121–137, June 1979. doi:10.1145/356770.356776

[19] Emmanuel Goossaert: "Coding for SSDs," codecapsule.com, February 12, 2014.

[20] C. Mohan and Frank Levine: "ARIES/IM: An Efficient and High Concurrency Index Management Method Using Write-Ahead Logging," at ACM International Conference on Management of Data (SIGMOD), June 1992. doi:10.1145/130283.130338

[21] Howard Chu: "LDAP at Lightning Speed," at Build Stuff '14, November 2014.

[22] Bradley C. Kuszmaul: "A Comparison of Fractal Trees to Log-Structured Merge(LSM) Trees," tokutek.com, April 22, 2014.

[23] Manos Athanassoulis, Michael S. Kester, Lukas M. Maas, et al.: "Designing Access Methods: The RUM Conjecture," at 19th International Conference on Extending Database Technology (EDBT), March 2016. doi:10.5441/002/edbt.2016.42

[24] Peter Zaitsev: "Innodb Double Write," percona.com, August 4, 2006.

[25] Tomas Vondra: "On the Impact of Full-Page Writes," blog.2ndquadrant.com, November 23, 2016.

[26] Mark Callaghan: "The Advantages of an LSM vs a B-Tree," smalldatum.blog-spot.co.uk, January 19, 2016.

[27] Mark Callaghan: "Choosing Between Efficiency and Performance with RocksDB," at Code Mesh, November 4, 2016.

[28] Michi Mutsuzaki: "MySQL vs. LevelDB," github.com, August 2011.

[29] Benjamin Coverston, Jonathan Ellis, et al.: "CASSANDRA-1608: Redesigned Compaction, issues.apache.org, July 2011.

[30] Igor Canadi, Siying Dong, and Mark Callaghan: "RocksDB Tuning Guide," github.com, 2016.

[31] MySQL 5.7 Reference Manual. Oracle, 2014.

[32] Books Online for SQL Server 2012. Microsoft, 2012.

[33] Joe Webb: "Using Covering Indexes to Improve Query Performance," simpletalk.com, 29 September 2008.

[34] Frank Ramsak, Volker Markl, Robert Fenk, et al.: "Integrating the UB-Tree into a Database System Kernel," at 26th International Conference on Very Large Data Bases (VLDB), September 2000.

[35] The PostGIS Development Group: "PostGIS 2.1.2dev Manual," postgis.net, 2014.

[36] Robert Escriva, Bernard Wong, and Emin Gün Sirer: "HyperDex: A Distributed, Searchable Key-Value Store," at ACM SIGCOMM Conference, August 2012. doi:10.1145/2377677.2377681

[37] Michael McCandless: "Lucene's FuzzyQuery Is 100 Times Faster in 4.0," blog.mikemccandless.com, March 24, 2011.

[38] Steffen Heinz, Justin Zobel, and Hugh E. Williams: "Burst Tries: A Fast, Efficient Data Structure for String Keys," ACM Transactions on Information Systems, volume 20, number 2, pages 192–223, April 2002. doi:10.1145/506309.506312

[39] Klaus U. Schulz and Stoyan Mihov: "Fast String Correction with Levenshtein Automata," International Journal on Document Analysis and Recognition, volume 5, number 1, pages 67–85, November 2002. doi:10.1007/s10032-002-0082-8

[40] Christopher D. Manning, Prabhakar Raghavan, and Hinrich Schütze: Introduction to Information Retrieval. Cambridge University Press, 2008. ISBN: 978-0-521-86571-5, available online at nlp.stanford.edu/IR-book

[41] Michael Stonebraker, Samuel Madden, Daniel J. Abadi, et al.: "The End of an Architectural Era (It's Time for a Complete Rewrite)," at 33rd International Conference on Very Large Data Bases (VLDB), September 2007.

[42] "VoltDB Technical Overview White Paper," VoltDB, 2014.

[43] Stephen M. Rumble, Ankita Kejriwal, and John K. Ousterhout: "Log-Structured Memory for DRAM-Based Storage," at 12th USENIX Conference on File and Storage Technologies (FAST), February 2014.

[44] Stavros Harizopoulos, Daniel J. Abadi, Samuel Madden, and Michael Stonebraker: "OLTP Through the Looking Glass, and What We Found There," at ACM International Conference on Management of Data (SIGMOD), June 2008. doi:10.1145/1376616.1376713

[45] Justin DeBrabant, Andrew Pavlo, Stephen Tu, et al.: "Anti-Caching: A New Approach to Database Management System Architecture," Proceedings of the VLDB Endowment, volume 6, number 14, pages 1942–1953, September 2013.

[46] Joy Arulraj, Andrew Pavlo, and Subramanya R. Dulloor: "Let's Talk About Storage & Recovery Methods for Non-Volatile Memory Database Systems," at ACM International Conference on Management of Data (SIGMOD), June 2015. doi:10.1145/2723372.2749441

[47] Edgar F. Codd, S. B. Codd, and C. T. Salley: "Providing OLAP to User-Analysts: An IT Mandate," E. F. Codd Associates, 1993.

[48] Surajit Chaudhuri and Umeshwar Dayal: "An Overview of Data Warehousing and OLAP Technology," ACM SIGMOD Record, volume 26, number 1, pages 65–74, March 1997. doi:10.1145/248603.248616

[49] Per-Åke Larson, Cipri Clinciu, Campbell Fraser, et al.: "Enhancements to SQL Server Column Stores," at ACM International Conference on Management of Data (SIGMOD), June 2013.

[50] Franz Färber, Norman May, Wolfgang Lehner, et al.: "The SAP HANA Database – An Architecture Overview," IEEE Data Engineering Bulletin, volume 35, number 1, pages 28–33, March 2012.

[51] Michael Stonebraker: "The Traditional RDBMS Wisdom Is (Almost Certainly) All Wrong," presentation at EPFL, May 2013.

[52] Daniel J. Abadi: "Classifying the SQL-on-Hadoop Solutions," hadapt.com, October 2, 2013.

[53] Marcel Kornacker, Alexander Behm, Victor Bittorf, et al.: "Impala: A Modern, Open-Source SQL Engine for Hadoop," at 7th Biennial Conference on Innovative Data Systems Research (CIDR), January 2015.

[54] Sergey Melnik, Andrey Gubarev, Jing Jing Long, et al.: "Dremel: Interactive Analysis of Web-Scale Datasets," at 36th International Conference on Very Large Data Bases (VLDB), pages 330–339, September 2010.

[55] Ralph Kimball and Margy Ross: The Data Warehouse Toolkit: The Definitive Guide to Dimensional Modeling, 3rd edition. John Wiley & Sons, July 2013. ISBN: 978-1-118-53080-1

[56] Derrick Harris: "Why Apple, eBay, and Walmart Have Some of the Biggest Data Warehouses You've Ever Seen," gigaom.com, March 27, 2013.

[57] Julien Le Dem: "Dremel Made Simple with Parquet," blog.twitter.com, September 11, 2013.

[58] Daniel J. Abadi, Peter Boncz, Stavros Harizopoulos, et al.: "The Design and Implementation of Modern Column-Oriented Database Systems," Foundations and Trends in Databases, volume 5, number 3, pages 197–280, December 2013. doi:10.1561/1900000024

[59] Peter Boncz, Marcin Zukowski, and Niels Nes: "MonetDB/X100: Hyper-Pipelining Query Execution," at 2nd Biennial Conference on Innovative Data Systems Research (CIDR), January 2005.

[60] Jingren Zhou and Kenneth A. Ross: "Implementing Database Operations Using SIMD Instructions," at ACM International Conference on Management of Data (SIG–MOD), pages 145–156, June 2002. doi:10.1145/564691.564709

[61] Michael Stonebraker, Daniel J. Abadi, Adam Batkin, et al.: "C-Store: A Column-oriented DBMS," at 31st International Conference on Very Large Data Bases (VLDB), pages 553–564, September 2005.

[62] Andrew Lamb, Matt Fuller, Ramakrishna Varadarajan, et al.: "The Vertica Analytic Database: C-Store 7 Years Later," Proceedings of the VLDB Endowment, volume 5, number 12, pages 1790–1801, August 2012.

[63] Julien Le Dem and Nong Li: "Efficient Data Storage for Analytics with Apache Parquet 2.0," at Hadoop Summit, San Jose, June 2014.

[64] Jim Gray, Surajit Chaudhuri, Adam Bosworth, et al.: "Data Cube: A Relational Aggregation Operator Generalizing Group-By, Cross-Tab, and Sub-Totals," Data Mining and Knowledge Discovery, volume 1, number 1, pages 29–53, March 2007. doi:10.1023/A:1009726021843

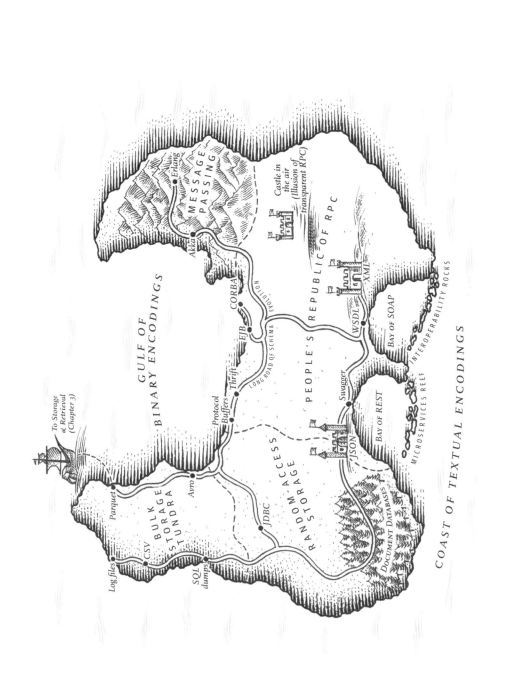

부호화와
발전

만물은 변한다. 그대로 있는 것은 아무것도 없다.

– 에베소의 헤라클레이토스, 플라톤이 크라틸로스에서 인용(기원전 360년)

애플리케이션은 필연적으로 시간이 지남에 따라 변한다. 새로운 제품을 출시하거나 사용자 요구사항을 잘 이해하게 되거나 비즈니스 환경이 변함에 따라 애플리케이션 기능은 추가되거나 변경된다. 1장에서 발전성의 개념을 소개했다. 이 개념은 변경 사항을 쉽게 적용할 수 있게 시스템을 구축해야 한다(21쪽 "발전성: 변화를 쉽게 만들기" 참고)는 의미다.

대부분의 경우 애플리케이션 기능을 변경하려면 저장하는 데이터도 변경해야 한다. 아마도 새로운 필드나 레코드 유형을 저장해야 하거나 기존 데이터를 새로운 방법으로 제공해야 할지 모른다.

2장에서 설명한 여러 데이터 모델에는 이런 변화에 대처하는 다양한 방법이 있다. 관계형 데이터베이스는 일반적으로 데이터베이스의 모든 데이터가 하나의 스키마를 따른다고 가정한다. 비록 (ALTER 구문 같은 스키마 마이그레이션을 통해) 스키마는 변경될 수 있지만 특정 시점에는 정확하게 하나의 스키마가 적용된다. 반면 읽기 스키마(schema-on-read)("스키마리스(schemaless)") 데이터베이스는 스키마를 강요하지 않으므로 다른 시점에 쓰여진 이전 데이터 타입과 새로운 데이터 타입이 섞여 포함될 수 있다(39쪽 "문서 모델에서 스키마 유연성" 참고).

데이터 타입이나 스키마가 변경될 때 애플리케이션 코드에 대한 변경이 종종 발생한다(예를 들어 레코드에 새로운 필드가 추가되면 애플리케이션 코드는 해당 필드의 읽고 쓰기를 시작한다). 하지만 대규모 애플리케이션에서 코드 변경은 대개 즉시 반영할 수 없다.

- 서버 측 애플리케이션에서는 한 번에 몇 개의 노드에 새 버전을 배포하고 새로운 버전이 원활하게 실행되는지 확인한 다음 서서히 모든 노드에서 실행되게 하는 **순회식 업그레이드**(rolling upgrade)(**단계적 롤아웃**(staged rollout)이라고도 함) 방식이 있다. 순회식 업그레이드는 서비스 정지 시간 없이 새로운 버전을 배포할 수 있기 때문에 더욱 자주 출시할 수 있다. 이 점이 더 좋은 발전성을 갖게 해준다.

- 클라이언트 측 애플리케이션은 사용자에 전적으로 좌우된다. 어떤 사용자는 한동안 업데이트를 설치하지 않을 수도 있다.

이것은 예전 버전의 코드와 새로운 버전의 코드, 이전의 데이터 타입과 새로운 데이터 타입이 어쩌면 모든 시스템에 동시에 공존할 수 있다는 의미다. 시스템이 계속 원활하게 실행되게 하려면 양방향으로 호환성을 유지해야 한다.

하위 호환성
새로운 코드는 예전 코드가 기록한 데이터를 읽을 수 있어야 한다.

상위 호환성
예전 코드는 새로운 코드가 기록한 데이터를 읽을 수 있어야 한다.

하위 호환성은 일반적으로 어렵지 않다. 새로운 코드 쓰기는 예전 버전의 코드가 기록한 데이터의 형식을 알기에 명시적으로 해당 형식을 다룰 수 있다(필요한 경우 예전 코드를 유지하고 이전 데이터를 읽을 수 있음). 상위 호환성은 예전 버전의 코드가 새 버전의 코드에 의해 추가된 것을 무시할 수 있어야 하므로 다루기 더 어렵다.

이번 장에서는 JSON, XML, 프로토콜 버퍼(Protocol Buffers), 스리프트(Thrift), 아브로(Avro)를 비롯해서 데이터 부호화를 위한 다양한 형식을 살펴본다. 특히 어떻게 스키마를 변경하고 예전 버전과 새로운 버전의 데이터와 코드가 공존하는 시스템을 어떻게 지원하는지를 설명한다. 그다음 웹 서비스에서의 대표 상태 전달(Representational State Transfer, REST), 원격 프로시저 호출(remote procedure call)뿐 아니라 액터(actor)와 메시지 큐 같은 메시지 전달 시스템에서 다양한 데이터 부호화 형식이 데이터 저장과 통신에 어떻게 사용되는지 살펴본다.

데이터 부호화 형식

프로그램은 보통 (최소한) 두 가지 형태로 표현된 데이터를 사용해 동작한다.

메모리에 객체(object), 구조체(struct), 목록(list), 배열(array), 해시 테이블(hash table), 트리 (tree) 등으로 데이터가 유지된다. 이런 데이터 구조는 CPU에서 효율적으로 접근하고 조작할 수 있게 (보통은 포인터를 이용해) 최적화된다.

데이터를 파일에 쓰거나 네트워크를 통해 전송하려면 스스로를 포함한 일련의 바이트열(예를 들어 JSON 문서)의 형태로 부호화해야 한다. 포인터는 다른 프로세스가 이해할 수 없으므로 이 일련의 바이트열은 보통 메모리에서 사용하는 데이터 구조와는 상당히 다르다.[1]

따라서 두 가지 표현 사이에 일종의 전환이 필요하다. 인메모리 표현에서 바이트열로의 전환을 **부호화**(**직렬화**나 **마샬링**이라고도 함)라고 하며, 그 반대를 **복호화**(**파싱, 역직렬화, 언마샬링**이라고도 함)라고 한다.[2]

용어 충돌

직렬화는 유감스럽게도 트랜잭션의 맥락에서도 사용되는데(7장 참고) 완전히 다른 의미다. **직렬화**가 조금 더 일반적인 용어일지라도 단어의 중복 사용을 피하기 위해 이 책에서는 **부호화**를 사용한다.

데이터 전환은 공통적인 문제이기 때문에 선택할 수 있는 무수히 많은 다양한 라이브러리와 부호화 형식이 있다. 간단한 개요를 살펴보자.

언어별 형식

많은 프로그래밍 언어는 인메모리 객체를 바이트열로 부호화하는 기능을 내장한다. 예를 들어 자바는 java.io.Serializable[1], 루비는 Marshal[2], 파이썬은 pickle[3] 등이 있다. 자바 전용인 크리오 (Kryo)[4] 같은 서드파티 라이브러리도 많다.

프로그래밍 언어에 내장된 부호화 라이브러리는 최소한의 추가 코드로 인메모리 객체를 저장하고 복원할 수 있기 때문에 매우 편리하지만 심각한 문제점 또한 많다.

---

1 특정 메모리 맵 파일(memory-mapped file)이나 압축된 데이터를 직접 다루는 경우와 같이 일부 특수한 경우는 예외다(100쪽 "칼럼 압축"에서 설명함)
2 **부호화**는 **암호화**와 관련이 없다. 이 책에서 암호화는 다루지 않는다.

- 부호화는 보통 특정 프로그래밍 언어와 묶여 있어 다른 언어에서 데이터를 읽기는 매우 어렵다. 이런 부호화로 데이터를 저장하고 전송하는 경우 매우 오랜 시간이 될지도 모를 기간 동안 현재 프로그래밍 언어로만 코드를 작성해야 할 뿐 아니라 다른 시스템(다른 언어를 사용할 수도 있음)과 통합하는 데 방해가 된다.

- 동일한 객체 유형의 데이터를 복원하려면 복호화 과정이 임의의 클래스를 인스턴스화할 수 있어야 한다. 이것은 종종 보안 문제의 원인이 된다[5]. 공격자가 임의의 바이트열을 복호화할 수 있는 애플리케이션을 얻을 수 있으면 임의의 클래스를 인스턴스화할 수 있고 공격자가 원격으로 임의 코드를 실행하는 것과 같은 끔찍한 일이 발생할 수 있다[6, 7].

- 데이터 버전 관리는 보통 부호화 라이브러리에서는 나중에 생각하게 된다. 데이터를 빠르고 쉽게 부호화하기 위해 상위, 하위 호환성의 불편한 문제가 등한시되곤 한다.

- 효율성(부호화나 복호화에 소요되는 CPU 시간과 부호화된 구조체의 크기)도 종종 나중에 생각하게 된다. 예를 들어 자바의 내장 직렬화는 성능이 좋지 않고 비대해지는 부호화로 유명하다[8].

이런 이유로 매우 일시적인 목적 외에 언어에 내장된 부호화를 사용하는 방식은 일반적으로 좋지 않다.

JSON과 XML, 이진 변형

많은 프로그래밍 언어에서 읽고 쓸 수 있는 표준화된 부호화로서 JSON과 XML은 확실한 경쟁자다. JSON과 XML은 널리 알려져 있고 많은 곳에서 지원하지만 그만큼 싫어하기도 한다. XML은 종종 너무 장황하고 불필요하게 복잡하다고 비판받는다[9]. JSON의 인기는 주로 웹 브라우저에 내장된 지원(자바스크립트의 일부이기 때문에)과 XML 대비 단순하기 때문이다. 강력하진 않지만 CSV도 인기 있는, 언어 독립적 형식이다.

JSON, XML, CSV는 텍스트 형식이라서 (비록 이 문법은 인기 있는 토론 주제지만) 어느 정도 사람이 읽을 수 있다. 피상적인 문법적 문제 외에도 일부 미묘한 문제가 있다.

- 수(number)의 부호화에는 많은 애매함이 있다. XML과 CSV에서는 수와 숫자(digit)로 구성된 문자열을 구분할 수 없다(외부 스키마 참조는 제외). JSON은 문자열과 수를 구분하지만 정수와 부동소수점 수를 구별하지 않고 정밀도를 지정하지 않는다.

- 이 애매함은 큰 수를 다룰 때 문제가 된다. 예를 들어 2^{53}보다 큰 정수는 IEEE 754 배정도 부동소수점 수에서는 정확하게 표현할 수 없으므로 이런 수는 부동소수점 수를 사용하는 (자바스크립트 같은) 언어에서는 파싱할 때 부정확해질 수 있다. 2^{53}보다 큰 숫자의 예는 각 트윗의 식별을 위해 64비트 숫자를 사용하는 트위터에서 볼 수 있다. 트위터의 API에서 반환된 JSON은 JSON 수로 한번, 10진 문자열로 한번, 이렇게 트윗 ID가 두 번 포함되는데 자바스크립트 애플리케이션에서 정확하게 숫자를 파싱하지 않는 문제를 해결한다[10].

- JSON과 XML은 유니코드 문자열(즉, 사람이 읽을 수 있는 텍스트)을 잘 지원한다. 그러나 이진 문자열(문자 부호화가 없는 바이트열)을 지원하지 않는다. 이진 문자열은 매우 유용한 기능이기 때문에 사람들은 이진 데이터를 Base64를 사용해 텍스트로 부호화해 이런 제한을 피한다. 그런 다음 값이 Base64로 부호화됐기 때문에 해석해야 한다는 사실을 스키마를 사용해 표시한다. 이 방법은 실제로 사용되는 방법이지만 정공법과는 조금 거리가 있다. 또한 데이터 크기가 33% 증가한다.

- 필수는 아니지만 XML[11]과 JSON[12] 모두 스키마를 지원한다. XML과 JSON을 정의하는 스키마 언어는 상당히 강력하지만 익히고 구현하기가 상당히 난해하다. XML 스키마는 꽤 널리 사용하지만 많은 JSON 기반 도구는 스키마 사용을 강제하지 않는다. (수와 이진 문자열 같은) 데이터의 올바른 해석은 스키마의 정보에 따라 다르기 때문에 XML/JSON 스키마를 사용하지 않는 애플리케이션은 필요한 부호화/복호화 로직을 하드코딩해야 할 가능성이 있다.

- CSV는 스키마가 없으므로 각 로우와 칼럼의 의미를 정의하는 작업은 애플리케이션이 해야 한다. 애플리케이션이 새로운 로우나 칼럼 추가를 변경하려면 수동으로 변경을 처리해야 한다. 또한 CSV는 매우 모호한 형식이다(값이 쉼표나 개행 문자를 포함하면 어떻게 될까?). 이스케이핑 규칙을 공식적으로 규정했지만[13] 모든 파서가 규칙을 정확하게 구현하지는 않는다.

이런 결점에도 JSON, XML, CSV는 다양한 용도에 사용하기에 충분하다. 이 부호화 형식들은 앞으로도 인기를 유지할 것이다. 특히 데이터 교환 형식(즉, 한 조직에서 다른 조직으로 데이터를 전송)으로 사용하기에 매우 좋다. 이런 상황에서 사람들이 동의만 한다면 얼마나 읽기 쉽고 효율적인 형식인지는 대개 중요하지 않다. **무엇이든** 다른 조직의 동의를 얻는 어려움은 대부분의 다른 문제보다 더 크다.

이진 부호화

조직 내에서만 사용하는 데이터라면 최소공통분모 부호화 형식(lowest-common-denominator encoding format)을 사용해야 하는 부담감이 덜하다. 예를 들면 조금 더 간편하고 파싱이 빠른 형식을 선택할 수 있다. 작은 데이터셋의 경우에는 부호화 형식 선택으로 얻는 이득이 무시할 정도지만 테라바이트 정도가 되면 데이터 타입의 선택이 큰 영향을 미친다.

JSON은 XML보다 덜 장황하지만 이진 형식과 비교하면 둘 다 훨씬 많은 공간을 사용한다. 이런 관찰이 JSON(메시지팩(MessagePack), BSON, BJSON, UBJSON, BISON, 스마일(Smile) 등)과 XML(WBXML, 패스트 인포셋(Fast Infoset))용으로 사용 가능한 다양한 이진 부호화의 개발로 이어졌다. 이런 형식은 다양한 틈새 시장에서 채택됐지만 JSON과 XML의 텍스트 버전처럼 널리 채택되진 않았다.

이런 형식 중 일부는 데이터타입 셋을 확장하지만(예를 들어 정수와 부동소수점 수의 구분이나 이진 문자열 지원 추가) JSON/XML 데이터 모델은 변경하지 않고 유지했다. 특히 스키마를 지정하지 않기 때문에 부호화된 데이터 안에 모든 객체의 필드 이름을 포함해야 한다. 즉 예제 4-1의 JSON 문서 이진 부호화는 userName, favoriteNumber, interests 문자열을 포함해야 한다.

예제 4-1. 이번 장에서 다양한 형식으로 이진 부호화할 레코드 예

```
{
    "userName": "Martin",
    "favoriteNumber": 1337,
    "interests": ["daydreaming", "hacking"]
}
```

메시지팩의 예를 살펴보자. 메시지팩은 JSON용 이진 부호화 형식이다. 그림 4-1은 예제 4-1의 JSON 문서를 메시지팩으로 부호화해 얻은 바이트열을 보여준다[14]. 처음 몇 바이트는 다음과 같다.

1. 첫 번째 바이트인 0x83은 이어지는 내용이 세 개의 필드(하위 4비트 = 0x03)를 가진 객체(상위 4비트 = 0x80)라는 뜻이다. (객체가 15개 넘는 필드를 가지고 있어 4비트에 맞지 않으면 어떻게 될지 궁금할 수 있다. 그러면 다른 타입 지시자를 얻어 필드 수를 2 또는 4바이트로 부호화한다.)

2. 두 번째 바이트인 0xa8은 이어지는 내용이 8바이트 길이(하위 4비트 = 0x08)의 문자열(상위 4비트 = 0xa0)이라는 의미다.

3. 다음 8바이트는 필드 이름인 userName의 아스키 코드다. 길이는 이전에 표시됐기 때문에 문자열이 끝나는 곳을 표시(또는 이스케이핑)할 필요가 없다.

4. 다음 7바이트는 앞에 0xa6[3]이 붙고 Martin이라는 6글자 문자열 값을 부호화한다.

이진 부호화는 길이가 66바이트로 텍스트 JSON 부호화로 얻은 81바이트(공백은 제거)보다 약간 작다. JSON의 모든 이진 부호화는 이와 비슷하다. 이 같은 작은 공간의 절약(과 어쩌면 파싱 속도의 향상)이 사람의 가독성을 해칠 만큼 가치가 있는지는 확실치 않다.

다음 절에서는 이보다 더 잘 할 수 있는 방법을 살펴본다. 동일한 레코드를 단지 32바이트로 부호화해 보겠다.

---

3 (옮긴이) 이어지는 내용이 6바이트 길이(하위 4비트 = 0x06)의 문자열(상위 4비트 = 0xa0)이라는 사실을 나타낸다.

메시지팩

바이트열(66바이트):

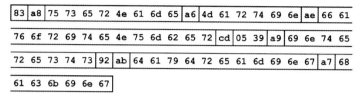

분석:

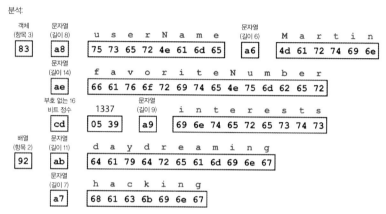

그림 4-1. 메시지팩으로 부호화한 예제 레코드(예제 4-1)

스리프트와 프로토콜 버퍼

아파치 스리프트(Apache Thrift)[15]와 프로토콜 버퍼(Protocol Buffers, 줄여서 protobuf)[16]
는 같은 원리를 기반으로 한 이진 부호화 라이브러리다. 원래 프로토콜 버퍼는 구글에서 개발했고
스리프트는 페이스북에서 개발했다. 둘 다 2007년에서 2008년에 걸쳐 오픈소스가 됐다[17].

스리프트와 프로토콜 버퍼 모두 부호화할 데이터를 위한 스키마가 필요하다. 스리프트로 예제
4-1의 데이터를 부호화하려면 다음과 같이 스리프트 인터페이스 정의 언어(interface definition
language, IDL)로 스키마를 기술해야 한다.

```
struct Person {
    1: required string      userName,
    2: optional i64         favoriteNumber,
    3: optional list<string> interests
}
```

프로토콜 버퍼로 정의한 동등한 스키마는 스리프트 스키마와 매우 비슷하다.

```
message Person {
    required string user_name     = 1;
    optional int64 favorite_number = 2;
    repeated string interests     = 3;
}
```

스리프트와 프로토콜 버퍼는 각각 여기서 본 것처럼 스키마 정의를 사용해 코드를 생성하는 도구가 있다. 이 도구는 다양한 프로그래밍 언어로 스키마를 구현한 클래스를 생성한다[18]. 애플리케이션 코드는 생성된 코드를 호출해 스키마의 레코드를 부호화하고 복호화할 수 있다.

이 스키마로 부호화된 데이터는 어떤 모습일까? 혼란스럽게도 스리프트는 **바이너리프로토콜(BinaryProtocol)**과 **컴팩트프로토콜(CompactProtocol)**이라는 두 가지 다른 이진 부호화 형식[4]이 있다. 먼저 바이너리프로토콜을 살펴보자. 이 형식으로 예제 4-1을 부호화하면 59바이트로 그림 4-2와 같다[19].

스리프트 바이너리프로토콜

바이트열(59바이트):

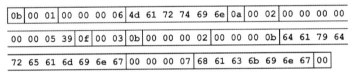

분석:

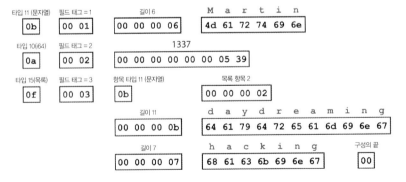

그림 4-2. 스리프트의 바이너리프로토콜을 사용해 레코드를 부호화한 예

그림 4-1과 마찬가지로 각 필드에는 (타입이 문자열, 정수, 목록 등인지 나타내기 위해) 타입 주석 (annotation)이 있고 필요한 경우 길이(문자열의 길이, 목록의 항목 개수) 표시가 있다. 데이터에 나타난 문자열("Martin", "daydreaming", "hacking")도 이전과 유사하게 아스키(또는 UTF-8)로 부호화한다.

그림 4-1과의 큰 차이점으로 필드 이름(username, favoriteNumber, interests)이 없다. 대신 부호화 된 데이터는 숫자(1, 2, 3)과 같은 **필드 태그(field tag)**를 포함한다. 이 숫자는 스키마 정의에 나타 난 숫자다. 필드의 별칭 같은 필드 태그는 필드 이름의 철자 없이도 어떤 필드를 다루는지 알려주는 간단한 방법이다.

스리프트 컴팩트프로토콜 부호화는 의미상으로는 바이너리프로토콜과 같지만 그림 4-3에서 볼 수 있듯이 동일한 정보를 단지 34바이트로 줄여 부호화한다. 이는 필드 타입과 태그 숫자를 단일 바 이트로 줄이고 가변 길이 정수(variable-length integer)를 사용해서 부호화한다. 숫자 1337을 8바이트 모두 사용하는 대신 2바이트로 부호화한다. 각 바이트의 상위 비트는 앞으로 더 많은 바 이트가 있는지를 나타내는 데 사용한다. 이것은 -64에서 63 사이의 숫자는 1바이트로 부호화하고 -8192에서 8191 사이의 숫자는 2바이트로 부호화한다는 의미다. 더 큰 숫자는 더 많은 바이트를 사용한다.

스리프트 컴팩트프로토콜

바이트열(34바이트):

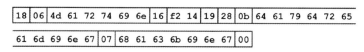

분석:

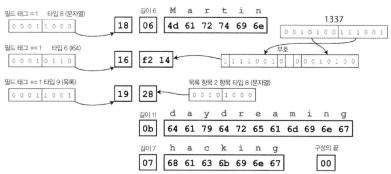

그림 4-3. 스리프트의 컴팩트프로토콜을 사용한 부호화 예제

마지막으로 (이진 부호화 형식이 하나뿐인) 프로토콜 버퍼는 그림 4-4처럼 동일한 데이터를 부호화한다. 비트를 줄여 저장하는 처리 방식이 약간 다르지만 스리프트의 컴팩트프로토콜과 매우 비슷하다. 프로토콜 버퍼는 같은 데이터를 33바이트로 만든다.

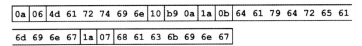

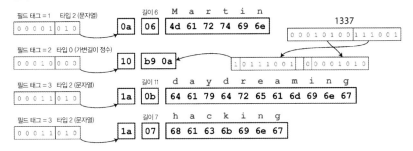

그림 4-4. 프로토콜 버퍼를 사용해 부호화한 예제 레코드

앞서 봤던 스키마에서 각 필드에는 required나 optional 표시가 있다는 점에 주목하자. 하지만 필드를 부호화하는 방법에는 차이가 없다(이진 데이터에는 필드가 필수인지 아닌지 나타내지 않는다). 차이점은 간단하다. required를 사용하면 필드가 설정되지 않은 경우를 실행 시에 확인할 수 있다. 이 기능은 버그를 잡을 때 유용하다.

필드 태그와 스키마 발전

앞에서 스키마는 필연적으로 시간이 지남에 따라 변한다고 설명했다. 이를 **스키마 발전(schema evolution)**이라고 부른다. 스리프트와 프로토콜 버퍼는 하위 호환성과 상위 호환성을 유지하면서 어떻게 스키마를 변경할까?

예제에서 알 수 있듯이 부호화된 레코드는 부호화된 필드의 연결일 뿐이다. 각 필드는 태그 숫자(예제 스키마의 숫자 1, 2, 3)로 식별하고 데이터타입(예를 들어 문자열, 정수)을 주석으로 단다. 필드 값을 설정하지 않은 경우는 단순히 부호화 레코드에서 생략한다. 이처럼 필드 태그는 부호화된 데이터를 해석하기 위해 매우 중요하다는 사실을 알 수 있다. 부호화된 데이터는 필드 이름을 전혀 참조하지 않기 때문에 스키마에서 필드 이름은 변경할 수 있다. 그러나 필드 태그는 기존의 모든 부호화된 데이터를 인식 불가능하게 만들 수 있기 때문에 변경할 수 없다.

필드에 새로운 태그 번호를 부여하는 방식으로 스키마에 새로운 필드를 추가할 수 있다. (새로운 태그 번호의 추가에 대해서 알지 못하는) 예전 코드에서 새로운 코드로 기록한 데이터(예전 코드가 인식할 수 없는 태그 번호를 가진 필드가 포함됨)를 읽으려는 경우에는 해당 필드를 간단히 무시할 수 있다. 데이터타입 주석은 파서가 몇 바이트를 건너뛸 수 있는지 알려준다. 이는 상위 호환성을 유지하게 한다. 즉 예전 코드가 새로운 코드로 기록된 레코드를 읽을 수 있다.

하위 호환성은 어떨까? 각 필드에 고유한 태그 번호가 있는 동안에는 태그 번호가 계속 같은 의미를 가지고 있기 때문에 새로운 코드가 예전 데이터를 항상 읽을 수 있다. 사소한 문제 하나로 새로운 필드를 추가한 경우 이 필드를 required로 할 수 없다. 새로운 필드를 required로 추가한 경우 예전 코드는 추가한 새로운 필드를 기록하지 않기 때문에 새로운 코드가 예전 코드로 기록한 데이터를 읽는 작업은 실패한다. 그러므로 하위 호환성을 유지하려면 스키마의 초기 배포 후에 추가되는 모든 필드는 optional로 하거나 기본값을 가져야 한다.

필드를 삭제하는 방법은 필드를 추가할 때 하위 호환성과 상위 호환성 문제를 해결하는 방식과 반대로 하면 된다. 즉 optional 필드만 삭제할 수 있고(required 필드는 결코 삭제할 수 없다) 같은 태그 번호는 절대 다시 사용할 수 없다는 의미다(예전 태그 번호를 포함한 데이터가 아직 있기 때문에 해당 필드는 새로운 코드에서 무시해야 한다).

데이터타입과 스키마 발전

필드의 데이터타입을 변경하는 건 어떨까? 불가능하지는 않지만(자세한 사항은 문서 참고) 값이 정확하지 않거나 잘릴 위험이 있다. 예를 들어 32비트 정수를 64비트 정수로 바꾼다고 가정해보자. 파서가 누락된 비트를 0으로 채울 수 있기 때문에 새로운 코드는 예전 코드가 기록한 데이터를 쉽게 읽을 수 있다. 하지만 새로운 코드가 기록한 데이터를 예전 코드가 읽는 경우 예전 코드는 값을 유지하기 위해 32비트 변수를 계속 사용한다. 복호화된 64비트 값은 32비트에 맞지 않기 때문에 잘리게 된다.

프로토콜 버퍼가 가진 흥미로운 기능 하나로 프로토콜 버퍼에는 목록이나 배열 데이터타입이 없지만 대신 필드에 repeated 표시자가 있다(required와 optional과 함께 세 번째 옵션이다). 그림 4-4에서 알 수 있듯이 repeated 필드의 부호화는 레코드에 단순히 동일한 필드 태그가 여러 번 나타난다. 이것은 멋진 효과 하나가 있다. (단일 값인) optional 필드를 (다중 값인) repeated 필드로 변경해도 문제가 없다. 이전 데이터를 읽는 새로운 코드는 (필드의 존재 여부에 따라) 0이나 1개의 엘리먼트가 있는 목록으로 보게 되고 새로운 데이터를 읽는 예전 코드는 목록의 마지막 엘리먼트만 보게 된다.

스리프트에는 전용 목록 데이터타입이 있다. 이 목록 데이터타입은 목록 엘리먼트의 데이터타입을 매개변수로 받는다. 목록 데이터타입은 프로토콜 버퍼와는 다르게 단일 값에서 다중 값으로의 변경을 허용하지 않지만 중첩된 목록을 지원한다는 장점이 있다.

아브로

아파치 아브로[20]는 프로토콜 버퍼와 스리프트와는 다르지만 이들과 대적할 만한 또 하나의 이진 부호화 형식이다. 아브로는 스리프트가 하둡의 사용 사례에 적합하지 않아 2009년 하둡의 하위 프로젝트로 시작했다[21].

아브로도 부호화할 데이터 구조를 지정하기 위해 스키마를 사용한다. 아브로에는 두 개의 스키마 언어가 있다. 하나는 사람이 편집할 수 있는 아브로 IDL(Avro IDL)이고 하나는 기계가 더 쉽게 읽을 수 있는 JSON 기반 언어다.

아브로 IDL로 작성한 예제 스키마는 다음과 같다.

```
record Person {
    string                userName;
    union { null, long } favoriteNumber = null;
    array<string>         interests;
}
```

예제 스키마와 동일한 JSON 표현은 다음과 같다.

```
{
    "type": "record",
    "name": "Person",
    "fields": [
        {"name": "userName",        "type": "string"},
        {"name": "favoriteNumber", "type": ["null", "long"], "default": null},
        {"name": "interests",       "type": {"type": "array", "items": "string"}}
    ]
}
```

먼저 스키마에 태그 번호가 없다는 점에 주목하자. 이 스키마를 이용해 예제 4-1의 레코드를 부호화한다면 아브로 이진 부호화 길이는 32바이트로 살펴본 모든 부호화 중 길이가 가장 짧다. 부호화된 바이트열 분석은 그림 4-5에서 볼 수 있다.

바이트열을 살펴보면 필드나 데이터타입을 식별하기 위한 정보가 없음을 알 수 있다. 부호화는 단순히 연결된 값으로 구성된다. 문자열은 길이 다음에 UTF-8 바이트가 이어지지만 문자열임을 알려주는 정보가 부호화된 데이터에는 없다. 그것은 정수일 수도 있고 완전히 다른 것일 수도 있다. 정수는 가변 길이 부호화를 사용해서 부호화된다(스리프트의 컴팩트프로토콜과 같다).

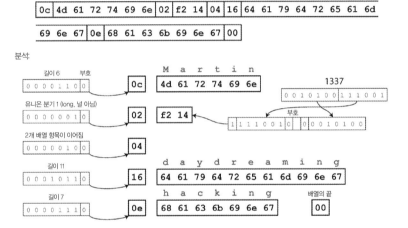

그림 4-5. 아브로를 이용해 부호화한 예제 레코드

아브로를 이용해 이진 데이터를 파싱하려면 스키마에 나타난 순서대로 필드를 살펴보고 스키마를 이용해 각 필드의 데이터타입을 미리 파악해야 한다. 이것은 데이터를 읽는 코드가 데이터를 기록한 **코드와 정확히 같은 스키마**를 사용하는 경우에만 이진 데이터를 올바르게 복호화할 수 있음을 의미한다. 즉 읽기와 쓰기 간 스키마가 불일치한다면 데이터 복호화가 정확하지 않다는 의미다.

그렇다면 아브로는 어떻게 스키마 발전을 제공할까?

쓰기 스키마와 읽기 스키마

애플리케이션이 파일이나 데이터베이스에 쓰기 위해 또는 네트워크를 통해 전송 등의 목적으로 어떤 데이터를 아브로로 부호화하길 원한다면 알고 있는 스키마 버전을 사용해 데이터를 부호화한다. 예를 들어 해당 스키마를 애플리케이션에 포함할 수 있고 이를 **쓰기 스키마**(writer's schema)라고 한다.

애플리케이션이 파일이나 데이터베이스에서 또는 네트워크로부터 수신 등으로 읽은 어떤 데이터를 복호화하길 원한다면 데이터가 특정 스키마로 복호화하길 기대한다. 이 스키마를 **읽기 스키마** (reader's schema)라 한다. 애플리케이션 코드는 이 스키마에 의존한다. 복호화 코드는 애플리케이션을 빌드하는 동안 스키마로부터 생성된다.

아브로의 핵심 아이디어는 쓰기 스키마와 읽기 스키마가 동일하지 않아도 되며 단지 호환 가능하면 된다는 것이다. 데이터를 복호화(읽기)할 때 아브로 라이브러리는 쓰기 스키마와 읽기 스키마를 함께 살펴본 다음 쓰기 스키마에서 읽기 스키마로 데이터를 변환해 그 차이를 해소한다. 아브로 사양 [20]은 이런 해석 방식이 어떻게 작동하는지 정확히 정의한다. 그림 4-6에서 이 점을 보여준다.

예를 들어 쓰기 스키마와 읽기 스키마는 필드 순서가 달라도 문제없다. 왜냐하면 스키마 해석 (schema resolution)에서는 이름으로 필드를 일치시키기 때문이다. 데이터를 읽는 코드가 읽기 스키마에는 없고 쓰기 스키마에 존재하는 필드를 만나면 이 필드는 무시한다. 데이터를 읽는 코드가 기대하는 어떤 필드가 쓰기 스키마에는 포함돼 있지 않은 경우에는 읽기 스키마에 선언된 기본값으로 채운다.

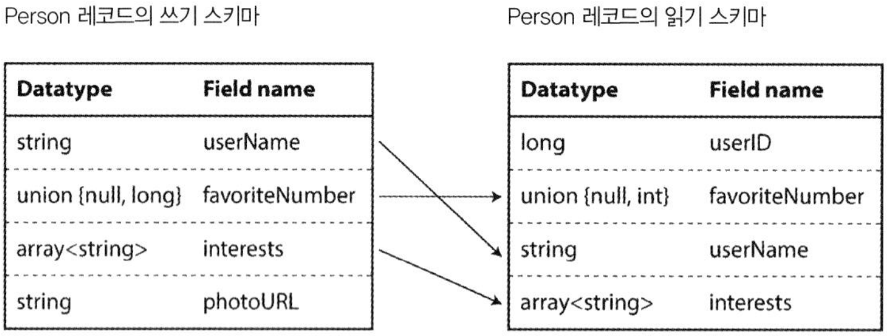

Person 레코드의 쓰기 스키마

Datatype	Field name
string	userName
union {null, long}	favoriteNumber
array\<string\>	interests
string	photoURL

Person 레코드의 읽기 스키마

Datatype	Field name
long	userID
union {null, int}	favoriteNumber
string	userName
array\<string\>	interests

그림 4-6. 아브로 읽기(Avro reader)가 쓰기 스키마와 읽기 스키마 간 차이를 해소한다.

스키마 발전 규칙

아브로에서 상위 호환성은 새로운 버전의 쓰기 스키마와 예전 버전의 읽기 스키마를 가질 수 있음을 의미한다. 반대로 하위 호환성은 새로운 버전의 읽기 스키마와 예전 버전의 쓰기 스키마를 가질 수 있음을 의미한다.

호환성을 유지하기 위해서는 기본값이 있는 필드만 추가하거나 삭제할 수 있다(예제 아브로 스키마에서 favoriteNumber 필드는 기본값이 널(null)이다). 예를 들어 기본값이 있는 필드를 추가해 새로운 스키마에는 추가된 필드가 있고 예전 스키마에는 없다고 가정해보자. 새로운 스키마를 사용하는 읽기가 예전 스키마로 기록된 레코드를 읽으면 누락된 필드는 기본값으로 채워진다.

기본값이 없는 필드를 추가하면 새로운 읽기는 예전 쓰기가 기록한 데이터를 읽을 수 없기 때문에 하위 호환성이 깨진다. 기본값이 없는 필드를 삭제하면 예전 읽기는 새로운 쓰기가 기록한 데이터를 읽을 수 없기 때문에 상위 호환성이 깨진다.

일부 프로그래밍 언어에서 널은 임의 변수의 기본값으로 허용하지만 아브로는 그렇지 않다. 필드에 널을 허용하려면 **유니온 타입(union type)**을 사용해야 한다. 예를 들어 union { null, long, string } field;는 field가 수나 문자열 또는 널일 수 있다는 의미다. 필드가 유니온 엘리먼트 중 하나인 경우에만 기본값으로 널을 사용할 수 있다[5]. 이것은 기본으로 모든 널 가능 값을 갖기보다 장황하지만 널일 수 있는 것과 널일 수 없는 것이 명확하기 때문에 버그를 막는 데 도움이 된다[22].

결과적으로 아브로는 프로토콜 버퍼, 스리프트와 동일한 방식의 optional과 required 표시자를 가지고 있지 않다(아브로는 대신 유니온 타입과 기본값이 있다).

아브로는 타입을 변환할 수 있으므로 필드의 데이터타입 변경이 가능하다. 필드 이름 변경도 가능하지만 조금 까다롭다. 읽기 스키마는 필드 이름의 별칭을 포함할 수 있다. 따라서 별칭에 예전 쓰기 스키마 필드 이름을 매치할 수 있다. 즉 필드 이름 변경은 하위 호환성이 있지만 상위 호환성은 없다는 의미다. 이와 비슷하게 유니온 타입에 엘리먼트를 추가하는 것은 하위 호환성은 있지만 상위 호환성은 없다.

---

5   정확히 말하면 기본값은 유니온의 첫 번째 엘리먼트의 타입이어야 한다. 이것은 유니온 타입의 일반적인 기능이 아니라 아브로의 특별한 제한 사항이다.

그러면 쓰기 스키마는 무엇인가?

지금까지 얼버무리고 넘어간 중요한 질문이 있다. 읽기는 특정 데이터를 부호화한 쓰기 스키마를 어떻게 알 수 있을까? 모든 레코드에 전체 스키마를 포함시킬 수는 없다. 왜냐하면 스키마는 부호화된 데이터보다 훨씬 클 가능성이 있기 때문이다. 그러면 이진 부호화로 절약한 공간이 소용없다.

답은 아브로를 사용하는 상황에 따라 다르다. 몇 가지 예를 보면 다음과 같다.

많은 레코드가 있는 대용량 파일

아브로의 일반적인 용도(특히 하둡을 사용한다는 맥락에서)는 모두 동일한 스키마로 부호화된 수백만 개 레코드를 포함한 큰 파일을 저장하는 용도다(10장에서 이런 종류의 상황을 설명한다). 이 경우 파일의 쓰기는 파일의 시작 부분에 한 번만 쓰기 스키마를 포함시키면 된다. 아브로는 이를 위해 파일 형식(객체 컨테이너 파일(object container file))을 명시한다.

개별적으로 기록된 레코드를 가진 데이터베이스

데이터베이스의 다양한 레코드들은 다양한 쓰기 스키마를 사용해 서로 다른 시점에 쓰여질 수 있다. 즉 모든 레코드가 동일한 스키마를 가진다고 가정할 수 없다. 가장 간단한 해결책으로 모든 부호화된 레코드의 시작 부분에 버전 번호를 포함하고 데이터베이스에는 스키마 버전 목록을 유지한다. 읽기는 레코드를 가져와 버전 번호를 추출한 다음 데이터베이스에서 버전 번호에 해당하는 쓰기 스키마를 가져온다. 가져온 쓰기 스키마를 사용해 남은 레코드를 복호화할 수 있다(예를 들어 에스프레소[23]가 이 방법으로 동작한다).

네트워크 연결을 통해 레코드 보내기

두 프로세스가 양방향 네트워크 연결을 통해 통신할 때 연결 설정에서 스키마 버전 합의를 할 수 있다. 이후 연결을 유지하는 동안 합의된 스키마를 사용한다. 아브로 RPC 프로토콜이 이처럼 동작한다(134쪽 "서비스를 통한 데이터플로: REST와 RPC 참고).

스키마 버전을 사용하는 데이터베이스는 어떤 경우라도 유용하다. 스키마 버전들이 설명서처럼 동작해 스키마 호환성 체크를 직접 할 수 있기 때문이다[24]. 버전 번호는 단조 증가 정수나 스키마의 해시를 사용할 수 있다.

동적 생성 스키마

프로토콜 버퍼와 스리프트에 비해 아브로 방식은 한 가지 장점이 있다. 스키마에 태그 번호가 포함돼 있지 않다는 점이다. 그러면 왜 이 점이 중요할까? 스키마에 몇 개의 숫자가 있다 한들 무슨 문제가 될까?

이 차이는 아브로가 **동적 생성** 스키마에 더 친숙하다는 점에서 온다. 예를 들어 파일로 덤프할 내용을 가진 관계형 데이터베이스가 있고 앞서 언급한 텍스트 형식(JSON, CSV, SQL)의 문제점을 피하기 위해 이진 형식을 사용한다고 가정해보자. 아브로를 사용한다면 관계형 스키마로부터 아브로 스

키마(이전에 살펴본 JSON 표현)를 상당히 쉽게 생성할 수 있다. 그리고 이 스키마를 이용해 데이터
베이스 내용을 부호화하고 아브로 객체 컨테이너 파일로 모두 덤프할 수 있다[25]. 각 데이터베이스
테이블에 맞게 레코드 스키마를 생성하고 각 칼럼은 해당 레코드의 필드가 된다. 데이터베이스의 칼
럼 이름은 아브로의 필드 이름에 매핑된다.

이제 데이터베이스 스키마가 변경되면(예를 들어 테이블에 칼럼 하나를 추가하고 다른 칼럼 하나를
삭제한 경우) 갱신된 데이터베이스 스키마로부터 새로운 아브로 스키마를 생성하고 새로운 아브로
스키마로 데이터를 내보낸다. 데이터를 내보내는 과정은 스키마 변경에 신경 쓸 필요가 없다(이것
은 스키마 변경이 실행될 때마다 간단하게 수행할 수 있다). 새로운 데이터 파일을 읽는 사람은 레
코드 필드가 변경된 사실을 알게 되지만 필드는 이름으로 식별되기 때문에 갱신된 쓰기 스키마는 여
전히 이전 읽기 스키마와 매치 가능하다.

이에 반해 스리프트나 프로토콜 버퍼를 이런 용도로 사용한다면 필드 태그를 수동으로 할당해야만
한다. 즉 데이터베이스 스키마가 변경될 때마다 관리자는 데이터베이스 칼럼 이름과 필드 태그의 매
핑을 수동으로 갱신해야 한다(자동으로 할 수 있지만 스키마 생성자는 이전에 사용된 필드 태그가
할당되지 않게끔 매우 조심해야 한다). 아브로는 동적 생성 스키마를 고려해 설계한 반면 이런 종류
의 동적 생성 스키마는 단지 스리프트나 프로토콜 버퍼의 설계 목표가 아니었을 뿐이다.

코드 생성과 동적 타입 언어

스리프트와 프로토콜 버퍼는 코드 생성에 의존한다. 스키마를 정의한 후 선택한 프로그래밍 언어로
스키마를 구현한 코드를 생성할 수 있다. 이 방식은 자바, C++, C# 같은 정적 타입 언어에서 유용
하다. 왜냐하면 복호화된 데이터를 위해 효율적인 인메모리 구조를 사용하고 데이터 구조에 접근하
는 프로그램을 작성할 때 IDE에서 타입 확인과 자동 완성이 가능하기 때문이다.

자바스크립트, 루비, 파이썬 같은 동적 타입 프로그래밍 언어에서는 만족시킬 컴파일 시점의 타입
검사기가 없기 때문에 코드를 생성하는 것이 중요하지 않다. 이런 언어들은 명시적 컴파일 단계가
없기 때문에 코드 생성은 종종 못마땅하게 여겨지기도 한다. 더욱이 동적 생성 스키마(예를 들어 데
이터베이스 테이블에서 생성한 아브로 스키마)의 경우에 코드 생성은 데이터를 가져오는 데 불필요
한 장애물이다.

아브로는 정적 타입 프로그래밍 언어를 위해 코드 생성을 선택적으로 제공한다. 하지만 코드 생성
없이도 사용할 수 있다. (쓰기 스키마를 포함한) 객체 컨테이너 파일이 있다면 아브로 라이브러리를

사용해 간단히 열어 JSON 파일을 보는 것과 같이 데이터를 볼 수 있다. 이 파일은 필요한 메타데이터를 모두 포함하기 때문에 **자기 기술(self-describing)** 적이다.

이 특성은 아파치 피그 같은 동적 타입 데이터 처리 언어와 함께 사용할 때 특히 유용하다[26]. 피그에서는 아브로 파일만 있으면 즉시 열어 분석을 시작할 수 있다. 그리고 스키마를 생각하지 않고도 아브로 형식으로 출력 파일에 파생 데이터를 기록할 수 있다.

스키마의 장점

앞서 살펴봤듯이 프로토콜 버퍼와 스리프트, 아브로는 스키마를 사용해 이진 부호화 형식을 기술한다. 이 스키마 언어는 XML 스키마나 JSON 스키마보다 훨씬 간단하며 더 자세한 유효성 검사 규칙을 지원한다(예를 들어 "이 필드의 문자열 값은 이 정규 표현식에 일치해야 한다"거나 "이 필드의 정수 값은 0과 100 사이여야 한다"). 프로토콜 버퍼, 스리프트, 아브로는 구현과 사용이 더 간단하므로 상당히 광범위한 프로그래밍 언어를 지원하는 방향으로 성장 중이다.

이런 부호화를 기반으로 하는 아이디어는 결코 새로운 개념이 아니다. 예를 들어 1984년에 처음으로 표준화된 스키마 정의 언어인 ASN.1과 공통점이 많다[27]. ASN.1은 다양한 네트워크 프로토콜을 정의하는 데 사용됐다. ASN.1의 이진 부호화(DER)는 SSL 인증서(X.509)를 부호화하기 위해 여전히 사용된다[28]. ASN.1은 프로토콜 버퍼, 스리프트와 유사하게 태그 번호를 사용해 스키마 발전을 제공한다[29]. 하지만 ASN.1은 매우 복잡하고 문서가 부족하다. ASN.1을 새로운 애플리케이션에 사용하기는 아마도 좋은 선택이 아니다.

많은 데이터 시스템이 이진 부호화를 독자적으로 구현하기도 한다. 예를 들어 대부분의 관계형 데이터베이스에는 질의를 데이터베이스로 보내고 응답을 받을 수 있는 네트워크 프로토콜이 있다. 이 프로토콜은 일반적으로 특정 데이터베이스에 특화되고 데이터베이스 벤더는 데이터베이스 네트워크 프로토콜로부터 응답을 인메모리 데이터 구조로 복호화하는 드라이버(예를 들어 ODBC나 JDBC API)를 제공한다.

그래서 JSON, XML, CSV 같은 텍스트 데이터 타입이 널리 사용되지만 스키마를 기반으로 한 이진 부호화 또한 가능한 선택임을 알 수 있다. 이진 부호화에는 좋은 속성이 많이 있다.

- 부호화된 데이터에서 필드 이름을 생략할 수 있기 때문에 다양한 "이진 JSON" 변형보다 크기가 훨씬 작을 수 있다.

- 스키마는 유용한 문서화 형식이다. 복호화를 할 때 스키마가 필요하기 때문에 스키마가 최신 상태인지를 확신할 수 있다(반면 수동으로 관리하는 문서는 실제와 달라지기 쉽다).

- 스키마 데이터베이스를 유지하면 스키마 변경이 적용되기 전에 상위 호환성과 하위 호환성을 확인할 수 있다.

- 정적 타입 프로그래밍 언어 사용자에게 스키마로부터 코드를 생성하는 기능은 유용하다. 컴파일 시점에 타입 체크를 할 수 있기 때문이다.

요약하면 스키마 발전은 스키마리스(schemaless) 또는 읽기 스키마(schema-on-read) JSON 데이터베이스가 제공하는 것과 동일한 종류의 유연성을 제공하며(39쪽 "문서 모델에서 스키마 유연성" 참고) 데이터나 도구 지원도 더 잘 보장한다.

데이터플로 모드

이번 장의 시작 부분에서 메모리를 공유하지 않는 다른 프로세스로 일부 데이터를 보내고 싶을 때 (예를 들어 네트워크를 통해 데이터를 보내거나 파일에 기록할 때)는 바이트열로 부호화해야 한다고 설명했다. 이어서 이런 작업을 위한 다양한 부호화를 살펴봤다.

상위 호환성과 하위 호환성에 대해서도 이야기했다. 상위 호환성과 하위 호환성은 발전성에서 중요하다. 발전성은 한 번에 모든 것을 변경할 필요 없이 시스템의 다양한 부분을 독립적으로 업그레이드해 변경 사항을 쉽게 반영하는 능력이다. 호환성은 데이터를 부호화하는 하나의 프로세스와 그것을 복호화하는 다른 프로세스 간의 관계다.

데이터플로는 매우 추상적인 개념으로서 하나의 프로세스에서 다른 프로세스로 데이터를 전달하는 방법은 아주 많다. 누가 데이터를 부호화하고 누가 그것을 복호화할까? 이번 장의 나머지 부분에서는 프로세스 간 데이터를 전달하는 가장 보편적인 방법을 살펴본다.

- 데이터베이스를 통해(131쪽 "데이터베이스를 통한 데이터플로" 참고)
- 서비스 호출을 통해(134쪽 "서비스를 통한 데이터플로: REST와 RPC" 참고)
- 비동기 메시지 전달을 통해(139쪽의 "메시지 전달 데이터플로" 참고)

데이터베이스를 통한 데이터플로

데이터베이스에 기록하는 프로세스는 데이터를 부호화하고 데이터베이스에서 읽는 프로세스는 데이터를 복호화한다. 데이터베이스를 접근하는 단일 프로세스가 있다고 하자. 읽기는 단순히 동일 프로세스의 최신 버전이다. 이 경우 데이터베이스에 뭔가를 저장하는 일을 **미래의 자신에게 메시지를 보내는 일**처럼 생각할 수 있다.

여기서 하위 호환성은 분명히 필요하다. 그렇지 않으면 이전에 기록한 내용을 미래의 자신이 복호화할 수 없다.

일반적으로 동시에 다양한 프로세스가 데이터베이스를 접근하는 일은 흔하다. 이런 프로세스는 다양한 애플리케이션이나 서비스일 수 있다. 단순히 동일한 서비스의 여러 인스턴스(확장성이나 내결함성을 위해 병렬로 수행)일 수도 있다. 어느 방법이든 애플리케이션이 변경되는 환경에서 데이터베이스에 접근하는 경우 아마도 일부 프로세스는 새로운 코드로 수행 중이고 일부 다른 프로세스는 예전 코드로 수행 중일 것이다. 예를 들어 순회식 업그레이드로 현재 새로운 버전을 배포하는 도중이라면 일부 인스턴스는 아직 갱신되지 않았지만 일부 인스턴스는 이미 갱신됐다.

이것은 데이터베이스 내 값이 **새로운** 버전의 코드로 기록된 다음 현재 수행 중인 **예전 버전**의 코드로 그 값을 읽을 가능성이 있다는 의미다. 따라서 데이터베이스에서 상위 호환성도 대개 필요하다.

하지만 추가적인 문제가 있다. 레코드 스키마에 필드를 추가하고 새로운 코드는 새로운 필드를 위한 값을 데이터베이스에 기록한다고 하자. 이어 (새로운 필드에 대해 아직 알지 못하는) 예전 버전의 코드가 레코드를 읽고 갱신한 후 갱신한 값을 다시 기록한다고 하자. 이런 상황에서 바람직한 동작은 보통 예전 코드가 해석할 수 없더라도 새로운 필드를 그대로 유지하는 것이다.

앞에서 설명한 여러 부호화 형식은 이런 방식의 알지 못하는(unknown) 필드 보존은 지원하지만 때로는 그림 4-7처럼 애플리케이션 차원에서 신경 써야 하는 사례도 있다. 즉, 애플리케이션에서 데이터베이스 값을 모델 객체로 복호화하고 나중에 이 모델 객체를 다시 재부호화(reencode)한다면 변환 과정에서 알지 못하는 필드가 유실될 수 있다. 해결하기 어려운 문제는 아니다. 단지 이 사실을 알고 있으면 된다.

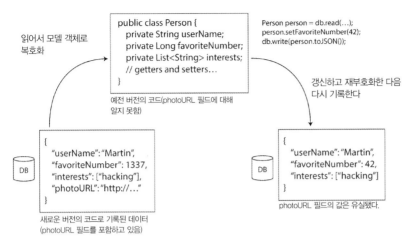

읽어서 모델 객체로
복호화

```
public class Person {
    private String userName;
    private Long favoriteNumber;
    private List<String> interests;
    // getters and setters…
}
```

예전 버전의 코드(photoURL 필드에 대해
알지 못함)

```
Person person = db.read(…);
person.setFavoriteNumber(42);
db.write(person.toJSON());
```

갱신하고 재부호화한 다음
다시 기록한다

```
{
    "userName": "Martin",
    "favoriteNumber": 1337,
    "interests": ["hacking"],
    "photoURL": "http://…"
}
```

새로운 버전의 코드로 기록된 데이터
(photoURL 필드를 포함하고 있음)

```
{
    "userName": "Martin",
    "favoriteNumber": 42,
    "interests": ["hacking"]
}
```

photoURL 필드의 값은 유실됐다.

그림 4-7. 새로운 버전의 애플리케이션이 기록한 데이터를 예전 버전의 애플리케이션이 갱신하는 경우 주의하지 않으면 데이터가 유실될 수 있다.

다양한 시점에 기록된 다양한 값

데이터베이스는 일반적으로 언제나 값을 갱신할 수 있다. 즉 단일 데이터베이스 내 일부 값은 5밀리초 전에 기록됐을 수 있고 일부는 5년 전에 기록됐을지도 모른다.

애플리케이션(최소한 서버 측 애플리케이션)의 새로운 버전을 배포할 때 몇 분 내에 예전 버전을 새로운 버전으로 완전히 대체할 수 있지만 데이터베이스 내용은 그렇지 않다. 5년된 데이터는 그 이후로 명시적으로 다시 기록하지 않는 한 원래의 부호화 상태로 그대로 있다. 이런 상황을 한 마디로 표현해 **데이터가 코드보다 더 오래 산다(data outlives code)**라고 한다.

데이터를 새로운 스키마로 다시 기록(rewriting)**(마이그레이션)**하는 작업은 분명 가능하다. 하지만 대용량 데이터셋 대상으로는 값비싼 작업이기 때문에 대부분의 데이터베이스에서 가능하면 이런 상황을 피한다. 대부분의 관계형 데이터베이스는 기존 데이터를 다시 기록하지 않고 널을 기본값으로 갖는 새로운 칼럼을 추가하는 간단한 스키마 변경을 허용한다.[6] 예전 로우를 읽는 경우 디스크 상의 부호화된 데이터에서 누락된 임의 칼럼은 널로 채운다. 링크트인의 문서 데이터베이스인 에스프레소는 아브로 스키마 발전 규칙을 사용하기 위해 문서를 저장할 때 아브로를 사용한다[23].

따라서 스키마 발전은 기본 저장소가 여러 가지 버전의 스키마로 부호화된 레코드를 포함해도 전체 데이터베이스가 단일 스키마로 부호화된 것처럼 보이게 한다.

---

6 마이SQL은 예외다. 마이SQL은 39쪽 "문서 모델에서의 스키마 유연성"에 언급한 것처럼 꼭 필요하지 않은 상황에서도 대개 전체 테이블을 다시 기록한다.

보관 저장소

백업 목적이나 데이터 웨어하우스로 적재하기 위해 데이터베이스의 스냅숏을 수시로 만든다고 가정해보자(94쪽 "데이터 웨어하우징" 참고). 이 경우 데이터 덤프는 보통 최신 스키마를 사용해 부호화한다. 소스 데이터베이스의 원본 부호화에 다양한 시점의 스키마 버전이 섞여 포함됐더라도 말이다. 어쨌든 데이터를 복사하기 때문에 데이터의 복사본을 일관되게 부호화하는 편이 낫다.

데이터 덤프는 한 번에 기록하고 이후에는 변하지 않으므로 아브로 객체 컨테이너 파일과 같은 형식이 적합하다. 또한 이것은 파케이와 같은 분석 친화적인 칼럼 지향 형식으로 데이터를 부호화할 좋은 기회이기도 하다(100쪽 "칼럼 압축" 참고).

10장에서 보관 저장소에서 데이터를 사용하는 방법에 관해 더 자세히 이야기한다.

서비스를 통한 데이터플로: REST와 RPC

네트워크를 통해 통신해야 하는 프로세스가 있을 때 해당 통신을 배치하는 몇 가지 방법이 있다. 가장 일반적인 방법으로 **클라이언트**와 **서버의** 두 역할로 배치한다. 서버는 네트워크를 통해 API를 공개하고 클라이언트는 이 API로 요청을 만들어 서버에 연결할 수 있다. 서버가 공개한 API를 **서비스**라고 한다.

웹은 다음과 같은 방식으로 동작한다. 클라이언트(웹 브라우저)는 웹 서버로 요청을 보낸다. 이때 HTML, CSS, 자바스크립트, 이미지 등을 다운로드하기 위해서는 GET 요청을 보내고, 서버로 데이터를 전송하기 위해서는 POST 요청을 보낸다. API는 표준화된 프로토콜과 데이터 타입(HTTP, URL, SSL/TLS, HTML 등)으로 구성된다. 웹 브라우저, 웹 서버, 웹 사이트 작성자 대부분이 이 표준에 동의하기 때문에 (최소한 이론적으로는!) 모든 웹 브라우저로 모든 웹 사이트에 접근할 수 있다.

웹 브라우저가 유일한 클라이언트는 아니다. 예를 들어 모바일 디바이스나 데스크톱 컴퓨터에서 실행하는 기본 앱도 서버에 네트워크 요청을 할 수 있다. 웹 브라우저 내에서 수행되는 클라이언트 측 자바스크립트 애플리케이션은 XMLHttpRequest를 사용해 HTTP 클라이언트가 될 수 있다(이 기술을 에이잭스(Ajax)[30]라고 한다). 이 경우 서버 응답은 보통 사람이 볼 수 있게 표시하는 HTML보다는 클라이언트 측 애플리케이션 코드가 이후 처리를 편리하게 할 수 있게 부호화한 (JSON과 같은) 데이터다. HTTP를 전송 프로토콜로 사용할 수 있지만 그 위에서 구현된 API는 애플리케이션마다 특화돼 있다. 그래서 클라이언트와 서버가 해당 API의 세부 사항에 동의해야 한다.

더욱이 서버 자체가 다른 서비스의 클라이언트일 수 있다(예를 들어 일반적인 웹 앱 서버는 데이터베이스의 클라이언트로 동작한다). 이런 접근 방식은 보통 대용량 애플리케이션의 기능 영역을 소규모 서비스로 나누는 데 사용한다. 예를 들어 하나의 서비스가 다른 서비스의 일부 기능이나 데이터가 필요하다면 해당 서비스에 요청을 보낸다. 이런 애플리케이션 개발 방식을 전통적으로는 **서비스 지향 설계**(service-oriented architecture, SOA)라고 불렸으며 최근에는 이를 더욱 개선해 **마이크로서비스 설계**(microservices architecture)란 이름으로 재탄생했다[31, 32].

여러 가지 면에서 서비스는 데이터베이스와 유사하다. 서비스는 클라이언트가 데이터를 제출하고 질의하는 것을 허용한다. 하지만 데이터베이스는 2장에서 살펴본 질의 언어를 이용한 임의 질의를 허용하는 반면 서비스는 서비스의 비즈니스 로직(애플리케이션 코드)으로 미리 정해진 입력과 출력만 허용한 애플리케이션 특화 API를 공개한다[33]. 이런 제한이 약간의 캡슐화를 제공한다. 즉 서비스는 클라이언트가 할 수 있는 일과 할 수 없는 일에 대한 제약을 세분화해 적용할 수 있다.

서비스 지향 및 마이크로서비스 아키텍처의 핵심 설계 목표는 서비스를 배포와 변경에 독립적으로 만들어 애플리케이션 변경과 유지보수를 더 쉽게 할 수 있게 만드는 것이다. 예를 들어 각 서비스는 한 팀이 소유해야 하고 해당 팀은 다른 팀과의 조정 없이 자주 서비스의 새로운 버전을 출시할 수 있어야 한다. 다시 말해 예전 버전과 새로운 버전의 서버와 클라이언트가 동시에 실행되기를 기대한다. 따라서 서버와 클라이언트가 사용하는 데이터 부호화는 서비스 API의 버전 간 호환이 가능해야 한다. 이 점이 바로 이번 장의 핵심이다.

웹 서비스

서비스와 통신하기 위한 기본 프로토콜로 HTTP를 사용할 때 이를 **웹 서비스**라고 한다. 이것은 웹 서비스가 웹뿐만 아니라 다양한 다른 상황에서도 사용되기 때문에 아마도 약간 잘못된 표현이다. 예를 들어보자.

1. 사용자 디바이스에서 실행하며 HTTP를 통해 서비스에 요청하는 클라이언트 애플리케이션(예를 들어 모바일 디바이스에서의 기본 앱이나 에이잭스를 사용하는 자바스크립트 웹 앱). 보통 이 요청은 공공 인터넷을 통해 전달된다.

2. 서비스 지향/마이크로서비스 아키텍처의 일부로서 대개 같은 데이터센터에 위치한 같은 조직의 다른 서비스에 요청하는 서비스. (이런 종류의 사용 사례를 지원하는 소프트웨어를 **미들웨어**라고 한다.)

3. 보통 인터넷을 통해 다른 조직의 서비스에 요청하는 서비스. 이것은 다른 조직의 백엔드 시스템 간 데이터 교환을 위해 사용한다. 이 범주에는 신용카드 처리 시스템 같은 온라인 서비스가 제공하는 공개 API나 사용자 데이터의 공유 접근을 위한 OAuth가 포함된다.

웹 서비스에는 대중적인 두 가지 방법인 REST와 SOAP이 있다. 이 둘은 철학적인 측면에서는 거의 정반대의 입장이며 종종 각 지지자 사이에서 격렬한 논쟁의 대상이 되기도 한다.[7]

REST는 프로토콜이 아니라 HTTP의 원칙을 토대로 한 설계 철학이다[34, 35]. REST는 간단한 데이터 타입을 강조하며 URL을 사용해 리소스를 식별하고 캐시 제어, 인증, 콘텐츠 유형 협상에 HTTP 기능을 사용한다. 적어도 조직 간 서비스 통합과 관련해서는 SOAP에 비해 인기를 얻고 있으며[36] 종종 마이크로서비스와 연관되기도 한다[31]. REST 원칙에 따라 설계된 API를 **RESTful**이라고 한다.

반대로 SOAP은 네트워크 API 요청을 위한 XML 기반 프로토콜이다.[8] 비록 SOAP은 HTTP 상에서 가장 일반적으로 사용되지만 HTTP와 독립적이며 대부분의 HTTP 기능을 사용하지 않는다. 그 대신 다양한 기능을 추가한 광범위하고 복잡한 여러 관련 표준(WS-*라고 알려진 **웹 서비스 프레임워크**)을 제공한다[37].

SOAP 웹 서비스의 API는 웹 서비스 기술 언어(Web Services Description Language) 또는 WSDL이라고 부르는 XML 기반 언어를 사용해 기술한다. WSDL은 클라이언트가 (XML 메시지로 부호화하고 프레임워크가 다시 복호화하는) 로컬 클래스와 메서드 호출을 사용해 원격 서비스에 접근하는 코드 생성이 가능하다. 이것은 정적 타입 프로그래밍 언어에는 유용하지만 동적 타입 언어에는 유용성이 떨어진다(129쪽 "코드 생성과 동적 타입 언어" 참고).

WSDL은 사람이 읽을 수 있게 설계하지 않았고 대개 SOAP 메시지를 수동으로 구성하기에는 너무 복잡하기 때문에 SOAP 사용자는 도구 지원과 코드 생성과 IDE에 크게 의존한다[38]. SOAP 벤더가 지원하지 않는 프로그래밍 언어 사용자의 경우 SOAP 서비스와의 통합은 어렵다.

비록 SOAP과 다양한 확장이 표면상으로는 표준이 됐지만 다른 벤더의 구현 간 상호운용성은 종종 문제를 일으킨다[39]. 이 같은 이유로 여전히 많은 대기업에서 SOAP를 사용하지만 대부분의 작은 기업에서는 선호하지 않는다.

RESTful API는 간단한 접근 방식을 선호한다. 일반적으로 코드 생성과 자동화된 도구와 관련되지 않은 접근 방식을 말한다. 스웨거(Swagger)[40]로 알려진 오픈API(OpenAPI) 같은 정의 형식을 사용해 RESTful API와 제품 문서를 기술하는 데 사용할 수 있다.

---

7 각 캠프 내에서도 많은 논쟁이 있다. 예를 들어 HATEOAS(hypermedia as the engine of application state) 때문에 토론이 자주 열리곤 한다[35].
8 머리글자가 비슷하지만 SOAP은 SOA용 요구사항은 아니다. SOAP은 특정 기술이고 SOA는 시스템을 구축하는 일반적인 방법이다.

원격 프로시저 호출(RPC) 문제

웹 서비스는 네트워크 상에서 API 요청을 하기 위한 여러 기술 중 가장 최신 형상일 뿐이다. 웹 서비스의 많은 부분이 과장됐고 여러 심각한 문제가 있다. 엔터프라이즈 자바빈(Enterprise JavaBeans, EJB)과 자바 원격 메서드 호출(Remote Method Invocation, RMI)은 자바로 제한된다. 분산 컴포넌트 객체 모델(Distributed Component Object Model, DCOM)은 마이크로소프트 플랫폼으로 제한된다. 공통 객체 요청 브로커 설계(Common Object Request Broker Architecture, CORBA)는 지나치게 복잡하고 하위 호환성과 상위 호환성을 제공하지 않는다[41].

이러한 웹 서비스는 1970년대부터 사용한 **원격 프로시저 호출**(remote procedure call, RPC)의 아이디어를 기반으로 한다[42]. RPC 모델은 원격 네트워크 서비스 요청을 같은 프로세스 안에서 특정 프로그래밍 언어의 함수나 메서드를 호출하는 것과 동일하게 사용 가능하게 해준다(이런 추상화를 **위치 투명성**(location transparency)이라 한다). RPC가 처음에는 편리한 것 같지만 RPC 접근 방식은 근본적으로 결함이 있다[44]. 네트워크 요청은 로컬 함수 호출과는 매우 다르다.

로컬 함수 호출은 예측 가능하다. 그래서 제어 가능한 매개변수에 따라 성공하거나 실패한다. 네트워크 요청은 예측이 어렵다. 네트워크 문제로 요청과 응답이 유실되거나 원격 장비가 느려지거나 요청에 응답하지 않을 수 있다. 이런 문제는 전혀 제어할 수 없다. 네트워크 문제는 일상적이다. 따라서 네트워크 문제를 함께 고려해야 한다. 예를 들어 실패한 요청을 다시 보내는 것과 같은 대책을 세워야 한다.

- 로컬 함수 호출은 결과를 반환하거나 예외를 내거나 (무한 루프에 빠지거나 프로세스 충돌로 인해) 반환하지 않을 수 있다. 네트워크 요청은 또 다른 결과가 가능하다. 네트워크 요청은 **타임아웃**(timeout)으로 결과 없이 반환될 수 있다. 이 경우 무슨 일이 있었는지 쉽게 알 수 있는 방법이 없다. 원격 서비스로부터 응답을 받지 못한다면 요청을 제대로 보냈는지 아닌지를 알 수 있는 방법이 없다. (이 문제는 8장에서 좀 더 자세히 설명한다.)

- 실패한 네트워크 요청을 다시 시도할 때 요청이 실제로는 처리되고 응답만 유실될 수 있다. 이 경우 프로토콜에 중복 제거 기법(**멱등성**(idempotence))을 적용하지 않으면 재시도는 작업이 여러 번 수행되는 원인이 된다. 로컬 함수는 이런 문제가 없다(멱등성은 11장에서 자세히 다룬다).

- 로컬 함수를 호출할 때마다 보통 거의 같은 실행 시간이 소요된다. 네트워크 요청은 함수 호출보다 훨씬 느리고 지연 시간은 매우 다양하다. 빠른 경우에는 1밀리초 이내에 완료될 수 있지만 네트워크가 혼잡하거나 원격 서비스에 과부하가 걸리면 정확히 같은 작업을 실행하는 데도 수 초가 걸릴 수 있다.

- 로컬 함수를 호출하는 경우 참조(포인터)를 로컬 메모리의 객체에 효율적으로 전달할 수 있다. 네트워크로 요청하는 경우에는 모든 매개변수는 네트워크를 통해 전송할 수 있게끔 바이트열로 부호화해야 한다. 매개변수가 숫자나 문자열처럼 원시형이면 괜찮지만 큰 객체라면 즉시 문제가 될 수 있다.

- 클라이언트와 서비스는 다른 프로그래밍 언어로 구현할 수 있다. 따라서 RPC 프레임워크는 하나의 언어에서 다른 언어로 데이터타입을 변환해야 한다. 모든 언어가 같은 타입을 가지는 것은 아니기 때문에 깔끔하지 않은 모습이 될 수 있다. 예를 들어 자바스크립트의 2^{53} 이상의 숫자와 관련된 문제를 상기해보자(116쪽 "JSON과 XML, 이진 변형" 참고). 단일 언어로 개발한 단일 프로세스에서는 이런 문제가 발생하지 않는다.

그렇다고 이 같은 이유로 원격 서비스를 최대한 프로그래밍 언어 내 로컬 객체처럼 보이게끔 하는 노력 자체가 소용없다는 의미는 아니다. 이 문제는 근본적으로 다르기 때문이다. REST의 장점 중 하나는 REST가 네트워크 프로토콜이라는 사실을 숨기려 하지 않는다는 점이다(REST 위에 RPC 라이브러리를 작성하는 사람을 막을 수는 없겠지만).

RPC의 현재 방향

이런 문제에도 RPC는 사라지지 않는다. 이번 장에서 언급한 모든 부호화 위에는 다양한 RPC 프레임워크가 개발됐다. 예를 들어 스리프트와 아브로는 RPC 지원 기능을 내장하고 있다. gRPC는 프로토콜 버퍼를 이용한 RPC 구현이다. 피네글(Finagle)은 스리프트를 사용하고 Rest.li는 HTTP 위에 JSON을 사용한다.

차세대 RPC 프레임워크는 원격 요청이 로컬 함수 호출과 다르다는 사실을 더욱 분명히 한다. 예를 들어 피네글과 Rest.li는 실패할지도 모를 비동기 작업을 캡슐화하기 위해 **퓨처(future)**(**프라미스(promise)**)를 사용한다. 퓨처는 병렬로 여러 서비스에 요청을 보내야 하는 상황을 간소화하고 요청 결과를 취합한다[45]. gRPC는 하나의 요청과 하나의 응답뿐만 아니라 시간에 따른 일련의 요청과 응답으로 구성된 스트림을 지원한다[46].

이런 프레임워크 중 일부는 **서비스 찾기(service discovery)**를 제공한다(즉 클라이언트가 특정 서비스를 찾을 수 있는 IP 주소와 포트 번호를 제공). 이 주제는 214쪽 "요청 라우팅"에서 다시 다룬다.

REST 상에서 JSON과 같은 부류의 프로토콜보다 이진 부호화 형식을 사용하는 사용자 정의 RPC 프로토콜이 우수한 성능을 제공할지 모른다. 하지만 RESTful API는 다른 중요한 이점이 있다. 실험과 디버깅에 적합(코드 생성이나 소프트웨어 설치 없이 웹 브라우저나 커맨드 라인 도구인 curl을 사용해 간단히 요청을 보낼 수 있다)하다. 그리고 모든 주요 프로그래밍 언어와 플랫폼이 지원하고 사용 가능한 다양한 도구 생태계(서버, 캐시 로드 밸런서, 프락시, 방화벽, 모니터링, 디버깅 도구, 테스팅 도구 등)가 있다.

이런 이유로 REST는 공개 API의 주요한 방식처럼 보인다. RPC 프레임워크의 주요 초점은 보통 같은 데이터센터 내의 같은 조직이 소유한 서비스 간 요청에 있다.

데이터 부호화와 RPC의 발전

발전성이 있으려면 RPC 클라이언트와 서버를 독립적으로 변경하고 배포할 수 있어야 한다. 데이터베이스를 통한 데이터플로(지난 절에서 설명)에 비해 서비스를 통한 데이터플로의 발전성은 가정을 단순화할 수 있다. 모든 서버를 먼저 갱신하고 나서 모든 클라이언트를 갱신해도 문제가 없다 가정한다. 그러면 요청은 하위 호환성만 필요하고 응답은 상위 호환성만 필요하다.

RPC 스키마의 상하위 호환 속성은 사용된 모든 부호화로부터 상속된다.

- 스리프트, gRPC(프로토콜 버퍼), 아브로 RPC는 각 부호화 형식의 호환성 규칙에 따라 발전할 수 있다.

- SOAP에서 요청과 응답은 XML 스키마로 지정된다. 이 방식은 발전 가능하지만 일부 미묘한 함정이 있다[47].

- RESTful API는 응답에 JSON(공식적으로 지정된 스키마는 없음)을 가장 일반적으로 사용한다. 그리고 요청에는 JSON이나 URI 부호화/폼 부호화(form-encoded) 요청 매개변수를 사용하곤 한다. 선택적 요청 매개변수 추가나 응답 객체의 새로운 필드 추가는 대개 호환성을 유지하는 변경으로 간주한다.

RPC가 종종 조직 경계를 넘나드는 통신에 사용된다는 사실은 서비스 호환성 유지를 더욱 어렵게 한다. 서비스 제공자는 보통 클라이언트를 제어할 수 없고 강제로 업그레이드도 할 수 없기 때문에 호환성은 오랜 시간 동안(아마도 무한정) 유지돼야 한다. 호환성을 깨는 변경이 필요하면 서비스 제공자는 보통 여러 버전의 서비스 API를 함께 유지한다.

API 버전 관리가 반드시 어떤 방식(즉 클라이언트가 사용하기 원하는 API의 버전을 지정하는 방식 [48])으로 동작해야 한다는 합의는 없다. RESTful API는 URL이나 HTTP Accept 헤더에 버전 번호를 사용하는 방식이 일반적이다. 특정 클라이언트를 식별하는 데 API 키를 사용하는 서비스는 클라이언트의 요청 API 버전을 서버에 저장한 뒤 버전 선택을 별도 관리 인터페이스를 통해 갱신할 수 있게 하는 것이 한 가지 방식이다[49].

메시지 전달 데이터플로

지금까지는 부호화한 데이터를 하나의 프로세스에서 다른 프로세스로 전달하는 다양한 방법을 살펴봤다. 구체적으로 설명하자면 REST와 RPC는 하나의 프로세스가 네트워크를 통해 다른 프로세스로 요청을 전송하고 가능한 빠른 응답을 기대하는 방식이다. 그리고 데이터베이스는 하나의 프로세스가 부호화한 데이터를 기록하고 다른 프로세스가 언젠가 그 데이터를 다시 읽는 방식을 사용한다.

마지막 절에서는 RPC와 데이터베이스 간 **비동기 메시지 전달 시스템**(asynchronous message-passing system)을 간단히 살펴본다. 이 시스템은 클라이언트 요청(보통 **메시지**라고 함)을 낮은 지연 시간으로 다른 프로세스에 전달한다는 점에서는 RPC와 비슷하다. 메시지를 직접 네트워크 연결로 전송하지 않고 임시로 메시지를 저장하는 **메시지 브로커**(message broker)(**또는 메시지 큐**(message queue)나 **메시지 지향 미들웨어**(message-oriented middleware))라는 중간 단계를 거쳐 전송한다는 점은 데이터베이스와 유사하다.

메시지 브로커를 사용하는 방식은 직접 RPC를 사용하는 방식과 비교했을 때 여러 장점이 있다.

- 수신자(recipient)가 사용 불가능하거나 과부하 상태라면 메시지 브로커가 버퍼처럼 동작할 수 있기 때문에 시스템 안정성이 향상된다.

- 죽었던 프로세스에 메시지를 다시 전달할 수 있기 때문에 메시지 유실을 방지할 수 있다.

- 송신자(sender)가 수신자의 IP 주소나 포트 번호를 알 필요가 없다(주로 가상 장비를 사용하는 클라우드 배포 시스템에서 특히 유용하다).

- 하나의 메시지를 여러 수신자로 전송할 수 있다.

- 논리적으로 송신자는 수신자와 분리된다(송신자는 메시지를 게시(publish)할 뿐이고 누가 소비(consume)하는지 상관하지 않는다).

메시지 전달 통신은 일반적으로 단방향이라는 점이 RPC와 다르다. 즉 송신 프로세스는 대개 메시지에 대한 응답을 기대하지 않는다. 프로세스가 응답을 전송하는 것은 가능하지만 이것은 보통 별도 채널에서 수행한다. 이런 통신 패턴이 **비동기**다. 송신 프로세스는 메시지가 전달될 때까지 기다리지 않고 단순히 메시지를 보낸 다음 잊는다.

메시지 브로커

과거 메시지 브로커 지형은 팁코(TIBCO), IBM 웹스피어(WebSphere), 웹메소즈(webMethods)처럼 회사의 상용 기업 소프트웨어가 우위를 차지했다. 최근에는 래빗MQ(RabbitMQ), 액티브MQ(ActiveMQ), 호닛Q(HornetQ), 나츠(NATS), 아파치 카프카(Apache Kafka) 같은 오픈소스 구현이 대중화됐다. 11장에서 조금 더 자세히 비교한다.

세부적인 전달 시맨틱은 구현과 설정에 따라 다양하다. 하지만 일반적으로 메시지 브로커는 다음과 같이 사용한다. 프로세스 하나가 메시지를 이름이 지정된 **큐**나 **토픽**으로 전송하고 브로커는 해당 큐나 토픽 하나 이상의 **소비자**(consumer) 또는 **구독자**(subscriber)에게 메시지를 전달한다. 동일한 토픽에 여러 생산자(producer)와 소비자가 있을 수 있다.

토픽은 단방향 데이터플로만 제공한다. 하지만 소비자 스스로 메시지를 다른 토픽으로 게시(11장에서 볼 수 있는 것처럼 서로 연결할 수 있음)하거나 원본 메시지의 송신자가 소비하는 응답 큐로 게시(RPC와 유사하게 요청과 응답 데이터플로를 허용함)할 수 있다.

메시지 브로커는 보통 특정 데이터 모델을 강요하지 않는다. 메시지는 일부 메타데이터를 가진 바이트열이므로 모든 부호화 형식을 사용할 수 있다. 부호화가 상하위 호환성을 모두 가진다면 메시지 브로커에서 게시자(publisher)와 소비자를 독립적으로 변경해 임의 순서로 배포할 수 있는 유연성을 얻게 된다.

소비자가 다른 토픽으로 메시지를 다시 게시한다면 데이터베이스 맥락에서 이전에 설명한 문제(그림 4-7)를 방지할 목적으로 알지 못하는 필드 보존에 주의가 필요하다.

분산 액터 프레임워크

액터 모델(actor model)은 단일 프로세스 안에서 동시성을 위한 프로그래밍 모델이다. 스레드(경쟁 조건, 잠금(locking), 교착 상태(deadlock)와 연관된 문제들)를 직접 처리하는 대신 로직이 **액터**에 캡슐화된다. 보통 각 액터는 하나의 클라이언트나 엔티티를 나타낸다. 액터는 (다른 액터와 공유되지 않는) 로컬 상태를 가질 수 있고 비동기 메시지의 송수신으로 다른 액터와 통신한다. 액터는 메시지 전달을 보장하지 않는다. 어떤 에러 상황에서 메시지는 유실될 수 있다. 각 액터 프로세스는 한 번에 하나의 메시지만 처리하기 때문에 스레드에 대해 걱정할 필요가 없고 각 액터는 프레임워크와 독립적으로 실행할 수 있다.

분산 액터 프레임워크에서 이 프로그래밍 모델은 여러 노드 간의 애플리케이션 확장에 사용된다. 송신자와 수신자가 같은 노드에 있는지 다른 노드에 있는지 관계없이 동일한 메시지 전달 구조를 사용한다. 다른 노드에 있는 경우 메시지는 명백하게 바이트열로 부호화되고 네트워크를 통해 전송되며 다른 쪽에서 복호화한다.

액터 모델은 단일 프로세스 안에서도 메시지가 유실될 수 있다고 이미 가정하기 때문에 위치 투명성은 RPC보다 액터 모델에서 더 잘 동작한다. 비록 네트워크를 통한 지연 시간이 동일한 프로세스 안에서 보다 더 높을 수 있지만 액터 모델을 사용한 경우 로컬과 원격 통신 간 근본적인 불일치가 적다.

분산 액터 프레임워크는 기본적으로 메시지 브로커와 액터 프로그래밍 모델을 단일 프레임워크에 통합한다. 하지만 액터 기반 애플리케이션의 순회식 업그레이드 수행을 원한다면 메시지가 새로운 버전을 수행하는 노드에서 예전 버전을 수행하는 노드로 전송하거나 그 반대의 경우도 있을 수 있으므로 여전히 상하위 호환성에 주의해야 한다.

인기 있는 분산 액터 프레임워크 세 가지는 다음과 같이 메시지 부호화를 처리한다.

- **아카(Akka)**는 기본적으로 자바의 내장 직렬화를 사용한다. 이는 상위 호환성이나 하위 호환성을 제공하지 않는다. 하지만 프로토콜 버퍼와 같은 부호화 형식으로 대체할 수 있으므로 순회식 업그레이드를 수행할 수 있다[50].

- **올리언스(Orleans)**는 기본적으로 사용자 정의 데이터 부호화 형식을 사용한다. 이 부호화 형식은 순회식 업그레이드 배포를 지원하지 않는다. 애플리케이션의 새로운 버전을 배포하려면 새로운 클러스터를 설정하고 나서 이전 클러스터의 트래픽을 새로운 클러스터로 이전한 뒤 이전 클러스터를 종료해야 한다[51, 52]. 올리언스는 아카와 마찬가지로 사용자 정의 직렬화 플러그인을 사용할 수 있다.

- **얼랭(erlang)** OTP에서는 (시스템이 고가용성을 위해 설계된 많은 기능이 있음에도) 레코드 스키마를 변경하는 일은 의외로 어렵다. 순회식 업그레이드는 가능하지만 신중하게 계획해야 한다[53]. 실험적인 새로운 maps 데이터타입(2014년 얼랭 R17에서 도입됐으며 JSON과 같은 구조임)은 향후에 순회식 업그레이드를 더 쉽게 할 수 있게 만들 것이다[54].

정리

이번 장에서는 데이터 구조를 네트워크나 디스크 상의 바이트열로 변환하는 다양한 방법을 살펴봤다. 이런 부호화의 세부 사항은 효율성뿐만 아니라 애플리케이션의 아키텍처와 배포의 선택 사항에도 영향을 미친다.

특히 많은 서비스가 새로운 버전의 서비스를 동시에 모든 노드에 배포하는 방식보다 한 번에 일부 노드에만 서서히 배포하는 순회식 업그레이드가 필요하다. 순회식 업그레이드는 정지 시간 없이 새로운 버전의 서비스를 출시 가능하게 하고(따라서 큰 출시보다 잦은 작은 출시를 권장함) 배포를 덜 위험하게 만든다(결함이 있는 배포판이 발견되면 다수의 사용자가 영향을 받기 전에 롤백할 수 있음). 이런 속성은 애플리케이션 변경을 쉽게 할 수 있는 **발전성**에 도움이 많이 된다.

순회식 업그레이드 중이거나 여러 가지 다른 이유로 다양한 노드에서 다른 버전의 여러 애플리케이션 코드가 수행된다. 따라서 시스템을 흐르는 모든 데이터는 하위 호환성(새로운 코드가 예전 데이터를 읽을 수 있음)과 상위 호환성(예전 코드가 새로운 데이터를 읽을 수 있음)을 제공하는 방식으로 부호화해야 한다.

다양한 데이터 부호화 형식과 호환성 속성을 몇 가지 살펴봤다.

- 프로그래밍 언어에 특화된 부호화는 단일 프로그래밍 언어로 제한되며 상위 호환성과 하위 호환성을 제공하지 못하는 경우가 종종 있다.

- JSON, XML, CSV 같은 텍스트 형식은 널리 사용된다. 이들 간 호환성은 이 형식들을 사용하는 방법에 달려있다. 선택적 스키마 언어가 있으면 때로는 유용하고 때로는 방해가 된다. 이 형식들은 데이터타입에 대해 다소 모호한 점이 있기 때문에 숫자나 이진 문자열과 같은 항목은 주의해야 한다.

- 스리프트, 프로토콜 버퍼, 아브로 같은 이진 스키마 기반 형식은 짧은 길이로 부호화되며 명확하게 정의된 상위 호환성과 하위 호환성의 맥락에서 효율적인 부호화를 지원한다. 이러한 스키마는 정적 타입 언어에서 문서와 코드 생성에 유용하지만 사람이 읽기 위해서는 복호화해야 한다는 단점이 있다.

또한 데이터 부호화의 중요성에 대한 여러 시나리오를 보여주는 다양한 데이터플로 모드를 설명했다.

- 데이터베이스에 기록하는 프로세스가 부호화하고 데이터베이스에서 읽는 프로세스가 복호화하는 데이터베이스

- 클라이언트가 요청을 부호화하고 서버는 요청을 복호화하고 응답을 부호화하고 최종적으로 클라이언트가 응답을 복호화하는 RPC와 REST API

- 송신자가 부호화하고 수신자가 복호화하는 메시지를 서로 전송해서 노드 간 통신하는 비동기 메시지 전달(메시지 브로커나 액터를 이용)

약간의 주의를 기울이면 상하위 호환성과 순회식 업그레이드가 가능하다는 결론에 다다른다. 애플리케이션의 발전은 더욱 빨라지고 배포 빈도도 높아진다.

참고 문헌

[1] "Java Object Serialization Specification," docs.oracle.com, 2010.

[2] "Ruby 2.2.0 API Documentation," ruby-doc.org, Dec 2014.

[3] "The Python 3.4.3 Standard Library Reference Manual," docs.python.org, February 2015.

[4] "EsotericSoftware/kryo," github.com, October 2014.

[5] "CWE-502: Deserialization of Untrusted Data," Common Weakness Enumeration, cwe.mitre.org, July 30, 2014.

[6] Steve Breen: "What Do WebLogic, WebSphere, JBoss, Jenkins, OpenNMS, and Your Application Have in Common? This Vulnerability," foxglovesecurity.com, November 6, 2015.

[7] Patrick McKenzie: "What the Rails Security Issue Means for Your Startup," kalzumeus.com, January 31, 2013.

[8] Eishay Smith: "jvm-serializers wiki," github.com, November 2014.

[9] "XML Is a Poor Copy of S-Expressions," *c2.com* wiki.

[10] Matt Harris: "Snowflake: An Update and Some Very Important Information," email to *Twitter Development Talk* mailing list, October 19, 2010.

[11] Shudi (Sandy) Gao, C. M. Sperberg-McQueen, and Henry S. Thompson: "XML Schema 1.1," W3C Recommendation, May 2001.

[12] Francis Galiegue, Kris Zyp, and Gary Court: "JSON Schema," IETF Internet-Draft, February 2013.

[13] Yakov Shafranovich: "RFC 4180: Common Format and MIME Type for Comma-Separated Values (CSV) Files," October 2005.

[14] "MessagePack Specification," *msgpack.org*.

[15] Mark Slee, Aditya Agarwal, and Marc Kwiatkowski: "Thrift: Scalable Cross-Language Services Implementation," Facebook technical report, April 2007.

[16] "Protocol Buffers Developer Guide," Google, Inc., *developers.google.com*.

[17] Igor Anishchenko: "Thrift vs Protocol Buffers vs Avro - Biased Comparison," slideshare.net, September 17, 2012.

[18] "A Matrix of the Features Each Individual Language Library Supports," *wiki.apache.org*.

[19] Martin Kleppmann: "Schema Evolution in Avro, Protocol Buffers and Thrift," *martin.kleppmann.com*, December 5, 2012.

[20] "Apache Avro 1.7.7 Documentation," *avro.apache.org*, July 2014.

[21] Doug Cutting, Chad Walters, Jim Kellerman, et al.: "[PROPOSAL] New Subproject: Avro," email thread on *hadoop-general mailing list, mail-archives.apache.org*, April 2009.

[22] Tony Hoare: "Null References: The Billion Dollar Mistake," at *QCon London*, March 2009.

[23] Aditya Auradkar and Tom Quiggle: "Introducing Espresso—LinkedIn's Hot New Distributed Document Store," *engineering.linkedin.com*, January 21, 2015.

[24] Jay Kreps: "Putting Apache Kafka to Use: A Practical Guide to Building a Stream Data Platform (Part 2)," *blog.confluent.io*, February 25, 2015.

[25] Gwen Shapira: "The Problem of Managing Schemas," *radar.oreilly.com*, November 4, 2014.

[26] "Apache Pig 0.14.0 Documentation," *pig.apache.org*, November 2014.

[27] John Larmouth: ASN.1 *Complete*. Morgan Kaufmann, 1999. ISBN: 978-0-122-33435-1

[28] Russell Housley, Warwick Ford, Tim Polk, and David Solo: "RFC 2459: Internet X.509 Public Key Infrastructure: Certificate and CRL Profile," IETF Network Working Group, Standards Track, January 1999.

[29] Lev Walkin: "Question: Extensibility and Dropping Fields," *lionet.info*, September 21, 2010.

[30] Jesse James Garrett: "Ajax: A New Approach to Web Applications," *adaptivepath.com*, February 18, 2005.

[31] Sam Newman: *Building Microservices*. O'Reilly Media, 2015. ISBN: 978-1-491-95035-7

[32] Chris Richardson: "Microservices: Decomposing Applications for Deployability and Scalability," *infoq.com*, May 25, 2014.

[33] Pat Helland: "Data on the Outside Versus Data on the Inside," at *2nd Biennial Conference on Innovative Data Systems Research* (CIDR), January 2005.

[34] Roy Thomas Fielding: "Architectural Styles and the Design of Network-Based Software Architectures," PhD Thesis, University of California, Irvine, 2000.

[35] Roy Thomas Fielding: "REST APIs Must Be Hypertext-Driven," *roy.gbiv.com*, October 20 2008.

[36] "REST in Peace, SOAP," *royal.pingdom.com*, October 15, 2010.

[37] "Web Services Standards as of Q1 2007," *innoq.com*, February 2007.

[38] Pete Lacey: "The S Stands for Simple," *harmful.cat-v.org*, November 15, 2006.

[39] Stefan Tilkov: "Interview: Pete Lacey Criticizes Web Services," *infoq.com*, December 12, 2006.

[40] "OpenAPI Specification (fka Swagger RESTful API Documentation Specification) Version 2.0," *swagger.io*, September 8, 2014.

[41] Michi Henning: "The Rise and Fall of CORBA," *ACM Queue*, volume 4, number 5, pages 28–34, June 2006. doi:10.1145/1142031.1142044

[42] Andrew D. Birrell and Bruce Jay Nelson: "Implementing Remote Procedure Calls," *ACM Transactions on Computer Systems* (TOCS), volume 2, number 1, pages 39–59, February 1984. doi:10.1145/2080.357392

[43] Jim Waldo, Geoff Wyant, Ann Wollrath, and Sam Kendall: "A Note on Distributed Computing," Sun Microsystems Laboratories, Inc., Technical Report TR-94-29, November 1994.

[44] Steve Vinoski: "Convenience over Correctness," *IEEE Internet Computing*, volume 12, number 4, pages 89–92, July 2008. doi:10.1109/MIC.2008.75

[45] Marius Eriksen: "Your Server as a Function," at *7th Workshop on Programming Languages and Operating Systems* (PLOS), November 2013. doi:10.1145/2525528.2525538

[46] "grpc-common Documentation," Google, Inc., *github.com*, February 2015.

[47] Aditya Narayan and Irina Singh: "Designing and Versioning Compatible Web Services," *ibm.com*, March 28, 2007.

[48] Troy Hunt: "Your API Versioning Is Wrong, Which Is Why I Decided to Do It 3 Different Wrong Ways," *troyhunt.com*, February 10, 2014.

[49] "API Upgrades," Stripe, Inc., April 2015.

[50] Jonas Bonér: "Upgrade in an Akka Cluster," email to *akka-user* mailing list, *grokbase.com*, August 28, 2013.

[51] Philip A. Bernstein, Sergey Bykov, Alan Geller, et al.: "Orleans: Distributed Virtual Actors for Programmability and Scalability," Microsoft Research Technical Report MSR-TR-2014-41, March 2014.

[52] "Microsoft Project Orleans Documentation," Microsoft Research, *dotnet.github.io*, 2015.

[53] David Mercer, Sean Hinde, Yinso Chen, and Richard A O'Keefe: "beginner: Updating Data Structures," email thread on *erlang-questions* mailing list, erlang.com, October 29, 2007.

[54] Fred Hebert: "Postscript: Maps," *learnyousomeerlang.com*, April 9, 2014.

Part 2

분산 데이터

기술이 성공하기 위해서는 홍보보다 현실이 우선돼야 한다. 자연을 속일 수는 없기 때문이다.

– 리처드 파인만, 로저스 위원회 보고서(1986)

1부에서는 단일 장비에서 데이터를 저장할 때 적용하는 데이터 시스템 측면을 설명했다. 이제 2부에서는 한 단계 올라가 다음과 같이 질문한다. 저장소와 데이터 검색에 여러 장비가 관여한다면 무슨 일이 일어날까?

여러 장비 간 분산된 데이터베이스를 필요로 하는 이유는 여러 가지다.

확장성

데이터 볼륨, 읽기 부하, 쓰기 부하가 단일 장비에서 다룰 수 있는 양보다 커지면 부하를 여러 장비로 분배할 수 있다.

내결함성/고가용성

장비 하나(또는 여러 장비나 네트워크, 전체 데이터센터)가 죽더라도 애플리케이션이 계속 동작해야 한다면 여러 장비를 사용해 중복성을 제공할 수 있다. 장비 하나가 실패하면 다른 하나가 이어받는다.

지연 시간

전 세계에 사용자가 있다면 사용자와 지리적으로 가까운 곳의 데이터센터에서 서비스를 제공하기 위해 전 세계 다양한 곳에 서버를 두고 싶을 것이다. 이를 통해 사용자는 네트워크 패킷이 지구를 반 바퀴 돌아서 올 때까지 기다릴 필요가 없다.

고부하로 확장

고부하 확장이 필요하다면 더 강력한 장비를 구매하는 것이 가장 간단한 방법이다(**수직 확장**이나 **용량 확장**이라고도 함). 많은 CPU, 많은 메모리 칩, 많은 디스크를 하나의 운영체제로 함께 결합할 수 있다. 그래서 빠른 상호 연결로 모든 CPU가 메모리나 디스크의 모든 부분에 접근할 수 있다. 이런 종류의 **공유 메모리 아키텍처**(shared-memory architecture)에서는 모든 구성 요소를 단일 장비처럼 다룰 수 있다[1].[1]

공유 메모리 접근 방식의 문제점은 비용이 선형적인 추세보다 훨씬 빠르게 증가한다는 것이다. 두 배 많은 CPU, 두 배 많은 RAM, 두 배 많은 디스크 용량을 갖춘 시스템은 두 배 이상의 비용이 소요된다. 그리고 병목 현상 때문에 두 배 크기의 장비가 반드시 두 배의 부하를 처리할 수 있는 것은 아니다.

공유 메모리 아키텍처는 제한적인 내결함성을 제공한다(하이엔드 장비에는 핫 스왑 가능한 구성 요소가 있다. 핫 스왑 가능이란 장비를 중단시키지 않고 디스크, 메모리 모듈, 심지어 CPU도 교체할 수 있다는 뜻이다). 하지만 완전히 하나의 지리적인 위치로 제한된다.

다른 접근 방식으로 공유 디스크 아키텍처가 있다. 공유 디스크 아키텍처는 독립적인 CPU와 RAM을 탑재한 여러 장비를 사용하지만 데이터 저장은 장비 간 공유하는 디스크 배열에 한다. 여러 장비는 고속 네트워크[2]로 연결된다. 일부 데이터 웨어하우스 작업부하에 이 아키텍처를 사용하지만 잠금 경합과 오버헤드가 공유 디스크 접근 방식의 확장성을 제한한다[2].

비공유 아키텍처

반면 **비공유 아키텍처**(shared-nothing)[3](**수평 확장**이나 **규모 확장**이라고도 함)는 인기를 많이 얻고 있다. 이 접근 방식에서는 데이터베이스 소프트웨어를 수행하는 각 장비나 가상 장비를 **노드**라고 부른다. 각 노드는 CPU, RAM, 디스크를 독립적으로 사용한다. 노드 간 코디네이션(coordination)은 일반적인 네트워크를 사용해 소프트웨어 수준에서 수행한다.

---

1 대형 장비에서는 모든 CPU가 메모리의 모든 부분에 접근할 수 있지만 메모리 내 어떤 뱅크는 다른 CPU에 비해 특정 CPU에 더 가까이에 있다(이를 **비균일 메모리 접근**(nonuniform memory access) 또는 NUMA[1]라고 부른다). 이 아키텍처를 효율적으로 사용하려면 각 CPU가 해당 CPU 주변의 메모리에 접근할 수 있게 해야 한다. 즉 표면적으로는 하나의 장비에서 수행 중이라도 분할(partitioning)은 여전히 필요하다.

2 **네트워크 결합 스토리지**(Network Attached Storage, NAS) 또는 **스토리지 전용 네트워크**(Storage Area Network, SAN)

비공유 시스템은 특별한 하드웨어를 필요로 하지 않으므로 가격 대비 성능이 가장 좋은 시스템을 사용할 수 있다. 잠재적으로 여러 지리적인 영역에 걸쳐 데이터를 분산해 사용자 지연 시간을 줄이고 전체 데이터센터의 손실을 줄일 수 있다. 가상 장비의 클라우드 배포를 활용하면 구글 규모로 운영할 필요가 없다. 소규모 회사라도 이제 다중 지역 분산 아키텍처가 실현 가능하다.

2부에서는 비공유 아키텍처에 중점을 둔다. 비공유 아키텍처가 모든 사용 사례에 가장 좋은 선택이라기보다는 비공유 아키텍처를 사용할 애플리케이션 개발자가 반드시 주의해야 하는 점이 있기 때문이다. 데이터를 여러 노드에 분산하려면 분산 시스템에서 발생하는 제약 조건과 트레이드오프를 알고 있어야 한다. 데이터베이스 스스로 이런 점을 마술처럼 숨길 수는 없다.

분산 비공유 아키텍처는 많은 장점이 있지만 대개 부가적인 애플리케이션 복잡도를 야기하고 때로는 사용할 수 있는 데이터 모델의 표현을 제한한다. 경우에 따라 간단한 단일 스레드 프로그램이 100개 이상의 CPU 코어를 사용하는 클러스터보다 훨씬 효율적으로 수행될 수 있다[4]. 하지만 비공유 시스템은 매우 강력하다. 이후 몇 개의 장에서 데이터를 분산했을 때 발생하는 문제에 대해 자세히 알아본다.

복제 대 파티셔닝

여러 노드에 데이터를 분산하는 방법은 일반적으로 두 가지가 있다.

복제

같은 데이터의 복사본을 잠재적으로 다른 위치에 있는 여러 노드에 유지한다. 복제는 중복성을 제공한다. 일부 노드가 사용 불가능 상태라면 해당 데이터는 남은 다른 노드를 통해 여전히 제공할 수 있다. 또한 복제는 성능 향상에도 도움이 된다. 복제는 5장에서 살펴본다.

파티셔닝

큰 데이터베이스를 **파티션**이라는 작은 서브셋으로 나누고 각 파티션은 각기 다른 노드에 할당한다(**샤딩**이라고도 한다). 파티셔닝은 6장에서 살펴본다.

복제와 파티셔닝은 별도의 메커니즘이지만 보통 그림 II-1처럼 서로 관련이 있다.

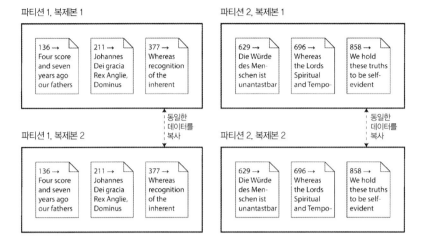

파티션 1, 복제본 1

| 136 →
Four score and seven years ago our fathers | 211 →
Johannes Dei gracia Rex Anglie, Dominus | 377 →
Whereas recognition of the inherent |

파티션 2, 복제본 1

| 629 →
Die Würde des Men- schen ist unantastbar | 696 →
Whereas the Lords Spiritual and Tempo- | 858 →
We hold these truths to be self- evident |

↕ 동일한 데이터를 복사

파티션 1, 복제본 2

| 136 →
Four score and seven years ago our fathers | 211 →
Johannes Dei gracia Rex Anglie, Dominus | 377 →
Whereas recognition of the inherent |

파티션 2, 복제본 2

| 629 →
Die Würde des Men- schen ist unantastbar | 696 →
Whereas the Lords Spiritual and Tempo- | 858 →
We hold these truths to be self- evident |

↕ 동일한 데이터를 복사

그림 II-1. 데이터베이스는 두 개의 파티션으로 나뉘고 각 파티션은 두 개의 복제본(replica)을 갖는다.

이런 개념을 이해하면 분산 시스템에서 필요한 어려운 트레이드오프를 설명할 수 있다. **트랜잭션**은 7장에서 설명한다. 트랜잭션을 이해하면 데이터 시스템에 발생하는 많은 문제를 설명하는 데 도움을 준다. 8장과 9장은 2부의 결론으로 분산 시스템의 근본적인 한계를 설명한다.

이후 3부에서는 복잡한 애플리케이션의 요구사항을 만족하기 위해 어떻게 다양한 (잠재적으로는 분산된) 데이터저장소를 가져와 대규모 시스템으로 통합할 수 있는지 설명한다. 일단은 분산 데이터에 대해 알아보자.

참고 문헌

[1] Ulrich Drepper: "What Every Programmer Should Know About Memory," akkadia.org, November 21, 2007.

[2] Ben Stopford: "Shared Nothing vs. Shared Disk Architectures: An Independent View," benstopford.com, November 24, 2009.

[3] Michael Stonebraker: "The Case for Shared Nothing," IEEE Database Engineering Bulletin, volume 9, number 1, pages 4–9, March 1986.

[4] Frank McSherry, Michael Isard, and Derek G. Murray: "Scalability! But at What COST?," at 15th USENIX Workshop on Hot Topics in Operating Systems (HotOS), May 2015.

To Consistency
& Consensus
(Chapter 9)

LOGICAL COAST

RethinkDB   MongoDB

MySQL

Oracle

PostgreSQL

SQL Server

PHYSICAL COAST

SINGLE-LEADER REPLICATION

FOREST OF
CONSISTENCY
MODELS

PIT OF
FAILOVER

REPLICATION LAG HIGHWAY

BAY OF CAUSALITY

Etherpad

Google
Docs

CouchDB

Calendar sync

QUORUM
HARBOR

CRDTs

MULTI-LEADER REPLICATION

PINNACLES OF CONFLICT RESOLUTION

Riak

LEADERLESS REPLICATION

EVENTUAL CONSISTENCY BOULEVARD

Voldemort   Cassandra

To Log-structured Storage
(Chapter 3)

복제

잘못될 수 있는 것과 잘못될 수 없는 것 사이의 주된 차이점은 잘못될 수 없는 것이 잘못됐을 때는 잘못
을 파악하거나 고치는 것은 거의 불가능하다는 점이다.

– 더글러스 애덤스, 대체로 무해함(1992)

복제란 네트워크로 연결된 여러 장비에 동일한 데이터의 복사본을 유지한다는 의미다. 2부의 소개
에서 설명한 것처럼 데이터 복제가 필요한 여러 이유가 있다.

- 지리적으로 사용자와 가깝게 데이터를 유지해 지연 시간을 줄인다.

- 시스템의 일부에 장애가 발생해도 지속적으로 동작할 수 있게 해 가용성을 높인다.

- 읽기 질의를 제공하는 장비의 수를 확장해 읽기 처리량을 늘린다.

이번 장에서는 데이터셋이 아주 작아 각 장비에 전체 데이터셋의 복사본을 보유할 수 있다고 가정한
다. 6장에서는 이 가정을 완화해 단일 장비에 넣기는 너무 큰 데이터셋을 대상으로 한 **파티셔닝(샤
딩)**을 살펴본다. 이후 장에서는 복제된 데이터 시스템에서 발생할 수 있는 다양한 종류의 장애와 이
에 대한 대처 방법을 설명한다.

복제 중인 데이터가 시간이 지나도 변경되지 않는다면 복제는 쉽다. 한번에 모든 노드에 데이터를 복사하면 된다. 복제에서 모든 어려움은 복제된 데이터의 **변경** 처리에 있으며 이것이 이번 장의 내용이다. 노드 간 변경을 복제하기 위한 세 가지 인기 있는 알고리즘인 **단일 리더**(single-leader), **다중 리더**(multi-leader), **리더 없는**(leaderless) 복제를 살펴보겠다. 거의 모든 분산 데이터베이스는 이 세 가지 방법 중 하나를 사용한다. 이러한 알고리즘에는 다양한 장단점이 있으며 이 장단점을 자세히 알아보겠다.

복제에는 고려해야 할 많은 트레이드오프가 있다. 예를 들면 동기식 복제와 비동기식 복제 중 어떤 것을 사용할지, 잘못된 복제본을 어떻게 처리할지다. 이런 트레이드오프는 대개 데이터베이스의 설정 옵션이다. 세부 사항은 데이터베이스마다 다양할지라도 일반적인 원리는 다양한 구현 간에도 유사하다. 이번 장에서는 이런 선택의 중요함에 대해서도 설명할 것이다.

데이터베이스 복제는 오래된 주제다(1970년대에 연구된 이래로 원리는 많이 변하지 않았다[1]. 네트워크의 근본적인 제약 조건이 그때와 같기 때문이다. 하지만 연구를 벗어나면 많은 개발자들이 오랫동안 여전히 단일 노드로만 구성된 데이터베이스를 가정한다. 분산 데이터베이스의 주된 사용은 최근이다. 많은 애플리케이션 개발자에게는 이 분야가 새롭기 때문에 **최종적 일관성**과 같은 문제에 대해 오해가 많다. 163쪽 "복제 지연 문제"에서 최종적 일관성에 대해 조금 더 자세히 알아보고 자신의 쓰기 읽기(read-your-writes)와 단조 읽기(monotonic read) 보장과 같은 내용을 살펴본다.

리더와 팔로워

데이터베이스의 복사본을 저장하는 각 노드를 **복제 서버**(replica)라고 한다. 다중 복제 서버를 사용하면 필연적으로 궁금증이 생긴다. 모든 복제 서버에 모든 데이터가 있다는 사실을 어떻게 보장할 수 있을까?

데이터베이스의 모든 쓰기는 모든 복제 서버에서 처리돼야 한다: 그렇지 않으면 복제 서버는 더 이상 동일한 데이터를 유지할 수 없다. 이 문제를 위한 가장 일반적인 해결책은 **리더 기반 복제**(leader-based replication)(또는 **능동**(active)/**수동**(passive), **마스터**(master) **슬레이브**(slave) 복제라고도 함)이며 그림 5-1에 나와 있다. 동작은 다음과 같다.

복제 서버 중 하나를 **리더**(leader)(**마스터**나 **프라이머리**(primary)라고도 함)로 지정한다. 클라이언트가 데이터베이스에 쓰기를 할 때 클라이언트는 요청을 리더에게 보내야 한다. 리더는 먼저 로컬 저장소에 새로운 데이터를 기록한다.

다른 복제 서버는 **팔로워(follower)**(**읽기 복제 서버(read replica)**, **슬레이브**, **2차(secondary)**, **핫 대기(hot standby)**)라고 한다.[1] 리더가 로컬 저장소에 새로운 데이터를 기록할 때마다 데이터 변경을 **복제 로그(replication log)**나 **변경 스트림(change stream)**의 일부로 팔로워에게 전송한다. 각 팔로워가 리더로부터 로그를 받으면 리더가 처리한 것과 동일한 순서로 모든 쓰기를 적용해 그에 맞게 데이터베이스의 로컬 복사본을 갱신한다.

클라이언트가 데이터베이스로부터 읽기를 할 때는 리더 또는 임의 팔로워에게 질의할 수 있다. 하지만 쓰기는 리더에게만 허용된다(팔로워는 클라이언트 관점에서는 읽기 전용이다).

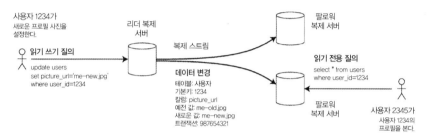

그림 5-1. 리더 기반(마스터 슬레이브) 복제

이 복제 모드는 포스트그레스큐엘(버전 9.0부터), 마이SQL, 오라클 데이터 가드(Data Guard)[2], SQL 서버의 상시 가용성 그룹(AlwaysOn Availability Groups)[3]과 같은 여러 관계형 데이터베이스에 내장된 기능이다. 또한 몽고DB, 리싱크DB, 에스프레소[4]를 포함한 일부 비관계형 데이터베이스에서도 사용한다. 마지막으로 리더 기반 복제는 데이터베이스에만 국한되지 않는다. 카프카[5]와 래빗MQ의 고가용성 큐[6] 같은 분산 메시지 브로커에도 사용된다. 일부 네트워크 파일 시스템과 DRBD 같은 복제 블록 디바이스도 유사하다.

동기식 대 비동기식 복제

복제 시스템의 중요한 세부 사항은 복제가 **동기식**으로 발생하는지 **비동기식**으로 발생하는지 여부다. (관계형 데이터베이스에서는 보통 설정 가능한 옵션이다. 그 밖의 시스템은 하드코딩하는 경우도 있다.)

---

1 많은 사람들은 핫(hot), 웜(warm), 콜드(cold) 대기 서버를 다양하게 정의하고 있다. 예를 들어 포스트그레스큐엘에서 핫 대기는 클라이언트로부터 읽기를 받아 복제본을 참조하는 데 사용하지만 웜 대기는 리더의 변경은 처리하지만 클라이언트의 질의는 처리하지 않는다.

그림 5-1에서 웹사이트 사용자가 프로필 이미지를 갱신하는 상황을 생각해보자. 어떤 시점에 클라이언트는 갱신 요청을 리더에게 전송한다. 곧 리더는 요청을 받는다. 어떤 시점에 리더는 데이터 변경을 팔로워에게 전달한다. 최종적으로 리더는 클라이언트에게 갱신이 성공했음을 알려준다.

그림 5-2는 시스템의 다양한 구성 요소(사용자 클라이언트, 리더, 두 팔로워) 간 통신을 보여준다. 시간 흐름은 왼쪽에서 오른쪽이고 요청이나 응답 메시지는 두꺼운 화살표로 표시한다.

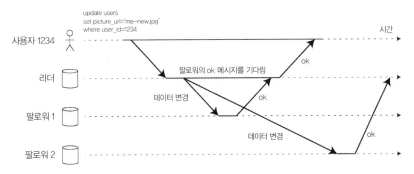

그림 5-2. 한 팔로워는 동기식, 다른 팔로워는 비동기식인 리더 기반 복제

그림 5-2의 예제에서 팔로워 1의 복제는 **동기식**이다. 리더는 팔로워 1이 쓰기를 수신했는지 확인해줄 때까지 기다린다. 확인이 끝나면 사용자에게 성공을 보고하고 다른 클라이어트에게 해당 쓰기를 보여준다. 팔로워 2의 복제는 비동기식이다. 리더는 메시지를 전송하지만 팔로워의 응답을 기다리지 않는다.

다이어그램은 팔로워 2가 메시지를 처리하기 전까지 상당한 지연이 있음을 보여준다. 보통 복제는 매우 빠르다. 대부분의 데이터베이스 시스템은 1초 내에 팔로워에게 변경 내용을 적용하지만 얼마나 오래 걸릴지는 보장할 수 없다. 팔로워가 수분 이상 리더와 떨어질 수 있다. 팔로워가 장애를 복구 중이거나 시스템이 최대 가용량 부근에서 동작하거나 노드 간 네트워크 문제가 있을 수 있기 때문이다.

동기식 복제의 장점은 팔로워가 리더와 일관성 있게 최신 데이터 복사본을 가지는 것을 보장한다. 갑자기 리더가 작동하지 않아도 데이터는 팔로워에서 계속 사용할 수 있음을 확신할 수 있다. 단점은 (팔로워가 죽거나 네트워크 문제나 다른 어떤 이유로 인해) 동기 팔로워가 응답하지 않는다면 쓰기가 처리될 수 없다는 것이다. 리더는 모든 쓰기를 차단(block)하고 동기 복제 서버가 다시 사용할 수 있을 때까지 기다려야 한다.

이런 이유로 모든 팔로워가 동기식인 상황은 비현실적이다. 임의 한 노드의 장애는 전체 시스템을 멈추게 한다. 현실적으로 데이터베이스에서 동기식 복제를 사용하려면 보통 팔로워 **하나**는 동기식으로 하고 그 밖에는 비동기식으로 하는 것을 의미한다. 동기식 팔로워가 사용할 수 없게 되거나 느려지면 비동기식 팔로워 중 하나가 동기식이 된다. 이것은 적어도 두 노드(리더와 하나의 동기 팔로워)에 데이터의 최신 복사본이 있는 것을 보장한다. 이런 설정을 **반동기식(semi-synchronous)**[7]이라 한다.

보통 리더 기반 복제는 완전히 비동기식으로 구성한다. 이런 경우 리더가 잘못되고 복구할 수 없으면 팔로워에 아직 복제되지 않은 모든 쓰기는 유실된다. 이것은 쓰기가 클라이언트에게 확인된 경우에도 지속성을 보장하지 않는다는 의미다. 하지만 완전 비동기식 설정은 모든 팔로워가 잘못되더라도 리더가 쓰기 처리를 계속 할 수 있는 장점이 있다.

비동기식 복제는 내구성을 약화시키기 때문에 나쁜 트레이드오프 같지만 그럼에도 특히 많은 팔로워가 있거나 지리적으로 분산됐다면 비동기식 복제를 널리 사용한다. 161쪽 "복제 지연 문제"에서 이 문제를 다시 설명한다.

복제에 대한 연구

리더 작동이 실패한다면 비동기식 복제 시스템의 데이터 유실은 심각한 문제가 될 수 있다. 그래서 연구자들은 좋은 성능과 가용성을 제공하면서 데이터 유실이 없는 복제 방법을 계속 연구하고 있다. 예를 들어 **체인 복제**[8, 9]는 마이크로소프트 애저(Azure) 저장소[10, 11]와 같은 일부 시스템에 성공적으로 구현된 동기식 복제의 변형이다.

복제 일관성과 **합의**(여러 노드가 값에 동의하는 것) 사이에는 강한 연관성이 있다. 그 이론적 배경을 9장에서 상세히 살펴본다. 이번 장에서는 실제로 데이터베이스에서 사용하는 가장 일반적이고 간단한 복제의 형태에 집중한다.

새로운 팔로워 설정

때때로 복제 서버 수를 늘리거나 장애 노드의 대체를 위해 새로운 팔로워를 설정해야 한다. 새로운 팔로워가 리더의 데이터 복제본을 정확히 가지고 있는지 어떻게 보장할까?

간단히 한 노드에서 다른 노드로 데이터 파일을 복사하는 것만으로는 대개 충분하지 않다. 클라이언트는 지속적으로 데이터베이스에 기록하고 데이터는 항상 유동적이기 때문에 표준 파일 복사본은 다른 시점에 데이터베이스의 다른 부분을 보게 된다. 즉, 복사 결과가 유효하지 않을 수 있다.

데이터베이스를 잠가서(쓰기가 불가능하게 만듦) 디스크의 파일을 일관성 있게 만들 수 있지만 고가용성 목표에 부합하지 않는다. 다행히 팔로워 설정은 대개 중단시간 없이 수행할 수 있다. 그 과정은 개념적으로 다음과 같다.

1. 가능하다면 전체 데이터베이스를 잠그지 않고 리더의 데이터베이스 스냅숏을 일정 시점에 가져온다. 대부분의 데이터베이스는 백업이 필요하기 때문에 이 기능을 갖췄다. 일부는 마이SQL의 **innobackupex**[12] 같은 서드파티 도구가 필요하다.

2. 스냅숏을 새로운 팔로워 노드에 복사한다.

3. 팔로워는 리더에 연결해 스냅숏 이후 발생한 모든 데이터 변경을 요청한다. 이것은 스냅숏이 리더의 복제 로그의 정확한 위치와 연관돼야 한다. 이 위치의 명칭은 다양하다. 예를 들어 포스트그레스큐엘에서는 **로그 일련번호**(log sequence number)라 하고 마이SQL에서는 **이진로그 좌표**(binlog coordinate)라 부른다.

4. 팔로워가 스냅숏 이후 데이터 변경의 미처리분(backlog)을 모두 처리했을 때 따라잡았다고 말한다. 이제부터 리더에 발생하는 데이터 변화를 이어 처리할 수 있다.

팔로워를 설정하는 실제 과정은 데이터베이스에 따라 크게 다르다. 일부 시스템은 설정 과정이 완전 자동화인 반면 운영자가 수동으로 수행해야 하는 약간 애매한 여러 단계의 워크플로가 있는 경우도 있다.

노드 중단 처리

시스템의 모든 노드는 장애로 인해 예기치 않게 중단될 수 있지만 계획된 유지보수(예를 들어 커널의 보안 패치 설치를 위한 장비 리부팅)로 인해 중단될 수도 있다. 중단시간 없이 개별 노드를 재부팅할 수 있다는 점은 운영과 유지보수에 큰 장점이다. 따라서 개별 노드의 장애에도 전체 시스템이 동작하게끔 유지하고 노드 중단의 영향을 최소화하는 것이 목표다.

리더 기반 복제에서 고가용성은 어떻게 달성할 수 있을까?

팔로워 장애: 따라잡기 복구

각 팔로워는 리더로부터 수신한 데이터 변경 로그를 로컬 디스크에 보관한다. 팔로워가 죽어 재시작하거나 리더와 팔로워 사이의 네트워크가 일시적으로 중단된다면 팔로워는 매우 쉽게 복구할 수 있다. 먼저 보관된 로그에서 결함이 발생하기 전에 처리한 마지막 트랜잭션을 알아낸다. 그러면 팔로워는 리더에 연결해 팔로워 연결이 끊어진 동안 발생한 데이터 변경을 모두 요청할 수 있다. 이 변경이 다 적용되면 리더를 다 따라잡게 되고 이전과 같이 데이터 변경의 스트림을 계속 받을 수 있다.

리더 장애: 장애 복구

리더의 장애를 처리하는 일은 까다롭다. 팔로워 중 하나를 새로운 리더로 승격해야 하고 클라이언트는 새로운 리더로 쓰기를 전송하기 위해 재설정이 필요하며 다른 팔로워는 새로운 리더로부터 데이터 변경을 소비하기 시작해야 한다. 이 과정을 **장애 복구(failover)**라 한다.

장애 복구는 수동으로 진행(관리자는 리더의 장애 알림을 받고 새로운 리더를 만들기 위해 필요한 조치를 취한다)하거나 자동으로 진행한다. 자동 장애 복구는 보통 다음과 같은 단계로 구성된다.

1. **리더가 장애인지 판단한다.** 고장, 정전, 네트워크 문제 등 잠재적으로 여러 가지가 잘못될 수 있다. 무엇이 잘못됐는지 발견할 수 있는 확실한 방법이 없기 때문에 대부분의 시스템은 단순히 타임아웃을 사용한다. 노드들은 자주 서로 메시지를 주고받으며 일정 시간 동안 노드가 응답하지 않으면(예를 들어 30초) 죽은 것으로 간주한다. (리더가 계획된 유지보수를 위해 의도적으로 중단된 경우는 타임아웃을 적용하지 않는다.)

2. **새로운 리더를 선택한다.** 이것은 선출 과정(리더가 나머지 복제 서버의 대다수에 의해 선택됨)을 통해 이뤄지거나 이전에 선출된 **제어 노드(controller node)**에 의해 새로운 리더가 임명될 수 있다. 새로운 리더로 가장 적합한 후보는 보통 이전 리더의 최신 데이터 변경사항을 가진 복제 서버다. 모든 노드가 새 리더 추대에 동의를 구하는 합의 문제는 9장에서 자세히 설명한다.

3. **새로운 리더 사용을 위해 시스템을 재설정한다.** 클라이언트는 이제 새로운 쓰기 요청을 새로운 리더에게 보내야 한다(214쪽 "요청 라우팅"에서 설명한다). 이전 리더가 돌아오면 여전히 자신이 리더라 믿을 수 있으며 다른 복제 서버들이 자신을 리더에서 물러나게 한 것을 알지 못한다. 시스템은 이전 리더가 팔로워가 되고 새로운 리더를 인식할 수 있게끔 해야 한다.

장애 복구 과정은 잘못될 수 있는 것 투성이다.

- 비동기식 복제를 사용한다면 새로운 리더는 이전 리더가 실패하기 전에 이전 리더의 쓰기를 일부 수신하지 못할 수 있다. 새로운 리더가 선출된 다음 이전 리더가 클러스터에 다시 추가된다면 이 쓰기를 어떻게 해야 할까? 그 동안 새로운 리더가 충돌하는 쓰기를 수신했을지도 모른다. 가장 일반적인 해결책은 이전 리더의 복제되지 않은 쓰기를 단순히 폐기하는 방법이다. 이 방법은 내구성에 대한 클라이언트의 기대를 저버리게 된다.

- 쓰기를 폐기하는 방법은 데이터베이스 외부의 다른 저장소 시스템이 데이터베이스 내용에 맞춰 조정돼야 한다면 특히 위험하다. 깃허브에서 발생한 사고 중 하나[13]로 유효하지 않은(out-of-date) 마이SQL 팔로워가 리더로 승격된 사례가 있다. 데이터베이스는 새로운 로우의 기본키를 할당하기 위해 자동 증가 카운터를 사용했지만 새로운 리더의 카운터는 이전 리더보다 뒤처져 있었기 때문에 이전 리더가 예전에 할당한 기본키를 재사용했다. 이 기본키는 레디스 저장소에도 사용했기 때문에 기본키의 재사용은 마이SQL과 레디스 간 불일치를 일으켰다. 결국 일부 개인 데이터가 잘못된 사용자에게 공개됐다.

- 특정 결함 시나리오(8장 참고)에서 두 노드가 모두 자신이 리더라고 믿을 수 있다. 이런 상황을 **스플릿 브레인(split brain)**이라 한다. 스플릿 브레인은 매우 위험한 상황이다. 두 리더가 쓰기를 받으면서 충돌을 해소하는 과정을 거치지 않으면(169

쪽 "다중 리더 복제" 참고) 데이터가 유실되거나 오염된다. 일부 시스템에는 안전 장치로 두 리더가 감지되면 한 노드를 종료하는 메커니즘이 있다.[2] 하지만 이 메커니즘을 주의깊게 설계하지 않으면 두 개의 노드가 모두 종료될 수 있다[14].

- 리더가 분명히 죽었다고 판단 가능한 적절한 타임아웃은 얼마일까? 긴 타임아웃은 리더가 작동하지 않을 때부터 복구까지 오랜 시간이 소요된다는 의미다. 하지만 타임아웃이 너무 짧으면 불필요한 장애 복구가 있을 수 있다. 예를 들어 일시적인 부하 급증으로 노드의 응답 시간이 타임아웃보다 커지거나 네트워크 고장으로 패킷이 지연되는 경우가 그렇다. 시스템이 이미 높은 부하나 네트워크 문제와 씨름 중이라면 불필요한 장애 복구가 상황을 더 악화시킬 수 있다.

이 문제에 대한 쉬운 해결책은 없다. 이런 이유로 일부 운영팀은 소프트웨어가 자동 장애 복구를 지원하더라도 수동으로 장애 복구를 수행하는 방식을 선호한다.

노드 장애, 불안정한 네트워크, 복제 서버 일관성과 관련된 트레이드오프, 지속성, 가용성, 지연 시간 등의 문제는 사실 분산 시스템에서 발생하는 근본적인 문제다. 8장과 9장에서 이 같은 여러 문제를 좀 더 깊이 있게 살펴보겠다.

복제 로그 구현

리더 기반 복제는 내부적으로 어떻게 동작할까? 실제로는 다양한 복제 방법을 사용한다. 이 방법들을 각각 간단히 살펴보자.

구문 기반 복제

가장 간단한 사례를 보자. 리더는 모든 쓰기 요청(**구문**(statement))을 기록하고 쓰기를 실행한 다음 구문 로그를 팔로워에게 전송한다. 관계형 데이터베이스는 모든 INSERT, UPDATE, DELETE 구문을 팔로워에게 전달하고 각 팔로워는 클라이언트에서 직접 받은 것처럼 SQL 구문을 파싱하고 실행한다.

이 접근법은 합리적인 것 같지만 복제가 깨질 수 있는 다양한 사례가 있다.

- 현재 날짜와 시간을 얻기 위한 NOW( )나 임의 숫자를 얻기 위한 RAND( ) 같은 비결정적 함수를 호출하는 모든 구문은 각 복제 서버마다 다른 값을 생성할 가능성이 있다.

- 자동증가 칼럼을 사용하는 구문이나 데이터베이스에 있는 데이터에 의존한다면(예를 들어 UPDATE … WHERE ⟨*some condition*⟩) 구문은 각 복제 서버에서 정확히 같은 순서로 실행돼야 한다. 그렇지 않으면 효과가 달라질 수 있다. 이 방식은 동시에 여러 트랜잭션이 수행되는 것을 제한하게 한다.

- 부수 효과를 가진 구문(예: 트리거, 스토어드 프로시저, 사용자 정의 함수)은 부수 효과가 완벽하게 결정적이지 않으면 각 복제 서버에서 다른 부수 효과가 발생할 수 있다.

2 　이런 접근 방식을 **펜싱**(fencing)이나 조금 더 강하게는 **노드를 확실하게 죽이기**(Shoot The Other Node In The Head, STONITH)라 한다. 펜싱은 301쪽 "리더와 잠금"에서 조금 더 자세히 설명한다.

이 문제들은 대안 해결책이 있다. 예를 들어 리더는 구문을 기록할 때 모든 비결정적 함수 호출을 고정 값을 반환하게끔 대체할 수 있다. 그러면 팔로워 모두 같은 값을 얻을 수 있다. 하지만 여러 에지 케이스가 있기 때문에 지금은 일반적으로 다른 복제 방법을 선호한다.

마이SQL 5.1 이전 버전에서 구문 기반 복제(statement-based replication)가 사용됐다. 구문 기반 복제는 매우 간편해서 오늘날에도 여전히 사용된다. 하지만 마이SQL은 이제 구문에 비결정성이 있다면 기본적으로 (곧 설명할) 로우 기반 복제(row-based replication)로 변경한다. 볼트 DB(VoltDB)도 구문 기반 복제를 사용한다. 하지만 볼트DB는 트랜잭션이 결정적이 되게끔 요구해 구문을 안전하게 만든다[15].

쓰기 전 로그 배송

3장에서 저장소 엔진이 디스크 상에서 데이터를 표현하는 방법을 살펴봤다. 그리고 일반적으로 모든 쓰기는 로그에 기록한다는 사실을 확인했다.

- 로그 구조화 저장소 엔진(78쪽 "SS테이블과 LSM 트리" 참고)의 경우 로그 자체가 저장소의 주요 부분이다. 로그 세그먼트는 작게 유지되고 백그라운드로 가비지 컬렉션을 한다.
- 개별 디스크 블록에 덮어쓰는 B 트리(82쪽 "B 트리" 참고)의 경우 모든 변경은 쓰기 전 로그(Write-ahead log, WAL)에 쓰기 때문에 고장 이후 일관성 있는 상태로 색인을 복원할 수 있다.

두 경우 모두 로그는 데이터베이스의 모든 쓰기를 포함하는 추가 전용(append-only) 바이트 열이다. 완전히 동일한 로그를 사용해 다른 노드에서 복제 서버를 구축할 수 있다. 리더는 디스크에 로그를 기록하는 일 외에도 팔로워에게 네트워크로 로그를 전송하기도 한다.

팔로워가 이 로그를 처리하면 리더에서 있는 것과 정확히 동일한 데이터 구조의 복제본이 만들어진다.

이 복제 방식은 포스트그레스큐엘과 오라클 등에서 사용된다[16]. 가장 큰 단점은 로그가 제일 저수준의 데이터를 기술한다는 점이다. WAL은 어떤 디스크 블록에서 어떤 바이트를 변경했는지와 같은 상세 정보를 포함한다. 이렇게 하면 복제가 저장소 엔진과 밀접하게 엮인다. 데이터베이스가 저장소 형식을 다른 버전으로 변경한다면 대개 리더와 팔로워의 데이터베이스 소프트웨어 버전을 다르게 실행할 수 없다.

이 문제는 사소한 구현의 세부 사항처럼 보일 수 있지만 운영상 큰 영향을 미칠 수 있다. 팔로워가 리더보다 새로운 소프트웨어 버전을 사용하게끔 복제 프로토콜이 허용한다면 팔로워를 먼저 업그레이드함으로써 중단시간 없이 데이터베이스 소프트웨어 업그레이드 수행이 가능하다. 그러면 업그레이드된 노드 중 하나를 새로운 리더로 선정하기 위해 장애 복구를 수행할 수 있다. WAL 배송(shipping)과 같이 복제 프로토콜이 버전의 불일치를 허용하지 않는다면 업그레이드할 때 중단시간이 필요하다.

논리적(로우 기반) 로그 복제

복제 로그를 저장소 엔진 내부와 분리하기 위한 대안 하나는 복제와 저장소 엔진을 위해 다른 로그 형식을 사용하는 것이다. 이 같은 종류의 복제 로그를 저장소 엔진의 (**물리적**) 데이터 표현과 구별하기 위해 **논리적 로그**(logical log)라고 부른다.

관계형 데이터베이스용 논리적 로그는 대개 로우 단위로 데이터베이스 테이블에 쓰기를 기술한 레코드 열이다.

- 삽입된 로우의 로그는 모든 칼럼의 새로운 값을 포함한다.

- 삭제된 로우의 로그는 로우를 고유하게 식별하는 데 필요한 정보를 포함한다. 보통 이것은 기본키지만 테이블에 기본키가 없다면 모든 칼럼의 예전 값을 로깅해야 한다.

- 갱신된 로우의 로그는 로우를 고유하게 식별하는 데 필요한 정보와 모든 칼럼의 새로운 값(적어도 변경된 모든 칼럼의 새로운 값)을 포함한다.

여러 로우를 수정하는 트랜잭션은 여러 로그 레코드를 생성한 다음 트랜잭션이 커밋됐음을 레코드에 표시한다. (로우 기반 복제를 사용하게끔 설정한 경우) 마이SQL의 이진 로그는 이 접근 방식을 사용한다[17].

논리적 로그를 저장소 엔진 내부와 분리했기 때문에 하위 호환성을 더 쉽게 유지할 수 있고 리더와 팔로워에서 다른 버전의 데이터베이스 소프트웨어나 심지어 다른 저장소 엔진을 실행할 수 있다.

또한 논리적 로그 형식은 외부 애플리케이션이 파싱하기 더 쉽다. 이런 측면은 오프라인 분석이나 사용자 정의 색인과 캐시 구축을 위해 데이터 웨어하우스 같은 외부 시스템에 데이터베이스의 내용을 전송하고자 할 때 유용하다[18]. 이 기술을 **변경 데이터 캡처**(change data capture)라 부르며 11장에서 설명한다.

트리거 기반 복제

지금까지 설명한 복제 접근 방식은 애플리케이션 코드의 사용 없이 데이터베이스 시스템에 의해 구현된다. 대부분 이 방식을 원하지만 조금 더 유연성이 필요한 몇 가지 상황이 있다. 예를 들어 데이터의 서브셋만 복제하거나 데이터베이스를 다른 종류의 데이터베이스로 복제해야 하거나 충돌 해소 로직(173쪽 "쓰기 충돌 다루기" 참고)이 필요하다면 복제를 애플리케이션 층으로 옮겨야 한다.

오라클의 골든게이트(GoldenGate)[19] 같은 도구는 데이터베이스 로그를 읽어 애플리케이션이 데이터를 변경할 수 있게 한다. 다른 방법으로는 많은 관계형 데이터베이스에서 사용할 수 있는 기능인 **트리거**나 **스토어드 프로시저**를 사용한다.

트리거는 사용자 정의 애플리케이션 코드를 등록할 수 있게 한다. 이 애플리케이션 코드는 데이터베이스 시스템에서 데이터가 변경되면(쓰기 트랜잭션) 자동으로 실행된다. 트리거는 데이터 변경을 분리된 테이블에 로깅할 수 있는 기회를 가진다. 이 테이블로부터 데이터 변경을 외부 프로세스가 읽을 수 있다. 그러면 외부 프로세스는 필요한 애플리케이션 로직을 적용해 다른 시스템으로 데이터 변경을 복제한다. 예를 들어 오라클용 데이터버스(Databus)[20]와 포스트그레스큐엘용 부카르도(Bucardo)[21]가 이와 같이 동작한다.

일반적으로 트리거 기반 복제에는 다른 복제 방식보다 많은 오버헤드가 있다. 이 방식은 데이터베이스에 내장된 복제보다 버그나 제한 사항이 더 많이 발생한다. 그럼에도 트리거 기반 복제는 유연성 때문에 매우 유용하다.

복제 지연 문제

노드 내결함성을 갖추려는 단 한 가지 이유는 복제가 필요하기 때문이다. 2부 소개에서 언급했듯이 확장성(단일 장비에서 감당하지 못하는 요청을 처리)과 지연 시간(사용자에게 지리적으로 더 가까운 복제 서버를 위치시킴)이 또 다른 이유다.

리더 기반 복제는 모든 쓰기가 단일 노드를 거쳐야 하지만 읽기 전용 질의는 어떤 복제 서버에서도 가능하다. 대부분이 읽기 요청이고 쓰기가 아주 작은 비율로 구성된 작업부하(웹 상의 공통 패턴)라면 많은 팔로워를 만들어 팔로워 간 읽기 요청을 분산하는 매력적인 옵션이 있다. 이 방식을 사용하면 리더의 부하를 없애고 근처 복제 서버에서 읽기 요청을 처리할 수 있게 해준다.

이런 **읽기 확장(read-scaling)** 아키텍처에서는 간단히 팔로워를 더 추가함으로써 읽기 전용 요청을 처리하기 위한 용량을 늘릴 수 있다. 하지만 이 접근 방식은 실제로는 비동기식 복제에서만 동작한다. 동기식으로 모든 팔로워에 복제를 시도한다면 단일 노드 장애나 네트워크 중단으로 전체 시스템의 쓰기가 불가능해진다. 그리고 노드가 많아지면 다운될 가능성도 커져 완전한 동기식 설정은 매우 불안정하다.

아쉽게도 애플리케이션이 **비동기 팔로워**에서 데이터를 읽을 때 팔로워가 뒤처진다면 지난 정보를 볼 수도 있다. 이 상황은 데이터베이스에 명백하게 불일치가 발생한다. 이와 동시에 리더와 팔로워에 동일한 질의를 수행하면 모든 쓰기가 팔로워에 반영되지 않았기 때문에 서로 다른 결과를 얻을 수도 있다. 하지만 이런 불일치는 일시적인 상태에 불과하다. 데이터베이스에 쓰기를 멈추고 잠시 동안 기다리면 팔로워는 결국 따라잡게 되고 리더와 일치하게 된다. 이런 효과를 **최종적 일관성**[22, 23]이라 한다.[3]

"최종적"이란 용어는 의도적으로 모호하다. 일반적으로 복제 서버가 얼마나 뒤처질 수 있는지에 대한 제한은 없다. 정상적인 동작에서 리더에서 일어난 쓰기와 팔로워에서 반영 사이의 지연(**복제 지연**)은 실제로는 눈에 띄지 않는 아주 짧은 순간이다. 하지만 시스템이 가용량 근처에서 동작하거나 네트워크 문제가 있으면 지연은 쉽게 수 초에서 수 분으로 증가할 수 있다.

애플리케이션에서 지연이 매우 크면 불일치는 이론적인 문제가 아니라 실제 문제가 된다. 이번 절에서는 복제 지연이 있을 때 발생할 수 있는 세 가지 사례를 제시하고 해결 방법을 간략히 설명한다.

자신이 쓴 내용 읽기

많은 애플리케이션은 사용자가 임의 데이터를 제출하고 해당 사용자에게 제출한 데이터를 볼 수 있게 한다. 이것은 고객 데이터베이스의 레코드거나 토론 글의 댓글이거나 이와 유사한 다른 것일 수 있다. 새로운 데이터가 제출되면 리더에게 전송해야 하지만 사용자가 데이터를 볼 때는 팔로워에서 읽을 수 있다. 이것은 데이터를 자주 읽지만 가끔 쓰는 경우에 특히 적합하다.

비동기식 복제에서는 그림 5-3과 같은 문제가 있다. 사용자가 쓰기를 수행한 직후 데이터를 본다면 새로운 데이터는 아직 복제 서버에 반영되지 않았을 수 있다. 이것은 사용자에게 제출된 데이터가 유실된 것처럼 보이기 때문에 당연히 불만족스러울 동작이다.

---

3 최종적 일관성이란 용어는 더글라스 테리 외[24]에 의해 만들어졌고 워너 보겔스[22]에 의해 대중화됐으며 많은 NoSQL 프로젝트의 슬로건이 됐다. 하지만 최종적 일관성은 NoSQL 데이터베이스만 사용하는 특성이 아니다. 비동기식으로 복제된 관계형 데이터베이스 팔로워도 동일한 특성을 갖는다.

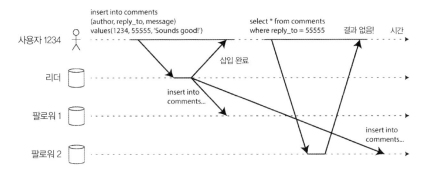

그림 5-3. 사용자가 쓰기를 한 다음 새로운 내용이 반영되지 않은 복제 서버에서 데이터를 읽는다. 이런 이상 현상을 방지하려면 쓰기 후 읽기(read-after-write) 일관성이 필요하다.

이런 상황에서는 **쓰기 후 읽기 일관성(자신의 쓰기 읽기 일관성**으로도 알려져 있음)이 필요하다 [24]. 이것은 사용자가 페이지를 재로딩했을 때 항상 자신이 제출한 모든 갱신을 볼 수 있음을 보장하며 다른 사용자에 대해서는 보장하지 않는다. 다른 사용자의 갱신은 일정 시간 이후까지 보이지 않을 수 있다. 하지만 사용자 자신의 입력이 올바르게 저장됐음을 보장한다.

어떻게 리더 기반 복제 시스템에서 쓰기 후 읽기 일관성을 구현할까? 다양한 기법이 가능하다. 몇 가지 언급하면 다음과 같다.

- 사용자가 수정한 내용을 읽을 때는 리더에서 읽는다. 그 밖에는 팔로워에서 읽는다. 이를 위해서는 실제로 질의하지 않고 무엇이 수정됐는지 알 수 있는 방법이 필요하다. 예를 들어 소셜 네트워크에서 사용자 프로필 정보는 보통 다른 사람이 아닌 프로필 소유자만 편집할 수 있다. 따라서 항상 사용자 소유의 프로필은 리더에서 읽고 다른 사용자의 프로필은 팔로워에서 읽는 간단한 규칙을 사용한다.

- 애플리케이션 내 대부분의 내용을 사용자가 편집할 가능성이 있다면 이 접근 방식은 대부분 리더에서 읽기 때문에 효율적이지 않다(읽기 확장의 이점을 무효화함). 이런 경우에는 리더에서 읽을지 말지를 결정하기 위해 다른 기준을 사용해야 한다. 예를 들어 마지막 갱신 시각을 찾아서 마지막 갱신 후 1분 동안은 리더에서 모든 읽기를 수행한다. 또한 팔로워에서 복제 지연을 모니터링해 리더보다 1분 이상 늦은 모든 팔로워에 대한 질의를 금지할 수 있다.

- 클라이언트는 가장 최근 쓰기의 타임스탬프를 기억할 수 있다. 그러면 시스템은 사용자 읽기를 위한 복제 서버가 최소한 해당 타임스탬프까지 갱신을 반영하게 할 수 있다. 복제 서버가 아직 최신 내용이 아닌 경우에는 다른 복제 서버가 읽기를 처리하거나 복제 서버가 따라잡을 때까지 질의를 대기시킬 수 있다. 타임스탬프는 **논리적 타임스탬프**(로그 열 숫자처럼 쓰기의 순서를 지정함)거나 실제 시스템 시간(실제 시스템 시간인 경우 동기화가 매우 중요하다. 287쪽 "신뢰성 없는 시계"를 참고)일 수 있다.

- 복제 서버가 여러 데이터센터에 분산(사용자에게 지리적인 근접성이나 가용성을 위해)됐다면 복잡도가 증가한다. 리더가 제공해야 하는 모든 요청은 리더가 포함된 데이터센터로 라우팅돼야 한다.

동일한 사용자가 여러 디바이스(예를 들어 데스크톱 웹 브라우저와 모바일 앱)로 서비스를 접근할 때 또 다른 문제가 발생한다. 이 경우에는 **디바이스 간(cross-device)** 쓰기 후 읽기 일관성이 제공돼야 한다. 사용자가 한 디바이스에서 어떤 정보를 입력하면 다른 디바이스에서 볼 때는 방금 입력한 정보가 보여야 한다.

이런 경우 몇 가지 문제를 추가적으로 고려해야 한다.

- 사용자의 마지막 갱신 타임스탬프를 기억해야 하는 접근 방식은 더욱 어렵다. 한 디바이스에서 수행 중인 코드는 다른 디바이스에서 발생한 갱신을 알 수 없기 때문이다. 이 메타데이터는 중앙집중식으로 관리해야 한다.

- 복제 서버가 여러 데이터센터 간에 분산돼 있다면 다른 디바이스의 연결이 동일한 데이터센터로 라우팅된다는 보장이 없다(예를 들어 사용자 데스크톱 컴퓨터는 홈 광대역 연결을 사용하고 모바일 디바이스는 셀룰러 데이터 네트워크를 이용한다면 디바이스들의 네트워크 라우팅은 완전히 다르다). 리더에서 읽어야 할 필요가 있는 접근법이라면 먼저 사용자 디바이스의 요청을 동일한 데이터센터로 라우팅해야 한다.

단조 읽기

비동기식 팔로워에서 읽을 때 발생할 수 있는 두 번째 이상 현상은 사용자가 **시간이 거꾸로 흐르는** 현상을 목격할 수 있다는 것이다.

이 사례는 사용자가 각기 다른 복제 서버에서 여러 읽기를 수행할 때 발생할 수 있다. 예를 들어 그림 5-4는 사용자 2345가 동일한 질의를 두 번(첫 번째 팔로워는 지연이 거의 없고 두 번째 팔로워는 큰 지연이 있음) 수행했을 때를 보여준다(이 시나리오에서는 사용자가 웹 페이지를 새로고침할 때 각 요청이 임의 서버로 라우팅된다). 첫 번째 질의는 사용자 1234가 최근에 추가한 코멘트를 반환하지만 두 번째 질의는 지연된 팔로워가 아직 쓰기를 알지 못하기 때문에 아무것도 반환하지 않는다. 실제로는 두 번째 질의는 첫 번째 질의보다 더 이른 시점의 시스템을 보고 있다. 만약 첫 번째 질의가 아무것도 반환하지 않았다면 이것이 그렇게 나쁜 것은 아니다. 사용자 2345는 사용자 1234가 최근에 추가한 코멘트를 알지 못하기 때문이다. 하지만 사용자 2345가 사용자 1234의 코멘트를 먼저 보고 그다음 다시 코멘트가 사라진다면 매우 혼란스러울 것이다.

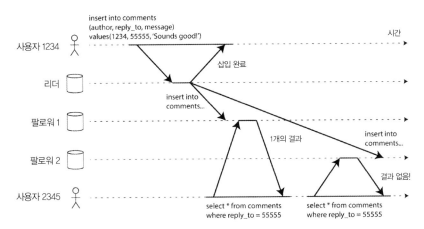

그림 5-4. 사용자는 최신 복제 서버에서 먼저 읽고 그다음 예전 복제 서버에서 읽는다. 시간 역전 현상이 나타난다. 이런 이상 현상을 방지하려면 단조 읽기가 필요하다.

단조 읽기(monotonic read)[23]는 이런 종류의 이상 현상이 발생하지 않음을 보장한다. 단조 읽기는 강한 일관성보다는 덜한 보장이지만 최종적 일관성보다는 더 강한 보장이다. 데이터를 읽을 때 이전 값을 볼 수 있다. 한 사용자가 여러 번에 걸쳐 여러 번 읽어도 시간이 되돌아가는 현상을 보지 않는다는 의미다. 즉, 이전에 새로운 데이터를 읽은 후에는 예전 데이터를 읽지 않는다.

단조 읽기를 달성하는 한 방법은 각 사용자의 읽기가 항상 동일한 복제 서버에서 수행되게끔 하는 것이다(다른 사용자는 다른 복제 서버에서 읽을 수 있다). 예를 들어 임의 선택보다는 사용자 ID의 해시를 기반으로 복제 서버를 선택한다. 하지만 복제 서버가 고장 나면 사용자 질의를 다른 복제 서버로 재라우팅할 필요가 있다.

일관된 순서로 읽기

세 번째 복제 지연 이상 현상은 인과성의 위반 우려다. 푼스 씨와 케이크 부인의 짧은 대화를 아래에서 상상해보자.

푼스 씨
미래에 대해 얼마나 멀리 볼 수 있나요, 케이크 부인?

케이크 부인
보통 10초 정도요, 푼스 씨.

위 두 문장 사이에는 인과성이 있다. 케이크 부인은 푼스 씨의 질문을 듣고 그에 대한 답을 했다.

이제 팔로워를 통해 이 대화를 듣고 있는 제3자 관찰자가 있다고 상상해보자. 케이크 부인이 한 말은 거의 지연없이 팔로워에게 전달됐지만 푼스 씨가 한 말은 아주 긴 복제 지연이 있었다(그림 5-5 참고). 이 관찰자는 다음과 같이 듣게 된다.

케이크 부인

보통 10초 정도요, 푼스 씨.

푼스 씨

미래에 대해 얼마나 멀리 볼 수 있나요, 케이크 부인?

관찰자에게는 케이크 부인이 푼스 씨가 물어보기 전에 질문에 대답한 것처럼 보인다. 이런 초능력은 인상적이지만 매우 혼란스럽다[25].

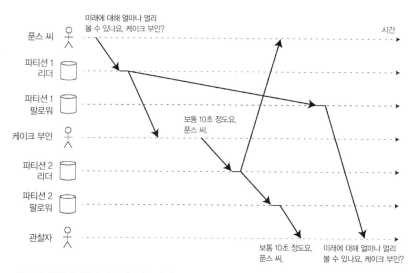

그림 5-5. 일부 파티션이 다른 것보다 느리게 복제되는 경우 관찰자는 질문을 보기 전에 대답을 볼 수 있다.

이런 종류의 이상 현상을 방지하려면 **일관된 순서로 읽기**(Consistent Prefix Read)[23] 같은 또 다른 유형의 보장이 필요하다. 일관된 순서로 읽기는 일련의 쓰기가 특정 순서로 발생한다면 이 쓰기를 읽는 모든 사용자는 같은 순서로 쓰여진 내용을 보게 됨을 보장한다.

이는 파티셔닝된(샤딩된) 데이터베이스에서 발생하는 특징적인 문제다. 이 문제는 6장에서 설명한다. 데이터베이스가 항상 같은 순서로 쓰기를 적용한다면 읽기는 항상 일관된 순서를 보기 때문에 이런 이상 현상은 일어나지 않는다. 하지만 많은 분산 데이터베이스에서 서로 다른 파티션은 독립적으로 동작하므로 쓰기의 전역 순서는 없다. 즉, 사용자가 데이터베이스에서 읽을 때 예전 상태의 일부와 새로운 상태의 일부를 함께 볼 수 있다.

한 가지 해결책은 서로 인과성이 있는 쓰기가 동일한 파티션에 기록되게끔 하는 방법이다. 하지만 일부 애플리케이션에서는 효율적이지 않다. 인과성을 명시적으로 유지하기 위한 알고리즘 또한 있다. 이 주제는 188쪽 "'이전 발생' 관계와 동시성"에서 다시 설명한다.

복제 지연을 위한 해결책

최종적 일관성 시스템으로 작업할 때 복제 지연이 몇 분이나 몇 시간으로 증가한다면 애플리케이션이 어떻게 동작할지 생각해 볼 가치가 있다. 대답이 "문제 없음"이면 아주 좋지만 결과가 사용자에게 좋지 않은 경험이라면 쓰기 후 읽기와 같은 강한 보장을 제공하게끔 시스템을 설계해야 한다. 사실은 복제가 비동기식으로 동작하지만 동기식으로 동작하는 척 하는 것이 문제 해결 방안이다.

앞에서 설명한 것처럼 애플리케이션이 기본 데이터베이스보다 더 강력한 보장을 제공하는 방법이 있다(예를 들어 특정 종류의 리더에서 읽기 수행). 하지만 애플리케이션 코드에서 이 문제를 다루기에는 너무 복잡해서 잘못되기 쉽다.

애플리케이션 개발자가 이런 미묘한 복제 문제를 걱정하지 않고 "올바른 작업 수행"을 위해 항상 데이터베이스를 신뢰할 수 있다면 훨씬 좋다. 이것이 **트랜잭션**이 있는 이유다. 트랜잭션은 애플리케이션이 더 단순해지기 위해 데이터베이스가 더 강력한 보장을 제공하는 방법이다.

오랫동안 단일 노드 트랜잭션은 존재했다. 하지만 분산(복제되고 파티셔닝된) 데이터베이스로 전환하는 과정에서 많은 시스템이 트랜잭션을 포기했다. 트랜잭션이 성능과 가용성 측면에서 너무 비싸고 확장 가능 시스템에서는 어쩔 수 없이 최종적 일관성을 사용해야 한다는 주장이 있다. 이 주장은 일부 사실이지만 지나치게 단순화됐다. 책의 남은 부분에서 이 미묘한 차이를 조금 더 알아본다. 7장과 9장에서 트랜잭션 주제를 다시 다룬다. 그리고 3부에서 여러 대안 메커니즘을 설명한다.

다중 리더 복제

이번 장에서는 지금까지 단일 리더를 사용한 복제 아키텍처만을 고려했다. 이 접근 방식은 일반적이지만 흥미로운 여러 대안 접근법이 있다.

리더 기반 복제에는 주요한 단점 하나가 있다. 리더가 하나만 존재하고 모든 쓰기는 해당 리더를 거쳐야 한다.[4] 어떤 이유로 리더에 연결할 수 없다면(예를 들어 클라이언트와 리더 간 네트워크 중단) 데이터베이스에 쓰기를 할 수 없다.

---

4 데이터베이스가 파티션됐다면(6장 참고) 각 파티션에는 하나의 리더가 있다. 파티션이 다르면 리더가 있는 노드가 다를 수 있다. 하지만 각 파티션은 하나의 리더 노드가 있어야 한다.

리더 기반 복제 모델은 쓰기를 허용하는 노드를 하나 이상 두는 것으로 자연스럽게 확장된다. 복제는 여전히 같은 방식을 사용한다. 쓰기 처리를 하는 각 노드는 데이터 변경을 다른 모든 노드에 전달해야 한다. 이 방식을 **다중 리더** 설정이라 부른다(**마스터 마스터**나 **액티브/액티브 복제**라고도 함). 이 설정에서 각 리더는 동시에 다른 리더의 팔로워 역할도 한다.

다중 리더 복제의 사용 사례

단일 데이터센터 내에 다중 리더 설정을 사용하는 설정은 이로 인해 추가된 복잡도에 비해 이점이 크지 않기 때문에 적절하지 않다. 하지만 몇 가지 상황에서는 이 설정이 합리적이다.

다중 데이터센터 운영

여러 다른 데이터센터에 데이터베이스 복제 서버가 있다고 상상해보자(전체 데이터센터의 내결함성을 갖추기 위해서 또는 사용자에게 지리적으로 가까이 위치하기 위해). 일반적인 리더 기반 복제 설정은 리더가 **하나**의 데이터센터에 있고 모든 쓰기는 해당 데이터센터를 거쳐야 한다.

다중 리더 설정에서는 **각** 데이터센터마다 리더가 있을 수 있다. 그림 5-6은 이 아키텍처의 모습을 보여준다. 각 데이터센터 내에는 보통의 리더 팔로워 복제를 사용하고 데이터센터 간에는 각 데이터센터의 리더가 다른 데이터센터의 리더에게 변경 사항을 복제한다.

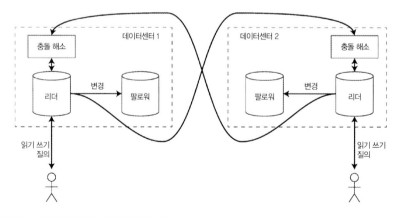

그림 5-6. 다중 데이터센터 간 다중 리더 복제.

단일 리더 설정과 다중 리더 설정이 다중 데이터센터 배포에서 어떻게 이뤄지는지 비교해보자.

성능

단일 리더 설정에서 모든 쓰기는 인터넷을 통해 리더가 있는 데이터센터로 이동해야 한다. 이것은 쓰기에 지연 시간을 상당히 늘리는 원인이 된다. 그리고 처음에는 여러 데이터센터를 갖는 목적에도 위배될 수 있다. 다중 리더 설정에서 모든 쓰기는 로컬 데이터센터에서 처리한 다음 비동기 방식으로 다른 데이터센터에 복제한다. 따라서 데이터센터 간 네트워크 지연은 사용자에게 숨겨진다. 즉 사용자가 인지하는 성능은 더 좋다는 뜻이다.

데이터센터 중단 내성

단일 리더 설정에서는 리더가 있는 데이터센터가 고장 나면 장애 복구를 위해 다른 데이터센터에서 한 팔로워를 리더로 승진시킨다. 다중 리더 설정에서는 각 데이터센터는 다른 데이터센터와 독립적으로 동작하고 고장 난 데이터센터가 온라인으로 돌아왔을 때 복제를 따라잡는다.

네트워크 문제 내성

데이터센터 간 트래픽은 보통 공개 인터넷을 통해 처리한다. 그래서 데이터센터 내의 로컬 네트워크보다 안정성이 떨어진다. 단일 리더 설정에서는 데이터센터 내 연결의 쓰기는 동기식이기 때문에 데이터센터 내 연결 문제에 매우 민감하다. 비동기 복제를 사용하는 다중 리더 설정에서는 네트워크 문제에 보다 잘 견딘다. 일시적인 네트워크 중단에도 쓰기 처리는 진행되기 때문이다.

일부 데이터베이스는 기본적으로 다중 리더 설정을 제공한다. 하지만 마이SQL의 텅스텐 리플리케이터(Tungsten Replicator)[26], 포스트그레스큐엘의 BDR[27], 오라클의 골든게이트[19]처럼 외부에서 구현한 도구를 사용하기도 한다.

다중 리더 복제에는 분명 이점이 있지만 큰 단점도 하나 있다. 동일한 데이터를 다른 두 개의 데이터센터에서 동시에 변경할 수 있다. 이때 발생하는 쓰기 충돌은 반드시 해소해야 한다(그림 5-6에서 "충돌 해소" 표시). 이 문제는 173쪽 "쓰기 충돌 다루기"에서 설명한다.

다중 리더 복제는 많은 데이터베이스에 새로 추가된 기능이기 때문에 미묘한 설정상의 실수나 다른 데이터베이스 기능과의 뜻밖의 상호작용이 있다. 예를 들어 자동 증가 키, 트리거, 무결성 제약은 문제가 될 소지가 많다. 이런 이유로 다중 리더 복제는 가능하면 피해야 하는 위험한 영역으로 간주되곤 한다[28].

오프라인 작업을 하는 클라이언트

다중 리더 복제가 적절한 또 다른 상황은 인터넷 연결이 끊어진 동안 애플리케이션이 계속 동작해야 하는 경우다.

예를 들어 휴대전화, 노트북, 기타 디바이스의 캘린더 앱을 생각해보자. 디바이스가 현재 인터넷에 연결됐는지 여부와 관계없이 언제든지 회의를 볼 수 있어야 하고(읽기 요청) 언제라도 새로운 회의에 참가할 수 있어야 한다(쓰기 요청). 오프라인 상태에서 데이터를 변경하면 디바이스가 다음에 온라인 상태가 됐을 때 서버와 다른 디바이스를 동기화해야 한다.

이 경우 모든 디바이스에는 리더처럼 동작하는 로컬 데이터베이스가 있다(쓰기 요청을 받아야 함). 그리고 모든 디바이스 상에서 캘린더의 복제 서버 간 다중 리더 복제를 비동기 방식으로 수행하는 프로세스(동기화)가 있다. 복제 지연은 사용자가 인터넷 접근이 가능해진 시점에 따라 몇 시간에서 며칠 이상도 걸릴 수 있다.

아키텍처 관점에서 보면 이 설정은 근본적으로 데이터센터 간 다중 리더 복제와 동일하다. 극단적으로 각 디바이스는 "데이터센터"가 되고 디바이스 간 네트워크 연결은 극히 신뢰할 수 없다. 깨진 캘린더 동기화 구현의 오랜 역사가 보여주듯 다중 리더 복제는 올바르게 동작하기가 까다롭다.

이런 종류의 다중 리더 설정을 쉽게 하기 위한 도구가 있다. 예를 들어 카우치DB는 이런 동작 모드를 위해 설계됐다[29].

협업 편집

동시에 여러 사람이 문서를 편집할 수 있는 애플리케이션을 **실시간 협업 편집** 애플리케이션이라 한다. 예를 들어 이더패드(Etherpad)[30]와 구글 독스[31]는 텍스트 문서나 스프레드시트를 사람들이 동시에 편집할 수 있게 한다(자세한 알고리즘은 175쪽 "자동 충돌 해소"에서 설명한다).

일반적으로는 협업 편집을 데이터베이스 복제 문제로 생각하지 않는다. 그러나 협업 편집은 앞에서 언급한 오프라인 편집 사용 사례와 공통점이 많다. 한 사용자가 문서를 편집할 때 변경 내용(웹 브라우저나 클라이언트 애플리케이션의 문서 상태)을 즉시 로컬 복제 서버에 적용하고 나서 동일한 문서를 편집하는 다른 사용자와 서버에 비동기 방식으로 복제한다.

편집 충돌이 없음을 보장하려면 애플리케이션은 사용자가 편집하기 전에 문서의 잠금을 얻어야 한다. 다른 사용자가 같은 문서를 편집하려면 첫 번째 사용자의 변경이 커밋되고 잠금이 해제될 때까지 기다려야 한다. 이 협업 모델은 리더에서 트랜잭션을 사용하는 단일 리더 복제와 동일하다.

하지만 더 빠른 협업을 위해 변경 단위를 매우 작게(예를 들어 단일 키 입력) 해서 잠금을 피할 수 있다. 이 접근 방식은 여러 사용자가 동시에 편집할 수 있지만 충돌 해소가 필요한 경우를 포함해 다중 리더 복제에서 발생하는 모든 문제를 야기한다[32].

쓰기 충돌 다루기

다중 리더 복제에서 제일 큰 문제는 쓰기 충돌이 발생한다는 점이다. 이는 충돌 해소가 필요하다는 의미다.

예를 들어 그림 5-7과 같이 위키 페이지를 동시에 두 사용자가 편집한다고 가정해보자. 사용자 1은 페이지 제목을 A에서 B로 변경하고 같은 시각 사용자 2는 A에서 C로 변경한다. 각 사용자의 변경을 로컬 리더에 성공적으로 적용한다. 그러나 변경을 비동기로 복제할 때 충돌을 감지한다[33]. 이 문제는 단일 리더 데이터베이스에서는 일어나지 않는다.

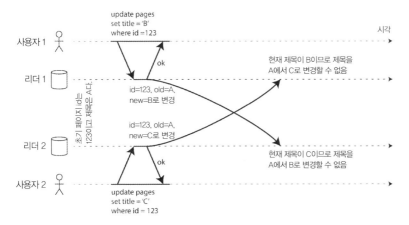

그림 5-7. 동일한 레코드를 두 리더가 동시에 갱신하면 쓰기 충돌이 발생한다.

동기 대 비동기 충돌 감지

단일 리더 데이터베이스에서 첫 번째 쓰기가 완료될 때까지 두 번째 쓰기(writer)를 차단해 기다리게 하거나 두 번째 쓰기 트랜잭션을 중단해 사용자가 쓰기를 재시도하게 한다. 반면 다중 리더 설정에서는 두 쓰기는 모두 성공하며 충돌은 이후 특정 시점에서 비동기로만 감지한다. 이때 사용자에게 충돌을 해소하게끔 요청하면 너무 늦을 수도 있다.

이론적으로 충돌 감지는 동기식으로 만들 수 있다. 즉, 쓰기가 성공한 사실을 사용자에게 말하기 전에 모든 복제 서버가 쓰기를 복제하기를 기다린다. 하지만 이렇게 하면 다중 리더 복제의 주요 장점(각 복제 서버가 독립적으로 쓰기를 허용)을 잃는다. 동기식으로 충돌 감지를 하려면 단일 리더 복제만 사용해야 할 수도 있다.

충돌 회피

충돌을 처리하는 제일 간단한 전략은 충돌을 피하는 것이다. 특정 레코드의 모든 쓰기가 동일한 리더를 거치도록 애플리케이션이 보장한다면 충돌은 발생하지 않는다. 많은 다중 리더 복제 구현 사례에서 충돌을 잘 처리하지 못하기 때문에 충돌을 피하는 것이 자주 권장되는 방법이다[34].

예를 들어 사용자가 자신의 데이터를 편집할 수 있는 애플리케이션에서 특정 사용자의 요청을 동일한 데이터센터로 항상 라우팅하고 데이터센터 내 리더를 사용해 읽기와 쓰기를 하게끔 보장할 수 있다. 다른 사용자는 서로 다른 "홈" 데이터센터(아마도 사용자와의 지리적 근접성을 기반으로 선택)를 가질 수 있지만 한 사용자의 관점에서 보면 구성은 기본적으로 단일 리더다.

하지만 때때로 한 데이터센터가 고장 나서 트래픽을 다른 데이터센터로 다시 라우팅해야 하거나 사용자가 다른 지역으로 이동해 현재는 다른 데이터센터가 가깝다면 레코드를 위해 지정된 리더를 변경하고 싶을 수도 있다. 이런 상황에서는 충돌 회피가 실패한다. 그러면 다른 리더에서 동시 기록 가능성을 대처해야 한다.

일관된 상태 수렴

단일 리더 데이터베이스는 순차적인 순서로 쓰기를 적용한다. 동일한 필드를 여러 번 갱신한다면 마지막 쓰기가 필드의 최종 값으로 결정된다.

다중 리더 설정에서는 쓰기 순서가 정해지지 않아 최종 값이 무엇인지 명확하지 않다. 그림 5-7에서 리더 1의 제목은 먼저 B로 갱신된 다음 C로 갱신된다. 리더 2는 처음에 C로 갱신된 다음 B로 갱신된다. 이 중에 어떤 순서도 다른 순서보다 "더 정확"하지 않다.

단순하게 각 복제 서버가 쓰기를 본 순서대로 적용한다면 데이터베이스는 결국 일관성 없는 상태가 된다. 즉 리더 1의 최종 값이 C가 되고 리더 2의 최종 값은 B가 된다. 이 상황은 용인되지 않는다. 모든 복제 계획은 모든 복제 서버가 최종적으로는 동일하다는 사실을 보장해야 한다. 따라서 데이터베이스는 **수렴**(convergent) 방식으로 충돌을 해소해야 한다. 이는 모든 변경이 복제돼 모든 복제 서버에 동일한 최종 값이 전달되게 해야 한다는 의미다.

수렴 충돌 해소를 달성하는 방법은 다양하다.

- 각 쓰기에 고유 ID(예를 들어 타임스탬프, 긴 임의 숫자, UUID, 키와 값의 해시 값)를 부여하고 가장 높은 ID(승자(winner)라고 함)를 가진 쓰기를 고른다. 다른 쓰기는 버린다. 타임스탬프를 사용하는 경우를 **최종 쓰기 승리**(last write wins, LWW)라 한다. 이 접근 방식은 대중적이지만 데이터 유실 위험이 있다[35]. LWW는 이번 장의 마지막에서 조금 더 상세히 다룬다(186쪽 "동시 쓰기 감지" 참고).

- 각 복제 서버에 고유 ID를 부여하고 높은 숫자의 복제 서버에서 생긴 쓰기가 낮은 숫자의 복제 서버에서 생긴 쓰기보다 항상 우선적으로 적용되게 한다. 이 접근 방식 또한 데이터 유실 가능성이 있다.

- 어떻게든 값을 병합한다. 예를 들어 사전 순으로 정렬한 후 연결한다(그림 5-7에서 병합한 제목의 예를 들면 "B/C"가 된다).

- 명시적 데이터 구조에 충돌을 기록해 모든 정보를 보존한다. 나중에(사용자에게 메시지를 보여줌) 충돌을 해소하는 애플리케이션 코드를 작성한다.

사용자 정의 충돌 해소 로직

충돌을 해소하는 가장 적합한 방법은 애플리케이션에 따라 다르다. 따라서 대부분의 다중 리더 복제 도구는 애플리케이션 코드를 사용해 충돌 해소 로직을 작성한다. 해당 코드는 쓰기나 읽기 수행 중에 실행될 수 있다.

쓰기 수행 중

복제된 변경 사항 로그에서 데이터베이스 시스템이 충돌을 감지하자마자 충돌 핸들러를 호출한다. 예를 들어 부카르도에서는 이런 목적으로 펄 코드를 작성할 수 있다. 이 핸들러는 일반적으로 사용자에게 충돌 내용을 표시하지 않는다. 그리고 백그라운드 프로세스에서 빠르게 실행돼야 한다.

읽기 수행 중

충돌을 감지하면 모든 충돌 쓰기를 저장한다. 다음 번 데이터를 읽을 때 이런 여러 버전의 데이터가 애플리케이션에 반환된다. 애플리케이션은 사용자에게 충돌 내용을 보여주거나 자동으로 충돌을 해소할 수 있다. 충돌을 해소한 결과는 다시 데이터베이스에 기록한다. 예를 들어 카우치DB가 이런 방식으로 동작한다.

충돌 해소는 보통 전체 트랜잭션이 아니라 개별 로우나 문서 수준에서 적용된다[36]. 따라서 원자적으로 여러 다른 쓰기를 수행하는 트랜잭션이라면(7장 참고) 각 쓰기는 충돌 해소를 위해 여전히 별도로 간주된다.

자동 충돌 해소

충돌 해소 규칙은 빠르게 복잡해질 수 있고 맞춤형 코드는 오류가 발생할 수 있다. 아마존은 충돌 해소 핸들러 때문에 발생하는 놀라운 효과로 자주 인용되는 사례다. 아마존의 장바구니 충돌 해소 로직은 얼마 동안 추가된 상품을 보존하지만 삭제한 상품은 보존하지 않는다. 따라서 전에 상품을 이미 삭제했어도 가끔 구매자의 장바구니에서 다시 해당 상품이 보이기도 한다[37].

동시에 데이터를 수정할 때 발생하는 충돌을 자동으로 해소하는 일부 흥미로운 연구가 있다. 이 중 언급할 만한 연구 내용은 다음과 같다.

- 충돌 없는 복제 데이터타입(conflict-free replicated datatype, CRDT)[32, 38]은 셋(set), 맵(map), 정렬 목록, 카운터 등을 위한 데이터 구조의 집합으로 동시에 여러 사용자가 편집할 수 있고 합리적인 방법으로 충돌을 자동 해소한다. 리악(Riak) 2,0에서 CRDT가 일부 구현됐다[39, 40].

- 병합 가능한 영속 데이터 구조(mergeable persistent data structure)[41]는 깃(Git) 버전 제어 시스템과 유사하게 명시적으로 히스토리를 추적하고 삼중 병합 함수(three-way merge function)를 사용한다(반면 CRDT는 이중 병합(two-way merge)을 사용한다).

- 운영 변환(operational transformation)[42]은 이더패드[30]와 구글 독스[31] 같은 협업 편집 애플리케이션의 충돌 해소 알고리즘이다. 특히 텍스트 문서를 구성하는 문자 목록과 같은 정렬된 항목 목록의 동시 편집을 위해 설계됐다.

데이터베이스에서 여러 데이터 충돌 회피 알고리즘의 구현은 아직 성숙 단계는 아니지만 앞으로 많은 복제 데이터 시스템에 통합될 가능성이 높다. 자동 충돌 해소는 애플리케이션이 다루는 다중 리더 데이터 동기화를 훨씬 단순하게 만든다.

충돌은 무엇인가?

어떤 종류의 충돌은 명백하다. 그림 5-7의 예에서 두 번째 쓰기는 동일한 레코드의 동일한 필드를 동시에 수정해 두 개의 다른 값으로 설정한다. 이 상황은 의심의 여지없이 충돌이다.

어떤 종류의 충돌은 감지하기 조금 더 어렵다. 예를 들어 회의실 예약 시스템을 생각해보자. 이 시스템은 회의실을 언제, 누가 예약했는지 추적한다. 애플리케이션은 각 회의실이 특정 시간대에 한 사람(또는 조직)만 예약하게끔 보장해야 한다(즉 같은 회의실의 중복 예약은 불가능하다). 이 때 같은 시간에 같은 회의실을 예약하는 두 개의 다른 예약이 생기면 충돌이 발생한다. 사용자 예약을 허용하기 전에 애플리케이션이 예약 가능한지 확인하더라도 두 예약이 각기 다른 리더에서 이뤄지면 충돌이 발생할 수 있다.

미리 준비된 답은 없다. 이 문제를 잘 이해하는 방법은 다음 장에서 찾는다. 7장에서 좀 더 많은 충돌 예제를 살펴보고 12장에서 복제 시스템에서 충돌을 감지하고 해소하는 확장 가능한 접근 방식을 알아본다.

다중 리더 복제 토폴로지

복제 토폴로지는 쓰기를 한 노드에서 다른 노드로 전달하는 통신 경로를 설명한다. 그림 5-7처럼 두 리더가 있다면 가능한 토폴로지는 하나뿐이다. 리더 1은 모든 쓰기를 리더 2로 전송해야 하고 그 반대도 마찬가지다. 리더가 둘 이상이라면 다양한 토폴로지가 가능하다. 그림 5-8에서 몇 가지 예를 본다.

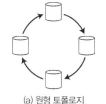
(a) 원형 토폴로지

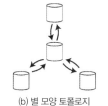
(b) 별 모양 토폴로지

(c) 전체 연결 토폴로지

그림 5-8. 다중 리더 복제를 설정하는 세 가지 토폴로지 예제

가장 일반적인 토폴로지는 **전체 연결(all-to-all)**(그림 5-8의 [c])이다. 이 토폴로지는 모든 리더가 각자의 쓰기를 다른 모든 리더에서 전송한다. 하지만 이보다 제한된 토폴로지도 사용된다. 예를 들어 마이SQL은 기본적으로 **원형 토폴로지(circular topology)**[34]만 제공한다. 원형 토폴로지는 각 노드가 하나의 노드로부터 쓰기를 받고, 이 쓰기(자신의 쓰기도 추가함)를 다른 한 노드에 전달한다. 또 다른 대중적인 토폴로지로 **별** 모양 토폴로지가 있다[5]. 별 모양 토폴로지는 지정된 루트 노드 하나가 다른 모든 노드에 쓰기를 전달한다. 별 모양 토폴로지는 트리로 일반화할 수 있다.

원형과 별 모양 토폴로지에서 쓰기는 모든 복제 서버에 도달하기 전에 여러 노드를 거쳐야 한다. 그러므로 노드들은 다른 노드로부터 받은 데이터 변경 사항을 전달해야 한다. 무한 복제 루프를 방지하기 위해 각 노드에는 고유 식별자가 있고 복제 로그에서 각 쓰기는 거치는 모든 노드의 식별자가 태깅된다[43]. 노드가 데이터 변경 사항을 받았을 때 자신의 식별자가 태깅된 경우에는 노드가 이미 처리한 사실을 알기 때문에 데이터 변경 사항을 무시한다.

원형과 별 모양 토폴로지의 문제점은 하나의 노드에 장애가 발생하면 장애가 다른 노드 간 복제 메시지 흐름에 방해를 준다는 것이다. 즉 해당 노드가 복구될 때까지 통신을 할 수 없다. 토폴로지는 장애 노드를 회피하게끔 재설정할 수 있다. 그러나 대부분의 배포에서 이런 재설정은 수동으로 수행해야 한다. 메시지가 여러 경로를 따라 이동할 수 있으면 단일 장애점(single point of failure)을 피할 수 있기 때문에 (전체 연결 같이) 조금 더 빽빽하게 연결한 토폴로지의 내결함성이 훨씬 더 좋다.

반면 전체 연결 토폴로지도 문제가 있다. 특히 일부 네트워크 연결이 (네트워크 혼잡으로) 다른 연결보다 빠르다면 그림 5-9처럼 일부 복제 메시지가 다른 메시지를 "추월"할 수 있다.

---

5 노드 간 통신 토폴로지가 아닌 데이터 모델의 구조를 설명하는 **별 모양 스키마**(96쪽 "분석용 스키마: 별 모양 스키마와 눈꽃송이 모양 스키마" 참고)와 혼동하지 않기 바란다.

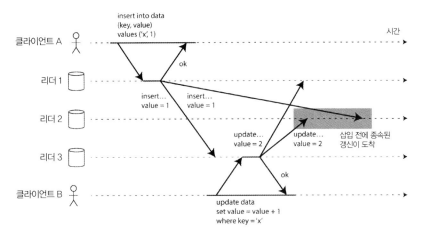

그림 5-9. 다중 리더 복제에서 일부 복제 서버에 쓰기가 잘못된 순서로 도착할 수 있다.

그림 5-9에서 클라이언트 A가 리더 1의 테이블에 로우를 삽입한 뒤 클라이언트 B가 리더 3의 로우를 갱신한다. 하지만 리더 2는 다른 순서로 쓰기를 받을 수 있다. 먼저 갱신을 받고(리더 2 관점에서는 데이터베이스에 없는 로우의 갱신임) 나중에 (갱신 전에 실행됐어야 할) 해당 삽입을 받는다.

이는 167쪽 "일관된 순서로 읽기"에서 본 인과성의 문제다. 갱신은 이전 삽입에 종속적이라 모든 노드에서 먼저 삽입을 처리한 다음 갱신을 처리해야 한다. 모든 쓰기에 간단히 타임스탬프를 추가하는 방식으로는 충분하지 않다. 리더 2에서 이런 이벤트를 올바르게 정렬하기에 충분할 정도로 노드들의 시간이 동기화됐다고 신뢰할 수 없기 때문이다(8장 참고).

이런 이벤트를 올바르게 정렬하기 위해 **버전 벡터**(version vector)라고 하는 기법을 사용할 수 있다. 이 기법은 이번 장 후반부(186쪽 "동시 쓰기 감지" 참고)에 설명한다. 하지만 많은 다중 리더 복제 시스템에서 충돌 감지 기법은 제대로 구현되지 않았다. 예를 들어 쓰기 시점에 포스트그레스큐엘의 BDR은 쓰기의 인과적 순서를 제공하지 않으며[27] 마이SQL의 텅스텐 리플리케이터는 충돌을 감지하기 위한 시도조차 하지 않는다[34].

다중 리더 복제 시스템을 사용하려면 이런 문제를 인지하고 문서를 주의 깊게 읽은 다음 데이터베이스를 철저하게 테스트해 실제로 믿을 만한 보장을 제공하는지 확인하는 편이 좋다.

리더 없는 복제

이번 장에서 지금까지 살펴본 복제 접근 방식(단일 리더와 다중 리더 복제)은 클라이언트가 쓰기 요청을 한 노드(리더)에 전송한 뒤 데이터베이스 시스템이 쓰기를 다른 복제 서버에 복사를 처리하는 아이디어를 기반으로 한다. 리더는 쓰기를 처리하는 순서를 정하고 팔로워는 동일한 순서로 리더의 쓰기를 적용한다.

일부 데이터 저장소 시스템은 리더의 개념을 버리고 모든 복제 서버가 클라이언트로부터 쓰기를 직접 받을 수 있게 허용하는 접근 방식을 사용하기도 한다. 초기 복제 데이터 시스템은 대부분 리더가 없었다[1, 44]. 이 개념은 관계형 데이터베이스가 우세한 시대에는 대부분 잊혀졌다. 리더 없는 복제는 아마존이 내부 **다이나모(Dynamo)** 시스템에서 사용한 후 다시 데이터베이스용 아키텍처로 유행했다[37][6]. 리악, 카산드라, 볼드모트는 다이나모에서 영감을 얻은 리더 없는 복제 모델의 오픈소스 데이터스토어(datastore)다. 이런 종류의 데이터베이스를 **다이나모 스타일**이라 한다.

일부 리더 없는 복제 구현에서는 클라이언트가 여러 복제 서버에 쓰기를 직접 전송하는 반면 코디네이터 노드(coordinator node)가 클라이언트를 대신해 이를 수행하기도 한다. 하지만 리더 데이터베이스와 달리 코디네이터 노드는 특정 순서로 쓰기를 수행하지 않는다. 이후에 살펴보겠지만 설계에서 이런 차이는 데이터베이스 사용 방식에 중대한 영향을 미친다.

노드가 다운됐을 때 데이터베이스에 쓰기

세 개의 복제 서버를 가진 데이터베이스가 있고 복제 서버 중 하나를 사용할 수 없다고 가정해보자(예를 들어 시스템 업데이트를 설치하기 위해 다시 부팅 중). 리더 기반 설정에서 쓰기 처리를 계속하려면 장애 복구를 실행해야 한다(158쪽의 "노드 중단 처리" 참고).

반면 리더 없는 설정에서는 장애 복구가 필요하지 않다. 그림 5-10은 무슨 일이 일어나는지 보여준다. 클라이언트(사용자 1234)가 쓰기를 세 개의 모든 복제 서버에 병렬로 전송한다. 사용 가능한 두 개의 복제 서버는 쓰기를 받았지만 사용 불가능한 복제 서버는 쓰기를 놓쳤다. 세 개의 복제 서버 중 두 개의 복제 서버가 쓰기를 확인하면 충분하다고 가정해보자. 사용자 1234가 두 개의 _ok_ 응답을 받은 후에는 쓰기가 성공한 것으로 간주한다. 클라이언트는 복제 서버 중 하나가 쓰기를 놓친 사실을 단순히 무시한다.

---

6 다이나모는 아마존 외부의 사용자가 사용할 수 없다. 혼란스럽지만 AWS는 다이나모DB(DynamoDB)라는 데이터베이스 제품을 제공하는데, 완전히 다른 아키텍처인 단일 리더 복제를 기반으로 한다.

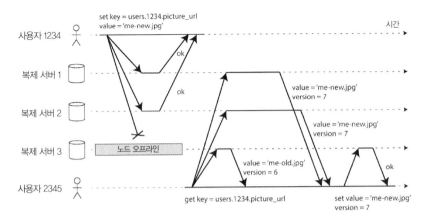

그림 5-10. 정족수(quorum) 쓰기, 정족수 읽기와 노드 중단 후 읽기 복구

이제 사용할 수 없었던 노드가 다시 온라인 상태가 되고 클라이언트가 이 노드에서 읽기를 시작한다고 생각해보자. 노드가 다운된 동안 발생한 모든 쓰기는 해당 노드에서 누락됐다. 따라서 클라이언트가 해당 노드에서 데이터를 읽는다면 응답으로 **오래된**(outdated) 값을 얻을 수 있다.

이 문제를 해결하기 위해서는 클라이언트가 데이터베이스에서 읽을 때 하나의 복제 서버로 요청을 보내지 않고 **읽기 요청을 병렬로 여러 노드에 전송**한다. 그러면 클라이언트는 여러 노드에서 다른 응답을 받을 수 있다. 즉 한 노드에서는 최신 값을 받고 다른 노드에서는 오래된 값을 받는다. 이때는 버전 숫자를 사용해 어떤 값이 최신 내용인지 결정한다(186쪽 "동시 쓰기 감지" 참고).

읽기 복구와 안티 엔트로피

복제 계획은 최종적으로 모든 데이터가 모든 복제 서버에 복사된 것을 보장해야 한다. 사용 불가능한 노드가 온라인 상태가 된 후 누락된 쓰기를 어떻게 따라잡아야 할까?

다이나모 스타일 데이터스토어는 두 가지 메커니즘을 주로 사용한다.

읽기 복구

클라이언트가 여러 노드에서 병렬로 읽기를 수행하면 오래된 응답을 감지할 수 있다. 예를 들어 그림 5-10에서 user 2345는 복제 서버 3에서 버전 6의 값을 얻고 복제 서버 1과 2에서 버전 7의 값을 얻는다. 클라이언트는 복제 서버 3의 값이 오래된 값이라는 사실을 알고 해당 복제 서버에 새로운 값을 다시 기록한다. 이 접근 방식은 값을 자주 읽는 상황에 적합하다.

안티 엔트로피 처리

추가적으로 일부 데이터스토어는 백그라운드 프로세스를 두고 복제 서버 간 데이터 차이를 지속적으로 찾아 누락된 데이터를 하나의 복제 서버에서 다른 서버로 복사한다. 리더 기반 복제에서의 복제 로그와 달리 이 **안티 엔트로피 처리**는 특성 순서로 쓰기를 복사하기 때문에 데이터가 복사되기까지 상당한 지연이 있을 수 있다.

모든 시스템이 이 두 가지 메커니즘을 모두 구현하는 건 아니다. 예를 들어 볼드모트는 현재 안티 엔트로피 처리를 하지 않는다. 안티 엔트로피 처리가 없으면 읽기 복구는 애플리케이션이 값을 읽는 경우에만 수행되기 때문에 거의 읽지 않는 값은 일부 복제본에서 누락돼 내구성이 떨어진다.

읽기와 쓰기를 위한 정족수

그림 5-10의 예제에서 쓰기를 복제 서버 세 개 중 두 개에서만 처리해도 성공한 것으로 간주했다. 세 개의 복제 서버 중 하나만 쓰기를 허용한다면 어떻게 해야 할까? 어느 범위까지 이를 허용해야 할까?

모든 성공한 쓰기가 세 개의 복제 서버 중 적어도 두 개의 복제 서버에 존재한다는 것을 보장한다면 하나의 복제 서버가 오래된 데이터임을 의미한다. 따라서 적어도 두 개의 복제 서버에서 읽으면 두 개 중 적어도 하나는 최신 값인지 확인할 수 있다. 세 번째 복제 서버가 다운되거나 응답이 느린 경우에도 읽기는 최신 값을 계속 반환할 수 있다.

좀 더 일반화해보자. n개의 복제 서버가 있을 때 모든 쓰기는 w개의 노드에서 성공해야 쓰기가 확정되고 모든 읽기는 최소한 r개의 노드에 질의해야 한다(이 예에서 $n = 3$, $w = 2$, $r = 2$다). $w + r > n$이면 읽을 때 최신 값을 얻을 것으로 기대한다. 최소한 r개의 노드 중 하나에서 최신 값을 읽을 수 있기 때문이다. 이런 r과 w를 따르는 읽기와 쓰기를 정족수 읽기와 쓰기라고 부른다[44].[7] 유효한 읽기와 쓰기를 위해 필요한 최소 투표수를 r과 w로 생각할 수 있다.

다이나모 스타일 데이터베이스에서 n, w, r 파라미터는 대개 설정 가능하다. 일반적인 선택은 n을 홀수(보통 3이나 5)로 하고 $w = r = (n + 1) / 2$(반올림)로 설정한다. 상황에 따라 숫자를 바꿀 수 있다. 예를 들어 쓰기가 적고 읽기가 많은 작업부하는 $w = n$, $r = 1$로 설정하면 좋다. 이렇게 하면 읽기는 더 빨라지지만 노드 하나가 고장나면 모든 데이터베이스 쓰기가 실패하는 단점이 있다.

 클러스터에는 n개 이상의 노드가 있을 수 있지만 주어진 값은 n개 노드에만 저장된다. 이것은 데이터셋을 파티션해 한 노드에 들어갈 수 있는 양보다 큰 데이터셋을 지원할 수 있게 한다. 파티셔닝은 6장에서 알아본다.

정족수 조건이 $w + r > n$이면 다음과 같이 사용 불가능한 노드를 용인한다.

- $w < n$이면 노드 하나를 사용할 수 없어도 여전히 쓰기를 처리할 수 있다.

---

7   때때로 이런 종류의 정족수를 **엄격한 정족수**(strict quorum)라 한다. 이와 반대를 **느슨한 정족수**(sloppy quorum)라고 한다(184쪽 "느슨한 정족수와 암시된 핸드오프" 참고).

- $r < n$이면 노드 하나를 사용할 수 없어도 여전히 읽기를 처리할 수 있다.

- $n = 3$, $w = 2$, $r = 2$이면 사용 불가능한 노드 하나를 용인한다.

- $n = 5$, $w = 3$, $r = 3$이면 사용 불가능한 노드 둘을 용인한다. 그림 5–11의 상황이다.

- 일반적으로 읽기와 쓰기는 항상 모든 n개의 복제 서버에 병렬로 전송한다. 파라미터 w와 r은 얼마나 많은 노드를 기다릴지 결정한다. 즉 읽기나 쓰기가 성공했다고 간주하려면 n개의 노드 중 몇 개의 노드에서 성공을 확인해야 하는지를 나타낸다.

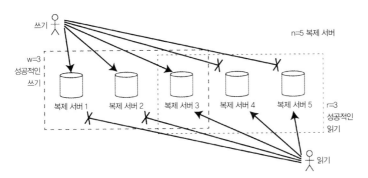

그림 5–11. w + r > n이면 읽은 r개의 복제 서버 중 최소한 하나는 가장 최근 성공한 쓰기를 알아야 한다.

필요한 w나 r개 노드보다 사용 가능한 노드가 적다면 쓰기나 읽기는 에러를 반환한다. 노드는 다양한 이유로 사용 불가능하다. 노드가 다운(죽거나 정전)되거나 작업 실행 오류(디스크가 다 차서 쓰기를 할 수 없음)나 클라이언트와 노드 간 네트워크 중단 등 다양한 이유가 있다. 노드가 성공 응답을 반환했는지 여부만 중요하고 다양한 종류의 오류를 구별할 필요는 없다.

정족수 일관성의 한계

n개의 복제 서버가 있고 $w + r > n$이 되게끔 w와 r을 선택한다면 일반적으로 모든 읽기는 키의 최신 값을 반환할 것을 기대한다. 이는 쓰기를 하는 노드 셋과 읽기를 하는 노드 셋이 겹치기 때문이다. 즉 읽은 노드 중에는 최신 값을 가진 노드가 하나 이상 있어야 한다(그림 5–11 참고).

보통 r과 w의 값으로 노드의 과반수($n/2$ 초과)를 선택한다. 이유는 $n/2$ 노드 장애까지 허용해도 $w + r > n$이 보장되기 때문이다. 하지만 정족수가 다수일 필요는 없다. 읽기와 쓰기 동작에서 사용하는 노드 셋 중 적어도 하나의 노드만 겹치면 된다. 다른 정족수 할당이 가능하기 때문에 분산 알고리즘 설계에서 어느 정도 유연성을 허용한다[45].

또한 w와 r을 더 작은 수로 설정해 $w + r <= n$(즉 정족수 조건은 충족되지 않음)이 되게끔 설정할 수도 있다. 이 경우에는 읽기와 쓰기를 계속 n개의 노드로 전송하지만 성공에 필요한 성공 응답의 수는 더 적다.

w와 r이 작을수록 오래된 값을 읽을 확률이 높다. 최신 값을 가진 노드가 읽을 노드에 포함되지 않을 가능성이 높기 때문이다. 위 구성(r과 w를 다수 노드로 선택)에서는 낮은 지연 시간과 높은 가용성이 가능하다. 네트워크 중단으로 많은 복제 서버가 응답하지 않는다면 읽기와 쓰기 처리가 계속 진행될 가능성이 높다. 응답할 수 있는 복제 서버의 수가 w나 r보다 아래로 떨어지면 데이터베이스는 쓰기나 읽기가 불가능하다.

하지만 $w + r > n$인 경우에도 오래된 값을 반환하는 에지 케이스가 있다. 구현에 따라 다르지만 다음 시나리오가 가능하다.

- 느슨한 정족수를 사용한다면(184쪽 "느슨한 정족수와 암시된 핸드오프" 참고) w개의 쓰기는 r개의 읽기와 다른 노드에서 수행될 수 있으므로 r개의 노드와 w개의 노드가 겹치는 것을 보장하지 않는다.

- 두 개의 쓰기가 동시에 발생하면 어떤 쓰기가 먼저 일어났는지 분명하지 않다. 이 경우 안전한 해결책은 동시 쓰기를 합치는 방법밖에 없다(173쪽 "쓰기 충돌 다루기" 참고). 승자가 타임스탬프를 기반으로 결정되면(최종 쓰기 승리), 시계 스큐(clock skew)로 인해 쓰기가 유실될 수 있다[35]. 이 주제는 186쪽 "동시 쓰기 감지"에서 다시 다룬다.

- 쓰기가 읽기와 동시에 발생하면 쓰기는 일부 복제 서버에만 반영될 수 있다. 이 경우 읽기가 예전 값 또는 최신 값을 반환하는지 여부가 분명하지 않다.

- 쓰기가 일부 복제 서버에서는 성공했지만 다른 복제 서버에서 실패(예를 들어 일부 노드의 디스크가 가득 차서)해 전체에서 성공한 서버가 w 복제 서버보다 적다면 성공한 복제 서버에서는 롤백하지 않는다. 이는 쓰기가 실패한 것으로 보고되면 이어지는 읽기에 해당 쓰기 값이 반환될 수도 있고 아닐 수도 있다는 의미다[47].

- 새 값을 전달하는 노드가 고장나면 예전 값을 가진 다른 복제 서버에서 해당 데이터가 복원되고 새로운 값을 저장한 복제 서버 수가 w보다 낮아져 정족수 조건이 깨진다.

- 모든 과정이 올바르게 동작해도 시점 문제로 에지 케이스가 있을 수 있다. 331쪽 "선형성과 정족수"에서 살펴보겠다.

따라서 정족수가 읽기 시 최근에 쓴 값을 반환하게끔 보장하지만 실제로는 그렇게 간단하지 않다. 다이나모 스타일 데이터베이스는 일반적으로 최종적 일관성을 허용하는 사용 사례에 맞게 최적화됐다. 매개변수 w와 r로 오래된 값을 읽는 확률을 조정할 수 있지만 이를 절대적으로 보장할 수는 없다.

특히 163쪽 "복제 지연 문제"에서 설명(자신의 쓰기 읽기, 단조 읽기, 일관된 순서로 읽기)한 보장을 대개 받을 수 없기 때문에 앞서 언급한 이상 현상이 애플리케이션에서 발생할 수 있다. 견고한 보장은 일반적으로 트랜잭션이나 합의가 필요하다. 이 주제는 7장과 9장에서 다시 설명한다.

최신성 모니터링

운영 관점에서 볼 때 데이터베이스가 최신 결과를 반환하는지 여부를 모니터링하는 일은 중요하다. 애플리케이션이 오래된 값 읽기를 허용하더라도 복제 상태에 대해 알아야 한다. 복제가 명확히 뒤처진다면 원인(예를 들어 네트워크 문제나 과부하 노드)을 조사할 수 있게 알려줘야 한다.

리더 기반 복제에서 데이터베이스는 일반적으로 복제 지연에 대한 지표를 노출한다. 이 지표는 모니터링 시스템에 제공된다. 이것은 쓰기가 리더에 적용되고 같은 순서로 팔로워에도 적용되고 각 노드가 복제 로그의 위치(로컬에 적용된 쓰기 수)를 가지기 때문에 가능하다. 리더의 현재 위치에서 팔로워의 현재 위치를 빼면 복제 지연량을 측정할 수 있다.

하지만 리더 없는 복제 시스템에서는 쓰기가 적용된 순서를 고정할 수 없어 모니터링이 조금 더 어렵다. 더욱이 데이터베이스가 읽기 복구만 사용(안티 엔트로피는 사용하지 않음)한다면 자주 읽히지 않는 값이 얼마나 오래된 것인지에 대한 제한이 없어 오래된 복제 서버에서 반환된 값은 아주 오래된 값일 수 있다.

리더 없는 복제 데이터베이스에서 복제 서버의 오래됨(staleness)을 측정하고 매개변수 n, w, r에 따라 오래된 값을 읽는 비율을 예측하는 연구가 있었다[48]. 이것이 유감스럽게도 아직은 일반적인 사례는 아니지만 데이터베이스를 위한 표준 지표 셋에 오래됨을 측정하게끔 추가하는 작업은 좋은 일이다. 최종적 일관성은 의도적으로 모호한 보장이지만 운용성을 위해서는 "최종적"을 정량화할 수 있어야 한다.

느슨한 정족수와 암시된 핸드오프

적절히 설정된 정족수가 있는 데이터베이스는 장애 복구 없이 개별 노드 장애를 용인한다. 또한 요청은 w나 r개 노드가 응답할 때 반환할 수 있어 모든 n개 노드가 응답할 때까지 기다릴 필요가 없기 때문에 개별 노드의 응답이 느려지는 것도 허용 가능하다. 이런 특성 때문에 높은 가용성과 낮은 지연 시간이 필요하다. 가끔 오래된 값 읽기를 허용하는 사용 사례에는 리더 없는 복제 기능을 가진 데이터베이스가 매력적이다.

하지만 지금까지 설명한 대로 정족수는 내결함성이 없다. 네트워크 중단으로 다수의 데이터베이스 노드와 클라이언트는 쉽게 연결이 끊어질 수 있다. 비록 데이터베이스 노드가 살아 있고 다른 클라이언트가 데이터베이스 노드 및 데이터베이스 노드와 연결이 끊긴 클라이언트에 연결할 수 있을지라도 데이터베이스 노드는 죽은 것과 같다. 이 상황에서는 응답 가능한 노드가 w나 r보다 적을 가능성이 있으므로 클라이언트는 더 이상 정족수를 충족할 수 없다.

노드가 n개 이상인 대규모 클러스터에서 클라이언트는 네트워크 장애 상황에서 **일부** 데이터베이스 노드(특정 값을 위한 정족수 구성에 들어가지 않는 노드)에 연결될 가능성이 있다. 이 경우 데이터베이스 설계자는 트레이드오프에 직면한다.

- w나 r 노드 정족수를 만족하지 않는 모든 요청에 오류를 반환하는 편이 더 좋을까?

- 아니면 일단 쓰기를 받아들이고 값이 보통 저장되는 n개 노드에 속하지는 않지만 연결할 수 있는 노드에 기록할까?

후자를 **느슨한 정족수**라 부른다[37]. 쓰기와 읽기는 여전히 w와 r의 성공 응답이 필요하지만 값을 위해 지정된 n개의 "홈" 노드에 없는 노드가 포함될 수 있다. 비유하자면 내 집 문이 잠겨 들어갈 수 없다면 이웃집 문을 두드려 소파에 잠시 머물 수 있는지 묻는 상황과 같다.

네트워크 장애 상황이 해제되면 한 노드가 다른 노드를 위해 일시적으로 수용한 모든 쓰기를 해당 "홈" 노드로 전송한다. 이 방식을 **암시된 핸드오프**라 부른다(내 집 열쇠를 다시 찾으면 이웃이 정중하게 소파에서 일어나 집으로 돌아가라고 요청한다).

느슨한 정족수는 쓰기 가용성을 높이는 데 특히 유용하다. 모든 w개의 노드를 사용할 수 있는 동안은 데이터베이스는 쓰기를 받아들일 수 있다. 하지만 이것은 $w + r > n$인 경우에도 키의 최신 값을 읽는다고 보장하지 않는다. 최신 값이 일시적으로 n 이외의 일부 노드에 기록될 수 있기 때문이다.

따라서 느슨한 정족수는 실제로 전통적인 의미의 정족수가 아니다. 단지 지속성에 대한 보장으로 데이터가 w 노드 어딘가에는 저장된다는 뜻이다. 암시된 핸드오프가 완료될 때까지는 r 노드의 읽기가 저장된 데이터를 본다는 보장은 없다.

느슨한 정족수는 모든 일반적인 다이나모 구현에서 선택 사항이다. 리악에서는 기본적으로 활성화돼 있지만 카산드라와 볼드모트는 비활성화돼 있다[46, 49, 50].

다중 데이터센터 운영

이전에 다중 리더 복제의 사용 사례로 데이터센터 간 복제를 설명했다(169쪽 "다중 리더 복제" 참고). 리더 없는 복제도 동시 쓰기 충돌, 네트워크 중단, 지연 시간 급증을 허용하기 때문에 다중 데이터센터 운영에 적합하다.

카산드라와 볼드모트는 일반적인 리더 없는 모델에 다중 데이터센터 지원을 구현했다. n개의 복제 서버 수에는 모든 데이터센터의 노드가 포함되고 설정에서 각 데이터센터마다 n개의 복제 서버 중 몇 개를 보유할지를 지정할 수 있다. 클라이언트의 각 쓰기는 데이터센터 상관없이 모든 복제 서버에 전송되지만 클라이언트는 보통 로컬 데이터센터 안에서 정족수 노드의 확인 응답을 기다리기 때문에 데이터센터 간 연결의 지연과 중단에 영향을 받지 않는다. 다른 데이터센터에 대한 높은 지연 시간의 쓰기는 설정에 어느 정도 유연성이 있지만 대개 비동기로 발생하게끔 설정한다[50, 51].

리악은 클라이언트와 데이터베이스 간 모든 연결이 하나의 데이터센터의 로컬에서 이뤄지게 하기 때문에 n은 하나의 데이터센터 안에 있는 복제 서버 수를 나타낸다. 데이터베이스 클러스터들의 데이터센터 간 복제는 백그라운드에서 비동기로 일어나며 방식은 다중 리더 복제와 유사하다[52].

동시 쓰기 감지

다이나모 스타일 데이터베이스는 여러 클라이언트가 동시에 같은 키에 쓰는 것을 허용하기 때문에 엄격한 정족수를 사용하더라도 충돌이 발생한다. 이러한 상황은 다중 리더 복제(173쪽의 "쓰기 충돌 다루기" 참고)와 유사하다. 다이나모 스타일 데이터베이스에서 충돌은 읽기 복구나 암시된 핸드 오프 중에도 발생할 수 있기는 하지만 말이다.

문제는 다양한 네트워크 지연과 부분적인 장애 때문에 이벤트가 다른 노드에 다른 순서로 도착할 수 있다는 것이다. 예를 들어, 그림 5-12는 두 클라이언트 A, B가 키 X를 동시에 세 노드 데이터스토어에 기록하는 상황을 보여준다.

- 노드 1은 A로부터의 쓰기를 받지만 순간적인 장애로 B로부터 쓰기를 받지 못한다.
- 노드 2는 A로부터의 쓰기를 먼저 받고 그다음 B로부터 쓰기를 받는다.
- 노드 3은 B로부터의 쓰기를 먼저 받고 그다음 A로부터 쓰기를 받는다.

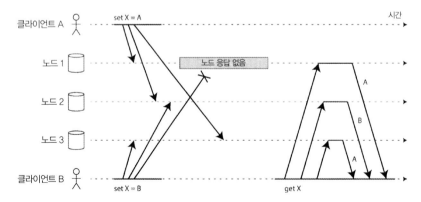

그림 5-12. 다이나모 스타일 데이터스토어에서 동시 쓰기. 잘 정의된 순서가 없다.

각 노드가 클라이언트로부터 쓰기 요청을 받을 때마다 키의 값을 단순하게 덮어 쓴다면 그림 5-12의 마지막 얻기(get) 요청에서 볼 수 있듯이 노드들은 영구적으로 일관성이 깨진다. 얻기 요청에서 노드 2는 X의 최종 값을 B로 생각하는 반면 다른 노드들은 A라고 생각한다.

최종적인 일관성을 달성하기 위해 복제본들은 동일한 값이 돼야 한다. 어떻게 해야 할까? 복제된 데이터베이스가 이를 자동으로 처리해주길 바랄 수 있다. 하지만 불행하게도 대부분의 구현은 그렇지 못하다. 데이터 손실을 피하려면 애플리케이션 개발자는 데이터베이스 내부에서 충돌을 어떻게 다루는지 잘 알아야 한다.

173쪽 "쓰기 충돌 다루기"에서 충돌 해소를 위한 몇 가지 기법을 간략히 살펴봤다. 이번 장을 끝내기 전에 이 문제를 조금 더 자세히 살펴보자.

최종 쓰기 승리(동시 쓰기 버리기)

최종적으로 값을 수렴하기 위한 접근 방식 하나는 각 복제본이 가진 "예전" 값을 버리고 가장 "최신" 값으로 덮어쓰는 방법이다. 어떤 쓰기가 "최신"인지 명확하게 결정할 수 있는 한 모든 쓰기는 최종적으로 모든 복제 서버에 복사되므로 복제본은 최종적으로 동일한 값으로 수렴한다.

따옴표로 "최신"을 강조한 이유는 이 아이디어가 실제로는 오해의 소지가 있기 때문이다. 그림 5-12의 예에서 클라이언트가 쓰기 요청을 데이터베이스 노드에 전송할 때 다른 클라이언트에 대해서는 아는 것이 없기 때문에 어떤 이벤트가 먼저 발생했는지 확실하지 않다. 사실 어느 것이든 "먼저"라고 말하는 것은 맞지 않을 수 있다. 이벤트 순서가 정해지지 않았기 때문에 그냥 **동시** 쓰기라 해야 한다.

비록 쓰기는 자연적인 순서가 없지만 임의로 순서를 정할 수 있다. 예를 들어 쓰기에 타임스탬프를 붙여 가장 "최신"이라는 의미로 제일 큰 타임스탬프를 선택하고 예전 타임스탬프를 가진 쓰기는 무시한다. **최종 쓰기 승리(LWW)**라 부르는 충돌 해소 알고리즘은 카산드라에서 유일하게 제공하는 충돌 해소 방법이고[53] 리악에서는 선택적 기능이다[35].

LWW는 최종적 수렴 달성이 목표지만 지속성을 희생한다. 동일한 키에 여러 번의 동시 쓰기가 있다면 클라이언트에게 모두 성공으로 보고될지라도(w개의 복제 서버에 쓰여졌기 때문에) 쓰기 중 하나만 남고 다른 쓰기는 조용히 무시된다. 더욱이 LWW는 동시 쓰기가 아니라도 쓰기가 삭제될 수 있다. 이는 291쪽 "이벤트 순서화용 타임스탬프"에서 설명한다.

캐싱과 같이 손실된 쓰기를 허용하는 상황이 있다. 손실 데이터를 허용하지 않는다면 LWW가 충돌 해소에 적합하지 않다.

LWW로 데이터베이스를 안전하게 사용하는 유일한 방법은 키를 한번만 쓰고 이후에는 불변 값으로 다루는 것이다. 이 방법은 같은 키를 동시에 갱신하는 상황을 방지한다. 예를 들어, 카산드라를 사용할 때 추천하는 방법은 키로 UUID를 사용해 모든 쓰기 작업에 고유한 키를 부여하는 것이다[53].

"이전 발생" 관계와 동시성

두 가지 작업이 동시에 수행됐는지 여부를 어떻게 결정할까? 직관을 기르기 위해 몇 가지 예를 살펴보자.

- 그림 5-9에서 두 개의 쓰기는 동시에 수행되지 않았다. A의 삽입이 B의 증가 **이전에 발생**했다. B가 증가시킨 값은 A가 삽입한 값이기 때문이다. 즉, B 작업은 A 작업 기반이기 때문에 B 작업은 나중에 발생해야 한다. 이를 B는 A에 **인과성이 있다**(causally dependent)고 한다.

- 반면 그림 5-12에서 두 개의 쓰기는 동시에 수행됐다. 각 클라이언트가 작업을 시작할 때 다른 클라이언트가 동일한 키에 대한 작업을 수행했는지 알지 못한다. 따라서 작업 간에 인과성이 없다.

작업 B가 작업 A에 대해서 알거나 A에 의존적이거나 어떤 방식으로든 A를 기반으로 한다면 작업 A는 작업 B의 **이전 발생**(happens-before)이다. 한 작업이 다른 작업 이전에 발생했는지가 동시성의 의미를 정의하는 핵심이다. 사실 작업이 다른 작업보다 먼저 발생하지 않으면(즉 어느 작업도 다른 작업에 대해 알지 못한다면) 단순히 **동시 작업**이라 말한다[54].

따라서 작업 A와 B가 있다면 세 가지 가능성이 있다. B 이전에 A가 발생하거나 B가 A 이전에 발생하거나 A와 B가 동시에 발생하는 것이다. 두 작업이 동시성인지 아닌지 알 수 있는 알고리즘이 필요하다. 한 작업이 다른 작업 전에 발생한다면 나중 작업은 이전 작업을 덮어쓸 수 있지만 작업이 동시에 발생하면 충돌을 해소해야 한다.

동시성, 시각, 상대성

두 작업이 "같은 시각에" 발생하면 두 작업이 동시에 호출된 것으로 보일 수 있다. 하지만 사실 두 작업이 정말로 시간적으로 겹쳐졌는지 여부는 중요하지 않다. 분산 시스템에서 시계 문제로 두 작업이 정확히 같은 시각에 발생했는지를 알기란 실제로 상당히 어렵다. 이 문제는 8장에서 조금 더 자세히 다룬다.

동시성을 정의하기 위해 정확한 시각은 중요하지 않다. 두 작업이 발생한 물리적인 시각보다 각 작업이 서로 알지 못하면 단순히 두 작업은 동시에 수행됐다 말한다. 사람들은 때때로 이 원리와 물리학에서의 상대성 이론이라는 특별한 이론을 연결한다[54]. 정보는 빛의 속도보다 더 빠를 수 없다는 개념을 도입했다. 결과적으로 이벤트 간 시간이 빛을 통해 그들 사이의 거리를 이동하는 데 걸리는 시간보다 짧으면 일정 거리만큼 떨어진 두 이벤트는 서로 영향을 미칠 수 없다.

컴퓨터 시스템에서 원칙적으로는 빛의 속도가 한 작업이 다른 작업에 영향을 주는 것을 허용하지만 두 작업은 동시에 수행될 수 있다. 예를 들어 네트워크가 느려지거나 어떤 시점에 중단되면 네트워크 문제로 한 작업이 다른 작업에 대해 알 수 없기 때문에 두 작업은 시간 간격을 두고 발생하더라도 동시에 수행한 것으로 본다.

이전 발생 관계 파악하기

두 작업이 동시에 발생했는지 또는 하나가 이전에 발생했는지 여부를 결정하는 알고리즘을 살펴보자. 상황을 단순하게 만들기 위해 단지 하나의 복제본을 가진 데이터베이스에서 시작하자. 일단 단일 복제본에서 이를 어떻게 하는지 알아보면 다중 복제본을 가진 리더 없는 데이터베이스에 대한 접근 방식을 일반화할 수 있다.

그림 5-13은 두 클라이언트가 같은 장바구니에 동시에 상품을 추가하는 것을 보여준다(이 예가 와닿지 않는다면 두 항공 교통 관제사가 동시에 관리하는 구역으로 항공기를 추가하는 상황을 상상하자). 처음에는 장바구니가 비어있다. 두 클라이언트가 데이터베이스에 쓰기를 다섯 번 수행한다.

1. 클라이언트 1은 장바구니에 우유를 추가한다. 이것은 키에 첫 번째 쓰기이므로 서버는 저장에 성공하고 버전 1을 할당한다. 또한 서버는 클라이언트에게 값을 다시 보여준다.

2. 클라이언트 2는 클라이언트 1이 현재 우유를 추가했다는 사실을 알지 못한 상태에서 장바구니에 달걀을 추가한다(클라이언트 2는 달걀이 장바구니에 있는 유일한 상품으로 생각한다). 서버는 버전 2를 해당 쓰기에 할당하고 달걀과 우유를 개별 값으로 저장한다. 그다음 클라이언트에게 버전 2를 가진 **두 개**의 값을 반환한다.

3. 클라이언트 2가 쓴 내용을 모르는 클라이언트 1은 밀가루를 장바구니에 추가한다. 그래서 현재 장바구니에는 [우유, 밀가루]가 있다고 생각한다. 이 값은 이전에 서버가 클라이언트 1에게 준 버전 1과 함께 서버에 전송된다. 서버는 이 버전 번호로 이전의 [우유]를 [우유, 밀가루] 쓰기로 대체하지만 [달걀]과도 동시라는 사실을 안다. 따라서 서버는 [우유, 밀가루]에 버전 3을 할당하고 버전 1의 [우유] 값을 덮어쓴다. 하지만 버전 2의 [달걀]은 유지하고 남은 두 값을 클라이언트에게 반환한다.

4. 한편 클라이언트 2는 클라이언트 1이 밀가루를 추가했는지 모른 채 햄을 장바구니에 추가하려 한다. 클라이언트 2는 지난 응답에서 서버로부터 [우유]와 [달걀]이라는 두 값을 받았기 때문에 클라이언트는 응답 값에 햄을 추가해서 새로운 값인 [달걀, 우유, 햄]으로 합친다. 이 값은 예전 버전인 2를 가지고 서버에 전송된다. 서버는 버전 2로 [달걀]을 덮어쓰지만 [우유, 밀가루]는 동시에 수행된 사실을 감지하기 때문에 [우유, 밀가루]라는 두 값은 버전 3으로 남아 있고 [달걀, 우유, 햄]은 버전 4를 가지게 된다.

5. 마지막으로 클라이언트 1이 베이컨을 추가하려고 한다. 이전에 서버로부터 버전 3의 [우유, 밀가루]와 [달걀]을 받았으므로 여기에 베이컨을 추가해 최종 값인 [우유, 밀가루, 달걀, 베이컨]으로 합쳐서 버전 3으로 서버에 전송한다. 이 값은 [우유, 밀가루]를 덮어쓰지만([달걀]은 이미 이전 단계에서 덮어 썼음), [달걀, 우유, 햄]은 동시에 수행됐기 때문에 서버는 이 두 개의 동시 수행된 값을 유지한다.

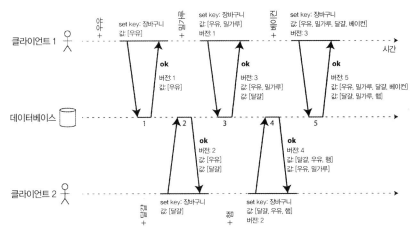

그림 5-13. 두 클라이언트가 동시에 장바구니를 수정하는 동안 인과성 파악하기

그림 5-13의 작업 간 데이터플로를 그림 5-14에서는 도표로 보여준다. 화살표는 어떤 작업이 다른 작업 **이전에 발생**했는지와 나중 작업이 이전에 수행된 작업을 **알거나 의존했다는 사실**을 나타낸다. 이 예에서 클라이언트는 서버 데이터와 동일한 최신 상태로 유지하지 못한다. 항상 다른 작업이 동시에 수행됐기 때문이다. 그러나 최종적으로는 예전 버전의 값을 덮어쓰기 때문에 손실된 쓰기는 없다.

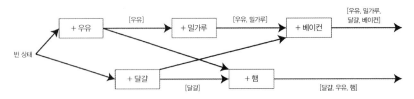

그림 5-14. 그림 5-13의 인과성 도표

서버는 버전 번호를 보고 두 작업이 동시에 수행됐는지 여부를 결정할 수 있으므로 값 자체를 해석할 필요는 없다. 따라서 값을 데이터 구조로 사용할 수 있다. 이 알고리즘은 다음과 같이 동작한다.

- 서버가 모든 키에 대한 버전 번호를 유지하고 키를 기록할 때마다 버전 번호를 증가시킨다. 기록한 값은 새로운 버전 번호를 가지고 저장된다.

- 클라이언트가 키를 읽을 때는 서버는 최신 버전뿐만 아니라 덮어쓰지 않은 모든 값을 반환한다. 클라이언트는 쓰기 전에 키를 읽어야 한다.

- 클라이언트가 키를 기록할 때는 이전 읽기의 버전 번호를 포함해야 하고 이전 읽기에서 받은 모든 값을 함께 합쳐야 한다 (쓰기 요청의 응답은 읽기 요청과 같을 수 있다. 쓰기 요청이 현재 모든 값을 반환하기 때문이다. 현재 모든 값은 장바구니 예제와 같이 여러 개의 쓰기를 연결한 형태일 수 있다).

- 서버가 특정 버전 번호를 가진 쓰기를 받을 때 해당 버전 이하 모든 값을 (새로운 값으로 합친다는 사실을 알고 있으므로) 덮어쓸 수 있다. 하지만 이보다 높은 버전 번호의 모든 값은 유지해야 한다. 이 값들은 유입된 쓰기와 동시에 발생했기 때문이다.

쓰기가 이전 읽기의 버전 번호를 포함하면 쓰기가 수행되기 이전 상태를 알 수 있다. 버전 번호를 포함하지 않은 쓰기는 다른 쓰기와 동시에 수행된 것이므로 아무것도 덮어쓰지 않는다(후속 읽기의 값 중 하나로 반환된다).

동시에 쓴 값 병합

이 알고리즘은 어떤 데이터도 자동으로 삭제되지 않음을 보장하지만 불행히도 클라이언트가 추가적으로 작업을 수행해야 한다. 여러 작업이 동시에 발생하면 클라이언트는 동시에 쓴 값을 합쳐 정리해야 한다. 리악은 이런 동시 값을 **형제(sibling)** 값이라 부른다.

형제 값의 병합은 이전에 설명한(173쪽 "쓰기 충돌 다루기" 참고) 다중 리더 복제에서 충돌을 해소하는 문제와 본질적으로 같다. 간단한 접근 방식으로 버전 번호나 타임스탬프 기반으로 하나의 값을 선택하는 방법(최종 쓰기 승리)이 있지만 데이터 손실이 생길 수 있다. 그래서 애플리케이션 코드 내에서 더욱 지능적으로 대처해야 한다.

장바구니 예제에서 형제를 병합하는 합리적인 접근 방식은 합집합을 취하는 것이다. 그림 5-14에서 최종 두 개의 형제는 [우유, 밀가루, 달걀, 베이컨]과 [달걀, 우유, 햄]이다. 우유와 달걀을 비록 한 번씩 썼지만 두 형제에 모두 나타난다. 병합된 값은 [우유, 밀가루, 달걀, 베이컨, 햄]과 같고 중복은 없다.

하지만 장바구니에서 상품 추가 외에 제거도 할 수 있게 하려면 형제의 합집합으로는 올바른 결과를 얻을 수 없다. 두 형제 장바구니를 합치고 그중 하나만 제거하면 형제의 합집합에 제거된 상품이 다시 나타난다[37]. 이 문제를 방지하려면 상품을 제거할 때 데이터베이스에서 단순히 삭제하면 안 된다. 그 대신 시스템은 형제를 병합할 때 상품을 제거했음을 나타내기 위해 해당 버전 번호에 표시를 남겨둬야 한다. 이런 삭제 표시를 **툼스톤**이라 한다(74쪽 "해시 색인"의 로그 컴팩션에서 툼스톤이 나왔다).

애플리케이션 코드에서 형제 병합은 복잡하고 오류가 발생하기 쉽다. 175쪽 "자동 충돌 해소"에서 설명한 것처럼 자동으로 병합을 수행할 수 있게 데이터 구조를 설계하려는 노력 몇 가지가 있다. 예를 들어 리악의 데이터타입 지원은 합리적인 방법으로 형제를 자동 병합할 수 있는 CRDT[38, 39, 55]라는 데이터 구조군을 사용한다.

버전 벡터

그림 5-13 예에서는 단일 복제본을 사용했다. 다중 복제본이 있지만 리더가 없는 경우에는 알고리즘이 어떻게 변할까?

그림 5-13은 작업 간 의존성 파악을 위해 단일 버전 번호를 사용했다. 하지만 이 방식은 다중 복제본의 동시 쓰기를 받아들일 때는 충분하지 않다. 키당 버전 번호뿐만 아니라 **복제본당** 버전 번호도 사용해야 한다. 각 복제본은 쓰기를 처리할 때 자체 버전 번호를 증가시키고 각기 다른 복제본의 버전 번호도 계속 추적해야 한다. 이 정보는 덮어쓸 값과 형제로 유지할 값을 나타낸다.

모든 복제본의 버전 번호 모음을 **버전 벡터**(version vector)라고 부른다[56]. 이 아이디어를 변형한 몇 가지 방법이 사용 중이지만 가장 흥미로운 방식은 리악 2.0[58, 59]에서 사용하는 **도티드 버전 벡터**(dotted version vector)[57]다. 세부 내용을 다루진 않지만 작동 방식은 장바구니 예제에서 본 방식과 매우 비슷하다.

그림 5-13의 버전 번호처럼 버전 벡터는 값을 읽을 때 데이터베이스 복제본에서 클라이언트로 보낸다. 그리고 이후에 값이 기록될 때 데이터베이스로 다시 전송해야 한다. (리악은 버전 벡터를 **인과성 컨텍스트**(causal context)라 부르는 문자열로 부호화한다.) 이 버전 벡터를 사용하면 데이터베이스는 덮어쓰기와 동시 쓰기를 구분할 수 있다.

또한 단일 복제본 예제처럼 애플리케이션은 형제를 병합해야 할 수도 있다. 버전 벡터 구조는 하나의 복제본을 읽은 다음 이어 다른 복제본에 다시 쓰는 작업이 안전함을 보장한다. 이렇게 하면 형제가 생성돼도 형제가 올바르게 병합되는 한 데이터 손실은 없다.

버전 벡터와 벡터 시계

버전 벡터를 가끔 **벡터 시계**라 부르지만 둘이 완전히 같지는 않다. 버전 벡터와 벡터 시계의 차이는 미묘하기 때문에 자세한 사항은 [57, 60, 61]을 참고하기 바란다. 간단히 말하자면 복제본 상태를 비교할 때 사용해야 할 올바른 데이터 구조는 버전 벡터다.

정리

이번 장에서는 복제 문제를 살펴봤다. 복제는 다양한 용도로 사용할 수 있다.

고가용성
한 장비(또는 여러 장비나 전체 데이터센터)가 다운될 때도 시스템이 계속 동작하게 한다.

연결이 끊긴 작업
네트워크 중단이 있을 때도 애플리케이션이 계속 동작할 수 있게 한다.

지연 시간
지리적으로 사용자에게 가까이 데이터를 배치해 사용자가 더 빠르게 작업할 수 있게 한다.

확장성
복제본에서 읽기를 수행해 단일 장비에서 다룰 수 있는 양보다 많은 양의 읽기 작업을 처리할 수 있다.

동일한 데이터의 복사본을 여러 장비에 유지하는 간단한 목표임에도 복제는 매우 까다로운 문제다. 동시성 그리고 잘못될 수 있는 모든 사항을 주의 깊게 생각하고 그 결함의 결과를 주의 깊게 다뤄야 한다. 소프트웨어 버그 때문에 드러나지 않는 데이터 오염과 같이 모르는 사이에 일어나는 결함까지는 고려하지 않더라도 최소한 사용할 수 없는 노드와 네트워크 중단에는 대처해야 한다.

아울러 복제에 대한 세 가지 주요 접근 방식을 살펴봤다.

단일 리더 복제
클라이언트는 모든 쓰기를 단일 노드(리더)로 전송하고 리더는 데이터 변경 이벤트 스트림을 다른 복제 서버(팔로워)로 전송한다. 읽기는 모든 복제 서버가 수행할 수 있지만 팔로워의 읽기는 오래된 값일 수 있다.

다중 리더 복제
클라이언트는 각 쓰기를 여러 리더 노드 중 쓰기를 받아들일 수 있는 노드로 전송한다. 리더는 데이터 변경 이벤트 스트림을 다른 리더와 모든 팔로워 노드로 전송한다.

리더 없는 복제
클라이언트는 각 쓰기를 여러 노드로 전송한다. 클라이언트는 오래된 데이터를 감지하고 이를 바로잡기 위해 병렬로 여러 노드에서 읽는다.

각 접근 방식마다 장단점이 있다. 단일 리더 복제는 이해하기 쉽고 충돌 해소에 대한 우려가 없어서 널리 사용된다. 다중 리더 복제나 리더 없는 복제는 결함 노드, 네트워크 중단, 지연 시간 급증이 있는 상황에서 더욱 견고하다. 설명하기 어렵고 일관성이 거의 보장되지 않는다는 점이 다중 리더 복제와 리더 없는 복제의 단점이다.

복제는 동기 또는 비동기로 이뤄진다. 동기인지 비동기인지는 결함이 있을 때 시스템 작동에 중요한 영향을 미친다. 비동기 복제는 시스템이 원활히 동작할 때는 빠르지만 복제 지연이 증가하고 서버 장애가 발생하면 어떤 일이 일어났는지 파악하는 작업이 중요하다. 리더가 고장 나고 갱신된 팔로워를 비동기로 새로운 리더로 승격하면 최근에 커밋된 데이터를 잃을 수 있다.

복제 지연으로 인해 발생할 수 있는 몇 가지 이상 현상을 설명했다. 그리고 애플리케이션이 복제 지연 시 어떻게 동작해야 하는지 결정하는 데 도움이 되는 일부 일관성 모델을 살펴봤다.

쓰기 후 읽기 일관성
사용자는 자신이 제출한 데이터를 항상 볼 수 있어야 한다.

단조 읽기
사용자가 어떤 시점에 데이터를 본 후에는 예전 시점의 데이터는 나중에 볼 수 없다.

일관된 순서로 읽기
사용자는 인과성이 있는 상태의 데이터를 봐야 한다. 예를 들어 질문과 그에 대한 답을 순서에 맞게 봐야 한다.

마지막으로 다중 리더 복제와 리더 없는 복제 접근 방식에 내재된 동시성 문제를 설명했다. 즉 다중 리더 복제와 리더 없는 복제는 여러 쓰기가 동시에 발생하는 상황을 허용하기 때문에 충돌이 발생할 수 있다. 한 작업이 다른 작업 이전에 발생했는지 동시에 발생했는지 결정하기 위해 데이터베이스에서 사용할 수 있는 알고리즘을 살펴봤다. 또한 동시 갱신을 함께 병합해 충돌을 해결하는 방법에 대해서도 알아봤다.

다음 장에서도 여러 장비에 분산된 데이터를 설명하지만 복제와 대응되는 주제로 큰 데이터셋을 파티션으로 나누는 방법을 다룬다.

참고 문헌

[1] Bruce G. Lindsay, Patricia Griffiths Selinger, C. Galtieri, et al.: "Notes on Distributed Databases," IBM Research, Research Report RJ2571(33471), July 1979.

[2] "Oracle Active Data Guard Real-Time Data Protection and Availability," Oracle White Paper, June 2013.

[3] "AlwaysOn Availability Groups," in *SQL Server Books Online*, Microsoft, 2012.

[4] Lin Qiao, Kapil Surlaker, Shirshanka Das, et al.: "On Brewing Fresh Espresso: LinkedIn's Distributed Data Serving Platform," at *ACM International Conference on Management of Data* (SIGMOD), June 2013.

[5] Jun Rao: "Intra-Cluster Replication for Apache Kafka," at *ApacheCon North America*, February 2013.

[6] "Highly Available Queues," in *RabbitMQ Server Documentation*, Pivotal Software, Inc., 2014.

[7] Yoshinori Matsunobu: "Semi-Synchronous Replication at Facebook," *yoshinorimatsunobu.blogspot.co.uk*, April 1, 2014.

[8] Robbert van Renesse and Fred B. Schneider: "Chain Replication for Supporting High Throughput and Availability," at 6th *USENIX Symposium on Operating System Design and Implementation* (OSDI), December 2004.

[9] Jeff Terrace and Michael J. Freedman: "Object Storage on CRAQ: High- Throughput Chain Replication for Read-Mostly Workloads," at *USENIX Annual Technical Conference* (ATC), June 2009.

[10] Brad Calder, Ju Wang, Aaron Ogus, et al.: "Windows Azure Storage: A Highly Available Cloud Storage Service with Strong Consistency," at *23rd ACM Symposium on Operating Systems Principles* (SOSP), October 2011.

[11] Andrew Wang: "Windows Azure Storage," *umbrant.com*, February 4, 2016.

[12] "Percona Xtrabackup - Documentation," Percona LLC, 2014.

[13] Jesse Newland: "GitHub Availability This Week," *github.com*, September 14, 2012.

[14] Mark Imbriaco: "Downtime Last Saturday," *github.com*, December 26, 2012.

[15] John Hugg: "'All in' with Determinism for Performance and Testing in Distributed Systems," at *Strange Loop*, September 2015.

[16] Amit Kapila: "WAL Internals of PostgreSQL," at *PostgreSQL Conference* (PGCon), May 2012.

[17] *MySQL Internals Manual*. Oracle, 2014.

[18] Yogeshwer Sharma, Philippe Ajoux, Petchean Ang, et al.: "Wormhole: Reliable Pub-Sub to Support Geo-Replicated Internet Services," at *12th USENIX Symposium on Networked Systems Design and Implementation* (NSDI), May 2015.

[19] "Oracle GoldenGate 12c: Real-Time Access to Real-Time Information," Oracle White Paper, October 2013.

[20] Shirshanka Das, Chavdar Botev, Kapil Surlaker, et al.: "All Aboard the Databus!," at *ACM Symposium on Cloud Computing* (SoCC), October 2012.

[21] Greg Sabino Mullane: "Version 5 of Bucardo Database Replication System," *blog.endpoint.com*, June 23, 2014.

[22] Werner Vogels: "Eventually Consistent," *ACM Queue*, volume 6, number 6, pages 14–19, October 2008. doi:10.1145/1466443.1466448

[23] Douglas B. Terry: "Replicated Data Consistency Explained Through Baseball," Microsoft Research, Technical Report MSR-TR-2011-137, October 2011.

[24] Douglas B. Terry, Alan J. Demers, Karin Petersen, et al.: "Session Guarantees for Weakly Consistent Replicated Data," at 3rd *International Conference on Parallel and Distributed Information Systems* (PDIS), September 1994. doi:10.1109/PDIS. 1994.331722

[25] Terry Pratchett: Reaper Man: A Discworld Novel. Victor Gollancz, 1991. ISBN: 978-0-575-04979-6

[26] "Tungsten Replicator," Continuent, Inc., 2014.

[27] "BDR 0.10.0 Documentation," The PostgreSQL Global Development Group, *bdr-project.org*, 2015.

[28] Robert Hodges: "If You *Must* Deploy Multi-Master Replication, Read This First," *scale-out-blog.blogspot.co.uk*, March 30, 2012.

[29] J. Chris Anderson, Jan Lehnardt, and Noah Slater: *CouchDB: The Definitive Guide*. O'Reilly Media, 2010. ISBN: 978-0-596-15589-6

[30] AppJet, Inc.: "Etherpad and EasySync Technical Manual," *github.com*, March 26, 2011.

[31] John Day-Richter: "What's Different About the New Google Docs: Making Collaboration Fast," *googledrive. blogspot.com*, 23 September 2010.

[32] Martin Kleppmann and Alastair R. Beresford: "A Conflict-Free Replicated JSON Datatype," arXiv:1608.03960, August 13, 2016.

[33] Frazer Clement: "Eventual Consistency – Detecting Conflicts," *messagepassing.blogspot.co.uk*, October 20, 2011.

[34] Robert Hodges: "State of the Art for MySQL Multi-Master Replication," at Percona Live: *MySQL Conference & Expo*, April 2013.

[35] John Daily: "Clocks Are Bad, or, Welcome to the Wonderful World of Distributed Systems," *basho.com*, November 12, 2013.

[36] Riley Berton: "Is Bi-Directional Replication (BDR) in Postgres Transactional?," *sdf.org*, January 4, 2016.

[37] Giuseppe DeCandia, Deniz Hastorun, Madan Jampani, et al.: "Dynamo: Amazon's Highly Available Key-Value Store," at *21st ACM Symposium on Operating Sys− tems Principles* (SOSP), October 2007.

[38] Marc Shapiro, Nuno Preguiça, Carlos Baquero, and Marek Zawirski: "A Comprehensive Study of Convergent and Commutative Replicated Data Types," INRIA Research Report no. 7506, January 2011.

[39] Sam Elliott: "CRDTs: An UPDATE (or Maybe Just a PUT)," at *RICON West*, October 2013.

[40] Russell Brown: "A Bluffers Guide to CRDTs in Riak," *gist.github.com*, October 28, 2013.

[41] Benjamin Farinier, Thomas Gazagnaire, and Anil Madhavapeddy: "Mergeable Persistent Data Structures," at *26es Journées Francophones des Langages Applicatifs* (JFLA), January 2015.

[42] Chengzheng Sun and Clarence Ellis: "Operational Transformation in Real-Time Group Editors: Issues, Algorithms, and Achievements," at *ACM Conference on Com− puter Supported Cooperative Work* (CSCW), November 1998.

[43] Lars Hofhansl: "HBASE-7709: Infinite Loop Possible in Master/Master Replication," *issues.apache.org*, January 29, 2013.

[44] David K. Gifford: "Weighted Voting for Replicated Data," at *7th ACM Symposium on Operating Systems Principles* (SOSP), December 1979. doi:10.1145/800215.806583

[45] Heidi Howard, Dahlia Malkhi, and Alexander Spiegelman: "Flexible Paxos: Quorum Intersection Revisited," *arXiv:1608.06696*, August 24, 2016.

[46] Joseph Blomstedt: "Re: Absolute Consistency," email to riak-users mailing list, *lists.basho.com*, January 11, 2012.

[47] Joseph Blomstedt: "Bringing Consistency to Riak," at *RICON West*, October 2012.

[48] Peter Bailis, Shivaram Venkataraman, Michael J. Franklin, et al.: "Quantifying Eventual Consistency with PBS," *Communications of the ACM*, volume 57, number 8, pages 93–102, August 2014. doi:10.1145/2632792

[49] Jonathan Ellis: "Modern Hinted Handoff," *datastax.com*, December 11, 2012.

[50] "Project Voldemort Wiki," *github.com*, 2013.

[51] "Apache Cassandra 2.0 Documentation," DataStax, Inc., 2014.

[52] "Riak Enterprise: Multi-Datacenter Replication." Technical whitepaper, Basho Technologies, Inc., September 2014.

[53] Jonathan Ellis: "Why Cassandra Doesn't Need Vector Clocks," *datastax.com*, September 2, 2013.

[54] Leslie Lamport: "Time, Clocks, and the Ordering of Events in a Distributed System," *Communications of the ACM*, volume 21, number 7, pages 558–565, July 1978. doi:10.1145/359545.359563

[55] Joel Jacobson: "Riak 2.0: Data Types," *blog.joeljacobson.com*, March 23, 2014.

[56] D. Stott Parker Jr., Gerald J. Popek, Gerard Rudisin, et al.: "Detection of Mutual Inconsistency in Distributed Systems," *IEEE Transactions on Software Engineering*, volume 9, number 3, pages 240–247, May 1983. doi:10.1109/TSE.1983.236733

[57] Nuno Preguiça, Carlos Baquero, Paulo Sérgio Almeida, et al.: "Dotted Version Vectors: Logical Clocks for Optimistic Replication," arXiv:1011.5808, November 26, 2010.

[58] Sean Cribbs: "A Brief History of Time in Riak," at *RICON*, October 2014.

[59] Russell Brown: "Vector Clocks Revisited Part 2: Dotted Version Vectors," *basho.com*, November 10, 2015.

[60] Carlos Baquero: "Version Vectors Are Not Vector Clocks," *haslab.wordpress.com*, July 8, 2011.

[61] Reinhard Schwarz and Friedemann Mattern: "Detecting Causal Relationships in Distributed Computations: In Search of the Holy Grail," *Distributed Computing*, vol‒ ume 7, number 3, pages 149–174, March 1994. doi:10.1007/BF02277859

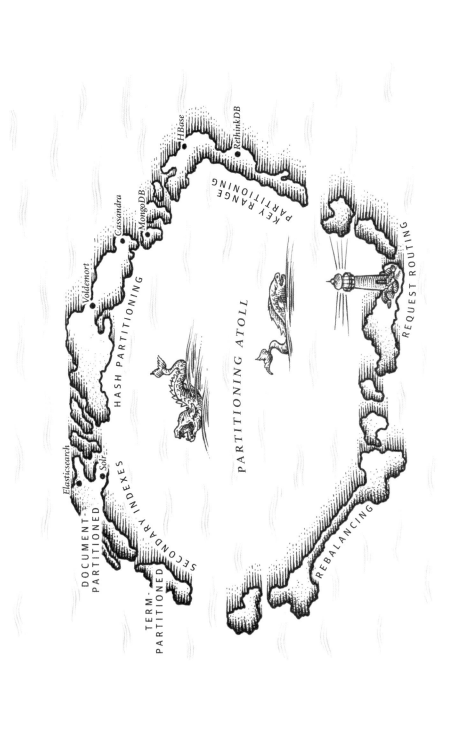

06장

파티셔닝

순차성에서 벗어나야 하고 컴퓨터에 제한을 가하지 않아야 한다는 것은 분명하다. 데이터의 정의를 명시
하고 데이터의 우선순위와 데이터에 관한 설명을 제공해야 한다. 절차가 아니라 관계를 명시해야 한다.

– 그레이스 머레이 호퍼, 미래의 경영과 컴퓨터(1962)

5장에서 동일한 데이터의 복사본 여러 개를 다른 노드에 저장하는 개념인 복제를 다뤘다. 데이터셋
이 매우 크거나 질의 처리량이 매우 높다면 복제만으로는 부족하고 데이터를 **파티션**으로 쪼갤 필요
가 있다. 이 작업을 **샤딩**[1]이라고도 한다.

용어 혼동

여기서 말하는 **파티션**은 몽고DB, 엘라스틱서치, 솔라클라우드의 **샤드**(shard)에 해당한다. HBase에서
는 **리전**(region), 빅테이블에서는 **태블릿**(tablet), 카산드라와 리악에서는 **브이노드**(vnode), 카우치베
이스에서는 **브이버켓**(vBucket)이라고 부른다. 그러나 **파티셔닝**이 가장 널리 쓰이는 용어이므로 이 책
에서는 계속 파티션을 사용한다.

---

1 이번 장에서 다루는 파티셔닝은 대용량 데이터베이스를 의도적으로 작은 단위로 쪼개는 방법을 말한다. 노드 사이의 네트워크에서 발생하는 결함의 일종인 **네트워크 분단**
(network partition) 혹은 **네트워크 분리**(netsplit)와는 무관하다. 네트워크 분단은 8장에서 다룬다.

파티션을 나눌 때는 보통 각 데이터 단위(레코드, 로우, 문서)가 하나의 파티션에 속하게 한다. 여기엔 다양한 방법이 있으며, 이번 장에서 자세히 다룬다. 데이터베이스가 여러 파티션을 동시에 건드리는 연산을 지원할 수도 있지만 결과적으로 각 파티션은 그 자체로 작은 데이터베이스가 된다.

데이터 파티셔닝을 원하는 주된 이유는 **확장성**이다. 비공유 클러스터(shared-nothing cluster)에서 다른 파티션은 다른 노드에 저장될 수 있다(**비공유(shared nothing)**의 의미는 2부 소개를 참고). 따라서 대용량 데이터셋이 여러 디스크에 분산될 수 있고 질의 부하는 여러 프로세서에 분산될 수 있다.

단일 파티션에 실행되는 질의를 생각해 보면 각 노드에서 자신의 파티션에 해당하는 질의를 독립적으로 실행할 수 있으므로 노드를 추가함으로써 질의 처리량을 늘릴 수 있다. 크고 복잡한 질의는 훨씬 더 어렵기는 하지만 여러 노드에서 병렬 실행이 가능하다.

파티셔닝 지원 데이터베이스는 1980년대에 테라데이터(Teradata), 탠덤 논스톱 SQL(Tandem NonStop SQL)[1] 등의 제품에서 개척됐고 최근에는 NoSQL 데이터베이스와 하둡 기반 데이터 웨어하우스에서 재발견됐다. 어떤 시스템들은 트랜잭션 작업부하용으로, 어떤 시스템들은 분석용으로 설계됐다(93쪽 "트랜잭션 처리나 분석?" 참고). 이 차이는 시스템을 튜닝하는 방법에 영향을 미치지만 파티셔닝의 기본 원칙은 두 종류의 작업부하에 모두 적용된다.

이번 장에서는 먼저 대용량 데이터셋을 파티셔닝하는 몇 가지 방법을 살펴본 후 데이터 색인과 파티셔닝이 어떻게 상호작용하는지 알아본다. 다음으로 클러스터에 노드를 추가하거나 클러스터에서 노드를 제거할 때 필요한 재균형화에 대해서도 설명한다. 끝으로 데이터베이스가 어떻게 요청을 올바른 파티션에 전달하고 질의를 실행하는지 개략적으로 살펴보겠다.

파티셔닝과 복제

보통 복제와 파티셔닝을 함께 적용해 각 파티션의 복사본을 여러 노드에 저장한다. 각 레코드는 정확히 한 파티션에 속하더라도 이를 여러 다른 노드에 저장해서 내결함성을 보장할 수 있다는 의미다.

한 노드에 여러 파티션을 저장할 수도 있다. 리더 팔로워 복제 모델을 사용한다면 파티셔닝과 복제의 조합은 그림 6-1과 같은 형태가 된다. 각 파티션의 리더는 하나의 노드에 할당되고 팔로워들은 다른 노드에 할당된다. 각 노드는 어떤 파티션에게는 리더이면서 다른 파티션에게는 팔로워가 될 수 있다.

5장에서 설명한 데이터베이스 복제에 관한 모든 내용은 파티션의 복제에도 동일하게 적용된다. 일반적으로 파티셔닝 방식과 복제 방식은 독립적으로 선택하므로 이번 장에서는 복제에 대한 내용은 간단히 설명하고 생략한다.

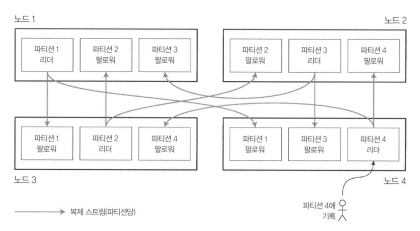

그림 6-1. 복제와 파티셔닝의 조합: 각 노드는 어떤 파티션에게는 리더로 어떤 파티션에게는 팔로워로 동작한다.

키-값 데이터 파티셔닝

대량의 데이터를 파티셔닝한다고 생각해 보자. 어떤 레코드를 어느 노드에 저장할지 어떻게 결정해야 할까?

파티셔닝의 목적은 데이터와 질의 부하를 노드 사이에 고르게 분산시키는 것이다. 모든 노드가 동일한 분량을 담당한다고 가정할 때 10대의 노드를 사용하면 한 대를 사용할 때보다 이론상으로 10배의 데이터를 저장하고 10배의 읽기, 쓰기 요청을 처리할 수 있다(복제는 일단 무시하자).

파티셔닝이 고르게 이뤄지지 않아 다른 파티션보다 데이터가 많거나 질의를 많이 받는 파티션이 있다면 **쏠렸다(skewed)**고 말한다. 쏠림이 있으면 파티셔닝의 효과가 매우 떨어진다. 극단적인 경우 모든 부하가 한 파티션에 몰려 10개 중 9개 노드는 유휴 상태에 있고 요청을 받는 노드 하나가 병목이 될 수 있다. 불균형하게 부하가 높은 파티션을 **핫스팟**이라고 한다.

핫스팟을 회피하는 가장 단순한 방법은 레코드를 할당할 노드를 무작위로 선택하는 것이다. 그러면 데이터가 노드들 사이에 매우 고르게 분산되지만 커다란 단점이 있다. 어떤 레코드를 읽으려고 할 때 해당 레코드가 어느 노드에 저장됐는지 알 수 없으므로 모든 노드에서 병렬적으로 질의를 실행해야 한다.

더 좋은 방법이 있다. 이제는 단순한 키–값 데이터 모델을 사용한다고 가정해보자. 이 모델에서는 항상 기본키를 통해 레코드에 접근한다. 이를테면 종이 백과사전에서는 항목을 찾을 때 제목을 사용한다. 모든 항목이 제목의 알파벳 순으로 정렬돼 있으므로 언제나 찾고자 하는 항목을 빨리 찾을 수 있다.

키 범위 기준 파티셔닝

파티셔닝하는 방법 중 하나는 종이 백과사전처럼(그림 6-2) 각 파티션에 연속된 범위(어떤 최솟값에서 최댓값까지)의 키를 할당하는 것이다. 각 범위들 사이의 경계를 알면 어떤 키가 어느 파티션에 속하는지 쉽게 찾을 수 있다. 또 어떤 파티션이 어느 노드에 할당됐는지 알면 적절한 노드로 요청을 직접 보낼 수 있다(혹은 백과사전의 경우 책장에서 올바른 책을 꺼낼 수 있다).

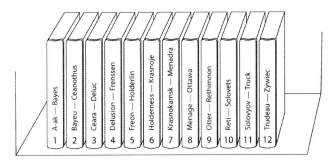

그림 6-2. 키 범위를 기준으로 파티셔닝된 백과사전

키 범위 크기가 반드시 동일할 필요는 없다. 데이터가 고르게 분포하지 않을 수도 있기 때문이다. 예를 들어 그림 6-2에서 1권은 A나 B로 시작하는 단어를 포함하지만 12권은 T, U, V, X, Y, Z로 시작하는 단어를 포함한다. 알파벳 두 글자마다 1권씩 할당하면 다른 것들보다 훨씬 커지는 권이 생긴다. 데이터를 고르게 분산시키려면 파티션 경계를 데이터에 맞춰 조정해야 한다.

파티션 경계는 관리자가 수동으로 선택하거나 데이터베이스에서 자동으로 선택되게 할 수 있다(파티션 경계 선택은 209쪽 "파티션 재균형화"에서 자세히 다룬다). 이런 식으로 파티셔닝하는 전략은 빅테이블, 빅테이블의 오픈소스 구현체인 HBase[2, 3], 리싱크DB(RethinkDB), 버전 2.4 이전의 몽고DB[4]에서 사용된다.

각 파티션 내에서는 키를 정렬된 순서로 저장할 수 있다(78쪽 "SS테이블과 LSM 트리" 참고). 이렇게 하면 범위 스캔이 쉬워지는 이점이 있고, 키를 연쇄된 색인으로 간주해서 질의 하나로 관련 레코드 여러 개를 읽어오는 데 사용할 수 있다(89쪽 "다중 칼럼 색인" 참고). 예를 들어 센서 네트워크 데이터를 저장하는 애플리케이션에서 측정값의 타임스탬프(년-월-일-시-분-초)를 키로 사용한 다고 하자. 이 경우 범위 스캔이 매우 유용하다. 범위 스캔을 써서 특정 월의 모든 데이터를 쉽게 읽을 수 있기 때문이다.

그러나 키 범위 기준 파티셔닝은 특정한 접근 패턴이 핫스팟을 유발하는 단점이 있다. 타임스탬프가 키라면 파티션은 시간 범위에 대응된다. 예를 들어 1일치의 데이터를 파티션 하나가 담당하는 식이다. 유감스럽게도 센서에서 값이 측정될 때마다 데이터를 데이터베이스에 기록하므로 쓰기 연산이 모두 동일한 파티션(오늘 날짜에 해당하는)으로 전달되어 해당 파티션만 과부하가 걸리고 나머지 파티션은 유휴 상태로 남아 있을 수 있다[5].

센서 데이터베이스에서 이 문제를 회피하려면 키의 첫 번째 요소로 타임스탬프가 아닌 다른 것을 사용해야 한다. 이를테면 타임스탬프 앞에 센서 이름을 붙여서 파티셔닝할 때 센서 이름을 먼저 사용한 후 시간을 사용하게 할 수 있다. 동시에 동작하는 센서가 많이 있다면 쓰기 부하가 파티션 사이에 더 균등하게 퍼진다. 이제 하나의 시간 범위 내에서 여러 센서의 값을 얻고 싶다면 센서 이름마다 별개의 범위 질의를 실행해야 한다.

키의 해시값 기준 파티셔닝

쏠림과 핫스팟의 위험 때문에 많은 분산 데이터스토어는 키의 파티션을 정하는 데 해시 함수를 사용한다.

좋은 해시 함수는 쏠린 데이터를 입력으로 받아 균일하게 분산되게 한다. 문자열을 입력으로 받는 32비트 해시 함수가 있다고 하자. 이 함수에 문자열을 넣으면 겉으로 보기에는 0과 $2^{32} - 1$ 사이의 무작위 숫자를 반환한다. 입력 문자열이 거의 유사해도 해시값은 숫자 범위 내에서 균일하게 분산된다.

파티셔닝용 해시 함수는 암호적으로 강력할 필요는 없다. 예를 들어 카산드라와 몽고DB는 MD5를 쓰고 볼드모트는 파울러 놀 보(Fowler-Noll-Vo) 함수를 사용한다. 많은 프로그래밍 언어에 간단한 해시 함수가 내장돼 있지만(해시 테이블에 사용되므로) 파티셔닝에는 적합하지 않을지도 모른다. 예를 들어 자바의 Object.hashCode()와 루비의 Object#hash는 같은 키를 넣어도 다른 프로세스에서는 다른 해시값을 반환할 수 있다[6].

키에 적합한 해시 함수를 구했다면 각 파티션에 (키 범위 대신) 해시값 범위를 할당하고 해시값이 파티션의 범위에 속하는 모든 키를 그 파티션에 할당하면 된다. 그림 6-3을 보자.

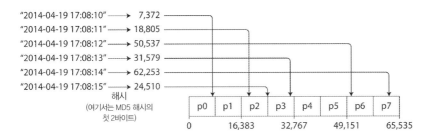

그림 6-3. 키의 해시값 기준 파티셔닝

이 기법은 키를 파티션 사이에 균일하게 분산시키는 데 좋다. 파티션 경계는 크기가 동일하도록 나눌 수도 있고 무작위에 가깝게 선택할 수도 있다(이런 기법을 **일관성 해싱**이라고 부르기도 한다).

> **일관성 해싱**
>
> 일관성 해싱은 카저(Karger)[7]가 정의한 대로 CDN(content delivery network) 같은 인터넷 규모의 캐시 시스템에서 부하를 균등하게 분산시키는 방법이다. 중앙 제어나 분산 합의(distributed consensus)가 필요하지 않도록 파티션 경계를 무작위로 선택한다. 여기서 말하는 **일관성**은 복제 일관성(5장 참고)이나 ACID 일관성(7장 참고)과는 관련이 없으며 특별한 재균형화 방법을 의미한다.
>
> 209쪽 "파티션 재균형화"에서 보겠지만 이 특별한 방법은 데이터베이스에서 실제로는 잘 동작하지 않아서[8], 현실에서 거의 사용되지 않는다(어떤 데이터베이스 문서에서는 아직 일관성 해싱을 언급하지만 정확하지 않은 경우가 흔하다). 이처럼 매우 혼동하기 쉬우므로 **일관성 해싱**이라는 단어 대신 그냥 **해시 파티셔닝**을 쓰는 게 좋다.

그러나 유감스럽게도 파티셔닝에 키의 해시값을 사용해서 파티셔닝하면 키 범위 파티셔닝의 좋은 속성을 잃어 버린다. 바로 범위 질의를 효율적으로 실행할 수 있는 능력이다. 전에는 인접했던 키들이 이제는 모든 파티션에 흩어져서 정렬 순서가 유지되지 않는다. 몽고DB에서는 해시 기반 샤딩 모드를 활성화하면 범위 질의가 모든 파티션에 전송돼야 한다[4]. 리악[9], 카우치베이스[10], 볼드모트에서는 기본키에 대한 범위 질의가 지원되지 않는다.

카산드라는 두 가지 파티셔닝 전략 사이에서 타협한다[11, 12, 13]. 카산드라에서 테이블을 선언할 때 여러 칼럼을 포함하는 **복합 기본키**를 지정할 수 있다. 키의 첫 부분에만 해싱을 적용해 파티션 결정에 사용하고 남은 칼럼은 카산드라의 SS테이블에서 데이터를 정렬하는 연쇄된 색인으로 사용한다. 따라서 복합 키의 첫 번째 칼럼에 대해서는 값 범위로 검색하는 질의를 쓸 수 없지만 첫 번째 칼럼에 고정된 값을 지정하면 키의 다른 칼럼에 대해서는 범위 스캔을 효율적으로 실행할 수 있다.

연쇄된 색인을 사용하면 일대다 관계를 표현하는 우아한 데이터 모델을 만들 수 있다. 예를 들어 소셜 미디어 사이트에서 사용자 한 명이 수정한 문서 여러 개를 올릴 수도 있다. 수정한 문서의 기본키를 (user_id, update_timestamp)로 선택하면 특정한 사용자가 어떤 시간 구간에서 수정한 모든 문서를 타임스탬프 순으로 정렬해서 읽어올 수 있다. 다른 사용자가 수정한 정보는 다른 파티션에 저장될 수도 있지만 한 사용자가 수정한 정보는 한 파티션 내에서 타임스탬프 순으로 정렬된 상태로 저장된다.

쏠린 작업부하와 핫스팟 완화

앞에서 설명한 대로 키를 해싱해서 파티션을 정하면 핫스팟을 줄이는 데 도움이 된다. 그렇지만 핫스팟을 완벽히 제거할 수는 없다. 항상 동일한 키를 읽고 쓰는 극단적인 상황에서는 모든 요청이 동일한 파티션으로 쏠리게 된다.

아마도 이런 작업부하는 드물겠지만 전혀 없는 것은 아니다. 이를테면 소셜 미디어 사이트에서 수백만 명의 팔로워를 거느린 유명인이 뭔가를 하면 후폭풍이 발생할 수 있다[14]. 유명인이 실행한 작업 때문에 동일한 키에 막대한 양의 데이터를 기록해야 할 수도 있다(키는 아마도 유명인의 사용자 ID이거나 사람들이 댓글을 다는 액션의 ID가 될 것이다). 동일한 ID의 해시값은 동일하므로 해싱은 아무런 도움이 되지 않는다.

현대 데이터 시스템은 대부분 크게 쏠린 작업부하를 자동으로 보정하지 못하므로 애플리케이션에서 쏠림을 완화해야 한다. 예를 들어 요청이 매우 많이 쏠리는 키를 발견했을 때 간단한 해결책은 각 키의 시작이나 끝에 임의의 숫자를 붙이는 것이다. 임의의 10진수 두 개만 붙이더라도 한 키에 대한 쓰기 작업이 100개의 다른 키로 균등하게 분산되고 그 키들은 다른 파티션으로 분산될 수 있다.

그러나 다른 키에 쪼개서 쓰면 읽기를 실행할 때 추가적인 작업이 필요해진다. 100개의 키에 해당하는 데이터를 읽어서 조합해야 하기 때문이다. 추가적으로 저장해야 할 정보도 있다. 이 기법은 요청이 몰리는 소수의 키에만 적용하는 게 타당하다. 쓰기 처리량이 낮은 대다수의 키에도 적용하면 불필요한 오버헤드가 생긴다. 따라서 어떤 키가 쪼개졌는지 추적할 방법도 있어야 한다.

아마도 미래에는 데이터 시스템이 쏠린 작업부하를 자동으로 감지해서 보정할 수 있겠지만 아직은 애플리케이션에 대한 트레이드오프를 꼼꼼히 따져볼 필요가 있다.

파티셔닝과 보조 색인

지금까지 설명한 파티셔닝 방식은 키-값 데이터 모델에 의존한다. 레코드를 기본키를 통해서만 접근한다면 키로부터 파티션을 결정하고 이를 사용해 해당 키를 담당하는 파티션으로 읽기 쓰기 요청을 전달할 수 있다.

보조 색인이 연관되면 상황은 복잡해진다(88쪽 "기타 색인 구조" 참고). 보조 색인은 보통 레코드를 유일하게 식별하는 용도가 아니라 특정한 값이 발생한 항목을 검색하는 수단이다. 사용자 123이 실행한 액션을 모두 찾거나 hogwash라는 단어를 포함하는 글을 모두 찾거나 빨간색 자동차를 모두 찾는 등의 작업에 쓰인다.

보조 색인은 관계형 데이터베이스의 핵심 요소이며 문서 데이터베이스에서도 흔하다. (HBase와 볼드모트 같은) 많은 키-값 저장소에서는 구현 복잡도가 추가되는 것을 피하려고 보조 색인을 지원하지 않지만 보조 색인은 데이터 모델링에 매우 유용하므로 (리악 같은) 일부 저장소에서는 이를 추가하기 시작했다. 그리고 마지막으로 보조 색인은 솔라나 엘라스틱서치 같은 검색 서버에게는 **존재의 이유**다.

보조 색인은 파티션에 깔끔하게 대응되지 않는 문제점이 있다. 보조 색인이 있는 데이터베이스를 파티셔닝하는 데 널리 쓰이는 두 가지 방법이 있다. 문서 기반 파티셔닝과 용어 기반 파티셔닝이다.

문서 기준 보조 색인 파티셔닝

예를 들어 중고차를 판매하는 웹사이트를 운영한다고 하자(그림 6-4). 각 항목에는 **문서 ID(document ID)**라고 부르는 고유 ID가 있고 데이터베이스를 문서 ID 기준으로 파티셔닝한다 (이를테면 ID 0부터 499까지는 파티션 0에, ID 500부터 999까지는 파티션 1에 할당하는 식).

사용자들이 차를 검색할 때 색상과 제조사로 필터링할 수 있게 하려면 color와 make(문서 데이터베이스에서는 필드, 관계형 데이터베이스에서는 칼럼)에 보조 색인을 만들어야 한다. 색인을 선언했다면 데이터베이스가 자동으로 색인 생성을 할 수 있다[2]. 예를 들어 빨간색 자동차가 데이터베이스에 추가되면 데이터베이스 파티션은 자동으로 그것을 color:red 색인 항목에 해당하는 문서 ID 목록에 추가한다.

---

2 키-값 모델만 지원하는 데이터베이스를 사용한다면 애플리케이션 코드에서 값을 문서 ID에 대응시켜서 보조 색인을 직접 구현하고 싶은 충동이 생길지도 모른다. 이 길을 택했다면 색인과 기반 데이터가 일관성을 유지하도록 매우 주의를 기울여야 한다. 경쟁 조건이나 (변경 내용 중 일부는 저장에 성공지만 나머지는 실패하는) 간헐적인 쓰기 실패가 발생하면 데이터 동기화가 실패하기 쉽다(230쪽 "다중 객체 트랜잭션의 필요성" 참고).

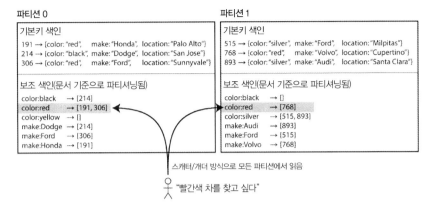

그림 6-4. 문서 기준 보조 색인 파티셔닝

이런 색인 방법을 사용하면 각 파티션이 완전히 독립적으로 동작한다. 각 파티션은 자신의 보조 색인을 유지하며 그 파티션에 속하는 문서만 담당한다. 다른 파티션에 어떤 데이터가 저장되는지는 신경 쓰지 않는다. 데이터베이스에 문서 추가, 삭제, 갱신 등의 쓰기 작업을 실행할 때는 쓰려고 하는 문서 ID를 포함하는 파티션만 다루면 된다. 그러한 까닭에 문서 파티셔닝 색인은 (다음 절에서 설명할 **전역 색인**(global index)과 반대로) **지역 색인**(local index)이라고도 한다.

그러나 문서 기준으로 파티셔닝된 색인을 써서 읽을 때는 주의를 기울여야 한다. 문서 ID에 뭔가 특별한 작업을 하지 않는다면 특정한 색상이거나 특정한 제조사가 만든 자동차가 동일한 파티션에 저장되리라는 보장이 없다. 그림 6-4에서 빨간색 자동차는 파티션 0에도 있고 파티션 1에도 있다. 따라서 빨간색 자동차를 찾고 싶다면 **모든** 파티션으로 질의를 보내서 얻은 결과를 모두 모아야 한다.

파티셔닝된 데이터베이스에 이런 식으로 질의를 보내는 방법을 **스캐터/개더**(scatter/gather)라고도 하는데 보조 색인을 써서 읽는 질의는 큰 비용이 들 수 있다. 여러 파티션에서 질의를 병렬 실행하더라도 스캐터/개더는 꼬리 지연 시간 증폭이 발생하기 쉽다(16쪽 "실전 백분위" 참고). 그럼에도 보조 색인을 문서 기준으로 파티셔닝하는 경우가 많다. 몽고DB, 리악[5], 카산드라[16], 엘라스틱서치[17], 솔라클라우드[18], 볼트DB[19]는 모두 문서 기준으로 파티셔닝된 보조 색인을 사용한다. 데이터베이스 벤더들은 대부분 보조 색인 질의가 단일 파티션에서만 실행되도록 파티셔닝 방식을 설계하기를 권장하지만 항상 가능하지는 않다. 특히 단일 질의에서 여러 보조 색인을 사용할 때 그렇다(자동차를 색상으로 필터링하면서 동시에 제조사로도 필터링할 때처럼).

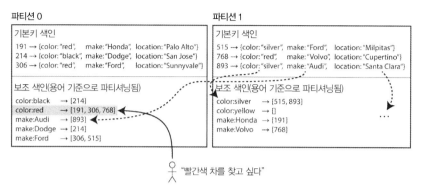

그림 6-5. 용어 기준 보조 색인 파티셔닝

용어 기준 보조 색인 파티셔닝

각 파티션이 자신만의 보조 색인(지역 색인)을 갖게 하는 대신, 모든 파티션의 데이터를 담당하는 **전역 색인**을 만들 수도 있다. 그러나 한 노드에만 색인을 저장할 수는 없다. 해당 노드가 병목이 되어 파티셔닝의 목적을 해치기 때문이다. 전역 색인도 파티셔닝해야 하지만 기본키 색인과는 다른 식으로 할 수 있다.

이것이 어떤 모습인지 그림 6-5에 나와 있다. 모든 파티션에 있는 빨간색 자동차 정보는 색인에서 color:red 항목에 저장되지만 색깔 색인은 a부터 r까지의 글자로 시작하는 색깔은 파티션 0에, s부터 z까지의 글자로 시작하는 색깔은 파티션 1에 저장되도록 파티셔닝된다. 자동차 제조사 색인도 마찬가지로 파티셔닝된다(파티셔닝 경계가 f와 h 사이에 있도록).

찾고자 하는 용어에 따라 색인의 파티션이 결정되므로 이런 식의 색인을 **용어 기준으로 파티셔닝됐다(term-partitioned)**고 한다. 여기서는 color:red가 용어의 예다. **용어**라는 이름은 전문 색인(특별한 종류의 보조 색인)에서 나왔는데 용어란 문서에 등장하는 모든 단어를 말한다.

이전처럼 색인을 파티셔닝할 때 용어 자체를 쓸 수도 있고 용어의 해시값을 사용할 수도 있다. 용어 자체로 파티셔닝하면 범위 스캔(이를테면 자동차의 판매 희망가 같은 숫자 속성에 적용되는)에 유용한 반면 용어의 해시값을 사용해 파티셔닝하면 부하가 좀 더 고르게 분산된다.

문서 파티셔닝 색인에 비해 전역(용어 파티셔닝) 색인이 갖는 이점은 읽기가 효율적이라는 것이다. 클라이언트는 모든 파티션에 스캐터/개더를 실행할 필요 없이 원하는 용어를 포함하는 파티션으로만 요청을 보내면 된다. 그렇지만 전역 색인은 쓰기가 느리고 복잡하다는 단점이 있다. 단일 문서를 쓸 때 해당 색인의 여러 파티션에 영향을 줄 수 있기 때문이다(문서에 있는 모든 용어가 다른 노드에 있는 다른 파티션에 속할 수도 있다).

이상적인 세상이라면 색인은 항상 최신 상태에 있고 데이터베이스에 기록된 모든 문서는 바로 색인에 반영돼야 한다. 하지만 용어 파티셔닝 색인을 사용할 때 그렇게 하려면 쓰기에 영향받는 모든 파티션에 걸친 분산 트랜잭션을 실행해야 하는데, 모든 데이터베이스에서 분산 트랜잭션을 지원하지는 않는다(7장과 9장 참고).

현실에서는 전역 보조 색인은 대개 비동기로 갱신된다(즉 쓰기를 실행한 후 바로 색인을 읽으면 변경 사항이 색인에 반영되지 않았을 수도 있다). 예를 들어 아마존 다이나모DB는 정상적인 상황에서는 전역 보조 색인을 갱신하는 데 1초도 안 걸리지만 인프라에 결함이 생기면 반영 지연 시간이 더 길어질 수도 있다[20].

전역 용어 파티셔닝 색인의 다른 사용처로는 리악의 검색 기능[21]과 오라클 데이터 웨어하우스[22]가 있다. 오라클 데이터 웨어하우스는 지역 색인과 전역 색인 사이에서 선택할 수 있다. 12장에서 용어 파티셔닝 보조 색인을 구현하는 주제를 다시 설명한다.

파티션 재균형화

시간이 지나면 데이터베이스에 변화가 생긴다.

- 질의 처리량이 증가해서 늘어난 부하를 처리하기 위해 CPU를 더 추가하고 싶다.
- 데이터셋 크기가 증가해서 데이터셋 저장에 사용할 디스크와 램을 추가하고 싶다.
- 장비에 장애가 발생해서 그 장비가 담당하던 역할을 다른 장비가 넘겨받아야 한다.

이런 변화가 생기면 데이터와 요청이 한 노드에서 다른 노드로 옮겨져야 한다. 클러스터에서 한 노드가 담당하던 부하를 다른 노드로 옮기는 과정을 **재균형화(rebalancing)**라고 한다.

어떤 파티셔닝 방식을 쓰는지에 무관하게 재균형화가 실행될 때 보통 만족시킬 것으로 기대되는 최소 요구사항이 있다.

- 재균형화 후, 부하(데이터 저장소, 읽기 쓰기 요청)가 클러스터 내에 있는 노드들 사이에 균등하게 분배돼야 한다.
- 재균형화 도중에도 데이터베이스는 읽기 쓰기 요청을 받아들여야 한다.
- 재균형화가 빨리 실행되고 네트워크와 디스크 I/O 부하를 최소화할 수 있도록 노드들 사이에 데이터가 필요 이상으로 옮겨져서는 안 된다.

재균형화 전략

파티션을 노드에 할당하는 방법이 몇 가지 있다[23]. 하나씩 간략히 살펴보자.

쓰면 안 되는 방법: 해시값에 모드 N 연산을 실행

앞에서(그림 6-3) 키의 해시값 기준으로 파티셔닝할 때는 사용 가능한 해시값 범위를 나누고 각 범위를 한 파티션에 할당하는 게 최선이라고 했다(예를 들어 키 key가 $0 \le hash(key) \langle b_0$를 만족하면 파티션 0에, $b_0 \le hash(key) \langle b_1$을 만족하면 파티션 1에 할당하는 식).

왜 그냥 모드(mod) 연산(여러 프로그래밍 언어에 있는 % 연산)을 쓰지 않는지 아마 궁금할 것이다. 이를테면 $hash(key)\ mod\ 10$은 0과 9 사이의 숫자를 반환한다(해시값으로 십진수를 쓴다면 hash mod 10은 마지막 자릿수가 된다). 노드가 10대 있고 각각 0부터 9까지 숫자를 배정하면 각 키를 노드에 할당하는 것은 쉬운 일로 보인다.

모드 N 방식의 문제는 노드 개수 N이 바뀌면 대부분의 키가 노드 사이에 옮겨져야 한다는 점이다. 예를 들어 $hash(key) = 123456$이라고 하자. 처음에 노드가 10대라면 이 키는 노드 6에 할당된다($123456\ mod\ 10 = 6$이므로). 노드가 11대로 늘어나면 이 키는 노드 3으로 옮겨져야 하고($123456\ mod\ 11 = 3$), 노드가 12대로 늘어나면 노드 0으로 옮겨져야 한다($123456\ mod\ 12 = 0$). 이렇게 키가 자주 이동하면 재균형화 비용이 지나치게 커진다.

데이터를 필요 이상으로 이동하지 않는 방법이 필요하다.

파티션 개수 고정

다행스럽게도 상당히 간단한 해결책이 있다. 파티션을 노드 대수보다 많이 만들고 각 노드에 여러 파티션을 할당하는 것이다. 이를테면 노드 10대로 구성된 클러스터에서 실행되는 데이터베이스는 처음부터 파티션을 1,000개로 쪼개서 각 노드마다 약 100개의 파티션을 할당할 수 있다.

클러스터에 노드가 추가되면 새 노드는 파티션이 다시 균일하게 분배될 때까지 기존 노드에서 파티션 몇 개를 **뺏어올** 수 있다. 그림 6-6에 이 과정이 설명돼 있다. 클러스터에서 노드가 제거되면 이 과정이 반대로 실행된다.

파티션은 노드 사이에서 통째로 이동하기만 한다. 파티션 개수는 바뀌지 않고 파티션에 할당된 키도 변경되지 않는다. 유일한 변화는 노드에 어떤 파티션이 할당되는가 뿐이다. 파티션 할당 변경은 즉시 반영되지 않고 네트워크를 통해 대량의 데이터를 전송해야 하므로 시간이 좀 걸린다. 따라서 데이터 전송이 진행 중인 동안에 읽기나 쓰기가 실행되면 기존에 할당된 파티션을 사용한다.

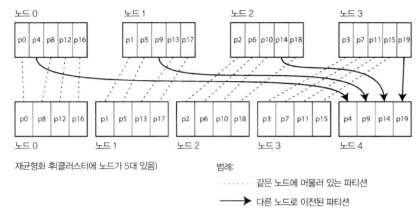

그림 6-6. 노드마다 여러 파티션이 할당된 데이터베이스 클러스터에 새 노드를 추가

이론상으로 클러스터에 성능이 다른 하드웨어가 섞여 있는 것을 고려할 수도 있다. 성능이 좋은 노드에 파티션을 더 할당함으로써 더 많은 부하를 담당하게 할 수 있다.

이런 재균형화 방법은 리악[15], 엘라스틱서치[24], 카우치베이스[10], 볼드모트[25]에서 사용된다.

이 방식을 사용할 때는 보통 데이터베이스가 처음 구축될 때 파티션 개수가 고정되고 이후에 변하지 않는다. 이론적으로는 파티션을 쪼개거나 합치는 게 가능하지만(다음 절 참고) 파티션 개수가 고정되면 운영이 단순해지므로 고정 파티션을 사용하는 데이터베이스는 파티션 분할을 지원하지 않는 경우가 많다. 따라서 처음 설정된 파티션 개수가 사용 가능한 노드 대수의 최대치가 되므로 미래에 증가될 것을 수용하기에 충분히 높은 값으로 선택해야 한다. 그러나 개별 파티션도 관리 오버헤드가 있으므로 너무 큰 수를 선택하면 역효과를 낳을 수 있다.

전체 데이터셋의 크기 변동이 심하다면 적절한 파티션 개수를 정하기 어렵다(예를 들어 처음에는 데이터셋이 작지만 시간이 지나면서 훨씬 더 커질 수도 있다). 각 파티션에는 전체 데이터의 고정된 비율이 포함되므로 개별 파티션 크기는 클러스터의 전체 데이터 크기에 비례해서 증가한다. 파티션이 너무 크면 재균형화를 실행할 때와 노드 장애로부터 복구할 때 비용이 크다. 그러나 파티션이 너무 작으면 오버헤드가 너무 커진다. 파티션 크기가 너무 크지도 너무 작지도 않고 "딱 적당할 때" 성능이 가장 좋지만 파티션 개수는 고정돼 있고 데이터셋 크기는 변한다면 적절한 크기를 정하기 어려울 수 있다.

동적 파티셔닝

키 범위 파티셔닝을 사용하는 데이터베이스에서는(202쪽 "키 범위 기준 파티셔닝" 참고) 파티션 경계와 개수가 고정돼 있는 게 매우 불편하다. 파티션 경계를 잘못 지정하면 모든 데이터가 한 파티션에 저장되고 나머지 파티션은 텅 빌 수도 있다. 파티션 경계를 수동으로 재설정하는 것은 매우 성가시다.

이런 이유로 HBase나 리싱크DB처럼 키 범위 파티셔닝을 사용하는 데이터베이스에서는 파티션을 동적으로 만든다. 파티션 크기가 설정된 값을 넘어서면(HBase에서는 10GB가 기본값) 파티션을 두 개로 쪼개 각각에 원래 파티션의 절반 정도의 데이터가 포함되게 한다[26]. 반대로 데이터가 많이 삭제되어 파티션 크기가 임곗값 아래로 떨어지면 인접한 파티션과 합쳐질 수 있다. 이 과정은 B 트리의 최상위 레벨에서 실행되는 작업과 유사하다(82쪽 "B 트리" 참고).

파티션 개수가 고정된 경우와 마찬가지로 각 파티션은 노드 하나에 할당되고 각 노드는 여러 파티션을 담당할 수 있다. 큰 파티션이 쪼개진 후 부하의 균형을 맞추기 위해 분할된 파티션 중 하나가 다른 노드로 이동될 수 있다. HBase의 경우 기반 분산 파일 시스템인 HDFS[3]를 통해 파티션 파일이 전송된다.

동적 파티셔닝은 파티션 개수가 전체 데이터 용량에 맞춰 조정된다는 이점이 있다. 데이터 양이 작으면 파티션 개수가 적어도 되므로 오버헤드도 작다. 데이터 양이 거대하다면 개별 파티션의 크기는 설정된 최대치로 제한된다[23].

그러나 빈 데이터베이스는 파티션 경계를 어디로 정해야 하는지에 관한 **사전** 정보가 없으므로 시작할 때는 파티션이 하나라는 함정이 있다. 데이터셋이 작을 때는 (첫 번째 파티션이 분할될 정도로 데이터가 쌓이기 전까지는) 모든 쓰기 요청이 하나의 노드에서 실행되고 다른 노드들은 유휴 상태에 머물게 된다. 이 문제를 완화하기 위해 HBase와 몽고DB에서는 빈 데이터베이스에 초기 파티션 집합을 설정할 수 있게 한다(**사전 분할(pre-splitting)**이라고 부른다). 키 범위 파티셔닝의 경우 사전 분할을 하려면 키가 어떤 식으로 분할될지 미리 알아야 한다[4, 26].

동적 파티셔닝은 키 범위 파티셔닝에만 적합한 것은 아니고 해시 파티셔닝에도 똑같이 사용될 수 있다. 몽고DB는 2.4 버전부터 키 범위 파티셔닝과 해시 파티셔닝을 모두 지원하고 두 경우 모두 파티션을 동적으로 분할한다.

노드 비례 파티셔닝

동적 파티셔닝에서는 파티션 분할과 병합을 통해 개별 파티션 크기가 어떤 고정된 최솟값과 최댓값 사이에 유지되게 하므로 파티션 개수가 데이터셋 크기에 비례한다. 반면 파티션 개수를 고정하면 개별 파티션의 크기가 데이터셋 크기에 비례한다. 두 경우 모두 파티션 개수는 노드 대수와 독립적이다.

카산드라와 케타마(Ketama)에서 사용되는 세 번째 방법은 파티션 개수가 노드 대수에 비례하게 하는 것이다. 다시 말해 **노드당** 할당되는 파티션 개수를 고정한다[23, 27, 28]. 이 경우 노드 대수가 변함 없는 동안은 개별 파티션 크기가 데이터셋 크기에 비례해서 증가하지만 노드 대수를 늘리면 파티션 크기는 다시 작아진다. 일반적으로 데이터 용량이 클수록 데이터를 저장할 노드도 많이 필요하므로 이 방법을 쓰면 개별 파티션 크기도 상당히 안정적으로 유지된다.

새 노드가 클러스터에 추가되면 고정된 개수의 파티션을 무작위로 선택해 분할하고 각 분할된 파티션의 절반은 그대로 두고 다른 절반은 새 노드에 할당한다. 파티션을 무작위로 선택해서 균등하지 않은 분할이 생길 수 있지만 여러 파티션에 대해 평균적으로 보면(카산드라에서는 노드당 파티션 256개가 기본값) 새 노드는 기존 노드들이 담당하던 부하에서 균등한 몫을 할당받게 된다. 카산드라 3.0에는 불균등한 분할을 회피할 수 있는 대안적인 재균형화 알고리즘이 추가됐다[29].

파티션 경계를 무작위로 선택하려면 해시 기반 파티셔닝을 사용해야 한다(해시 함수를 통해 생성된 숫자 범위로부터 파티션 경계를 선택할 수 있도록). 실제로 이 방법은 일관성 해싱[7](204쪽의 "일관성 해싱" 참고)의 원래 정의에 가장 가깝게 대응한다. 최근에 나온 해시 함수를 쓰면 메타데이터 오버헤드를 낮추면서도 비슷한 효과를 얻을 수 있다[8].

운영: 자동 재균형화와 수동 재균형화

제대로 짚고 넘어가지 않았던 재균형화에 관한 중요한 의문이 하나 있다. 재균형화는 자동으로 실행될까, 아니면 수동으로 실행해야 할까?

완전 자동 재균형화(관리자의 개입이 전혀 없이 시스템이 자동으로 언제 파티션을 노드 사이에 이동할지 결정함)와 완전 수동 재균형화(관리자가 명시적으로 파티션을 노드에 할당하도록 설정하고 관리자가 재설정할 때만 파티션 할당이 변경됨) 사이에는 중간 지점이 있다. 이를테면 카우치베이스, 리악, 볼드모트는 자동으로 파티션 할당을 제안하지만 반영되려면 관리자가 확정해야 한다.

완전 자동 재균형화는 일상적인 유지보수에 손이 덜 가므로 편리할 수 있다. 하지만 예측하기 어렵기도 하다. 재균형화는 요청 경로를 재설정해야 하고 대량의 데이터를 노드 사이에 이동해야 하므로 비용이 큰 연산이다. 주의 깊게 처리하지 않으면 네트워크나 노드에 과부화가 걸릴 수 있고 재균형화가 진행 중인 동안에 실행되는 다른 요청의 성능이 저하될 수 있다.

이런 자동화는 자동 장애 감지와 조합되면 위험해질 수도 있다. 예를 들어 노드 한 대에 과부하가 걸려 일시적으로 요청에 대한 응답이 느려졌다고 하자. 다른 노드들은 과부하 걸린 노드가 죽었다고 간주하고 해당 노드로부터 부하를 다른 곳으로 옮기기 위해 자동으로 클러스터를 재균형화하려고 한다. 그러면 과부하 걸린 노드와 다른 노드들, 그리고 네트워크에 부하를 더해서 상황이 악화되고 연쇄 장애가 발생할 가능성도 있다.

이런 이유로 재균형화 과정에 사람이 개입하는 게 좋을 수도 있다. 완전 자동 처리보다는 느릴 수 있지만 운영상 예상치 못한 일을 방지하는 데 도움될 수 있다.

요청 라우팅

이제 데이터셋을 여러 장비에서 실행되는 여러 노드에 파티셔닝할 수 있다. 하지만 아직 해결되지 않은 문제가 있다. 클라이언트에서 요청을 보내려고 할 때 어느 노드로 접속해야 하는지 어떻게 알 수 있을까? 파티션이 재균형화되면서 노드에 할당되는 파티션이 바뀐다. 누군가가 "'foo' 키를 읽거나 쓰려면 어떤 IP 주소와 포트 번호로 접속해야 할까?"라는 질문에 답할 수 있도록 파티션 할당 변경을 훤히 알고 있어야 한다.

이 문제는 데이터베이스에 국한되지 않은 더욱 일반적인 문제인 **서비스 찾기**(service discovery)의 일종이다. 네트워크를 통해 접속되는 소프트웨어라면 어떤 것이든지, 특히 고가용성(여러 장비에서 이중화 설정이 된 상태로 실행되는)을 지향하는 소프트웨어라면 모두 이 문제가 있다. 여러 회사에서 자체 서비스 찾기 도구를 개발했고 그중 다수가 오픈소스로 공개됐다[30].

상위 수준에서 보면 이 문제는 몇 가지 다른 접근법이 있다(그림 6-7 참고).

1. 클라이언트가 아무 노드에나 접속하게 한다(예를 들어 라운드로빈 로드 밸런서를 통해). 만약 해당 노드에 마침 요청을 적용할 파티션이 있다면 거기서 요청을 직접 처리할 수 있다. 그렇지 않으면 요청을 올바른 노드로 전달해서 응답을 받고 클라이언트에게 응답을 전달한다.

2. 클라이언트의 모든 요청을 라우팅 계층으로 먼저 보낸다. 라우팅 계층에서는 각 요청을 처리할 노드를 알아내고 그에 따라 해당 노드로 요청을 전달한다. 라우팅 계층 자체에서는 아무 요청도 처리하지 않는다. 파티션 인지(partition-aware) 로드 밸런서로 동작할 뿐이다.

3. 클라이언트가 파티셔닝 방법과 파티션이 어떤 노드에 할당됐는지를 알고 있게 한다. 이 경우 클라이언트는 중개자 없이 올바른 노드로 직접 접속할 수 있다.

모든 경우에 핵심 문제는 라우팅 결정을 내리는 구성요소(노드 중 하나일 수도, 라우팅 계층일 수도, 클라이언트일 수도 있다)가 노드에 할당된 파티션의 변경 사항을 어떻게 아느냐다.

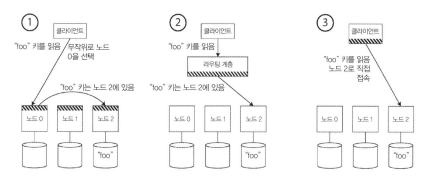

그림 6-7. 요청을 올바른 노드로 라우팅하는 세 가지 다른 방법

이 문제는 참여하는 모든 곳에서 정보가 일치해야 하므로 다루기 어렵다. 그렇지 않으면 요청이 잘못된 노드로 전송되고 제대로 처리되지 못한다. 분산 시스템에서 합의를 이루는 데 쓰이는 프로토콜이 있지만 제대로 구현하기가 까다롭다(9장 참고).

그림 6-8에 나온 것처럼 많은 분산 데이터 시스템은 클러스터 메타데이터를 추적하기 위해 주키퍼(ZooKeeper) 같은 별도의 코디네이션 서비스를 사용한다. 각 노드는 주키퍼에 자신을 등록하고 주키퍼는 파티션과 노드 사이의 신뢰성 있는 할당 정보를 관리한다. 라우팅 계층이나 파티션 인지 클라이언트 같은 다른 구성요소들은 주키퍼에 있는 정보를 구독할 수 있다. 파티션 소유자가 바뀌든지, 노드가 추가되거나 삭제되면 주키퍼는 라우팅 계층에 이를 알려서 라우팅 정보를 최신으로 유지할 수 있게 한다.

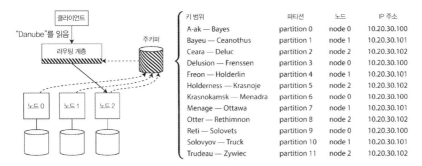

키 범위	파티션	노드	IP 주소
A-ak — Bayes	partition 0	node 0	10.20.30.100
Bayeu --- Ceanothus	partition 1	node 1	10.20.30.101
Ceara — Deluc	partition 2	node 2	10.20.30.102
Delusion — Frenssen	partition 3	node 0	10.20.30.100
Freon — Holderlin	partition 4	node 1	10.20.30.101
Holderness — Krasnoje	partition 5	node 2	10.20.30.102
Krasnokamsk — Menadra	partition 6	node 0	10.20.30.100
Menage — Ottawa	partition 7	node 1	10.20.30.101
Otter --- Rethimnon	partition 8	node 2	10.20.30.102
Reti — Solovets	partition 9	node 0	10.20.30.100
Solovyov — Truck	partition 10	node 1	10.20.30.101
Trudeau — Zywiec	partition 11	node 2	10.20.30.102

⚏어떤 파티션이 어느 노드에 할당됐는지에 대한 정보

그림 6-8. 주키퍼를 사용해 파티션 할당 정보 추적하기

이를테면 링크트인의 에스프레소는 헬릭스(Helix)[31]를 써서 클러스터를 관리하며(헬릭스는 다시 주키퍼에 의존한다), 그림 6-8에 나온 라우팅 계층을 구현한다. HBase, 솔라클라우드, 카프카도 파티션 할당을 추적하는 데 주키퍼를 사용한다. 몽고DB도 아키텍처는 비슷하지만 자체적인 **설정 서버(config server)** 구현에 의존하고 **몽고스(mongos)** 데몬을 라우팅 계층으로 사용한다.

카산드라와 리악은 다른 방법을 쓴다. **가십 프로토콜(gossip protocol)**을 사용해서 클러스터 상태 변화를 노드 사이에 퍼뜨린다. 아무 노드나 요청을 받을 수 있고 요청을 받은 노드는 요청을 처리할 파티션을 갖고 있는 올바른 노드로 요청을 전달해준다(그림 6-7의 1번 방법처럼). 이 모델은 데이터베이스 노드에 복잡성을 더하지만 주키퍼 같은 외부 코디네이션 서비스에 의존하지 않는다.

카우치베이스는 재균형화를 자동으로 실행하지 않아서 설계가 단순하다. 카우치베이스에서는 보통 클러스터 노드로부터 변경된 라우팅 정보를 알아내는 **목시(moxi)**라는 라우팅 계층을 설정한다 [32].

클라이언트는 라우팅 계층을 사용하거나 임의의 노드로 요청을 보낼 때도 접속할 IP 주소를 알아내야 한다. IP 주소는 노드에 할당된 파티션 정보만큼 자주 바뀌지 않으므로 IP 주소를 찾는 데는 대개 DNS를 쓰는 것으로 충분하다.

병렬 질의 실행

지금까지는 단일 키를 읽거나 쓰는 매우 간단한 질의(문서 파티셔닝 보조 색인을 쓰는 경우는 스캐터/개더가 추가됨)에 대해서만 설명했다. 이는 대부분의 NoSQL 분산 데이터스토어에서 지원되는 접근 수준이다.

그러나 분석용으로 자주 사용되는 **대규모 병렬 처리**(massively parallel processing, MPP) 관계형 데이터베이스 제품은 훨씬 더 복잡한 종류의 질의를 지원한다. 전형적인 데이터 웨어하우스 질의는 조인(join), 필터링(filtering), 그룹화(grouping), 집계(aggregation) 연산을 몇 개 포함한다. MPP 질의 최적화기는 복잡한 질의를 여러 실행 단계와 파티션으로 분해하며 이들 중 다수는 데이터베이스 클러스터 내의 서로 다른 노드에서 병렬적으로 실행될 수 있다. 데이터셋의 많은 부분을 스캔하는 연산을 포함하는 질의는 특히 병렬 실행의 혜택을 받는다.

데이터 웨어하우스 질의 고속 병렬 실행은 전문적인 주제이며 분석 업무가 비즈니스적으로 중요해짐에 따라 상업적 관심을 많이 받고 있다. 병렬 질의 실행 기법 몇 가지는 10장에서 살펴본다. 병렬 데이터베이스에서 쓰이는 기법에 대한 더 상세한 개요는 [1, 33]을 참고한다.

정리

이번 장에서는 대용량 데이터셋을 더욱 작은 데이터셋으로 파티셔닝하는 다양한 방법을 살펴봤다. 저장하고 처리할 데이터가 너무 많아서 장비 한 대로 처리하는 게 불가능해지면 파티셔닝이 필요하다.

파티셔닝의 목적은 핫스팟(불균형적으로 높은 부하를 받는 노드)이 생기지 않게 하면서 데이터와 질의 부하를 여러 장비에 균일하게 분배하는 것이다. 그렇게 하려면 데이터에 적합한 파티셔닝 방식을 선택해야 하고 클러스터에 노드가 추가되거나 클러스터에서 노드가 제거될 때 파티션 재균형화를 실행해야 한다.

두 가지 주요 파티셔닝 기법을 설명했다.

- **키 범위 파티셔닝**: 키가 정렬돼 있고 개별 파티션은 어떤 최솟값과 최댓값 사이에 속하는 모든 키를 담당한다. 키가 정렬돼 있어 범위 질의가 효율적이라는 장점이 있지만 애플리케이션에서 정렬 순서가 서로 가까운 키에 자주 접근하면 핫스팟이 생길 위험이 있다.

  이 방법에서는 보통 한 파티션이 너무 커지면 키 범위를 두 개로 쪼개 동적으로 재균형화를 실행한다.

- **해시 파티셔닝**: 각 키에 해시 함수를 적용하고 개별 파티션은 특정 범위의 해시값을 담당한다. 이 방법을 쓰면 키 순서가 보장되지 않아 범위 질의가 비효율적이지만 부하를 더욱 균일하게 분산할 수 있다.

  해시 파티셔닝을 사용할 때는 보통 고정된 개수의 파티션을 미리 만들어 각 노드에 몇 개씩의 파티션을 할당하며 노드가 추가되거나 제거되면 파티션을 통째로 노드 사이에서 이동한다. 동적 파티셔닝을 쓸 수도 있다.

두 가지 방법을 섞어 쓸 수도 있다. 이를테면 키의 일부분은 파티션 식별용으로, 나머지 부분은 정렬 순서용으로 만든 복합 키를 사용하는 것이다.

파티셔닝과 보조 색인 사이의 상호작용에 대해서도 얘기했다. 보조 색인도 파티셔닝이 필요한데 두 가지 방법이 있다.

- **문서 파티셔닝 색인**(지역 색인): 보조 색인을 기본키와 값이 저장된 파티션에 저장한다. 쓸 때는 파티션 하나만 갱신하면 되지만 보조 색인을 읽으려면 모든 파티션에 걸쳐서 스캐터/개더를 실행해야 한다.

- **용어 파티셔닝 색인**(전역 색인): 색인된 값을 사용해서 보조 색인을 별도로 파티셔닝한다. 보조 색인 항목은 기본키의 모든 파티션에 있는 레코드를 포함할 수도 있다. 문서를 쓸 때는 보조 색인 여러 개를 갱신해야 하지만 읽기는 단일 파티션에서 실행될 수 있다.

끝으로 단순한 파티션 인지 로드 밸런서에서 복잡한 병렬 질의 처리 엔진까지 질의를 올바른 파티션으로 라우팅하는 기법도 다뤘다.

설계상 모든 파티션은 대부분 독립적으로 동작한다. 그렇기 때문에 파티셔닝된 데이터베이스는 여러 장비로 확장될 수 있다. 그러나 여러 파티션에 기록해야 하는 연산은 따져 보기 어려울 수 있다. 예를 들어 한 파티션에는 쓰기 성공했지만 다른 파티션에서 실패하면 어떻게 될까? 이어지는 장에서 이 의문을 다룬다.

참고 문헌

[1] David J. DeWitt and Jim N. Gray: "Parallel Database Systems: The Future of High Performance Database Systems," *Communications of the ACM*, volume 35, number 6, pages 85–98, June 1992. doi:10.1145/129888.129894

[2] Lars George: "HBase vs. BigTable Comparison," *larsgeorge.com*, November 2009.

[3] "The Apache HBase Reference Guide," Apache Software Foundation, *hbase.apache.org*, 2014.

[4] MongoDB, Inc.: "New Hash-Based Sharding Feature in MongoDB 2.4," *blog.mongodb.org*, April 10, 2013.

[5] Ikai Lan: "App Engine Datastore Tip: Monotonically Increasing Values Are Bad," *ikaisays.com*, January 25, 2011.

[6] Martin Kleppmann: "Java's hashCode Is Not Safe for Distributed Systems," *martin.kleppmann.com*, June 18, 2012.

[7] David Karger, Eric Lehman, Tom Leighton, et al.: "Consistent Hashing and Random Trees: Distributed Caching Protocols for Relieving Hot Spots on the World Wide Web," at *29th Annual ACM Symposium on Theory of Computing* (STOC), pages 654–663, 1997. doi:10.1145/258533.258660

[8] John Lamping and Eric Veach: "A Fast, Minimal Memory, Consistent Hash Algorithm," *arxiv.org*, June 2014.

[9] Eric Redmond: "A Little Riak Book," Version 1.4.0, Basho Technologies, September 2013.

[10] "Couchbase 2.5 Administrator Guide," Couchbase, Inc., 2014.

[11] Avinash Lakshman and Prashant Malik: "Cassandra – A Decentralized Structured Storage System," at *3rd ACM SIGOPS International Workshop on Large Scale Distributed Systems and Middleware* (LADIS), October 2009.

[12] Jonathan Ellis: "Facebook's Cassandra Paper, Annotated and Compared to Apache Cassandra 2.0," *datastax.com*, September 12, 2013.

[13] "Introduction to Cassandra Query Language," DataStax, Inc., 2014.

[14] Samuel Axon: "3% of Twitter's Servers Dedicated to Justin Bieber," *mashable.com*, September 7, 2010.

[15] "Riak 1.4.8 Docs," Basho Technologies, Inc., 2014.

[16] Richard Low: "The Sweet Spot for Cassandra Secondary Indexing," *wentnet.com*, October 21, 2013.

[17] Zachary Tong: "Customizing Your Document Routing," *elasticsearch.org*, June 3, 2013.

[18] "Apache Solr Reference Guide," Apache Software Foundation, 2014.

[19] Andrew Pavlo: "H-Store Frequently Asked Questions," *hstore.cs.brown.edu*, October 2013.

[20] "Amazon DynamoDB Developer Guide," Amazon Web Services, Inc., 2014.

[21] Rusty Klophaus: "Difference Between 2I and Search," email to riak-users mailing list, *lists.basho.com*, October 25, 2011.

[22] Donald K. Burleson: "Object Partitioning in Oracle," *dba-oracle.com*, November 8, 2000.

[23] Eric Evans: "Rethinking Topology in Cassandra," at *ApacheCon Europe*, November 2012.

[24] Rafał Kuć: "Reroute API Explained," *elasticsearchserverbook.com*, September 30, 2013.

[25] "Project Voldemort Documentation," *project-voldemort.com*.

[26] Enis Soztutar: "Apache HBase Region Splitting and Merging," *hortonworks.com*, February 1, 2013.

[27] Brandon Williams: "Virtual Nodes in Cassandra 1.2," *datastax.com*, December 4, 2012.

[28] Richard Jones: "libketama: Consistent Hashing Library for Memcached Clients," *metabrew.com*, April 10, 2007.

[29] Branimir Lambov: "New Token Allocation Algorithm in Cassandra 3.0," *datastax.com*, January 28, 2016.

[30] Jason Wilder: "Open-Source Service Discovery," *jasonwilder.com*, February 2014.

[31] Kishore Gopalakrishna, Shi Lu, Zhen Zhang, et al.: "Untangling Cluster Management with Helix," at *ACM Symposium on Cloud Computing* (SoCC), October 2012. doi:10.1145/2391229.2391248

[32] "Moxi 1.8 Manual," Couchbase, Inc., 2014.

[33] Shivnath Babu and Herodotos Herodotou: "Massively Parallel Databases and MapReduce Systems," *Foundations and Trends in Databases*, volume 5, number 1, pages 1–104, November 2013. doi:10.1561/1900000036

PESSIMISTIC PENINSULA

No Phantoms

Actual serial
execution

Two-phase
locking

OPTIMISTIC PENINSULA

SERIALIZABLE

Serializable
snapshot
isolation

No Write Skew

SNAPSHOT ISOLATION

MVCC

No Read Skew

No Lost Updates

Row-level
locking

No
Dirty
Writes

No
Dirty Reads

READ COMMITTED

Temple of
Multi-Object Atomicity

Atomic
commit

To Distributed
Transactions
(Chapter 9)

07장

트랜잭션

어떤 저자들은 2단계 커밋에서 유발되는 성능이나 가용성 문제 때문에 생기는 비용이 너무 커서 이를 지원할 수 없다고 주장했다. 우리는 항상 트랜잭션 없이 코딩하는 것보다 트랜잭션을 과용해서 병목지점이 생기는 성능 문제를 애플리케이션 프로그래머가 처리하게 하는 게 낫다고 생각한다.

— 제임스 코벳 외, 스패너: 구글의 전역 분산 데이터베이스(2012)

냉혹한 현실 세계에서 데이터 시스템은 여러 가지 문제가 생길 수 있다.

- 데이터베이스 소프트웨어나 하드웨어는 (쓰기 연산이 실행 중일 때를 포함해서) 언제라도 실패할 수 있다.

- 애플리케이션은 (연속된 연산이 실행되는 도중도 포함해서) 언제라도 죽을 수 있다.

- 네트워크가 끊기면 애플리케이션과 데이터베이스의 연결이 갑자기 끊기거나 데이터베이스 노드 사이의 통신이 안 될 수 있다.

- 여러 클라이언트가 동시에 데이터베이스에 쓰기를 실행해서 다른 클라이언트가 쓴 내용을 덮어쓸 수 있다.

- 클라이언트가 부분적으로만 갱신돼서 비정상적인 데이터를 읽을 수 있다.

- 클라이언트 사이의 경쟁 조건은 예측하지 못한 버그를 유발할 수 있다.

시스템이 신뢰성을 지니려면 이런 결함을 처리해서 전체 시스템의 치명적인 장애로 이어지는 것을 막아야 한다. 그러나 내결함성을 갖춘 시스템을 구현하려면 할 일이 많다. 잘못될 수 있는 모든 것에 대해 신중하게 생각해야 하며 테스트를 여러 번 해서 해결책이 실제로 동작하는지 확인해야 한다.

수십년 동안 **트랜잭션**은 이런 문제를 단순화하는 메커니즘으로 채택돼 왔다. 트랜잭션은 애플리케이션에서 몇 개의 읽기와 쓰기를 하나의 논리적 단위로 묶는 방법이다. 개념적으로 한 트랜잭션 내의 모든 읽기와 쓰기는 한 연산으로 실행된다. 트랜잭션은 전체가 성공(**커밋**)하거나 실패(**어보트** (abort), **롤백**)한다. 트랜잭션이 실패하면 애플리케이션에서 안전하게 재시도할 수 있다. 트랜잭션을 쓰면 애플리케이션에서 오류 처리를 하기가 훨씬 단순해진다. (원인이 무엇이든 간에) 어떤 연산은 성공하고 어떤 연산은 실패하는 경우처럼 부분적인 실패를 걱정할 필요가 없기 때문이다.

트랜잭션을 몇 년 동안 사용해 봤다면 트랜잭션이 뻔해 보일지 모르지만 이를 당연한 것으로 여기면 안 된다. 트랜잭션은 자연 법칙이 아니다. 데이터베이스에 접속하는 애플리케이션에서 **프로그래밍 모델을 단순화**하려는 목적으로 만든 것이다. 트랜잭션을 사용함으로써 애플리케이션에서 어느 정도의 잠재적인 오류 시나리오와 동시성 문제를 무시할 수 있다. 데이터베이스에서 대신 이런 일을 도맡아 주기 때문이다(이를 **안전성 보장**(safety guarantee)이라고 한다).

모든 애플리케이션에서 트랜잭션이 필요하지는 않으며 때로는 트랜잭션적인 보장을 완화하거나 아예 쓰지 않는 게 이득이다(예를 들어 성능을 향상시키거나 가용성을 높일 수 있다). 어떤 안전성 속성은 트랜잭션 없이도 보장될 수 있다.

트랜잭션이 필요한지 어떻게 알 수 있을까? 이 질문에 대답하려면 먼저 트랜잭션이 제공하는 안전성 보장에는 어떤 것이 있으며 이와 관련된 비용은 무엇인지 정확히 이해해야 한다. 언뜻 보기에는 트랜잭션이 간단해 보이지만 실제로는 여러 가지 미묘하면서도 중요한 세부 사항이 작용한다.

이번 장에서는 문제가 생길 수 있는 여러 예를 조사하고 이런 문제를 방지하기 위해 데이터베이스에서 사용하는 알고리즘을 살펴본다. 특히 동시성 제어 분야를 깊게 다루며, 발생할 수 있는 다양한 종류의 경쟁 조건과 데이터베이스에서 **커밋 후 읽기**(read committed), **스냅숏 격리**(snapshot isolation), **직렬성**(serializability) 같은 격리 수준을 어떻게 구현하는지 설명한다.

이번 장의 내용은 단일 노드 데이터베이스와 분산 데이터베이스에 모두 적용된다. 분산 시스템에서만 생기는 특정한 난제는 8장에서 집중적으로 살펴본다.

애매모호한 트랜잭션의 개념

현대의 거의 모든 관계형 데이터베이스와 일부 비관계형 데이터베이스는 트랜잭션을 지원한다. 이들은 대부분 1975년에 첫 번째 SQL 데이터베이스인 IBM 시스템 R[1, 2, 3]에서 소개된 스타일을 따른다. 구현 세부사항은 좀 바뀌었지만 일반적인 아이디어는 40년 동안 사실상 변함이 없었다. 마이SQL, 포스트그레스큐엘, 오라클, SQL 서버 등에서 지원되는 트랜잭션은 놀라울 정도로 시스템 R의 트랜잭션과 유사하다.

2000년대 후반에 비관계형(NoSQL) 데이터베이스가 인기를 얻기 시작했다. 이들은 새로운 데이터 모델을 선택할 수 있게 하고(2장 참고) 기본적으로 복제(5장 참고)와 파티셔닝(6장 참고) 기능을 제공함으로써 관계형 데이터베이스의 현 상황을 개선하는 것을 목표로 했다. 트랜잭션은 이 움직임의 주요 피해자였다. 새로운 세대의 데이터베이스 중 다수는 트랜잭션을 완전히 포기하거나 과거에 인식되던 것보다 훨씬 약한 보장을 의미하는 단어로 트랜잭션의 의미를 재정의했다[4].

이렇게 새로 탄생한 분산 데이터베이스가 홍보되면서 트랜잭션은 확장성의 안티테제이며 어떤 대규모 시스템이라도 높은 성능과 고가용성을 유지하려면 트랜잭션을 포기해야 한다는 믿음이 널리 퍼졌다[5, 6]. 반면 데이터베이스 벤더에서는 트랜잭션적인 보장은 "값진 데이터"가 있는 "중대한 애플리케이션"에 필수적인 요구사항이라고 주장하곤 한다. 두 관점 모두 완전한 과장이다.

진실은 단순하지 않다. 다른 모든 기술적 설계 선택과 마찬가지로 트랜잭션은 이점과 한계가 있다. 이 트레이드오프를 이해하기 위해 정상적인 운영 상황과 다양한 극단적인(그러나 현실적인) 환경에서 트랜잭션이 제공하는 보장의 세부 사항을 살펴보자.

ACID의 의미

트랜잭션이 제공하는 안전성 보장은 흔히 **원자성(Atomicity)**, **일관성(Consistency)**, **격리성(Isolation)**, **지속성(Durability)**을 의미하는 약어인 **ACID**로 잘 알려져 있다. 1983년, 테오 하더(Theo Härder)와 안드레아스 로이터(Andreas Reuter)는 데이터베이스에서 내결함성 메커니즘을 나타내는 정확한 용어를 확립하기 위해 ACID를 만들었다[7].

그러나 현실에서는 데이터베이스마다 ACID 구현이 제각각이다. 예를 들어 곧 보게 되겠지만 **격리성**의 의미 주변에는 모호함이 많이 있다[8]. 상위 수준의 아이디어는 견실하지만 악마는 세부 사항에 있다. 오늘날 시스템이 "ACID를 준수(ACID compliant)"한다고 할 때 그 시스템에서 실제로 어떤 것을 기대할 수 있는지 분명하지 않다. ACID는 유감스럽게도 거의 마케팅 용어가 돼버렸다.

(ACID 표준을 따르지 않는 시스템은 때로 **BASE**라고 불린다. **기본적으로 가용성을 제공하고(Basically Available), 유연한 상태를 가지며(Soft state), 최종적 일관성(Eventual consistency)**을 지닌다는 뜻이다[9]. ACID의 정의보다 더 모호하다. BASE의 그럴듯한 정의는 "ACID가 아니다" 뿐인 것 같다. 즉 아무 의미나 갖다 붙일 수 있는 것처럼 보인다.)

원자성, 일관성, 격리성, 지속성의 정의를 파헤쳐보자. 그러면 트랜잭션에 대한 우리의 생각을 가다듬을 수 있다.

원자성

일반적으로 **원자적**이란 더 작은 부분으로 쪼갤 수 없는 뭔가를 가리킨다. 이 단어는 컴퓨터의 여러 분야에서 비슷하지만 미묘하게 다른 것을 의미한다. 이를테면 다중 스레드 프로그래밍에서 한 스레드가 원자적 연산을 실행한다면 다른 스레드에서 절반만 완료된 연산을 관찰할 수 없다. 시스템은 연산을 실행하기 전이나 실행한 후의 상태에만 있을 수 있으며 그 중간 상태에는 머물 수 없다.

반대로 ACID의 맥락에서 보면 원자성은 동시성과 관련이 **없다**. 원자성은 여러 프로세스가 동시에 같은 데이터에 접근하려고 할 때 무슨 일이 생기는지 설명하지 않는다. 이 문제는 I, 즉 **격리성**(225쪽 "격리성" 참고)에서 다루기 때문이다.

대신 ACID의 원자성은 클라이언트가 쓰기 작업 몇 개를 실행하려고 하는데 그중 일부만 처리된 후 결함이 생기면(예를 들어 프로세스가 죽거나 네트워크 연결이 끊기면 혹은 디스크가 가득 차거나 어떤 정합성 제약 조건을 위반하면) 무슨 일이 생기는지 설명한다. 여러 쓰기 작업이 하나의 원자적인 트랜잭션으로 묶여 있는데 결함 때문에 완료(커밋)될 수 없다면 **어보트**되고 데이터베이스는 이 트랜잭션에서 지금까지 실행한 쓰기를 무시하거나 취소해야 한다.

원자성 없이는 여러 변경을 적용하는 도중 오류가 발생하면 어떤 변경은 효과가 있고 어떤 것은 그렇지 않은지 알기 어렵다. 애플리케이션에서 재시도할 수 있지만 동일한 변경이 두 번 실행돼서 중복되거나 잘못된 데이터가 만들어지기 쉽다. 원자성은 이 문제를 단순하게 만들어준다. 트랜잭션이 어보트됐다면 애플리케이션에서 이 트랜잭션이 어떤 것도 변경하지 않았음을 알 수 있으므로 안전하게 재시도할 수 있다.

오류가 생겼을 때 트랜잭션을 어보트하고 해당 트랜잭션에서 기록한 모든 내용을 취소하는 능력은 ACID 원자성의 결정적인 특징이다. 아마도 **어보트 능력(abortability)**이 **원자성**보다 나은 단어겠지만 **원자성**이 자주 쓰이므로 이 단어를 계속 사용하겠다.

일관성

일관성이란 단어는 굉장히 여러 의미로 쓰인다.

- 5장에서 **복제 일관성**(replica consistency)과 비동기식으로 복제되는 시스템에서 발생하는 **최종적 일관성**(eventual consistency) 문제에 대해 설명했다(163쪽 "복제 지연 문제" 참고).

- **일관성 해싱**은 어떤 시스템들에서 재균형화를 위해 사용하는 파티셔닝 방법이다(204쪽 "일관성 해싱" 참고).

- CAP 정리(9장 참고)에서 **일관성**이란 단어는 **선형성**(linearizability)을 의미한다(322쪽 "선형성" 참고).

- ACID의 맥락에서 **일관성**은 데이터베이스가 "좋은 상태"에 있어야 한다는 것의 애플리케이션에 특화된 개념을 가리킨다.

유감스럽게도 같은 단어가 최소 네 가지 의미로 쓰이고 있다.

ACID 일관성의 아이디어는 항상 진실이어야 하는, 데이터에 관한 어떤 선언(**불변식(invariant)**)이 있다는 것이다. 예를 들어 회계 시스템에서 모든 계좌에 걸친 대변과 차변은 항상 맞아떨어져야 한다. 트랜잭션이 이런 불변식이 유효한 데이터베이스에서 시작하고 트랜잭션에서 실행된 모든 쓰기가 유효성을 보존한다면 불변식이 항상 만족된다고 확신할 수 있다.

그러나 일관성의 아이디어는 애플리케이션의 불변식 개념에 의존하고, 일관성을 유지하도록 트랜잭션을 올바르게 정의하는 것은 애플리케이션의 책임이다. 이는 데이터베이스가 보장할 수 있는 게 아니다. 데이터베이스는 불변식을 위반하는 잘못된 데이터를 쓰지 못하도록 막을 수 없다(데이터베이스에서 확인할 수 있는 특정한 종류의 불변식이 있기는 하다. 예를 들어 외래 키 제약 조건이나 유일성 제약 조건을 쓸 수 있다. 그러나 일반적으로 애플리케이션에서 데이터가 유효한지 아닌지를 정의하고 데이터베이스는 데이터를 저장할 뿐이다).

원자성, 격리성, 지속성은 데이터베이스의 속성인 반면 (ACID에서의) 일관성은 애플리케이션의 속성이다. 애플리케이션에서 일관성을 달성하기 위해 데이터베이스의 원자성과 격리성 속성에 기댈 수는 있지만 데이터베이스만으로 되는 것은 아니다. 따라서 C는 실제로는 ACID에 속하지 않는다.[1]

격리성

대부분 동시에 여러 클라이언트에서 데이터베이스에 접속한다. 클라이언트들이 데이터베이스의 다른 부분을 읽고 쓰면 아무 문제가 없지만 동일한 데이터베이스 레코드에 접근하면 동시성 문제(경쟁 조건)에 맞닥뜨리게 된다.

---

1 조 헬러스테인(Joe Hellerstein)은 하더와 류터의 논문[7]에서 ACID의 C는 "약어를 만들기 위해 끼어들"었고 당시에는 일관성이 중요하게 생각되지 않았다고 말했다.

그림 7-1은 이런 종류의 문제의 간단한 예다. 데이터베이스에 저장된 카운터를 동시에 증가시키는 클라이언트가 두 개 있다고 하자. 각 클라이언트는 현재 값을 읽어 1을 더한 후 새 값을 다시 기록해야 한다(데이터베이스에 내장된 증가 연산이 없다고 할 때). 그림 7-1에서 증가 연산이 두 번 실행됐으므로 카운터는 42에서 44로 증가해야 하지만 실제로는 경쟁 조건 때문에 43이 됐다.

ACID에서 **격리성**은 동시에 실행되는 트랜잭션은 서로 격리된다는 것을 의미한다. 트랜잭션은 다른 트랜잭션을 방해할 수 없다. 고전적인 데이터베이스 교과서에서는 격리성을 **직렬성**이라는 용어로 공식화한다. 직렬성은 각 트랜잭션이 전체 데이터베이스에서 실행되는 유일한 트랜잭션인 것처럼 동작할 수 있다는 것을 의미한다. 데이터베이스는 실제로는 여러 트랜잭션이 동시에 실행됐더라도 트랜잭션이 커밋됐을 때의 결과가 트랜잭션이 **순차적으로**(하나씩 차례로) 실행됐을 때의 결과와 동일하도록 보장한다[10].

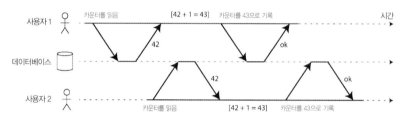

그림 7-1. 동시에 카운터를 증가시키는 두 클라이언트 사이의 경쟁 조건

그러나 직렬성 격리(serializable isolation)는 성능 손해를 동반하므로 현실에서는 거의 사용되지 않는다. 오라클 11g 같은 대중적인 데이터베이스 중에는 아예 구현조차 하지 않는 것도 있다. 오라클에는 "직렬성"이라는 격리 수준이 있지만 실제로는 직렬성보다 보장이 약한 **스냅숏 격리**를 구현한 것이다[8, 11]. 스냅숏 격리와 다른 형태의 격리 수준은 232쪽 "완화된 격리 수준"에서 분석한다.

지속성

데이터베이스 시스템의 목적은 데이터를 잃어버릴 염려가 없는 안전한 저장소를 제공하는 것이다. **지속성(durability)**은 트랜잭션이 성공적으로 커밋됐다면 하드웨어 결함이 발생하거나 데이터베이스가 죽더라도 트랜잭션에서 기록한 모든 데이터는 손실되지 않는다는 보장이다.

단일 노드 데이터베이스에서 지속성은 일반적으로 데이터가 하드디스크나 SSD 같은 비휘발성 저장소에 기록됐다는 뜻이다. 보통 디스크에 저장된 데이터 구조가 오염됐을 때 복구할 수 있게 해주는, 쓰기 전 로그(write-ahead log, 84쪽 "신뢰할 수 있는 B 트리 만들기" 참고)나 비슷한 수단을 동반한다. 복제 기능이 있는 데이터베이스에서 지속성은 데이터가 성공적으로 다른 노드 몇 개에 복사됐다는 것을 의미할 수 있다. 지속성을 보장하려면 데이터베이스는 트랜잭션이 성공적으로 커밋됐다고 보고하기 전에 쓰기나 복제가 완료될 때까지 기다려야 한다.

6쪽 "신뢰성"에서 설명한 대로 완벽한 지속성은 존재하지 않는다. 모든 하드디스크와 백업이 동시에 파괴돼 버리면 당연히 데이터베이스가 해줄 수 있는 것은 아무것도 없다.

복제와 지속성

과거에는 지속성이 아카이브 테이프에 기록하는 것을 의미했다. 그 후로는 디스크나 SSD에 기록하는 것으로 생각됐다. 더 최근에는 복제를 의미하게 됐다. 어떤 구현이 더 좋을까?

진실을 말하면 완벽한 것은 없다.

- 데이터를 디스크에 기록하면 장비가 죽었을 때 데이터가 손실되지는 않지만 장비를 수리하거나 디스크를 다른 장비에 옮겨 달 때까지 접근할 수 없다. 복제 구성된 시스템이라면 여전히 데이터를 사용할 수 있다.

- 연관성이 있는 결함, 예를 들어 정전이나 특정한 입력을 받을 때 모든 노드를 죽이는 버그는 한 번에 모든 복제 서버를 죽여버려서 메모리에만 저장된 데이터를 손실시킬 수 있다(6쪽 "신뢰성" 참고). 따라서 인메모리 데이터베이스에서는 디스크에 쓰는 게 여전히 적절하다.

- 비동기식으로 복제되는 시스템에서는 리더가 동작할 수 없는 상태가 되면 최근에 쓴 데이터가 손실될 수 있다(158쪽 "노드 중단 처리" 참고)

- 전원이 갑자기 나가면 특히 SSD에서 제공해야 하는 보장을 위반하는 사례가 종종 있었다. fsync조차 올바르게 동작한다고 보장되지는 않는다[12]. 다른 소프트웨어처럼 디스크 펌웨어도 버그가 있을 수 있다[13, 14].

- 저장 엔진과 파일시스템 구현 사이의 미묘한 상호작용은 추적하기 어려운 버그를 유발할 수 있으며 장비가 죽은 후 디스크에 있는 파일이 오염될 수 있다[15, 16].

- 디스크에 있는 데이터는 모르는 사이에 점차적으로 오염될 수 있다[17]. 데이터가 얼마 동안 오염된 상태에 있었다면 복제와 최근 백업도 오염됐을지 모른다. 이런 경우에는 과거의 백업을 써서 데이터 복원을 시도해야 한다.

- 한 연구에서 30%에서 80% 사이의 SSD는 사용한 지 4년 이내에 적어도 하나의 배드 블록이 생긴다는 게 발견됐다[18]. 자기 하드디스크는 SSD보다 배드 섹터 비율은 낮지만 완전한 장애가 발생하는 비율은 높다.

- SSD의 전원 연결이 끊어지면 온도에 따라서 몇 주 내에 데이터 손실이 생기기 시작할 수 있다[19].

현실에서 절대적 보장을 제공하는 한 가지 기법은 없다. 디스크에 쓰기, 원격 장비에 복제하기, 백업 등을 포함해 위험을 줄이려는 기법이 여러 가지 있을 뿐이다. 이들은 함께 쓸 수 있으며 그래야만 한다. 항상 이론적인 "보장"은 약간 에누리해서 듣는 게 현명하다.

단일 객체 연산과 다중 객체 연산

요약하면 ACID에서 원자성과 격리성은 클라이언트가 한 트랜잭션 내에서 여러 번의 쓰기를 하면 데이터베이스가 어떻게 해야 하는지를 서술한다.

원자성

쓰기를 이어서 실행하는 도중 오류가 발생하면 트랜잭션은 어보트돼야 하고 그때까지 쓰여진 내용은 폐기돼야 한다. 다시 말해 데이터베이스는 전부 반영되거나 아무것도 반영되지 않는 것을 보장함으로써 부분 실패를 걱정할 필요가 없게 도와준다.

격리성

동시에 실행되는 트랜잭션들은 서로를 방해하지 말아야 한다. 예를 들어, 한 트랜잭션이 여러 번 쓴다면 다른 트랜잭션은 그 내용을 전부 볼 수 있든지 아무것도 볼 수 없든지 둘 중 하나여야 하고 일부분만 볼 수 있어서는 안 된다.

이 정의는 한 번에 여러 객체(로우, 문서, 레코드)를 변경할 수 있다고 가정한다. **다중 객체 트랜잭션**은 흔히 데이터의 여러 조각이 동기화된 상태로 유지돼야 할 때 필요하다. 그림 7-2에 이메일 애플리케이션에서 가져온 예가 있다. 어떤 사용자의 읽지 않은 메시지 개수를 보여주려면 다음과 같은 질의를 실행할 수 있다.

```
SELECT COUNT(*) FROM emails WHERE recipient_id = 2 AND unread_flag = true
```

그러나 이메일이 많으면 이 질의가 너무 느려서 읽지 않은 메시지 개수를 별개의 필드에 저장하고 싶을 것이다(일종의 비정규화). 이제 새 메시지가 올 때마다 읽지 않은 메시지 개수도 증가시켜야 하고, 메시지를 읽었다고 표시할 때마다 읽지 않은 메시지 개수도 감소시켜야 한다.

그림 7-2에서 사용자 2는 이상 현상을 경험한다. 우편함 목록에 읽지 않은 메시지가 하나 있지만 읽지 않은 메시지 개수는 아직 증가되지 않아서 읽지 않은 메시지 개수가 0으로 나온다[2]. 격리성은 사용자 2가 삽입된 이메일과 갱신된 개수를 모두 보거나 모두 보지 못하게 하고 일관성이 깨진 중간 지점을 보는 일은 없게 해준다.

---

2 이메일 애플리케이션에서 개수가 잘못됐다고 심각한 문제가 되지는 않는다. 대신 읽지 않은 메시지 개수를 고객 계좌 잔고로, 이메일을 거래 지불로 바꿔서 생각해 보라.

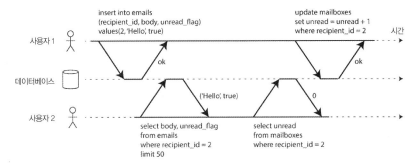

그림 7-2. 격리성 위반: 트랜잭션이 다른 트랜잭션에서 썼지만 커밋되지 않은 데이터를 읽음("더티 읽기(dirty read)")

그림 7-3에 원자성의 필요성이 설명돼 있다. 트랜잭션 실행 도중 어느 시점에서 오류가 발생하면 우편함의 내용과 읽지 않은 메시지 개수가 동기화되지 않을 수 있다. 원자적 트랜잭션에서는 개수 갱신을 실패하면 트랜잭션이 어보트되고 삽입된 이메일은 롤백된다.

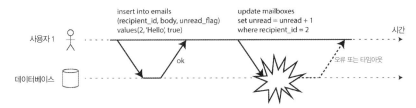

그림 7-3. 원자성은 오류가 발생하면 트랜잭션에서 이전에 실행한 쓰기를 취소해서 일관성이 깨진 상태가 되지 않게 한다.

다중 객체 트랜잭션은 어떤 읽기 연산과 쓰기 연산이 동일한 트랜잭션에 속하는지 알아낼 수단이 있어야 한다. 관계형 데이터베이스에서 이것은 전형적으로 클라이언트와 데이터베이스 서버 사이의 TCP 연결을 기반으로 한다. 어떤 특정 연결 내에서 BEGIN TRANSACTION 문과 COMMIT 문 사이의 모든 것은 같은 트랜잭션에 속하는 것으로 여겨진다.[3]

반면 비관계형 데이터베이스는 이런 식으로 연산을 묶는 방법이 없는 경우가 많다. 다중 객체 API가 있더라도(이를테면 키-값 저장소는 한 연산 내에서 여러 키를 갱신하는 **다중 put(multi-put)** 연산을 제공할 수 있다) 반드시 트랜잭션 시맨틱을 뜻하지는 않는다. 어떤 키에 대한 연산은 성공하고 나머지 키에 대한 연산은 실패해서 데이터베이스가 부분적으로 갱신된 상태가 될 수 있다.

---

3 이 방식은 이상적이지 않다. TCP 연결이 끊기면 트랜잭션은 어보트돼야 한다. 클라이언트가 커밋 요청을 보냈지만 서버가 커밋 여부를 확인해주기 전에 연결이 끊긴다면 클라이언트는 트랜잭션이 커밋됐는지 아닌지 알 수가 없다. 이 문제를 해결하기 위해 트랜잭션 관리자는 특정 TCP 연결에 엮이지 않은 고유한 트랜잭션 식별자를 사용해 연산을 묶을 수 있다. 514쪽 "데이터베이스에 관한 종단 간 논증"에서 다시 이 주제를 다룬다.

단일 객체 쓰기

원자성과 격리성은 단일 객체를 변경하는 경우에도 적용된다. 예를 들어 20KB의 JSON 문서를 데이터베이스에 쓴다고 해보자.

- 첫 10KB를 보낸 후에 네트워크 연결이 끊기면 데이터베이스는 파싱 불가능한 10KB의 JSON 조각을 저장할 것인가?

- 데이터베이스가 디스크에 저장된 기존 값을 덮어쓰는 도중에 전원이 나가면 기존 값과 새 값이 함께 붙어 있게 될까?

- 문서를 쓰고 있을 때 다른 클라이언트에서 그 문서를 읽으면 부분적으로 갱신된 값을 읽게 될까?

이 문제들은 굉장히 혼란스러우므로 저장소 엔진들은 거의 보편적으로 한 노드에 존재하는 (키-값 쌍 같은) 단일 객체 수준에서 원자성과 격리성을 제공하는 것을 목표로 한다. 원자성은 장애 복구(crash recovery)용 로그를 써서 구현할 수 있고(84쪽 "신뢰할 수 있는 B 트리 만들기" 참고) 격리성은 각 객체에 잠금을 사용해 (동시에 한 스레드만 객체에 접근하도록) 구현할 수 있다.

어떤 데이터베이스는 증가 연산처럼 더 복잡한 원자적 연산을 제공하기도 한다.[4] 증가 연산은 그림 7-1에 나온 read-modify-write 주기를 반복할 필요를 없앤다. 비슷하게 유명한 것으로 compare-and-set 연산이 있다. 이 연산은 변경하려는 값이 누군가에 의해 동시에 바뀌지 않았을 때만 쓰기가 반영되도록 허용한다(245쪽 "Compare-and-set" 참고).

이러한 단일 객체 연산은 여러 클라이언트에서 동시에 같은 객체에 쓰려고 할 때 갱신 손실(lost update)을 방지하므로 유용하다(242쪽 "갱신 손실 방지" 참고). 그러나 일반적으로 쓰이는 의미의 트랜잭션이 아니다. compare-and-set과 다른 단일 객체 연산은 "경량 트랜잭션(light-weight transaction)"으로 불리거나 심지어 마케팅 목적으로 "ACID"라고 간주되기도 했지만[20, 21, 22] 이런 용어는 오해의 소지가 있다. 트랜잭션은 보통 다중 객체에 대한 다중 연산을 하나의 실행 단위로 묶는 메커니즘으로 이해된다.

다중 객체 트랜잭션의 필요성

많은 분산 데이터스토어는 다중 객체 트랜잭션 지원을 포기했다. 다중 객체 트랜잭션은 여러 파티션에 걸쳐서 구현하기가 어렵고 매우 높은 가용성과 성능이 필요한 곳에서는 방해가 되는 시나리오도 있기 때문이다. 하지만 분산 데이터베이스에서 근본적으로 트랜잭션을 막는 것은 아무것도 없다. 9장에서 분산 트랜잭션의 구현에 대해 살펴본다.

---

4 엄밀하게 말해서 **원자적 증가**(atomic increment)라는 용어는 다중 스레드 프로그래밍 관점에서의 **원자적**이란 단어를 사용한다. ACID 맥락에서 실제로는 **격리된** 또는 **직렬성** 증가라고 불러야 한다. 하지만 이런 것까지 따지기는 너무 시시콜콜하다.

그렇지만 다중 객체 트랜잭션이 정말로 필요할까? 키-값 데이터 모델과 단일 객체 연산만 사용해서 애플리케이션을 구현하는 게 가능할까?

단일 객체 삽입, 갱신, 삭제만으로 충분한 사용 사례도 있다. 하지만 많은 다른 경우에는 여러 개의 다른 객체에 실행되는 쓰기 작업은 코디네이션돼야 한다.

- 관계형 데이터 모델에서 테이블의 로우는 종종 다른 테이블의 로우를 참조하는 외래 키를 갖는다. (마찬가지로 그래프형 (graph-like) 모델에서 정점(vertex)은 다른 정점에 연결된 간선(edge)이 있다). 다중 객체 트랜잭션은 참조가 유효한 상태로 유지되도록 보장해준다. 서로 참조하는 여러 레코드를 삽입할 때 참조 키는 올발라야 하고 최신 정보를 반영해야 한다. 그렇지 않으면 데이터가 비정상적으로 만들어진다.

- 문서 데이터 모델에서는 함께 갱신돼야 하는 필드들이 단일 객체로 다뤄지는 동일한 문서 내에 존재하는 경우가 흔하다. 단일 문서를 갱신할 때는 다중 객체 트랜잭션이 필요 없다. 하지만 조인 기능이 없는 문서 데이터베이스는 비정규화를 장려하기도 한다(38쪽 "관계형 데이터베이스와 오늘날의 문서 데이터베이스" 참고). 그림 7-2의 예시처럼 비정규화된 정보를 갱신할 때는 한 번에 여러 문서를 갱신해야 한다. 트랜잭션은 이런 상황에서 비정규화된 데이터가 동기화가 깨지는 것을 방지하는 데 매우 유용하다.

- 보조 색인이 있는 데이터베이스(순수한 키-값 저장소를 제외한 거의 모든 데이터베이스)에서는 값을 변경할 때마다 색인도 갱신돼야 한다. 트랜잭션 관점에서 색인은 서로 다른 데이터베이스 객체다. 예를 들어 트랜잭션 격리성이 없으면 어떤 색인에서는 레코드가 보이지만 다른 색인은 아직 갱신되지 않아서 레코드가 보이지 않을 수 있다.

트랜잭션이 없더라도 이런 애플리케이션들을 구현할 수 있다. 하지만 원자성이 없으면 오류 처리가 훨씬 더 복잡해지고 격리성이 없으면 동시성 문제가 생길 수 있다. 이 문제들은 232쪽 "완화된 격리 수준"에서 살펴보고 12장에서는 대안적인 접근법을 알아본다.

오류와 어보트 처리

트랜잭션의 핵심 기능은 오류가 생기면 어보트되고 안전하게 재시도할 수 있다는 것이다. ACID 데이터베이스는 이 철학을 바탕으로 한다. 데이터베이스가 원자성, 격리성, 또는 지속성 보장을 위반할 위험이 있으면 트랜잭션이 절반 정도 완료된 상태에 머물게 하는 대신 트랜잭션을 완전히 폐기한다.

하지만 모든 시스템이 이 철학을 따르지는 않는다. 특히 리더 없는 복제(179쪽 "리더 없는 복제" 참고)를 사용하는 데이터스토어는 "최선을 다하는(best effort)" 원칙을 기반으로 훨씬 더 많은 일을 한다. 요약하면 "데이터베이스는 가능한 모든 것을 할 것이며 그 때문에 오류가 발생하면 이미 한 일은 취소하지 않는다". 따라서 오류 복구는 애플리케이션에게 책임이 있다.

오류는 필연적으로 발생하지만 많은 소프트웨어 개발자들은 오류 처리의 복잡한 내용은 신경 쓰지 않고 낙관적인 상황만 생각하려고 한다. 이를테면 레일스(Rails)의 액티브레코드나 장고(Django) 같은 인기 있는 객체 관계형 매핑 프레임워크들은 어보트된 트랜잭션을 재시도하지 않는다. 오류가 발생하면 보통 예외가 스택을 따라 거품이 일듯이 솟아올라서 사용자가 입력한 내용은 사라져버리고 사용자는 오류 메시지를 받게 된다. 애석한 일이다. 어보트의 취지는 안전하게 재시도를 할 수 있게 하는 데 있기 때문이다.

어보트된 트랜잭션을 재시도하는 것은 간단하고 효과적인 오류 처리 메커니즘이지만 완벽하지는 않다.

- 트랜잭션이 실제로는 성공했지만 서버가 클라이언트에게 커밋 성공을 알리는 도중 네트워크가 끊겼을 때(클라이언트는 실패했다고 생각하게 된다) 재시도하면 트랜잭션이 두 번 실행된다. 애플리케이션에 추가적인 중복 제거 메커니즘이 없다면 말이다.

- 오류가 과부하 때문이라면 트랜잭션 재시도는 문제를 개선하는 게 아니라 악화시킬 수 있다. 이런 피드백 주기를 피하려면 재시도 횟수를 제한하든지 지수적 백오프(exponential backoff)를 사용하거나 (가능하다면) 과부화와 관련된 오류를 다른 오류와 별도로 처리하는 방법을 쓸 수 있다.

- 일시적인 오류(예를 들어 교착 상태, 격리성 위반, 일시적인 네트워크 단절, 장애 복구)만 재시도할 가치가 있으며 영구적인 오류(예를 들어 제약 조건 위반)는 재시도해도 아무 소용이 없다.

- 트랜잭션이 데이터베이스 외부에도 부수 효과가 있다면 트랜잭션이 어보트될 때도 부수 효과가 실행될 수 있다. 예를 들어 이메일을 보낸다면 트랜잭션을 재시도할 때마다 이메일이 다시 전송되기를 원하지는 않을 것이다. 여러 개의 다른 시스템들이 반드시 함께 커밋되거나 어보트되게 만들고 싶다면 2단계 커밋이 도움될 수 있다(351쪽 "원자적 커밋과 2단계 커밋 (2PC)"에서 다루겠다).

- 클라이언트 프로세스가 재시도 중에 죽어버리면 그 클라이언트에서 데이터베이스에 쓰려고 했던 데이터가 모두 손실된다.

완화된 격리 수준

두 트랜잭션이 동일한 데이터에 접근하지 않으면 서로 의존하지 않으므로 안전하게 병렬 실행될 수 있다. 동시성 문제(경쟁 조건)는 트랜잭션이 다른 트랜잭션에서 동시에 변경한 데이터를 읽거나 두 트랜잭션이 동시에 같은 데이터를 변경하려고 할 때만 나타난다.

동시성 버그는 타이밍에 운이 없을 때만 촉발되기 때문에 테스트로 발견하기 어렵다. 타이밍 문제는 매우 드물게 발생할 수도 있으며 일반적으로 재현하기 어렵다. 동시성은 추론하기도 매우 어렵다. 특히 다른 어떤 코드 조각에서 데이터베이스에 접근하는지 확실히 알지 못할 수도 있는 커다란 애플리케이션에서 그렇다. 애플리케이션 개발은 사용자가 한 번에 한 명만 있더라도 충분히 어려운데 동시 사용자가 많다면 훨씬 더 어려워진다. 데이터 조각이 예측할 수 없을 정도로 언제라도 바뀔 수 있기 때문이다.

그러한 까닭에 데이터베이스는 오랫동안 **트랜잭션 격리**를 제공함으로써 애플리케이션 개발자들에게 동시성 문제를 감추려고 했다. 이론상으로 격리성은 동시성이 없는 것처럼 행동할 수 있으므로 개발자들의 부담을 줄여줘야 한다. **직렬성** 격리는 데이터베이스가 여러 트랜잭션들이 **직렬적으로** 실행되는 것(즉 동시성 없이 한 번에 트랜잭션 하나만 실행)과 동일한 결과가 나오도록 보장한다는 것을 의미한다.

현실에서는 유감스럽게도 격리가 그리 간단하지 않다. 직렬성 격리는 성능 비용이 있고 많은 데이터베이스들은 그 비용을 지불하려고 하지 않는다[8]. 따라서 **어떤** 동시성 이슈로부터는 보호해주지만 모든 이슈로부터 보호해주지는 않는, 완화된 격리 수준을 사용하는 시스템들이 흔하다. 이런 격리성 수준은 이해하기 훨씬 더 어렵고 미묘한 버그를 유발할 수 있음에도 현장에서 사용된다[23].

완화된 트랜잭션 격리가 유발하는 동시성 버그는 단지 이론적인 문제만은 아니다. 상당한 금전적 손실을 일으켰고[24, 25] 재무 감사원의 조사를 받게 만들었으며[26] 고객의 데이터를 오염시켰다[27]. 이런 문제에 대한 유명한 견해로 "금융 데이터를 다룬다면 ACID 데이터베이스를 사용하라!"가 있지만 이는 핵심을 벗어난다. (보통 "ACID"라고 생각하는) 인기 있는 관계형 데이터베이스 시스템조차 완화된 격리성을 사용하는 경우가 많아서 이런 버그가 발생하는 것을 반드시 막아주지는 못한다.

맹목적으로 도구에 의존하기보다는 존재하는 동시성 문제의 종류를 잘 이해하고 방지하는 방법을 배울 필요가 있다. 그러면 사용 가능한 도구를 써서 신뢰성 있고 올바르게 동작하는 애플리케이션을 만들 수 있다.

이번 절에서는 현장에서 사용되는 완화된(비직렬성) 격리 수준을 몇 가지 살펴보고 발생할 수 있는 경쟁 조건과 발생할 수 없는 경쟁 조건을 자세히 설명한다. 이를 보고 애플리케이션에 적합한 격리 수준을 선택할 수 있다. 그 후 직렬성에 대해 상세히 살펴본다(251쪽 "직렬성" 참고). 격리성 수준에 대한 설명은 비공식적이며 예제를 사용한다. 이들의 속성에 대한 엄밀한 정의와 분석을 원한다면 학술 문헌을 참고한다[28, 29, 30].

커밋 후 읽기

가장 기본적인 수준의 트랜잭션 격리는 **커밋 후 읽기**(read committed)[5]다. 이 수준에서는 두 가지를 보장해준다.

1. 데이터베이스에서 읽을 때 커밋된 데이터만 보게 된다(**더티 읽기**가 없음).
2. 데이터베이스에 쓸 때 커밋된 데이터만 덮어쓰게 된다(**더티 쓰기**가 없음).

두 가지 보장을 좀 더 자세히 알아보자.

더티 읽기 방지

트랜잭션이 데이터베이스에 데이터를 썼지만 아직 커밋되거나 어보트되지 않았다고 하자. 다른 트랜잭션에서 커밋되지 않은 데이터를 볼 수 있을까? 만약 그렇다면 이를 **더티 읽기**라고 부른다[2].

커밋 후 읽기 격리 수준에서 실행되는 트랜잭션은 더티 읽기를 막아야 한다. 트랜잭션이 쓴 내용은 커밋된 후에야 다른 트랜잭션에게 보인다는 뜻이다(그리고 트랜잭션이 쓴 모든 내용은 한 번에 보이게 된다). 그림 7-4에 설명돼 있다. 사용자 1은 $x = 3$을 썼지만 사용자 2의 $get\ x$는 사용자 1이 커밋하지 않은 동안에 여전히 기존 값인 2를 반환한다.

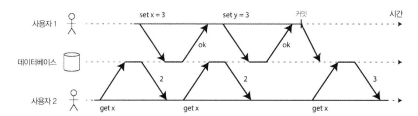

그림 7-4. 더티 읽기 방지: 사용자 2는 사용자 1의 트랜잭션이 커밋된 후에야 x의 새 값을 보게 된다.

더티 읽기를 막는 게 유용한 이유가 몇 가지 있다.

- 트랜잭션이 여러 객체를 갱신하는데 더티 읽기가 생기면 다른 트랜잭션이 일부는 갱신된 값, 일부는 갱신되지 않은 값을 볼 수 있다. 예를 들어 그림 7-2에서 사용자는 읽지 않은 새 이메일은 볼 수 있지만 갱신된 개수는 볼 수 없다. 이게 이메일의 더티 읽기다. 부분적으로 갱신된 상태에 있는 데이터베이스를 보는 것은 사용자에게 혼란스러우며 다른 트랜잭션들이 잘못된 결정을 하는 원인이 될 수도 있다.

- 트랜잭션이 어보트되면 그때까지 쓴 내용은 모두 롤백돼야 한다(그림 7-3처럼). 데이터베이스가 더티 읽기를 허용하면 트랜잭션이 나중에 롤백될 데이터, 즉 실제로는 데이터베이스에 결코 커밋되지 않을 데이터를 볼 수 있다. 그 결과를 따져보려 하면 곧 머리가 혼란스러워질 것이다.

---

5 더욱 완화된 격리 수준인 **커밋 전 읽기**(read uncommitted)를 지원하는 데이터베이스도 있다. 커밋 전 읽기는 더티 쓰기는 막아주지만 더티 읽기는 막지 못한다.

더티 쓰기 방지

두 트랜잭션이 데이터베이스에 있는 동일한 객체를 동시에 갱신하려고 하면 무슨 일이 생길까? 쓰기 순서가 어떻게 될지는 모르지만 일반적으로 나중에 쓴 내용이 먼저 쓴 내용을 덮어쓴다고 가정한다.

그러나 먼저 쓴 내용이 아직 커밋되지 않은 트랜잭션에서 쓴 것이고 나중에 실행된 쓰기 작업이 커밋되지 않은 값을 덮어써버리면 어떻게 될까? 이를 **더티 쓰기**(dirty write)라고 부른다[28]. 커밋후 읽기 격리 수준에서 실행되는 트랜잭션은 더티 쓰기를 방지해야 한다. 보통 먼저 쓴 트랜잭션이 커밋되거나 어보트될 때까지 두 번째 쓰기를 지연시키는 방법을 사용한다.

더티 쓰기를 막음으로써 이 격리 수준은 몇 가지 동시성 문제를 회피한다.

- 트랜잭션들이 여러 객체를 갱신하면 더티 쓰기는 나쁜 결과를 유발할 수 있다. 예를 들어 그림 7-5를 보자. 중고차 판매 웹사이트에서 앨리스와 밥이 동시에 같은 차를 사려고 한다. 자동차 구매는 두 번의 데이터베이스 쓰기가 필요하다. 웹사이트에 있는 목록이 구매자를 반영하도록 갱신돼야 하고 판매 송장이 구매자에게 전송돼야 한다. 그림 7-5의 경우 밥에게 판매됐지만(밥이 목록 테이블을 최종 갱신했으므로) 송장은 앨리스에게 전송됐다(앨리스가 송장 테이블을 최종 갱신했으므로). 커밋후 읽기는 이런 사고를 막아준다.

- 그러나 커밋후 읽기는 그림 7-1에 나온 두 번의 카운터 증가 사이에 발생하는 경쟁 조건은 막지 **못한다**. 이 경우는 첫 번째 트랜잭션이 커밋된 후 두 번째 쓰기가 일어났으므로 더티 쓰기가 아니다. 여전히 잘못된 경우지만 이유는 다르다. 242쪽 "갱신 손실 방지"에서 이런 카운터 증가를 안전하게 만드는 방법을 다룬다.

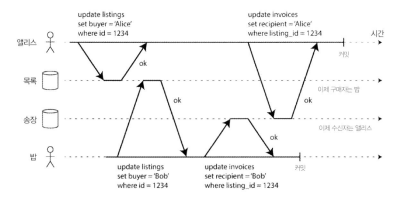

그림 7-5. 다른 트랜잭션에서 충돌하는 쓰기를 실행할 때 더티 쓰기가 있으면 내용이 섞일 수 있다.

커밋 후 읽기 구현

커밋 후 읽기는 매우 널리 쓰이는 격리 수준이다. 오라클 11g, 포스트그레스큐엘, SQL 서버 2012, 멤SQL(MemSQL)과 다른 여러 데이터베이스에서는 기본 설정이다[8].

가장 흔한 방법으로 데이터베이스는 로우 수준 잠금을 사용해 더티 쓰기를 방지한다. 트랜잭션에서 특정 객체(로우나 문서)를 변경하고 싶다면 먼저 해당 객체에 대한 잠금을 획득해야 한다. 그리고 트랜잭션이 커밋되거나 어보트될 때까지 잠금을 보유하고 있어야 한다. 오직 한 트랜잭션만 어떤 주어진 객체에 대한 잠금을 보유할 수 있다. 다른 트랜잭션에서 동일한 객체에 쓰기를 원한다면 첫 번째 트랜잭션이 커밋되거나 어보트된 후에야 잠금을 얻어 진행할 수 있다. 이런 잠금은 커밋 후 읽기 모드(또는 더 강한 격리 수준)에서 데이터베이스에 의해 자동으로 실행된다.

더티 읽기를 어떻게 막을 수 있을까? 한 가지 선택은 동일한 잠금을 써서 객체를 읽기 원하는 트랜잭션이 잠시 잠금을 획득한 후 읽기가 끝난 후 바로 해제하게 하는 것이다. 이렇게 하면 객체가 변경됐으나 아직 커밋되지 않은 값을 갖고 있을 때 읽기가 실행되지 않도록 보장할 수 있다(그동안에는 쓰기를 실행한 트랜잭션이 잠금을 갖고 있을 것이므로).

그러나 읽기 잠금을 요구하는 방법은 현실에서는 잘 동작하지 않는다. 읽기만 실행하는 여러 트랜잭션들이 오랫동안 실행되는 쓰기 트랜잭션 하나가 완료될 때까지 기다려야 할 수 있기 때문이다. 읽기만 실행하는 트랜잭션들의 응답 시간에 해를 끼치며 운용성이 나쁘다. 잠금 대기 때문에 애플리케이션 일부에서 발생한 지연이 애플리케이션의 완전히 다른 부분에 연쇄 효과를 미칠 수 있다.

이런 이유로 대부분의 데이터베이스[6]는 그림 7-4에서 설명된 방법을 사용해 더티 읽기를 방지한다. 쓰여진 모든 객체에 대해 데이터베이스는 과거에 커밋된 값과 현재 쓰기 잠금을 갖고 있는 트랜잭션에서 쓴 새로운 값을 모두 기억한다. 해당 트랜잭션이 실행 중인 동안 그 객체를 읽는 다른 트랜잭션들은 과거의 값을 읽게 된다. 새 값이 커밋돼야만 다른 트랜잭션들이 새 값을 읽을 수 있게 된다.

스냅숏 격리와 반복 읽기

커밋 후 읽기 격리를 피상적으로 보면 트랜잭션이 해야 하는 모든 일을 해 주는 것으로 생각하는 것도 무리가 아니다. 어보트를 허용하고(원자성에 필요) 트랜잭션의 미완료된 결과를 읽는 것을 방지

---

6 글을 쓰는 시점에서 커밋 후 읽기 격리에 잠금을 사용하는 유일한 주류 데이터베이스는 IBM DB2와 read_committed_snapshot=off 설정이 된 마이크로소프트 SQL 서버뿐이다[23, 36].

하며 동시에 실행되는 쓰기가 섞이는 것을 막아준다. 이런 것들은 정말로 유용한 특성이며 트랜잭션을 지원하지 않는 시스템에서 얻을 수 있는 것보다 훨씬 더 강력한 보장을 해준다.

그러나 이 격리 수준을 사용하더라도 동시성 버그가 생길 수 있는 경우가 아직 많이 있다. 예를 들어 그림 7-6에 커밋 후 읽기를 사용할 때 발생할 수 있는 문제가 나와 있다.

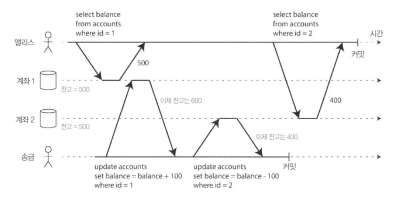

그림 7-6. 읽기 스큐: 앨리스는 일관성이 깨진 상태인 데이터베이스를 본다.

앨리스는 은행에 1,000달러의 저축이 있고 두 계좌에 500달러씩 나눠 놓았다고 하자. 이제 그녀의 계좌 중 하나에서 다른 계좌로 100달러를 전송하는 트랜잭션을 실행한다. 만약 그녀가 운이 없어서 트랜잭션이 처리되고 있는 순간에 계좌 잔고를 보게 되면 한 계좌는 입금이 되기 전 상태(잔고가 500달러 있는)를 보고 다른 계좌는 출금이 된 후 상태(잔고가 400달러로 바뀐)를 볼 수도 있다. 앨리스에게는 현재 계좌 총액이 900달러만 있는 것처럼 나온다. 100달러는 연기처럼 사라져 버린 것처럼 보인다.

이런 이상 현상을 **비반복 읽기**(nonrepeatable read)나 **읽기 스큐**(read skew)라고 한다. 앨리스가 트랜잭션이 끝난 시점에 계좌 1의 잔고를 읽으면 이전 질의에서 봤던 것과는 다른 값(600달러)을 보게 된다. 읽기 스큐는 커밋 후 읽기 격리에서는 받아들일 수 있는 것으로 여겨진다. 앨리스가 봤던 계좌 잔고들은 읽은 시점에 실제로 커밋된 상태였다.

 스큐(skew)라는 용어는 유감스럽게도 중의적이다. 이전에는 **핫스팟이 있는 불균형적 작업부하**라는 뜻으로 사용했지만[7](205쪽 "쏠린 작업부하와 핫스팟 완화" 참고) 여기서는 **시간적인 이상 현상**(timing anomaly)을 뜻한다.

7 (옮긴이) 이런 의미로 쓰일 때는 '쏠림' 또는 '쏠리다'라고 번역했다.

앨리스의 경우 이게 지속적인 문제는 아니다. 몇 초 후 온라인 은행 웹사이트를 새로고침하면 거의 일관성 있는 계좌 잔고를 볼 가능성이 높기 때문이다. 그러나 어떤 상황에서는 이런 일시적인 비일 관성을 감내할 수 없는 경우도 있다.

백업

백업을 하려면 데이터베이스 전체의 복사본을 만들어야 하는데 데이터베이스가 크면 몇 시간이 걸릴 수도 있다. 백업 프로세 스가 실행되는 동안에도 계속 데이터베이스에 쓰기가 실행된다. 따라서 백업의 일부는 데이터의 과거 버전을, 다른 부분은 새 버전을 갖고 있을 수 있다. 이런 백업을 사용해서 복원하면 (사라진 돈과 같은) 비일관성이 영속적으로 된다.

분석 질의와 무결성 확인

데이터베이스의 큰 부분을 스캔하는 질의를 실행하고 싶을 때가 있다. 이런 질의는 분석 작업에서 흔하거나(93쪽 "트랜잭션 처리나 분석?" 참고) 모든 것이 순차적으로 실행되는 주기적인 무결성 확인의 일부일 수도 있다(데이터 오염 모니터링). 이런 질의는 다른 시점의 데이터베이스의 일부를 보게 되면 불합리한 결과를 반환할 수도 있다.

스냅숏 격리[28]는 이런 문제의 가장 흔한 해결책이다. 각 트랜잭션은 데이터베이스의 **일관된 스냅숏**으로부터 읽는다. 즉 트랜잭션은 시작할 때 데이터베이스에 커밋된 상태였던 모든 데이터를 본다. 데이터가 나중에 다른 트랜잭션에 의해 바뀌더라도 각 트랜잭션은 특정한 시점의 과거 데이터를 볼 뿐이다.

스냅숏 격리는 백업이나 분석처럼 실행하는 데 오래 걸리며 읽기만 실행하는 질의에 요긴하다. 질의 가 실행 중일 때 동시에 대상 데이터가 변경된다면 그 질의의 의미에 대해 추론하기가 매우 어렵다. 트랜잭션이 특정 시점에 고정된 데이터베이스의 일관된 스냅숏만 볼 수 있다면 이해하기가 훨씬 쉬워진다.

스냅숏 격리는 널리 쓰이는 기능이다. 포스트그레스큐엘, 이노DB(InnoDB) 저장소 엔진을 쓰는 마이SQL, 오라클, SQL 서버 등에서 지원된다[23, 31, 32].

스냅숏 격리 구현

스냅숏 격리 구현은 커밋 후 읽기 격리처럼 전형적으로 더티 쓰기를 방지하기 위해 쓰기 잠금을 사용한다(236쪽 "커밋 후 읽기 구현" 참고). 쓰기를 실행하는 트랜잭션은 같은 객체에 쓰는 다른 트랜잭션의 진행을 차단할 수 있다는 뜻이다. 그러나 읽을 때는 아무 잠금도 필요 없다. 성능 관점에서 스냅숏 격리의 핵심 원리는 **읽는 쪽에서 쓰는 쪽을 결코 차단하지 않고 쓰는 쪽에서 읽는 쪽을 결코 차단하지 않는다**는 것이다. 따라서 데이터베이스는 잠금 경쟁 없이 쓰기 작업이 일상적으로 처리되는 것과 동시에 일관성 있는 스냅숏에 대해 오래 실행되는 읽기 작업을 처리할 수 있다.

스냅숏 격리를 구현하기 위해 데이터베이스는 그림 7-4에 나온 더티 읽기를 막는 데 쓰는 메커니즘을 일반화한 방법을 사용한다. 데이터베이스는 객체마다 커밋된 버전 여러 개를 유지할 수 있어야 한다. 진행 중인 여러 트랜잭션에서 서로 다른 시점의 데이터베이스 상태를 봐야 할 수도 있기 때문이다. 데이터베이스가 객체의 여러 버전을 함께 유지하므로 이 기법은 **다중 버전 동시성 제어**(multi-version concurrency control, MVCC)라고 한다.

데이터베이스가 스냅숏 격리가 아니라 커밋 후 읽기 격리만 제공할 필요가 있다면 객체마다 버전 두 개씩만 유지하면 충분하다. 바로 커밋된 버전과 덮어 쓰여졌지만 아직 커밋되지 않은 버전이다. 그러나 스냅숏 격리를 지원하는 저장소 엔진은 보통 커밋 후 읽기 격리를 위해서도 MVCC를 사용한다. 전형적인 방법은 커밋 후 읽기는 질의마다 독립된 스냅숏을 사용하고 스냅숏 격리는 전체 트랜잭션에 대해 동일한 스냅숏을 사용하는 것이다.

그림 7-7에 포스트그레스큐엘에서 어떻게 MVCC 기반 스냅숏 격리를 구현했는지 설명돼 있다[31] (다른 구현도 비슷하다). 트랜잭션이 시작하면 계속 증가하는[8] 고유한 트랜잭션 ID(txid)를 할당받는다. 트랜잭션이 데이터베이스에 데이터를 쓸 때마다 쓰기를 실행한 트랜잭션의 ID가 함께 붙는다.

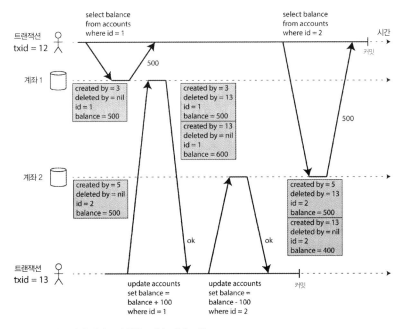

그림 7-7. 다중 버전 객체를 이용한 스냅숏 격리 구현

---

8 엄밀히 말하면 트랜잭션 ID는 32비트 정수이므로 트랜잭션이 대략 40억 개 만들어진 후에 오버플로가 발생한다. 포스트그레스큐엘의 청소기(vacuum) 프로세스는 오버플로가 데이터에 영향을 주지 않도록 보장해주는 청소(cleanup) 작업을 한다.

테이블의 각 로우에는 그 로우를 테이블에 삽입한 트랜잭션의 ID를 갖는 created_by 필드가 있다. 또 각 로우에는 처음에는 비어있는 deleted_by 필드도 있다. 트랜잭션이 로우를 삭제하면 실제로 데이터베이스에서 지우지 않고 deleted_by 필드를 삭제 요청 트랜잭션의 ID로 설정함으로써 지워졌다고 표시한다. 나중에 아무 트랜잭션도 더 이상 삭제된 데이터에 접근하지 않는 게 확실해지면 데이터베이스의 가비지 컬렉션 프로세스가 지워졌다고 표시된 로우들을 삭제해서 사용량을 줄인다.

갱신은 내부에서 삭제와 생성으로 변환된다. 예를 들어 그림 7-7에서 트랜잭션 13은 계좌 2에서 100달러를 출금해서 잔고가 500달러에서 400달러로 바뀐다. 이제 accounts 테이블에서 계좌 2는 실제로 두 개의 로우를 갖게 된다. 바로 트랜잭션 13이 삭제한 것으로 표시한 잔고가 500달러인 로우와 트랜잭션 13이 생성한 잔고가 400달러인 로우다.

일관된 스냅숏을 보는 가시성 규칙

트랜잭션은 데이터베이스에서 객체를 읽을 때 트랜잭션 ID를 사용해 어떤 것을 볼 수 있고 어떤 것을 볼 수 없는지 결정한다. 면밀하게 가시성 규칙을 정의함으로써 데이터베이스는 데이터베이스의 일관된 스냅숏을 애플리케이션에게 제공할 수 있다. 동작 방식은 다음과 같다.

1. 데이터베이스는 각 트랜잭션을 시작할 때 그 시점에 진행 중인(아직 커밋이나 어보트가 되지 않은) 모든 트랜잭션의 목록을 만든다. 이 트랜잭션들이 쓴 데이터는 모두 무시된다. 설령 데이터를 쓴 트랜잭션이 나중에 커밋되더라도 마찬가지다.

2. 어보트된 트랜잭션이 쓴 데이터는 모두 무시된다.

3. 트랜잭션 ID가 더 큰(즉 현재 트랜잭션이 시작한 후에 시작한) 트랜잭션이 쓴 데이터는 그 트랜잭션의 커밋 여부에 관계 없이 모두 무시된다.

4. 그 밖의 모든 데이터는 애플리케이션의 질의로 볼 수 있다.

이 규칙들은 객체 생성과 삭제 모두에 적용된다. 그림 7-7에서 트랜잭션 12가 계좌 2를 읽으면 잔고가 500달러 있는 것을 보게 된다. 500달러 잔고 삭제는 트랜잭션 13이 실행했고(규칙 3에 따라 트랜잭션 12는 트랜잭션 13의 삭제를 볼 수 없다), 400달러 잔고 생성은 아직 볼 수 없기 때문이다 (같은 규칙에 의해).

바꿔 말하면 아래 두 조건이 모두 참이면 객체를 볼 수 있다.

- 읽기를 실행하는 트랜잭션이 시작한 시점에 읽기 대상 객체를 생성한 트랜잭션이 이미 커밋된 상태였다.

- 읽기 대상 객체가 삭제된 것으로 표시되지 않았다. 또는 삭제된 것으로 표시됐지만 읽기를 실행한 트랜잭션이 시작한 시점에 삭제 요청 트랜잭션이 아직 커밋되지 않았다.

오래 실행되는 트랜잭션은 오랫동안 스냅숏을 사용해서 (다른 트랜잭션의 관점에서) 덮어써지거나 삭제된 지 오래된 값을 계속 읽을 수도 있다. 데이터베이스는 갱신할 때 값을 교체하지 않고 값이 바뀔 때마다 새 버전을 생성함으로써 작은 오버헤드만 유발하면서 일관된 스냅숏을 제공할 수 있다.

색인과 스냅숏 격리

다중 버전 데이터베이스에서 색인은 어떻게 동작할까? 하나의 선택지는 단순하게 색인이 객체의 모든 버전을 가리키게 하고 색인 질의가 현재 트랜잭션에서 볼 수 없는 버전을 걸러내게 하는 것이다. 가비지 컬렉션이 어떤 트랜잭션에게도 더 이상 보이지 않는 오래된 객체 버전을 삭제할 때 대응되는 색인 항목도 삭제된다.

현실에서는 여러 구현 세부 사항에 따라 다중 버전 동시성 제어의 성능이 결정된다. 이를테면 포스트그레스큐엘은 동일한 객체의 다른 버전들이 같은 페이지(page)에 저장될 수 있다면 색인 갱신을 회피하는 최적화를 한다[31].

카우치DB, 데이토믹, LMDB에서는 다른 방법을 쓴다. 이것들도 B 트리(82쪽 "B 트리" 참고)를 사용하지만 **추가 전용이며 쓸 때 복사되는(append-only/copy-on-write)** 변종을 사용한다. 트리의 페이지가 갱신될 때 덮어쓰는 대신 각 변경된 페이지의 새로운 복사본을 생성한다. 트리의 루트에 이르기까지 존재하는 부모 페이지들은 복사되고 그것들의 자식 페이지들의 새 버전을 가리키도록 갱신된다. 쓰기에 영향을 받지 않는 페이지들은 복사될 필요가 없고 변함 없는 상태로 남는다[33, 34, 35].

추가 전용 B 트리를 사용하면 쓰기를 실행하는 모든 트랜잭션(또는 트랜잭션의 묶음)은 새로운 B 트리 루트를 생성하며 특정 루트는 그것이 생성된 시점에 해당하는 데이터베이스의 일관된 스냅숏이 된다. 나중에 실행되는 쓰기는 새로운 트리 루트만 생성할 수 있고 존재하는 B 트리를 변경할 수 없으므로 트랜잭션 ID를 기반으로 객체를 걸러낼 필요가 없다. 그러나 이 방법도 컴팩션 (compaction)과 가비지 컬렉션을 실행하는 백그라운드 프로세스가 필요하다.

반복 읽기와 혼란스러운 이름

스냅숏 격리는 유용한 격리 수준이며 특히 읽기 전용 트랜잭션에 유용하다. 그러나 이를 구현한 많은 데이터베이스에서 다른 이름을 사용한다. 오라클에서는 **직렬성**, 포스트그레스큐엘과 마이SQL에서는 **반복 읽기(repeatable read)**라고 한다[23].

이렇게 이름이 혼란스러운 이유는 SQL 표준에 스냅숏 격리의 개념이 없기 때문이다. SQL 표준은 1975년의 시스템 R의 격리 수준 정의[2]를 기반으로 하고 그 당시에는 스냅숏 격리가 발명되지 않았다. 대신 표면적으로 스냅숏 격리와 비슷해 보이는 반복 읽기는 SQL 표준에 정의돼 있다. 포스트그레스큐엘과 마이SQL에서는 스냅숏 격리 수준을 반복 읽기라고 부른다. 표준의 요구사항을 만족시키므로 표준 준수라고 할 수 있기 때문이다.

유감스럽게도 SQL 표준의 격리 수준 정의에는 결함이 있다. 모호하고 부정확하며 표준이 그래야 하는 것만큼 구현 독립적이지 않다[28]. 여러 데이터베이스가 반복 읽기를 구현하지만 이것들이 실제로 제공하는 보장에는 커다란 차이가 있다. 반복 읽기가 표면상으로는 표준화됐는데도 말이다[23]. 반복 읽기가 공식적으로 정의된 연구 문헌[29, 30]이 있지만 대부분의 구현은 공식적 정의를 만족시키지 않는다. 게다가 IBM DB2는 "반복 읽기"를 직렬성을 가리키는 데 사용한다[8].

결과적으로 반복 읽기가 무슨 뜻인지 실제로 아는 사람은 아무도 없다.

갱신 손실 방지

지금까지 설명한 커밋 후 읽기와 스냅숏 격리 수준은 주로 동시에 실행되는 쓰기 작업이 있을 때 읽기 전용 트랜잭션이 무엇을 볼 수 있는지에 대한 보장과 관련된 것이었다. 두 트랜잭션이 동시에 쓰기를 실행할 때의 문제는 거의 무시했다. 단지 발생할 수 있는 쓰기 쓰기 충돌(write-write conflict)의 특별한 종류인 더티 쓰기에 대해서만 설명했다(235쪽 "더티 쓰기 방지" 참고).

동시에 실행되는 쓰기 트랜잭션 사이에 발생할 수 있는 흥미로운 종류의 충돌이 몇 가지 더 있다. 이 가운데 가장 널리 알려진 것은 **갱신 손실**(lost update) 문제이며 그림 7-1에서 두 트랜잭션이 동시에 카운터를 증가시키는 예로 설명했다.

갱신 손실 문제는 애플리케이션이 데이터베이스에서 값을 읽고 변경한 후 변경된 값을 다시 쓸 때 (read-modify-write 주기) 발생할 수 있다. 만약 두 트랜잭션이 이 작업을 동시에 하면 두 번째 쓰기 작업이 첫 번째 변경을 포함하지 않으므로 변경 중 하나는 손실될 수 있다(나중에 쓴 것이 먼저 쓴 것을 **때려눕힌다**(clobber)고 말하기도 한다). 이런 패턴은 다양한 시나리오에서 발생한다.

- 카운터를 증가시키거나 계좌 잔고를 갱신한다(현재 값을 읽어서 새 값을 계산하고 갱신된 값을 다시 써야 한다).

- 복잡한 값을 지역적으로 변경한다. 예를 들어 JSON 문서 내에 있는 리스트에 엘리먼트를 추가한다(문서를 파싱해서 변경하고 변경된 문서를 다시 써야 한다).

- 사용자가 편집한 내용을 저장할 때 전체 페이지 내용을 서버에 보내서 현재 데이터베이스에 저장된 내용을 덮어 쓰도록 만들어진 위키에서 두 명의 사용자가 동시에 같은 페이지를 편집한다.

갱신 손실은 이렇게 흔한 문제라서 다양한 해결책이 개발됐다.

원자적 쓰기 연산

여러 데이터베이스에서 원자적 갱신 연산을 제공한다. 이 연산은 애플리케이션 코드에서 read-modify-write 주기를 구현할 필요를 없애 준다. 이런 연산을 써서 코드를 표현할 수 있다면 이것들이 보통 가장 좋은 해결책이다. 예를 들어 다음 명령은 대부분의 관계형 데이터베이스에서 동시성 안전(concurrency-safe)하다.

```
UPDATE counters SET value = value + 1 WHERE key = 'foo';
```

마찬가지로 몽고DB 같은 문서 데이터베이스는 JSON 문서의 일부를 지역적으로 변경하는 원자적 연산을 제공하고 레디스는 우선순위 큐(priority queue) 같은 데이터 구조를 변경하는 원자적 연산을 제공한다. 모든 쓰기가 쉽게 원자적 연산으로 표현되지는 않는다. 예를 들어 위키 페이지 갱신은 임의의 텍스트 편집을 포함한다.[9] 그러나 원자적 연산이 사용될 수 있는 상황에서는 이들이 보통 최선의 선택이다.

원자적 연산은 보통 객체를 읽을 때 그 객체에 독점적인(exclusive) 잠금을 획득해서 구현한다. 그래서 갱신이 적용될 때까지 다른 트랜잭션에서 그 객체를 읽지 못하게 한다. 이 기법을 **커서 안정성(cursor stability)**이라고 부르기도 한다[36, 37]. 다른 선택지는 그냥 모든 원자적 연산을 단일 스레드에서 실행되도록 강제하는 것이다.

불행하게도 객체 관계형 매핑 프레임워크를 사용하면 뜻하지 않게 데이터베이스가 제공하는 원자적 연산을 사용하는 대신 불안전한 read-modify-write 주기를 실행하는 코드를 작성하기 쉽다[38]. 자신이 무엇을 하는지 알고 있다면 문제가 아니지만 잠재적으로는 테스트로 발견하기 어려운 미묘한 버그의 원인이 될 수 있다.

명시적인 잠금

데이터베이스에 내장된 원자적 연산이 필요한 기능을 제공하지 않을 때 갱신 손실을 막는 또 다른 선택지는 애플리케이션에서 갱신할 객체를 명시적으로 잠그는 것이다. 그러면 애플리케이션이 read-modify-write 주기를 수행할 수 있고 다른 트랜잭션이 동시에 같은 객체를 읽으려고 하면 첫 번째 read-modify-write 주기가 완료될 때까지 기다리도록 강제된다.

---

9 상당히 복잡하지만 텍스트 문서 편집을 원자적 변경의 스트림으로 표현하는 것도 가능하기는 하다. 관련 내용을 알고 싶으면 175쪽 "자동 충돌 해소"를 참고한다.

이를테면 여러 플레이어가 동시에 같은 물체를 옮길 수 있는 다중플레이어 게임을 생각해 보자. 이 경우에는 원자적 연산이 충분하지 않을지도 모른다. 애플리케이션은 플레이어의 움직임이 게임 규칙을 준수하는지도 보장해야 하는데 여기에는 데이터베이스 질의로는 합리적으로 구현할 수 없는 로직이 포함될 수 있기 때문이다. 그 대신 예제 7-1에 설명된 것처럼 두 명의 플레이어가 같은 물체를 동시에 움직일 수 없도록 잠금을 사용할 수 있다.

예제 7-1. 로우를 명시적으로 잠금으로써 갱신 손실 막기

```
BEGIN TRANSACTION;

SELECT * FROM figures
    WHERE name = 'robot' AND game_id = 222
    FOR UPDATE; ❶

-- 이동이 유효한지 확인한 후
-- 이전의 SELECT에서 반환된 것의 위치를 갱신한다.
UPDATE figures SET position = 'c4' WHERE id = 1234;

COMMIT;
```

❶ FOR UPDATE 절은 데이터베이스가 이 질의에 의해 반환된 모든 로우에 잠금을 획득해야 함을 가리킨다.

이 방법은 동작하지만 올바르게 동작하게 하려면 애플리케이션 로직에 대해 신중하게 생각해야 한다. 코드의 어딘가에 필요한 잠금을 추가하는 것을 잊어버려서 경쟁 조건을 유발하기 쉽다.

갱신 손실 자동 감지

원자적 연산과 잠금은 read-modify-write 주기가 순차적으로 실행되도록 강제함으로써 갱신 손실을 방지하는 방법이다. 대안으로 이들의 병렬 실행을 허용하고 트랜잭션 관리자가 갱신 손실을 발견하면 트랜잭션을 어보트시키고 read-modify-write 주기를 재시도하도록 강제하는 방법이 있다.

이 방법의 이점은 데이터베이스가 이 확인을 스냅숏 격리와 결합해 효율적으로 수행할 수 있다는 것이다. 실제로 포스트그레스큐엘의 반복 읽기, 오라클의 직렬성, SQL 서버의 스냅숏 격리 수준은 갱신 손실이 발생하면 자동으로 발견해서 문제가 되는 트랜잭션을 어보트시킨다. 그러나 마이SQL/이노DB의 반복 읽기는 갱신 손실을 감지하지 않는다[23]. 어떤 저자들은[28, 30] 데이터베이스가 스

냅숏 격리를 제공하는 것으로 자격을 얻으려면 갱신 손실을 방지해야 하며, 따라서 마이SQL은 이 정의에 따르면 스냅숏 격리를 제공하지 않는다고 주장한다.

갱신 손실 감지는 애플리케이션 코드에서 어떤 특별한 데이터베이스 기능도 쓸 필요가 없게 도와주므로 매우 좋은 기능이다. 잠금이나 원자적 연산을 쓰는 것을 잊어버려서 버그를 유발할 수는 있지만 자동으로 갱신 손실이 감지되어 오류가 덜 발생하게 해준다.

Compare-and-set

트랜잭션을 제공하지 않는 데이터베이스 중에는 원자적 compare-and-set 연산(230쪽 "단일 객체 쓰기"에서 언급했다)을 제공하는 것도 있다. 이 연산의 목적은 값을 마지막으로 읽은 후로 변경되지 않았을 때만 갱신을 허용함으로써 갱신 손실을 회피하는 것이다. 현재 값이 이전에 읽은 값과 일치하지 않으면 갱신은 반영되지 않고 read-modify-write 주기를 재시도해야 한다.

예를 들어, 두 명의 사용자가 동시에 같은 위키 페이지를 갱신하지 못하도록 이런 방법을 시도할 수 있다. 사용자가 페이지 편집을 시작한 이후로 내용이 바뀌지 않았을 때만 갱신되게 하는 것이다.

```
-- 데이터베이스 구현에 따라 안전할 수도 안전하지 않을 수도 있다
UPDATE wiki_pages SET content = 'new content'
    WHERE id = 1234 AND content = 'old content';
```

내용이 바뀌어서 더는 'old content'와 일치하지 않으면 이 갱신은 적용되지 않는다. 따라서 갱신이 적용됐는지 확인하고 필요하다면 재시도해야 한다. 그러나 데이터베이스가 WHERE 절이 오래된 스냅숏으로부터 읽는 것을 허용한다면 이 구문은 갱신 손실을 막지 못할 수도 있다. 동시에 다른 쓰기 작업이 실행되고 있더라도 조건이 참이 될 수 있기 때문이다. 데이터베이스의 compare-and-set 연산에 의존하기 전에 먼저 안전한지 확인하기 바란다.

충돌 해소와 복제

복제가 적용된 데이터베이스(5장 참고)에서 갱신 손실을 막는 것은 다른 차원의 문제다. 여러 노드에 데이터의 복사본이 있어서 데이터가 다른 노드들에서 동시에 변경될 수 있으므로 갱신 손실을 방지하려면 추가 단계가 필요하다.

잠금과 compare-and-set 연산은 데이터의 최신 복사본이 하나만 있다고 가정한다. 그러나 다중 리더 또는 리더 없는 복제를 사용하는 데이터베이스는 일반적으로 여러 쓰기가 동시에 실행되고 비동기식으로 복제되는 것을 허용하므로 데이터의 최신 복사본이 하나만 있으리라고 보장할 수 없다.

그러므로 이런 상황에서는 잠금과 compare-and-set을 기반으로 한 기법을 적용할 수 없다(이 문제는 322쪽 "선형성"에서 더 상세히 다룬다).

대신 186쪽 "동시 쓰기 감지"에서 설명했듯이 이렇게 복제가 적용된 데이터베이스에서 흔히 쓰는 방법은 쓰기가 동시에 실행될 때 한 값에 대해 여러 개의 충돌된 버전(형제(sibling)라고도 한다)을 생성하는 것을 허용하고 사후에 애플리케이션 코드나 특별한 데이터 구조를 사용해 충돌을 해소하고 이 버전들을 병합하는 것이다.

원자적 연산은 복제 상황에서도 잘 동작한다. 특히 교환 법칙이 성립하는 연산이라면(즉 다른 복제본에 다른 순서로 연산을 적용해도 같은 결과가 나오는 경우) 그렇다. 예를 들어 카운터를 증가시키거나 집합에 요소를 추가하는 연산은 교환 법칙이 성립한다. 이것은 리악 2.0 자료형의 배후에 있는 아이디어로 복제본에 걸친 갱신 손실을 막아준다. 리악은 값이 여러 클라이언트에 의해 동시에 갱신될 때 어떤 갱신도 손실되지 않는 방식을 써서 자동으로 갱신을 병합한다[39].

반면 **최종 쓰기 승리(last write wins, LWW)** 충돌 해소 방법은 187쪽 "최종 쓰기 승리(동시 쓰기 버리기)"에서 얘기한 대로 갱신 손실이 발생하기 쉽다. 유감스럽게도 많은 복제 데이터베이스는 LWW가 기본 설정이다.

쓰기 스큐와 팬텀

앞 절에서 다른 트랜잭션들이 동시에 같은 객체에 쓰려고 할 때 발생할 수 있는 두 가지 경쟁 조건인 **더티 쓰기**와 **갱신 손실**을 살펴봤다. 데이터 오염을 피하려면 이런 경쟁 조건을 방지해야 한다. 데이터베이스에서 자동으로 해주든지 잠금이나 원자적 쓰기 연산 같은 수동 안전 장치를 사용해야 한다.

그러나 동시에 실행되는 쓰기 작업 사이에 잠재적으로 발생할 수 있는 경쟁 조건은 이게 전부가 아니다. 이번 절에서는 더욱 미묘한 충돌의 예를 알아본다.

의사들이 병원에서 교대로 서는 호출 대기를 관리하는 애플리케이션을 만드는 예를 생각해보자. 병원은 보통 한 시점에 여러 의사가 호출 대기 상태에 있게 하려고 하지만 최소 한 명의 의사는 반드시 호출 대기를 해야 한다. 의사들은 최소 한 명의 동료가 같은 교대 순번에서 호출 대기를 하고 있다면(자기 몸이 아픈 경우) 호출 대기를 그만둘 수 있다[40, 41].

앨리스와 밥이 어느날 함께 호출 대기를 하고 있다고 상상해보자. 둘 다 몸이 안 좋아서 호출 대기를 그만두기로 결심했다. 불행하게도 그들은 거의 동시에 호출 대기 상태를 끄는 버튼을 클릭했다. 다음에 어떤 일이 생길지 그림 7-8에 설명돼 있다.

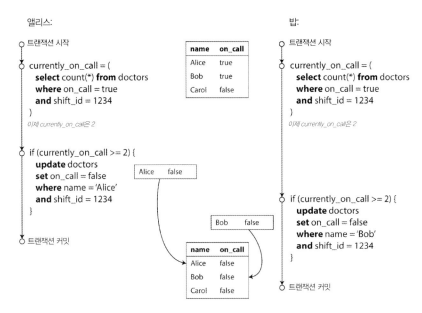

그림 7-8. 애플리케이션 버그를 유발하는 쓰기 스큐의 예

각 트랜잭션에서 애플리케이션은 먼저 현재 두 명 이상의 의사가 대기 중인지 확인한다. 만약 그렇다면 의사 한 명이 호출 대기에서 빠져도 안전하다고 가정한다. 데이터베이스에서 스냅숏 격리를 사용하므로 둘 다 2를 반환해서 두 트랜잭션 모두 다음 단계로 진행한다. 앨리스는 대기 상태를 끄도록 자신의 레코드를 갱신하고 밥도 같은 식으로 자신의 레코드를 갱신한다. 두 트랜잭션 모두 커밋되고 호출 대기하는 의사가 한 명도 없게 된다. 최소 한 명의 의사가 호출 대기해야 한다는 요구사항을 위반했다.

쓰기 스큐를 특징짓기

이런 이상 현상을 **쓰기 스큐**(write skew)라고 한다[28]. 두 트랜잭션이 두 개의 다른 객체를 갱신하므로(앨리스와 밥이 각자 자신의 호출 대기 레코드를 갱신한다) 더티 쓰기도 갱신 손실도 아니다. 여기서는 충돌이 발생했다는 것이 덜 명백해 보이지만 분명히 경쟁 조건이다. 만약 두 트랜잭션이 한 번에 하나씩 실행됐다면 두 번째 의사는 호출 대기를 끄는 게 방지됐을 것이다. 트랜잭션이 동시에 실행됐기 때문에 이상 동작이 나타날 수 있었다.

쓰기 스큐를 갱신 손실 문제가 일반화된 것으로 생각할 수도 있다. 쓰기 스큐는 두 트랜잭션이 같은 객체들을 읽어서 그중 일부를 갱신할 때 나타날 수 있다(다른 트랜잭션은 다른 객체를 갱신한다). 다른 트랜잭션이 하나의 동일한 객체를 갱신하는 특별한 경우에 (타이밍에 따라) 더티 쓰기나 갱신 손실 이상 현상을 겪게 된다.

앞에서 갱신 손실을 막는 방법에는 여러 가지가 있다는 것을 봤다. 쓰기 스큐는 선택지가 더 제한돼 있다.

- 여러 객체가 관련되므로 원자적 단일 객체 연산은 도움이 되지 않는다.

- 일부 스냅숏 격리 구현에서 제공되는 갱신 손실 자동 감지도 유감스럽게도 도움이 되지 않는다. 쓰기 스큐는 포스트그레스 큐엘의 반복 읽기, 마이SQL/이노DB의 반복 읽기, 오라클의 직렬성, SQL 서버의 스냅숏 격리 수준에서 자동으로 감지되지 않는다[23]. 쓰기 스큐를 자동으로 방지하려면 진짜 직렬성 격리가 필요하다(251쪽 "직렬성" 참고).

- 어떤 데이터베이스에서는 제약 조건을 설정할 수 있다. 제약 조건은 데이터베이스에 의해 엄격하게 준수된다(예를 들어 유일성, 외래 키 제약 조건, 특정 값에 대한 제한 등). 그러나 최소 한 명의 의사가 호출 대기를 해야 한다고 명시하려면 여러 객체와 연관된 제약 조건이 필요하다. 대부분의 데이터베이스는 이런 제약 조건 지원을 내장하지 않지만 데이터베이스에 따라 트리거나 구체화 뷰(materialized view)를 사용해 구현할 수 있다[42].

- 직렬성 격리 수준을 사용할 수 없다면 트랜잭션이 의존하는 로우를 명시적으로 잠그는 것이 차선책이다. 의사 문제의 경우 다음과 같은 식으로 질의를 작성할 수 있다.

```
BEGIN TRANSACTION;

SELECT * FROM doctors
    WHERE on_call = true
    AND shift_id = 1234 FOR UPDATE; ❶

UPDATE doctors
    SET on_call = false
    WHERE name = 'Alice'
    AND shift_id = 1234;

COMMIT;
```

❶ 전처럼 FOR UPDATE는 데이터베이스에게 이 질의가 반환하는 모든 로우를 잠그라고 지시한다.

추가적인 쓰기 스큐의 예

쓰기 스큐는 처음에는 어려운 문제로 보이지만 한 번 알고 나면 쓰기 스큐가 생길 수 있는 상황을 더 알아낼 수 있다. 아래에 추가적인 예가 있다.

회의실 예약 시스템

동시에 같은 회의실을 중복 예약할 수 없게 하고 싶다고 가정해보라[43]. 누군가 예약을 하려고 할 때 먼저 충돌하는 예약(즉 회의실이 같고 시간대가 겹치는 예약)이 있는지 확인하고, 없다면 회의를 예약한다(예제 7-2 참고).[10]

예제 7-2. 회의실 예약 시스템은 중복된 예약을 피하려고 한다(스냅숏 격리에서는 안전하지 않다)

```
BEGIN TRANSACTION;

-- 정오에서 오후 1시까지의 시간과 겹치는 예약이 존재하는지 확인
SELECT COUNT(*) FROM bookings
    WHERE room_id = 123 AND
        end_time > '2015-01-01 12:00' AND start_time < '2015-01-01 13:00';

-- 이전 질의가 0을 반환했다면
INSERT INTO bookings
    (room_id, start_time, end_time, user_id)
    VALUES (123, '2015-01-01 12:00', '2015-01-01 13:00', 666);

COMMIT;
```

유감스럽게도 스냅숏 격리는 다른 사용자가 동시에 충돌되는 회의를 삽입하는 것을 막아줄 수 없다. 스케줄이 충돌하지 않도록 보장하려면 다시 한 번 직렬성 격리가 필요하다.

다중플레이어 게임

예제 7-1에서 갱신 손실을 막기 위해 잠금을 사용했다(즉 두 명의 플레이어가 동시에 같은 물체를 옮길 수 없도록 보장했다). 그러나 잠금은 플레이어들이 두 개의 다른 물체를 게임판 위의 같은 위치로 옮기거나 잠재적으로 게임의 규칙을 위반하는 다른 이동을 하는 것을 막아주지 않는다. 준수하고자 하는 규칙의 종류에 따라 유일성 제약을 쓸 수 있을지도 모르지만 그렇지 않으면 쓰기 스큐에 취약하다.

사용자명 획득

각 사용자가 유일한 사용자명을 가져야 하는 웹사이트에서 두 명의 사용자가 동시에 같은 사용자명으로 계정 생성을 시도할 수 있다. 트랜잭션을 사용해 이름이 점유됐는지 확인하고 그렇지 않다면 그 이름으로 계정을 생성할 수 있다. 하지만 앞의 예와 마찬가지로 스냅숏 격리에서는 안전하지 않다. 다행스럽게도 여기서는 유일성 제약 조건이 간단한 해결책이다(사용자명을 등록하려고 하는 두 번째 트랜잭션은 제약 조건을 위반해서 어보트된다).

이중 사용(double-spending) 방지

사용자가 돈이나 포인트를 지불할 수 있는 서비스는 사용자가 갖고 있는 것보다 더 많이 지불하지 않는지 확인해야 한다. 지불 예정 항목을 사용자 계좌에 삽입하고 그 계좌에 있는 모든 항목을 나열한 후 그 합이 양수인지 확인하는 방법으로 구현하려고

10　포스트그레스큐엘에서는 범위 타입을 사용해 좀 더 우아하게 처리할 수 있지만 범위 타입은 다른 데이터베이스에서 널리 지원되지 않는다.

할지도 모르겠다[44]. 쓰기 스큐가 발생하면 동시에 삽입된 두 개의 지불 항목이 모여서 잔고가 음수가 되게 하는 일이 생길 수 있지만 어떤 트랜잭션도 다른 쪽에 알려주지 못한다.

쓰기 스큐를 유발하는 팬텀

이 모든 예는 비슷한 패턴을 따른다.

1. SELECT 질의가 어떤 검색 조건에 부합하는 로우를 검색함으로써 어떤 요구사항을 만족하는지 확인한다(최소 두 명의 의사가 호출 대기 중이다. 그 방은 해당 시간에 예약되지 않았다. 게임판의 특정 위치에 다른 물체가 아직 존재하지 않는다, 사용자명이 아직 점유되지 않았다, 계좌에 아직 돈이 남아 있다).

2. 첫 번째 질의의 결과에 따라 애플리케이션 코드는 어떻게 진행할지(해당 연산을 계속 처리할지 사용자에게 오류를 보고하고 중단할지) 결정한다.

3. 애플리케이션이 계속 처리하기로 결정했다면 데이터베이스에 쓰고(INSERT, UPDATE, DELETE) 트랜잭션을 커밋한다. 이 쓰기의 효과로 2단계를 결정한 전제 조건이 바뀐다. 다시 말해 쓰기를 커밋한 후 1단계의 SELECT 질의를 재실행하면 다른 결과를 얻게 된다. 쓰기의 결과로 검색 조건에 부합하는 로우 집합이 바뀌었기 때문이다(예를 들어 호출 대기하는 의사가 한 명 줄었다. 해당 시간에 회의실이 예약됐다. 옮겨진 물체가 게임판의 특정 위치를 차지했다. 사용자명이 점유됐다. 계좌에 남은 돈이 줄었다).

이 과정은 다른 순서로 일어날 수도 있다. 예를 들어 먼저 쓰기를 실행한 후 SELECT 질의를 실행하고 마지막으로 그 질의 결과에 따라 어보트할지 커밋할지 결정할 수 있다.

의사 호출 대기 예시의 경우 3단계에서 변경될 로우가 1단계에서 반환된 로우 중 하나였다. 따라서 1단계의 로우를 잠금으로써(SELECT FOR UPDATE) 트랜잭션을 안전하게 만들고 쓰기 스큐를 회피할 수 있다. 그러나 다른 네 가지 예시는 다르다. 어떤 검색 조건에 부합하는 로우가 **존재하지 않는지** 확인하고 쓰기 작업이 같은 조건에 부합하는 로우를 **추가**한다. 1단계의 질의가 아무 로우도 반환하지 않으면 SELECT FOR UPDATE는 아무것도 잠글 수 없다.

이처럼 어떤 트랜잭션에서 실행한 쓰기가 다른 트랜잭션의 검색 질의 결과를 바꾸는 효과를 **팬텀** (phantom)이라고 한다[3]. 스냅숏 격리는 읽기 전용 질의에서는 팬텀을 회피하지만 설명한 예시처럼 읽기 쓰기 트랜잭션에서는 팬텀이 쓰기 스큐의 특히 까다로운 경우를 유발할 수 있다.

충돌 구체화

팬텀의 문제가 잠글 수 있는 객체가 없다는 것이라면 인위적으로 데이터베이스에 잠금 객체를 추가할 수 있지 않을까?

예를 들어 회의실 예약의 경우 시간 슬롯과 회의실에 대한 테이블을 만드는 것을 생각해 볼 수 있다. 이 테이블의 각 로우는 특정한 시간 범위(예를 들어 15분) 동안 사용되는 특정한 회의실에 해당한다. 회의실과 시간 범위의 모든 조합에 대해 로우를 미리(예를 들어 다음 6개월 동안의) 만들어 둘 수 있다.

이제 예약을 하는 트랜잭션은 테이블에서 원하는 회의실과 시간 범위에 해당하는 로우를 잠글 수 있다(SELECT FOR UPDATE). 잠금을 획득한 후 전처럼 겹치는 예약이 있는지 확인하고 새 예약을 삽입할 수 있다. 추가된 테이블은 예약 정보를 저장하는 데 사용되지 않는다는 점을 주목하기 바란다. 단지 회의실과 시간 범위가 동일한 예약이 동시에 변경되는 것을 막는 데 사용되는 잠금의 모음일 뿐이다.

이런 방법을 **충돌 구체화(materializing conflict)**라고 한다. 팬텀을 데이터베이스에 존재하는 구체적인 로우 집합에 대한 잠금 충돌로 변환하기 때문이다[11]. 유감스럽게도 충돌을 구체화하는 방법은 알아내기 어렵고 오류가 발생하기 쉽다. 그리고 동시성 제어 메커니즘이 애플리케이션 데이터 모델로 새어 나오는 것도 보기 좋지 않다. 이런 까닭으로 충돌 구체화는 다른 대안이 불가능할 때 최후의 수단으로 고려해야 한다. 대부분의 경우에 직렬성 격리 수준이 훨씬 더 선호된다.

직렬성

이번 장에서 경쟁 조건을 유발하기 쉬운 트랜잭션의 예를 몇 가지 살펴봤다. 어떤 경쟁 조건은 커밋 후 읽기나 스냅숏 격리 수준으로 방지되지만 그렇지 않은 것도 있다. 쓰기 스큐와 팬텀과 관련된 특히나 까다로운 예도 몇 개 접했다. 슬픈 소식이 있다.

- 격리 수준은 이해하기 어렵고 데이터베이스마다 그 구현에 일관성이 없다(예를 들어 "반복 읽기"의 의미는 상당히 다양하다).

- 애플리케이션 코드를 보고 특정한 격리 수준에서 해당 코드를 실행하는 게 안전한지 알기 어렵다. 특히 동시에 일어나는 모든 일을 알지 못할 수도 있는 거대한 애플리케이션이라면 더 그렇다.

- 경쟁 조건을 감지하는 데 도움이 되는 좋은 도구가 없다. 이론상으로는 정적 분석이 도움될지 모르지만[26] 아직 현실적으로 사용되는 연구 기법은 없다. 동시성 문제는 보통 비결정적이라서 테스트하기 어렵다. 타이밍이 좋지 못할 때만 문제가 발생한다.

이게 새로 나온 문제는 아니다. 완화된 격리 수준이 처음 소개된 1970년대부터 있던 문제다[2]. 연구자들의 대답도 죽 간단했다. **직렬성** 격리를 사용하라!

직렬성 격리는 보통 가장 강력한 격리 수준이라고 여겨진다. 여러 트랜잭션이 병렬로 실행되더라도 최종 결과는 동시성 없이 한 번에 하나씩 **직렬로** 실행될 때와 같도록 보장한다. 따라서 데이터베이스는 트랜잭션을 개별적으로 실행할 때 올바르게 동작한다면 이들을 동시에 실행할 때도 올바르게 동작할 것을 보장해 준다. 즉 데이터베이스가 발생할 수 있는 **모든** 경쟁 조건을 막아준다.

하지만 직렬성 격리가 여러 완화된 격리 수준보다 훨씬 더 좋다면 왜 모두 그것을 사용하지 않는 것일까? 이 질문에 답하려면 직렬성을 구현하는 선택지를 살펴보고 이것들이 어떻게 동작하는지 알아야 한다. 오늘날 직렬성을 제공하는 데이터베이스는 대부분 세 가지 기법 중 하나를 사용한다. 이번 장의 남은 부분에서 이 기법들을 알아본다.

- 말 그대로 트랜잭션을 순차적으로 실행하기(252쪽 "실제적인 직렬 실행" 참고)

- 수십 년 동안 유일한 수단이었던 2단계 잠금(256쪽 "2단계 잠금(2PL)" 참고)

- 직렬성 스냅숏 격리 같은 낙관적 동시성 제어(optimistic concurrency control) 기법(260쪽 "직렬성 스냅숏 격리(SSI)" 참고)

우선 주로 단일 노드 데이터베이스의 맥락에서 이 기법들을 설명한다. 이 기법들이 분산 시스템 상의 여러 노드와 관련된 트랜잭션으로 어떻게 일반화되는지는 9장에서 살펴본다.

실제적인 직렬 실행

동시성 문제를 피하는 가장 간단한 방법은 동시성을 완전히 제거하는 것이다. 한 번에 트랜잭션 하나씩만 직렬로 단일 스레드에서 실행하면 된다. 그러면 트랜잭션 사이의 충돌을 감지하고 방지하는 문제를 완전히 회피할 수 있다. 결과적으로 격리 수준은 당연히 직렬성 격리가 된다.

뻔한 생각처럼 보이지만 데이터베이스 설계자들은 상당히 최근(2007년경)이 돼서야 단일 스레드 루프에서 트랜잭션을 실행하는 게 실현 가능하다고 결론내렸다[45]. 과거 30년 동안 높은 성능을 위해 다중 스레드 동시성이 필수적인 것으로 여겨졌다면 단일 스레드 실행이 가능하게 된 이유는 무엇일까?

두 가지 발전이 생각을 바꾸게 했다.

- 램 가격이 저렴해져서 이제 많은 사용 사례에서 활성화된 데이터셋 전체를 메모리에 유지할 수 있을 정도가 됐다(91쪽 "모든 것을 메모리에 보관" 참고). 트랜잭션이 접근해야 하는 모든 데이터가 메모리에 있다면 데이터를 디스크에서 읽어 오기를 기다려야 할 때보다 트랜잭션이 훨씬 빨리 실행될 수 있다.

- 데이터베이스 설계자들은 OLTP 트랜잭션이 보통 짧고 실행하는 읽기와 쓰기의 개수가 적다는 것을 깨달았다(93쪽 "트랜잭션 처리나 분석?" 참고). 반대로 오래 실행되는 분석 질의는 전형적으로 읽기 전용이라서 직렬 실행 루프 밖에서 (스냅숏 격리를 사용해) 일관된 스냅숏을 사용해 실행할 수 있다.

트랜잭션을 순차적으로 실행하는 방법은 볼트DB/H-스토어, 레디스, 데이토믹에서 구현돼 있다 [46, 47, 48]. 단일 스레드로 실행되도록 설계된 시스템이 동시성을 지원하는 시스템보다 성능이 나을 때도 있다. 잠금을 코디네이션하는 오버헤드를 피할 수 있기 때문이다. 그렇지만 이들의 처리량은 CPU 코어 하나의 처리량으로 제한된다. 단일 스레드를 최대한 활용하려면 트랜잭션이 전통적인 형태와는 다르게 구조화돼야 한다.

트랜잭션을 스토어드 프로시저 안에 캡슐화하기

데이터베이스의 초창기에는 데이터베이스 트랜잭션이 사용자 활동의 전체 흐름을 포함할 수 있게 하려는 의도가 있었다. 이를테면 항공권 예약은 여러 단계의 과정(경로, 요금, 가용 좌석 탐색하기, 여행 일정표 정하기, 여행 일정표에 있는 비행마다 좌석 예약하기, 승객 세부 사항에 들어가기, 지불하기)이 있다. 데이터베이스 설계자들은 그러한 전체 과정이 하나의 트랜잭션으로 표현되고 원자적으로 커밋될 수 있다면 깔끔할 것으로 생각했다.

불행하게도 사람은 결정하는 것도 반응하는 것도 매우 느리다. 데이터베이스 트랜잭션이 사용자의 입력을 기다려야 한다면 데이터베이스는 대부분 유휴 상태지만 잠재적으로 매우 많은 동시 실행 트랜잭션을 지원해야 한다. 대부분의 데이터베이스는 이를 효율적으로 처리할 수 없어서 거의 모든 OLTP 애플리케이션은 트랜잭션 내에서 대화식으로 사용자 응답을 대기하는 것을 회피함으로써 트랜잭션을 짧게 유지한다. 웹의 경우 이것은 트랜잭션이 동일한 HTTP 요청 내에서 커밋된다는 뜻이다. 트랜잭션은 여러 요청에 걸쳐서 실행되지 않는다. 새로운 HTTP 요청은 새로운 트랜잭션을 시작한다.

사람이 주요 경로(critical path)에서 제외됐음에도 트랜잭션은 계속 상호작용하는 클라이언트/서버 스타일로 실행돼 왔다. 한 번에 구문 하나씩 실행하는 방식이다.

애플리케이션이 질의를 실행하고 그 결과를 읽고, 첫 번째 질의 결과에 따라 다른 질의를 실행할 수도 있고, 이런 식이다. (한 장비에서 실행되는) 애플리케이션 코드와 (또 다른 장비에서 실행되는) 데이터베이스 서버 사이에서 질의와 결과를 주고받는다.

이러한 상호작용식 트랜잭션은 애플리케이션과 데이터베이스 사이의 네트워크 통신에 많은 시간을 소비한다. 데이터베이스에서 동시성을 허용하지 않고 한 번에 트랜잭션 하나씩만 처리하면 처리량은 끔찍할 것이다. 데이터베이스가 애플리케이션에서 현재 트랜잭션의 다음 질의를 발행하기를 대기하는 데 대부분의 시간을 쓰게 되기 때문이다. 이런 종류의 데이터베이스에서 쓸 만한 성능을 얻으려면 여러 트랜잭션을 동시에 처리할 필요가 있다.

이런 까닭으로 단일 스레드에서 트랜잭션을 순차적으로 처리하는 시스템들은 상호작용하는 다중 구문 트랜잭션을 허용하지 않는다. 대신 애플리케이션은 트랜잭션 코드 전체를 **스토어드 프로시저** 형태로 데이터베이스에 미리 제출해야 한다. 그림 7-9에서 이 방법들의 차이점을 설명한다. 트랜잭션에 필요한 데이터는 모두 메모리에 있고 스토어드 프로시저는 네트워크나 디스크 I/O 대기 없이 매우 빨리 실행된다고 가정한다.

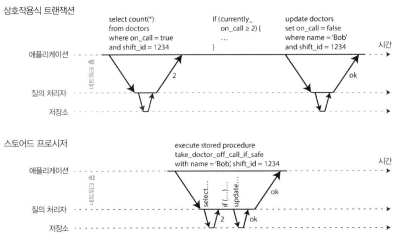

그림 7-9. 상호작용식 트랜잭션과 스토어드 프로시저의 차이점(그림 7-8의 예제 트랜잭션을 사용함)

스토어드 프로시저의 장단점

스토어드 프로시저는 관계형 데이터베이스에 등장한 지 어느 정도 됐고 1999년부터 SQL 표준(SQL/PSM)의 일부가 됐다. 스토어드 프로시저는 다양한 이유로 약간 악평을 받았다.

- 데이터베이스 벤더마다 제각각 스토어드 프로시저용 언어가 있다(오라클은 PL/SQL, SQL 서버는 T-SQL, 포스트그레스큐엘은 PL/pgSQL 등). 이 언어들은 범용 프로그래밍 언어의 발전을 따라잡지 못해서 오늘날의 관점에서 매우 조잡하고 낡아 보이며 대부분의 프로그래밍 언어에서 찾을 수 있는 라이브러리 생태계가 빈약하다.

- 데이터베이스에서 실행되는 코드는 관리하기 어렵다. 애플리케이션 서버와 비교할 때 디버깅하기 어렵고 버전 관리 및 배포가 불편하며 테스트하기도 까다롭고 모니터링용 지표 수집 시스템과 통합하기도 어렵다.

- 데이터베이스는 애플리케이션 서버보다 훨씬 더 성능에 민감할 때가 많다. 흔히 여러 애플리케이션 서버에서 데이터베이스 인스턴스 하나를 공유하기 때문이다. 잘못 작성된 스토어드 프로시저(예를 들어 메모리나 CPU 시간을 많이 사용하는)는 똑같이 잘못 작성된 코드가 애플리케이션 서버에 미치는 것보다 데이터베이스에 훨씬 더 곤란한 상황을 만들 수 있다.

그러나 이런 문제는 극복할 수 있다. 현대의 스토어드 프로시저 구현은 PL/SQL을 버리고 대신 기존의 범용 프로그래밍 언어를 사용한다. 볼트DB는 자바(Java)나 그루비(Groovy)를 사용하고 데이토믹은 자바나 클로저(Clojure)를 사용하며 레디스는 루아(Lua)를 쓴다.

스토어드 프로시저가 있고 데이터가 메모리에 저장된다면 모든 트랜잭션을 단일 스레드에서 실행하는 게 현실성이 있다. I/O 대기가 필요 없고 다른 동시성 제어 메커니즘의 오버헤드를 회피하므로 단일 스레드로 상당히 좋은 처리량을 얻을 수 있다.

볼트DB는 복제에도 스토어드 프로시저를 사용한다. 트랜잭션이 쓴 내용을 노드 사이에 복사하는 대신 각 복제 서버에서 동일한 스토어드 프로시저를 실행한다. 따라서 볼트DB에서 스토어드 프로시저는 **결정적**이어야 한다(다른 노드에서 실행돼도 같은 결과가 나와야 한다). 예를 들어 트랜잭션이 현재 날짜와 시간을 사용해야 한다면 특별한 결정적 API를 써야 한다.

파티셔닝

모든 트랜잭션을 순차적으로 실행하면 동시성 제어는 훨씬 간단해지지만 데이터베이스의 트랜잭션 처리량이 단일 장비에 있는 단일 CPU 코어의 속도로 제한된다. 읽기 전용 트랜잭션은 스냅숏 격리를 사용해 다른 곳에서 실행될 수 있지만 쓰기 처리량이 높은 애플리케이션에게는 단일 스레드 트랜잭션 처리자가 심각한 병목이 될 수 있다.

여러 CPU 코어와 여러 노드로 확장하기 위해 데이터를 파티셔닝할 수도 있다(6장 참고). 볼트DB는 이를 지원한다. 각 트랜잭션이 단일 파티션 내에서만 데이터를 읽고 쓰도록 데이터셋을 파티셔닝할 수 있다면 각 파티션은 다른 파티션과 독립적으로 실행되는 자신만의 트랜잭션 처리 스레드를 가질 수 있다. 이 경우 각 CPU 코어에 각자의 파티션을 할당해서 트랜잭션 처리량을 CPU 코어 개수에 맞춰 선형적으로 확장할 수 있다[47].

그러나 여러 파티션에 접근해야 하는 트랜잭션이 있다면 데이터베이스가 해당 트랜잭션이 접근하는 모든 파티션에 걸쳐서 코디네이션을 해야 한다. 스토어드 프로시저는 전체 시스템에 걸쳐 직렬성을 보장하기 위해 모든 파티션에 걸쳐 잠금을 획득한 단계에서 실행돼야 한다.

여러 파티션에 걸친 트랜잭션은 추가적인 코디네이션 오버헤드가 있으므로 단일 파티션 트랜잭션보다 엄청나게 느리다. 볼트DB는 여러 파티션에 걸친 쓰기 작업을 초당 약 1,000개 처리할 수 있다고 하는데 단일 파티션 처리량보다 매우 낮은 수치이며 장비를 추가해도 처리량을 늘릴 수 없다[49].

트랜잭션이 단일 파티션에서 실행될 수 있는지 여부는 애플리케이션에서 사용되는 데이터 구조에 매우 크게 의존한다. 단순한 키-값 데이터는 흔히 아주 쉽게 파티셔닝될 수 있지만 여러 보조 색인이 있는 데이터는 여러 파티션에 걸친 코디네이션이 많이 필요할 가능성이 높다(206쪽 "파티셔닝과 보조 색인" 참고).

직렬 실행 요약

트랜잭션 직렬 실행은 몇 가지 제약 사항 안에서 직렬성 격리를 획득하는 실용적인 방법이 됐다.

- 모든 트랜잭션은 작고 빨라야 한다. 느린 트랜잭션 하나가 모든 트랜잭션 처리를 지연시킬 수 있기 때문이다.

- 활성화된 데이터셋이 메모리에 적재될 수 있는 경우로 사용이 제한된다. 거의 접근되지 않는 데이터는 잠재적으로 디스크로 옮겨질 수 있지만 단일 스레드 트랜잭션에서 이에 접근해야 한다면 시스템이 매우 느려진다.[11]

- 쓰기 처리량이 단일 CPU 코어에서 처리할 수 있을 정도로 충분히 낮아야 한다. 그렇지 않으면 여러 파티션에 걸친 코디네이션이 필요하지 않도록 트랜잭션을 파티셔닝해야 한다.

- 여러 파티션에 걸친 트랜잭션도 쓸 수 있지만 이것을 사용할 수 있는 정도에는 엄격한 제한이 있다.

2단계 잠금(2PL)

약 30년 동안 데이터베이스에서 직렬성을 구현하는 데 널리 쓰인 유일한 알고리즘이 있다. 바로 **2단계 잠금**(two-phase locking, 2PL)이다[12].

> **2PL은 2PC가 아니다**
>
> 2단계 **잠금**(2PL)과 2단계 **커밋**(two-phase commit, 2PC)은 아주 비슷하게 들리지만 완전히 다르다. 2PC는 9장에서 다룬다.

앞에서 더티 쓰기를 막는 데 잠금이 자주 사용된다고 했다(235쪽 "더티 쓰기 방지" 참고). 두 개의 트랜잭션이 동시에 같은 객체에 쓰려고 하면 잠금은 나중에 쓰는 쪽이 진행하기 전에 먼저 쓰는 쪽에서 트랜잭션을 완료(어보트되거나 커밋되거나)할 때까지 기다리도록 보장해준다.

2단계 잠금도 비슷하지만 잠금 요구사항이 훨씬 더 강하다. 쓰기를 실행하는 트랜잭션이 없는 객체는 여러 트랜잭션에서 동시에 읽을 수 있다. 그러나 누군가 어떤 객체에 쓰려고(변경이나 삭제) 하면 독점적인 접근이 필요하다.

---

11 트랜잭션이 메모리에 존재하지 않는 데이터에 접근해야 한다면 가장 좋은 해결책은 그 트랜잭션을 어보트시키고 다른 트랜잭션을 처리하는 동안 데이터를 비동기로 메모리에 올린 후에 트랜잭션을 재시작하는 것이다. 이 방법은 91쪽 "모든 것을 메모리에 보관"에서 먼저 언급했듯이 **안티 캐싱**(anti-caching)이라고 한다.

12 때로는 2PL의 다른 변종과 구별하기 위해 **강하고 엄격한 2단계 잠금**(strong strict two-phase locking, SS2PL)이라고도 한다.

트랜잭션 A가 객체 하나를 읽고 트랜잭션 B가 그 객체에 쓰기를 원한다면 B는 진행하기 전에 A가 커밋되거나 어보트될 때까지 기다려야 한다(이렇게 하면 B가 A 몰래 갑자기 객체를 변경하지 못하도록 보장된다).

트랜잭션 A가 객체에 썼고 트랜잭션 B가 그 객체를 읽기 원한다면 B는 진행하기 전에 A가 커밋되거나 어보트될 때까지 기다려야 한다(그림 7-1에 나왔듯이 2PL을 쓸 때는 객체의 과거 버전을 읽는 게 허용되지 않는다).

2PL에서 쓰기 트랜잭션은 다른 쓰기 트랜잭션뿐만 아니라 읽기 트랜잭션도 진행하지 못하게 막고 그 역도 성립한다. 스냅숏 격리는 **읽는 쪽은 결코 쓰는 쪽을 막지 않으며 쓰는 쪽도 결코 읽는 쪽을 막지 않는다**는 원칙이 있는데(238쪽 "스냅숏 격리 구현" 참고) 이게 스냅숏 격리와 2단계 잠금의 중요한 차이다. 반면 2PL은 직렬성을 제공하므로 앞에서 설명했던 갱신 손실과 쓰기 스큐를 포함한 모든 경쟁 조건으로부터 보호해준다.

2단계 잠금 구현

2PL은 마이SQL(이노DB)과 SQL 서버에서 직렬성 격리 수준을 구현하는 데 사용되고 DB2에서는 반복 읽기 격리 수준을 구현하는 데 사용된다[23, 36].

읽는 쪽과 쓰는 쪽을 막는 것은 데이터베이스의 각 객체에 잠금을 사용해 구현한다. 잠금은 **공유 모드(shared mode)**나 **독점 모드(exclusive mode)**로 사용될 수 있다. 잠금은 다음과 같이 사용된다.

- 트랜잭션이 객체를 읽기 원한다면 먼저 공유 모드로 잠금을 획득해야 한다. 동시에 여러 트랜잭션이 공유 모드로 잠금을 획득하는 것은 허용되지만 만약 그 객체에 이미 독점 모드로 잠금을 획득한 트랜잭션이 있으면 이 트랜잭션이 완료될 때까지 기다려야 한다.

- 트랜잭션이 객체에 쓰기를 원한다면 먼저 독점 모드로 잠금을 획득해야 한다. 다른 어떤 트랜잭션도 동시에 잠금을 획득할 수 없으므로(공유 모드든지 독점 모드든지) 그 객체에 잠금이 존재한다면 트랜잭션은 대기해야 한다.

- 트랜잭션이 객체를 읽다가 쓰기를 실행할 때는 공유 잠금을 독점 잠금으로 업그레이드해야 한다. 업그레이드는 독점 잠금을 직접 획득할 때와 똑같이 동작한다.

- 트랜잭션이 잠금을 획득한 후에는 트랜잭션이 종료(커밋 또는 어보트)될 때까지 잠금을 갖고 있어야 한다. 그래서 "2단계"라는 이름이 붙었다. (트랜잭션이 실행하는 동안의) 첫 번째 단계는 잠금을 획득할 때이고 두 번째 단계는 (트랜잭션의 끝에서) 모든 잠금을 해제할 때다.

잠금이 아주 많이 사용되므로 트랜잭션 A는 트랜잭션 B가 잠금을 해제하기를 기다리느라 멈춰 있고 트랜잭션 B도 트랜잭션 A가 잠금을 해제하기를 기다리느라 멈춰 있는 상황이 매우 쉽게 발생할 수 있다. 이런 상황을 **교착 상태**라 한다. 데이터베이스는 트랜잭션 사이의 교착 상태를 자동으로 감지하고 트랜잭션 중 하나를 어보트시켜서 다른 트랜잭션들이 진행할 수 있게 한다. 어보트된 트랜잭션은 애플리케이션에서 재시도해야 한다.

2단계 잠금의 성능

2단계 잠금의 큰 약점은 성능이다. 1970년대부터 모두가 이것을 쓰지 않았던 까닭이기도 하다. 2단계 잠금을 쓰면 완화된 격리 수준을 쓸 때보다 트랜잭션 처리량과 질의 응답 시간이 크게 나빠진다.

그 원인은 부분적으로는 잠금을 획득하고 해제하는 오버헤드 때문이지만 더 중요한 원인은 동시성이 줄어드는 것이다. 설계에 따라 두 트랜잭션이 어떤 식으로든 경쟁 조건을 유발하는 일을 하려고 하면 한 트랜잭션은 다른 트랜잭션이 완료될 때까지 기다려야 한다.

전통적인 관계형 데이터베이스들은 트랜잭션의 실행 시간을 제한하지 않는다. 상호작용식 애플리케이션에서 사용자의 입력을 기다리도록 설계됐기 때문이다. 그 결과, 한 트랜잭션이 다른 트랜잭션이 끝나기를 기다릴 때 얼마나 오래 기다려야 하는지에 대한 제한이 없다. 모든 트랜잭션의 실행 시간을 짧게 유지하는 확실한 방법이 있더라도 여러 트랜잭션이 같은 객체에 접근하려고 하면 대기열이 생겨서 트랜잭션이 뭔가를 하려면 여러 다른 트랜잭션들이 완료되기를 기다려야 할 수도 있다.

이런 까닭으로 2PL을 실행하는 데이터베이스는 작업부하에 경쟁이 있다면 지연 시간이 아주 불안정하고 높은 백분위(13쪽 "성능 기술하기" 참고)에서 매우 느릴 수 있다. 트랜잭션 하나만 느리게 할 수도 있고 한 트랜잭션이 많은 데이터에 접근하고 잠금을 많이 획득해서 시스템의 다른 부분이 서서히 멈추도록 만들 수도 있다. 견고한 연산이 필요할 때 이런 불안정성은 문제가 된다.

잠금 기반 커밋 후 읽기 격리 수준에서도 교착 상태가 생길 수 있지만 2PL 직렬성 격리에서는 (트랜잭션의 접근 패턴에 따라) 훨씬 더 자주 발생한다. 교착 상태는 부가적인 성능 문제가 될 수 있다. 트랜잭션이 교착 상태 때문에 어보트돼 재시도하면 작업을 전부 다시 해야 한다. 교착 상태가 잦으면 헛수고가 심하다는 뜻도 된다.

서술 잠금

앞에서 잠금을 설명할 때 미묘하지만 중요한 세부 사항을 대충 넘어갔다. 250쪽 "쓰기 스큐를 유발하는 팬텀"에서 팬텀 문제, 즉 한 트랜잭션이 다른 트랜잭션의 검색 질의 결과를 바꿔버리는 문제를 설명했다. 직렬성 격리를 쓰는 데이터베이스는 팬텀을 막아야 한다.

회의실 예약 예제로 설명하면 한 트랜잭션이 특정 시간 범위 내에 있는 회의실 예약을 검색했다면 (예제 7-2 참고) 다른 트랜잭션이 같은 시간 범위 내에서 동일한 회의실을 쓰는 예약을 삽입하거나 갱신하는 게 허용되지 않는다는 뜻이다. (다른 회의실을 쓰는 예약이나 제시된 예약에 영향을 미치지 않는 다른 시간대에 같은 회의실을 쓰는 예약을 동시에 삽입하는 것은 괜찮다.)

이를 어떻게 구현할 수 있을까? 개념상으로 **서술 잠금(predicate lock)**이 필요하다[3]. 서술 잠금은 앞에서 설명한 공유/독점 잠금과 비슷하게 동작하지만 특정 객체(예를 들어 테이블 내의 한 로우)에 속하지 않고 아래와 같은 어떤 검색 조건에 부합하는 모든 객체에 속한다.

```
SELECT * FROM bookings
    WHERE room_id = 123 AND
        end_time > '2018-01-01 12:00' AND
        start_time < '2018-01-01 13:00';
```

서술 잠금이 접근을 제한하는 방법은 다음과 같다.

- 트랜잭션 A가 위 SELECT 질의처럼 어떤 조건에 부합하는 객체를 읽기 원한다면 질의의 조건에 대한 공유 모드 서술 잠금을 획득해야 한다. 다른 트랜잭션 B가 그 조건에 부합하는 어떤 객체에 독점 잠금을 갖고 있으면 A는 질의를 실행하도록 허용되기 전에 B가 잠금을 해제하기를 기다려야 한다.

- 트랜잭션 A가 어떤 객체를 삽입, 갱신, 삭제하길 원한다면 먼저 기존 값이나 새로운 값 중에 기존의 서술 잠금에 부합하는 게 있는지 확인해야 한다. 부합하는 서술 잠금을 트랜잭션 B가 잡고 있다면 A는 진행하기 전에 B가 커밋되거나 어보트될 때까지 기다려야 한다.

여기서 핵심 아이디어는 서술 잠금은 데이터베이스에 아직 존재하지 않지만 미래에 추가될 수 있는 객체(팬텀)에도 적용할 수 있다는 것이다. 2단계 잠금이 서술 잠금을 포함하면 데이터베이스에서 모든 형태의 쓰기 스큐와 다른 경쟁 조건을 막을 수 있어서 격리 수준이 직렬성 격리가 된다.

색인 범위 잠금

유감스럽게도 서술 잠금은 잘 동작하지 않는다. 진행 중인 트랜잭션들이 획득한 잠금이 많으면 조건에 부합하는 잠금을 확인하는 데 시간이 오래 걸린다. 이 때문에 2PL을 지원하는 대부분의 데이터베이스는 실제로는 **색인 범위 잠금(index-range locking, 다음 키 잠금(next-key locking)이라고도 한다)**을 구현한다. 이것은 서술 잠금을 간략하게 근사한 것이다[41, 50].

더 많은 객체가 부합하도록 서술 조건을 간략화하는 것은 안전하다. 예를 들어 정오와 오후 1시 사이에 123번 방을 예약하는 것에 대한 서술 잠금은 모든 시간 범위에 123번 방을 예약하는 것에 대한 잠금으로 근사할 수 있다. 또는 정오와 오후 1시 사이에 (123번 방만이 아니라) 모든 방을 잠그는 것으로 근사할 수도 있다. 원래의 서술 조건에 부합하는 쓰기는 분명히 근사 조건에도 부합하므로 안전하다.

회의실 예약 데이터베이스에는 아마도 room_id 칼럼과 start_time 칼럼, end_time 칼럼에 색인이 있을 것이다. 또는 room_id 칼럼에만 색인이 있거나 start_time 칼럼과 end_time 칼럼에만 있을 수도 있다 (그렇지 않으면 큰 데이터베이스에서 앞의 질의는 매우 느릴 것이다).

- room_id에 색인이 있고 데이터베이스에서 123번 방에 예약이 있는지 확인하는 데 이 색인을 사용한다. 이제 데이터베이스는 이 색인 항목에 공유 잠금을 잡아서 트랜잭션이 123번 방에 대한 예약을 검색했다고 표시할 수 있다.

- 그 대신 데이터베이스에서 존재하는 예약을 찾는 데 시간 기반 색인을 사용한다면 그 색인에 있는 값들의 범위에 공유 잠금을 잡아서 트랜잭션이 2018년 1월 1일 정오에서 오후 1시까지의 시간 범위와 겹치는 예약을 검색했다고 표시할 수 있다.

어떤 방법을 쓰든지 간략화한 검색 조건이 색인 중 하나에 붙는다. 이제 다른 트랜잭션이 같은 방을 사용하거나 시간이 겹치는 예약을 삽입, 갱신, 삭제하길 원한다면 색인의 같은 부분을 갱신해야 한다. 그 과정에서 공유 잠금을 발견하고 잠금이 해제될 때까지 기다리게 된다.

이 방법을 쓰면 팬텀과 쓰기 스큐로부터 보호해주는 효과를 낳는다. 색인 범위 잠금은 서술 잠금보다 정밀하지 않지만(직렬성을 유지하기 위해 반드시 필요한 것보다 큰 범위를 잠글 수도 있다) 오버헤드가 훨씬 더 낮기 때문에 좋은 타협안이 된다.

범위 잠금을 잡을 수 있는 적합한 색인이 없다면 데이터베이스는 테이블 전체에 공유 잠금을 잡는 것으로 대체할 수 있다. 그 테이블에 쓰는 다른 모든 트랜잭션을 멈추므로 성능에는 좋지 않지만 안전한 대비책이다.

직렬성 스냅숏 격리(SSI)

이번 장에서는 데이터베이스의 동시성 제어에 관한 암울한 그림을 그렸다. 한쪽에는 성능이 좋지 않거나(2단계 잠금) 확장이 잘 되지 않는(직렬 실행) 직렬성 구현이 있다. 다른 쪽에는 성능은 좋지만 다양한 경쟁 조건(갱신 손실, 쓰기 스큐, 팬텀 등)에 취약한 완화된 격리 수준이 있다. 직렬성 격리와 좋은 성능은 근본적으로 공존할 수 없는 것일까?

그렇지 않다. **직렬성 스냅숏 격리**(serializable snapshot isolation, SSI)라는 알고리즘이 아주 유망하다. 완전한 직렬성을 제공하지만 스냅숏 격리에 비해 약간의 성능 손해만 있을 뿐이다. SSI는 상당히 최근에 등장했다. 2008년에 처음 기술됐고[40] 마이클 카힐(Michael Cahill)의 박사 학위 논문 주제였다[51].

오늘날 SSI는 단일 노드 데이터베이스(포스트그레스큐엘은 9.1 버전부터 직렬성 격리 수준을 제공한다[41])와 분산 데이터베이스(파운데이션DB는 비슷한 알고리즘을 사용한다) 모두에서 사용된다. SSI는 다른 동시성 제어 메커니즘에 비해 아주 역사가 짧기 때문에 아직 현장에서 성능을 증명하는 중이지만 미래에는 새로운 기본값이 될 정도로 충분히 빨라질 가능성이 있다.

비관적 동시성 제어 대 낙관적 동시성 제어

2단계 잠금은 이른바 **비관적** 동시성 제어 메커니즘이다. (다른 트랜잭션이 획득한 잠금으로 표시되는) 뭔가 잘못될 가능성이 있으면 뭔가를 하기 전에 상황이 다시 안전해질 때까지 기다리는 게 낫다는 원칙을 기반으로 한다. 다중 스레드 프로그래밍에서 자료구조 보호를 위해 사용되는 **상호 배제** (mutual exclusion)와 비슷하다.

직렬 실행은 어떤 면에서 보면 극단적으로 비관적이다. 각 트랜잭션이 실행되는 동안 전체 데이터베이스에(또는 데이터베이스의 파티션 하나에) 독점 잠금을 획득하는 것과 본질적으로 같다. 개별 트랜잭션이 아주 빨리 실행되게 해서 "잠금"을 유지하는 시간을 줄이는 방법으로 비관주의를 보완한다.

반대로 직렬성 스냅숏 격리는 **낙관적** 동시성 제어 기법이다. 이 맥락에서 낙관적이란 뭔가 위험한 상황이 발생할 가능성이 있을 때 트랜잭션을 막는 대신 모든 것이 괜찮아질 거라는 희망을 갖고 계속 진행한다는 뜻이다. 트랜잭션이 커밋되기를 원할 때 데이터베이스는 나쁜 상황이 발생했는지(즉 격리가 위반됐는지) 확인한다. 만약 그렇다면 트랜잭션은 어보트되고 재시도해야 한다. 직렬로 실행된 트랜잭션만 커밋이 허용된다.

낙관적 동시성 제어는 오래된 아이디어고[52] 장단점이 오랜 시간 동안 논의됐다[53]. 경쟁이 심하면(많은 트랜잭션이 같은 객체에 접근하려고 하면) 어보트시켜야 할 트랜잭션의 비율이 높아지므로 성능이 떨어진다. 시스템이 이미 최대 처리량에 근접했다면 재시도되는 트랜잭션으로부터 발생하는 부가적인 트랜잭션 부하가 성능을 저하시킬 수 있다.

그러나 예비 용량이 충분하고 트랜잭션 사이의 경쟁이 너무 심하지 않으면 낙관적 동시성 제어 기법은 비관적 동시성 제어보다 성능이 좋은 경향이 있다. 경쟁은 가환(commutative) 원자적 연산을 써서 줄일 수 있다. 이를테면 여러 트랜잭션이 동시에 카운터를 증가시키려고 할 때 증가 연산을 어떤 순으로 적용하는지는 관계 없다(같은 트랜잭션에서 카운터를 읽지 않는 이상). 따라서 동시에 실행되는 증가 연산들은 충돌 없이 적용될 수 있다.

이름이 나타내듯이 SSI는 스냅숏 격리를 기반으로 한다. 즉 트랜잭션에서 실행되는 모든 읽기는 데이터베이스의 일관된 스냅숏을 보게 된다(236쪽 "스냅숏 격리와 반복 읽기" 참고). 이게 이전의 낙관적 동시성 제어 기법과 크게 다른 점이다. SSI는 스냅숏 격리 위에 쓰기 작업 사이의 직렬성 충돌을 감지하고 어보트시킬 트랜잭션을 결정하는 알고리즘을 추가한다.

뒤처진 전제에 기반한 결정

앞에서 스냅숏 격리에서 나타나는 쓰기 스큐를 설명할 때(246쪽 "쓰기 스큐와 팬텀" 참고) 반복되는 패턴을 봤다. 트랜잭션이 데이터베이스에서 어떤 데이터를 읽고 그 질의 결과를 조사한 후 관찰한 결과를 기반으로 어떤 동작(데이터베이스에 쓰기)을 취할지 결정한다. 그러나 스냅숏 격리하에서는 트랜잭션이 커밋되는 시점에 원래 질의의 결과가 더 이상 최신이 아닐 수 있다. 도중에 데이터가 변경됐을 수 있기 때문이다.

바꿔 말하면 트랜잭션은 어떤 **전제**(트랜잭션을 시작할 때 참이었던 사실, 예를 들어 "현재 두 명의 의사가 호출 대기 중이다")를 기반으로 어떤 동작을 한다. 나중에 해당 트랜잭션이 커밋하려고 할 때 원래 데이터가 바뀌어서 그 전제가 더 이상 참이 아닐 수 있다.

애플리케이션이 질의(예를 들어 "현재 호출 대기 중인 의사가 몇 명인가?")를 실행할 때 데이터베이스는 애플리케이션 로직이 질의 결과를 어떻게 사용할지 모른다. 안전하려면 데이터베이스는 질의 결과(전제)에 변화가 있으면 트랜잭션에서 실행하는 쓰기가 유효하지 않을 수 있다고 가정해야 한다. 즉 트랜잭션에서 실행하는 질의와 쓰기 사이에는 인과적 의존성이 있을지도 모른다. 직렬성 격리를 제공하려면 데이터베이스는 트랜잭션이 뒤처진 전제를 기반으로 동작하는 상황을 감지하고 그런 상황에서는 트랜잭션을 어보트시켜야 한다.

데이터베이스가 어떻게 질의 결과가 바뀌었는지 알 수 있을까? 두 가지 상황을 고려해야 한다.

- 오래된(stale) MVCC 객체 버전을 읽었는지 감지하기(읽기 전에 커밋되지 않은 쓰기가 발생했음)

- 과거의 읽기에 영향을 미치는 쓰기 감지하기(읽은 후에 쓰기가 실행됨)

오래된 MVCC 읽기 감지하기

스냅숏 격리는 보통 다중 버전 동시성 제어(MVCC, 그림 7-10 참고)로 구현한다는 점을 다시 떠올려보라. 트랜잭션이 MVCC 데이터베이스의 일관된 스냅숏에서 읽으면 스냅숏 생성 시점에 다른 트랜잭션이 썼지만 아직 커밋되지 않은 데이터는 무시한다. 그림 7-10에서 트랜잭션 43은 앨리스가 on_call = true 상태인 것을 본다. (앨리스의 호출 대기 상태를 변경한) 트랜잭션 42는 커밋되지 않았기 때문이다. 그러나 트랜잭션 43이 커밋하기를 원할 때는 트랜잭션 42가 이미 커밋된 상태다. 일관된 스냅숏에서 읽을 때는 무시됐던 쓰기가 지금은 영향이 있고 트랜잭션 43의 전제가 더 이상 참이 아니라는 뜻이다.

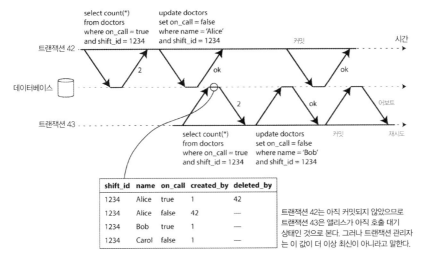

그림 7-10. 트랜잭션이 MVCC 스냅숏에서 뒤처진 값을 읽었는지 감지하기

이런 이상 현상을 막으려면 데이터베이스는 트랜잭션이 MVCC 가시성 규칙에 따라 다른 트랜잭션의 쓰기를 무시하는 경우를 추적해야 한다. 트랜잭션이 커밋하려고 할 때 데이터베이스는 무시된 쓰기 중에 커밋된 게 있는지 확인해야 한다. 커밋된 게 있다면 트랜잭션은 어보트돼야 한다.

왜 커밋할 때까지 기다려야 할까? 왜 오래된 읽기가 감지됐을 때 트랜잭션 43을 바로 어보트시키지 않을까? 트랜잭션 43이 읽기 전용 트랜잭션이라면 쓰기 스큐의 위험이 없으므로 어보트될 필요가 없다. 트랜잭션 43이 읽기를 실행하는 시점에 데이터베이스는 그 트랜잭션이 나중에 쓰기를 실행할지 알 수 없다. 게다가 트랜잭션 42는 어보트될 수도 있고 트랜잭션 43이 커밋되는 시점에 아직 커밋되지 않았을 수도 있다. 따라서 결국에는 읽기가 오래되지 않은 것으로 밝혀질지도 모른다. SSI는 불필요한 어보트를 피해서, 일관된 스냅숏에서 읽으며 오래 실행되는 작업을 지원하는 스냅숏 격리의 특성을 유지한다.

과거의 읽기에 영향을 미치는 쓰기 감지하기

고려해야 하는 두 번째 경우는 데이터를 읽은 후 다른 트랜잭션에서 그 데이터를 변경할 때다. 이 경우는 그림 7-11에 설명돼 있다.

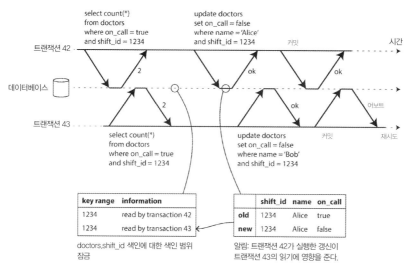

그림 7-11. 직렬성 스냅숏 격리에서 트랜잭션이 다른 트랜잭션이 읽은 데이터를 변경하는 경우를 감지하기

2단계 잠금의 맥락에서 데이터베이스가 WHERE shift_id = 1234 같은 검색 질의에 부합하는 모든 로우에 대한 접근을 잠글 수 있는 색인 범위 잠금을 설명했다(259쪽 "색인 범위 잠금" 참고). SSI 잠금은 다른 트랜잭션을 차단하지 않는다는 것만 제외하고 여기서도 비슷한 기법을 쓸 수 있다.

그림 7-11에서 트랜잭션 42와 43 모두 대기 순번 1234 동안의 호출 대기 의사를 검색한다. shift_id에 색인이 있으면 데이터베이스가 색인 항목 1234를 사용해 트랜잭션 42와 43이 이 데이터를 읽었다는 사실을 기록할 수 있다(색인이 없으면 이 정보를 테이블 수준에서 추적할 수 있다). 이 정보는 잠시 동안만 유지하면 된다. 트랜잭션이 완료되고(커밋되거나 어보트되거나) 동시에 실행되는 모든 트랜잭션들이 완료된 후에 데이터베이스는 트랜잭션에서 어떤 데이터를 읽었는지 잊어버려도 된다.

트랜잭션이 데이터베이스에 쓸 때 영향받는 데이터를 최근에 읽은 트랜잭션이 있는지 색인에서 확인해야 한다. 이 과정은 영향받는 키 범위에 쓰기 잠금을 획득하는 것과 비슷하지만 읽는 쪽에서 커밋될 때까지 차단하지 않는다. 이 잠금은 지뢰선(tripwire)처럼 동작한다. 트랜잭션이 읽은 데이터가 더 이상 최신이 아니라고 트랜잭션에게 알려줄 뿐이다.

그림 7-11에서 트랜잭션 43은 트랜잭션 42에게 전에 읽은 데이터가 뒤처졌다고 알려주고 트랜잭션 42도 트랜잭션 43에게 알려준다. 트랜잭션 42가 먼저 커밋을 시도해서 성공한다. 트랜잭션 43이 실행한 쓰기는 트랜잭션 42에 영향을 주지만 트랜잭션 43은 아직 커밋되지 않았으므로 그 쓰기는 아직 효과가 없다. 그러나 트랜잭션 43이 커밋하길 원할 때는 트랜잭션 42의 충돌되는 쓰기가 이미 커밋됐으므로 트랜잭션 43은 어보트돼야 한다.

직렬성 스냅숏 격리의 성능

늘 그렇듯이 여러 공학적 세부 사항은 현실에서 알고리즘이 얼마나 잘 동작하는지에 영향을 미친다. 예를 들어 한 가지 트레이드오프는 트랜잭션의 읽기 쓰기를 추적하는 세밀함의 정도다. 데이터베이스가 각 트랜잭션의 동작을 매우 상세하게 추적하면 어보트돼야 하는 트랜잭션을 정확히 판별할 수 있지만 기록 오버헤드가 심해질 수 있다. 덜 상세하게 추적하면 빠르지만 진짜 필요한 것보다 지나치게 많은 트랜잭션이 어보트될 수 있다.

어떤 경우에는 다른 트랜잭션에서 덮어쓴 정보를 트랜잭션이 읽어도 괜찮다. 어떤 일이 있었는지에 따라 때로는 데이터가 덮어쓰여졌음에도 실행 결과가 직렬적이라는 것을 증명하는 게 가능하다. 포스트그레스큐엘은 불필요한 어보트 개수를 줄이기 위해 이 이론을 사용한다[11, 41].

2단계 잠금과 비교할 때 직렬성 스냅숏 격리의 큰 이점은 트랜잭션이 다른 트랜잭션들이 잡고 있는 잠금을 기다리느라 차단될 필요가 없다는 것이다. 스냅숏 격리하에서와 마찬가지로 쓰는 쪽은 읽는 쪽을 막지 않고 읽는 쪽도 쓰는 쪽을 막지 않는다. 이런 설계 원칙은 질의 지연 시간 예측이 쉽고 변동이 적게 만든다. 특히 읽기 전용 질의는 어떤 잠금도 없이 일관된 스냅숏 위에서 실행될 수 있다. 읽기 작업부하가 심한 경우에 매우 매력적이다.

순차 실행과 비교할 때 직렬성 스냅숏 격리는 단일 CPU 코어의 처리량에 제한되지 않는다. 파운데이션DB는 직렬성 충돌 감지를 여러 장비로 분산시켜서 처리량이 아주 높도록 확장할 수 있게 한다. 데이터가 여러 장비에 걸쳐서 파티셔닝돼 있더라도 트랜잭션은 직렬성 격리를 보장하면서 여러 파티션으로부터 읽고 쓸 수 있다[54].

어보트 비율은 SSI의 전체적인 성능에 큰 영향을 미친다. 이를테면 오랜 시간 동안 데이터를 읽고 쓰는 트랜잭션은 충돌이 나고 어보트되기 쉬워서 SSI는 읽기 쓰기 트랜잭션이 상당히 짧기를 요구한다(오래 실행되는 읽기 전용 트랜잭션은 괜찮다). 그러나 SSI는 아마 2단계 잠금이나 순차 실행보다는 느린 트랜잭션에 덜 민감할 것이다.

정리

트랜잭션은 애플리케이션이 어떤 동시성 문제와 어떤 종류의 하드웨어와 소프트웨어 결함이 존재하지 않는 것처럼 동작할 수 있게 도와주는 추상층이다. 많은 종류의 오류가 간단한 **트랜잭션 어보트**로 줄어들고 애플리케이션은 재시도만 하면 된다.

이번 장에서 트랜잭션이 막아줄 수 있는 문제의 예를 많이 봤다. 모든 애플리케이션이 이런 모든 문제에 민감하지는 않다. 단일 레코드만 읽거나 쓰는 것처럼 접근 패턴이 아주 단순한 애플리케이션은 트랜잭션 없이도 관리할 수 있을지 모른다. 그러나 접근 패턴이 복잡할 때는 트랜잭션이 상상할 수 있는 잠재적인 오류 상황의 수를 크게 줄여줄 수 있다.

트랜잭션이 없으면 다양한 오류 시나리오(프로세스가 죽거나 네트워크가 끊기거나 정전이 되거나 디스크가 가득 차거나 예측하지 못한 동시성 등)에서 다양한 방법으로 데이터가 일관성이 깨질 수 있다. 예를 들어 비정규화된 데이터는 원천 데이터와 동기화가 깨지기 쉽다. 트랜잭션이 없다면 복잡한 상호작용을 하는 접근이 데이터베이스에 미치는 영향을 따져보기가 매우 어려워진다.

이번 장에서는 동시성 제어에 관한 내용을 특히 깊게 다뤘다. 널리 사용되는 격리 수준, 특히 **커밋 후 읽기**, (때로는 **반복 읽기**라고 불리는) **스냅숏 격리**, **직렬성 격리**를 살펴봤다. 경쟁 조건의 다양한 예시를 살펴보면서 이 격리 수준들의 특징을 설명했다.

더티 읽기

한 클라이언트가 다른 클라이언트가 썼지만 아직 커밋되지 않은 데이터를 읽는다. 커밋 후 읽기 또는 그보다 강한 격리 수준은 더티 읽기를 방지한다.

더티 쓰기

한 클라이언트가 다른 클라이언트가 썼지만 아직 커밋되지 않은 데이터를 덮어쓴다. 거의 모든 트랜잭션 구현은 더티 쓰기를 방지한다.

읽기 스큐(비반복 읽기)

클라이언트는 다른 시점에 데이터베이스의 다른 부분을 본다. 이 문제를 막기 위한 해결책으로 트랜잭션이 어느 시점의 일관된 스냅숏으로부터 읽는 스냅숏 격리를 가장 흔히 사용한다. 스냅숏 격리는 보통 **다중 버전 동시성 제어**(MVCC)를 써서 구현한다.

갱신 손실

두 클라이언트가 동시에 read-modify-write 주기를 실행한다. 한 트랜잭션이 다른 트랜잭션의 변경을 포함하지 않은 채로 다른 트랜잭션이 쓴 내용을 덮어써서 데이터가 손실된다. 스냅숏 격리 구현 중 어떤 것은 이런 이상 현상을 자동으로 막아주지만 그렇지 않은 것은 수동 잠금(SELECT FOR UPDATE)이 필요하다.

쓰기 스큐

트랜잭션이 무언가를 읽고 읽은 값을 기반으로 어떤 결정을 하고 그 결정을 데이터베이스에 쓴다. 그러나 쓰기를 실행하는 시점에는 결정의 전제가 더 이상 참이 아니다. 직렬성 격리만 이런 이상 현상을 막을 수 있다.

팬텀 읽기

트랜잭션이 어떤 검색 조건에 부합하는 객체를 읽는다. 다른 클라이언트가 그 검색 결과에 영향을 주는 쓰기를 실행한다. 스냅숏 격리는 간단한 팬텀 읽기는 막아주지만 쓰기 스큐 맥락에서 발생하는 팬텀은 색인 범위 잠금처럼 특별한 처리가 필요하다.

완화된 격리 수준은 이런 이상 현상 중 일부는 막아주지만 나머지는 애플리케이션 개발자가 수동으로 처리해야 한다(예를 들어 명시적인 잠금을 써서). 직렬성 격리만 이 모든 문제들로부터 보호해준다. 직렬성 트랜잭션을 구현하는 세 가지 다른 방법을 설명했다.

말 그대로 트랜잭션을 순서대로 실행하기

트랜잭션의 실행 시간이 아주 짧고 트랜잭션 처리량이 단일 CPU 코어에서 처리할 수 있을 정도로 트랜잭션 처리량이 낮다면 아주 간단하고 효과적인 선택이다.

2단계 잠금

수십년 동안 직렬성을 구현하는 표준적인 방법이었지만 성능 특성 때문에 사용을 피하는 애플리케이션이 많다.

직렬성 스냅숏 격리(SSI)

앞에서 언급한 방법들의 결점 중 대부분을 피하는 상당히 새로운 알고리즘이다. 낙관적 방법을 사용해서 트랜잭션이 차단되지 않고 진행할 수 있게 한다. 트랜잭션이 커밋을 원할 때 트랜잭션을 확인해서 실행이 직렬적이지 않다면 어보트시킨다.

이번 장의 예제는 관계형 데이터 모델을 사용했다. 그렇지만 230쪽 "다중 객체 트랜잭션의 필요성"에서 언급했듯이 트랜잭션은 어떤 데이터 모델을 쓰느냐에 무관하게 값진 데이터베이스 기능이다.

이번 장에서는 대부분 단일 장비에서 데이터베이스를 실행하는 맥락에서 아이디어와 알고리즘을 살펴봤다. 분산 데이터베이스에서 트랜잭션은 새로운 종류의 어려운 도전에 직면하게 한다. 다음 두 장에서 이런 문제들을 다룬다.

참고 문헌

[1] Donald D. Chamberlin, Morton M. Astrahan, Michael W. Blasgen, et al.: "A History and Evaluation of System R," *Communications of the ACM*, volume 24, number 10, pages 632–646, October 1981. doi:10.1145/358769.358784

[2] Jim N. Gray, Raymond A. Lorie, Gianfranco R. Putzolu, and Irving L. Traiger: "Granularity of Locks and Degrees of Consistency in a Shared Data Base," in *Modelling in Data Base Management Systems: Proceedings of the IFIP Working Conference on Modelling in Data Base Management Systems*, edited by G. M. Nijssen, pages 364–394, Elsevier/North Holland Publishing, 1976. Also in *Readings in Database Systems*, 4th edition, edited by Joseph M. Hellerstein and Michael Stonebraker, MIT Press, 2005. ISBN: 978-0-262-69314-1

[3] Kapali P. Eswaran, Jim N. Gray, Raymond A. Lorie, and Irving L. Traiger: "The Notions of Consistency and Predicate Locks in a Database System," *Communications of the ACM*, volume 19, number 11, pages 624–633, November 1976.

[4] "ACID Transactions Are Incredibly Helpful," FoundationDB, LLC, 2013.

[5] John D. Cook: "ACID Versus BASE for Database Transactions," *johndcook.com*, July 6, 2009.

[6] Gavin Clarke: "NoSQL's CAP Theorem Busters: We Don't Drop ACID," *theregister.co.uk*, November 22, 2012.

[7] Theo Harder and Andreas Reuter: "Principles of Transaction-Oriented Database Recovery," *ACM Computing Surveys*, volume 15, number 4, pages 287–317, December 1983. doi:10.1145/289.291

[8] Peter Bailis, Alan Fekete, Ali Ghodsi, et al.: "HAT, not CAP: Towards Highly Available Transactions," at *14th USENIX Workshop on Hot Topics in Operating Systems*(HotOS), May 2013.

[9] Armando Fox, Steven D. Gribble, Yatin Chawathe, et al.: "Cluster-Based Scalable Network Services," at *16th ACM Symposium on Operating Systems Principles* (SOSP), October 1997.

[10] Philip A. Bernstein, Vassos Hadzilacos, and Nathan Goodman: *Concurrency Control and Recovery in Database Systems*. Addison-Wesley, 1987. ISBN: 978-0-201-10715-9, available online at *research.microsoft.com*.

[11] Alan Fekete, Dimitrios Liarokapis, Elizabeth O'Neil, et al.: "Making Snapshot Isolation Serializable," *ACM Transactions on Database Systems*, volume 30, number 2, pages 492–528, June 2005. doi:10.1145/1071610.1071615

[12] Mai Zheng, Joseph Tucek, Feng Qin, and Mark Lillibridge: "Understanding the Robustness of SSDs Under Power Fault," at *11th USENIX Conference on File and Storage Technologies* (FAST), February 2013.

[13] Laurie Denness: "SSDs: A Gift and a Curse," *laur.ie*, June 2, 2015.

[14] Adam Surak: "When Solid State Drives Are Not That Solid," *blog.algolia.com*, June 15, 2015.

[15] Thanumalayan Sankaranarayana Pillai, Vijay Chidambaram, Ramnatthan Alagappan, et al.: "All File Systems Are Not Created Equal: On the Complexity of Crafting Crash-Consistent Applications," at *11th USENIX Symposium on Operating Systems Design and Implementation* (OSDI), October 2014.

[16] Chris Siebenmann: "Unix's File Durability Problem," *utcc.utoronto.ca*, April 14, 2016.

[17] Lakshmi N. Bairavasundaram, Garth R. Goodson, Bianca Schroeder, et al.: "An Analysis of Data Corruption in the Storage Stack," at 6th *USENIX Conference on File and Storage Technologies* (FAST), February 2008.

[18] Bianca Schroeder, Raghav Lagisetty, and Arif Merchant: "Flash Reliability in Production: The Expected and the Unexpected," at *14th USENIX Conference on File and Storage Technologies* (FAST), February 2016.

[19] Don Allison: "SSD Storage – Ignorance of Technology Is No Excuse," *blog.korelogic.com*, March 24, 2015.

[20] Dave Scherer: "Those Are Not Transactions (Cassandra 2.0)," *blog.foundationdb.com*, September 6, 2013.

[21] Kyle Kingsbury: "Call Me Maybe: Cassandra," *aphyr.com*, September 24, 2013.

[22] "ACID Support in Aerospike," Aerospike, Inc., June 2014.

[23] Martin Kleppmann: "Hermitage: Testing the 'I' in ACID," *martin.kleppmann.com*, November 25, 2014.

[24] Tristan D'Agosta: "BTC Stolen from Poloniex," *bitcointalk.org*, March 4, 2014.

[25] bitcointhief2: "How I Stole Roughly 100 BTC from an Exchange and How I Could Have Stolen More!," *reddit.com*, February 2, 2014.

[26] Sudhir Jorwekar, Alan Fekete, Krithi Ramamritham, and S. Sudarshan: "Automating the Detection of Snapshot Isolation Anomalies," at *33rd International Conference on Very Large Data Bases* (VLDB), September 2007.

[27] Michael Melanson: "Transactions: The Limits of Isolation," *michaelmelanson.net*, March 20, 2014.

[28] Hal Berenson, Philip A. Bernstein, Jim N. Gray, et al.: "A Critique of ANSI SQL Isolation Levels," at *ACM International Conference on Management of Data* (SIGMOD), May 1995.

[29] Atul Adya: "Weak Consistency: A Generalized Theory and Optimistic Implementations for Distributed Transactions," PhD Thesis, Massachusetts Institute of Technology, March 1999.

[30] Peter Bailis, Aaron Davidson, Alan Fekete, et al.: "Highly Available Transactions: Virtues and Limitations (Extended Version)," at *40th International Conference on Very Large Data Bases* (VLDB), September 2014.

[31] Bruce Momjian: "MVCC Unmasked," *momjian.us*, July 2014.

[32] Annamalai Gurusami: "Repeatable Read Isolation Level in InnoDB – How Consistent Read View Works," *blogs.oracle.com*, January 15, 2013.

[33] Nikita Prokopov: "Unofficial Guide to Datomic Internals," *tonsky.me*, May 6, 2014.

[34] Baron Schwartz: "Immutability, MVCC, and Garbage Collection," *xaprb.com*, December 28, 2013.

[35] J. Chris Anderson, Jan Lehnardt, and Noah Slater: *CouchDB: The Definitive Guide*. O'Reilly Media, 2010. ISBN: 978-0-596-15589-6

[36] Rikdeb Mukherjee: "Isolation in DB2 (Repeatable Read, Read Stability, Cursor Stability, Uncommitted Read) with Examples," *mframes.blogspot.co.uk*, July 4, 2013.

[37] Steve Hilker: "Cursor Stability (CS) – IBM DB2 Community," *toadworld.com*, March 14, 2013.

[38] Nate Wiger: "An Atomic Rant," *nateware.com*, February 18, 2010.

[39] Joel Jacobson: "Riak 2.0: Data Types," *blog.joeljacobson.com*, March 23, 2014.

[40] Michael J. Cahill, Uwe Rohm, and Alan Fekete: "Serializable Isolation for Snapshot Databases," at *ACM International Conference on Management of Data* (SIGMOD), June 2008. doi:10.1145/1376616.1376690

[41] Dan R. K. Ports and Kevin Grittner: "Serializable Snapshot Isolation in PostgreSQL," at *38th International Conference on Very Large Databases* (VLDB), August 2012.

[42] Tony Andrews: "Enforcing Complex Constraints in Oracle," *tonyandrews.blogspot.co.uk*, October 15, 2004.

[43] Douglas B. Terry, Marvin M. Theimer, Karin Petersen, et al.: "Managing Update Conflicts in Bayou, a Weakly Connected Replicated Storage System," at *15th ACM Symposium on Operating Systems Principles* (SOSP), December 1995. doi:10.1145/224056.224070

[44] Gary Fredericks: "Postgres Serializability Bug," *github.com*, September 2015.

[45] Michael Stonebraker, Samuel Madden, Daniel J. Abadi, et al.: "The End of an Architectural Era (It's Time for a Complete Rewrite)," at *33rd International Conference on Very Large Data Bases* (VLDB), September 2007.

[46] John Hugg: "H-Store/VoltDB Architecture vs. CEP Systems and Newer Streaming Architectures," at *Data @Scale Boston*, November 2014.

[47] Robert Kallman, Hideaki Kimura, Jonathan Natkins, et al.: "H-Store: A High- Performance, Distributed Main Memory Transaction Processing System," *Proceedings of the VLDB Endowment*, volume 1, number 2, pages 1496–1499, August 2008.

[48] Rich Hickey: "The Architecture of Datomic," *infoq.com*, November 2, 2012.

[49] John Hugg: "Debunking Myths About the VoltDB In-Memory Database," *voltdb.com*, May 12, 2014.

[50] Joseph M. Hellerstein, Michael Stonebraker, and James Hamilton: "Architecture of a Database System," *Foundations and Trends in Databases*, volume 1, number 2, pages 141–259, November 2007. doi:10.1561/1900000002

[51] Michael J. Cahill: "Serializable Isolation for Snapshot Databases," PhD Thesis, University of Sydney, July 2009.

[52] D. Z. Badal: "Correctness of Concurrency Control and Implications in Distributed Databases," at *3rd International IEEE Computer Software and Applications Conference* (COMPSAC), November 1979.

[53] Rakesh Agrawal, Michael J. Carey, and Miron Livny: "Concurrency Control Performance Modeling: Alternatives and Implications," *ACM Transactions on Database Systems* (TODS), volume 12, number 4, pages 609–654, December 1987. doi:10.1145/32204.32220

[54] Dave Rosenthal: "Databases at 14.4MHz," *blog.foundationdb.com*, December 10, 2014.

08장

분산 시스템의 골칫거리

이봐 방금 널 만났어

네트워크가 느려터졌군

하지만 여기 내 데이터가 있으니

아마도 저장해주길

　　– 카일 킹스베리, 칼리 레이 젭슨과 네트워크 분단의 위험성(2013)[1]

지난 몇 개 장에서 되풀이됐던 주제는 시스템이 잘못된 것을 어떻게 처리하느냐였다. 예를 들어 복제 서버 장애 복구(158쪽 "노드 중단 처리"), 복제 지연(163쪽 "복제 지연 문제"), 트랜잭션의 동시성 제어(232쪽 "완화된 격리 수준")를 설명했다. 실제 환경의 시스템에서 나타날 수 있는 다양한 에지 케이스를 잘 이해할수록 이것들을 잘 처리할 수 있다.

그러나 결함에 관한 많은 얘기를 했지만 지난 몇 개 장은 아직도 너무 낙관적이었다. 현실은 훨씬 더 암울하다. 이제 비관주의를 최대한으로 끌어올려 어떤 것이든지 잘못될 **가능성이 있다면** 잘못**된다[2]**

---

1 (옮긴이) 본문은 칼리 레이 젭슨(Carly Rae Jepsen)의 노래 'Call Me Maybe'의 가사를 패러디한 것으로 네트워크 분단이 발생할 때의 문제를 얘기하고 있다. 젭슨은 카일 킹스베리가 개발한 분산 시스템 검증 프레임워크 이름이기도 하다(https://github.com/jepsen-io/jepsen).

2 단 한 가지 예외: 결함은 **비잔틴 결함**이 아니라고 가정한다(304쪽 "비잔틴 결함" 참고)

고 가정한다. (경험 많은 시스템 운영자라면 이것이 합리적인 가정이라고 할 것이다. 정중하게 물어보면 그들은 과거 전투에서 입은 상처를 어루만지며 무시무시한 이야기를 들려줄지도 모른다.)

분산 시스템을 다루는 것은 한 컴퓨터에서 실행되는 소프트웨어를 작성하는 일과는 근본적으로 다르다. 그리고 핵심적인 차이는 뭔가 잘못될 수 있는 새롭고 흥미진진한 방법이 많다는 점이다[1, 2]. 이번 장에서는 현업에서 일어나는 문제점들을 맛보고, 우리가 기댈 수 있는 것과 그렇지 않은 것을 이해하게 된다.

결국 엔지니어로서의 우리의 임무는 모든 게 잘못되더라도 제 역할을 해내는(즉 사용자가 기대하는 보장을 만족시키는) 시스템을 구축하는 것이다. 9장에서는 분산 시스템에서 이런 보장을 제공하는 알고리즘의 몇 가지 예를 살펴본다. 하지만 먼저 이번 장에서 우리가 어떤 도전에 직면해 있는지 이해해야 한다.

이번 장은 분산 시스템에서 잘못될지도 모르는 것에 관한 지독하게 비관적이며 우울한 개요다. 네트워크 관련 문제(278쪽 "신뢰성 없는 네트워크")와 시계 및 타이밍 문제(287쪽 "신뢰성 없는 시계")를 조사하고 이것들을 어느 정도로 회피할 수 있는지 설명한다. 이 모든 문제의 결과는 종잡을 수 없다. 따라서 분산 시스템의 상태에 대해 생각하는 방법과 무슨 일이 일어났는지 추론하는 방법을 알아본다(299쪽 "지식, 진실, 그리고 거짓말").

결함과 부분 장애

한 컴퓨터에서 프로그램을 작성할 때는 프로그램이 보통 상당히 예측 가능한 방식으로 동작한다. 돌아가거나 안 돌아가거나 둘 중 하나다. 버그투성이 소프트웨어는 가끔씩 컴퓨터가 "운수 나쁜 날"(재부팅하면 흔히 고쳐지는 문제)인 것처럼 보이게 하지만 이건 대부분 잘못 작성한 소프트웨어의 결과일 뿐이다.

단일 컴퓨터에서 실행되는 소프트웨어를 믿지 못할 근본적인 이유는 없다. 하드웨어가 올바르게 동작하면 같은 연산은 항상 같은 결과를 낸다(**결정적**이다). 하드웨어 문제(예를 들어 메모리 오염이나 헐거운 커넥터)가 있으면 보통 시스템이 완전히 실패하는 결과(예를 들어 커널 패닉, "죽음의 블루 스크린", 부팅 실패 등)를 낳는다. 좋은 소프트웨어가 설치된 각각의 컴퓨터는 보통 완전하게 동작하거나 전체 장애가 발생하지 그 중간 상태가 되지는 않는다.

이것은 컴퓨터를 설계할 때 의도적으로 선택한 것이다. 우리는 컴퓨터에 내부 결함이 발생하면 잘못된 결과를 반환하기보다는 완전히 동작하지 않기를 원한다. 잘못된 결과는 다루기 어렵고 혼란스럽기 때문이다. 따라서 컴퓨터는 구현 기반이 되는 불분명한 물리적 현실을 감추고 수학적 완벽함을 갖고 동작하는 이상화된 시스템 모델을 보여준다. CPU 인스트럭션은 항상 같은 일을 한다. 메모리나 디스크에 데이터를 쓰면 온전하게 남아 있고 제멋대로 오염되지 않는다. 이렇게 항상 올바른 계산을 목표로 한 설계는 바로 첫 번째 디지털 컴퓨터까지 거슬러 올라간다[3].

네트워크로 연결된 여러 컴퓨터에서 실행되는 소프트웨어를 작성할 때는 근본적으로 상황이 다르다. 분산 시스템에서는 더 이상 이상화된 시스템 모델에서 동작하지 않는다. 물리적 세계의 지저분한 현실을 마주하는 것 외에 다른 선택은 없다. 그리고 물리적 세계에서는 아래 일화로 설명되는 것처럼 매우 광범위한 것들이 잘못될 수 있다[4].

> 내 짧은 경력 동안 한 데이터 센터에서 발생한 장기간의 네트워크 분단, PDU(power distribution unit, 전원 분배 유닛) 장애, 스위치 장애, 전체 랙에서 주기적으로 일어난 전원 사고, 전체 DC 백본 장애, 전체 DC 전원 장애를 겪었고, 저혈당증을 앓는 운전자가 자신의 포드 픽업 트럭을 DC의 HVAC(난방, 통풍, 공조) 시스템에 처박은 적도 있었다. 심지어 나는 운영 담당 직원도 아니었다.
>
>   – 코다 헤일(Coda Hale)

분산 시스템에서는 시스템의 어떤 부분은 잘 동작하지만 다른 부분은 예측할 수 없는 방식으로 고장나는 것도 무리가 아니다. 이를 **부분 장애(partial failure)**라고 한다. 부분 장애는 **비결정적**이라서 어렵다. 여러 노드와 네트워크와 관련된 뭔가를 시도하면 어떨 때는 동작하지만 어떨 때는 예측할 수 없는 방식으로 실패한다. 뒤에서 보게 되겠지만 심지어 뭔가 성공했는지 아닌지 **알지** 못할 수도 있다. 메시지가 네트워크를 거쳐 전송되는 시간도 비결정적이기 때문이다!

비결정성과 부분 장애 가능성이 분산 시스템을 다루기 어렵게 한다[5].

클라우드 컴퓨팅과 슈퍼컴퓨팅

대규모 컴퓨팅 시스템 구축 방법에 관한 몇 가지 철학이 있다.

- 대규모 컴퓨팅의 한쪽 끝에는 **고성능 컴퓨팅**(high-performance computing, HPC) 분야가 있다. 수천 개의 CPU를 가진 슈퍼컴퓨터는 보통 일기예보나 (원자와 분자의 움직임을 시뮬레이션하는) 분자 동력학처럼 계산 비용이 매우 높은 과학계산 작업에 쓰인다.

- 다른 극단에는 **클라우드 컴퓨팅**이 있다. 명확히 정의되지는 않지만[6] 멀티 테넌트 데이터센터, IP 네트워크(흔히 이더넷(Ethernet))로 연결된 상용(commodity) 컴퓨터, 신축적(elastic)/주문식(on-demand) 자원 할당, 계량 결제(metered billing)와 흔히 관련돼 있다.

- 전통적인 기업형 데이터센터는 이 두 극단의 중간 지점에 있다.

이런 철학에 따라 결함 처리 방법도 매우 다르다. 슈퍼컴퓨터에서 실행되는 작업은 보통 가끔씩 계산 상태를 지속성 있는 저장소에 체크포인트로 저장한다. 노드 하나에 장애가 발생했을 때 흔한 해결책은 그냥 전체 클러스터 작업부하를 중단하는 것이다. 장애가 발생한 노드가 복구된 후 마지막 체크포인트부터 계산을 재시작한다[7, 8]. 따라서 슈퍼컴퓨터는 분산 시스템보다는 단일 노드 컴퓨터에 가깝다. 슈퍼컴퓨터는 부분 장애를 전체 장애로 확대하는 방법으로 처리한다. 시스템의 어느 부분에 장애가 발생하면 (단일 장비에서의 커널 패닉처럼) 그냥 전체가 죽게 한다.

이 책에서는 인터넷 서비스를 구현하는 시스템을 집중적으로 다루며 이는 보통 슈퍼컴퓨터와 매우 다르다.

- 여러 인터넷 관련 애플리케이션은 언제라도 사용자에게 지연 시간이 낮은 서비스를 제공해야 한다는 점에서 **온라인**이다. 수리를 위해 클러스터를 중단시키는 것처럼 서비스를 이용할 수 없게 하는 것은 허용되지 않는다. 반대로 날씨 시뮬레이션 같은 오프라인(일괄 처리) 작업은 멈췄다 재시작해도 충격이 덜하다.

- 슈퍼컴퓨터는 전형적으로 특화된 하드웨어를 사용해 구축한다. 각 노드는 매우 신뢰성이 높으며 노드 사이에는 공유 메모리와 원격 직접 메모리 접근(remote direct memory access, RDMA)을 사용해 통신한다. 반면 클라우드 서비스의 노드는 상용 장비를 사용해 구축한다. 규모의 경제 덕에 낮은 비용으로 동일한 성능을 제공하지만 실패율도 높다.

- 거대한 데이터센터의 네트워크는 흔히 IP와 이더넷을 기반으로 하며 높은 양단 대역폭(bisection bandwidth)을 제공하기 위해 클로스 토폴로지(Clos topology)로 연결돼 있다[9]. 슈퍼컴퓨터는 통신 패턴이 정해진 HPC 작업부하에서 높은 성능을 보여주는 다차원 메시(mesh)나 토러스(torus) 같은 특화된 네트워크 토폴로지를 자주 사용한다[10].

- 시스템이 커질수록 구성 요소 중 하나가 고장날 가능성도 높아진다. 시간이 지나면서 고장난 것은 수리되고 새로운 것이 고장나지만 수천 개의 노드가 있는 시스템에서는 항상 **뭔가** 고장난 상태라고 가정하는 게 합리적이다[7]. 오류 처리 전략에 그냥 포기하는 것을 포함한다면 대형 시스템은 유용한 일을 하기보다 결함으로부터 복구하는 데 많은 시간을 쓰게 될 수도 있다[8].

- 시스템이 장애가 난 노드를 감내할 수 있고 전체적으로는 계속 동작할 수 있다면 이는 운영과 유지보수에 매우 유용한 특성이 된다. 이를테면 끊김 없이 사용자에게 서비스를 계속 제공하면서 한 번에 노드 하나씩 재시작하는 순회식 업그레이드(4장 참고)를 할 수 있다. 클라우드 환경에서 가상 장비 하나의 성능이 좋지 않으면 그냥 그것을 죽이고 새 가상 장비를 요청할 수 있다(새로 할당된 것은 더 빠르기를 바라면서).

- 지리적으로 분산된 배포(지연 시간을 줄이기 위해 사용자와 지리적으로 가까운 곳에 데이터를 보관)를 할 때 통신은 대부분 인터넷을 거치기 쉬운데 로컬 네트워크에 비해 느리고 신뢰성도 떨어진다. 슈퍼컴퓨터는 일반적으로 모든 노드가 가까운 곳에 함께 있다고 가정한다.

분산 시스템이 동작하게 만들려면 부분 장애 가능성을 받아들이고 소프트웨어에 내결함성 메커니즘을 넣어야 한다. 바꿔 말하면 신뢰성 없는 구성 요소를 사용해 신뢰성 있는 시스템을 구축해야 한다. (6쪽 "신뢰성"에서 설명했듯이 완벽한 신뢰성 같은 것은 없으므로 현실적으로 보장할 수 있는 제약을 이해해야 한다.)

단지 몇 개의 노드만으로 구성된 작은 시스템이라도 부분 장애를 고려하는 것은 중요하다. 작은 시스템에서는 거의 항상 구성 요소 대부분이 올바르게 동작할 가능성이 아주 높다. 그러나 조만간 시스템의 어떤 부분에 결함이 **생길 것이고** 소프트웨어는 어떤 식으로든 그 결함을 처리해야 한다. 결함 처리는 소프트웨어 설계의 일부여야 하며 (소프트웨어 운영자로서) 여러분은 결함이 발생하면 소프트웨어가 어떻게 동작할지 알아야 한다.

결함이 드물 것이라 가정하고 최선의 상황을 바라기만 하는 것은 현명하지 못하다. 발생 가능성이 상당히 낮을지라도 생길 수 있는 결함을 광범위하게 고려하고 테스트 환경에서 인위적으로 이런 상황을 만들어서 어떤 일이 생기는지 보는 게 중요하다. 분산 시스템에서 의심, 비관주의, 편집증은 그 값어치를 한다.

신뢰성 없는 구성 요소를 사용해 신뢰성 있는 시스템 구축하기

이게 말이 되는 소린지 의아할 것이다. 직관적으로 시스템은 구성 요소 중 가장 신뢰성이 낮은 것(**가장 약한 고리**)만큼밖에 신뢰성을 제공할 수 없을 것 같지만 그렇지 않다. 사실 컴퓨터 분야에서 신뢰성이 낮은 기반을 사용해 신뢰성이 더 높은 시스템을 구축하는 것은 오래된 아이디어다[11]. 예를 들어

- 오류 수정 코드(error-correcting code)는 무선 네트워크에서 발생하는 전파 장애 등의 이유로 가끔 일부 비트가 잘못되는 통신 채널을 통해 디지털 데이터를 정확히 전송할 수 있게 해 준다[12].

- IP(Internet Protocol, 인터넷 프로토콜)는 신뢰성이 없다. IP를 사용할 때 패킷은 누락 또는 지연되거나 중복될 수도 있고 순서가 바뀔 수도 있다. TCP(Transmission Control Protocol, 전송 제어 프로토콜)는 IP 위에서 더욱 신뢰성이 높은 전송 계층을 제공한다. TCP는 손실된 패킷을 재전송하고 중복된 것은 제거하며 패킷을 보낸 순서에 맞춰 재조립되도록 보장해 준다.

시스템은 기반이 되는 부분보다 높은 신뢰성을 갖출 수 있지만 신뢰성을 얼마나 더 높일 수 있는지는 항상 제한이 있다. 예를 들어 오류 수정 코드는 소량의 단일 비트 오류는 처리할 수 있지만 신호가 전파 방해에 심한 영향을 받으면 통신 채널을 통해 전송할 수 있는 데이터의 양에 근본적인 제한이 생긴다[13]. TCP는 패킷 손실 및 중복, 순서가 섞이는 문제는 감춰주지만 네트워크 지연을 마법처럼 제거할 수는 없다.

좀 더 신뢰성 있는 상위 수준 시스템은 완벽하지는 않지만 유용하다. 까다로운 저수준 결함 중 일부를 처리해주므로 남은 결함은 보통 따져보고 처리하기 더 쉽기 때문이다. 이 문제는 518쪽 "종단 간 논증"에서 더 알아보겠다.

신뢰성 없는 네트워크

2부 소개에서 말했듯이 이 책에서 주로 다루는 분산 시스템은 **비공유** 시스템, 즉 네트워크로 연결된 다수의 장비다. 네트워크는 이 장비들이 통신하는 유일한 수단이다. 각 장비는 자신만의 메모리와 디스크를 갖고 있으며 (네트워크를 통해 서비스에 요청하는 것을 제외하고) 다른 장비의 메모리나 디스크에 접근할 수 없다고 가정한다.

비공유가 시스템을 구축하는 유일한 방법은 아니지만 몇 가지 이유로 인터넷 서비스를 구축하는 주된 방법이 됐다. 특별한 하드웨어가 필요하지 않아서 상대적으로 저렴하고, 상품화된 클라우드 서비스를 활용할 수 있으며, 지리적으로 분산된 여러 데이터센터에 중복 배치함으로써 높은 신뢰성을 확보할 수 있다.

인터넷과 데이터센터 내부 네트워크 대부분(흔히 이더넷)은 **비동기 패킷 네트워크**(asynchronous packet network)다. 이런 종류의 네트워크에서 노드는 다른 노드로 메시지(패킷)를 보낼 수 있지만 네트워크는 메시지가 언제 도착할지 혹은 메시지가 도착하기는 할 것인지 보장하지 않는다. 요청을 보내고 응답을 기다릴 때 여러 가지가 잘못될 수 있다(그림 8-1에서 그중 일부를 예로 들었다).

1. 요청이 손실됐을 수 있다(누군가 네트워크 케이블을 뽑았을지도 모른다).

2. 요청이 큐에서 대기하다 나중에 전송될 수 있다(네트워크나 수신자에 과부하가 걸렸을 수 있다).

3. 원격 노드에 장애가 생겼을 수 있다(죽었거나 전원이 나갔을 수 있다).

4. 원격 노드가 일시적으로 응답하기를 멈췄지만(가비지 컬렉션 휴지가 길어졌을 수 있다. 295쪽 "프로세스 중단" 참고), 나중에는 다시 응답하기 시작할 수 있다.

5. 원격 노드가 요청을 처리했지만 응답이 네트워크에서 손실됐을 수 있다(네트워크 스위치의 설정이 잘못됐을 수 있다).

6. 원격 노드가 요청을 처리했지만 응답이 지연되다가 나중에 전송될 수 있다(네트워크나 요청을 보낸 장비에 과부하가 걸렸을 수 있다).

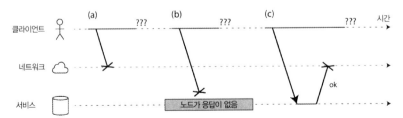

그림 8-1. 요청을 보낸 후 응답을 받지 못했다면 (a) 요청이 손실됐는지, (b) 원격 노드가 다운됐는지, (c) 응답이 손실됐는지 구별할 수 없다.

전송 측은 패킷이 전송됐는지 아닌지조차 구별할 수 없다. 유일한 선택지는 수신 측에서 응답 메시지를 보내는 것이지만 응답 메시지도 손실되거나 지연될 수 있다. 이런 문제들은 비동기 네트워크에서 구별할 수 없다. 유일한 정보는 응답을 아직 받지 못했다는 것이다. 다른 노드로 요청을 보내서 응답을 받지 못했다면 그 이유를 아는 것은 **불가능**하다.

이런 문제를 다루는 흔한 방법은 **타임아웃**이다. 얼마 간의 시간이 지나면 응답 대기를 멈추고 응답이 도착하지 않는다고 가정한다. 그러나 타임아웃이 발생했을 때 원격 노드가 응답을 받았는지 아닌지는 여전히 알 수 없다(그리고 요청이 아직 어딘가의 큐에 들어있다면 전송 측은 요청을 포기했더라도 메시지가 수신 측에 도착할 수도 있다).

현실의 네트워크 결함

우리는 수십 년 동안 컴퓨터 네트워크를 구축해 왔다. 이제 우리가 신뢰성 있는 네트워크를 만드는 방법을 알아냈기를 바라는 사람이 있을지도 모른다. 그러나 우리는 아직 성공하지 못한 듯하다.

한 회사에서 운영하는 데이터센터처럼 제어된 환경에서도 네트워크 문제는 놀랄 만큼 흔하다는 것을 보여주는 체계적인 연구와 여러 일화적인 증거가 있다[14]. 중간 규모의 데이터센터에 관한 한 연구에서 매달 12번의 네트워크 결함이 발생함을 발견했다. 그중 절반은 단일 장비의 연결이 끊어지게 했고 나머지 절반은 전체 랙의 연결이 끊어지게 했다[15]. 다른 연구에서는 랙 상위 스위치(top-of-rack switch), 집계 스위치(aggregation switch), 로드 밸런서 같은 구성 요소의 장애율을 측정했다[16]. 이 연구에서는 네트워크 장비를 중복 추가하는 것은 기대만큼 결함을 줄여주지 않는다는 것을 발견했다. 네트워크 중단의 주요 원인인 인적 오류(예를 들어 스위치 설정 오류)로부터 보호해주지 못하기 때문이다.

EC2 같은 공개 클라우드 서비스는 일시적인 네트워크 결함이 자주 발생하는 것으로 악명이 높고[14] 잘 관리된 비공개 데이터센터는 더 안정적인 환경이 될 수 있다. 그렇지만 누구도 네트워크 문제를 면할 수는 없다. 이를테면 스위치의 소프트웨어 업그레이드 중 생기는 문제는 네트워크 토폴로지 재구성을 유발할 수 있고, 그동안 네트워크 패킷이 1분 이상 지연될 수 있다[17]. 상어가 해저 케이블을 물어뜯어서 손상시키기도 한다[18]. 다른 놀랄 만한 결함으로 가끔 수신 패킷은 모두 누락하지만 송신 패킷은 잘 보내는 네트워크 인터페이스가 있다[19]. 네트워크 링크가 한 방향으로 동작한다고 해서 반대 방향도 동작하리라고 보장되는 것은 아니다.

네트워크 분단

네트워크 결함 때문에 네트워크 일부가 다른 쪽과 차단되는 것을 **네트워크 분단**(network partition)이
나 **네트워크 분리**(netsplit)라고 부른다. 이 책에서는 6장에서 살펴본 저장 시스템의 파티션(샤드)과 혼
동하지 않도록 더 일반적인 용어인 **네트워크 결함**(network fault)을 사용한다.

여러분의 환경에서는 네트워크 결함이 드물더라도 결함이 **일어날 수 있다**는 사실은 여러분의 소프
트웨어가 이를 처리할 수 있어야 한다는 뜻이다. 네트워크 상으로 통신할 때마다 실패할 가능성이
있다. 피할 방법은 없다.

네트워크 결함의 오류 처리가 정의되고 테스트되지 않는다면 나쁜 일이 제멋대로 생길 수 있다. 예
를 들어 클러스터가 교착 상태에 빠져 네트워크가 복구되더라도 영구적으로 요청을 처리할 수 없게
될 수 있으며[20], 심지어 모든 데이터를 지워버릴 수도 있다[21]. 소프트웨어가 예측하지 못한 상
황에 놓이면 제멋대로 예측 못한 일을 할지도 모른다.

반드시 네트워크 결함을 **견뎌내도록**(tolerating) 처리할 필요는 없다. 네트워크가 평상시에는 상당
히 믿을 만하다면 네트워크에 문제가 있을 때 그냥 사용자에게 오류 메시지를 보여주는 것도 타당
한 방법이다. 그러나 소프트웨어가 네트워크 문제에 어떻게 반응하는지 알고 시스템이 그로부터 복
구할 수 있도록 보장해야 한다. 고의로 네트워크 문제를 유발하고 시스템의 반응을 테스트하는 것은
일리가 있다(카오스 몽키(Chaos Monkey)의 기반이 되는 생각이다. 6쪽 "신뢰성" 참고).

결함 감지

많은 시스템은 결함 있는 노드를 자동으로 감지할 수 있어야 한다. 예를 들어

- 로드 밸런서는 죽은 노드로 요청을 그만 보내야 한다(즉, 죽은 노드는 **순번에서 빠진** 것으로 간주해야 한다).

- 단일 리더 복제를 사용하는 분산 데이터베이스에서 리더에 장애가 나면 팔로워 중 하나가 리더로 승격돼야 한다(158쪽 "노
  드 중단 처리" 참고).

불행하게도 네트워크에 관한 불확실성 때문에 노드가 동작 중인지 아닌지 구별하기 어렵다. 어떤 특
정한 환경에서는 뭔가 동작하지 않는다고 명시적으로 알려주는 피드백을 받을 수도 있다.

- 노드가 실행 중인 장비에 연결할 수 있지만 목적지 포트에서 수신 대기하는 프로세스가 없다면(예를 들어 프로세스가 죽었
  다면) 운영체제가 친절하게 RST나 FIN 패킷을 응답으로 보내서 TCP 연결을 닫거나 거부한다. 그러나 노드가 요청을 처리
  하다 죽었다면 원격 노드에서 데이터가 실제로 얼마나 처리됐는지 알 방법이 없다[22].

- 노드 프로세스가 죽었지만(또는 관리자가 죽었지만) 노드의 운영체제는 아직 실행 중이라면 스크립트로 다른 노드에게 프로세스가 죽었다고 알려서 다른 노드가 타임아웃이 만료되기를 기다릴 필요 없이 빠르게 역할을 넘겨받을 수 있게 할 수 있다. 예를 들어 HBase가 이렇게 한다[23].

- 데이터센터 내 네트워크 스위치의 관리 인터페이스에 접근할 수 있으면 질의를 보내 하드웨어 수준의 링크 장애(예를 들어 원격 장비의 전원이 내려갔는지)를 감지할 수 있다. 인터넷을 통해 연결하거나, 스위치 자체에 대한 접근을 할 수 없는 공용 데이터센터를 사용하거나, 네트워크 문제 때문에 관리 인터페이스에 연결할 수 없다면 이 선택지는 배제된다.

- 접속하려는 IP 주소에 도달할 수 없다고 라우터가 확신하면 ICMP Destination Unreachable 패킷으로 응답할 수도 있다. 그러나 라우터가 마법 같은 장애 감지 능력이 없다면 네트워크의 다른 참여자들과 동일한 제한이 적용된다.

원격 노드가 다운되고 있다는 빠른 피드백은 유용하지만 여기에 의존할 수는 없다. TCP가 패킷이 전달됐다는 확인 응답(ack)을 했더라도 애플리케이션이 그것을 처리하기 전에 죽을 수도 있다. 요청이 성공했음을 확신하고 싶다면 애플리케이션 자체로부터 긍정 응답을 받아야 한다[24].

역으로 뭔가 잘못되면 스택의 어떤 수준에서 오류 응답을 받을지도 모르지만 일반적으로 아무 응답도 받지 못할 것이라고 가정해야 한다. 몇 번 재시도를 해 보고(TCP는 사용자 모르게 재시도를 하지만 애플리케이션 수준에서 재시도할 수도 있다) 타임아웃이 만료되기를 기다렸다가 타임아웃 내에 응답을 받지 못하면 마침내 노드가 죽었다고 선언할 수 있다.

타임아웃과 기약 없는 지연

타임아웃만이 결함을 감지하는 확실한 수단이라면 타임아웃은 얼마나 길어야 할까? 유감스럽게도 간단한 답은 없다.

타임아웃이 길면 노드가 죽었다고 선언될 때까지 기다리는 시간이 길어진다(그리고 그 시간 동안 사용자들은 기다리거나 오류 메시지를 봐야 한다). 타임아웃이 짧으면 결함을 빨리 발견하지만 노드가 일시적으로 느려졌을 뿐인데도(예를 들어 노드나 네트워크의 부하가 급증해서) 죽었다고 잘못 선언할 위험이 높아진다.

성급하게 노드가 죽었다고 선언하면 문제가 된다. 노드가 실제로는 살아 있고 어떤 동작을 실행하는 중일 때(예를 들어 이메일을 전송하는 중일 때) 다른 노드가 역할을 넘겨 받으면 그 동작을 두 번 실행하게 될지도 모른다. 이 문제는 299쪽 "지식, 진실, 그리고 거짓말"과 9장, 11장에서 더 자세히 다룬다.

노드가 죽었다고 선언되면 그 노드의 책무는 다른 노드로 전달돼야 해서 다른 노드와 네트워크에 추가적인 부하를 준다. 시스템이 이미 높은 부하에 허덕이는 중이라면 성급하게 노드가 죽었다고 선언하는 것은 문제를 악화시킬 수 있다. 특히 노드가 실제로는 죽지 않았고 과부하 때문에 응답이 느릴 뿐일 수도 있다. 그 노드의 부하를 다른 노드로 전달하면 연쇄 장애를 유발할 수 있다(극단적인 경우 모든 노드들이 서로를 죽었다고 선언해서 모든 것이 중단될 수 있다).

패킷의 최대 지연 시간이 보장된 네트워크를 사용하는 가상의 시스템을 상상해 보자. 모든 패킷은 어떤 시간 d 내에 전송되거나 손실되지만 전송 시간이 결코 d보다 더 걸리지는 않는다. 또 장애가 나지 않은 노드는 항상 요청을 r 시간 내에 처리한다고 보장할 수 있다고 가정한다. 이 경우 성공한 요청은 모두 $2d + r$ 시간 내에 응답을 받는다고 보장할 수 있다. 그 시간 내에 응답을 받지 못했다면 네트워크나 원격 노드가 동작하지 않는다는 뜻이다. 이게 사실이라면 $2d + r$을 타임아웃으로 사용하는 게 합리적이다.

유감스럽게도 우리가 사용하는 시스템은 대부분 이 중 어떤 것도 보장하지 않는다. 비동기 네트워크는 **기약 없는 지연(unbounded delay)**이 있고(즉 패킷을 가능한 한 빨리 보내려고 하지만 패킷이 도착하는 데 걸리는 시간에 상한치는 없다), 서버 구현은 대부분 어떤 최대 시간 내에 요청을 처리한다고 보장할 수 없다(297쪽 "응답 시간 보장" 참고). 시스템이 대부분의 시간에 빠르다는 것은 장애 감지에 충분치 않다. 타임아웃이 낮으면 왕복 시간(round-trip time)이 순간적으로 급증하기만 해도 시스템의 균형을 깨뜨린다.

네트워크 혼잡과 큐 대기

자동차를 운전할 때 도로 네트워크에서 이동하는 시간은 대부분 교통 체증에 따라 달라지는 경우가 많다. 마찬가지로 컴퓨터 네트워크에서 패킷 지연의 변동성은 큐 대기 때문인 경우가 많다[25].

- 여러 다른 노드가 동시에 같은 목적지로 패킷을 보내려고 하면 네트워크 스위치는 패킷을 큐에 넣고 한 번에 하나씩 목적지 네트워크 링크로 넘겨야 한다(그림 8-2). 네트워크 링크가 붐비면 패킷은 슬롯을 얻을 수 있을 때까지 잠시 기다려야 할 수도 있다(**네트워크 혼잡(network congestion)**이라고 부른다). 네트워크는 잘 동작하고 있더라도 들어오는 데이터가 많아서 스위치 큐를 꽉 채울 정도가 되면 패킷이 유실되어 재전송해야 한다.

- 패킷이 목적지 장비에 도착했을 때 모든 CPU 코어가 바쁜 상태라면 네트워크에서 들어온 요청은 애플리케이션에서 처리할 준비가 될 때까지 운영체제가 큐에 넣어 둔다. 장비의 부하에 따라 큐에서 대기하는 시간은 제각각일 수 있다.

- 가상 환경에서 실행되는 운영체제는 다른 가상 장비가 CPU 코어를 사용하는 동안 수십 밀리초 동안 멈출 때가 흔하다. 이 시간 동안 가상 장비는 네트워크에서 어떤 데이터도 받아들일 수 없으므로 가상 장비 모니터가 들어오는 데이터를 큐에 넣어서(버퍼링한다)[26] 네트워크 지연의 변동성을 더욱 증가시킨다.

- TCP는 **흐름 제어(flow control)**를 수행한다. 혼잡 회피(congestion avoidance)나 **배압(backpressure)**이라고도 하는 흐름 제어는 노드가 네트워크 링크나 수신 노드에 과부하를 가하지 않도록 자신의 송신율을 제한하는 것이다[27]. 데이터가 네트워크로 들어가기 전에도 부가적인 큐 대기를 할 수 있다는 뜻이다.

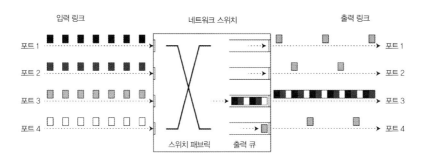

그림 8-2. 여러 장비가 같은 목적지로 네트워크 트래픽을 보내면 스위치 큐가 가득 찰 수 있다. 여기서는 포트 1, 2, 4가 모두 포트 3으로 패킷을 보내려 한다.

게다가 TCP는 어떤 타임아웃(왕복 시간을 관찰해서 계산한다) 안에 확인 응답을 받지 않으면 패킷이 손실됐다고 간주하고 손실된 패킷은 자동으로 재전송한다. 애플리케이션에게는 패킷 손실이나 재전송이 보이지 않지만 그 결과로 생기는 지연(타임아웃이 만료되기를 대기하고 재전송된 패킷이 확인 응답을 받기를 대기하는 것)은 보인다.

> **TCP 대 UDP**
>
> 화상 회의나 인터넷 전화(Voice over IP, VoIP)처럼 지연 시간에 민감한 애플리케이션은 TCP 대신 UDP를 사용한다. 신뢰성과 지연 변동성 사이에 트레이드오프 관계가 있다. UDP는 흐름 제어를 하지 않고 손실된 패킷을 재전송하지 않으므로 네트워크 지연이 크게 변하게 하는 원인 중 일부를 제거한다(스위치 큐와 스케줄링 지연에는 여전히 민감하지만).
>
> UDP는 지연된 데이터의 가치가 없는 상황에서 선택하면 좋다. 이를테면 VoIP 전화 통화에서 스피커로 데이터가 재생되기 전에 손실된 패킷을 재전송하기에는 아마도 시간이 충분치 않을 것이다. 이 경우에는 패킷을 재전송하는 게 의미가 없다. 대신 애플리케이션은 잃어버린 패킷에 해당하는 시간 슬롯을 침묵으로 채우고(소리가 잠시 끊기게 된다) 스트림에서 계속 이동해야 한다. 재시도는 사람 계층에서 대신 실행된다. ("다시 말해 줄래? 소리가 잠깐 끊겼어.")

이 모든 요인이 네트워크 지연의 변동성에 영향을 준다. 큐 대기 지연은 시스템이 최대 용량에 가까울 때 특히 광범위하게 일어난다. 예비 용량이 풍부한 시스템은 쉽게 큐를 비울 수 있지만 사용률이 높은 시스템은 긴 큐가 매우 빨리 만들어진다.

공개 클라우드와 멀티 테넌트 데이터센터에서는 여러 소비자가 자원을 공유한다. 네트워크 링크와 스위치, 그리고 (가상 장비에서 실행될 때) 심지어 각 장비의 네트워크 인터페이스와 CPU도 공유한다. 맵리듀스(MapReduce, 10장 참고) 같은 일괄 처리 작업부하는 네트워크 링크를 포화시키기 쉽다. 공유된 자원을 다른 사용자가 사용하는 것을 제어하거나 간파할 수 없으므로 자원을 많이 사용하는 누군가(**시끄러운 이웃**)가 가까이 있다면 네트워크 지연 변동이 클 수 있다[28, 29].

이런 환경에서는 실험적으로 타임아웃을 선택하는 수밖에 없다. 지연의 변동성이 얼마나 되는지 알아내려면 긴 기간에 여러 장비에 걸쳐서 네트워크 왕복 시간의 분포를 측정해야 한다. 그 후 애플리케이션의 특성을 고려해서 장애 감지 지연과 너무 이른 타임아웃의 위험성 사이에서 적절한 트레이드오프를 결정할 수 있다.

더 좋은 방법은 고정된 타임아웃을 설정하는 대신 시스템이 지속적으로 응답 시간과 그들의 변동성(지터(jitter))을 측정하고 관찰된 응답 시간 분포에 따라 타임아웃을 자동으로 조절하게 하는 것이다. 파이 증가 장애 감지기(Phi Accrual failure detector)[30]를 쓰면 된다. 이를 사용하는 예로 아카(Akka)와 카산드라가 있다[31]. TCP 재전송 타임아웃도 비슷하게 동작한다[27].

동기 네트워크 대 비동기 네트워크

패킷 전송 지연 시간의 최대치가 고정돼 있고 패킷을 유실하지 않는 네트워크에 기댈 수 있다면 분산 시스템은 훨씬 더 단순해진다. 왜 하드웨어 수준에서 이 문제를 해결하고 네트워크를 신뢰성 있게 만들어서 소프트웨어에서는 걱정할 필요가 없게 할 수 없을까?

이 질문에 답하기 위해 데이터센터 네트워크를 전통적인 (무선도 아니고 인터넷 전화도 아닌) 고정 회선 전화 네트워크와 비교해 보면 흥미롭다. 전화 네트워크는 극단적인 신뢰성을 지닌다. 음성 프레임이 지연되거나 통화가 유실되는 일은 매우 드물다. 전화 통화는 꾸준히 종단(end-to-end) 지연 시간이 낮아야 하며 목소리의 음성 샘플을 전송할 대역폭이 충분해야 한다. 컴퓨터 네트워크에서도 비슷한 신뢰성과 예측 가능성이 있다면 좋지 않을까?

전화 네트워크에서 통화를 할 때는 **회선(circuit)**이 만들어진다. 통화를 하는 두 명 사이에 있는 전체 경로를 따라서 그 통화에 대해 고정되고 보장된 양의 대역폭이 할당된다. 회선은 통화가 끝날 때까지 유지된다[32]. 예를 들어 ISDN 네트워크는 초당 4,000 프레임의 고정된 비율로 실행된다. 통화를 하게 되면 각 프레임 내에 (양방향으로) 16비트의 공간을 할당한다. 따라서 통화를 하는 동안 양측은 250마이크로초마다 정확히 16비트의 오디오 데이터를 보낼 수 있도록 보장된다[33, 34].

이런 종류의 네트워크는 **동기식**이다. 데이터가 여러 라우터를 거치더라도 큐 대기 문제를 겪지 않는다. 네트워크의 다음 홉(hop)에 통화당 16비트의 공간이 이미 할당됐기 때문이다. 그리고 큐 대기가 없으므로 네트워크 종단 지연 시간의 최대치가 고정돼 있다. 이를 **제한 있는 지연(bounded delay)**이라고 한다.

그냥 네트워크 지연을 예측 가능하게 만들 수는 없을까?

전화 네트워크의 회선은 TCP 연결과 매우 다르다는 점을 주목하기 바란다. 회선은 만들어져 있는 동안 다른 누구도 사용할 수 없는 고정된 양의 예약된 대역폭이지만 TCP 연결의 패킷은 가용한 네트워크 대역폭을 기회주의적으로 사용한다. TCP에 가변 크기의 데이터 블록(예를 들어 이메일이나 웹 페이지)을 보내면 가능하면 짧은 시간 안에 전송하려고 할 것이다. TCP 연결이 유휴 상태에 있는 동안은 어떤 대역폭도 사용하지 않는다.[3]

데이터센터 네트워크와 인터넷이 회선 교환(circuit-switch) 네트워크라면 회선이 구성됐을 때 왕복 시간의 최대치를 보장할 수 있다. 하지만 이더넷과 IP는 큐 대기의 영향을 받는 패킷 교환(packet-switch) 프로토콜이고 따라서 네트워크에 기약 없는 지연이 있다. 이들 프로토콜에는 회선의 개념이 없다.

왜 데이터센터 네트워크와 인터넷은 패킷 교환을 사용할까? 이들은 **순간적으로 몰리는 트래픽(bursty traffic)**에 최적화됐기 때문이다. 회선은 통화를 하는 동안 보내는 초당 비트 개수가 상당히 고정돼 있는 음성과 영상 통화에 적합하다. 반면 웹 페이지 요청, 이메일 전송, 파일 전송은 특별한 대역폭 요구사항이 없다. 단지 가능하면 빨리 완료되기를 바랄 뿐이다.

회선을 통해 파일을 전송하고 싶다면 대역폭 할당을 추정해야 한다. 추정치가 너무 낮으면 네트워크 용량을 쓰지 않고 남겨 둔 상태로 전송이 불필요하게 느려진다. 추정치가 너무 높으면 회선은 구성될 수 없다(회선 교환 네트워크는 대역폭 할당을 보장할 수 없다면 회선 생성을 허용하지 않기 때문이다). 그러므로 순간적으로 몰리는 데이터 전송에 회선을 쓰면 네트워크 용량을 낭비하고 전송이 불필요하게 느려진다. 반대로 TCP는 가용한 네트워크 용량에 맞춰 데이터 전송률을 동적으로 조절한다.

ATM[4]처럼 회선 교환과 패킷 교환을 모두 지원하는 하이브리드 네트워크를 만들려는 시도도 있었다. 인피니밴드(InfiniBand)도 비슷한 점이 있다[35]. 링크 계층에서 종단 흐름 제어를 구현해서 네트워크에서 큐 대기를 할 필요성을 줄이지만 링크 혼잡 때문에 여전히 지연의 영향을 받을 수 있다[36]. **서비스 품질(quality of service, QoS, 패킷에 우선순위를 매기고 스케줄링함)**과 **진입 제어(admission control, 전송 측에서 전송률을 제한)**를 잘 쓰면 패킷 네트워크에서 회선 교환을 흉내 내거나 통계적으로 제한 있는 지연을 제공하는 것도 가능하다[25, 32].

---

3 TCP 킵얼라이브(keepalive)가 켜져 있을 때 가끔씩 전송되는 킵얼라이브 패킷은 제외

4 **비동기 전송 모드(Asynchronous Transfer Mode, ATM)**는 1980년대에 이더넷의 경쟁자였으나[32] 전화 네트워크의 중심 스위치 외에는 많이 채택되지 않았다. 머리글자는 똑같지만 (현금 인출기로도 알려진) 자동창구기와는 관련이 없다. 어떤 평행 우주에서는 인터넷이 ATM 같은 것에 기반할지도 모른다. 그 우주에서는 인터넷 영상 통화가 패킷 유실과 지연의 영향을 받지 않으므로 우리 것보다 훨씬 높은 신뢰성이 있을 것이다.

지연 시간과 자원 사용률

일반적으로 지연의 변동이 심한 것은 동적 자원 분할의 결과로 생각할 수 있다.

두 개의 전화 스위치 사이의 선로가 동시 통화를 10,000개까지 전송할 수 있다고 하자. 이 선로에서 교환되는 각 회선은 이 통화 슬롯 중 하나를 점유한다. 따라서 이 선로를 최대 10,000명의 동시 사용자에게 공유되는 자원으로 생각할 수 있다. 이 자원은 **정적** 방식으로 분배된다. 바로 지금 이 선로를 쓰는 회선이 하나뿐이고 나머지 9,999개의 슬롯은 모두 사용되지 않는다고 하더라도 여전히 선로 전부를 사용할 때처럼 똑같이 고정된 양의 대역폭을 할당받는다.

반대로 인터넷은 대역폭을 **동적으로** 공유한다. 전송 측은 가능하면 빨리 패킷을 선로로 보내기 위해 서로 밀고 밀치며 네트워크 스위치가 빈번하게 어떤 패킷을 보낼지(즉 대역폭 할당) 결정한다. 이 방법은 큐 대기가 생기는 단점이 있지만 선로를 최대한 사용한다는 이점이 있다. 선로는 고정된 비용이므로 사용률이 높을수록 이 선로로 보내는 개별 바이트의 비용은 더 싸진다.

CPU에서도 비슷한 상황이 발생한다. 각 CPU 코어를 여러 스레드 사이에서 동적으로 공유한다면 한 스레드는 때때로 다른 스레드가 실행되는 동안 운영체제의 실행 큐에서 기다려야 한다. 따라서 스레드는 가변 길이의 시간 동안 중단될 수 있다. 그러나 이렇게 하면 각 스레드에 고정된 개수의 CPU 사이클을 할당할 때보다 하드웨어 사용률을 높일 수 있다(297쪽 "응답 시간 보장" 참고). 하드웨어 사용률을 높이는 것은 가상 장비를 쓰는 중요한 동기이기도 하다.

자원이 정적으로 분할된다면(예를 들어 전용 하드웨어와 독점적 대역폭 할당을 사용해) 어떤 환경에서는 지연 시간을 보장할 수 있다. 그렇지만 사용률이 줄어드는 비용이 따른다. 다시 말해 비용이 더 크다. 반면 동적 자원 분할을 하는 멀티 테넌트 방식을 쓰면 사용률을 높여서 비용은 줄어들지만 지연의 변동이 큰 단점이 있다.

네트워크에서 변동이 큰 지연은 자연 법칙이 아니라 단지 비용/이득 트레이드오프의 결과일 뿐이다.

그러나 이런 서비스 품질은 현재 멀티 테넌트 데이터센터와 공개 클라우드에서 사용할 수 없고 인터넷을 통해 통신할 때도 사용할 수 없다.[5] 현재 배포된 기술로는 네트워크의 지연과 신뢰성에 대해 어떤 보장도 할 수 없다. 네트워크 혼잡, 큐 대기, 기약 없는 지연이 발생할 것이라고 가정해야 한다. 결과적으로 타임아웃에 "올바른" 값은 없으며 실험을 통해 결정해야 한다.

---

5 인터넷 서비스 공급자들 사이에 서로 협약을 하고 경계 경로 프로토콜(Border Gateway Protocol, BGP)을 통해 라우팅을 확립하면 IP보다 회선 교환과 매우 비슷해진다. 이 수준에서는 전용 대역폭 구매도 가능하다. 하지만 인터넷 라우팅은 호스트들 사이의 개별 연결이 아니라 네트워크 수준에서, 그리고 훨씬 더 긴 시간 척도로 동작한다.

신뢰성 없는 시계

시계와 시간은 중요하다. 애플리케이션은 다음과 같은 질문에 대답하기 위해 다양한 방식으로 시계에 의존한다.

1. 이 요청이 타임아웃됐나?

2. 이 서비스의 99분위 응답 시간은 어떻게 되나?

3. 이 서비스는 지난 5분 동안 평균 초당 몇 개의 질의를 처리했나?

4. 사용자가 우리 사이트에서 시간을 얼마나 보냈나?

5. 이 기사가 언제 게시됐나?

6. 며칠 몇 시에 미리 알림 이메일을 보내야 하나?

7. 이 캐시 항목은 언제 만료되나?

8. 로그 파일에 남은 이 오류 메시지의 타임스탬프는 무엇인가?

예 1에서 4는 **지속 시간**(예를 들어 요청을 보낸 시점과 응답을 받은 시점 사이의 시간 구간)을 측정하는 반면 예 5에서 8은 **시점**(특정 날짜의 특정 시간에 발생한 이벤트)을 기술한다.

분산 시스템에서는 통신이 즉각적이지 않으므로 시간은 다루기 까다롭다. 메시지가 네트워크를 거쳐서 한 장비에서 다른 장비로 전달되는 데 시간이 걸린다. 메시지를 받은 시간은 항상 보낸 시간보다 나중이지만 네트워크의 지연의 변동성 때문에 얼마나 나중일지는 알 수 없다. 이 사실은 여러 장비가 관련될 때 어떤 일이 발생한 순서를 알아내기 어렵게 만들기도 한다.

게다가 네트워크에 있는 개별 장비는 자신의 시계를 갖고 있다. 그것은 실제 하드웨어 장치로 보통 수정 발진기(quartz crystal oscillator)다. 이 장치는 완벽히 정확하지는 않아서 각 장비는 자신만의 시간 개념이 있으며 이는 다른 장비보다 약간 빠를 수도 느릴 수도 있다. 시간을 어느 정도 동기화할 수 있다. 가장 널리 쓰이는 메커니즘은 네트워크 시간 프로토콜(Network Time Protocol, NTP)로 서버 그룹에서 보고한 시간에 따라 컴퓨터 시계를 조정할 수 있게 한다[37]. 이 서버들은 다시 GPS 수신자 같은 더욱 정확한 시간 출처로부터 시간을 얻는다.

단조 시계 대 일 기준 시계

현대 컴퓨터는 최소 두 가지 종류의 시계를 갖고 있다. **일 기준 시계(time-of-day clock)**와 **단조 시계(monotonic clock)**다. 둘 다 시간을 측정하지만 다른 목적으로 사용되므로 이 둘을 구별하는 게 중요하다.

일 기준 시계

일 기준 시계는 직관적으로 시계에 기대하는 일을 한다. 어떤 달력에 따라 현재 날짜와 시간을 반환한다(**벽시계 시간(wall-clock time)**이라고도 한다). 예를 들어 리눅스(Linux)[6]의 `clock_gettime(CLOCK_REALTIME)`과 자바의 `System.currentTimeMillis()`는 **에포크(epoch)** 이래로 흐른 초(또는 밀리초) 수를 반환한다. 윤초는 세지 않으며 에포크는 그레고리력에 따르면 UTC(협정세계시) 1970년 1월 1일 자정을 가리킨다. 어떤 시스템은 기준 시점으로 다른 날짜를 쓰기도 한다.

일 기준 시계는 보통 NTP로 동기화된다. 한 장비의 타임스탬프는 (이상적으로) 다른 장비의 타임스탬프와 동일한 의미를 지닌다는 뜻이다. 그러나 일 기준 시간은 다음 절에서 설명하는 바와 같이 이상한 점이 많다. 특히 로컬 시계가 NTP 서버보다 너무 앞서면 강제로 리셋되어 과거 시점으로 거꾸로 뛰는 것처럼 보일 수 있다. 이런 뜀은 윤초를 종종 무시한다는 사실과 더불어 일 기준 시간이 경과 시간을 측정하는 데는 적합하지 않게 만든다[38].

또한 일 기준 시계는 역사적으로 매우 거친(coarse-grained) 해상도를 가진다. 예를 들어 오래된 윈도우 시스템에서는 10밀리초 단위로 흐른다[39]. 최근의 시스템에서는 이게 별 문제가 되지는 않는다.

단조 시계

단조 시계는 타임아웃이나 서비스 응답 시간 같은 지속 시간(시간 구간)을 재는 데 적합하다. 예를 들면 리눅스의 `clock_gettime(CLOCK_MONOTONIC)`과 자바의 `System.nanoTime()`이 있다. 단조 시계란 이름은 항상 앞으로 흐른다는 사실에서 나왔다(반면 일 기준 시계는 시간이 거꾸로 뛸 수도 있다).

한 시점에서 단조 시계의 값을 확인하고 어떤 일을 한 후 나중에 다시 시계를 확인할 수 있다. 두 값 사이의 **차이**로 두 번의 확인 사이에 시간이 얼마나 흘렀는지 알 수 있다. 그러나 시계의 **절대적인** 값은 의미가 없다. 컴퓨터가 시작한 이래 흐른 나노초 수일 수도 있고 비슷한 어떤 것일 수도 있다. 특히 두 대의 다른 컴퓨터에서 나온 단조 시계 값을 비교하는 것은 의미가 없다. 이들은 동일한 것을 의미하지 않기 때문이다.

여러 개의 CPU 소켓이 있는 서버는 CPU마다 독립된 타이머가 있을 수도 있다. 이 타이머는 다른 CPU와 반드시 동기화되는 것은 아니다. 운영체제는 차이를 보정해서 애플리케이션 스레드가 여러 CPU에 걸쳐 스케줄링되더라도 시계가 단조적으로 보이게 하려고 한다. 그러나 단조성 보장은 곧이 곧대로 받아들이지 않는 게 현명하다[40].

---

6 시계가 **실시간(real-time)**이라고 불리지만 297쪽 "응답 시간 보장"에서 설명할 실시간 운영체제와는 관련이 없다.

NTP는 컴퓨터의 로컬 시계가 NTP 서버보다 빠르거나 느리다는 것을 발견하면 단조 시계가 진행하는 진도수를 조정할 수도 있다(시계를 **돌린다(slewing)**고 한다). 기본적으로 NTP는 시계 속도를 0.05%까지 올리거나 내리는 것을 허용하지만 단조 시계가 앞이나 뒤로 뛰게 할 수는 없다. 단조 시계의 해상도는 보통 상당히 좋다. 대부분의 시스템에서 시간 구간을 마이크로초나 그 이하 단위로 측정할 수 있다.

분산 시스템에서 경과 시간을 재는 데 단조 시계를 쓰는 것은 일반적으로 괜찮다. 다른 노드의 시계 사이에 동기화가 돼야 한다는 가정이 없고 측정이 약간 부정확해도 민감하지 않기 때문이다.

시계 동기화와 정확도

단조 시계는 동기화가 필요 없지만 일 기준 시계는 NTP 서버나 다른 외부 시간 출처에 맞춰 설정돼야 유용하다. 유감스럽게도 시계가 정확한 시간을 알려주게 하는 방법은 기대만큼 신뢰성이 있거나 정확하지 않다. 하드웨어 시계와 NTP는 변덕스러운 짐승이 될 수 있다. 몇 가지 예만 들어보겠다.

- 컴퓨터의 수정 시계는 아주 정확하지는 않다. **드리프트(drift)** 현상이 생긴다(더 빠르거나 느리게 실행된다). 시계 드리프트는 장비의 온도에 따라 변한다. 구글은 자신들의 서버에 200ppm(parts per million)의 시계 드리프트가 있다고 가정한다[41]. 30초마다 서버와 재동기화되는 시계에서 6밀리초의 드리프트가 생기는 것과 같다[7]. 또는 하루에 한 번 재동기화되는 시계에서 17초의 드리프트가 생기는 것과 같다[8]. 모든 것이 올바르게 동작할 때 얻을 수 있는 최상의 정확도는 드리프트에 의해 제한된다.

- 컴퓨터 시계가 NTP 서버와 너무 많은 차이가 나면 동기화가 거부되거나 로컬 시계가 강제로 리셋될 수도 있다[37]. 리셋 전후에 시간을 관찰한 애플리케이션은 시간이 거꾸로 흐르거나 갑자기 앞으로 뛰는 것을 볼지도 모른다.

- 뜻하지 않게 노드와 NTP 서버 사이가 방화벽으로 막히면 잘못된 설정이 얼마 동안 알려지지 않을 수도 있다. 현실에서 이런 일이 생긴다는 경험적인 증거가 있다.

- NTP 동기화는 잘해야 네트워크 지연만큼만 좋을 수 있다. 따라서 패킷 지연의 변화가 큰 혼잡한 네트워크에서는 정확도에 한계가 있다. 한 실험에서 인터넷을 통해 동기화할 때 35밀리초의 최소 오차를 달성할 수 있음을 보여줬지만[42] 네트워크 지연이 가끔씩 급증하면 1초 정도의 오차를 유발한다. 설정에 따라 네트워크 지연이 크면 NTP 클라이언트가 완전히 포기할 수도 있다.

- 어떤 NTP 서버들은 이상이 있거나 설정이 잘못돼서 몇 시간 정도 차이 나는 시간을 보고하고 있다[43, 44]. NTP 클라이언트는 여러 서버에 질의를 보내고 다른 것과 큰 차이가 나는 값을 무시하므로 상당히 견고하다. 그럼에도 인터넷에 있는 낯선 사람에게 들은 시간에 시스템의 정확성을 거는 것은 다소 걱정스럽다.

---

7 (옮긴이) (200 / 1000000) * (30 * 1000) = 6
8 (옮긴이) (200 / 1000000) * (60 * 60 * 24) = 17.28

- 윤초가 발생하면 1분의 길이가 59초나 61초가 되어 윤초를 고려하지 않고 설계된 시스템에서는 시간에 관한 가정이 엉망이 돼 버린다[45]. 윤초가 많은 대형 시스템을 고장냈다는 사실[38, 46]은 시계에 대한 잘못된 가정이 시스템에 숨어들기가 얼마나 쉬운지 보여준다. 현실에서 실제 NTP 서버의 동작은 다양하지만[49] 윤초를 처리하는 최선의 방법은 윤초 조정을 하루에 걸쳐서 서서히 수행함으로써 NTP 서버가 "거짓말을 하게" 하는 것일 수도 있다(**문지름(smearing)**이라고 부른다) [47, 48].

- 가상 장비에서 하드웨어 시계는 가상화돼서 정확한 시간 엄수가 필요한 애플리케이션에게 추가적인 어려움이 생긴다[50]. CPU 코어가 가상 장비 사이에서 공유될 때 각 VM은 다른 VM이 실행되는 동안 수십 밀리초 동안 멈춘다. 애플리케이션 관점에서 이 중단은 시계가 갑자기 앞으로 뛰는 문제로 나타난다[26].

- 완전히 제어할 수 없는 장치(예를 들어 모바일이나 임베디드 장치)에서 소프트웨어를 실행하면 아마도 그 장치의 하드웨어 시계를 전혀 믿을 수 없을 것이다. 어떤 사용자들은 하드웨어 시간을 고의로 잘못된 날짜와 시간으로 설정하기도 한다. 예를 들어 게임에서 시간 제한을 회피하려고 그렇게 한다. 그 결과 시계는 과거나 미래의 넓은 범위 안에 설정될 수 있다.

시계 정확도가 중요해서 상당한 자원을 투입할 생각이 있다면 시계 정확도를 매우 높이는 것도 가능하다. 예를 들어 MiFID[9] II 유럽 금융 기관 규제 초안(draft European regulation for financial institutions)은 고빈도 트레이딩 펀드는 모두 그들의 시계를 UTC와 100마이크로초 이내로 동기화하기를 요구하는데, 이는 "플래시 크래시(flash crashes)"[10] 같은 시장 이상 현상을 디버깅하고 시장 조작을 감지하는 데 도움되게 만들기 위해서다[51].

이런 정확도는 GPS 수신기, 정밀 시간 프로토콜(Precision Time Protocol, PTP)[52]과 세심한 배포 및 모니터링을 사용해서 달성할 수 있다. 그러나 상당한 노력과 전문 기술이 필요하며 시계 동기화가 잘못될 수 있는 수많은 방법이 있다. NTP 데몬 설정이 잘못되거나 방화벽이 NTP 트래픽을 차단하면 드리프트에 따른 시계 오류는 빠르게 커질 수 있다.

동기화된 시계에 의존하기

시계는 간단하고 사용하기 쉬워 보이지만 놀랄 만한 수의 함정이 있다는 게 문제다. 하루는 정확히 86,400초가 아닐 수도 있고, 일 기준 시계가 시간이 거꾸로 갈 수도 있으며, 노드의 시간이 다른 노드의 시간과 차이가 많이 날 수도 있다.

이번 장의 초반부에서 패킷을 유실하고 임의로 지연시키는 네트워크에 대해 얘기했다. 네트워크가 대부분의 시간에 잘 동작하더라도 소프트웨어는 네트워크에 가끔 결함이 생길 수 있다는 가정하에 설계돼야 하며 소프트웨어는 이런 결함을 우아하게 처리해야 한다. 시계도 마찬가지다. 대부분의 시간에 아주 잘 동작하지만 견고한 소프트웨어는 잘못된 시계에 대비할 필요가 있다.

---

9 (옮긴이) EU 금융상품투자지침(Markets in Financial Instruments Directive)
10 (옮긴이) 주가나 채권 금리가 급락하는 상황

한 가지 문제는 시계가 잘못된다는 것을 눈치채지 못하기 쉽다는 것이다. 장비의 CPU에 결함이 있거나 네트워크가 잘못 설정되면 그 장비는 전혀 동작하지 않을 가능성이 높아서 빨리 발견되고 수리될 것이다. 반면 장비의 수정 시계에 결함이 있거나 NTP 클라이언트가 잘못 설정됐다면 시계는 드리프트가 생겨서 점점 실제 시간으로부터 멀어져 가지만 대부분이 잘 동작하는 것처럼 보인다. 소프트웨어의 어떤 부분이 정확히 동기화된 시계에 의존한다면 그 결과는 극적인 고장보다는 조용하고 미묘한 데이터 손실이 발생할 가능성이 높다[53, 54].

따라서 동기화된 시계가 필요한 소프트웨어를 사용한다면 필수적으로 모든 장비 사이의 시계 차이를 조심스럽게 모니터링해야 한다. 다른 노드와 시계가 너무 차이나는 노드는 죽은 것으로 선언되고 클러스터에서 제거돼야 한다. 이런 모니터링을 하면 너무 큰 피해를 입기 전에 고장 난 시계를 알아채도록 보장할 수 있다.

이벤트 순서화용 타임스탬프

시계에 의존하고 싶은 유혹이 들지만 위험한 특정 상황 하나를 고려해 보자. 여러 노드에 걸친 이벤트들의 순서를 정하는 문제다. 예를 들어 두 클라이언트가 분산 데이터베이스에 쓰면 누가 먼저 쓰게 될까? 누가 쓴 게 더 최근 것이 될까?

그림 8-3은 다중 리더 복제(이 예는 그림 5-9와 비슷하다)를 쓰는 데이터베이스에서 일 기준 시간을 위험하게 사용하는 예를 보여준다. 클라이언트 A가 노드 1에 $x = 1$을 쓴다. 그 쓰기는 노드 3으로 복제된다. 클라이언트 B가 노드 3에 있는 x를 증가시킨다(이제 $x = 2$가 된다). 그리고 마지막으로 두 쓰기는 노드 2로 복제된다.

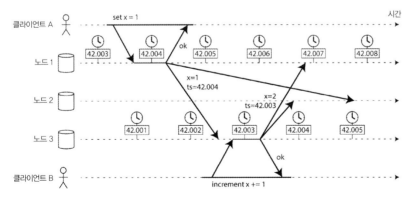

그림 8-3. 클라이언트 B는 클라이언트 A보다 인과성 측면에서 나중에 쓰지만 B가 쓸 때 사용하는 타임스탬프가 더 이르다.

그림 8-3에서 쓰기가 다른 노드로 복제될 때 쓰기가 발생한 노드의 일 기준 시계에 따른 타임스탬프가 붙는다. 이 예에서는 시계가 아주 잘 동기화돼 있다. 노드 1과 노드 3 사이의 차이가 3밀리초 미만으로 이는 아마 여러분이 현실에서 기대하는 것보다 좋을 것이다.

그럼에도 그림 8-3에서 타임스탬프로 이벤트 순서를 올바르게 정할 수 없다. $x = 2$가 분명히 나중에 쓰여졌지만, $x = 1$을 쓰는 타임스탬프는 42.004초이고 $x = 2$를 쓰는 타임스탬프는 42.003초다. 노드 2가 두 이벤트를 받을 때 $x = 1$이 더 최근 값인 것으로 잘못 결정해서 x = 2로 쓴 값을 버리게 된다. 그 결과 클라이언트 B의 증가 연산은 손실된다.

이 충돌 해소 전략은 **최종 쓰기 승리(last write wins, LWW)**라고 불리며 다중 리더 복제와, 카산드라[53]와 리악[54] 같은 리더 없는 데이터베이스에서 널리 사용된다(187쪽 "최종 쓰기 승리(동시 쓰기 버리기)" 참고). 타임스탬프를 서버가 아니라 클라이언트에서 생성하는 구현도 있지만 LWW에 존재하는 근본적인 문제를 바꾸지는 못한다.

- 데이터베이스 쓰기가 불가사의하게 사라질 수 있다. 시계가 뒤처지는 노드는 시계가 빠른 노드가 먼저 쓴 내용을 그들 사이에 차이나는 시간이 흐를 때까지 덮어쓸 수 없다[54, 55]. 이 시나리오는 애플리케이션에는 어떤 오류도 보고되지 않지만 임의의 양의 데이터가 조용히 유실되는 문제를 유발할 수 있다.

- LWW는 순차적인 쓰기가 빠른 시간 내에 연속으로 실행되는 것(그림 8-3에서 클라이언트 B의 증가 연산은 분명히 클라이언트 A의 쓰기 후에 일어난다)과 진짜 동시에 쓰기가 실행되는 것(쓰기를 실행하는 누구도 서로에 대해 알지 못하는)을 구별할 수 없다. 인과성 위반을 막으려면 버전 벡터 같은 부가적인 인과성 추적 메커니즘이 필요하다(186쪽 "동시 쓰기 감지" 참고).

- 두 노드가 독립적으로 동일한 타임스탬프를 가진 쓰기 작업을 만들 수도 있다. 시계의 해상도가 밀리초 단위밖에 안 된다면 특히 그렇다. 이런 충돌을 해소하려면 같은 값을 다르게 만들어줄 부가적인 값(그냥 큰 무작위 숫자를 써도 된다)이 필요하지만 이 방법도 인과성 위반으로 이어질 수 있다[53].

따라서 가장 "최근" 값을 유지하고 다른 것들을 버림으로써 충돌을 해소하고 싶은 유혹이 들더라도 "최근"의 정의는 로컬 일 기준 시계에 의존하며 그 시계는 틀릴 수도 있다는 것을 아는 게 중요하다. 엄격하게 NTP로 동기화된 시계를 쓰더라도 (전송 측의 시계에 따라서) 타임스탬프 100밀리초에 패킷을 보내고 (수신 측의 시계에 따라서) 타임스탬프 99밀리초에 패킷을 받을 수도 있다. 패킷을 보내기 전에 패킷이 도착한 것처럼 보이겠지만 이것은 불가능하다.

잘못된 순서화가 발생하지 않을 정도로 NTP 동기화를 정확하게 할 수 있을까? 아마도 불가능할 것이다. NTP 동기화 정확도 자체가 시계 드리프트 같은 다른 오류 요인 외에도 네트워크 왕복 시간에 따라 제한되기 때문이다. 올바른 순서화를 위해서는 시계 출처가 측정하려고 하는 대상(즉 네트워크 지연)보다 훨씬 더 정확해야 한다.

이른바 **논리적 시계(logical clock)**[56, 57]는 진동하는 수정(quartz crystal) 대신 증가하는 카운터를 기반으로 하며 이벤트 순서화의 안전한 대안이다(186쪽 "동시 쓰기 감지" 참고). 논리적 시계는 일 기준 시간이나 경과한 초 수를 측정하지 않고 이벤트의 상대적인 순서(한 이벤트가 다른 이벤트의 앞이나 뒤에 일어났는가)만 측정한다. 반대로 일 기준 시계와 단조 시계는 실제 경과 시간을 측정하며 **물리적 시계(physical clock)**라고도 한다. 순서화에 대해서는 336쪽 "순서화 보장"에서 좀 더 살펴본다.

시계 읽기는 신뢰 구간이 있다

장비의 일 기준 시계를 마이크로초 해상도로 읽을 수 있고 나노초 해상도로 읽을 수도 있다. 그러나 이렇게 세밀한 측정을 할 수 있다고 하더라도 그 값이 그런 정밀성을 제공할 만큼 실제로 정확하다는 뜻은 아니다. 사실 대부분 그렇지 않다. 전에 언급한 것처럼 로컬 네트워크에 있는 NTP 서버와 매분 동기화하더라도 부정확한 수정 시계에서 발생하는 드리프트는 쉽게 몇 밀리초가 될 수 있다. 공개 인터넷에 있는 NTP 서버를 사용하면 달성 가능한 최선의 정확도는 아마도 수십 밀리초 정도될 것이고 네트워크 혼잡이 있으면 오차는 100밀리초 이상으로 쉽게 급증한다[57].

따라서 시계 읽기를 어떤 시점으로 생각하는 것은 타당하지 않다. 어떤 신뢰 구간에 속하는 시간의 범위로 읽는 게 나을 것이다. 예를 들어 어떤 시스템은 현재 시간이 해당 분의 10.3초와 10.5초 사이에 있다고 95% 확신할 수 있으나 그보다 더 정확히는 알지 못할 것이다[58]. 시간이 +/-100밀리초 범위 내에 있는 것을 알면 타임스탬프에 있는 마이크로초 단위 숫자는 그다지 의미가 없다.

불확실성 경계는 시간 출처를 기반으로 계산할 수 있다. GPS 수신기나 컴퓨터에 직접 부착된 원자(세슘) 시계가 있으면 제조사에서 제공하는 예상 오류 범위가 있다. 시간을 서버로부터 얻는다면 불확실성은 서버와 마지막으로 동기화한 시간 이후로 예상되는 시계 드리프트에 NTP 서버의 불확실성을 더하고 그 서버와 통신할 때 걸리는 네트워크 왕복 시간을 더한 값을 기반으로 한다(첫 번째 근사치로, 서버를 믿을 수 있다고 가정한다).

불행하게도 대부분의 시스템은 이 불확실성을 노출하지 않는다. 예를 들어 clock_gettime()을 호출할 때 반환값은 해당 타임스탬프의 예상 오차를 말해주지 않으므로 신뢰 구간이 5밀리초인지 5년인지 알 수 없다.

흥미로운 예외는 스패너(Spanner)[41]에 있는 구글 **트루타임(TrueTime)** API다. 이 API는 로컬 시계의 신뢰 구간을 명시적으로 보고한다. 이 API에 현재 시간을 요청하면 가능한 타임스탬프 범위 중 **가장 이른 것**과 **가장 늦은 것**을 가리키는 두 개의 값 [earliest, latest]를 받는다. 시계는 불확실성 계산을 기반으로 실제 현재 시간이 그 구간 안의 어딘가에 있다는 것을 안다. 그 구간의 너비는 무엇보다도 로컬 수정 시계가 더 정확한 시계 출처와 마지막으로 동기화된 이후로 얼마나 지났는지에 의존한다.

전역 스냅숏용 동기화된 시계

236쪽 "스냅숏 격리와 반복 읽기"에서 **스냅숏 격리**에 대해 설명했다. 스냅숏 격리는 작고 빠른 읽기 쓰기 트랜잭션과 크고 오래 실행되는 읽기 전용 트랜잭션(예를 들어 백업용이나 분석용) 모두를 지원해야 하는 데이터베이스에서 아주 유용한 기능이다. 이것은 잠금을 쓰지 않고 읽기 쓰기 트랜잭션을 방해하지 않으면서 읽기 전용 트랜잭션이 특정 시점의 일관적인 상태에 있는 데이터베이스를 볼 수 있게 한다.

가장 흔한 스냅숏 격리 구현은 단조 증가하는 트랜잭션 ID가 필요하다. 스냅숏보다 나중에 쓰기가 실행됐다면(즉 스냅숏보다 큰 트랜잭션 ID로 쓰기를 실행했다면) 그 내용은 스냅숏 트랜잭션에게 보이지 않는다. 단일 노드 데이터베이스에서는 단순한 카운터가 트랜잭션 ID를 생성하는 데 충분하다.

그러나 데이터베이스가 여러 데이터센터에 있는 여러 장비에 분산돼 있을 때는 코디네이션이 필요하므로 (모든 파티션에 걸쳐서) 전역 단조 증가 트랜잭션 ID를 생성하기 어렵다. 트랜잭션 ID는 인과성을 반영해야 한다. 트랜잭션 A가 쓴 값을 트랜잭션 B가 읽는다면 B가 A보다 높은 트랜잭션 ID를 가져야 한다. 그렇지 않으면 스냅숏이 일관성을 지니지 못한다. 작고 빠른 트랜잭션이 많으면 분산 시스템에서 트랜잭션 ID 생성은 방어할 수 없는 병목이 된다.[11]

동기화된 일 기준 시계의 타임스탬프를 트랜잭션 ID로 쓸 수 있을까? 동기화를 충분히 잘 할 수 있다면 이런 타임스탬프들은 나중에 실행된 트랜잭션이 높은 타임스탬프를 갖는다는 올바른 속성을 지닌다. 물론 문제는 시계 정확도에 관한 불확실성이다.

스패너는 이런 방법으로 데이터센터에 걸쳐서 스냅숏 격리를 구현한다[59, 60]. 스패너의 스냅숏 구현은 트루타임 API가 보고한 시계 신뢰 구간을 사용하며 다음과 같은 관찰을 기반으로 한다. 각각 가장 이른 타임스탬프와 가장 늦은 타임스탬프를 포함하는 두 개의 신뢰 구간이 있고($A = [A_{earliest}, A_{latest}]$와 $B = [B_{earliest}, B_{latest}]$)라는 두 구간이 겹치지 않는다면(즉 $A_{earliest} < A_{latest} < B_{earliest} < B_{latest}$) B는 분명히 A보다 나중에 실행됐다. 의심의 여지가 전혀 없다. 구간이 겹칠 때만 A와 B가 어떤 순서로 실행됐는지 확신할 수 없다.

---

11 트위터 스노우플레이크(Snowflake) 같은 분산 일련번호 생성기도 있다. 스노우플레이크는 거의(approximately) 단조 증가하는 고유 ID를 확장성 있는 방식(예를 들어 여러 노드에 ID 공간 블록을 할당)으로 생성한다. 하지만 분산 일련번호 생성기는 보통 인과적 측면에서 일관성을 지니는 순서를 보장하지 못한다. ID 블록이 할당되는 타임스케일이 데이터베이스 읽기 쓰기의 타임스케일보다 길기 때문이다. 336쪽 "순서화 보장"도 참고하라.

트랜잭션 타임스탬프가 인과성을 반영하는 것을 보장하기 위해 스패너는 읽기 쓰기 트랜잭션을 커밋하기 전에 의도적으로 신뢰 구간의 길이만큼 기다린다. 그렇게 하면 그 데이터를 읽을지도 모르는 트랜잭션은 충분히 나중에 실행되는 게 보장되므로 신뢰 구간이 겹치지 않는다. 대기 시간을 가능하면 짧게 유지하기 위해 스패너는 시계 불확실성을 가능하면 작게 유지해야 한다. 이런 목적으로 구글은 각 데이터센터에 GPS 수신기나 원자 시계를 배치해서 시계가 약 7밀리초 이내로 동기화되게 한다[41].

분산 트랜잭션 시맨틱용으로 시계 동기화를 쓰는 것은 활발히 연구되는 분야다[57, 61, 62]. 이 아이디어는 흥미롭지만 구글 외에는 아직 주류 데이터베이스에서 구현한 사례가 없다.

프로세스 중단

분산 시스템에서 시계를 위험하게 사용하는 다른 예를 생각해본다. 파티션마다 리더가 하나씩 있는 데이터베이스가 있다고 가정한다. 리더만 쓰기를 받아들이도록 허용된다. 노드가 여전히 리더인지(다른 노드들이 그 노드가 죽었다고 선언하지 않았다), 그리고 안전하게 쓰기를 받아들일 수 있을지 어떻게 알 수 있을까?

한 가지 선택은 리더가 다른 노드들로부터 **임차권(lease)**을 얻는 것이다. 타임아웃이 있는 잠금과 비슷하다[63]. 특정 시점에 오직 하나의 리더만 임차권을 얻을 수 있다. 그러므로 어떤 노드가 임차권을 획득하면 임차권이 만료될 때까지 자신이 얼마간 리더일 거라고 알 수 있다. 노드가 계속 리더로 남아 있으려면 임차권이 만료되기 전에 주기적으로 갱신해야 한다. 노드에 장애가 나면 임차권 갱신을 멈추므로 임차권이 만료될 때 다른 노드가 리더 역할을 넘겨받을 수 있다.

요청 처리 루프를 이런 식으로 만들 수 있다.

```
while (true) {
    request = getIncomingRequest();

    // 항상 임차권이 적어도 10초는 남아 있게 보장한다
    if (lease.expiryTimeMillis - System.currentTimeMillis() < 10000) {
        lease = lease.renew();
    }

    if (lease.isValid()) {
        process(request);
    }
}
```

이 코드에서 잘못된 게 뭘까? 첫 번째로 동기화된 시계에 의존한다. 임차권 만료 시간이 다른 장비에서 설정됐는데(예를 들어 현재 시간에 30초를 더해서 만료 시간을 계산할 수 있다) 로컬 시스템시계와 비교한다. 시계가 몇 초 이상으로 동기화가 깨지면 이 코드는 이상한 일을 하기 시작한다.

두 번째로 로컬 단조 시계만 사용하도록 프로토콜을 수정하더라도 또 다른 문제가 있다. 이 코드는시간을 확인하는 시점(System.currentTimeMillis())과 요청이 처리되는 시점(process(request)) 사이에 매우 짧은 시간이 흐른다고 가정한다. 보통 때는 이 코드가 아주 빨리 실행돼서 10초의 버퍼는요청을 처리하는 도중 임차권이 만료되지 않도록 보장하는 데 필요한 것 이상이다.

그러나 프로그램 실행 중에 예상치 못한 중단이 있으면 어떻게 될까? 예를 들어 스레드가 lease.isValid() 줄 근처에서 마지막으로 진행하기 전에 15초 동안 멈춘다고 생각해 보자. 이 경우 요청을처리하는 시점에는 임차권이 만료돼서 다른 노드가 이미 리더 역할을 넘겨받았을 가능성이 높다. 그러나 이 스레드에게 너무 오랫동안 멈춰 있었다고 누구도 말해주지 않으므로 이 코드는 이 루프의다음 반복 회차까지 임차권이 만료됐음을 알아채지 못한다. 알아챘을 때는 이미 요청을 처리해서 뭔가 안전하지 않은 일을 한 상태일지도 모른다.

스레드가 아주 오랫동안 멈출 수 있다고 가정하는 것은 말도 안 되는 생각일까? 유감스럽게도 아니다. 이런 일이 생길 수 있는 다양한 이유가 있다.

- (자바 가상 머신 같은) 여러 프로그래밍 언어 런타임에는 가끔씩 실행 중인 모든 스레드를 멈춰야 하는 **가비지 컬렉터**(garbage collector, GC)가 있다. 이런 "stop-the-world" GC 중단은 때로는 몇 분 동안이나 지속된다고 알려졌다[64]! 핫스팟 JVM의 CMS처럼 이른바 "동시적인(concurrent)" 가비지 컬렉터라도 애플리케이션 코드와 완전히 병렬적으로 실행될 수는 없다. 이들도 때때로 stop-the-world가 필요하다[65]. 이런 중단은 종종 할당 패턴을 바꾸거나 GC 설정을 튜닝해서 줄일 수 있지만[66] 견고한 보장을 제공하려면 최악을 가정해야 한다.

- 가상 환경에서 가상 장비는 **서스펜드**(suspend, 모든 프로세스 실행을 멈추고 메모리 내용을 디스크에 저장)됐다가 **재개**(resume, 메모리 내용을 복원하고 실행을 계속)될 수 있다. 이런 중단은 프로세스 실행 중 언제라도 발생할 수 있고 임의의 시간 동안 지속될 수 있다. 이 기능은 때때로 재부팅 없이 가상 장비를 한 호스트에서 다른 호스트로 **라이브 이전**(live migration)하는 데 사용되는데, 이 경우 중단 시간의 길이는 프로세스가 메모리에 쓰는 속도에 의존한다[67].

- 노트북 같은 최종 사용자의 기기에서도 실행이 제멋대로 서스펜드됐다 재개될 수 있다. 예를 들어 사용자가 노트북 덮개를 닫을 때가 있다.

- 운영체제가 다른 스레드로 컨텍스트 스위치하거나 하이퍼바이저가 다른 가상 장비로 스위치되면(가상 장비에서 실행 중일 때) 현재 실행 중인 스레드는 코드의 임의 지점에서 멈출 수 있다. 가상 장비의 경우 다른 가상 장비에서 소비된 CPU 시간은 **스틸 타임**(steal time)이라고 한다. 장비의 부하가 높으면, 즉 실행 대기 스레드의 큐가 길면 중단된 스레드가 다시 실행되는 데 시간이 좀 걸릴 수도 있다.

- 애플리케이션이 동기식으로 디스크에 접근하면 스레드가 느린 디스크 I/O 연산이 완료되기를 기다리느라 중단될 수 있다 [68]. 여러 언어에서 코드가 명시적으로 파일 접근을 언급하지 않더라도 디스크 접근은 놀랄만큼 일어날 수 있다. 예를 들어 자바 클래스로더는 클래스 파일이 처음 사용될 때 지연 로딩하는데, 이는 프로그램 실행 중 언제라도 일어날 수 있다. 심지어는 I/O 중단과 GC 중단이 공모해서 지연을 결합하기도 한다[69]. 디스크가 실제로는 네트워크 파일시스템이거나 (아마존의 EBS 같은) 네트워크 블록 장치라면 I/O 지연 시간은 네트워크 지연의 변동성에도 종속적이다[29].

- 운영체제가 **디스크로 스왑(페이징)**할 수 있게 설정됐다면 단순한 메모리 접근만 해도 페이지를 디스크에서 메모리로 로딩하게 하는 페이지 폴트가 발생할 수 있다. 이 느린 I/O 연산이 실행되는 동안 스레드는 멈춘다. 메모리 압박이 높으면 이어서 다른 페이지가 디스크로 스왑될 수 있다. 극단적인 환경에서는 운영체제가 페이지를 메모리 안팎으로 스와핑하느라 대부분의 시간을 쓰고 실제 작업은 거의 못할 수도 있다(이를 **스래싱(thrashing)**이라고 한다). 이 문제를 피하기 위해 서버 장비에서 페이징은 종종 비활성화된다(스래싱 위험을 무릅쓰느니 프로세스를 죽여서 메모리를 확보하겠다면).

- 유닉스 프로세스는 SIGSTOP 신호를 보내서 멈출 수 있다. 예를 들어 셸에서 Ctrl + Z 키를 누르면 된다. 이 신호는 프로세스가 SIGCONT 신호로 재개되어 중단됐던 지점에서 다시 실행될 때까지 CPU 사이클을 더 이상 할당받지 못하게 한다. 여러분의 환경에서 보통 SIGSTOP을 쓰지 않더라도 운영 엔지니어가 실수로 그 신호를 보낼 수도 있다.

이런 경우가 발생하면 실행 중인 스레드를 어떤 시점에 **선점(preempt)**하고 얼마간의 시간이 흐른 후 재개할 수 있다. 선점된 스레드는 이를 알아채지 못한다. 이 문제는 단일 장비에서 다중 스레드 코드를 스레드 안전(thread-safe)하게 만드는 것과 비슷하다. 컨텍스트 스위치가 임의로 발생할 수 있고 병렬성(parallelism)이 발생할 수도 있으므로 타이밍에 대해 어떤 가정도 할 수 없다.

단일 장비에서 다중 스레드 코드를 작성할 때 그 코드를 스레드 안전하게 만들 수 있는 상당히 좋은 도구가 있다. 뮤텍스(mutex), 세마포어(semaphore), 원자적 카운터(atomic counter), 잠금 없는(lock-free) 자료구조, 블로킹 큐(blocking queue) 등이다. 불행하게도 이런 도구들은 분산 시스템용으로 바로 변형할 수 없다. 분산 시스템은 공유 메모리가 없고 단지 신뢰성 없는 네트워크를 통해 메시지를 보낼 수만 있기 때문이다.

분산 시스템의 노드는 어느 시점에 실행이 상당한 시간 동안 멈출 수 있다고 가정해야 한다. 심지어 함수 중간에서 멈출 수도 있다. 그렇게 멈춰 있는 동안 외부 세계는 계속 움직이며 멈춘 노드가 응답하지 않아서 죽었다고 선언할 수도 있다. 결국 멈춘 노드는 다시 실행되겠지만 얼마 후 시계를 확인할 때까지 잠들었다는 것을 알아채지 못한다.

응답 시간 보장

앞서 설명한 바와 같이 많은 프로그래밍 언어와 운영체제에서 스레드와 프로세스는 기약 없는 시간 동안 중단될 수 있다. 충분히 열심히 노력하면 중단의 원인을 **제거할 수 있다**.

어떤 소프트웨어는 명시된 시간 안에 응답하는 데 실패하면 심각한 손상을 유발할 수 있는 환경에서 실행된다. 항공기, 로켓, 로봇, 자동차, 그리고 다른 물리적 물체를 제어하는 컴퓨터는 그들의 센서 입력에 빠르고 예측 가능하게 응답해야 한다. 이런 시스템에서는 소프트웨어가 응답해야 하는 **데드라인(deadline)**이 명시된다. 데드라인을 만족시키지 못하면 전체 시스템의 장애를 유발할 수 있다. 이를 이른바 **엄격한 실시간 시스템(hard real-time)**이라고 한다.

실시간은 정말로 실시간인가?

임베디드 시스템에서 **실시간**은 시스템이 명시된 타이밍 보장을 모든 상황에서 만족하도록 신중하게 설계되고 테스트됐다는 뜻이다. 이런 의미는 웹에서 실시간이란 단어를 좀 더 모호하게 사용하는 것과는 대조적이다. 웹에서 실시간은 서버가 클라이언트에게 데이터를 푸시하고 엄격한 응답 시간 제약 없이 스트림 처리하는 것을 나타낸다(11장 참고).

예를 들어 자동차의 차내 센서가 지금 충돌이 날 것을 감지했다면 에어백 방출 시스템에서 좋지 않은 시점에 발생한 GC 중단 때문에 에어백이 늦게 방출되기를 바라지 않을 것이다.

시스템에서 실시간 보장을 제공하려면 소프트웨어 스택의 모든 수준에서 지원이 필요하다. 프로세스가 명시된 간격의 CPU 시간을 할당받을 수 있게 보장되도록 스케줄링해 주는 **실시간 운영체제 (real-time operating system, RTOS)**가 필요하다. 라이브러리 함수는 최악의 실행 시간을 문서화해야 한다. 동적 메모리 할당은 제한되거나 완전히 금지될 수도 있다(실시간 가비지 컬렉터도 있지만 애플리케이션은 여전히 GC가 너무 많은 일을 하지 않도록 보장해야 한다). 그리고 보장을 만족시킨다는 것을 확신할 수 있도록 막대한 양의 테스트와 측정을 해야 한다.

이 모든 것은 많은 양의 부가 작업이 필요하고 사용할 수 있는 프로그래밍 언어, 라이브러리, 도구의 범위를 엄격히 제한한다(대부분의 언어와 도구는 실시간 보장을 제공하지 않기 때문이다). 이런 이유로 실시간 시스템 개발은 매우 많은 비용이 들고, 안전이 필수적인 임베디드 장치에서 가장 흔하게 사용된다. 또한 "실시간"은 "고성능"과 동일하지 않다. 사실 실시간 시스템은 무엇보다도 제때에 응답하는 것을 우선시해야 하므로 처리량이 더 낮을 수도 있다(286쪽 "지연 시간과 자원 사용률" 참고).

대부분의 서버측 데이터 처리 시스템에게 실시간 보장은 전혀 경제적이지도, 적절하지도 않다. 결과적으로 이런 시스템들은 비실시간 환경에서 운영될 때 발생하는 중단과 시계 불안정으로부터 고통받을 수밖에 없다.

가비지 컬렉션의 영향을 제한하기

프로세스 중단의 부정적 영향은 비용이 큰 실시간 스케줄링 보장에 기대지 않고도 완화시킬 수 있다. 언어 런타임은 객체 할당률과 시간에 따라 남아 있는 여유 메모리 공간을 추적할 수 있으므로 언제 가비지 컬렉션을 할지와 관련된 어느 정도의 유연성을 갖고 있다.

최근에 나온 아이디어 하나는 GC 중단을 노드가 잠시 동안 계획적으로 중단되는 것으로 간주하고 노드가 가비지 컬렉션을 하는 동안 클라이언트로부터의 요청을 다른 노드들이 처리하게 하는 것이다. 런타임이 애플리케이션에게 노드가 곧 GC 중단이 필요하다는 경고를 할 수 있다면 애플리케이션은 그 노드로 새로운 요청 보내기를 멈추고, 그 노드가 처리되지 않은 요청을 완료한 후 아무 요청도 처리하지 않는 동안 GC를 실행하기를 기다릴 수 있다. 이런 트릭은 GC 중단을 클라이언트로부터 감추고 응답 시간의 상위 백분위를 줄여준다[70, 71]. 지연 시간에 민감한 금융 거래 시스템 중에 이 방법을 쓰는 것도 있다[72].

이 아이디어의 변종은 (컬렉션을 빨리 할 수 있는) 수명이 짧은 객체만 가비지 컬렉터를 사용하고 수명이 긴 객체의 전체 GC가 필요할 만큼 객체가 쌓이기 전에 주기적으로 프로세스를 재시작하는 방법이다[65, 73]. 한 번에 노드 하나씩 재시작할 수 있고 순회식 업그레이드를 할 때처럼 계획된 재시작을 하기 전에 트래픽을 재시작하려는 노드에서 다른 노드로 옮길 수 있다(4장 참고).

이런 조치가 가비지 컬렉션 중단을 완전히 막을 수는 없지만 애플리케이션에 미치는 영향은 유용하게 줄일 수 있다.

지식, 진실, 그리고 거짓말

이번 장에서는 지금까지 분산 시스템이 단일 컴퓨터에서 프로그램을 실행하는 것과 어떻게 다른지 살펴봤다. 분산 시스템에는 공유 메모리가 없고 지연 변동이 큰 신뢰할 수 없는 네트워크를 통해 메시지를 보낼 수 있을 뿐이며 부분 장애, 신뢰성 없는 시계, 프로세스 중단에 시달릴 수 있다.

이러한 문제의 결과는 분산 시스템에 익숙하지 않다면 매우 혼란스럽다. 네트워크에 있는 노드는 어떤 것도 확실히 **알지** 못한다. 네트워크를 통해 받은(또는 받지 않은) 메시지를 기반으로 추측만 할 수 있을 뿐이다. 노드는 다른 노드와 메시지를 교환해서 그 노드가 어떤 상태에 있는지(무슨 데이터를 저장하고 있는지, 올바르게 동작하고 있는지 등) 알 수 있을 뿐이다. 원격 노드가 응답하지 않으면 그 노드가 어떤 상태에 있는지 알 방법은 없다. 네트워크 문제와 노드 자체의 문제를 확실히 구별할 수 없기 때문이다.

이러한 시스템에 관한 논의는 철학적인 면과 맞닿아 있다. 우리 시스템에서 어떤 것이 진실이고 거짓인가? 인식하고 측정하는 수단을 믿을 수 없다면 그 지식을 어떻게 확신할 수 있나? 소프트웨어 시스템은 원인과 결과처럼 물리적 세계에서 기대하는 법칙을 준수해야 하나?

다행스럽게도 삶의 의미를 알아내기 위한 노력까지 할 필요는 없다. 분산 시스템에서 우리는 동작(**시스템 모델**)에 관해 정한 가정을 명시하고, 이런 가정을 만족시키는 방식으로 실제 시스템을 설계할 수 있다. 어떤 시스템 모델 내에서 알고리즘이 올바르게 동작하는지 증명할 수 있다. 기반 시스템 모델이 매우 적은 보장만 제공하더라도 신뢰성 있는 동작을 달성할 수 있다는 뜻이다.

그러나 신뢰성 없는 시스템 모델에서 잘 동작하는 소프트웨어를 만드는 게 가능할지라도 그것이 간단하지는 않다. 이번 장의 나머지 부분에서 분산 시스템의 지식과 진실에 관한 개념을 더 살펴본다. 이 개념들은 우리가 할 수 있는 가정과 제공하고자 할 수도 있는 보장의 종류에 대해 생각하는 데 도움을 준다. 9장에서는 분산 시스템의 몇 가지 예와 특정 가정하에서 특정 보장을 제공하는 알고리즘을 살펴본다.

진실은 다수결로 결정된다

비대칭적인 결함이 있는 네트워크를 상상해 보자. 노드가 자신에게 보내지는 메시지는 모두 받을 수 있지만 그 노드에서 밖으로 나가는 메시지는 유실되거나 지연된다[19]. 그 노드가 완벽하게 잘 동작하고 다른 노드가 보낸 요청을 받을 수 있더라도 다른 노드는 그 응답을 받을 수 없다. 타임아웃이 난 후 다른 노드들은 그 노드를 죽었다고 선언한다. 그 노드로부터 메시지를 받지 못했기 때문이다. 상황은 악몽처럼 전개된다. 한쪽 연결이 끊긴 노드는 묘지로 끌려가면서 발을 차며 비명을 지른다. "난 안 죽었어!" 그러나 아무도 그 비명을 듣지 못하므로 장례 행렬은 단호하게 계속된다.

약간 덜 악몽 같은 시나리오에서 한쪽 연결이 끊긴 노드는 자신이 보내는 메시지가 다른 노드로부터 확인 응답을 받지 못하는 것을 알아내서 네트워크에 결함이 있는 게 확실하다고 깨달을지도 모른다. 그럼에도 다른 노드들이 그 노드가 죽었다고 잘못 선언하고, 한쪽 연결이 끊긴 노드는 그에 대해 아무 일도 할 수 없다.

세 번째 시나리오로 긴 stop-the-world 가비지 컬렉션 중단을 경험하는 노드를 상상해 보자. 노드의 모든 스레드는 GC에 선점되고 1분 동안 멈춘다. 결과적으로 아무 요청도 처리되지 못하고 아무 응답도 전송되지 않는다. 다른 노드들은 기다린 후 재시도하다 더 이상 참지 못하고 결국엔 그 노드가 죽었다고 선언하고 영구차에 실어버린다. 마침내 GC가 끝나고 그 노드의 스레드들은 아무 일도 없었다는 듯이 실행을 재개한다. 다른 노드들은 죽은 상태여야 할 노드가 갑자기 완전히 건강한 상태로 관 밖으로 머리를 내밀고 행인들과 명랑하게 수다를 떨기 시작하자 깜짝 놀란다. 무엇보다도 GC가 실행되는 노드는 1분이 완전히 지났고 자신이 죽은 것으로 선언됐다는 것조차 알지 못한다. 그 노드의 관점으로 보면 자신이 다른 노드들과 대화한 이후로 시간이 거의 흐르지 않았다.

이 이야기의 교훈은 노드가 상황에 대한 자신의 판단을 반드시 믿을 수 있는 것은 아니라는 것이다. 분산 시스템은 한 노드에만 의존할 수는 없다. 노드에 언제든 장애가 나서 잠재적으로 시스템이 멈추고 복구할 수 없게 될 수도 있기 때문이다. 대신 여러 분산 알고리즘은 **정족수**(quorum), 즉 노드들 사이의 투표에 의존한다(181쪽 "읽기와 쓰기를 위한 정족수" 참고). 특정한 노드 하나에 대한 의존을 줄이기 위해 결정을 하려면 여러 노드로부터 어떤 최소 개수의 투표를 받아야 한다.

여기에는 노드가 죽었다고 선언하는 것에 관한 결정도 포함된다. 정족수를 이룬 노드들이 다른 노드를 죽었다고 선언하면 그 노드는 여전히 살아 있다고 매우 확실히 느낄지라도 죽은 것으로 간주돼야 한다. 그 개인 노드는 정족수를 이룬 결정에 따라서 물러나야 한다.

(다른 종류의 정족수도 가능하지만) 노드의 과반수 이상을 정족수로 삼는 게 가장 흔하다. 과반수 정족수를 사용하면 개별 노드들에 장애가 나더라도 시스템은 계속 동작할 수 있다(노드가 3대면 한 대에 장애가 나도 괜찮다. 노드가 5대면 두 대에 장애가 나도 괜찮다). 그러나 시스템은 여전히 안전하다. 시스템에 오직 하나의 과반수만 존재할 수 있기 때문이다. 서로 충돌되는 결정을 하는 두 개의 과반수가 동시에 있을 수는 없다. 정족수의 사용은 9장에서 **합의 알고리즘**을 다룰 때 더 자세히 설명하겠다.

리더와 잠금

시스템이 오직 하나의 뭔가가 필요할 때가 자주 있다. 예를 들어

- 스플릿 브레인(158쪽 "노드 중단 처리" 참고)을 피하기 위해 오직 한 노드만 데이터베이스 파티션의 리더가 될 수 있다.

- 특정한 자원이나 객체에 동시에 쓰거나 오염시키는 것을 방지하기 위해 오직 하나의 트랜잭션이나 클라이언트만 어떤 자원이나 객체의 잠금을 획득할 수 있다.

- 사용자명으로 사용자를 유일하게 식별할 수 있어야 하므로 오직 한 명의 사용자만 특정한 사용자명으로 등록할 수 있다.

분산 시스템에서 이를 구현하려면 주의해야 한다. 어떤 노드가 스스로를 "선택된 자"(파티션의 리더, 잠금을 획득한 자, 사용자명을 차지하는 데 성공한 사용자의 요청 처리기)라고 믿을지라도 노드의 정족수도 반드시 동의한다는 뜻은 아니다! 어떤 노드가 이전에 리더였더라도 시간이 흐른 사이에 (예를 들어 네트워크가 끊기거나 GC 중단 때문에) 다른 노드들이 그 노드가 죽었다고 선언하면 그 노드는 강등되고 다른 리더가 이미 선출됐을지도 모른다.

노드의 과반수가 어떤 노드가 죽었다고 선언했음에도 그 노드가 선택된 자인 것처럼 계속 행동한다면 신중하게 설계되지 않은 시스템에서는 문제를 유발할 수 있다. 이런 노드는 자신이 정한 능력 내에서 다른 노드들에게 메시지를 보낼 수 있고 다른 노드들이 그 노드를 믿는다면 시스템은 전체적으로 뭔가 잘못된 일을 할 수도 있다.

예를 들어 그림 8-4는 잠금을 잘못 구현해서 생긴 데이터 오염 버그를 보여준다. (이 버그는 이론으로만 존재하는 게 아니다. HBase에 이 문제가 있었다[74, 75].) 저장 서비스에 있는 어떤 파일을 한 번에 클라이언트 하나씩만 접근하도록 보장하고 싶다. 여러 클라이언트가 쓰려고 하면 그 파일이 오염되기 때문이다. 클라이언트가 그 파일에 접근하기 전에 잠금 서비스로부터 임차권을 얻도록 해서 이 기능을 구현하려고 한다.

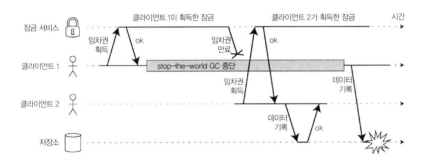

그림 8-4. 분산 잠금의 잘못된 구현: 클라이언트 1은 임차권이 만료됐는데도 여전히 유효하다고 생각해서 저장소에 있는 파일을 오염시킨다.

이 문제는 295쪽 "프로세스 중단"에서 설명했던 것의 한 예다. 임차권을 가진 클라이언트가 너무 오랫동안 멈춰 있으면 그 임차권은 만료된다. 다른 클라이언트가 같은 파일에 대한 임차권을 얻어서 그 파일에 쓰기 시작할 수 있다. 멈췄던 클라이언트가 되돌아왔을 때 그 클라이언트는 여전히 유효한 임차권을 갖고 있는 것으로 (잘못) 알고 파일에 쓴다. 그 결과 클라이언트들의 쓰기가 충돌되고 파일이 오염된다.

펜싱 토큰

그림 8-4의 파일 저장소 같은 리소스에 대한 접근을 보호하기 위해 잠금이나 임차권을 쓸 때, 자신이 "선택된 자"라고 잘못 믿고 있는 노드가 나머지 시스템을 방해할 수 없도록 보장해야 한다. 이 목적을 달성하는 상당히 단순한 기법으로 **펜싱(fencing)**이 있다. 그림 8-5에 설명이 있다.

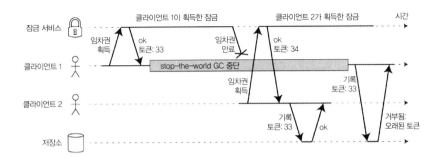

그림 8-5. 펜싱 토큰이 증가하는 순서에 맞는 쓰기만 허용함으로써 저장소에 대한 접근을 안전하게 만들기

잠금 서버가 잠금이나 임차권을 승인할 때마다 **펜싱 토큰**(fencing token)도 반환한다고 가정한다. 펜싱 토큰은 잠금이 승인될 때마다 증가하는(예를 들어 잠금 서비스가 증가시키는) 숫자다. 그러면 클라이언트가 쓰기 요청을 저장소 서비스로 보낼 때마다 자신의 현재 펜싱 토큰을 포함하도록 요구할 수 있다.

그림 8-5에서 클라이언트 1은 33번 토큰으로 임차권을 획득했지만 오랫동안 중단돼서 임차권이 만료된다. 클라이언트 2는 34번 토큰(이 숫자는 항상 증가한다)으로 임차권을 얻은 후 저장소 서비스로 34번 토큰을 포함한 쓰기 요청을 보낸다. 그 후 클라이언트 1이 되살아나고 저장 서비스로 33번 토큰을 포함한 쓰기 요청을 보낸다. 그러나 저장소 서버는 자신이 더 큰 토큰 번호(34)를 가진 쓰기를 이미 처리했음을 기억하므로 33번 토큰으로 온 요청을 거부한다.

잠금 서비스로 주키퍼를 사용하면 트랜잭션 ID zxid나 노드 버전 cversion을 펜싱 토큰으로 사용할 수 있다. 이들은 단조 증가가 보장되므로 필요한 속성을 지닌다[74].

이 메커니즘은 자원 자체가 이미 처리된 것보다 오래된 토큰을 사용해서 쓰는 것을 거부함으로써 토큰을 확인하는 활동적인 역할을 맡아야 한다. 클라이언트들이 잠금 상태를 확인하는 것으로는 충분하지 않다. 자원이 명시적으로 펜싱 토큰을 지원하지 않더라도 그 제한을 피할 수 있을 수도 있다(예를 들어 파일 저장소 서비스의 경우 파일 이름에 펜싱 토큰을 포함할 수 있다). 그러나 잠금으로 보호받지 않는 요청을 처리하지 않도록 일종의 확인이 필요하다.

서버 측에서 토큰을 확인하는 것은 결점으로 보이지만 거의 틀림없이 좋다. 서비스의 클라이언트들이 항상 잘 동작할 것이라고 가정하는 것은 현명하지 못하다. 클라이언트는 서비스를 실행하는 사람들의 우선 사항과 매우 다른 우선 사항을 가진 사람들이 실행하는 경우가 흔하기 때문이다[76]. 따라서 스스로를 뜻하지 않게 폭력적인 클라이언트로부터 보호하려는 서비스는 서버 측에서 토큰을 확인하는 게 좋다.

비잔틴 결함

펜싱 토큰은 **부주의에 의한** 오류(예를 들어 자신의 임차권이 만료됐다는 것을 아직 알아채지 못한 경우)에 빠진 노드를 감지하고 차단할 수 있다. 그러나 노드가 고의로 시스템의 보장을 무너뜨리려 한다면 가짜 펜싱 토큰을 포함한 메시지를 보내기만 하면 된다.

이 책에서는 노드들이 신뢰성은 없지만 정직하다고 가정한다. 노드들은 (결함 때문에) 느리거나 결코 응답하지 않을 수 있고 그들의 상태는 (GC 중단이나 네트워크 지연 때문에) 뒤처질 수도 있지만 노드가 **응답한다면** 그 노드는 "진실"을 말한다고 가정한다. 노드는 자신이 아는 한, 프로토콜의 규칙에 따라 동작한다.

분산 시스템 문제는 노드가 "거짓말"(임의의 결함이 있거나 오염된 응답을 보냄)을 할지도 모른다는 위험이 있다면 훨씬 더 어려워진다. 예를 들어 어떤 노드가 실제로는 받지 않은 특정 메시지를 받았다고 주장할 수도 있다. 이런 동작을 **비잔틴 결함**(Byzantine fault)이라고 하며 이렇게 신뢰할 수 없는 환경에서 합의에 도달하는 문제를 **비잔틴 장군 문제**(Byzantine Generals Problem)라고 한다[77].

비잔틴 장군 문제

비잔틴 장군 문제는 이른바 **두 장군 문제**(Two Generals Problem)[78]를 일반화한 것이다. 이 문제에서는 두 군대의 장군이 전투 계획에 동의해야 하는 상황을 가정한다. 이들은 다른 두 장소에 캠프를 세우기 때문에 전령을 통해서만 연락을 주고받을 수 있고 전령은 때때로 (네트워크의 패킷처럼) 늦거나 실종되기도 한다. 이 **합의** 문제는 9장에서 설명한다.

비잔틴 버전 문제에서는 n명의 장군이 동의해야 하며 그들의 노력은 그들 가운데 배신자들이 있다는 사실에 방해를 받는다. 장군들은 대부분 충성스럽고 따라서 진실한 메시지를 보내지만 배신자들은 (발각되지 않으려고 노력하면서) 가짜나 허위 메시지를 보내 다른 장군들을 속이거나 혼란스럽게 하려고 시도할지도 모른다. 누가 배신자인지는 미리 알려지지 않는다.

비잔티움(Byzantium)은 고대 그리스 도시였으며 나중에 콘스탄티노플이 됐다. 현재는 터키의 이스탄불이다. 비잔티움의 장군들이 다른 곳의 장군들보다 모의나 음모를 더 꾸민다는 어떤 역사적 증거도 없다. 그보다는 **심하게 복잡하고 관료주의적이며 정직하지 못하다**는 뜻에서 비잔틴으로부터 이름이 유래됐으며 컴퓨터가 나오기 오래 전에 정치에서 사용됐다[79]. 램포트(Lamport)는 어떤 독자도 불쾌하게 하지 않을 국적을 고르기를 원했고 **알바니아 장군 문제**(The Albanian Generals Problem)라고 부르는 것은 그리 좋은 생각이 아니라는 조언을 들었다[80].

일부 노드가 오작동하고 프로토콜을 준수하지 않거나 악의적인 공격자가 네트워크를 방해하더라도 시스템이 계속 올바르게 동작한다면 이 시스템은 **비잔틴 내결함성을 지닌다**(Byzantine fault-tolerant). 이런 관심사는 어떤 특정 환경에서 유의미하다. 예를 들어

- 항공우주 산업 환경에서 컴퓨터의 메모리나 CPU 레지스터에 저장된 데이터는 방사선에 오염돼서 그 컴퓨터가 다른 노드에게 전혀 예측할 수 없는 방식으로 반응할 수 있다. 시스템 장애는 매우 비용이 크므로(예를 들어 항공기 사고가 나서 탑승한 모든 사람이 죽거나 로켓이 국제 우주 정거장에 충돌하는 일) 비행 제어 시스템은 비잔틴 결함을 견딜 수 있어야 한다[81, 82].

- 여러 조직이 참여하는 시스템에서 어떤 참여자들은 다른 사람을 속이거나 사취하려고 할지도 모른다. 이런 환경에서는 노드가 다른 노드의 메시지를 그냥 믿는 것은 안전하지 않다. 메시지가 악의를 가지고 보내졌을 수 있기 때문이다. 이를테면 서로 신뢰할 수 없는 단체들이 중앙 권한에 기대지 않고 트랜잭션이 발생했는지 아닌지를 판단하는 방법으로 비트코인(Bitcoin)이나 다른 블록체인 같은 피어투피어 네트워크를 고려할 수 있다[83].

그러나 이 책에서 살펴보는 시스템의 종류는 보통 비잔틴 결함이 없다고 가정할 수 있다. 여러분의 데이터센터에서 여러분의 조직이 모든 노드를 제어하고(따라서 노드를 신뢰할 수 있기를 바란다) 방사선 수준은 메모리 오염이 큰 문제가 안 될 정도로 낮다. 시스템이 비잔틴 내결함성을 지니도록 만드는 프로토콜은 매우 복잡하고[84] 내결함성을 지닌 임베디드 시스템은 하드웨어 수준의 지원에 의존한다[81]. 대부분의 서버 측 데이터 시스템에서 비잔틴 내결함성 솔루션을 배치하는 것은 비용이 커서 실용적이지 않다.

웹 애플리케이션은 최종 사용자가 제어하는 웹브라우저 같은 클라이언트의 행동이 임의적이고 악의적이라고 예상해야 한다. 이는 입력 확인(input validation), 살균(sanitization)[12], 출력 이스케이핑(output escaping)이 매우 중요한 이유다. 예를 들어 SQL 주입 공격(SQL injection)과 크로스 사이트 스크립팅(cross site scripting)을 막아야 한다. 그러나 보통 비잔틴 내결함성 프로토콜을 여기에 쓰지는 않고 클라이언트의 행동이 허용된 것인지 아닌지를 결정하는 권한을 서버에게 줄 뿐이다. 비잔틴 내결함성은 이런 중앙 권한이 없는 피어투피어 네트워크에 더 적절하다.

소프트웨어의 버그를 비잔틴 결함으로 간주할 수도 있지만 동일한 소프트웨어를 모든 노드에 배포하면 비잔틴 내결함성 알고리즘도 도움이 되지 않는다. 대부분의 비잔틴 내결함성 알고리즘은 노드의 2/3 이상의 압도적 다수가 올바르게 동작하기를 요구한다(즉 노드가 네 대 있다면 오동작하는 노드가 최대 하나여야 한다). 버그를 막는 데 이 방법을 쓰려면 동일한 소프트웨어를 독립적으로 구현한 것이 네 개 있어야 하고 네 가지 구현 중 하나에서만 버그가 있기를 바라야 한다.

---

12 (옮긴이) 잠재적으로 위험할 수 있는 입력값을 유효한 값으로 변경하는 처리를 말한다. 예를 들어 SQL 주입 공격을 막기 위해 특정 문자를 다른 문자로 치환하는 방법이 있다.

마찬가지로 프로토콜이 취약점, 보안 침해, 악성 공격에서 우리를 보호할 수 있다면 매력적일 것이다. 유감스럽게도 이것도 현실적이지 않다. 대부분의 시스템에서 공격자가 노드 하나를 침해할 수 있다면 모든 노드를 침해할 수도 있다. 모든 노드가 동일한 소프트웨어를 실행하고 있을 것이기 때문이다. 따라서 전통적인 메커니즘(인증, 접근 제어, 암호화, 방화벽 등)이 여전히 공격자로부터 보호하는 수요 수단으로 사용되고 있다.

약한 형태의 거짓말

노드들이 일반적으로 정직하다고 가정하지만 약한 형태의 "거짓말"(예를 들어 하드웨어 문제, 소프트웨어 버그, 잘못된 설정 때문에 유효하지 않은 메시지)로부터 보호해주는 메커니즘을 소프트웨어에 추가하는 게 가치가 있을 수도 있다. 이런 보호 메커니즘은 완강한 적에게는 대항할 수 없으므로 완전한 비잔틴 내결함성을 지니지는 않지만 그럼에도 더욱 나은 신뢰성으로 향하는 간단하고 실용적인 발걸음이다. 예를 들면

- 네트워크 패킷은 때때로 하드웨어 문제나 운영체제, 드라이버, 라우터 등의 버그 때문에 오염된다. 보통 오염된 패킷은 TCP와 UDP에 내장된 체크섬으로 검출되지만 때로는 검출을 피하는 경우도 있다[85, 86, 87]. 이런 오염으로부터 보호하려면 보통 애플리케이션 수준 프로토콜에서 체크섬을 쓰는 것처럼 단순한 수단을 쓰면 충분하다.

- 공개적으로 접근 가능한 애플리케이션은 사용자 입력을 신중하게 살균해야 한다. 예를 들어 값이 합당한 범위에 속하는지 확인하고, 메모리를 대량으로 할당해서 서비스 거부가 발생하지 않도록 문자열의 크기를 제한해야 한다. 방화벽 뒤에 있는 내부 서비스는 입력 확인을 덜 엄격하게 할 수도 있겠지만 입력값에 대해(예를 들어 프로토콜 파싱을 할 때[85]) 기본적인 정상성 점검(sanity-checking)을 하는 게 좋다.

- NTP 클라이언트는 여러 서버 주소를 설정할 수 있다. 동기화를 할 때 클라이언트는 모든 서버에 접속해서 그들의 오차를 추정한 후 서버 중 다수가 어떤 시간 범위에 동의하는지 확인할 수 있다. 대다수의 서버들이 정상이기만 하면 잘못된 시간을 보고하는 잘못 설정된 NTP 서버를 이상치(outlier)로 검출해서 동기화 대상에서 제거할 수 있다[37]. NTP에 여러 서버를 사용하면 서버 한 대를 쓸 때보다 견고해진다.

시스템 모델과 현실

분산 시스템 문제를 해결하기 위해 많은 알고리즘이 설계되고 있다. 예를 들어 9장에서 합의 문제의 솔루션을 살펴본다. 이 알고리즘들이 유용하려면 이번 장에서 설명한 분산 시스템의 다양한 결함을 견딜 수 있어야 한다.

알고리즘은 그들이 실행되는 하드웨어와 소프트웨어 설정의 세부 사항에 너무 심하게 의존하지 않는 방식으로 작성해야 한다. 그러려면 시스템에서 발생할 것으로 예상되는 결함의 종류를 어떻게든

정형화해야 한다. **시스템 모델**(system model)을 정의해서 정형화하는데, 시스템 모델은 알고리즘이 가정하는 것을 기술한 추상화다.

타이밍 가정에 대해서는 세 가지 시스템 모델이 흔히 사용된다.

동기식 모델

동기식 모델은 네트워크 지연, 프로세스 중단, 시계 오차에 모두 제한이 있다고 가정한다. 시계가 정확하게 동기화된다거나 네트워크 지연이 없다고 암시하는 것은 아니다. 네트워크 지연, 중단, 시계 드리프트가 결코 어떤 고정된 상한치를 초과하지 않을 것임을 안다는 것뿐이다[88]. 동기식 모델은 현실 시스템 대부분에서 현실적인 모델이 아니다. (이번 장에서 설명한 것처럼) 기약 없는 지연과 중단이 발생하기 때문이다.

부분 동기식 모델

부분 동기는 시스템이 **대부분의 시간에는** 동기식 시스템처럼 동작하지만 때때로 네트워크 지연, 프로세스 중단, 시계 드리프트의 한계치를 초과한다는 뜻이다[88]. 이것은 많은 시스템에서 현실적인 모델이다. 대부분의 시간에 네트워크와 프로세스는 매우 잘 동작하지만(그렇지 않으면 아무것도 할 수 없다) 가끔씩 어떤 타이밍 가정이 산산조각 날지도 모른다는 사실을 고려해야 한다. 이런 일이 발생하면 네트워크 지연, 중단, 시계 오차는 제멋대로 커질 수 있다.

비동기식 모델

이 모델에서 알고리즘은 타이밍에 대한 어떤 가정도 할 수 없다. 사실 심지어는 시계가 없을 수도(따라서 타임아웃을 쓸 수 없을 수도) 있다. 어떤 알고리즘은 비동기식 모델용으로 설계할 수 있지만 매우 제한적이다.

또 타이밍 문제 외에 노드 장애를 고려해야 한다. 가장 널리 쓰이는 세 가지 노드용 시스템 모델은 다음과 같다.

죽으면 중단하는(crash-stop) 결함

죽으면 중단하는 모델에서 알고리즘은 노드에 장애가 나는 방식이 하나뿐, 다시 말해 죽는 것뿐이라고 가정할 수 있다. 노드가 어느 순간에 갑자기 응답하기를 멈추면 이후로 그 노드는 영원히 사용할 수 없고 결코 되돌아오지 않는다는 뜻이다.

죽으면 복구하는(crash-recovery) 결함

노드가 어느 순간에 죽을 수 있지만 알려지지 않은 시간이 흐른 후에는 아마도 다시 응답하기 시작할 것이라고 가정한다. 죽으면 복구하는 모델에서 노드는 메모리에 있는 상태는 손실되지만 죽어도 데이터가 남아 있는 안정된 저장소(즉 비휘발성 디스크 저장소)가 있다고 가정한다.

비잔틴(임의적인) 결함

노드는 지난 절에서 설명한 것처럼 다른 노드를 속이거나 기만하는 것을 포함해 전적으로 무슨 일이든 할 수 있다.

현실 시스템을 모델링하는 데는 죽으면 복구하는 결함을 지닌 부분 동기식 모델이 일반적으로 가장 유용한 모델이다. 그러면 분산 알고리즘은 이 모델에 어떻게 대응할 수 있을까?

알고리즘의 정확성

알고리즘이 **정확하다(correct)**는 게 어떤 의미인지 정의하기 위해 알고리즘의 **속성(property)**을 기술할 수 있다. 예를 들어 정렬 알고리즘의 결과는 결과 목록에서 두 개의 다른 요소를 선택하면 왼쪽에 있는 요소가 오른쪽에 있는 요소보다 작다는 속성이 있다. 이는 목록을 정렬하는 게 어떤 뜻인지를 정의하는 간단한 공식적인 방법이다.

마찬가지로 정확하다는 게 어떤 뜻인지 정의하고 싶은 분산 시스템의 속성을 써볼 수 있다. 이를테면 잠금에 사용할 펜싱 토큰을 생성한다면(302쪽 "펜싱 토큰" 참고) 그 알고리즘은 다음 속성을 지녀야 한다.

유일성
펜싱 토큰 요청이 같은 값을 반환하지 않는다.

단조 일련번호
요청 x가 토큰 t_x를, 요청 y가 토큰 t_y를 반환했고 y가 시작하기 전에 x가 완료됐다면 $t_x < t_y$를 만족한다.

가용성
펜싱 토큰을 요청하고 죽지 않은 노드는 결국에는 응답을 받는다.

알고리즘은 시스템 모델에서 발생하리라고 가정한 모든 상황에서 그 속성들을 항상 만족시키면 해당 시스템 모델에서 정확하다. 그러나 이를 어떻게 이해할 수 있을까? 모든 노드가 죽거나 모든 네트워크 지연이 갑자기 무한히 길어진다면 어떤 알고리즘이라도 아무것도 할 수 없다.

안전성과 활동성

상황을 분명히 하기 위해 두 가지 다른 종류의 속성, **안전성(safety)**과 **활동성(liveness)**을 구별할 필요가 있다. 바로 앞의 예에서 **유일성**과 **단조 일련번호**는 안전성 속성이지만 **가용성**은 활동성 속성이다.

두 가지 속성을 구별하는 것은 뭘까? 덤으로 알려주자면 활동성 속성은 흔히 그 정의에 "결국에는(eventually)"이라는 단어를 포함한다는 것이다(그리고 아마도 짐작했겠지만 **최종적 일관성(eventual consistency)**은 활동성 속성이다[89].)

안전성은 흔히 비공식적으로 **나쁜 일은 일어나지 않는다**라고, 활동성은 **좋은 일은 결국 일어난다**라고 정의된다. 그러나 좋고 나쁨의 의미는 주관적이므로 이런 비공식적 정의에 너무 큰 의미를 부여하지 않는 게 최선이다. 안전성과 활동성의 실제 정의는 정확하고 수학적이다[90].

- 안전성 속성이 위반되면 그 속성이 깨진 특정 시점을 가리킬 수 있다(예를 들어 유일성 속성이 위반되면 중복된 펜싱 토큰을 반환한 특정 연산을 식별할 수 있다). 안전성 속성이 위반된 후에는 그 위반을 취소할 수 없다. 이미 손상된 상태다.

- 활동성 속성은 반대로 동작한다. 어떤 시점을 정하지 못할 수 있지만(예를 들어 노드가 요청을 보냈지만 아직 응답을 받지 못했을 수도 있다) 항상 미래에 그 속성을 만족시킬 수 있다는(다시 말해 응답을 받음으로써) 희망이 있다.

안전성과 활동성 속성을 구별하면 어려운 시스템 모델을 다루는 데 도움이 된다. 분산 알고리즘은 시스템 모델의 모든 상황에서 안전성 속성이 **항상** 만족되기를 요구하는 게 일반적이다[88]. 즉 모든 노드가 죽거나 네트워크 전체에 장애가 생기더라도 알고리즘은 잘못된 결과를 반환하지 않는다고 (즉 여전히 안전성 속성을 만족한다고) 보장해야 한다.

그러나 활동성 속성에 대해서는 경고를 하는 게 허용된다. 예를 들어 노드의 다수가 죽지 않고 네트워크가 중단으로부터 결국 복구됐을 때만 요청이 응답을 받아야 한다고 말할 수 있다. 부분 동기식 모델의 정의는 시스템이 결국 동기식 상태로 돌아오기를, 즉 얼마간의 네트워크 끊김이 있다면 단지 한정된 기간 동안만 지속된 후 복구되기를 요구한다.

시스템 모델을 현실 세계에 대응시키기

안전성 및 활동성 속성과 시스템 모델은 분산 시스템의 정확성을 따져보는 데 매우 유용하다. 그러나 현업에서 알고리즘을 구현할 때 현실의 지저분한 사실들이 여러분을 곤란하게 만들고 시스템 모델은 현실의 단순화된 추상화라는 게 명백해진다.

이를테면 죽으면 복구하는 모델에서 알고리즘은 일반적으로 안정된 저장소에 있는 데이터는 노드가 죽어도 남아 있다고 가정한다. 그러나 디스크에 있는 데이터가 오염되거나, 하드웨어 오류나 잘못된 설정 때문에 데이터가 지워지면 어떻게 될까[91]? 서버에 펌웨어 버그가 있어서 하드디스크가 서버에 제대로 붙어 있음에도 재부팅할 때 하드디스크를 인식하는 데 실패하면 어떻게 될까[92]?

정족수 알고리즘(181쪽 "읽기와 쓰기를 위한 정족수" 참고)은 노드가 저장했다고 선언한 데이터를 기억하고 있다는 것에 의존한다. 노드가 기억 상실을 앓거나 전에 저장한 데이터를 잊어버릴 수 있다면 정족수 조건을 깨뜨리고 따라서 알고리즘의 정확성도 깨뜨리게 된다. 아마도 노드가 죽더라도 대부분은 안정된 저장소의 데이터가 남아 있지만 때로는 손실될 수도 있는 새로운 시스템 모델이 필요할 수도 있다. 그러나 이런 모델은 따져보기가 더 어렵다.

알고리즘을 이론적으로 설명할 때는 그냥 어떤 일이 일어나지 않는다고 가정할 수 있다. 그리고 비 비잔틴(non-Byzantine) 시스템에서는 일어날 수 있는 결함과 일어날 수 없는 결함에 대해 어떤 가정을 해야 한다. 그러나 실제 구현에는 여전히 불가능하다고 가정했던 일이 발생하는 경우를 처리하는 코드를 포함시켜야 할 수도 있다. 그 처리가 printf("Sucks to be you")나 exit(666)를 실행하는 것, 즉 인간 운영자가 엉망인 상황을 정리하게 하는 것뿐일지라도 말이다[93](단언컨대 이것이 컴퓨터 과학과 소프트웨어 공학이 다른 점이다).

이론적인 추상 시스템 모델이 쓸모없다고 말하는 것은 아니고 정반대다. 추상 시스템 모델은 현실 시스템의 복잡함에서 우리가 추론할 수 있는 관리 가능한 결함의 집합을 뽑아내서, 문제를 이해하고 체계적으로 해결하려고 노력할 수 있게 하는 데 엄청난 도움이 된다. 어떤 시스템 모델에서 그것들의 속성이 항상 성립한다고 보여줌으로써 알고리즘이 올바르다고 증명할 수 있다.

알고리즘이 올바르다고 증명됐더라도 반드시 현실 시스템에서의 **구현**도 언제나 올바르게 동작한다는 뜻은 아니다. 그렇지만 알고리즘의 증명은 아주 좋은 첫걸음이다. 이론적 분석은 실제 시스템에 오랫동안 숨어 있다가 흔치 않은 상황 때문에 가정(예를 들어 타이밍에 대한)이 깨질 때만 나타나서 여러분을 물어버릴지도 모르는 알고리즘의 문제를 드러낼 수 있기 때문이다. 이론적 분석과 경험적 실험은 똑같이 중요하다.

정리

이번 장에서는 분산 시스템에서 나타날 수 있는 광범위한 문제를 설명했다. 몇 가지를 뽑아보면

- 네트워크로 패킷을 보내려고 할 때는 언제나 패킷이 손실되거나 임의대로 지연될 수 있다. 마찬가지로 응답도 손실되거나 지연될 수 있으므로 응답을 받지 못하면 메시지가 전달됐는지 아닌지를 알 수 없다.

- 노드의 시계는 다른 노드와 심하게 맞지 않을 수 있고(최선을 다해 NTP를 설정하더라도) 시간이 갑자기 앞뒤로 뛸 수도 있다. 그리고 시계의 오차 구간을 측정할 좋은 수단이 없을 가능성이 크므로 시계에 의존하는 것은 위험하다.

- 프로세스는 실행 도중 어느 시점에서 (아마도 stop-the-world 가비지 컬렉션 때문에) 상당한 시간 동안 멈출 수 있고 다른 노드에 의해 죽었다고 선언될 수 있으며 되살아났을 때 멈췄다는 사실을 알지 못할 수도 있다.

부분 실패(partial failure)가 생길 수 있다는 사실은 분산 시스템의 뚜렷한 특성이다. 소프트웨어가 다른 노드와 연관된 뭔가를 하려고 할 때는 언제나 가끔씩 실패하거나 임의로 느려지거나 전혀 응답하지 않을(그리고 결국에는 타임아웃이 날) 가능성이 있다. 분산 시스템에서 우리는 구성 요소의 일부가 고장 나더라도 전체로서의 시스템은 계속 동작할 수 있도록 부분 실패에 대한 내성을 소프트웨어에 내장하려고 노력한다.

결함을 견뎌내려면 그것을 **감지**하는 게 첫걸음이지만 그것조차 어렵다. 대부분의 시스템은 노드에 장애가 발생했는지 알 수 있는 정확한 메커니즘이 없어서 대부분의 분산 알고리즘은 원격 노드를 아직 쓸 수 있는지 결정하기 위해 타임아웃을 사용한다. 그러나 타임아웃은 네트워크 장애와 노드 장애를 구별할 수 없고 변동이 큰 네트워크 지연 때문에 때때로 노드가 죽은 것으로 잘못 의심받을 수 있다. 게다가 때로는 노드가 성능이 저하된 상태일 수도 있다. 예를 들어 기가비트 네트워크 인터페이스는 드라이버 버그 때문에 갑자기 처리량이 1Kb/s로 떨어질 수 있다[94]. 이렇게 "절뚝거리지만" 죽지 않은 노드는 완전히 장애가 난 노드보다 다루기 훨씬 더 어려울 수 있다.

결함이 발견됐을 때 시스템이 이를 견딜 수 있게 만들기도 쉽지 않다. 장비들 사이에는 전역 변수도, 공유 메모리도, 공통된 지식이나 어떤 종류의 공유 상태도 없다. 노드들은 더 난해한 것은 고사하고 몇 시인지조차 동의하지 못한다. 한 노드에서 다른 노드로 정보가 흐를 수 있는 유일한 방법은 신뢰성이 없는 네트워크로 보내는 것뿐이다. 단일 노드가 안전하게 중대한 결정을 할 수 없으므로 다른 노드의 도움을 요청하고 동의할 정족수를 이루려고 시도하는 프로토콜이 필요하다.

동일한 연산은 항상 결정적으로 동일한 결과를 반환하는, 단일 컴퓨터의 이상적인 수학적 완전함 안에서 소프트웨어를 작성하는 데 익숙하다면 분산 시스템의 지저분한 물리적 현실로의 이동은 약간 충격적일 수 있다. 반대로 분산 시스템 엔지니어들은 종종 단일 컴퓨터에서 해결할 수 있는 문제를 사소한 것으로 간주한다[5]. 실제로는 요즘 단일 컴퓨터는 많은 일을 할 수 있는데도 말이다[95]. 만약 판도라의 상자를 여는 것을 피할 수 있고 단일 컴퓨터에서도 그냥 잘 할 수 있다면 일반적으로 그렇게 할 가치가 있다.

그러나 2부 소개에서 설명한 것처럼 분산 시스템을 원하는 이유에는 확장성만 있는 게 아니다. 내결함성과 (데이터를 사용자와 지리적으로 가까운 곳에 둬서 달성하는) 짧은 지연 시간도 똑같이 중요한 목적이며 이들은 단일 노드로는 달성할 수 없다.

이번 장에서는 잠깐 옆길로 새서 네트워크, 시계, 프로세스가 신뢰성이 없는 게 불가피한 자연 법칙인지도 살펴봤다. 그렇지 않다는 것을 알았다. 엄격한 실시간 응답 보장과 네트워크 지연에 제한을 두는 것은 가능하지만 그렇게 하는 비용이 매우 크며 하드웨어 자원 사용률이 낮아진다. 대다수의 안전이 필수적이지 않은 시스템은 비싸고 신뢰성이 있는 것보다 저렴하고 신뢰성이 없는 것을 택한다.

신뢰성 있는 구성 요소를 가정해서 한 구성 요소에 장애가 생기면 전체를 멈췄다 재시작해야 하는 슈퍼컴퓨터도 언급했다. 반대로 분산 시스템은 모든 결함과 유지보수를 노드 수준에서 처리할 수 있으므로 서비스 수준에서는 중단 없이 영원히 실행될 수 있다. 적어도 이론적으로는 그렇다. (실제로는 잘못 변경한 설정이 모든 노드에 배포되면 분산 시스템이 마비된다.)

이번 장은 모두 문제에 대한 것이었고 암울한 관점을 보여줬다. 다음 장에서는 해결책으로 옮겨가서 분산 시스템의 모든 문제에 대처하도록 설계된 알고리즘을 살펴본다.

참고 문헌

[1] Mark Cavage: "There's Just No Getting Around It: You're Building a Distributed System," *ACM Queue*, volume 11, number 4, pages 80-89, April 2013. doi:10.1145/2466486.2482856

[2] Jay Kreps: "Getting Real About Distributed System Reliability," *blog.empathybox.com*, March 19, 2012.

[3] Sydney Padua: *The Thrilling Adventures of Lovelace and Babbage: The (Mostly) True Story of the First Computer*. Particular Books, April 2015. ISBN: 978-0-141-98151-2

[4] Coda Hale: "You Can't Sacrifice Partition Tolerance," *codahale.com*, October 7, 2010.

[5] Jeff Hodges: "Notes on Distributed Systems for Young Bloods," *somethingsimilar.com*, January 14, 2013.

[6] Antonio Regalado: "Who Coined 'Cloud Computing'?," *technologyreview.com*, October 31, 2011.

[7] Luiz Andre Barroso, Jimmy Clidaras, and Urs Holzle: "The Datacenter as a Computer: An Introduction to the Design of Warehouse-Scale Machines, Second Edition," *Synthesis Lectures on Computer Architecture*, volume 8, number 3, Morgan & Claypool Publishers, July 2013. doi:10.2200/S00516ED2V01Y201306CAC024, ISBN: 978-1-627-05010-4

[8] David Fiala, Frank Mueller, Christian Engelmann, et al.: "Detection and Correction of Silent Data Corruption for Large-Scale High-Performance Computing," at *International Conference for High Performance Computing, Networking, Storage and Analysis* (SC12), November 2012.

[9] Arjun Singh, Joon Ong, Amit Agarwal, et al.: "Jupiter Rising: A Decade of Clos Topologies and Centralized Control in Google's Datacenter Network," at *Annual Conference of the ACM Special Interest Group on Data Communication* (SIGCOMM), August 2015. doi:10.1145/2785956.2787508

[10] Glenn K. Lockwood: "Hadoop's Uncomfortable Fit in HPC," *glennklockwood.blogspot.co.uk*, May 16, 2014.

[11] John von Neumann: "Probabilistic Logics and the Synthesis of Reliable Organisms from Unreliable Components," in *Automata Studies (AM-34)*, edited by Claude E. Shannon and John McCarthy, Princeton University Press, 1956. ISBN: 978-0-691-07916-5

[12] Richard W. Hamming: *The Art of Doing Science and Engineering*. Taylor & Francis, 1997. ISBN: 978-9-056-99500-3

[13] Claude E. Shannon: "A Mathematical Theory of Communication," *The Bell System Technical Journal*, volume 27, number 3, pages 379–423 and 623–656, July 1948.

[14] Peter Bailis and Kyle Kingsbury: "The Network Is Reliable," *ACM Queue*, volume 12, number 7, pages 48-55, July 2014. doi:10.1145/2639988.2639988

[15] Joshua B. Leners, Trinabh Gupta, Marcos K. Aguilera, and Michael Walfish: "Taming Uncertainty in Distributed Systems with Help from the Network," at *10th European Conference on Computer Systems* (EuroSys), April 2015. doi:10.1145/2741948.2741976

[16] Phillipa Gill, Navendu Jain, and Nachiappan Nagappan: "Understanding Network Failures in Data Centers: Measurement, Analysis, and Implications," at *ACM SIGCOMM Conference*, August 2011. doi:10.1145/2018436.2018477

[17] Mark Imbriaco: "Downtime Last Saturday," *github.com*, December 26, 2012.

[18] Will Oremus: "The Global Internet Is Being Attacked by Sharks, Google Confirms," *slate.com*, August 15, 2014.

[19] Marc A. Donges: "Re: bnx2 cards Intermittantly Going Offline," Message to Linux *netdev* mailing list, *spinics.net*, September 13, 2012.

[20] Kyle Kingsbury: "Call Me Maybe: Elasticsearch," *aphyr.com*, June 15, 2014.

[21] Salvatore Sanfilippo: "A Few Arguments About Redis Sentinel Properties and Fail Scenarios," *antirez.com*, October 21, 2014.

[22] Bert Hubert: "The Ultimate SO_LINGER Page, or: Why Is My TCP Not Reliable," *blog.netherlabs.nl*, January 18, 2009.

[23] Nicolas Liochon: "CAP: If All You Have Is a Timeout, Everything Looks Like a Partition," *blog.thislongrun.com*, May 25, 2015.

[24] Jerome H. Saltzer, David P. Reed, and David D. Clark: "End-To-End Arguments in System Design," *ACM Transactions on Computer Systems*, volume 2, number 4, pages 277–288, November 1984. doi:10.1145/357401.357402

[25] Matthew P. Grosvenor, Malte Schwarzkopf, Ionel Gog, et al.: "Queues Don't Matter When You Can JUMP Them!," at *12th USENIX Symposium on Networked Systems Design and Implementation* (NSDI), May 2015.

[26] Guohui Wang and T. S. Eugene Ng: "The Impact of Virtualization on Network Performance of Amazon EC2 Data Center," at *29th IEEE International Conference on Computer Communications* (INFOCOM), March 2010. doi:10.1109/INFCOM.2010.5461931

[27] Van Jacobson: "Congestion Avoidance and Control," at *ACM Symposium on Communications Architectures and Protocols* (SIGCOMM), August 1988. doi:10.1145/52324.52356

[28] Brandon Philips: "etcd: Distributed Locking and Service Discovery," at *Strange Loop*, September 2014.

[29] Steve Newman: "A Systematic Look at EC2 I/O," *blog.scalyr.com*, October 16, 2012.

[30] Naohiro Hayashibara, Xavier Defago, Rami Yared, and Takuya Katayama: "The φ Accrual Failure Detector," Japan Advanced Institute of Science and Technology, School of Information Science, Technical Report IS-RR-2004-010, May 2004.

[31] Jeffrey Wang: "Phi Accrual Failure Detector," *ternarysearch.blogspot.co.uk*, August 11, 2013.

[32] Srinivasan Keshav: *An Engineering Approach to Computer Networking: ATM Networks, the Internet, and the Telephone Network*. Addison-Wesley Professional, May 1997. ISBN: 978-0-201-63442-6

[33] Cisco, "Integrated Services Digital Network," *docwiki.cisco*.com.

[34] Othmar Kyas: *ATM Networks*. International Thomson Publishing, 1995. ISBN: 978-1-850-32128-6

[35] "InfiniBand FAQ," Mellanox Technologies, December 22, 2014.

[36] Jose Renato Santos, Yoshio Turner, and G. (John) Janakiraman: "End-to-End Congestion Control for InfiniBand," at *22nd Annual Joint Conference of the IEEE Computer and Communications Societies* (INFOCOM), April 2003. Also published by HP Laboratories Palo Alto, Tech Report HPL-2002-359. doi:10.1109/INFCOM. 2003.1208949

[37] Ulrich Windl, David Dalton, Marc Martinec, and Dale R. Worley: "The NTP FAQ and HOWTO," *ntp.org*, November 2006.

[38] John Graham-Cumming: "How and why the leap second affected Cloudflare DNS," *blog.cloudflare.com*, January 1, 2017.

[39] David Holmes: "Inside the Hotspot VM: Clocks, Timers and Scheduling Events – Part I – Windows," *blogs.oracle.com*, October 2, 2006.

[40] Steve Loughran: "Time on Multi-Core, Multi-Socket Servers," *steveloughran. blogspot.co.uk*, September 17, 2015.

[41] James C. Corbett, Jeffrey Dean, Michael Epstein, et al.: "Spanner: Google's Globally-Distributed Database," *at 10th USENIX Symposium on Operating System Design and Implementation* (OSDI), October 2012.

[42] M. Caporaloni and R. Ambrosini: "How Closely Can a Personal Computer Clock Track the UTC Timescale Via the Internet?," *European Journal of Physics*, volume 23, number 4, pages L17–L21, June 2012. doi:10.1088/0143-0807/23/4/103

[43] Nelson Minar: "A Survey of the NTP Network," *alumni.media.mit.edu*, December 1999.

[44] Viliam Holub: "Synchronizing Clocks in a Cassandra Cluster Pt. 1 – The Problem," *blog.logentries.com*, March 14, 2014.

[45] Poul-Henning Kamp: "The One-Second War (What Time Will You Die?)," *ACM Queue*, volume 9, number 4, pages 44–48, April 2011. doi:10.1145/1966989.1967009

[46] Nelson Minar: "Leap Second Crashes Half the Internet," *somebits.com*, July 3, 2012.

[47] Christopher Pascoe: "Time, Technology and Leaping Seconds," *googleblog.blogspot.co.uk*, September 15, 2011.

[48] Mingxue Zhao and Jeff Barr: "Look Before You Leap – The Coming Leap Second and AWS," *aws.amazon.com*, May 18, 2015.

[49] Darryl Veitch and Kanthaiah Vijayalayan: "Network Timing and the 2015 Leap Second," at *17th International Conference on Passive and Active Measurement* (PAM), April 2016. doi:10.1007/978-3-319-30505-9_29

[50] "Timekeeping in VMware Virtual Machines," Information Guide, VMware, Inc., December 2011.

[51] "MiFID II / MiFIR: Regulatory Technical and Implementing Standards – Annex I (Draft)," European Securities and Markets Authority, Report ESMA/2015/1464, September 2015.

[52] Luke Bigum: "Solving MiFID II Clock Synchronisation With Minimum Spend (Part 1)," *lmax.com*, November 27, 2015.

[53] Kyle Kingsbury: "Call Me Maybe: Cassandra," *aphyr.com*, September 24, 2013.

[54] John Daily: "Clocks Are Bad, or, Welcome to the Wonderful World of Distributed Systems," *basho.com*, November 12, 2013.

[55] Kyle Kingsbury: "The Trouble with Timestamps," *aphyr.com*, October 12, 2013.

[56] Leslie Lamport: "Time, Clocks, and the Ordering of Events in a Distributed System," *Communications of the ACM*, volume 21, number 7, pages 558–565, July 1978. doi:10.1145/359545.359563

[57] Sandeep Kulkarni, Murat Demirbas, Deepak Madeppa, et al.: "Logical Physical Clocks and Consistent Snapshots in Globally Distributed Databases," State University of New York at Buffalo, Computer Science and Engineering Technical Report 2014-04, May 2014.

[58] Justin Sheehy: "There Is No Now: Problems With Simultaneity in Distributed Systems," *ACM Queue*, volume 13, number 3, pages 36–41, March 2015. doi:10.1145/2733108

[59] Murat Demirbas: "Spanner: Google's Globally-Distributed Database," *muratbuffalo.blogspot.co.uk*, July 4, 2013.

[60] Dahlia Malkhi and Jean-Philippe Martin: "Spanner's Concurrency Control," *ACM SIGACT News*, volume 44, number 3, pages 73–77, September 2013. doi:10.1145/2527748.2527767

[61] Manuel Bravo, Nuno Diegues, Jingna Zeng, et al.: "On the Use of Clocks to Enforce Consistency in the Cloud," *IEEE Data Engineering Bulletin*, volume 38, number 1, pages 18–31, March 2015.

[62] Spencer Kimball: "Living Without Atomic Clocks," *cockroachlabs.com*, February 17, 2016.

[63] Cary G. Gray and David R. Cheriton: "Leases: An Efficient Fault-Tolerant Mechanism for Distributed File Cache Consistency," at *12th ACM Symposium on Operating Systems Principles* (SOSP), December 1989. doi:10.1145/74850.74870

[64] Todd Lipcon: "Avoiding Full GCs in Apache HBase with MemStore-Local Allocation Buffers: Part 1," *blog.cloudera. com*, February 24, 2011.

[65] Martin Thompson: "Java Garbage Collection Distilled," *mechanicalsympathy.blogspot.co.uk*, July 16, 2013.

[66] Alexey Ragozin: "How to Tame Java GC Pauses? Surviving 16GiB Heap and Greater," *java.dzone.com*, June 28, 2011.

[67] Christopher Clark, Keir Fraser, Steven Hand, et al.: "Live Migration of Virtual Machines," at *2nd USENIX Symposium on Symposium on Networked Systems Design & Implementation* (NSDI), May 2005.

[68] Mike Shaver: "fsyncers and Curveballs," *shaver.off.net*, May 25, 2008.

[69] Zhenyun Zhuang and Cuong Tran: "Eliminating Large JVM GC Pauses Caused by Background IO Traffic," *engineering.linkedin.com*, February 10, 2016.

[70] David Terei and Amit Levy: "Blade: A Data Center Garbage Collector," arXiv: 1504.02578, April 13, 2015.

[71] Martin Maas, Tim Harris, Krste Asanović, and John Kubiatowicz: "Trash Day: Coordinating Garbage Collection in Distributed Systems," at *15th USENIX Workshop on Hot Topics in Operating Systems* (HotOS), May 2015.

[72] "Predictable Low Latency," Cinnober Financial Technology AB, *cinnober.com*, November 24, 2013.

[73] Martin Fowler: "The LMAX Architecture," *martinfowler.com*, July 12, 2011.

[74] Flavio P. Junqueira and Benjamin Reed: *ZooKeeper: Distributed Process Coordination*. O'Reilly Media, 2013. ISBN: 978-1-449-36130-3

[75] Enis Soztutar: "HBase and HDFS: Understanding Filesystem Usage in HBase," at *HBaseCon*, June 2013.

[76] Caitie McCaffrey: "Clients Are Jerks: AKA How Halo 4 DoSed the Services at Launch & How We Survived," *caitiem. com*, June 23, 2015.

[77] Leslie Lamport, Robert Shostak, and Marshall Pease: "The Byzantine Generals Problem," *ACM Transactions on Programming Languages and Systems* (TOPLAS), volume 4, number 3, pages 382–401, July 1982. doi:10.1145/357172.357176

[78] Jim N. Gray: "Notes on Data Base Operating Systems," in *Operating Systems: An Advanced Course*, Lecture Notes in Computer Science, volume 60, edited by R. Bayer, R. M. Graham, and G. Seegmuller, pages 393–481, Springer-Verlag, 1978. ISBN: 978-3-540-08755-7

[79] Brian Palmer: "How Complicated Was the Byzantine Empire?," *slate.com*, October 20, 2011.

[80] Leslie Lamport: "My Writings," *research.microsoft.com*, December 16, 2014. This page can be found by searching the web for the 23-character string obtained by removing the hyphens from the string allla-mport-spubso-ntheweb.

[81] John Rushby: "Bus Architectures for Safety-Critical Embedded Systems," at *1st International Workshop on Embedded Software* (EMSOFT), October 2001.

[82] Jake Edge: "ELC: SpaceX Lessons Learned," *lwn.net*, March 6, 2013.

[83] Andrew Miller and Joseph J. LaViola, Jr.: "Anonymous Byzantine Consensus from Moderately-Hard Puzzles: A Model for Bitcoin," University of Central Florida, Technical Report CS-TR-14-01, April 2014.

[84] James Mickens: "The Saddest Moment," *USENIX ;login: logout*, May 2013.

[85] Evan Gilman: "The Discovery of Apache ZooKeeper's Poison Packet," *pagerduty.com*, May 7, 2015.

[86] Jonathan Stone and Craig Partridge: "When the CRC and TCP Checksum Disagree," at *ACM Conference on Applications, Technologies, Architectures, and Protocols for Computer Communication* (SIGCOMM), August 2000. doi:10.1145/347059.347561

[87] Evan Jones: "How Both TCP and Ethernet Checksums Fail," *evanjones.ca*, October 5, 2015.

[88] Cynthia Dwork, Nancy Lynch, and Larry Stockmeyer: "Consensus in the Presence of Partial Synchrony," *Journal of the ACM*, volume 35, number 2, pages 288–323, April 1988. doi:10.1145/42282.42283

[89] Peter Bailis and Ali Ghodsi: "Eventual Consistency Today: Limitations, Extensions, and Beyond," *ACM Queue*, volume 11, number 3, pages 55-63, March 2013. doi:10.1145/2460276.2462076

[90] Bowen Alpern and Fred B. Schneider: "Defining Liveness," *Information Processing Letters*, volume 21, number 4, pages 181–185, October 1985. doi:10.1016/0020-0190(85)90056-0

[91] Flavio P. Junqueira: "Dude, Where's My Metadata?," *fpj.me*, May 28, 2015.

[92] Scott Sanders: "January 28th Incident Report," *github.com*, February 3, 2016.

[93] Jay Kreps: "A Few Notes on Kafka and Jepsen," *blog.empathybox.com*, September 25, 2013.

[94] Thanh Do, Mingzhe Hao, Tanakorn Leesatapornwongsa, et al.: "Limplock: Understanding the Impact of Limpware on Scale-out Cloud Systems," at *4th ACM Symposium on Cloud Computing* (SoCC), October 2013. doi:10.1145/2523616.2523627

[95] Frank McSherry, Michael Isard, and Derek G. Murray: "Scalability! But at What COST?," at *15th USENIX Workshop on Hot Topics in Operating Systems* (HotOS), May 2015.

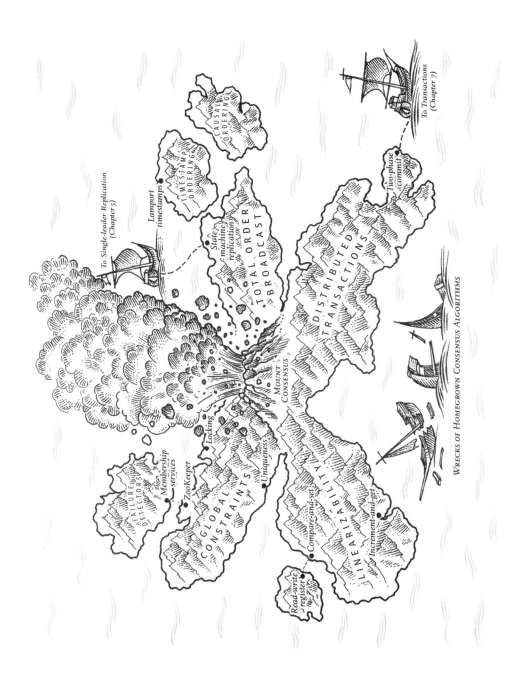

To Single-leader Replication
(Chapter 5)

To Transactions
(Chapter 7)

Lamport
timestamps

CAUSAL
ORDERING

TIMESTAMP
ORDERING

State
machine
replication

TOTAL ORDER
BROADCAST

Two-phase
commit

DISTRIBUTED
TRANSACTIONS

MOUNT
CONSENSUS

Locking

Membership
services

FAILURE
DETECTORS

ZooKeeper

Uniqueness

GLOBAL
CONSTRAINTS

Compare-and-set

LINEARIZABILITY

Increment-and-get

Read-write
register

WRECKS OF HOMEGROWN CONSENSUS ALGORITHMS

일관성과
합의

살아 있지만 틀린 게 나은가, 올바르지만 죽은 게 나은가?

— 제이 크렙스, 카프카와 젭슨에 대한 몇 가지 기록[1] (2013)

8장에서 설명했듯이 분산 시스템에서는 많은 것들이 잘못될 수 있다. 이런 결함을 다루는 가장 간단한 방법은 그냥 전체 서비스가 실패하도록 두고 사용자에게 오류 메시지를 보여주는 것이다. 이 해결책을 받아들이기 어렵다면 결함을 **견뎌냄**(tolerating), 즉 내부 구성 요소 중 뭔가에 결함이 있더라도 서비스는 올바르게 동작하게 할 방법을 찾아야 한다.

이번 장에서는 내결함성을 지닌 분산 시스템을 구축하는 데 쓰이는 알고리즘과 프로토콜의 몇 가지 예를 얘기한다. 8장에서 설명한 모든 문제가 발생할 수 있다고 가정한다. 네트워크에서 패킷이 손실되고, 순서가 바뀌고, 중복되거나 임의의 시간 동안 지연이 발생할 수 있다. 시간은 최선을 다하더라도 근사치밖에 쓸 수 없다. 노드는 멈출 수 있고(예를 들어 가비지 컬렉션 때문에) 언제라도 죽을 수 있다.

---

1 (옮긴이) http://blog.empathybox.com/post/62279088548/a-few-notes-on-kafka-and-jepsen

내결함성을 지닌 시스템을 구축하는 가장 좋은 방법은 유용한 보장을 해주는 범용 추상화를 찾아 이를 구현하고 애플리케이션에서 이 보장에 의존하게 하는 것이다. 7장에서 트랜잭션을 다룰 때 썼던 방법과 같다. 트랜잭션을 사용함으로써 애플리케이션은 충돌이 없고(원자성) 다른 누구도 데이터베이스에 동시 접근하지 않으며(격리성) 저장 서비스는 완전히 믿을 수 있는(지속성) 것처럼 행동할 수 있다. 충돌, 경쟁 조건, 디스크 장애가 발생하더라도 트랜잭션 추상화가 이런 문제들을 숨겨서 애플리케이션이 걱정하지 않게 해준다.

이제 같은 방식을 계속 사용해 애플리케이션이 분산 시스템에 있는 문제를 무시할 수 있게 만들어주는 추상화를 찾는다. 예를 들어 분산 시스템에 가장 중요한 추상화 중 하나는 **합의**, 즉 모든 노드가 어떤 것에 동의하게 만드는 것이다. 이번 장에서 알아보겠지만 네트워크 결함이나 프로세스 장애가 있더라도 신뢰성 있게 합의에 도달하는 것은 놀랄 만큼 까다로운 문제다.

합의 구현이 있으면 애플리케이션은 그것을 다양한 목적으로 사용할 수 있다. 이를테면 단일 리더 복제를 하는 데이터베이스가 있을 때 리더가 죽어서 다른 노드로 복구해야 한다면 남은 데이터베이스 노드들이 합의를 사용해서 새 리더를 뽑을 수 있다. 158쪽 "노드 중단 처리"에서 설명했듯이 리더가 하나만 있고 모든 노드가 누가 리더인지 동의하는 게 중요하다. 두 노드가 자신이 리더라고 생각하는 상황을 **스플릿 브레인(split brain)**이라 부르며 이는 종종 데이터 손실로 이어진다. 올바르게 구현된 합의는 이런 문제들을 피하는 데 도움이 된다.

이번 장 후반부의 349쪽 "분산 트랜잭션과 합의"에서 합의와 합의 관련 문제를 해결하는 알고리즘을 살펴본다. 그러나 먼저 분산 시스템에서 제공될 수 있는 보장과 추상화의 범위를 알아볼 필요가 있다.

어떤 것을 할 수 있고 어떤 것을 할 수 없는지에 대한 범위를 이해해야 한다. 어떤 상황에서는 시스템이 결함을 견뎌내고 계속 동작할 수 있지만 어떤 상황에서는 불가능하다. 가능한 한계와 불가능한 한계는 이론적인 증명과 실제적인 구현 측면에서 깊이 연구돼 왔다. 이번 장에서 이런 근본적인 한계들에 대한 개요를 살펴본다.

분산 시스템 분야의 연구자들은 이런 주제들을 수십년 동안 연구해 왔고 따라서 자료도 많다. 우리는 단지 겉핥기밖에 할 수 없다. 이 책에서 공식적인 모델과 증명을 자세히 다루기는 공간이 부족하므로 비공식적인 직관을 고수한다. 흥미가 있다면 참고 문헌에서 추가 정보를 찾아볼 수 있다.

일관성 보장

163쪽 "복제 지연 문제"에서 복제가 적용된 데이터베이스에서 발생하는 타이밍 문제를 살펴봤다. 동시에 데이터베이스 노드 두 대를 본다면 두 노드에서 서로 다른 데이터를 볼 가능성이 크다. 다른 노드들에 쓰기 요청이 도착하는 시간이 다르기 때문이다. 이런 불일치는 데이터베이스가 어떤 복제 방법(단일 리더, 다중 리더, 리더 없는 복제 등)을 쓰느냐에 상관 없이 일어난다.

복제 데이터베이스는 대부분 최소한 **최종적 일관성**을 제공한다. 데이터베이스에 쓰기를 멈추고 불특정 시간 동안 기다리면 결국 모든 읽기 요청이 같은 값을 반환한다는 뜻이다[1]. 바꿔 말하면 불일치는 일시적이며 결국 스스로 해소한다(네트워크 결함도 결국에는 복구된다고 가정할 때). 모든 복제본이 결국 같은 값으로 수렴되기를 기대하므로 최종적 일관성보다 **수렴**이 더 나은 이름일지도 모른다[2].

그러나 이것은 매우 약한 보장이다. **언제** 복제본이 수렴될지에 대해서는 아무것도 얘기하지 않는다. 수렴될 때까지 읽기는 뭔가를 반환할 수도, 아무것도 반환하지 않을 수도 있다[1]. 예를 들어 어떤 값을 쓰고 바로 읽으면 방금 쓴 값이 보일 거라고 보장할 수 없다. 읽기 요청이 다른 복제본으로 전달될 수도 있기 때문이다(164쪽 "자신이 쓴 내용 읽기" 참고).

최종적 일관성은 보통의 단일 스레드 프로그램에 있는 변수의 동작과 매우 다르므로 애플리케이션 개발자에게 어렵다. 어떤 변수에 값을 할당한 후 곧 그 변수를 읽으면 예전 값이 읽히거나 읽기가 실패하기를 예상하지 않는다. 데이터베이스는 표면적으로 읽고 쓸 수 있는 변수와 비슷해 보이지만 사실 훨씬 더 복잡한 시맨틱을 갖고 있다[3].

약한 보장만 제공하는 데이터베이스를 다룰 때는 그 제한을 계속 알아야 하고 뜻하지 않게 너무 많은 것을 가정하면 안 된다. 대부분의 시간 동안 애플리케이션이 잘 동작할 수도 있기 때문에 버그는 종종 미묘하며 테스트로 발견하기 어렵다. 최종적 일관성의 에지 케이스는 시스템에 결함(예를 들어 네트워크 끊김)이 있거나 동시성이 높을 때만 분명히 드러난다.

이번 장에서는 데이터 시스템이 선택적으로 제공할 수 있는 더욱 강한 일관성 모델을 살펴본다. 이 것들은 공짜가 아니다. 강한 보장을 제공하는 시스템은 성능이 나쁘거나 약한 보장을 제공하는 시스템보다 내결함성이 약할지도 모른다. 그럼에도 강한 보장은 올바르게 사용하기 쉬우므로 매력적이다. 몇 가지 다른 일관성 모델을 알아두면 여러분의 필요에 가장 잘 맞는 것을 선택하는 데 도움이 된다.

분산 일관성 모델과 앞서 설명한 트랜잭션 격리 수준 계층에는 비슷한 점이 있다[4, 5](232쪽 "완화된 격리 수준" 참고). 그러나 겹치는 부분이 있기는 해도 이들은 대개 독립적인 관심사다. 트랜잭션 격리는 주로 동시에 실행되는 트랜잭션 때문에 발생하는 경쟁 조건을 회피하는 것에 관한 것이지만 분산 일관성은 대개 지연과 결함이 있더라도 복제본의 상태를 코디네이션하는 것에 관한 것이다.

이번 장에서는 광범위한 주제를 다루지만 앞으로 보게 될 것처럼 사실 이 영역들은 깊게 연결돼 있다.

- 먼저 공통적으로 사용되는 가장 강한 일관성 모델 중 하나인 **선형성**(linearizability)을 살펴보고 장점과 단점을 검토한다.
- 그 후 분산 시스템에서 이벤트 순서화 문제(336쪽 "순서화 보장"), 특히 인과성과 전체 순서화와 관련된 문제를 검토한다.
- 세 번째 절(349쪽 "분산 트랜잭션과 합의")에서 분산 트랜잭션을 원자적으로 커밋하는 방법을 알아본다. 분산 트랜잭션은 마침내 합의 문제의 해결책으로 우리를 안내해 준다.

선형성

최종적 일관성을 지닌 데이터베이스에서 두 개의 다른 복제본에 같은 질문을 동시에 하면 두 가지 다른 응답을 받을지도 모른다. 혼란스럽다. 데이터베이스가 복제본이 하나만 있다(즉 데이터 복사본이 하나만 있다)는 환상을 만들어준다면 훨씬 더 단순해지지 않을까? 그러면 모든 클라이언트는 똑같은 데이터를 보고 복제 지연을 걱정할 필요가 없다.

이것이 **선형성**을 뒷받침하는 아이디어다[6](**원자적 일관성**(atomic consistency)[7], **강한 일관성**(strong consistency), **즉각 일관성**(immediate consistency), **외부 일관성**(external consistency)[8]이라고도 한다). 선형성의 정확한 정의는 매우 미묘하며 이번 절의 나머지 부분에서 살펴본다. 그러나 기본 아이디어는 시스템에 데이터 복사본이 하나만 있고 그 데이터를 대상으로 수행하는 모든 연산은 원자적인 것처럼 보이게 만드는 것이다. 이런 보장이 있으면 현실에는 여러 복제본이 있더라도 애플리케이션은 거기에 신경 쓸 필요가 없다.

선형성 시스템에서는 클라이언트가 쓰기를 성공적으로 완료하자마자 그 데이터베이스를 읽는 모든 클라이언트는 방금 쓰여진 값을 볼 수 있어야 한다. 데이터의 복사본이 하나만 있다는 환상을 유지하는 것은 읽힌 값이 최근에 갱신된 값이며 뒤처진 캐시나 복제본에서 나온 값이 아니라고 보장해준다는 뜻이다. 다시 말해 선형성은 **최신성 보장**(recency guarantee)이다. 이 아이디어를 명확하게 하기 위해 비선형성 시스템의 예를 살펴보자.

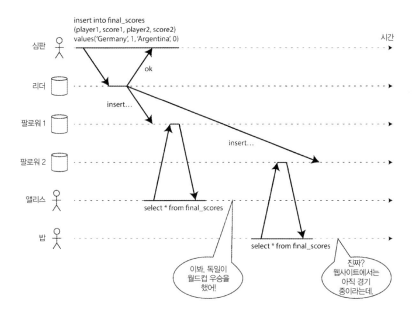

그림 9-1. 이 시스템은 비선형이라서 축구팬들을 혼란스럽게 한다.

그림 9-1은 비선형성 스포츠 웹사이트의 예를 보여준다[9]. 앨리스와 밥은 같은 방에 앉아서 둘 다 자신의 휴대폰으로 2014 피파 월드컵 결승전 결과를 확인하고 있다. 최종 점수가 공식 발표되자마자 앨리스는 웹 페이지를 새로 불러와서 우승팀이 결정된 것을 보고 흥분해서 밥에게 말한다. 밥은 못 미더워하면서 자기 휴대폰의 **새로고침** 버튼을 누르지만 그의 요청은 지연된 데이터베이스 복제본으로 전달돼서 휴대폰에 경기가 아직 진행 중인 것으로 보인다.

앨리스와 밥이 동시에 새로고침을 했는데 두 가지 다른 질의 결과를 받았다면 덜 놀랐을 것이다. 그들은 정확히 언제 각자의 요청이 서버에서 처리됐는지 알지 못하기 때문이다. 그러나 밥은 앨리스가 최종 점수를 외친 것을 들은 **후**에 새로고침 버튼을 눌렀음(질의를 실행했음)을 알고 따라서 그는 질의 결과가 적어도 앨리스의 질의 결과만큼은 새로워야 한다고 기대한다. 그의 질의가 오래된 결과를 반환했다는 사실은 선형성 위반이다.

시스템에 선형성을 부여하는 것은 무엇인가?

선형성을 뒷받침하는 기본 아이디어는 간단하다. 시스템에 데이터 복사본이 하나뿐인 것처럼 보이게 만드는 것이다. 그러나 그게 정확히 무슨 뜻인지 확실하게 하려면 실제로는 주의가 좀 필요하다. 선형성을 잘 이해할 수 있도록 몇 가지 예를 더 살펴본다.

그림 9-2는 선형성 데이터베이스에서 동시에 같은 키 x를 읽고 쓰는 세 클라이언트를 보여준다. 분산 시스템 분야에서 x는 **레지스터(register)**라고 불린다. 예를 들면 현실에서는 키-값 저장소의 키하나, 관계형 데이터베이스의 로우 하나, 또는 문서 데이터베이스의 문서 하나가 될 수 있다.

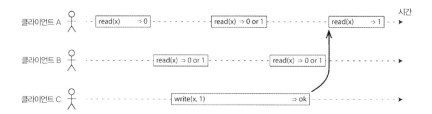

그림 9-2. 읽기 요청이 쓰기 요청과 동시에 실행되면 과거의 값을 반환할 수도 있고 새로운 값을 반환할 수도 있다.

간단히 하기 위해 그림 9-2에서 클라이언트 관점의 요청만 보여주고 데이터베이스 내부는 보여주지 않는다. 각 막대는 클라이언트가 보낸 요청이다. 막대의 시작은 요청을 보낸 시간이고 막대의 끝은 클라이언트가 응답을 받은 시간이다. 네트워크 지연의 변동 때문에 클라이언트는 데이터베이스가 언제 자신의 요청을 처리했는지 정확히 알지 못한다. 단지 클라이언트가 요청을 보낸 시간과 응답을 받은 시간 사이에 처리됐다는 것을 알 뿐이다[2].

이 예제에서 레지스터는 두 가지 종류의 연산이 있다.

- *read(x) ⇒ v*는 클라이언트가 레지스터 x의 값을 읽기를 요청했고 데이터베이스가 값 v를 반환했다는 것을 의미한다.
- *write(x, v) ⇒ r*은 클라이언트가 레지스터 x의 값을 v로 설정하라고 요청했고 데이터베이스가 응답 r(ok일 수도 error일 수도 있다)을 반환했다는 것을 의미한다.

그림 9-2에서 x의 값은 처음에 0이고 클라이언트 C가 그 값을 1로 설정하는 쓰기 요청을 실행한다. 이게 실행되는 동안 클라이언트 A와 B는 최신 값을 읽기 위해 반복적으로 데이터베이스를 폴링한다. A와 B는 자신의 읽기 요청에 대해 어떤 응답을 받을 수 있을까?

- 클라이언트 A가 실행한 첫 번째 읽기 연산은 쓰기가 시작하기 전에 완료되므로 이전 값인 0을 반환해야 하는 게 명백하다.
- 클라이언트 A가 실행한 마지막 읽기는 쓰기가 완료된 후 시작하므로 데이터베이스가 선형적이라면 명백히 새로운 값 1을 반환해야 한다. 쓰기는 쓰기 연산의 시작과 끝 사이의 어느 시점에선가 처리됐어야 하고 읽기는 읽기 연산의 시작과 끝 사이의 어느 시점에선가 처리됐어야 한다. 만약 쓰기가 끝난 후에 읽기가 시작하면 그 읽기는 쓰기 후에 처리됐어야 하고 따라서 새로 쓰여진 값을 볼 수 있어야 한다.

---

2 이 다이어그램의 미묘한 세부 사항은 수평 축으로 표현된 전역 시계의 존재를 가정한다는 것이다. 실제 시스템은 전형적으로 정확한 시계(287쪽 "신뢰성 없는 시계" 참고)를 갖고 있지 않지만 이 가정은 괜찮다. 분산 알고리즘의 분석을 목적으로 정확한 전역 시계가 존재하는 것처럼 생각해도 된다. 알고리즘이 그 시계에 접근하지 않는다면 말이다 [47]. 대신 그 알고리즘은 수정 발진기와 NTP가 만들어낸 진짜 시간의 뭉뚱그려진 근사치를 볼 수 있을 뿐이다.

- 쓰기 연산과 시간이 겹치는 읽기 연산은 0을 반환했을 수도 1을 반환했을 수도 있다. 읽기 연산이 처리되는 시점에 쓰기의 영향이 발생했는지 아닌지 알 수 없기 때문이다. 이 연산들은 쓰기와 **동시에 실행**된다.

그러나 이것으로 선형성을 완전히 설명하기는 부족하다. 쓰기와 동시에 실행되는 읽기가 오래된 값이나 새로운 값을 반환할 수 있다면 읽기를 실행하는 측은 쓰기가 진행되는 동안 값이 오래된 값과 새로운 값 사이에서 여러 번 왔다 갔다 하는 것을 볼 수 있다. 이것은 "데이터의 단일 복사본"을 모방하는 시스템에 기대하는 바가 아니다.[3]

시스템을 선형적으로 만들려면 그림 9-3에 나온 것처럼 또 다른 제약 조건을 추가해야 한다.

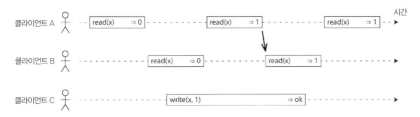

그림 9-3. 읽기가 새로운 값을 반환한 적이 있는 후에는 모든 후속 읽기(같은 클라이언트에서 실행되든 다른 클라이언트에서 실행되든)도 반드시 새로운 값을 반환해야 한다.

선형성 시스템에서 우리는 x의 값이 원자적으로 0에서 1로 바뀌는 (쓰기 연산의 시작과 끝 사이의) 어떤 시점이 있어야 한다고 상상한다. 따라서 한 클라이언트의 읽기가 새로운 값 1을 반환하면 이후의 모든 읽기 또한 새로운 값을 반환해야 한다. 쓰기 연산이 아직 완료되지 않았더라도 말이다.

타이밍 의존 관계가 그림 9-3에 화살표로 설명돼 있다. 클라이언트 A는 새로운 값 1을 읽은 첫 번째 클라이언트다. A의 읽기가 반환된 후 바로 B가 새로운 읽기를 시작한다. B의 읽기는 확실히 A의 읽기 뒤에 실행되므로 C가 실행한 쓰기가 아직 진행 중이라도 역시 1을 반환해야 한다(그림 9-1의 앨리스와 밥이 처한 상황과 같다. 앨리스가 새로운 값을 읽은 후에는 밥도 새로운 값을 읽을 것이라고 기대된다).

이 타이밍 다이어그램을 더 개선해서 어떤 시점에 원자적으로 영향을 주는 개별 연산을 시각화할 수 있다. 더 복잡한 예시가 그림 9-4에 있다[10].

그림 9-4에서 **읽기**와 **쓰기** 외에 세 번째 종류의 연산을 추가한다.

---

3 쓰기와 동시에 읽기가 실행될 때 오래된 값이나 새로운 값을 반환할 수 있는 레지스터를 **정규 레지스터**(regular register)라고 한다[7, 25].

- $cas(x, v_{old}, v_{new}) \Rightarrow r$은 클라이언트가 원자적 **compare-and-set** 연산(245쪽 "Compare-and-set" 참고)을 요청했다는 뜻이다. 레지스터 x의 현재 값이 V_{old}와 같으면 원자적으로 V_{new}로 설정돼야 한다. $X \neq V_{old}$라면 이 연산은 레지스터를 그대로 두고 오류를 반환해야 한다. r은 데이터베이스의 응답이다(ok나 $error$).

그림 9-4의 각 연산에는 우리가 연산이 실행됐다고 생각하는 시점이 (각 연산의 막대 안에) 수직선으로 표시돼 있다. 이 표시들은 모여서 순차열을 이루며 그 결과는 레지스터에 실행된 읽기와 쓰기의 유효한 순차열이 돼야 한다(모든 읽기는 최근의 쓰기가 설정한 값을 반환해야 한다).

선형성의 요구사항은 연산 표시를 모은 선들이 항상 시간순으로 진행돼야 하고(왼쪽에서 오른쪽으로) 결코 뒤로 가서는 안 된다는 것이다. 이 요구사항은 앞에서 설명한 최신성 보장이 되도록 만들어준다. 새로운 값이 쓰여지거나 읽히면 이후 실행되는 모든 읽기는 값이 다시 덮어쓰여질 때까지 쓰여진 값을 읽게 된다.

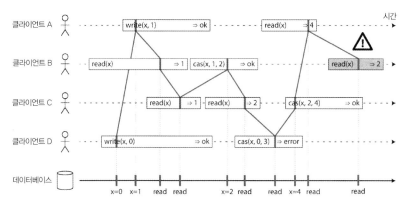

그림 9-4. 읽기와 쓰기의 영향이 나타나는 것으로 보이는 시점을 시각화하기. B의 마지막 읽기는 선형적이지 않다.

그림 9-4에는 주목할 만한 흥미로운 세부 사항이 몇 가지 있다.

- 먼저 클라이언트 B가 x 읽기 요청을 보낸 후 클라이언트 D가 x를 0으로 설정하는 요청을 보내고 클라이언트 A가 x를 1로 설정하는 요청을 보낸다. 그렇지만 B의 읽기가 반환한 값은 1(A가 쓴 값)이다. 이것은 문제 없다. 데이터베이스가 D의 쓰기를 먼저 처리한 후 A의 쓰기를 처리했고 마지막으로 B의 읽기를 처리했다는 의미다. 요청을 보낸 순서와는 다르지만 세 요청이 동시적이기 때문에 이 순서는 허용된다. 아마도 B의 읽기 요청이 네트워크에서 조금 지연돼서 두 개의 쓰기 요청보다 나중에 데이터베이스로 전달됐을 것이다.

- 클라이언트 B의 읽기는 클라이언트 A가 데이터베이스로부터 값을 1로 쓰는 데 성공했다는 응답을 받기 전에 1을 반환했다. 이것도 괜찮다. 값이 쓰여지기 전에 읽혔다는 의미가 아니라 데이터베이스에서 클라이언트 A로 가는 ok 응답이 네트워크에서 약간 지연됐다는 의미일 뿐이다.

- 이 모델은 어떤 트랜잭션 격리도 가정하지 않는다. 다른 클라이언트가 언제라도 값을 바꿀지 모른다. 예를 들어 C는 먼저 1을 읽고 그다음에는 2를 읽었는데, 두 번의 읽기 사이에 B가 값을 변경했기 때문이다. 다른 클라이언트가 동시에 값을 바꾸지 않았는지 확인하기 위해 원자적 compare-and-set(cas) 연산을 쓸 수 있다. B와 C의 cas 요청은 성공하지만 D의 cas 요청은 실패한다(데이터베이스가 그 요청을 처리하는 시점에 x의 값은 더 이상 0이 아니다).

- 클라이언트 B의 마지막 읽기(음영 처리된 막대)는 선형적이지 않다. 이 연산은 x를 2에서 4로 갱신하는 C의 cas 쓰기와 동시적이다. 다른 요청이 없다면 B의 읽기가 2를 반환해도 괜찮다. 그러나 클라이언트 A는 B의 읽기가 시작하기 전에 이미 새로운 값 4를 읽었다. 따라서 B는 A가 읽은 것보다 과거의 값을 읽는 것은 허용되지 않는다. 다시 한 번 그림 9-1에 나온 앨리스와 밥의 상황과 같다.

이것이 선형성 뒤에 있는 직관이다. 공식 정의[6]는 선형성을 더 정확히 기술한다. (계산 비용이 크긴 하지만) 모든 요청과 응답 시점을 기록하고 그것들이 유효한 순차 순서로 배열되는지 확인함으로써 시스템의 동작이 선형적인지 테스트할 수도 있다[11].

선형성 대 직렬성

선형성은 직렬성과 혼동하기 쉽다(251쪽 "직렬성" 참고). 두 단어 모두 "순차적인 순서로 배열될 수 있는" 뭔가를 의미하기 때문이다. 그러나 이들은 두 가지 매우 다른 보장이며 이들을 구별하는 게 중요하다.

직렬성

직렬성은 모든 트랜잭션이 여러 객체(로우, 문서, 레코드)를 읽고 쓸 수 있는 상황에서의 **트랜잭션들**의 격리 속성이다(228쪽 "단일 객체 연산과 다중 객체 연산" 참고). 직렬성은 트랜잭션들이 (각 트랜잭션이 다음 트랜잭션이 시작하기 전에 완료되는) **어떤** 순서에 따라 실행되는 것처럼 동작하도록 보장해준다. 그 순서가 트랜잭션들이 실제로 실행되는 순서와 달라도 상관 없다[12].

선형성

선형성은 레지스터(**개별 객체**)에 실행되는 읽기와 쓰기에 대한 최신성 보장이다. 선형성은 연산을 트랜잭션으로 묶지 않아서 충돌 구체화(250쪽 "충돌 구체화" 참고) 같은 부가적인 수단을 사용하지 않으면 쓰기 스큐 같은 문제를 막지 못한다(246쪽 "쓰기 스큐와 팬텀" 참고).

데이터베이스는 직렬성과 선형성을 모두 제공할 수도 있으며 이런 조합은 **엄격한 직렬성**(strict serializability)이나 **강한 단일 복사본 직렬성**(strong one-copy serializability, strong-1SR)이라고 한다[4, 13]. 2단계 잠금(256쪽 "2단계 잠금(2PL)" 참고)이나 실제적인 직렬 실행(252쪽 "실제적인 직렬 실행" 참고)을 기반으로 한 직렬성 구현은 보통 선형적이다.

그러나 직렬성 스냅숏 격리(260쪽 "직렬성 스냅숏 격리(SSI)" 참고)는 선형적이지 않다. 설계상 직렬성 스냅숏 격리는 읽는 쪽과 쓰는 쪽 사이의 잠금 경쟁을 피하기 위해 일관된 스냅숏에서 읽는다. 일관된 스냅숏의 요점은 스냅숏에 스냅숏보다 나중에 실행된 쓰기를 포함하지 않는다는 것이고 따라서 스냅숏에서 읽으면 선형적이지 않다.

선형성에 기대기

어떤 환경에서 선형성이 유용할까? 스포츠 시합의 최종 점수 조회는 시시한 예다. 이 상황에서 결과가 몇 초 뒤처진다고 해도 실질적인 손해를 유발할 가능성은 거의 없다. 그러나 시스템이 올바르게 동작하도록 만들기 위해 선형성이 중요한 요구사항이 되는 영역이 몇 가지 있다.

잠금과 리더 선출

단일 리더 복제를 사용하는 시스템은 리더가 여러 개(스플릿 브레인)가 아니라 진짜로 하나만 존재하도록 보장해야 한다. 리더를 선출하는 한 가지 방법은 잠금을 사용하는 것이다. 모든 노드가 시작할 때 잠금 획득을 시도하고 성공한 노드가 리더가 된다[14]. 이 잠금을 어떻게 구현하든지 선형적이어야 한다. 모든 노드는 어느 노드가 잠금을 소유하는지에 동의해야 한다. 그렇지 않으면 쓸모가 없다.

분산 잠금과 리더 선출을 구현하기 위해 아파치 주키퍼(Apache ZooKeeper)[15]나 etcd[16] 같은 코디네이션 서비스가 종종 사용된다. 이들은 합의 알고리즘을 사용해 선형성 연산을 내결함성이 있는 방식으로 구현한다(이런 알고리즘은 이번 장 후반부의 361쪽 "내결함성을 지닌 합의"에서 설명한다).⁴ 잠금과 리더 선출을 올바르게 구현하는 데는 미묘한 세부 사항이 여전히 많고(예를 들어 301쪽 "리더와 잠금"에 나온 펜싱 문제) 아파치 큐레이터(Apache Curator)[17] 같은 라이브러리는 주키퍼 위에 고수준 레시피를 제공해서 도움을 준다. 그러나 이런 코디네이션 작업에는 선형성 저장소 서비스가 기초적인 기반이 된다.

분산 잠금은 오라클 리얼 애플리케이션 클러스터(Oracle Real Application Cluster, RAC) 같은 분산 데이터베이스에서 훨씬 세분화된 수준으로 사용되기도 한다[18]. RAC는 여러 노드가 동일한 디스크 저장 시스템을 공유해서 접근하며 디스크 페이지마다 잠금을 사용한다. 이런 선형성 잠금은 트랜잭션 실행의 중요 경로(critical path)에 있으므로 RAC를 배치할 때는 보통 데이터베이스 노드들 사이의 통신용으로 전용 클러스터 연결 네트워크를 사용한다.

제약 조건과 유일성 보장

유일성 제약 조건은 데이터베이스에서 흔하다. 이를테면 사용자명이나 이메일 주소는 사용자 한 명을 유일하게 식별할 수 있어야 하며 파일 저장 서비스에서는 경로와 파일 이름이 동일한 파일이 두

---

4 엄격하게 말하면 주키퍼와 etcd는 선형성 쓰기를 제공하지만 읽기는 기본적으로 복제본 중 하나에서 처리되므로 뒤처질 수도 있다. 선택적으로 선형성 읽기를 요청할 수 있다. etcd에서는 이를 **정족수 읽기**(quorum read)[16]라고 하고 주키퍼에서는 읽기 전에 sync( )를 호출해야 한다[15]. 347쪽 "전체 순서 브로드캐스트를 사용해 선형성 저장소 구현하기"를 참고한다.

개 있을 수 없다. 데이터가 기록될 때 (두 사람이 동시에 이름이 같은 사용자나 파일을 생성하려고 한다면 이들 중 한 명은 오류를 반환받는 식으로) 이 제약 조건을 강제하고 싶다면 선형성이 필요하다.

이 상황은 실제로 잠금과 비슷하다. 사용자가 서비스에 가입할 때 그들이 선택한 사용자명에 "잠금"을 획득하는 것으로 생각할 수 있다. 그 연산은 원자적 compare-and-set과도 매우 비슷하다. 사용자명이 이미 점유되지 않았다면 요구한 사용자의 ID에 해당 사용자명을 설정한다.

은행 계좌 잔고가 결코 음수가 되지 않게 하거나 창고에 있는 재고보다 더 팔지 않게 하거나 두 사람이 동시에 같은 비행기나 영화 좌석을 예약하지 못하게 보장하고 싶을 때 비슷한 문제가 생긴다. 모든 이런 제약 조건은 모든 노드가 동의하는 하나의 최신 값(계좌 잔고, 재고 수준, 좌석 점유)이 있기를 요구한다.

실제 애플리케이션에서는 때때로 이런 제약 조건을 느슨하게 다뤄도 된다(예를 들어 항공편 좌석이 초과 예약됐다면 고객을 다른 항공편으로 옮기고 불편함에 대한 보상을 해줄 수 있다). 이런 경우에는 선형성이 필요 없을 수도 있다. 523쪽 "적시성과 무결성"에서 이렇게 느슨하게 이해되는 제약 조건을 살펴본다.

그러나 관계형 데이터베이스에서 전형적으로 볼 수 있는 엄격한 유일성 제약 조건은 선형성이 필요하다. 외래 키나 속성 제약 조건 같은 다른 종류의 제약 조건은 선형성을 요구하지 않고도 구현할 수 있다[19].

채널 간 타이밍 의존성

그림 9-1의 세부 사항을 주목하자. 앨리스가 점수를 외치지 않았다면 밥은 자신의 질의 결과가 뒤처졌다는 것을 알지 못했을 것이다. 그냥 몇 초 뒤에 페이지를 다시 새로고침해서 결국 최종 점수를 봤을 것이다. 선형성 위반은 시스템에 (앨리스의 목소리에서 밥의 귀로 이어지는) 부가적인 통신 채널이 있었기 때문에 발견됐다.

컴퓨터 시스템에서 비슷한 상황이 발생할 수 있다. 예를 들어 사용자들이 사진을 올릴 수 있고 백그라운드 프로세스가 사진을 빨리 내려받을 수 있도록 저해상도로 크기를 바꾸는(썸네일) 웹사이트가 있다. 그림 9-5에 이 시스템의 아키텍처와 데이터플로가 설명돼 있다.

이미지 크기 변경 모듈은 크기 변경 작업을 하도록 명시적으로 지시받아야 하고 이 지시는 메시지 큐(11장 참고)를 통해 웹 서버에서 크기 변경 모듈로 보내진다. 웹 서버는 전체 사진을 큐에 넣지 않는다. 대부분의 메시지 브로커는 작은 메시지용으로 설계됐고 사진 하나의 크기가 몇 메가바이트가 될 수도 있기 때문이다. 대신 사진은 먼저 파일 저장 서비스에 기록되고 기록이 완료되면 크기 변경 지시가 큐에 들어간다.

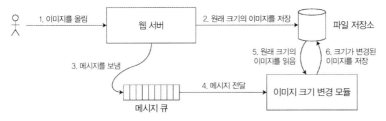

그림 9-5. 웹 서버와 이미지 크기 변경 모듈은 파일 저장소와 메시지 큐를 모두 써서 통신하므로 경쟁 조건이 발생할 가능성이 열려 있다.

파일 저장 서비스가 선형적이면 이 시스템은 잘 동작한다. 선형적이지 않다면 경쟁 조건의 위험이 있다. 메시지 큐(그림 9-5의 3단계와 4단계)가 저장 서비스 내부의 복제보다 빠를지도 모른다. 이런 경우 크기 변경 모듈이 이미지를 읽으면(5단계) 그 이미지의 과거 버전을 보거나 아무것도 보지 못할 수 있다. 만약 크기 변경 모듈이 과거 버전 이미지를 처리하면 파일 저장소에 있는 원래 크기의 이미지와 변경된 이미지가 영구적으로 불일치하게 된다.

이 문제는 웹 서버와 크기 변경 모듈 사이에 두 가지 다른 통신 채널, 파일 저장소와 메시지 큐가 있기 때문에 발생한다. 선형성의 최신성 보장이 없으면 이 두 채널 사이에 경쟁 조건이 발생할 수 있다. 이 상황은 그림 9-1과 비슷하다. 거기서도 두 개의 통신 채널 사이에 경쟁 조건이 있다. 데이터베이스 복제와, 앨리스의 입과 밥의 귀 사이에 있는 현실의 오디오 채널이 있다.

선형성이 경쟁 조건을 회피하는 유일한 방법은 아니지만 이해하기에 가장 단순하다. 부가적인 통신 채널을 제어한다면(앨리스와 밥의 경우는 아니고 메시지 큐의 경우처럼) 복잡성이 추가되는 대신 164쪽 "자신이 쓴 내용 읽기"에서 설명한 것과 비슷한 대안적인 방법을 사용할 수도 있다.

선형성 시스템 구현하기

선형성이 유용한 몇 가지 예를 살펴봤으니 이제 선형성 시맨틱을 제공하는 시스템을 어떻게 구현할지 생각해 보자.

선형성은 근본적으로 "데이터 복사본이 하나만 있는 것처럼 동작하고 그 데이터에 실행되는 모든 연산은 원자적"이라는 것을 의미하므로 가장 간단한 해답은 정말로 데이터 복사본 하나만 사용하는 것이다. 그러나 이 방법으로는 결함을 견뎌낼 수 없다. 하나의 복사본을 저장한 노드에 장애가 나면 데이터는 손실되거나 적어도 노드가 다시 살아날 때까지 접근할 수 없다.

시스템이 내결함성을 지니도록 만드는 가장 흔한 방법은 복제를 사용하는 것이다. 5장에서 다뤘던 복제 방법을 다시 살펴보며 선형적으로 만들 수 있을지 비교해 보자.

단일 리더 복제(선형적이 될 가능성이 있음)

단일 리더 복제(154쪽 "리더와 팔로워" 참고)를 하는 시스템에서 리더는 쓰기에 사용되는 데이터의 주 복사본을 갖고 있고 팔로워는 다른 노드에 데이터의 백업 복사본을 보관한다. 리더나 동기식으로 갱신된 팔로워에서 실행한 읽기는 선형적이 될 가능성이 있다.[5] 그러나 모든 단일 리더 데이터베이스가 실제로 선형적인 것은 아니다. 설계 때문일 수도 있고(예를 들어 스냅숏 격리를 사용하기 때문에) 동시성 버그[10] 때문일 수도 있다.

읽기에 리더를 사용하려면 누가 리더인지 확실히 안다고 가정해야 한다. 300쪽 "진실은 다수결로 결정된다"에서 설명했듯이 사실은 리더가 아닌 노드가 자신이 리더라고 생각할 가능성도 꽤 있다. 그리고 이렇게 망상에 빠진 리더가 계속 요청을 처리하면 선형성을 위반하기 쉽다[20]. 비동기 복제를 사용하면 장애 복구를 할 때 커밋된 쓰기가 손실될 수도 있는데(158쪽 "노드 중단 처리") 지속성과 선형성을 모두 위반하는 것이다.

합의 알고리즘(선형적)

이번 장 후반부에서 설명할 어떤 합의 알고리즘은 단일 리더 복제를 닮았다. 그러나 합의 프로토콜에는 스플릿 브레인과 복제본이 뒤처지는 문제를 막을 수단이 포함된다. 이런 세부 사항 덕에 합의 알고리즘은 선형성 저장소를 안전하게 구현할 수 있다. 예를 들어 주키퍼[21]와 etcd[22]가 이렇게 동작한다.

다중 리더 복제(비선형적)

다중 리더 복제를 하는 시스템들은 일반적으로 선형적이지 않다. 이들은 여러 노드에서 동시에 쓰기를 처리하고 그렇게 쓰여진 내용을 비동기로 다른 노드에 복제하기 때문이다. 이런 까닭으로 다중 리더 복제 시스템은 충돌 해소가 필요한 충돌 쓰기를 만들 수 있다(173쪽 "쓰기 충돌 다루기" 참고). 이런 충돌은 데이터의 단일 복사본만 존재하는 게 아니라서 발생하는 부산물이다.

리더 없는 복제(아마도 비선형적)

리더 없는 복제를 하는 시스템(다이나모 스타일. 179쪽 "리더 없는 복제" 참고)에 대해 사람들은 때때로 정족수 읽기와 쓰기($w + r > n$)를 요구함으로써 "엄격한 일관성"을 달성할 수 있다고 주장한다. 정족수의 정확한 설정에 따라, 그리고 엄격한 일관성을 어떻게 정의하느냐에 따라 이 주장이 완전한 진실은 아니다.

일 기준 시계를 기반으로 한 "최종 쓰기 승리" 충돌 해소 방법(예를 들어 카산드라에서. 290쪽 "동기화된 시계에 의존하기" 참고)은 거의 확실히 비선형적이다. 시계 타임스탬프는 시계 스큐(clock skew) 때문에 이벤트의 실제 순서와 일치하리라고 보장할 수 없기 때문이다. 느슨한 정족수(184쪽 "느슨한 정족수와 암시된 핸드오프" 참고)도 선형성의 가능성을 망친다. 다음 절에서 예를 들겠지만 엄격한 정족수를 사용해도 비선형적으로 동작할 가능성이 있다.

선형성과 정족수

직관적으로 다이나모 스타일 모델에서 엄격한 정족수를 사용한 읽기 쓰기는 선형적인 것처럼 보인다. 그러나 그림 9-6에 나온 예처럼 네트워크 지연의 변동이 심하면 경쟁 조건이 생길 수 있다.

---

5 파티션마다 독립된 리더가 있도록 단일 리더 데이터베이스를 파티셔닝(샤딩)하는 것은 선형성에 영향을 미치지 않는다. 선형성은 단일 객체 보장일 뿐이기 때문이다. 파티션을 넘어서는(cross-partition) 트랜잭션은 다른 문제다(349쪽 "분산 트랜잭션과 합의" 참고).

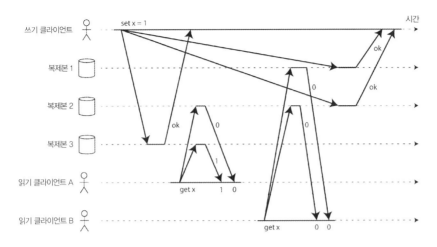

그림 9-6. 엄격한 정족수를 사용하지만 비선형적인 실행

그림 9-6에서 x의 초깃값은 0이고 쓰기 클라이언트가 세 복제본에 모두 쓰기 요청을 보내서 x를 1로 갱신한다($n = 3$, $w = 3$). 동시에 클라이언트 A는 두 노드로 구성된 정족수로부터 읽어서($r = 2$) 그러한 노드들 중 하나에서 새로운 값 1을 본다. 또 쓰기와 동시에 클라이언트 B는 두 노드로 구성된 다른 정족수로부터 읽어서 두 노드 모두에서 예전 값 0을 본다.

정족수 조건이 만족($w + r > n$)됨에도 이 실행은 선형적이지 않다. B의 요청은 A의 요청이 완료된 후 시작하지만 A는 새 값을 반환하는 반면 B는 예전 값을 반환한다. (다시 한 번 그림 9-1에서 나온 앨리스와 밥의 상황이다.)

흥미롭게도 성능이 떨어지는 비용을 지불하고 다이나모 스타일 정족수를 선형적으로 만드는 게 **가능하다**. 읽기를 실행하는 클라이언트는 결과를 애플리케이션에 반환하기 전에 읽기 복구(180쪽 "읽기 복구와 안티 엔트로피" 참고)를 동기식으로 수행해야 하고[23] 쓰기를 실행하는 클라이언트는 쓰기 요청을 보내기 전에 노드들의 정족수로부터 최신 상태를 읽어야 한다[24, 25]. 그러나 리악은 성능상 불이익 때문에 동기식 읽기 복구를 수행하지 않는다[26]. 카산드라는 정족수 읽기를 할 때 읽기 복구가 완료되기를 **기다리지만**[27] 최종 쓰기 승리 충돌 해소 방법을 쓰기 때문에 같은 키에 여러 쓰기를 동시에 실행하면 선형성을 잃게 된다.

게다가 이 방법으로는 선형성 읽기와 쓰기 연산만 구현할 수 있다. 선형성 compare-and-set 연산은 합의 알고리즘이 필요하므로 구현할 수 없다[28].

요약하면 다이나모 스타일 복제를 하는 리더 없는 시스템은 선형성을 제공하지 않는다고 보는 게 가장 안전하다.

선형성의 비용

복제 방법 중에는 선형성을 제공하는 것도 있고 그렇지 않은 것도 있으므로 선형성의 장단점을 더 깊이 살펴보는 것은 흥미로운 일이다.

5장에서 이미 다양한 복제 방법의 몇 가지 사용 사례를 살펴봤다. 예를 들어 다중 리더 복제는 종종 다중 데이터센터 복제에 좋은 선택이라는 것을 봤다(170쪽 "다중 데이터센터 운영" 참고). 이런 배치의 예가 그림 9-7에 설명돼 있다.

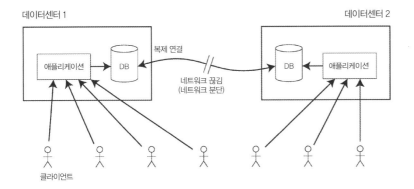

그림 9-7. 네트워크가 끊기면 선형성과 가용성 사이에서 선택해야만 한다.

두 데이터센터 사이에 네트워크가 끊기면 무슨 일이 생길지 생각해 보자. 각 데이터센터의 내부 네트워크는 동작하고 클라이언트들은 데이터센터에 접근할 수 있지만 데이터센터끼리는 서로 연결할 수 없다고 가정한다.

다중 리더 데이터베이스를 사용하면 각 데이터센터는 계속 정상 동작할 수 있다. 한 데이터센터에 쓰여진 내용이 비동기로 다른 데이터센터로 복제되므로 쓰기는 그냥 큐에 쌓였다가 네트워크 연결이 복구되면 전달된다.

반면 단일 리더 복제를 사용하면 리더가 데이터센터 중 하나에 있어야만 한다. 모든 쓰기와 선형성 읽기는 리더로 보내져야 한다. 따라서 팔로워 데이터센터로 접속한 클라이언트에서 보낸 읽기와 쓰기 요청은 네트워크를 통해 동기식으로 리더 데이터센터로 전송돼야 한다.

단일 리더 설정에서 데이터센터 사이의 네트워크가 끊기면 팔로워 데이터센터로 접속한 클라이언트들은 리더로 연결할 수 없으므로 데이터베이스에 아무것도 쓸 수 없고 선형성 읽기도 전혀 할 수 없다. 팔로워로부터 읽을 수는 있지만 데이터가 뒤처졌을 수 있다(비선형적). 애플리케이션에서 선형성 읽기와 쓰기를 요구한다면 네트워크가 끊길 때 리더와 연결할 수 없는 데이터센터에서는 그 애플리케이션을 사용할 수 없다.

클라이언트가 리더 데이터센터로 직접 접속할 수 있다면 애플리케이션이 계속 정상 동작할 수 있으므로 문제가 안 된다. 그러나 팔로워 데이터센터로만 접속할 수 있는 클라이언트는 네트워크 링크가 복구될 때까지 중단을 경험한다.

CAP 정리

이 문제는 단지 단일 리더 복제와 다중 리더 복제의 결과만은 아니다. 어떤 선형성 데이터베이스라도 구현이 어떻게 됐는지에 상관없이 이 문제가 있다. 이 문제는 다중 데이터센터 배치에 특정된 것도 아니며 신뢰성이 없는 어떤 네트워크에서도, 심지어 한 데이터센터 내에서도 발생할 수 있다. 트레이드오프는 다음과 같다.[6]

- 애플리케이션에서 선형성을 **요구하고** 네트워크 문제 때문에 일부 복제 서버가 다른 복제 서버와 연결이 끊기면 일부 복제 서버는 연결이 끊긴 동안은 요청을 처리할 수 없다. 네트워크 문제가 고쳐질 때까지 기다리거나 오류를 반환해야 한다(어떤 방법을 쓰든지 **가용성이 없다**).

- 애플리케이션에서 선형성을 **요구하지 않는다면** 각 복제 서버가 다른 복제 서버(예를 들어 다중 리더)와 연결이 끊기더라도 독립적으로 요청을 처리하는 방식으로 쓰기를 처리할 수 있다. 이 경우 애플리케이션은 네트워크 문제에 직면해도 **가용한** 상태를 유지하지만 그 동작은 선형적이지 않다.

따라서 선형성이 필요 없는 애플리케이션은 네트워크 문제에 더 강인하다. 이런 통찰력은 2000년에 에릭 브루어(Eric Brewer)가 이름 붙인 **CAP 정리**로 널리 알려졌다[29, 30, 31, 32]. 이 트레이드오프가 1970년대부터 분산 데이터베이스 설계자들에게 알려져 있긴 했지만 말이다[33, 34, 35, 36].

CAP는 원래 데이터베이스에서 트레이드오프에 대한 논의를 시작하려는 목적으로 정확한 정의 없이 경험 법칙으로서 제안됐다. 그 당시에는 많은 분산 데이터베이스가 공유 저장소를 사용하는 장비 클러스터에서 선형성 시맨틱을 제공하는 데 중점을 뒀고[18] CAP는 데이터베이스 엔지니어가 대규모 웹 서비스를 구현하는 데 더욱 적합한 분산 비공유 시스템의 폭넓은 설계 공간을 탐색하도록 장려했다[37]. CAP는 2000년대 중반부터 새로운 데이터베이스 기술의 폭발(NoSQL로 알려진)을 목격하게 되는 문화적 변화의 공로를 인정받을 자격이 있다.

---

6 이 두 가지 선택은 각각 CP(네트워크 분단이 생겼을 때 일관성이 있지만 가용성은 없음)와 AP(네트워크 분단이 생겼을 때 가용성이 있지만 일관성은 없음)라고 불리기도 한다. 그러나 이런 식의 분류 방식은 몇 가지 결점이 있고[9], 따라서 피하는 게 최선이다.

도움이 안 되는 CAP 정리

CAP는 때때로 **일관성**(Consistency), **가용성**(Availability), **분단 내성**(Partition tolerance)이라는 세 개 중 두 개를 고르라는 것으로 표현된다. 불행하게도 이런 식으로 생각하면 오해의 소지가 있다[32]. 네트워크 분단은 일종의 결함이므로 선택할 수 있는 뭔가가 아니기 때문이다. 네트워크 분단은 좋든 싫든 발생한다[38].

네트워크가 올바르게 동작할 때는 시스템이 일관성(선형성)과 완전한 가용성 모두를 제공할 수 있다. 네트워크 결함이 생기면 선형성과 완전한 가용성 사이에서 선택해야 한다. 따라서 CAP는 **네트워크 분단이 생겼을 때 일관성과 가용성 중 하나를 선택하라**는 의미로 보는 게 좋다[39]. 이런 선택을 자주하지 않으려면 더욱 신뢰성 있는 네트워크가 필요하지만 어떤 시점에서는 선택이 불가피하다.

CAP에 대한 논의에서 **가용성**이라는 단어의 몇 가지 모순된 정의가 있고, 공식적인 정리[30]는 보통의 의미와 부합하지 않는다[40]. 많은 이른바 "고가용성"(내결함성) 시스템들은 실제로 CAP에서의 가용성에 대한 기이한 정의를 만족시키지 않는다. 대체로 CAP 주위에는 많은 오해와 혼란이 있으며 시스템을 더 잘 이해하는 데 도움을 주지 않으므로 CAP는 피하는 게 최선이다.

공식적으로 정의된 CAP 정리[30]는 매우 범위가 좁다. 오직 하나의 일관성 모델(즉 선형성)과 한 종류의 결함(**네트워크 분단**[7] 혹은 노드가 살아 있지만 서로 연결이 끊긴 상황)만 고려한다. 네트워크 지연, 죽은 노드나 다른 트레이드오프에 대해서는 어떤 것도 얘기하지 않는다. 그러므로 CAP가 역사적인 영향력은 있지만 시스템을 설계할 때는 실용적인 가치가 거의 없다[9, 40].

분산 시스템에는 여러 가지 더욱 흥미로운 불가능성(impossibility) 결과가 있고[41] CAP는 이제 더 정확한 결과로 대체됐으므로[2, 42] 오늘날에는 대부분 역사적인 관심사일 뿐이다.

선형성과 네트워크 지연

선형성은 유용한 보장이지만 현실에서 실제로 선형적인 시스템은 놀랄 만큼 드물다. 예를 들어 최신 다중코어 CPU의 램(RAM)조차 선형적이지 않다[43]. 하나의 CPU 코어에서 실행 중인 스레드가 메모리 주소에 쓴 후 곧 다른 CPU 코어에서 실행되는 스레드가 같은 주소를 읽으면 첫 번째 스레드가 쓴 값을 읽을 것이라고 보장되지 않는다(**메모리 배리어**나 **펜스**[44]를 쓰지 않는다면).

이렇게 동작하는 까닭은 모든 CPU 코어가 저마다 메모리 캐시와 저장 버퍼를 갖기 때문이다. 메모리 접근은 기본적으로 캐시로 먼저 가고 변경은 메인 메모리에 비동기로 기록된다. 캐시에 있는 데이터를 접근하는 게 메인 메모리로 가는 것보다 훨씬 더 빠르므로[45] 이런 특성은 최신 CPU에서

---

7 279쪽 "현실의 네트워크 결함"에서 설명한 것처럼 이 책에서는 **파티셔닝**이 대규모 데이터셋을 의도적으로 작은 조각으로 쪼개는 작업(**샤딩**, 6장 참고)을 가리킨다. 반대로 네트워크 분단은 특정 형태의 네트워크 결함이며 보통 다른 종류의 결함과 별도로 고려하지 않는다. 그러나 그것은 CAP에서 P이므로 이 경우에 혼란을 피할 수 없다.

좋은 성능을 내는 데 필수적이다. 그러나 이제 데이터 복사본이 몇 개 생기고(하나는 메인 메모리에, 그리고 아마도 다양한 캐시에 몇 개 더) 이런 복사본은 비동기로 갱신되므로 선형성이 손실된다.

왜 이런 트레이드오프를 만들까? 다중코어 메모리 일관성 모델을 정당화하기 위해 CAP 정리를 쓰는 것은 말이 안 된다. 보통 한 컴퓨터 안에서는 신뢰성 있는 통신을 가정하고 CPU 코어 하나가 컴퓨터의 다른 부분과 연결이 끊겼을 때 계속 정상적으로 동작하기를 기대하지 않는다. 선형성을 제거한 이유는 내결함성이 아니라 **성능**이다.

선형성 보장을 제공하지 않기를 택한 여러 분산 데이터베이스에서도 마찬가지다. 그것들은 내결함성 때문이 아니라 주로 성능을 향상시키기 위해 그렇게 한다[46]. 선형성은 느리다. 그리고 이것은 네트워크 결함이 있을 때만 그런 게 아니라 항상 참이다.

좀 더 효율적인 선형 저장소 구현을 찾을 수는 없을까? 이 질문의 답은 '아니다'인 것 같다. 아티야 (Attiya)와 웰치(Welch)[47]는 선형성을 원하면 읽기와 쓰기 요청의 응답 시간이 적어도 네트워크 지연의 불확실성에 비례해야 함을 증명했다. 대부분의 컴퓨터 네트워크처럼 지연의 변동이 매우 심한 네트워크에서(281쪽 "타임아웃과 기약 없는 지연" 참고) 선형성 읽기와 쓰기의 응답 시간은 필연적으로 높아진다. 선형성을 제공하는 더욱 빠른 알고리즘은 존재하지 않지만 완화된 일관성 모델은 훨씬 더 빠를 수 있다. 따라서 지연 시간에 민감한 시스템에서는 이 트레이드오프가 중요하다. 12장에서는 정확성을 희생하지 않고 선형성을 회피하는 방법을 설명한다.

순서화 보장

앞에서 선형성 레지스터는 데이터 복사본이 하나만 있는 것처럼 동작하고 모든 연산이 어느 시점에 원자적으로 효과가 나타나는 것처럼 보인다고 했다. 이 정의는 연산들이 어떤 잘 정의된 순서대로 실행된다는 것을 암시한다. 그림 9-4에서 연산과 그 연산이 실행된 것처럼 보이는 순서를 결합해서 순서화를 나타냈다.

순서화는 이 책에서 되풀이된 주제이며 이는 순서화가 중요한 근본적 아이디어일 수도 있다는 것을 시사한다.

- 5장에서 단일 리더 복제에서 리더의 주 목적은 복제 로그에서 **쓰기의 순서**, 즉 팔로워가 쓰기를 적용하는 순서를 결정하는 것이라고 배웠다. 단일 리더가 없다면 동시에 실행되는 연산 때문에 충돌이 발생할 수 있다(173쪽 "쓰기 충돌 다루기" 참고).

- 7장에서 설명한 직렬성은 트랜잭션들이 마치 **어떤 일련 순서**에 따라 실행되는 것처럼 동작하도록 보장하는 것과 관련돼 있다. 말 그대로 트랜잭션을 직렬적인 순서대로 실행해서 직렬성을 얻을 수도 있고 동시 실행을 허용하지만 (잠금이나 어보트를 사용해서) 직렬성 충돌을 막는 방법도 있다.

- 8장에서 설명한, 분산 시스템에서 타임스탬프와 시계 사용(290쪽 "동기화된 시계에 의존하기" 참고)은 무질서한 세상에 질서[8]를 부여하려는 또 다른 시도다. 두 개의 쓰기 중 어느 것이 나중에 일어났는지 결정하는 것을 한 가지 예로 들 수 있다.

순서화, 선형성, 합의 사이에는 깊은 연결 관계가 있음이 드러난다. 이 개념은 이 책의 다른 부분보다 약간 더 이론적이고 추상적이지만 시스템이 무엇을 할 수 있고 무엇을 할 수 없는지에 대한 이해를 명확하게 하는 데 매우 큰 도움이 된다. 다음 몇 개의 절에서 이 주제를 살펴보겠다.

순서화와 인과성

순서화가 계속 나오는 이유가 몇 가지 있는데 그중 하나는 순서화가 **인과성**을 보존하는 데 도움을 준다는 것이다. 이 책을 따라오는 동안에 인과성이 중요한 몇 가지 예를 이미 살펴봤다.

- 167쪽 "일관된 순서로 읽기"(그림 5-5)에서 대화의 관찰자가 질문에 대한 응답을 먼저 보고 나서 응답된 질문을 보게 되는 예를 봤다. 원인과 결과에 관한 직관을 위반하기 때문에 혼란스럽다. 질문이 답변됐다면 분명히 그 질문이 먼저 있었어야 한다. 대답한 사람은 (초능력자나 미래를 볼 수 있는 사람이 아니라면) 질문을 봤어야 하기 때문이다. 이를 가리켜 질문과 답변 사이에 **인과적 의존성**(causal dependency)이 있다고 말한다.

- 비슷한 패턴이 그림 5-9에서 있었다. 거기서 세 리더 사이의 복제를 살펴보고 네트워크 지연 때문에 어떤 쓰기가 다른 쓰기를 "추월"할 수 있음을 알았다. 복제 서버 중 한 대의 관점에서는 존재하지 않는 로우를 갱신한 것처럼 보인다. 여기서 인과성은 로우가 갱신되기 전에 먼저 생성돼야 함을 의미한다.

- 186쪽 "동시 쓰기 감지"에서 두 개의 연산 A와 B가 있으면 세 가지 가능성이 있음을 봤다. A가 B보다 먼저 실행되거나 B가 A보다 먼저 실행되거나 A와 B가 동시에 실행될 수 있다. 이런 **이전 발생**(happened before) 관계는 인과성을 표현하는 또 다른 방법이다. A가 B보다 먼저 실행됐다면 B가 A에 대해 알거나 A를 기반으로 하거나 A에 의존할지도 모른다는 뜻이다. A와 B가 동시적이면 그들 사이에는 인과적 연결이 없다. 바꿔 말하면 둘 다 서로에 대해 알지 못한다고 확신할 수 있다.

- 트랜잭션용 스냅숏 격리의 맥락에서(236쪽 "스냅숏 격리와 반복 읽기" 참고) 트랜잭션은 일관된 스냅숏으로부터 읽는다고 했다. 그러나 이 맥락에서 "일관적"이라는 게 무슨 뜻일까? **인과성에 일관적**(consistent with causality)이라는 의미다. 스냅숏에 답변이 포함된다면 응답된 질문 또한 포함돼야 한다[48]. 한 시점에 전체 데이터베이스를 보면 인과성에 일관적이게 된다. 인과성 측면에서 그 시점 전에 실행된 모든 연산의 효과는 볼 수 있지만 인과성 측면에서 나중에 실행된 연산의 효과는 볼 수 없다. 읽기 스큐(그림 7-6에서 설명한 비반복 읽기)는 인과성을 위반하는 상태에 있는 데이터를 읽는 것을 의미한다.

---

8 (옮긴이) 원문에서 'order'는 대부분 '순서'라는 의미로 썼으나 여기서는 앞의 '무질서한(disorderly)'에 대응되므로 '질서'로 번역했다.

- 트랜잭션들 사이의 쓰기 스큐 예제(246쪽 "쓰기 스큐와 팬텀" 참고)는 인과적 의존성도 보여준다. 그림 7-8에서 트랜잭션에게 밥은 아직 호출 대기 중인 것으로 보이므로 앨리스가 호출 대기에서 빠지는 게 허용됐고, 반대 상황도 마찬가지였다. 이 경우 호출 대기에서 빠지는 동작은 현재 누가 호출 대기 중인지 관찰하는 것에 인과적으로 의존한다. 직렬성 스냅숏 격리(260쪽 "직렬성 스냅숏 격리(SSI)" 참고)는 트랜잭션 사이의 인과적 의존성을 추적함으로써 쓰기 스큐를 검출한다.

- 앨리스와 밥이 축구를 보는 예제(그림 9-1)에서 밥이 앨리스가 결과를 외치는 것을 들은 후 서버로부터 뒤처진 결과를 받았다는 사실은 인과성 위반이다. 앨리스의 탄성은 점수 발표에 인과적으로 의존적이므로 밥 또한 앨리스의 외침을 들은 후에 그 점수를 볼 수 있어야 한다. 같은 패턴이 329쪽 "채널 간 타이밍 의존성"에서 이미지 크기 변경 서비스의 형태로 다시 나타난다.

인과성은 이벤트에 순서를 부과한다. 결과가 나타나기 전에 원인이 발생한다. 메시지를 받기 전에 메시지를 보낸다. 답변하기 전에 질문을 한다. 그리고 실생활과 마찬가지로 한 가지가 다른 것을 유발할 수 있다. 한 노드가 어떤 데이터를 읽은 후 그 결과로 어떤 것을 쓰고, 다른 노드가 쓰여진 데이터를 읽어서 다시 다른 것을 쓰는 식이다. 인과적으로 의존하는 연산의 이런 연쇄는 시스템에서 인과적 순서, 즉 무엇이 무엇보다 먼저 일어났는가를 정의한다.

시스템이 인과성에 의해 부과된 순서를 지키면 그 시스템은 **인과적으로 일관적**(causally consistent)이라고 한다. 예를 들어 스냅숏 격리는 인과적 일관성을 제공한다. 데이터베이스에서 읽어서 데이터의 어떤 조각을 봤다면 그보다 인과적으로 먼저 발생한 어떤 데이터도 볼 수 있어야 한다(도중에 그 데이터가 삭제되지 않았다고 가정할 때).

인과적 순서가 전체 순서는 아니다

전체 순서(total order)는 어떤 두 요소를 비교할 수 있게 하므로 두 요소가 있으면 항상 어떤 것이 더 크고 어떤 것이 더 작은지 말할 수 있다. 예를 들어 자연수는 전체 순서를 정할 수 있다. 어떤 두 숫자, 예를 들어 5와 13이 있으면 13이 5보다 크다고 말할 수 있다.

그러나 수학적 집합은 항상 전체 순서를 정할 수 있는 것은 아니다. {a, b}가 {b, c}보다 클까? 어느 것도 다른 것의 부분 집합이 아니므로 이것들을 실제로 비교할 수 없다. 이것들은 **비교불가**(incomparable)하고 따라서 수학적 집합은 **부분적으로 순서가 정해진다**(partially ordered). 어떤 경우에는 한 집합이 다른 집합보다 크지만(한 집합이 다른 집합의 모든 요소를 포함하면) 다른 경우에는 비교 불가능하다.

전체 순서와 부분 순서의 차이점은 다른 데이터베이스 일관성 모델에 반영된다.

선형성

선형성 시스템에서는 연산의 **전체 순서**를 정할 수 있다. 시스템이 데이터 복사본이 하나만 있는 것처럼 동작하고 모든 연산이 원자적이면 어떤 두 연산에 대해 항상 둘 중 하나가 먼저 실행됐다고 말할 수 있다는 뜻이다. 그림 9-4에 전체 순서화가 타임 라인으로 설명돼 있다.

인과성

두 연산 중 어떤 것도 다른 것보다 먼저 실행되지 않았다면 두 연산이 동시적이라고 말했다(188쪽 "'이전 발생' 관계와 동시성" 참고). 달리 말하면 두 이벤트에 인과적인 관계가 있으면 이들은 순서가 있지만(하나가 다른 것보다 먼저 실행됐다) 이들이 동시에 실행되면 비교할 수 없다. 인과성이 전체 순서가 아닌 **부분 순서**를 정의한다는 뜻이다. 어떤 연산들은 서로에 대해 순서를 정할 수 있지만 어떤 연산들은 비교할 수 없다.

그러므로 이 정의에 따르면 선형성 데이터스토어에는 동시적 연산이 없다. 하나의 타임라인이 있고 모든 연산은 그 타임라인을 따라서 전체 순서가 정해져야 한다. 처리되기를 기다리는 요청이 몇 개 있을 수는 있지만 데이터스토어는 동시성 없이 하나의 타임라인을 따라서 단일 데이터 복사본에 연산을 실행해 모든 요청이 한 시점에 원자적으로 처리되도록 보장해준다.

동시성은 타임라인이 갈라졌다 다시 합쳐지는 것을 의미한다. 이 경우 다른 가지에 있는 연산은 비교 불가(즉 동시적)하다. 5장에서 이 현상을 봤다. 예를 들어 그림 5-14에는 전체 순서가 직선이 아니고 동시에 실행되는 다른 연산들이 뒤섞여 있다. 다이어그램의 화살표는 인과적 의존성, 즉 연산의 부분 순서화를 가리킨다.

깃 같은 분산 버전 관리 시스템에 익숙하다면 깃의 버전 히스토리는 인과적 의존성 그래프와 매우 유사하다. 종종 하나의 커밋은 다른 것보다 일직선 상에서 나중에 실행되지만 때때로 (여러 사람이 한 프로젝트에서 동시에 작업할 때) 브랜치를 만들고 이렇게 동시에 만들어진 커밋을 합칠 때 머지 커밋이 생성된다.

선형성은 인과적 일관성보다 강하다

그러면 인과적 순서와 선형성 사이에는 어떤 관계가 있을까? 그 답은 선형성은 인과성을 **내포한다**는 것이다. 어떤 시스템이든지 선형적이라면 인과성도 올바르게 유지한다[7]. 특히 (그림 9-5의 메시지 큐와 파일 저장소 시스템처럼) 시스템에 여러 통신 채널이 있을 때 선형성은 시스템에서 (다른 구성 요소 사이에 타임스탬프를 전달하는 것처럼) 어떤 특별한 일을 할 필요 없이 인과성이 자동으로 보존되도록 보장해준다.

선형성이 인과성을 보장한다는 사실은 선형성 시스템을 이해하기도 쉽고 매력적으로 보이게 만들어준다. 그러나 333쪽 "선형성의 비용"에서 설명했듯이 시스템을 선형적으로 만들면, 특히 시스템의 네트워크 지연이 크면(예를 들어 시스템이 지리적으로 분산돼 있으면) 성능과 가용성에 해가 될 수 있다. 이런 이유로 어떤 분산 데이터 시스템들은 선형성을 포기해서 더 좋은 성능을 달성하지만 사용하기는 더 어렵다.

좋은 소식은 절충이 가능하다는 것이다. 선형성은 인과성을 보존하는 유일한 방법이 아니다. 다른 방법도 있다. 시스템은 선형적으로 만드는 성능 손해를 유발하지 않고도 인과적 일관성을 만족시킬 수 있다(특히 CAP 정리가 적용되지 않는다). 사실 인과적 일관성은 네트워크 지연 때문에 느려지지 않고 네트워크 장애가 발생해도 가용한 일관성 모델 중 가장 강한 것이다[2, 42]

많은 경우에 선형성이 필요한 것처럼 보이는 시스템에 사실 진짜로 필요한 것은 인과적 일관성이며 이는 더 효율적으로 구현될 수 있다. 이런 관찰을 기반으로 연구자들은 최종적 일관성 시스템과 성능 및 가용성 특성이 비슷하면서 인과성을 보존하는 새로운 종류의 데이터베이스를 연구하고 있다[49, 50, 51].

이 연구는 아주 최근의 것이라 아직 많은 부분이 프로덕션 시스템에 반영되지 않았고 극복해야 할 도전 과제가 여전히 있다[52, 53]. 그러나 이것은 미래의 시스템에 유망한 방향이다.

인과적 의존성 담기

비선형성 시스템이 어떻게 인과적 일관성을 유지할 수 있는지에 관한 모든 핵심 세부 사항을 여기서 다루지는 않고 핵심 아이디어 중 일부만 간단히 살펴보겠다.

인과성을 유지하기 위해 어떤 연산이 어떤 다른 연산보다 **먼저 실행됐는지** 알아야 한다. 이것은 부분 순서다. 동시에 실행되는 연산은 어떤 순서로든 처리될 수 있지만 한 연산이 다른 연산보다 먼저 실행됐다면 모든 복제 서버에서 그 순서로 처리돼야 한다. 따라서 복제 서버가 연산을 처리할 때 인과적으로 앞서는 모든 연산(먼저 실행된 모든 연산)이 이미 처리됐다고 보장할 수 있어야 한다. 선행 연산 중 빠진 게 있으면 후속 연산은 그 선행 연산이 처리될 때까지 기다려야 한다.

인과적 의존성을 결정하려면 시스템에 있는 노드에 관한 "지식"을 기술할 방법이 필요하다. 노드가 쓰기 Y를 실행했을 때 값 X를 이미 본 상황이라면 X와 Y는 인과적인 관련이 있을지도 모른다. 이 분석은 사기 혐의에 대한 범죄 수사에서 볼 수 있을 법한 종류의 질문을 사용한다. 그들이 Y라는 결정을 한 당시에 CEO가 X에 대해 **알았을까?**

어떤 연산이 다른 연산보다 먼저 실행됐는지 결정하는 기법은 186쪽 "동시 쓰기 감지"에서 살펴본 것과 비슷하다. 그 절에서 리더 없는 데이터스토어의 인과성을 설명했다. 리더 없는 데이터 저장소는 갱신 손실 방지를 위해 같은 키에 대한 동시 쓰기를 검출해야 한다. 인과적 의존성은 여기서 더 나아간다. 단일 키뿐만 아니라 전체 데이터베이스에 걸친 인과적 의존성을 추적해야 한다. 이를 위해 버전 벡터(version vector)를 일반화할 수 있다[54].

인과적 순서를 결정하기 위해 데이터베이스는 애플리케이션이 데이터의 어떤 버전을 읽었는지 알아야 한다. 그림 5-13에서 쓰기를 실행할 때 이전 연산의 버전 번호를 데이터베이스로 되돌려주는 것은 이 때문이다. 260쪽 "직렬성 스냅숏 격리(SSI)"에서 설명한 SSI의 충돌 검출에서도 비슷한 아이디어가 나타난다. 트랜잭션이 커밋을 원할 때 데이터베이스는 읽은 데이터의 버전이 여전히 최신인지 확인한다. 이런 목적으로 데이터베이스는 어떤 데이터를 어떤 트랜잭션이 읽었는지 추적한다.

일련번호 순서화

인과성은 중요한 이론적 개념이지만 모든 인과적 의존성을 실제로 추적하는 것은 실용성이 떨어진다. 여러 애플리케이션에서 클라이언트는 뭔가를 쓰기 전에 많은 데이터를 읽고, 쓰기가 이전의 모든 읽기에 인과적으로 의존하는지 아니면 일부 읽기에만 의존하는지 명확하지 않다. 읽은 데이터를 모두 명시적으로 추적하는 것은 오버헤드가 크다.

그러나 더 좋은 방법이 있다. **일련번호**나 **타임스탬프**를 써서 이벤트의 순서를 정할 수 있다. 타임스탬프는 일 기준 시계(또는 287쪽 "신뢰성 없는 시계"에서 설명했듯이 많은 문제가 있는 물리적 시계)에서 얻을 필요가 없다. 대신 **논리적 시계**에서 얻어도 된다. 논리적 시계는 연산을 식별하는 일련번호를 생성하는 알고리즘이고 보통 모든 연산마다 증가하는 카운터를 사용한다.

이런 일련번호나 타임스탬프는 크기가 작고(크기가 몇 바이트밖에 안 된다) **전체 순서**를 제공한다. 즉 모든 연산은 고유 일련번호를 갖고 항상 두 개의 일련번호를 비교해서 어떤 것이 큰지(즉 어떤 연산이 나중에 실행됐는지) 결정할 수 있다.

특히 **인과성에 일관적인**[9] 전체 순서대로 일련번호를 생성할 수 있다. 연산 A가 연산 B보다 인과적으로 먼저 실행됐다면 A는 전체 순서에서도 B보다 먼저다(A는 B보다 낮은 일련번호를 갖는다). 동시 연산은 순서가 제멋대로일 수 있다. 이런 전체 순서는 인과 정보를 모두 담지만 인과성에 꼭 필요한 것보다 순서화를 더 부과한다.

단일 리더 복제를 쓰는 데이터베이스(154쪽 "리더와 팔로워" 참고)에서는 복제 로그가 인과성에 일관적인 쓰기 연산의 전체 순서를 정의한다. 리더는 연산마다 카운터를 증가시키고 복제 로그의 각

---

[9] 인과성에 **일관적이지 않은** 전체 순서는 만들기는 쉽지만 그다지 유용하지 않다. 예를 들어 각 연산마다 임의의 UUID를 생성하고 UUID를 사전순으로 비교해서 연산의 전체 순서를 정의할 수 있다. 이것도 유효한 전체 순서지만 임의의 UUID는 어떤 연산이 실제로 먼저 실행됐는지나 연산들이 동시적인지에 대해 아무것도 알려주지 않는다.

연산에 단조 증가하는 일련번호를 할당하기만 하면 된다. 팔로워가 복제 로그에 나오는 순서대로 쓰기를 적용하면 팔로워의 상태는 언제나 인과성에 일관적이다(리더보다 뒤처지더라도).

비인과적 일련번호 생성기

단일 리더가 없다면(아마도 다중 리더나 리더 없는 데이터베이스를 사용하거나 데이터베이스가 파티셔닝돼서) 연산에 사용할 일련번호를 생성하는 방법이 명확해 보이지 않는다. 현실에서는 다양한 방법이 사용된다.

- 각 노드가 자신만의 독립적인 일련번호 집합을 생성할 수 있다. 예를 들어 노드가 두 대 있으면 한 노드는 홀수만 생성하고 다른 노드는 짝수만 생성할 수 있다. 일반적으로 일련번호의 이진 표현에서 몇 비트를 예약해서 고유 노드 식별자를 포함할 수 있고, 이렇게 하면 두 대의 다른 노드가 같은 일련번호를 생성하는 일은 결코 없을 거라고 확신할 수 있다.

- 각 연산에 일 기준 시계(물리적 시계)에서 얻은 타임스탬프를 붙일 수 있다[55]. 이런 타임스탬프는 순차적이지 않지만 해상도가 충분히 높다면 연산의 전체 순서를 정하는 데 충분할 수도 있다. 이 사실은 최종 쓰기 승리 충돌 해소 방법(291쪽 "이벤트 순서화용 타임스탬프" 참고)에서 사용된다.

- 일련번호 블록을 미리 할당할 수 있다. 이를테면 노드 A는 일련번호 1부터 1,000까지의 블록을 차지하고 노드 B는 1,001부터 2,000까지의 블록을 차지할 수 있다. 그러면 각 노드는 독립적으로 자신의 블록에서 일련번호를 배정할 수 있고 일련번호 비축량이 낮아지기 시작하면 새 블록을 할당할 수 있다.

이 세 가지 선택지는 모두 잘 동작하며, 카운터를 증가시키는 단일 리더에 모든 연산을 밀어넣는 것보다 확장성이 좋다. 이것들은 연산마다 고유한 근사 증가(approximately increasing) 일련번호를 생성한다. 그러나 여기엔 문제가 하나 있는데, 생성한 일련번호가 **인과성에 일관적이지 않다.**

인과성 문제는 이런 일련번호 생성기들이 여러 노드에 걸친 연산들의 순서를 올바르게 담지 못하기 때문에 발생한다.

- 각 노드는 초당 연산수가 다를 수 있다. 따라서 한 노드가 짝수를 생성하고 다른 노드가 홀수를 생성하면 짝수용 카운터가 홀수용 카운터보다 뒤처지거나 반대 상황이 발생할 수 있다. 홀수 연산과 짝수 연산이 있을 때 어떤 것이 인과적으로 먼저 실행됐는지 정확히 알 수 없다.

- 물리적 시계에서 얻은 타임스탬프는 시계 스큐에 종속적이어서 인과성에 일관적이지 않게 될 수 있다. 예를 들어 그림 8-3은 인과적으로 나중에 실행된 연산이 실제로 더 낮은 타임스탬프를 배정받는 시나리오를 보여준다.[10]

- 블록 할당자의 경우 한 연산이 1,001과 2,000 사이의 구간에서 일련번호를 받고 인과적으로 나중에 실행되는 연산이 1과 1,000 사이의 구간에서 일련번호를 받을 수도 있다. 여기서 다시 일련번호가 인과성에 일관적이지 않게 된다.

---

10 물리적 시계 타임스탬프를 인과성에 일관적이게 만드는 것도 가능하다. 294쪽 "전역 스냅숏용 동기화된 시계"에서 구글 스패너를 설명했다. 스패너는 예상되는 시계 스큐를 추정하고 쓰기를 커밋하기 전에 불확실성 구간이 지나기를 기다린다. 이 방법은 인과적으로 나중에 실행된 트랜잭션이 더 큰 타임스탬프를 받도록 보장해준다. 그러나 대부분의 시계는 필요한 불확실성 지표를 제공할 수 없다.

램포트 타임스탬프

방금 설명한 세 가지 일련번호 생성기는 인과성에 비일관적이지만 인과성에 **일관적인** 일련번호를 생성하는 간단한 방법이 실제로 있다. 레슬리 램포트(Leslie Lamport)가 1978년에 한 논문[56]에서 제안한 이 방법은 **램포트 타임스탬프**(Lamport timestamp)라고 부르며, 그 논문은 현재 분산 시스템 분야에서 가장 많이 인용된 논문 중 하나다.

그림 9-8에 램포트 타임스탬프를 사용하는 방법이 설명돼 있다. 각 노드는 고유 식별자를 갖고 각 노드는 처리한 연산 개수를 카운터로 유지한다. 램포트 타임스탬프는 그냥 (**카운터, 노드 ID**)의 쌍이다. 두 노드는 때때로 카운터 값이 같을 수 있지만 타임스탬프에 노드 ID를 포함시켜서 각 타임스탬프는 유일하게 된다.

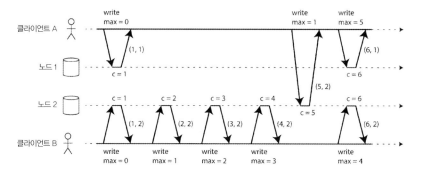

그림 9-8. 램포트 타임스탬프는 인과성에 일관적인 전체 순서화를 제공한다.

램포트 타임스탬프는 물리적 일 기준 시계와 아무 관련이 없지만 전체 순서화를 제공한다. 두 타임스탬프가 있으면 카운터가 큰 것이 타임스탬프가 크다. 카운터 값이 같으면 노드 ID가 큰 것이 타임스탬프가 크다.

지금까지 설명한 내용은 지난 절에서 설명한 짝수/홀수 카운터와 본질적으로 같다. 램포트 타임스탬프를 인과성에 일관적으로 만들어주는 핵심 아이디어는 이렇다. 모든 노드와 모든 클라이언트가 지금까지 본 카운터 값 중 **최댓값**을 추적하고 모든 요청에 그 최댓값을 포함시킨다. 노드가 자신의 카운터 값보다 큰 최대 카운터를 가진 요청이나 응답을 받으면 바로 자신의 카운터를 그 최댓값으로 증가시킨다.

그림 9-8에 설명이 있다. 클라이언트 A는 노드 2로부터 카운터 값 5를 받고 노드 1에게 최댓값 5를 보낸다. 그때 노드 1의 카운터는 1이었지만 바로 5로 바뀌고 따라서 다음 연산은 증가된 카운터 값 6을 갖는다.

모든 연산에 최대 카운터 값이 따라다니는 한 이 방법은 램포트 타임스탬프로부터 얻은 순서가 인과성에 일관적이도록 보장해준다. 모든 인과적 의존성이 타임스탬프를 증가시키기 때문이다.

램포트 타임스탬프는 때때로 186쪽 "동시 쓰기 감지"에서 봤던 버전 벡터와 혼동된다. 비슷한 점이 좀 있지만 목적이 다르다. 버전 벡터는 두 연산이 동시적인지 또는 어떤 연산이 다른 연산에 인과적으로 의존하는지 구별할 수 있지만 램포트 타임스탬프는 항상 전체 순서화를 강제한다. 램포트 타임스탬프의 전체 순서화로부터 두 연산이 동시적인지 또는 인과적으로 의존성이 있는지를 알 수 없다. 버전 벡터보다 램포트 타임스탬프가 좋은 점은 크기가 더 작다는 것이다.

타임스탬프 순서화로는 충분하지 않다

램포트 타임스탬프가 인과성에 일관적인 연산의 전체 순서를 정의하지만 분산 시스템의 여러 공통 문제를 해결하는 데 아주 충분하지는 않다.

예를 들어 사용자명으로 사용자 계정을 유일하게 식별할 수 있도록 보장해야 하는 시스템을 고려해보자. 두 사용자가 동시에 동일한 사용자명으로 계정을 생성하려고 하면 둘 중 한 명은 성공하고 다른 사람은 실패해야 한다. (앞서 301쪽 "리더와 잠금"에서 이 문제를 다뤘다.)

언뜻 보기에는 연산의 전체 순서화가(예를 들어 램포트 타임스탬프를 사용한) 이 문제를 해결하는 데 충분할 것으로 보인다. 사용자명이 동일한 두 개의 계정이 생성되면 타임스탬프가 더 낮은 것(사용자명을 먼저 획득한 쪽)을 성공한 것으로 선택하고 타임스탬프가 더 큰 것은 실패하게 한다. 타임스탬프는 전체 순서를 정할 수 있으므로 이 비교는 항상 유효하다.

이 방법은 사후에 성공하는 쪽을 결정하는 데는 효과적이다. 시스템에서 사용자명 생성 연산을 모두 모으면 그들의 타임스탬프를 비교할 수 있다. 그러나 노드가 사용자로부터 사용자명 생성 요청을 막 받고 그 요청이 성공해야 하는지 실패해야 하는지 **당장** 결정해야 할 때는 이 방법으로는 부족하다. 그때 노드는 다른 노드가 동시에 동일한 사용자명으로 계정 생성을 처리하고 있는지와 다른 노드가 그 연산에 어떤 타임스탬프를 배정할지 알지 못한다.

다른 어떤 노드도 동시에 더 낮은 타임스탬프를 가지고 동일한 사용자명으로 계정 생성을 처리하는 중이 아니라고 확신하려면 다른 모든 노드가 무엇을 하고 있는지 확인해야 한다[56]. 다른 노드 중 하나에 장애가 생기거나 네트워크 문제 때문에 연결할 수 없다면 시스템이 멈추게 된다. 이것은 우리가 필요한 내결함성 시스템의 유형이 아니다.

여기서의 문제는 연산의 전체 순서는 모든 연산을 모은 후에야 드러난다는 것이다. 다른 노드가 어떤 연산을 생성했지만 그것이 무엇인지 아직 알 수 없다면 연산의 최종 순서를 만들어낼 수 없다. 다른 노드에서 실행되는 미지의 연산을 전체 순서의 여러 위치에 끼워넣어야 할지도 모른다.

결론을 내겠다. 사용자명에 대한 유일성 제약 조건 같은 것을 구현하려면 연산의 전체 순서가 있는 것으로는 충분치 않다. 언제 그 순서가 확정되는지도 알아야 한다. 사용자명을 생성하는 연산이 있고, 전체 순서상으로 그 연산보다 앞서는, 동일한 사용자명 획득 연산을 다른 어떤 노드도 끼워 넣을 수 없다면 그 연산을 성공으로 선언해도 안전하다.

언제 전체 순서가 확정되는지 알아야 한다는 아이디어를 **전체 순서 브로드캐스트**의 주제로 다루겠다.

전체 순서 브로드캐스트

프로그램이 단일 CPU 코어에서만 실행된다면 연산의 전체 순서를 정하기 쉽다. CPU에서 실행된 순서가 바로 전체 순서다. 그러나 분산 시스템에서는 모든 노드에서 연산의 전체 순서가 동일하도록 합의하기가 까다롭다. 지난 절에서 타임스탬프나 일련번호를 사용한 순서화를 설명했지만 단일 리더 복제만큼 강력하지는 않다는 것을 발견했다(타임스탬프 순서화를 사용해 유일성 제약 조건을 구현하면 어떤 결함도 버틸 수 없다).

설명한 바와 같이 단일 리더 복제는 한 노드를 리더로 선택하고 리더의 단일 CPU 코어에서 모든 연산을 차례대로 배열함으로써 연산의 전체 순서를 정한다. 어려운 문제는 처리량이 단일 리더가 처리할 수 있는 수준을 넘어설 때 시스템을 어떻게 확장할 것인가와 리더에 장애가 발생했을 때 어떻게 장애 복구를 처리할 것인가다(158쪽 "노드 중단 처리" 참고). 분산 시스템 분야에서 이 문제는 **전체 순서 브로드캐스트**(total order broadcast)나 **원자적 브로드캐스트**(atomic broadcast)로 알려져 있다[25, 57, 58][11].

순서화 보장의 범위

파티션마다 단일 리더를 갖도록 파티셔닝된 데이터베이스는 종종 각 파티션에서만 순서를 유지하는데 이는 여러 파티션에 걸친 일관성 보장(예를 들어 일관된 스냅숏, 외래 키 참고)을 제공할 수 없다는 뜻이다. 모든 파티션에 걸친 전체 순서화도 가능하기는 하지만 추가적인 코디네이션이 필요하다[59].

---

11 전통적으로 **원자적 브로드캐스트**라는 용어를 쓰지만 원자라는 단어의 다른 용법과 일관성이 없기 때문에 매우 혼란스럽다. 이것은 ACID 트랜잭션의 원자성과 아무 관련이 없고 (다중 스레드 프로그래밍 측면에서) 원자적 연산이나 원자적 레지스터(선형성 저장소)와는 간접적으로만 관련이 있다. 또 하나의 동의어로 **전체 순서 멀티캐스트**(total order multicast)라는 용어가 있다.

전체 순서 브로드캐스트는 보통 노드 사이에 메시지를 교환하는 프로토콜로 기술된다. 비공식적으로는 두 가지 안전성 속성을 항상 만족해야 한다.

신뢰성 있는 전달(reliable delivery)
어떤 메시지도 손실되지 않는다. 메시지가 한 노드에 전달되면 모든 노드에도 전달된다.

전체 순서가 정해진 전달(totally ordered delivery)
메시지는 모든 노드에 같은 순서로 전달된다.

전체 순서 브로드캐스트를 구현하는 올바른 알고리즘은 노드나 네트워크에 결함이 있더라도 신뢰성과 순서화 속성이 항상 만족되도록 보장해야 한다. 물론 네트워크가 끊긴 동안은 메시지가 전달될 수 없겠지만 알고리즘이 재시도를 계속 해서 네트워크가 결국 복구되면 메시지가 전달되게 할 수 있다(그리고 그때 메시지는 여전히 올바른 순서로 전달돼야 한다).

전체 순서 브로드캐스트 사용하기

주키퍼나 etcd 같은 합의 서비스는 전체 순서 브로드캐스트를 실제로 구현한다. 이 사실은 전체 순서 브로드캐스트와 합의 사이에는 강한 연관이 있다는 암시이며 이번 장 후반부에서 이를 살펴본다.

전체 순서 브로드캐스트는 데이터베이스 복제에 딱 필요한 것이다. 모든 메시지가 데이터베이스에 쓰기를 나타내고 모든 복제 서버가 같은 쓰기 연산을 같은 순서로 처리하면 복제 서버들은 서로 일관성 있는 상태를 유지한다(일시적인 복제 지연은 제외하고). 이 원리를 **상태 기계 복제**(state machine replication)[60]라고 하는데 11장에서 이 주제를 다시 살펴본다.

마찬가지로 전체 순서 브로드캐스트는 직렬성 트랜잭션을 구현하는 데도 쓸 수 있다. 252쪽 "실제적인 직렬 실행"에서 설명했듯이 모든 메시지가 스토어드 프로시저로 실행되는 결정적 트랜잭션을 나타낸다면, 그리고 모든 노드가 그 메시지들을 같은 순서로 처리한다면 데이터베이스의 파티션과 복제본은 서로 일관적인 상태를 유지한다[61].

전체 순서 브로드캐스트의 중요한 측면은 메시지가 전달되는 시점에 그 순서가 고정된다는 것이다. 후속 메시지가 이미 전달됐다면 노드는 그 순서의 앞에 메시지를 소급적으로 끼워넣는 게 허용되지 않는다. 이 사실 때문에 전체 순서 브로드캐스트가 타임스탬프 순서화보다 강하다.

전체 순서 브로드캐스트를 보는 또 다른 관점은 (복제 로그, 트랜잭션 로그나 쓰기 전 로그에서의) **로그**를 만드는 방법 중 하나라는 것이다. 메시지 전달은 로그에 추가하는 것과 비슷하다. 모든 노드가 같은 메시지를 같은 순서로 전달해야 하므로 모든 노드는 로그를 읽어서 순서가 동일한 메시지를 볼 수 있다.

전체 순서 브로드캐스트는 펜싱 토큰(302쪽 "펜싱 토큰" 참고)을 제공하는 잠금 서비스를 구현하는 데도 유용하다. 잠금을 획득하는 모든 요청은 메시지로 로그에 추가되고 모든 메시지들은 로그에 나타난 순서대로 일련번호가 붙는다. 그러면 일련번호는 단조 증가하므로 펜싱 토큰의 역할을 할 수 있다. 주키퍼에서는 이 일련번호를 zxid라고 한다[15].

전체 순서 브로드캐스트를 사용해 선형성 저장소 구현하기

그림 9-4에 설명된 대로 선형성 시스템에는 연산의 전체 순서가 있다. 이게 선형성이 전체 순서 브로드캐스트와 같다는 뜻일까? 완전히 똑같지는 않지만 이 둘 사이에는 밀접한 관계가 있다.[12]

전체 순서 브로드캐스트는 비동기식이다. 메시지는 고정된 순서로 신뢰성 있게 전달되도록 보장되지만 **언제** 메시지가 전달될지는 보장되지 않는다(따라서 어떤 수신자는 다른 것들보다 뒤처질 수 있다). 반대로 선형성은 최신성 보장이다. 읽기가 최근에 쓰여진 값을 보는 게 보장된다.

그러나 전체 순서 브로드캐스트 구현이 있다면 이를 기반으로 한 선형성 저장소를 만들 수 있다. 예를 들어 사용자명으로 사용자 계정을 유일하게 식별하도록 보장할 수 있다.

사용 가능한 모든 사용자명마다 원자적 compare-and-set 연산이 구현된 선형성 저장소를 가질 수 있다고 상상해 보자. 모든 레지스터는 초기에 널(null) 값을 갖는다(그 사용자명이 점유되지 않았음을 가리킨다). 사용자가 사용자명을 생성하기를 원할 때 해당 사용자명에 해당하는 레지스터에 compare-and-set 연산을 실행해 레지스터의 이전 값이 널이라는 조건하에 그 값을 사용자 계정 ID로 설정한다. 여러 사용자가 동시에 같은 사용자명을 가지려고 하면 compare-and-set 연산 중 하나만 성공한다. 다른 compare-and-set 연산은 (선형성 때문에) 널이 아닌 값을 보게 되기 때문이다.

전체 순서 브로드캐스트를 추가 전용 로그로 사용해 선형성 compare-and-set 연산을 다음과 같이 구현할 수 있다[62, 63].

1. 메시지를 로그에 추가해서 점유하기 원하는 사용자명을 시험적으로 가리킨다.

2. 로그를 읽고, 추가한 메시지가 되돌아오기를 기다린다.[13]

---

12 공식적인 의미에서 선형성 읽기 쓰기 레지스터는 "더 쉬운" 문제다. 전체 순서 브로드캐스트는 합의와 동일하며[67] 비동기식 죽으면 중단하는(asynchronous crash-stop) 모델에서는 결정적인(deterministic) 해결책이 없다[68]. 반면 선형성 읽기 쓰기 레지스터는 동일한 시스템 모델에서 **구현할 수 있다**[23, 24, 25]. 그러나 레지스터에서 compare-and-set이나 increment-and-get 같은 원자적 연산을 지원하면 합의와 똑같아진다[28]. 따라서 합의와 선형성 레지스터의 문제들은 밀접한 관련이 있다.

13 쓰기가 큐에 들어간 후 기다리지 않고 바로 쓰기에 대한 확인 응답을 보내면 다중코어 x86 프로세서의 메모리 일관성 모델[43]과 비슷한 것을 얻게 된다. 이 모델은 선형적이지도 않고 순차적 일관성도 없다.

3. 원하는 사용자명을 점유하려고 하는 메시지가 있는지 확인한다. 원하는 사용자명에 해당하는 첫 번째 메시지가 자신의 메시지라면 성공한 것이다. 사용자명 획득을 (아마도 로그에 다른 메시지를 추가해서) 커밋하고 클라이언트에게 확인 응답을 보낼 수 있다. 원하는 사용자명에 해당하는 첫 번째 메시지가 다른 사용자가 보낸 것이라면 연산을 어보트시킨다.

로그 항목은 모든 노드에 같은 순서로 전달되므로 여러 개의 쓰기가 동시에 실행되면 모든 노드가 어떤 쓰기가 먼저 실행된 것인지 동의한다. 충돌하는 쓰기 중 첫 번째 것을 승자로 택하고 나머지를 어보트시키면 모든 노드는 쓰기가 커밋되거나 어보트되는지에 동의하게 된다. 로그를 기반으로 직렬성 다중 객체 트랜잭션을 구현할 때도 비슷한 방법을 쓸 수 있다[62].

이 절차는 선형성 쓰기를 보장하지만 선형성 읽기는 보장하지 않는다. 로그로부터 비동기로 갱신되는 저장소를 읽으면 오래된 값이 읽힐 수 있다(정확하게 말하면 여기 설명된 절차는 **순차적 일관성(sequential consistency)**[47, 64]이나 **타임라인 일관성(timeline consistency)**[65, 66]으로 알려진, 선형성보다 조금 약한 보장을 제공한다). 읽기를 선형적으로 만들려면 몇 가지 선택지가 있다.

- 로그를 통해 순차 읽기를 할 수 있다. 로그에 메시지를 추가하고 로그를 읽어서 메시지가 되돌아왔을 때 실제 읽기를 수행하면 된다. 따라서 로그 상의 메시지 위치는 읽기가 실행된 시점을 나타낸다(etcd의 정족수 읽기는 이와 비슷한 식으로 동작한다[16]).
- 로그에서 최신 로그 메시지의 위치를 선형적 방법으로 얻을 수 있다면 그 위치를 질의하고 그 위치까지의 모든 항목이 전달되기를 기다린 후 읽기를 수행할 수 있다(주키퍼의 sync( ) 연산의 기반이 되는 아이디어다[15]).
- 쓰기를 실행할 때 동기식으로 갱신돼서 최신이 보장되는 복제 서버에서 읽을 수 있다. (이 기법은 연쇄 복제[63]에서 사용된다. 157쪽 "복제에 대한 연구"도 참고한다.)

선형성 저장소를 사용해 전체 순서 브로드캐스트 구현하기

지난 절에서 전체 순서 브로드캐스트로부터 선형성 compare-and-set 연산을 구현하는 방법을 봤다. 그 반대로 선형성 저장소가 있을 때 이를 기반으로 전체 순서 브로드캐스트를 구현하는 것도 가능하다.

가장 쉬운 방법은 정수를 저장하고 원자적 increment-and-get 연산이 지원되는 선형성 레지스터가 있다고 가정하는 것이다[28]. 대신 원자적 compare-and-set 연산이 있어도 된다.

알고리즘은 간단하다. 전체 순서 브로드캐스트를 통해 보내고 싶은 모든 메시지에 대해 선형성 정수로 increment-and-get 연산을 수행하고 레지스터에서 얻은 값을 일련번호로 메시지에 붙인다. 그 후 메시지를 모든 노드에 보낼 수 있고(메시지가 손실되면 재전송한다) 수신자들은 일련번호 순서대로 메시지를 전달한다.

램포트 타임스탬프와는 달리 선형성 레지스터를 증가시켜서 얻은 숫자들은 틈이 없는 순열을 형성한다. 따라서 어떤 노드가 메시지 4를 전달하고 일련번호가 6인 메시지를 받았다면 메시지 6을 전달하기 전에 메시지 5를 기다려야 한다는 것을 알 수 있다. 램포트 타임스탬프에서는 그렇지 않다. 사실 이것이 전체 순서 브로드캐스트와 타임스탬프 순서화의 핵심 차이다.

원자적 increment-and-get 연산이 지원되는 선형성 정수를 만드는 것은 얼마나 어려울까? 늘 그렇듯이 실패가 없다면 쉽다. 그냥 노드 하나에 변수 하나로 저장하면 된다. 문제는 그 노드와 네트워크 연결이 끊긴 상황을 처리하고 노드에 장애가 날 때 그 값을 복구하는 데 있다[59]. 일반적으로 선형성 일련번호 생성기에 대해 충분히 고심하다 보면 필연적으로 합의 알고리즘에 도달하게 된다.

이것은 우연이 아니다. 선형성 compare-and-set(또는 increment-and-get) 레지스터와 전체 순서 브로드캐스트는 둘 다 **합의와 동등하다고**(equivalent to consensus) 증명할 수 있다[28, 67]. 즉 이 문제 중 하나를 해결할 수 있으면 다른 문제의 해결책으로 변환할 수 있다. 상당히 심오하고 놀라운 통찰력이다!

마침내 합의 문제와 정면 대결할 시간이다. 이번 장의 나머지 부분에서는 이 문제를 다룬다.

분산 트랜잭션과 합의

합의는 분산 컴퓨팅에서 가장 중요하고 근본적인 문제 중 하나다. 겉으로는 간단해 보인다. 비공식적으로 합의의 목적은 단지 **여러 노드들이 뭔가에 동의하게 만드는 것**이다. 아주 어려운 일은 아니라고 생각할지도 모르겠다. 불행하게도 많은 고장 난 시스템들은 이 문제가 풀기 쉽다는 잘못된 믿음을 기반으로 했다.

합의는 매우 중요하지만 이 책에서 합의에 관한 절은 후반부에 나온다. 이 주제는 아주 미묘하고 미묘함을 이해하려면 선행 지식이 필요하기 때문이다. 학계의 연구 커뮤니티에서도 합의에 대한 이해는 수십년에 걸쳐서 아주 점진적으로 확고해졌으며 그 과정에서 많은 오해가 있었다. 이제 복제(5장), 트랜잭션(7장), 시스템 모델(8장), 선형성과 전체 순서 브로드캐스트(이번 장)를 설명했으므로 마침내 합의 문제와 맞설 준비가 됐다.

노드가 동의하는 것이 중요한 상황이 다음과 같이 많이 있다.

리더 선출

단일 리더 복제를 사용하는 데이터베이스에서 모든 노드는 어떤 노드가 리더인지 동의해야 한다. 어떤 노드가 네트워크 결함 때문에 다른 노드와 통신할 수 없으면 리더십 지위를 놓고 경쟁할 수 있다. 이 경우 합의는 두 노드가 자신이 리더라고 생각하는 스플릿 브레인을 유발할 수 있는 잘못된 장애 복구를 피하는 데 중요하다(158쪽 "노드 중단 처리" 참고). 리더가 두 대 있으면 둘 다 쓰기를 받아들여 데이터가 서로 달라져서 비일관성과 데이터 손실로 이어진다.

원자적 커밋

여러 노드나 파티션에 걸친 트랜잭션을 지원하는 데이터베이스에는 트랜잭션이 어떤 노드에서는 성공하고 어떤 노드에서는 실패할 수도 있는 문제가 있다. 트랜잭션 원자성(ACID의 의미에서. 224쪽 "원자성" 참고)을 유지하고 싶다면 모든 노드가 트랜잭션의 결과에 동의하게 만들어야 한다. (뭔가 잘못되면) 모두 어보트/롤백되거나 (아무것도 잘못된 게 없으면) 모두 커밋된다. 이런 합의 문제를 **원자적 커밋** 문제라고 한다.[14]

합의 불가능성

저자 피셔(Fischer), 린치(Lynch), 패터슨(Paterson)의 이름을 따서 명명한 FLP 결과[68]에 대해 들어봤을지도 모르겠다. 이것은 어떤 노드가 죽을 위험이 있다면 항상 합의에 이를 수 있는 알고리즘은 없다는 것을 증명한 것이다. 분산 시스템에서는 노드가 죽을 수 있다고 가정해야 하고, 따라서 신뢰성 있는 합의는 불가능하다. 그럼에도 불구하고 우리는 여기서 합의를 얻는 알고리즘을 살펴보고 있다. 대체 무슨 일이 일어나고 있는 것일까?

그 답은 FLP 결과는 어떤 시계나 타임아웃도 사용할 수 없는 결정적인 알고리즘을 가정하는 매우 제한된 모델인 비동기 시스템 모델(306쪽 "시스템 모델과 현실" 참고)에서 증명된다는 것이다. 알고리즘이 타임아웃을 쓰는 게 허용되거나 죽은 것으로 의심되는 노드를 식별하는 다른 방법이 있다면(이런 의심이 때로는 틀릴지라도) 합의는 해결 가능해진다[67]. 알고리즘이 단지 임의의 숫자를 사용하는 것을 허용하기만 해도 불가능성 결과를 회피하는 데 충분하다[69].

그러므로 합의 불가능성에 대한 FLP 결과는 이론적으로 매우 중요하지만 분산 시스템은 보통 현실에서 합의를 달성할 수 있다.

이번 절에서는 먼저 원자적 커밋 문제를 더 자세히 살펴본다. 특히 원자적 커밋을 해결하는 가장 흔한 방법이고 다양한 데이터베이스, 메시징 시스템, 애플리케이션 서버에서 구현된 **2단계 커밋**(2PC) 알고리즘을 다룬다. 2PC가 합의 알고리즘의 한 종류지만 아주 좋은 것은 아니라는 게 드러난다[70, 71].

2PC를 배움으로써 주키퍼(Zab)와 etcd(Raft)에서 쓰이는 더 좋은 합의 알고리즘을 향해서 나아간다.

---

14 공식적으로는 원자적 커밋과 합의는 약간 다르다. 원자적 트랜잭션은 **모든** 참여자가 커밋에 투표할 때만 커밋될 수 있고 참여자 중 누구라도 어보트돼야 한다면 어보트돼야 한다. 합의는 참여자 중 하나가 제안한 **어떤** 값을 결정하는 게 허용된다. 그러나 원자적 커밋과 합의는 서로 변환될 수 있다[70, 71]. **논블로킹**(nonblocking) 원자적 커밋은 합의보다 어렵다. 356쪽 "3단계 커밋" 참조.

원자적 커밋과 2단계 커밋(2PC)

7장에서 트랜잭션 원자성의 목적은 여러 쓰기를 실행하는 도중 뭔가 잘못되는 경우에 간단한 시맨틱을 제공하기 위함이라고 배웠다. 트랜잭션의 결과는 **커밋** 성공이나 **어보트**다. 커밋을 성공한 경우 트랜잭션에서 쓴 내용은 모두 지속성을 지니게 되며 어보트된 경우 트랜잭션에서 쓴 모든 내용은 롤백된다(즉 취소되거나 폐기된다).

원자성은 실패한 트랜잭션이 절반만 완료된 결과나 절반만 갱신된 상태로 데이터베이스를 어지럽히는 것을 막아준다. 이것은 다중 객체 트랜잭션(228쪽 "단일 객체 연산과 다중 객체 연산" 참고)과 보조 색인을 유지하는 데이터베이스에서 특히 중요하다. 개별 보조 색인은 주 데이터와 분리된 자료구조다. 따라서 데이터를 변경하면 그에 해당하는 변경은 보조 색인에도 반영돼야 한다. 원자성은 보조 색인이 주 데이터와 일관성을 유지하도록 보장한다(보조 색인이 주 데이터와 일관적이지 않게 되면 별로 유용하지 않다).

단일 노드에서 분산 원자적 커밋으로

단일 데이터베이스 노드에서 실행되는 트랜잭션에게 원자성은 흔히 저장소 엔진에서 구현된다. 클라이언트가 데이터베이스 노드에게 트랜잭션을 커밋하라고 요청할 때 데이터베이스는 트랜잭션의 쓰기가 지속성 있게 하고(보통 쓰기 전 로그에서. 84쪽 "신뢰할 수 있는 B 트리 만들기" 참고) 그 후 디스크에 있는 로그에 커밋 레코드를 추가한다. 이 과정에서 데이터베이스가 죽으면 트랜잭션은 노드가 재시작될 때 로그로부터 복구된다. 죽기 전에 커밋 레코드가 디스크에 쓰여지는 데 성공했다면 트랜잭션은 커밋된 것으로 간주된다. 그렇지 않다면 그 트랜잭션에서 쓴 내용은 롤백된다.

따라서 단일 노드에서 트랜잭션 커밋은 데이터가 디스크에 지속성 있게 쓰여지는 **순서**에 결정적으로 의존한다. 데이터가 먼저고 커밋 레코드는 그다음이다[72]. 트랜잭션이 커밋되거나 어보트되는지를 결정하는 핵심적인 시점은 디스크가 커밋 레코드 쓰기를 마치는 시점이다. 그 시점 전에는 (데이터베이스가 죽어서) 아직 어보트될 가능성이 있지만 그 시점 후에는 트랜잭션이 (데이터베이스가 죽더라도) 커밋된 상태다. 따라서 커밋을 원자적으로 만들어주는 것은 단일 장치(특정한 하나의 노드에 부착된 하나의 특정 디스크 드라이브의 컨트롤러)다.

그러나 트랜잭션에 여러 노드가 관여한다면 어떻게 될까? 예를 들어 파티셔닝된 데이터베이스에서 다중 객체 트랜잭션을 쓰거나 (색인 항목이 주 데이터와 다른 노드에 있을 수도 있는) 용어 파티셔닝된 보조 색인을 사용할 수 있다(206쪽 "파티셔닝과 보조 색인" 참고). 대부분의 "NoSQL" 분산 데이터스토어는 이런 분산 트랜잭션을 지원하지 않지만 다양한 클러스터 관계형 시스템은 지원한다(357쪽 "현실의 분산 트랜잭션" 참고).

이런 경우에 단지 모든 노드에 커밋 요청을 보내고 각 노드에서 독립적으로 트랜잭션을 커밋하는 것으로는 충분치 않다. 그렇게 하면 어떤 노드에서는 커밋이 성공하고 다른 노드에서는 실패해서 원자성 보장을 위반하기 쉽다.

- 어떤 노드들은 제약 조건 위반이나 충돌을 감지해서 어보트가 필요하게 하지만 다른 노드들은 성공적으로 커밋될 수 있다.

- 어떤 커밋 요청은 네트워크에서 손실되어 타임아웃 때문에 결국 어보트되지만 다른 커밋 요청은 전달될 수 있다.

- 어떤 노드는 커밋 레코드가 완전히 쓰여지기 전에 죽어서 복구할 때 롤백되지만 다른 노드는 성공적으로 커밋될 수 있다.

어떤 노드가 트랜잭션을 커밋하지만 다른 노드는 어보트한다면 노드들이 서로 일관성이 없어진다 (그림 7-3처럼). 그리고 트랜잭션이 한 노드에서 한 번 커밋되면 나중에 다른 노드에서 어보트된 게 밝혀지더라도 다시 취소할 수 없다. 이런 까닭으로 노드는 트랜잭션에 참여하는 다른 모든 노드도 커밋될 것이라고 확신할 때만 커밋이 돼야 한다.

트랜잭션 커밋은 되돌릴 수 없어야 한다. 트랜잭션이 커밋된 후에 마음을 바꿔서 소급적으로 어보트 시키는 것은 허용되지 않는다. 이 규칙이 있는 이유는 데이터가 커밋되면 다른 트랜잭션에게 보이게 되고 따라서 다른 클라이언트들은 그 데이터에 의존하기 시작할지도 모르기 때문이다. 이 원칙은 234쪽 "커밋 후 읽기"에서 설명한 **커밋 후 읽기** 격리의 기반을 형성한다. 트랜잭션이 커밋된 후에 어보트되는 게 허용되면 커밋된 데이터를 읽은 트랜잭션들은 소급적으로 존재하지 않는 것으로 선언되는 데이터에 의존한다. 따라서 그것들도 취소돼야 한다.

(커밋된 트랜잭션의 효과를 나중에 다른 **보상 트랜잭션(compensating transaction)**이 취소하는 것은 가능하다[73, 74]. 그러나 데이터베이스의 관점에서 이것은 분리된 트랜잭션이고 따라서 트랜잭션 사이에 걸친 정확성 요구사항은 애플리케이션의 문제다.)

2단계 커밋 소개

2단계 커밋은 여러 노드에 걸친 원자적 트랜잭션 커밋을 달성하는, 즉 모든 노드가 커밋되거나 모든 노드가 어보트되도록 보장하는 알고리즘이다[13, 35, 75]. 일부 데이터베이스에서는 2PC가 내부적으로 사용되고 **XA 트랜잭션**[76, 77](예를 들어 자바 트랜잭션 API에서 지원한다)의 형태나 SOAP 웹 서비스용 WS-AtomicTransaction을 통해 애플리케이션에서도 사용할 수 있다[78, 79].

2PC의 기본 흐름이 그림 9-9에 설명돼 있다. 단일 노드 트랜잭션에서처럼 하나의 커밋 요청을 하는 대신 2PC의 커밋/어보트 과정은 두 단계로 나뉜다(그래서 이런 이름이 붙었다).

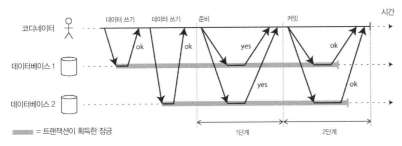

그림 9-9. 2단계 커밋(2PC)의 성공적인 실행

2PC와 2PL을 혼동하지 마라

2단계 **커밋**(2PC)과 2단계 **잠금**(256쪽 "2단계 잠금(2PL)" 참고)은 매우 다른 두 가지다. 2PC는 분산 데이터베이스에서 원자적 커밋을 제공하는 반면 2PL은 직렬성 격리를 제공한다. 혼란을 피하기 위해 이 것들을 완전히 분리된 개념으로 생각하고 유감스럽게도 이름이 비슷한 것은 무시하는 게 최선이다.

2PC는 단일 노드 트랜잭션에서는 보통 존재하지 않는 새로운 컴포넌트인 **코디네이터**(coordinator, 트랜잭션 관리자라고도 한다)를 사용한다. 코디네이터는 종종 트랜잭션을 요청하는 애플리케이션 프로세스 내에서 라이브러리 형태로 구현되지만(예를 들어 자바 EE 컨테이너에 내장된다) 분리된 프로세스나 서비스가 될 수도 있다. 이런 코디네이터의 예로 나라야나(Narayana), JOTM, BTM, MSDTC가 있다.

2PC 트랜잭션은 평상시처럼 애플리케이션이 여러 데이터베이스 노드에서 데이터를 읽고 쓰면서 시작한다. 이런 데이터베이스 노드를 트랜잭션의 **참여자**(participant)라고 부른다. 애플리케이션이 커밋할 준비가 되면 코디네이터가 1단계를 시작한다. 각 노드에 **준비** 요청을 보내서 커밋할 수 있는지 물어본다. 그 후 코디네이터는 참여자들의 응답을 추적한다.

- 모든 참여자가 커밋할 준비가 됐다는 뜻으로 "네"로 응답하면 코디네이터는 2단계에서 **커밋** 요청을 보내고 커밋이 실제로 일어난다.
- 참여자 중 누구라도 "아니오"로 응답하면 코디네이터는 2단계에서 모든 노드에 **어보트** 요청을 보낸다.

이 과정은 서양 문화의 전통 결혼식과 약간 비슷하다. 목사가 신랑 신부에게 개별적으로 각자 다른 쪽과 결혼하기를 원하는지 묻고, 보통 둘 모두에게 "그렇습니다"라는 응답을 받는다. 둘 모두에게 확인 응답을 받은 후 목사는 그 남녀를 부부로 선언한다. 트랜잭션이 커밋되고 행복한 사실이 모든 참석자에게 알려진다. 신랑이나 신부 중 누구라도 "네"라고 말하지 않으면 결혼식은 취소된다[73].

약속에 관한 시스템

이 짧은 설명으로는 왜 여러 노드에 걸친 1단계 커밋은 원자성을 보장하지 못하지만 2단계 커밋은 보장하는지 명확해 보이지 않는다. 분명히 준비 요청과 커밋 요청은 2단계 경우에서 그냥 쉽게 손실될 수 있다. 무엇이 2PC를 다르게 만들어줄까?

왜 동작하는지 이해하려면 그 과정을 더 자세히 분해해 봐야 한다.

1. 애플리케이션은 분산 트랜잭션을 시작하기를 원할 때 코디네이터에게 트랜잭션 ID를 요청한다. 이 트랜잭션 ID는 전역적으로 유일하다.

2. 애플리케이션은 각 참여자에서 단일 노드 트랜잭션을 시작하고 단일 노드 트랜잭션에 전역적으로 유일한 트랜잭션 ID를 붙인다. 모든 읽기와 쓰기는 이런 단일 노드 트랜잭션 중 하나에서 실행된다. 이 단계에서 뭔가 잘못되면(예를 들어 노드가 죽거나 요청이 타임아웃되면) 코디네이터나 참여자 중 누군가가 어보트할 수 있다.

3. 애플리케이션이 커밋할 준비가 되면 코디네이터는 모든 참여자에게 전역 트랜잭션 ID로 태깅된 준비 요청을 보낸다. 이런 요청 중 실패하거나 타임아웃된 것이 있으면 코디네이터는 모든 참여자에게 그 트랜잭션 ID로 어보트 요청을 보낸다.

4. 참여자가 준비 요청을 받으면 모든 상황에서 분명히 트랜잭션을 커밋할 수 있는지 확인한다. 여기에는 모든 트랜잭션 데이터를 디스크에 쓰는 것(죽거나 전원 장애나 디스크 공간이 부족한 것은 나중에 커밋을 거부하는 데 용인되는 변명이 아니다)과 충돌이나 제약 조건 위반을 확인하는 게 포함된다. 코디네이터에게 "네"라고 응답함으로써 노드는 요청이 있으면 트랜잭션을 오류 없이 커밋할 것이라고 약속한다. 달리 말하면 참여자들은 트랜잭션을 어보트할 권리를 포기하지만 실제로 커밋하지는 않는다.

5. 코디네이터가 모든 준비 요청에 대해 응답을 받았을 때 트랜잭션을 커밋할 것인지 어보트할 것인지 최종적 결정을 한다(모든 참여자가 "네"에 투표했을 때만 커밋한다). 코디네이터는 추후 죽는 경우에 어떻게 결정했는지 알 수 있도록 그 결정을 디스크에 있는 트랜잭션 로그에 기록해야 한다. 이를 **커밋 포인트**라고 한다.

6. 코디네이터의 결정이 디스크에 쓰여지면 모든 참여자에게 커밋이나 어보트 요청이 전송된다. 이 요청이 실패하거나 타임아웃이 되면 코디네이터는 성공할 때까지 영원히 재시도해야 한다. 더 이상 돌아갈 곳은 없다. 그 결정이 커밋이었다면 재시도를 몇 번 하든지 상관없이 그 결정을 강제해야 한다. 도중에 한 참여자가 죽었다면 트랜잭션은 그 참여자가 복구될 때 커밋된다. 참여자가 "네"라고 투표했으므로 복구될 때 커밋을 거부할 수 없다.

따라서 이 프로토콜에는 두 개의 중대한 "돌아갈 수 없는 지점"이 있다. 참여자는 "네"에 투표할 때 나중에 분명히 커밋할 수 있을 거라고 약속한다(코디네이터는 여전히 어보트를 선택할 수 있지만). 그리고 코디네이터가 한 번 결정하면 그 결정은 변경할 수 없다. 이런 약속은 2PC의 원자성을 보장한다. (단일 노드 원자적 커밋은 이 두 개의 이벤트를 하나로 묶는다. 트랜잭션 로그에 커밋 레코드를 쓰는 일이다.)

결혼식 비유로 돌아가서 "네"라고 말하기 전에 당신과 당신의 신랑/신부는 "아니오"라고 말해서(또는 그런 효과가 있는 뭔가를 해서) 트랜잭션을 어보트할 자유가 있다. 그러나 "네"라고 말한 후에는 그 성명을 취소할 수 없다. "네"라고 말한 후 기절해서 목사가 "당신들은 이제 부부입니다"라고 말하는 것을 듣지 못하더라도 트랜잭션이 커밋됐다는 사실이 바뀌지는 않는다. 나중에 의식을 회복할 때 목사에게 전역 트랜잭션 ID의 상태를 질의해서 결혼했는지 아닌지를 알아내거나 목사가 커밋 요청을 재시도하는 것을 기다릴 수 있다(의식이 없는 동안 계속 재시도를 했을 것이므로).

코디네이터 장애

2PC 도중에 참여자 중 하나나 네트워크에 장애가 나면 무슨 일이 생기는지 설명했다. 준비 요청 중 어떤 게 실패하거나 타임아웃이 되면 코디네이터는 트랜잭션을 어보트한다. 커밋이나 어보트 요청이 실패하면 코디네이터는 무한히 재시도한다. 그러나 코디네이터가 죽으면 어떻게 되는지는 분명하지 않다.

코디네이터가 준비 요청을 보내기 전에 장애가 나면 참여자가 안전하게 트랜잭션을 어보트할 수 있다. 그러나 참여자가 준비 요청을 받고 "네"에 투표했다면 더 이상 일방적으로 어보트할 수 없다. 코디네이터로부터 트랜잭션이 커밋됐는지 어보트됐는지 회신을 받을 때까지 기다려야 한다. 코디네이터가 죽거나 이 시점에 네트워크에 장애가 나면 참여자는 기다릴 수밖에 없다. 이 상태에 있는 참여자의 트랜잭션을 **의심스럽다**(in doubt) 또는 **불확실하다**(uncertain)고 한다.

이 상황이 그림 9-10에 설명돼 있다. 이 특정 예에서 코디네이터는 실제로 커밋하기로 결정했고 데이터베이스 2는 커밋 요청을 받았다. 그러나 코디네이터는 커밋 요청을 데이터베이스 1에 보내기 전에 죽었고 따라서 데이터베이스 1은 커밋할지 어보트할지 알지 못한다. 여기서는 타임아웃도 도움이 안 된다. 데이터베이스 1이 타임아웃 후에 일방적으로 어보트하면 커밋한 데이터베이스 2와 일관적이지 않게 된다. 마찬가지로 또 다른 참여자가 어보트했을지도 모르므로 일방적으로 커밋하는 것도 안전하지 않다.

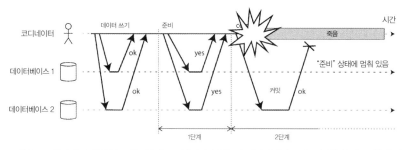

그림 9-10. 참여자들이 "네"라고 투표한 후 코디네이터가 죽는다. 데이터베이스 1은 커밋할지 어보트할지 알지 못한다.

코디네이터에게 듣지 않고 참여자는 커밋할지 어보트할지 알 방법이 없다. 이론상으로는 참여자들끼리 통신해서 각 참여자가 어떻게 투표했는지 알아내서 어떤 것에 동의할 수 있지만 이것은 2PC 프로토콜의 일부가 아니다.

2PC가 완료할 수 있는 유일한 방법은 코디네이터가 복구되기를 기다리는 것뿐이다. 이것이 코디네이터가 참여자들에게 커밋이나 어보트 요청을 보내기 전에 디스크에 있는 트랜잭션 로그에 자신의 커밋이나 어보트 결정을 써야 하는 이유다. 코디네이터가 복구될 때 트랜잭션 로그를 읽어서 모든 의심스러운 트랜잭션들의 상태를 결정한다. 코디네이터의 로그에 커밋 레코드가 없는 트랜잭션들은 어보트된다. 따라서 2PC의 커밋 포인트는 코디네이터에서 보통의 단일 노드 원자적 커밋으로 내려온다.

3단계 커밋

2단계 커밋은 2PC가 코디네이터가 복구하기를 기다리느라 멈출 수 있다는 사실 때문에 **블로킹** 원자적 커밋 프로토콜이라고 불린다. 이론상으로는 노드에 장애가 나도 멈추지 않도록 원자적 커밋 프로토콜을 **논블로킹**하게 만들 수 있다. 그러나 현실에서 이렇게 동작하도록 만드는 것은 그리 간단하지 않다.

2PC의 대안으로 **3단계 커밋**(3PC)이라는 알고리즘이 제안됐다[13, 80]. 하지만 3PC는 지연에 제한이 있는 네트워크와 응답 시간에 제한이 있는 노드를 가정한다. 기약 없는 네트워크 지연과 프로세스 중단이 있는 대부분의 실용적 시스템에서(8장 참고) 3PC는 원자성을 보장하지 못한다.

일반적으로 논블로킹 원자적 커밋은 **완벽한 장애 감지기**(perfect failure detector)[67, 71], 즉 노드가 죽었는지 아닌지 구별할 수 있는 신뢰성 있는 메커니즘이 필요하다. 기약 없는 지연이 있는 네트워크에서 타임아웃은 신뢰성 있는 장애 감지기가 아니다. 아무 노드도 안 죽었지만 네트워크 문제 때문에 요청이 타임아웃될 수 있기 때문이다. 이런 까닭으로 코디네이터 장애와 관련된 알려진 문제가 있는데도 2PC가 계속 쓰이고 있다.

현실의 분산 트랜잭션

분산 트랜잭션, 특히 2단계 커밋으로 구현된 분산 트랜잭션은 평판이 엇갈린다. 한편에서는 다른 방법으로 달성하기 어려운 중요한 안전성 보장을 제공하는 것으로 본다. 다른 한편에서는 운영상의 문제를 일으키고 성능을 떨어뜨리며 그것들이 제공할 수 있는 것보다 더 약속한다고 비판받는다[81, 82, 83, 84]. 여러 클라우드 서비스들은 분산 트랜잭션이 낳는 운영상 문제 때문에 분산 트랜잭션을 구현하지 않는 선택을 한다[85, 86].

어떤 분산 트랜잭션 구현은 무거운 성능 손해를 수반한다. 이를테면 마이SQL의 분산 트랜잭션은 단일 노드 트랜잭션보다 10배 이상 느리다고 보고된다[87]. 따라서 사람들이 분산 트랜잭션을 쓰지 말라고 하는 것도 놀랍지 않다. 2단계 커밋에 내장된 성능 비용의 많은 부분은 장애 복구를 위해 필요한 부가적인 디스크 강제 쓰기(fsync)[88]와 부가적인 네트워크 왕복 시간 때문이다.

그러나 분산 트랜잭션을 완전히 일축하기보다는 좀 더 자세히 조사해봐야 한다. 이로부터 배울 수 있는 중요한 교훈이 있기 때문이다. 우선 "분산 트랜잭션"이 무엇을 의미하는지를 정확히 해야 한다. 두 가지 매우 다른 종류의 분산 트랜잭션이 흔히 혼용된다.

데이터베이스 내부 분산 트랜잭션

어떤 분산 데이터베이스(즉 표준 설정에서 복제와 파티셔닝을 사용하는 데이터베이스)는 데이터베이스 노드 사이에 내부 트랜잭션을 지원한다. 예를 들어 볼트DB와 마이SQL 클러스터의 NDB 저장소 엔진은 이런 내부 트랜잭션을 지원한다. 이 경우 트랜잭션에 참여하는 모든 노드는 동일한 데이터베이스 소프트웨어를 실행한다.

이종 분산 트랜잭션

이종(heterogeneous) 트랜잭션에서 참여자들은 둘 혹은 그 이상의 다른 기술이다. 이를테면 두 가지 서로 다른 벤더의 데이터베이스일 수도, 심지어 메시지 브로커처럼 비데이터베이스 시스템일 수도 있다. 이런 시스템에 걸친 분산 트랜잭션은 시스템의 내부가 완전히 다르더라도 원자적 커밋을 보장해야 한다.

데이터베이스 내부 트랜잭션은 다른 시스템과 호환될 필요가 없으므로 아무 프로토콜이나 쓸 수 있고 특정 기술에 특화된 최적화를 적용할 수 있다. 이런 까닭으로 데이터베이스 내부 분산 트랜잭션은 흔히 매우 잘 동작한다. 반면에 이종 기술에 걸친 트랜잭션은 훨씬 더 어렵다.

정확히 한 번 메시지 처리

이종 분산 트랜잭션은 다양한 시스템들이 강력한 방법으로 통합될 수 있게 한다. 예를 들어 메시지 큐에서 나온 메시지는 그 메시지를 처리하는 데이터베이스 트랜잭션이 커밋에 성공했을 때만 처리된 것으로 확인받을 수 있다. 메시지 확인과 데이터베이스 쓰기를 단일 트랜잭션에서 원자적으로 커밋함으로써 이를 구현할 수 있다. 분산 트랜잭션이 지원되면 메시지 브로커와 데이터베이스가 서로 다른 장비에서 실행되는 두 가지 무관한 기술이더라도 이것이 가능하다.

메시지 전달이나 데이터베이스 트랜잭션 중 하나가 실패하면 둘 다 어보트되고 메시지 브로커는 나중에 메시지를 안전하게 다시 전달할 수 있다. 그러므로 메시지와 그 처리 과정의 부수 효과를 원자적으로 커밋함으로써 메시지가 **결과적으로(effectively)** 정확히 한 번(exactly once) 처리되도록 보장할 수 있다. 성공하기 전에 몇 번 재시도가 필요할 수는 있겠지만 말이다. 어보트는 부분적으로 완료된 트랜잭션의 부수 효과를 폐기한다.

그렇지만 이런 분산 트랜잭션은 트랜잭션의 영향을 받는 모든 시스템이 동일한 원자적 커밋 프로토콜을 사용할 수 있을 때만 가능하다. 예를 들어 메시지를 처리하는 부수 효과가 이메일을 전송하는 것이고 이메일 서버는 2단계 커밋을 지원하지 않는다고 하자. 메시지 처리가 실패하고 재시도되면 이메일이 두 번 이상 전송될 수 있다. 그러나 트랜잭션이 어보트될 때 메시지를 처리하는 모든 부수 효과가 롤백된다면 처리 단계는 마치 아무 일도 없었던 것처럼 안전하게 재시도될 수 있다.

11장에서 정확히 한 번 메시지 처리 주제를 다시 설명한다. 먼저 이런 이종 분산 트랜잭션을 가능케 하는 원자적 커밋 프로토콜을 살펴본다.

XA 트랜잭션

X/Open XA(eXtended Architecture의 약자)는 이종 기술에 걸친 2단계 커밋을 구현하는 표준이다[76, 77]. 이것은 1991년에 소개됐고 널리 구현됐다. XA는 (포스트그레스큐엘, 마이SQL, DB2, SQL 서버, 오라클을 포함한) 여러 전통적인 관계형 데이터베이스와 (액티브MQ, 호닛Q, MSMQ, IBM MQ를 포함한) 메시지 브로커에서 지원된다.

XA는 네트워크 프로토콜이 아니다. 트랜잭션 코디네이터와 연결되는 인터페이스를 제공하는 C API일 뿐이다. 다른 언어에도 이 API 바인딩이 있다. 예를 들어 자바 EE 애플리케이션 세계에서 XA 트랜잭션은 자바 트랜잭션 API(Java Transaction API, JTA)를 사용해 구현되며 JTA는 다시 JDBC(Java Database Connectivity)를 사용하는 데이터베이스용 드라이버 다수와 자바 메시지 서비스(Java Message Service, JMS) API를 사용하는 메시지 브로커용 드라이버에서 지원된다.

XA는 애플리케이션이 네트워크 드라이버나 클라이언트 라이브러리를 사용해 참여자 데이터베이스나 메시징 서비스와 통신한다고 가정한다. 드라이버가 XA를 지원한다는 것은 연산이 분산 트랜잭션의 일부가 돼야 하는지 알아내기 위해 XA API를 호출한다는 것을 뜻한다. 그리고 만약 그렇다면 드라이버는 데이터베이스 서버로 필요한 정보를 보낸다. 드라이버는 코디네이터가 참여자에게 준비, 커밋, 어보트를 요청할 수 있는 콜백도 제공한다.

트랜잭션 코디네이터는 XA API를 구현한다. 표준에는 어떻게 구현해야 하는지 명시되지 않았지만 현실에서는 흔히 (독립된 서비스가 아니라) 트랜잭션을 시작하는 애플리케이션과 같은 프로세스에 로딩되는 단순한 라이브러리다. 그것은 트랜잭션의 참여자를 추적하고 참여자들에게 (드라이버로 가는 콜백을 통해) 준비 요청을 보낸 후 그들의 응답을 수집하고 각 트랜잭션에 대한 커밋/어보트 결정을 추적하기 위해 로컬 디스크에 있는 로그를 사용한다.

애플리케이션 프로세스가 죽거나 애플리케이션이 실행 중인 장비가 죽으면 코디네이터도 함께 사라진다. 그러면 준비됐지만 커밋되지 않은 트랜잭션들을 가진 참여자들은 의심스러운 상태에 빠지게 된다. 코디네이터의 로그는 애플리케이션 서버의 로컬 디스크에 있으므로 그 서버는 재시작돼야 하고 코디네이터 라이브러리가 그 로그를 읽어서 각 트랜잭션의 커밋/어보트 결과를 복구해야 한다. 그 후에야 코디네이터는 데이터베이스 드라이버의 XA 콜백을 사용해 참여자들에게 적절히 커밋하거나 어보트하라고 요청할 수 있다. 모든 통신이 클라이언트 라이브러리를 거쳐야 하므로 데이터베이스 서버는 코디네이터에 직접 연결할 수 없다.

의심스러운 상태에 있는 동안 잠금을 유지하는 문제

트랜잭션이 의심스러운 상태에 빠지는 것에 왜 이렇게 신경 쓸까? 시스템의 나머지 부분은 그냥 자기 일을 하고 결국엔 정리될 의심스러운 트랜잭션은 무시하면 안 될까?

문제는 **잠금**과 관련이 있다. 234쪽 "커밋 후 읽기"에서 설명했듯이 데이터베이스 트랜잭션은 보통 더티 쓰기를 막기 위해 그들이 변경한 로우에 로우 수준의 독점적인 잠금을 획득한다. 추가로 직렬성 격리를 원한다면 2단계 잠금을 사용하는 데이터베이스는 트랜잭션에서 **읽은** 로우에 공유 잠금도 획득해야 한다(256쪽 "2단계 잠금(2PL)" 참고).

데이터베이스는 트랜잭션이 커밋하거나 어보트할 때까지 이런 잠금을 해제할 수 없다(그림 9-9에서 음영 처리된 영역으로 설명돼 있다). 그러므로 2단계 커밋을 사용할 때 트랜잭션은 의심스러운 상태에 있는 동안 내내 잠금을 잡고 있어야 한다. 코디네이터가 죽어서 재시작하는 데 20분이 걸린다면 이런 잠금은 20분 동안 유지된다. 코디네이터의 로그가 어떤 이유로 완전히 손실되면 이런 잠금은 영원히, 또는 적어도 관리자가 수동으로 상황을 해결할 때까지 유지된다.

이런 잠금이 유지되는 동안 다른 어떤 트랜잭션도 그 로우를 변경할 수 없다. 데이터베이스에 따라서는 다른 트랜잭션이 그 로우를 읽지조차 못하게 차단할 수도 있다. 따라서 다른 트랜잭션이 그냥 자기 일을 계속할 수 없다. 동일한 데이터에 접근하려고 하면 차단된다. 이는 의심스러운 트랜잭션이 해소될 때까지 애플리케이션의 많은 부분을 사용할 수 없게 되는 원인이 된다.

코디네이터 장애에서 복구하기

이론상으로는 코디네이터가 죽은 후 재시작하면 로그로부터 그 상태를 깨끗하게 복구하고 의심스러운 트랜잭션을 해소해야 한다. 그러나 현실에서는 **고아가 된(orphaned)** 의심스러운 트랜잭션, 즉 코디네이터가 어떤 이유 때문인지 그 결과를 결정할 수 없는 트랜잭션이 생길 수 있다[89, 90](예를 들어 트랜잭션 로그가 손실됐거나 소프트웨어 버그로 오염됐기 때문에). 이런 트랜잭션은 자동으로 해소될 수 없어서 잠금을 유지하고 다른 트랜잭션을 차단하면서 데이터베이스에 영원히 남는다.

데이터베이스 서버를 재부팅해도 이 문제를 고칠 수 없다. 2PC의 올바른 구현은 재시작을 하더라도 의심스러운 트랜잭션의 잠금을 유지해야 하기 때문이다(그렇지 않으면 원자성 보장을 위반할 위험이 있다). 곤란한 상황이다.

여기서 빠져나가는 유일한 방법은 관리자가 수동으로 트랜잭션을 커밋하거나 롤백할지 결정하는 것뿐이다. 관리자는 의심스러운 트랜잭션의 참여자를 조사해서 어떤 참여자가 이미 커밋되거나 어보트됐는지 결정하고 동일한 결과를 다른 참여자에게 적용해야 한다. 이 문제를 해결하려면 잠재적으로 많은 수작업이 필요하고, 대부분 심각한 서비스 중단이 있는 도중에(그렇지 않으면 왜 코디네이터가 이런 나쁜 상태에 빠졌겠는가?) 스트레스가 높고 시간 압박이 있는 상태에서 처리해야 할 가능성이 높다.

여러 XA 구현에는 참여자가 코디네이터로부터 확정적 결정을 얻지 않고 의심스러운 트랜잭션을 어보트하거나 커밋할지를 일방적으로 결정할 수 있도록 하는 **경험적 결정(heuristic decision)**이라고 부르는 비상 탈출구가 있다[76, 77, 91]. 정확히 말하면 여기서 **경험적**은 2단계 커밋의 약속 체계를 위반하기 때문에 **아마도 원자성을 깰 수 있다**를 완곡하게 표현한 것이다. 따라서 경험적 결정은 평상시가 아니라 큰 장애 상황을 벗어나고자 할 때만 쓰도록 의도된 것이다.

분산 트랜잭션의 제약

XA 트랜잭션은 여러 참여 데이터 시스템이 서로 일관성을 유지하게 하는 실제적이고 중요한 문제를 해결해 주지만 지금까지 본 것처럼 XA 트랜잭션도 중요한 운영상 문제를 가져온다. 특히 핵심 구현은 트랜잭션 코디네이터 자체가 (트랜잭션 결과를 저장할 수 있는) 일종의 데이터베이스여야 한다는 점이고 따라서 다른 중요한 데이터베이스와 동일하게 신경 써서 접근해야 한다.

- 코디네이터가 복제되지 않고 단일 장비에서만 실행되면 전체 시스템의 단일 장애점(single point of failure)이 된다(코디네이터에 장애가 생기면 의심스러운 트랜잭션이 획득한 잠금을 대기하느라 다른 애플리케이션 서버가 차단되기 때문이다). 놀랍게도 여러 코디네이터 구현은 기본적으로 고가용성을 제공하지 않거나 가장 기초적인 복제만 지원한다.

- 여러 서버 사이드 애플리케이션은 모든 영속적인 상태를 데이터베이스에 저장하고 (HTTP에서 선호되는) 상태 비저장 모드로 개발된다. 그러면 애플리케이션 서버를 마음대로 추가하고 제거할 수 있다는 이점이 있다. 그러나 코디네이터가 애플리케이션 서버의 일부가 되면 배포의 특성이 바뀌게 된다. 갑자기 코디네이터의 로그가 지속적인 시스템 상태의 중대한 부분이 된다. 코디네이터 로그는 죽은 후에 의심스러운 트랜잭션을 복구하기 위해 필요하므로 데이터베이스 자체만큼 중요하다. 이런 애플리케이션 서버는 더 이상 상태 비저장이 아니다.

- XA는 광범위한 데이터 시스템과 호환돼야 하므로 최소 공통 분모가 될 필요가 있다. 예를 들어 여러 시스템에 걸친 교착 상태를 감지할 수 없고(그렇게 하려면 시스템이 각 트랜잭션이 대기 중인 잠금에 대한 정보를 교환하기 위한 표준화된 프로토콜이 필요하기 때문이다), SSI(260쪽 "직렬성 스냅숏 격리(SSI)" 참고)와 함께 동작하지 않는다. SSI를 지원하려면 여러 시스템에 걸친 충돌을 식별할 프로토콜이 필요하기 때문이다.

- (XA가 아닌) 데이터베이스 내부 분산 트랜잭션은 그 제한이 그리 크지 않다. 예를 들어 분산 버전 SSI를 쓸 수 있다. 그러나 2PC가 성공적으로 트랜잭션을 커밋하려면 **모든** 참여자가 응답해야 한다는 문제는 남는다. 결과적으로 시스템의 **어떤** 부분이라도 고장 나면 트랜잭션도 실패한다. 따라서 분산 트랜잭션은 **장애를 증폭시키는** 경향이 있으며 이는 내결함성을 지닌 시스템을 구축하려는 목적에 어긋난다.

이런 사실들은 여러 시스템이 서로 일관성을 유지하게 만들려는 모든 희망을 포기해야 한다는 것을 의미할까? 완전히 그렇지는 않다. 이종 분산 트랜잭션의 고통 없이 같은 것을 달성할 수 있게 허용해주는 대안적인 방법이 있다. 11장과 12장에서 이 방법을 다시 살펴본다. 그러나 먼저 합의에 대한 주제를 마무리해야 한다.

내결함성을 지닌 합의

비공식적으로 합의는 여러 노드가 어떤 것에 동의해야 한다는 뜻이다. 예를 들어 여러 사람들이 동시에 비행기의 마지막 좌석이나 극장의 같은 좌석을 예약하려고 하거나 같은 사용자명으로 계정을 등록하려고 하면 이처럼 서로 공존할 수 없는 연산 중 어떤 것이 승자가 돼야 하는지 결정하는 데 합의 알고리즘을 사용할 수 있다.

합의 문제는 보통 다음과 같이 형식화된다. 하나 또는 그 이상의 노드들이 값을 **제안할** 수 있고 합의 알고리즘이 그 값 중 하나를 **결정한다**. 좌석 예약 예제에서 여러 고객이 동시에 마지막 좌석을 구입하려고 할 때 고객 요청을 처리하는 각 노드는 서비스하는 고객의 ID를 제안할 수 있고 결정은 이 고객들 중 누가 좌석을 사게 될지를 가리킨다.

이 형식에서 합의 알고리즘은 다음 속성을 만족해야 한다[25][15].

---

15 이런 특정한 종류의 합의를 **균일한 합의**라고 하며, 신뢰성 없는 장애 감지기를 지닌 비동기 시스템의 일반적인 합의와 같다[71]. 학술문헌에서는 보통 **노드** 대신 **프로세스**라고 하지만 여기서는 이 책의 다른 부분과 일관성이 있도록 **노드**를 사용한다.

균일한 동의

어떤 두 노드도 다르게 결정하지 않는다.

무결성

어떤 노드도 두 번 결정하지 않는다.

유효성

한 노드가 값 v를 결정한다면 v는 어떤 노드에서 제안된 것이다.

종료

죽지 않은 모든 노드는 결국 어떤 값을 결정한다.

균일한 동의와 무결성 속성은 합의의 핵심 아이디어를 정의한다. 모두 같은 결과로 결정하며 한 번 결정하면 마음을 바꿀 수 없다. 유효성 속성은 주로 뻔한 해결책을 배제하기 위해 존재한다. 이를테면 무엇을 제안하든지 상관 없이 항상 널로 결정하는 알고리즘이 있을 수 있다. 이 알고리즘은 균일한 동의와 무결성 속성은 만족하지만 유효성 속성은 만족하지 않는다.

내결함성이 상관없다면 처음 세 개의 속성을 만족시키는 것은 쉽다. 그냥 한 노드를 "독재자"로 하드코딩하고 그 노드가 모든 결정을 내리게 하면 된다. 그러나 그 노드 하나에 장애가 나면 그 시스템은 더 이상 어떤 결정도 내릴 수 없다. 이는 사실 2단계 커밋 사례에서 본 것이다. 코디네이터에 장애가 나면 의심스러운 참여자들은 커밋할지 어보트할지 결정할 수 없다.

종료 속성은 내결함성의 아이디어를 형식화한다. 이 속성은 본질적으로 합의 알고리즘은 그냥 그 상태에 머물러서 영원히 아무것도 안 할 수는 없다, 다시 말해 진행해야 한다고 규정한다. 어떤 노드들에 장애가 나더라도 다른 노드들은 여전히 결정을 내려야 한다. (종료는 활동성 속성인 반면 다른 세 개는 안전성 속성이다. 308쪽 "안전성과 활동성" 참고.)

합의 시스템 모델은 노드가 "죽으면" 그 노드가 갑자기 사라져서 결코 돌아오지 않는다고 가정한다. (소프트웨어가 죽는 대신 지진이 나서 노드가 있는 데이터센터가 산사태로 파괴된다고 상상해 보자. 노드가 30피트의 진흙 아래에 묻혀 결코 온라인 상태로 돌아오지 않는다고 가정해야 한다.) 이 시스템 모델에서 노드가 복구되기를 기다리는 알고리즘은 어떤 것이라도 종료 속성을 만족할 수 없다. 특히 2PC는 종료에 대한 요구사항을 만족하지 않는다.

물론 **모든** 노드가 죽어서 아무 노드도 실행 중이 아니라면 어떤 알고리즘을 쓰든지 아무것도 결정할 수 없다. 알고리즘이 견딜 수 있는 장애의 수에는 제한이 있다. 사실 어떤 합의 알고리즘이라도 종료를 보장하려면 최소한 노드의 과반수가 올바르게 동작해야 한다는 점이 증명될 수 있다[67]. 과반수는 안전하게 정족수를 형성할 수 있다(181쪽 "읽기와 쓰기를 위한 정족수" 참고).

따라서 종료 속성은 죽거나 연결할 수 없는 노드 대수가 절반 미만이라는 가정에 종속적이다. 그러나 대부분의 합의 구현은 과반수의 노드에 장애가 나거나 심각한 네트워크 문제가 있더라도 안전성 속성(동의, 무결성, 유효성)을 항상 만족한다[92]. 그러므로 대규모 중단이 발생하면 시스템이 요청을 처리할 수 없게 될 수는 있지만 유효하지 않은 결정을 내려서 합의 시스템을 오염시키지는 않는다.

대부분의 합의 알고리즘은 304쪽 "비잔틴 결함"에서 설명한 비잔틴 결함이 없다고 가정한다. 즉 노드가 프로토콜을 올바르게 따르지 않으면(예를 들어 다른 노드에게 모순되는 메시지를 보낸다면) 프로토콜의 안전성 속성이 깨질지도 모른다. 1/3 미만의 노드만 비잔틴 결함이 있다면 비잔틴 결함에도 견고하도록 합의를 만들 수 있지만[25, 93] 이 책에서는 그 알고리즘들을 상세히 설명할 만한 공간이 없다.

합의 알고리즘과 전체 순서 브로드캐스트

내결함성을 지닌 합의 알고리즘 중 가장 널리 알려진 것은 뷰스탬프 복제(Viewstamped Replication, VSR)[94, 95], 팍소스(Paxos)[96, 97, 98, 99], 라프트(Raft)[22, 100, 101], 잽(Zab)[15, 21, 102]이다. 이 알고리즘들 사이에는 상당한 유사성이 있지만 똑같지는 않다[103]. 이 책에서 다양한 알고리즘의 아주 상세한 부분까지는 살펴보지 않는다. 합의 시스템을 직접 구현하지 않는다면(권장할 만한 것은 아니다. 합의 시스템 구현은 어렵다[98, 104]) 이러한 알고리즘에 공통으로 있는 고수준의 아이디어를 아는 것으로 충분하다.

이 알고리즘 중 대다수는 실제로는 여기서 설명한 형식적 모델(동의, 무결성, 유효성, 종료 속성을 만족하면서 하나의 값을 제안하고 결정)을 직접 사용하지 않는다. 대신 그것들은 값의 **순차열(sequence)**에 대해 결정해서 이번 장 앞부분에서 설명한 **전체 순서 브로드캐스트** 알고리즘을 만든다(345쪽 "전체 순서 브로드캐스트" 참고).

전체 순서 브로드캐스트를 하려면 모든 노드에게 메시지가 정확히 한 번, 같은 순서로 전달돼야 한다는 점을 기억하자. 생각을 조금 해 보면 이것은 합의를 몇 회 하는 것과 동일하다. 각 회마다 노드들은 다음에 보내기 원하는 메시지를 제안하고 전체 순서 상에서 전달될 다음 메시지를 결정한다[67].

그래서 전체 순서 브로드캐스트는 반복된 횟수의 합의와 동일하다(각 합의 결정이 하나의 메시지 전달에 해당한다).

- 합의의 동의 속성 때문에 모든 노드는 같은 메시지를 같은 순서로 전달하도록 결정한다.

- 무결성 속성 때문에 메시지는 중복되지 않는다.

- 유효성 속성 때문에 메시지는 오염되지 않고 난데없이 조작되지 않는다.

- 종료 속성 때문에 메시지는 손실되지 않는다.

뷰스탬프 복제, 라프트, 잽은 전체 순서 브로드캐스트를 직접 구현한다. 그렇게 하는 게 한 번에 한 값을 처리하는 합의를 여러 번 하는 것보다 효율적이기 때문이다. 팍소스의 최적화 구현은 다중 팍소스(Multi-Paxos)라고 한다.

단일 리더 복제와 합의

5장에서 모든 쓰기를 리더에게 전달하고 쓰기를 같은 순서로 팔로워에 적용해서 복제본이 최신 상태를 유지하게 하는 단일 리더 복제(154쪽 "리더와 팔로워" 참고)를 설명했다. 이것은 본질적으로 전체 순서 브로드캐스트가 아닌가? 왜 5장에서는 합의에 대해 걱정할 필요가 없었을까?

그 답은 리더를 어떻게 선택하느냐에 있다. 리더를 운영팀에 있는 사람이 수동으로 선택해서 설정한다면 본질적으로 독재자 방식의 "합의 알고리즘"을 사용하는 것이다. 한 노드만 쓰기를 받아들이는 게(즉 복제 로그의 쓰기 순서에 대한 결정을 내리는 게) 허용되고, 그 노드가 죽으면 시스템은 운영자가 수동으로 다른 노드를 리더로 설정할 때까지 쓰기를 할 수 없게 된다. 이런 시스템은 현실에서 잘 동작하지만 진행하기 위해 사람의 개입이 필요하므로 합의의 종료 속성을 만족하지 않는다.

어떤 데이터베이스는 기존 리더에 장애가 나면 팔로워 하나를 새 리더로 승격시켜 자동 리더 선출과 장애 복구를 수행한다(158쪽 "노드 중단 처리" 참고). 이렇게 하면 내결함성을 지닌 전체 순서 브로드캐스트에 가까워지고 따라서 합의를 해결하는 데도 가까워진다.

그러나 한 가지 문제가 있다. 앞에서 스플릿 브레인 문제를 설명했고 모든 노드들이 누가 리더인지 동의해야 한다고 했다. 그렇지 않으면 두 개의 다른 노드가 각자 자신이 리더라고 생각하고 결과적으로 데이터베이스가 일관성이 깨진 상태가 된다. 따라서 리더를 선출하려면 합의가 필요하다. 그러나 여기서 설명한 합의 알고리즘들이 실제로는 전체 순서 브로드캐스트 알고리즘이라면 전체 순서 브로드캐스트는 단일 리더 복제 같은 것이고 단일 리더 복제는 리더가 필요하고, 그러면 …

리더를 선출하려면 먼저 리더가 필요한 것처럼 보인다. 합의를 해결하려면 먼저 합의를 해결해야 한다. 어떻게 이 난제에서 벗어날 수 있을까?

에포크 번호 붙이기와 정족수

지금까지 설명한 합의 프로토콜은 모두 내부적으로 어떤 형태로든 리더를 사용하지만 리더가 유일하다고 보장하지는 않는다. 대신 그들은 더 약한 보장을 할 수 있다. 이 프로토콜들은 **에포크 번호**(epoch number, 팍소스에서는 **투표 번호**(ballot number), 뷰스탬프 복제에서는 **뷰 번호**(view number), 라프트에서는 **텀 번호**(term number)라고 한다)를 정의하고 각 에포크 내에서는 리더가 유일하다고 보장한다.

현재 리더가 죽었다고 생각될 때마다 새 노드를 선출하기 위해 노드 사이에서 투표가 시작된다. 이 선출은 에포크 번호를 증가시키며 따라서 에포크 번호는 전체 순서가 있고 단조 증가한다. 두 가지 다른 에포크에 있는 두 가지 다른 리더 사이에 충돌이 있으면(아마도 기존 리더가 실제로는 결국 죽지 않았기 때문에) 에포크 번호가 높은 리더가 이긴다.

리더가 뭔가를 결정하도록 허용하기 전에 충돌되는 결정을 할지도 모르는 에포크 번호가 더 높은 다른 리더가 없는지 먼저 확인해야 한다. 리더는 자신이 다른 노드에 의해 쫓겨나지 않았다는 것을 어떻게 알 수 있을까? 300쪽 "진실은 다수결로 결정된다"를 상기하라. 노드는 자신의 판단을 꼭 믿을 수 있는 것은 아니다. 노드가 자신이 리더라고 생각한다고 해서 다른 노드가 반드시 그 노드를 리더로 받아들인다는 뜻은 아니다.

대신 노드의 **정족수**로부터 투표를 받아야 한다(181쪽 "읽기와 쓰기를 위한 정족수" 참고). 리더는 내리려고 하는 모든 결정에 대해 제안된 값을 다른 노드에게 보내서 노드의 정족수가 그 제안을 찬성한다고 응답하기를 기다려야 한다. 정족수는 항상은 아니지만 전형적으로 노드의 과반수로 구성된다[105]. 노드는 에포크 번호가 더 높은 다른 리더를 알지 못할 때만 제안에 찬성하는 투표를 한다.

따라서 두 번의 투표가 있다. 한 번은 리더를 선출하기 위해, 두 번째는 리더의 제안에 투표하기 위해서다. 중요한 것은 두 번의 투표를 하는 정족수가 겹쳐야 한다는 점이다. 제안에 대한 투표가 성공하면 그것에 투표한 노드 중 최소 하나는 가장 최근의 리더 선출에도 참여했어야 한다[105]. 따라서 제안에 대한 투표를 할 때 에포크 번호가 더 큰 것이 있다고 밝혀지지 않았다면 현재 리더는 에포크 번호가 더 높은 리더 선출이 발생하지 않았다고 결론을 내릴 수 있고 따라서 자신이 여전히 리더십을 유지한다고 확신할 수 있다. 그러면 안전하게 제안된 값을 결정할 수 있다.

이 투표 과정은 겉보기에는 2단계 커밋과 비슷해 보인다. 가장 큰 차이는 2PC에서 코디네이터는 선출되지 않는다는 것과 2PC는 **모든** 참여자로부터 "네" 투표가 필요하지만 내결함성을 지닌 합의 알고리즘은 노드의 과반수로부터만 투표를 받으면 된다는 것이다. 게다가 합의 알고리즘은 새로운 리더가 선출된 후 노드를 일관적인 상태로 만들어주는 복구 과정을 정의해서 안전성 속성이 항상 만족되도록 보장한다. 이런 차이점은 합의 알고리즘의 정확성과 내결함성의 핵심이다.

합의의 제약

합의 알고리즘은 분산 시스템의 커다란 발전이다. 그들은 그 밖의 모든 것이 불확실한 시스템에 구체적인 안전성 속성(동의, 무결성, 유효성)을 가져오고, 그럼에도 내결함성을 유지한다(노드의 과반수가 동작하고 통신할 수 있는 한 진행할 수 있다). 그들은 전체 순서 브로드캐스트를 제공하고 따라서 내결함성 있는 방식으로 선형성 원자적 연산을 구현할 수도 있다(347쪽 "전체 순서 브로드캐스트를 사용해 선형성 저장소 구현하기" 참고).

그럼에도 합의 알고리즘이 모든 곳에 쓰이지는 않는다. 이득에는 대가가 따르기 때문이다.

제안이 결정되기 전에 노드가 제안에 투표하는 과정은 일종의 동기식 복제다. 155쪽 "동기식 대 비동기식 복제"에서 설명했듯이 데이터베이스는 종종 비동기 복제를 사용하도록 설정된다. 이런 설정에서 커밋된 데이터는 장애 복구 시 잠재적으로 손실될 수 있다. 그러나 많은 사람들이 더 나은 성능을 위해 이 위험을 받아들이기로 선택한다.

합의 시스템은 항상 엄격한 과반수가 동작하기를 요구한다. 노드 한 대의 장애를 견디려면 최소한 세 대의 노드(셋 중 나머지 두 대가 과반수를 형성한다)가 필요하고 두 대의 장애를 견디려면 최소 다섯 대의 노드(다섯 중 나머지 세 대가 과반수를 형성한다)가 필요하다는 뜻이다. 네트워크 장애 때문에 어떤 노드들이 다른 노드와 연결이 끊기면 네트워크의 과반수 부분만 진행할 수 있고 나머지는 차단된다(333쪽 "선형성의 비용"도 참고).

대부분의 합의 알고리즘은 투표에 참여하는 노드 집합이 고정돼 있다고 가정하며 이는 클러스터에 노드를 그냥 추가하거나 제거할 수 없다는 뜻이다. 합의 알고리즘의 **동적 멤버십(dynamic membership)** 확장은 클러스터에 있는 노드 집합이 시간이 지남에 따라 바뀌는 것을 허용하지만 이들은 정적 멤버십 알고리즘보다 훨씬 더 이해하기 어렵다.

합의 시스템은 장애 노드를 감지하기 위해 일반적으로 타임아웃에 의존한다. 네트워크 지연의 변동이 심한 환경에서, 특히 지리적으로 분산된 시스템에서 일시적인 네트워크 문제 때문에 노드가 리더에 장애가 발생했다고 잘못 생각하는 일이 종종 생긴다. 이 오류는 안전성 속성을 해치지는 않지만 잦은 리더 선출은 시스템이 유용한 일을 하기보다 리더를 선택하는 데 시간을 더 쓰게 될 수 있기 때문에 끔찍한 성능을 유발한다.

때때로 합의 알고리즘은 네트워크 문제에 특히 민감하다. 예를 들어 라프트는 불쾌한 에지 케이스가 있는 것으로 나타났다[106]. 전체 네트워크가 올바르게 동작하지만 특정 네트워크 링크 하나가 끊임없이 불안정하다면 라프트는 리더십이 두 노드 사이에서 지속적으로 왔다 갔다 하거나 현재 리더가 꾸준히 리더에서 강제로 내려오는 상황이 발생해서 시스템이 사실상 전혀 진행하지 못할 수 있다. 다른 합의 알고리즘도 비슷한 문제가 있고 신뢰성이 없는 네트워크에 더욱 견고한 알고리즘을 설계하는 것은 여전히 해결되지 않은 연구 문제다.

멤버십과 코디네이션 서비스

주키퍼나 etcd 같은 프로젝트는 종종 "분산 키-값 저장소"나 "코디네이션과 설정 서비스"라고 설명된다. 이런 서비스의 API는 데이터베이스의 API와 매우 비슷해 보인다. 주어진 키에 대한 값을 읽거나 쓸 수 있고 키에 대해 순회할 수 있다. 그래서 이것들이 기본적으로 데이터베이스라면 왜 이것들은 합의 알고리즘을 구현하는 데 모든 노력을 다하는 것일까? 무엇이 이것들을 다른 종류의 데이터베이스와 다르게 만들까?

이를 이해하려면 주키퍼 같은 서비스가 어떻게 사용되는지 잠깐 살펴보는 게 도움이 된다. 애플리케이션 개발자로서 주키퍼를 직접 쓸 필요는 거의 없다. 주키퍼는 실제로 범용 데이터베이스에는 적합하지 않기 때문이다. 다른 프로젝트를 통해서 간접적으로 주키퍼에 의존하게 될 가능성이 더 높다. 이를테면 HBase, 하둡 얀(Hadoop YARN), 오픈스택 노바(OpenStack Nova), 카프카는 모두 배후에서 실행되는 주키퍼에 의존한다. 이 프로젝트들이 주키퍼에서 얻는 것은 무엇일까?

주키퍼와 etcd는 완전히 메모리 안에 들어올 수 있는 작은 양의 데이터를 보관하도록 설계됐다(여전히 지속성을 위해 디스크에 쓰기는 하지만). 따라서 여기에 애플리케이션의 모든 데이터를 저장하고 싶지는 않을 것이다. 이 소량의 데이터는 내결함성을 지닌 전체 순서 브로드캐스트 알고리즘을 사용해 모든 노드에 걸쳐 복제된다. 앞서 설명했듯이 전체 순서 브로드캐스트는 데이터베이스 복제에 딱 필요한 것이다. 개별 메시지가 데이터베이스에 쓰기를 나타낸다면 같은 쓰기를 같은 순서로 적용함으로써 복제본들이 서로 일관성을 유지할 수 있다.

주키퍼는 구글의 처비(Chubby) 잠금 서비스[14, 98]를 모델로 삼아 전체 순서 브로드캐스트(따라서 합의도)뿐만 아니라 분산 시스템을 구축할 때 특히 유용한 것으로 알려진 다른 흥미로운 기능 집합도 구현한다.

선형성 원자적 연산

원자적 compare-and-set 연산을 사용해 잠금을 구현할 수 있다. 여러 노드가 동시에 같은 연산을 수행하려고 하면 그것들 중 하나만 성공한다. 합의 프로토콜은 노드에 장애가 나거나 어느 시점에 네트워크가 끊기더라도 그 연산이 원자적이고 선형적일 것을 보장한다. 분산 잠금은 보통 클라이언트에 장애가 난 경우 결국에는 해제되도록 만료 시간이 있는 **임차권**(lease)으로 구현된다(295쪽 "프로세스 중단" 참고).

연산의 전체 순서화

301쪽 "리더와 잠금"에서 설명한 바와 같이 어떤 자원이 잠금이나 임차권으로 보호될 때는 프로세스가 중단되는 경우 클라이언트들이 서로 충돌하는 것을 막기 위해 **펜싱 토큰**이 필요하다. 펜싱 토큰은 잠금을 획득할 때마다 단조 증가하는 어떤 숫자다. 주키퍼는 모든 연산에 전체 순서를 정하고 각 연산에 단조 증가하는 트랜잭션 ID(zxid)와 버전 번호(cversion)를 할당해서 이를 제공한다[15].

장애 감지

클라이언트는 주키퍼 서버에 수명이 긴 세션을 유지하고 클라이언트와 서버는 주기적으로 하트비트(heartbeat)를 교환해서 다른 쪽이 여전히 살아 있는지 확인한다. 연결이 일시적으로 끊기거나 주키퍼 노드에 장애가 나더라도 세션은 살아 있다. 그러나 세션 타임아웃보다 긴 기간 동안 하트비트가 멈추면 주키퍼는 세션이 죽었다고 선언한다. 세션에서 획득한 잠금은 세션이 타임아웃 됐을 때 자동으로 해제되도록 설정할 수 있다(주키퍼에서는 이를 **단명 노드**(ephemeral node)라고 한다).

변경 알림

클라이언트는 다른 클라이언트가 생성한 잠금과 값을 읽을 수 있을 뿐만 아니라 거기에 변경이 있는지 감시할 수도 있다. 따라서 클라이언트는 다른 클라이언트가 언제 클러스터에 합류했는지(그 클라이언트가 주키퍼에 쓰는 값을 기반으로) 혹은 또 다른 클라이언트에 장애가 났는지(세션 타임아웃이 나서 그 클라이언트의 단명 노드가 사라지기 때문에) 알아챌 수 있다. 알림을 구독함으로써 클라이언트는 변경을 발견하기 위해 주기적으로 폴링해야 하는 필요를 피할 수 있다.

이 기능 중에서 오직 선형성 원자적 연산만 실제로 합의가 필요하다. 그러나 주키퍼 같은 시스템을 분산 코디네이션에 매우 유용하게 만들어주는 것은 이 기능들의 조합이다.

작업을 노드에 할당하기

주키퍼/처비 모델이 잘 동작하는 한 가지 예는 여러 개의 프로세스나 서비스가 있고 그중 하나가 리더나 주 구성요소로 선택돼야 할 때다. 리더에 장애가 나면 다른 노드 중 하나가 넘겨받아야 한다. 이는 당연히 단일 리더 데이터베이스에 유용하지만 작업 스케줄러나 비슷한 상태 저장 시스템에도 유용하다.

또 다른 예는 파티셔닝된 자원(데이터베이스, 메시지 스트림, 파일 저장소, 분산 액터(actor) 시스템 등)이 있고 어떤 파티션을 어느 노드에 할당해야 할지 결정해야 하는 경우다. 새 노드들이 클러스터에 합류하면서 부하의 재균형화를 위해 어떤 파티션들은 기존 노드에서 새로운 노드로 이동돼야 한다(209쪽 "파티션 재균형화" 참고). 노드가 제거되거나 장애가 나면 다른 노드들이 장애가 난 노드의 작업을 넘겨받아야 한다.

이런 종류의 작업은 주키퍼에서 원자적 연산, 단명 노드, 알림을 신중하게 사용하면 잘 해낼 수 있다. 이 방법을 올바르게 사용하면 사람의 개입 없이도 애플리케이션이 결함으로부터 자동으로 복구될 수 있게 한다. 쉽지는 않다. 주키퍼 클라이언트 API 위에서 고수준 도구를 제공하려고 생긴 아파치 큐레이터[17] 같은 라이브러리들이 등장했는데도 말이다. 그러나 필요한 합의 알고리즘을 밑바닥부터 구현하려고 시도하는 것보다는 훨씬 더 낫다. 이런 시도는 성공한 기록이 거의 없다[107].

애플리케이션은 처음에는 단일 노드에서만 실행될지 모르지만 결국에는 수천 대의 노드로 늘어날 수도 있다. 매우 많은 노드에서 과반수 투표를 수행하려고 하는 것은 지독하게 비효율적이다. 대신 주키퍼는 (보통 셋이나 다섯의) 고정된 수의 노드에서 실행되고 이 노드들 사이에서 과반수 투표를 수행하면서 많아질 수 있는 클라이언트를 지원한다. 따라서 주키퍼는 노드들을 코디네이트하는 작업(합의, 연산 순서화, 장애 감지)의 일부를 외부 서비스에 "위탁"하는 방법을 제공한다.

보통 주키퍼로 관리되는 데이터의 종류는 매우 느리게 변한다. "10.1.1.23에서 실행되는 노드가 파티션 7의 리더다"처럼 몇 분이나 몇 시간 단위로 변경될 수 있는 정보를 표현한다. 매초 수천 번 혹은 수백만 번까지 변경될지 모르는, 애플리케이션의 런타임 상태 저장용으로 의도된 게 아니다. 애플리케이션 상태를 한 노드에서 다른 노드로 복제해야 한다면 다른 도구(아파치 북키퍼(Apache BookKeeper)[108] 같은)를 사용할 수 있다.

서비스 찾기

주키퍼, etcd, 콘술(Consul)은 **서비스 찾기(service discovery)**, 즉 특정 서비스에 연결하려면 어떤 IP 주소로 접속해야 하는지 알아내는 용도로도 자주 사용된다. 가상 장비가 지속적으로 들어왔다 나갔다 하는 게 흔한 클라우드 데이터센터 환경에서 서비스의 IP 주소를 사전에 알지 못할 때가 자주 있다. 대신 서비스가 시작할 때 자신의 네트워크 종점을 서비스 등록소에 등록하도록 설정할 수 있다. 그러면 다른 서비스들은 서비스 등록소에서 서비스를 찾을 수 있다.

그러나 서비스 찾기가 실제로 합의가 필요한지는 분명해 보이지 않는다. DNS는 서비스 이름으로 IP 주소를 찾는 전통적인 방법이고 좋은 성능과 가용성을 달성하기 위해 다층 캐시를 사용한다. DNS에서 읽는 것은 틀림없이 선형적이지 않고 DNS 질의의 결과가 조금 뒤처지더라도 보통 문제로 생각되지는 않는다[109]. DNS는 신뢰성 있게 사용 가능하고 네트워크 끊김에 견고하다는 게 더 중요하다.

서비스 찾기는 합의가 필요 없지만 리더 선출은 합의가 필요하다. 따라서 합의 시스템이 누가 리더인지 이미 안다면 다른 서비스들이 리더가 누구인지 찾는 데 그 정보를 사용하는 것도 타당하다. 이런 목적으로 어떤 합의 시스템은 읽기 전용 캐시 복제 서버를 지원한다. 이 복제 서버는 합의 알고리즘의 모든 결정에 관한 로그를 비동기로 받지만 능동적으로 투표에 참여하지는 않는다. 그러므로 그들은 선형적일 필요가 없는 읽기 요청을 서비스할 수 있다.

멤버십 서비스

주키퍼와 유사 프로젝트들은 오랜 **멤버십 서비스(membership service)** 연구 역사의 일부로 볼 수 있다. 그 역사는 1980년대로 거슬러 올라가며 항공 교통 관제 같은 고신뢰성 시스템을 구축하는 데 중요한 역할을 했다[110].

멤버십 서비스는 클러스터에서 어떤 노드가 현재 활성화된 살아 있는 멤버인지 결정한다. 8장 내내 본 것처럼 기약 없는 네트워크 지연 때문에 다른 노드에 장애가 생겼는지 신뢰성 있게 감지하는 것은 불가능하다. 그러나 장애 감지를 합의와 연결하면 노드들은 어떤 노드가 살아 있는 것으로 여겨져야 하는지 혹은 죽은 것으로 여겨져야 하는지에 동의할 수 있다.

여전히 노드가 실제로는 살아 있지만 합의에 의해 죽은 것으로 잘못 선언될 가능성이 있다. 그러나 그럼에도 합의는 시스템에서 어떤 노드가 현재 멤버십을 구성하는지 동의하는 데 매우 유용하다. 예를 들어 리더 선택을 현재 멤버들 중 번호가 가장 낮은 것을 선택하는 식으로 간단히 구현할 수도 있지만 다른 노드와 현재 멤버가 누군지에 대해 의견이 갈린다면 이 방법은 동작하지 않는다.

정리

이번 장에서는 일관성과 합의에 관한 주제들을 여러 다양한 각도에서 살펴봤다. 인기 있는 일관성 모델인 선형성을 깊게 알아봤다. 그 목적은 복제된 데이터가 오직 하나의 복사본만 있는 것처럼 보이게 하고 데이터에 대한 모든 연산을 원자적으로 만드는 것이다. 선형성은 이해하기 쉬우므로 매력적이지만(데이터베이스가 단일 스레드 프로그램의 변수처럼 동작하게 만들어준다) 느리다는 단점이 있다. 네트워크 지연이 큰 환경에서 특히 그렇다.

시스템에서 발생한 이벤트에 순서를 부과하는 인과성(원인과 결과를 기반으로 어떤 것이 어떤 것보다 먼저 실행됐는지)도 살펴봤다. 모든 연산을 하나의 전체 순서가 정해진 타임라인에 넣는 선형성과 달리 인과성은 더 약한 일관성 모델을 제공한다. 어떤 연산들은 동시에 실행될 수도 있어서 버전 기록은 가지치기(branching)와 합치기(merging)가 있는 타임라인과 같다. 인과적 일관성은 선형성의 코디네이션 오버헤드가 없고 네트워크 문제에 훨씬 덜 민감하다.

그러나 인과적 순서를 담아내더라도(예를 들어 램포트 타임스탬프를 써서) 어떤 것들은 이 방법으로 구현할 수 없다는 것을 알았다. 344쪽 "타임스탬프 순서화로는 충분하지 않다"에서 사용자명을 유일하게 만들고 동일한 사용자명으로 동시에 등록하지 못하게 거부하는 것을 보장하는 예를 자세히 살펴봤다. 한 노드가 등록을 받아들이려면 다른 노드가 동시에 동일한 사용자명으로 등록하는 과정에 있지 않다는 것을 어떤 식으로든 알아야 한다. 이 문제는 우리를 **합의**로 이끈다.

합의를 달성하는 것은 결정된 것에 모든 노드가 동의하고 결정을 되돌릴 수 없는 방식으로 뭔가를 결정한다는 뜻임을 배웠다. 자세히 살펴보니 광범위한 문제가 실제로는 합의로 환원될 수 있고 서로 동일하다는 게 드러났다(이들 중 하나에 대한 해결책이 있으면 그것을 쉽게 다른 것 중 하나의 해결책으로 변환할 수 있다는 점에서). 이렇게 동일한 문제에는 아래와 같은 것이 있다.

선형성 compare-and-set 레지스터
레지스터는 현재 값이 연산의 매개변수로 넘겨진 값과 같은지 여부에 따라 값을 설정할지 말지 원자적으로 **결정**해야 한다.

원자적 트랜잭션 커밋
데이터베이스는 분산 트랜잭션을 커밋할 것인지 어보트할 것인지 **결정**해야 한다.

전체 순서 브로드캐스트
메시징 시스템은 메시지를 전달할 순서를 **결정**해야 한다.

잠금과 임차권
여러 클라이언트들이 잠금이나 임차권을 얻기 위해 경쟁하고 있을 때 잠금은 누가 성공적으로 잠금을 획득할지 **결정**한다.

멤버십/코디네이션 서비스
장애 감지기(예를 들어 타임아웃)가 주어지면 시스템은 어떤 노드는 살아 있고 어떤 노드는 세션 타임아웃이 발생해서 죽었다고 생각돼야 하는지 **결정**해야 한다.

유일성 제약 조건
여러 트랜잭션들이 동시에 같은 키로 충돌되는 레코드를 생성하려고 할 때 이 제약 조건은 어떤 것을 허용하고 어떤 것을 제약 조건 위반으로 실패하도록 할 것인지 **결정**해야 한다.

이 모든 것들은 노드가 하나만 있거나 결정하는 능력을 한 노드에만 준다고 하면 간단하다. 이는 단일 리더 데이터베이스에서 일어나는 일이다. 결정을 하는 모든 능력은 리더에게만 부여되는데, 이것이 단일 리더 데이터베이스가 선형성 연산과 유일성 제약 조건, 전체 순서가 정해진 복제 로그 등을 제공할 수 있는 이유다.

그러나 그 단일 리더에 장애가 나거나 네트워크가 끊겨서 리더에 접속할 수 없게 되면 이런 시스템은 아무 진행도 하지 못하게 된다. 이런 상황을 처리하는 세 가지 방법이 있다.

1. 리더가 복구될 때까지 기다리고 시스템이 그동안 차단되는 것을 받아들인다. 여러 XA/JTA 트랜잭션 코디네이터는 이 선택지를 채택한다. 이 방법은 종료 속성을 만족하지 않기 때문에 합의를 완전히 해결하지는 않는다. 리더가 복구되지 않으면 시스템은 영원히 차단된다.

2. 사람이 새 리더 노드를 선택하고 시스템이 그 노드를 사용하도록 재설정해서 수동으로 장애 복구를 한다. 많은 관계형 데이터베이스가 이 방법을 취한다. "불가항력"에 의한 일종의 합의다. 컴퓨터 시스템 밖에 있는 인간 운영자가 결정을 내린다. 장애 복구 속도는 사람이 행동하는 속도로 제한되며 일반적으로 컴퓨터보다 느리다.

3. 자동으로 새 리더를 선택하는 알고리즘을 사용한다. 이 방법은 합의 알고리즘이 필요하고 불리한 네트워크 조건을 올바르게 처리하는 입증된 알고리즘을 사용하는 게 현명하다[107].

단일 리더 데이터베이스는 모든 쓰기마다 합의 알고리즘을 실행하지 않고 선형성을 제공할 수 있지만 리더십을 유지하고 리더십 변경을 위해서는 여전히 합의가 필요하다. 따라서 어떤 의미에서는 리더가 있는 게 "문제를 뒤로 미룰" 수 있을 뿐이다. 합의는 여전히 필요하다. 단지 다른 곳에서 덜 자주 필요할 뿐이다. 좋은 소식은 합의를 달성하는 내결함성을 지닌 알고리즘과 시스템이 존재한다는 것이고 이번 장에서 이것들을 간략히 설명했다.

주키퍼 같은 도구는 애플리케이션이 사용할 수 있는 합의, 장애 감지, 멤버십 서비스를 "위탁"하는 데 중요한 역할을 수행한다. 사용하기 쉽지 않지만 8장에서 설명한 모든 문제를 이겨낼 수 있는 자신만의 알고리즘을 개발하려고 하는 것보다는 훨씬 낫다. 합의로 환원될 수 있는 문제 중 하나를 원하고 그것이 내결함성을 지니기를 원한다면 주키퍼 같은 것을 쓰는 게 현명하다.

그럼에도 모든 시스템이 반드시 합의가 필요한 것은 아니다. 예를 들어 리더 없는 복제 시스템과 다중 리더 복제 시스템은 보통 전역 합의를 사용하지 않는다. 이런 시스템에서 발생하는 충돌(173쪽 "쓰기 충돌 다루기" 참고)은 다른 리더에 걸친 합의가 없어서 생긴 결과지만 괜찮을 것이다. 그냥 선형성 없이 대처하고, 가지치기와 합치기의 버전 기록이 있는 데이터를 잘 처리하는 법을 배울 필요가 있다.

이번 장에서는 분산 시스템 이론에 관한 많은 연구를 참고했다. 이론적 논문과 증명이 항상 이해하기 쉽지는 않고 때로는 비현실적인 가정을 하기도 하지만, 이 분야에서 실용적인 작업을 알리는 데 엄청난 가치가 있다. 논문과 증명은 무엇을 할 수 있고 무엇을 할 수 없는지를 추론하는 데 도움을 주고 분산 시스템에 종종 결함이 있는 반직관적인 방법을 찾는 데 도움을 준다. 시간이 있다면 참고 문헌을 살펴볼 가치가 있다.

이로써 복제(5장), 파티셔닝(6장), 트랜잭션(7장), 분산 시스템 장애 모델(8장)과 마지막으로 일관성과 합의(9장)를 다룬 이 책의 2부를 마무리한다. 이제 확고한 이론적 기반을 닦았으므로 3부에서는 다시 한 번 더욱 실용적인 시스템으로 돌아가서 이종 구성 요소로부터 강력한 애플리케이션을 구축하는 방법을 설명한다.

참고 문헌

[1] Peter Bailis and Ali Ghodsi: "Eventual Consistency Today: Limitations, Extensions, and Beyond," *ACM Queue*, volume 11, number 3, pages 55-63, March 2013. doi:10.1145/2460276.2462076

[2] Prince Mahajan, Lorenzo Alvisi, and Mike Dahlin: "Consistency, Availability, and Convergence," University of Texas at Austin, Department of Computer Science, Tech Report UTCS TR-11-22, May 2011.

[3] Alex Scotti: "Adventures in Building Your Own Database," at *All Your Base*, November 2015.

[4] Peter Bailis, Aaron Davidson, Alan Fekete, et al.: "Highly Available Transactions: Virtues and Limitations," at *40th International Conference on Very Large Data Bases* (VLDB), September 2014. Extended version published as pre-print arXiv:1302.0309 [cs.DB].

[5] Paolo Viotti and Marko Vukolić : "Consistency in Non-Transactional Distributed Storage Systems," arXiv:1512.00168, 12 April 2016.

[6] Maurice P. Herlihy and Jeannette M. Wing: "Linearizability: A Correctness Condition for Concurrent Objects," *ACM Transactions on Programming Languages and Systems* (TOPLAS), volume 12, number 3, pages 463–492, July 1990. doi:10.1145/78969.78972

[7] Leslie Lamport: "On interprocess communication," *Distributed Computing*, volume 1, number 2, pages 77–101, June 1986. doi:10.1007/BF01786228

[8] David K. Gifford: "Information Storage in a Decentralized Computer System," Xerox Palo Alto Research Centers, CSL-81-8, June 1981.

[9] Martin Kleppmann: "Please Stop Calling Databases CP or AP," *martin.kleppmann.com*, May 11, 2015.

[10] Kyle Kingsbury: "Call Me Maybe: MongoDB Stale Reads," *aphyr.com*, April 20, 2015.

[11] Kyle Kingsbury: "Computational Techniques in Knossos," *aphyr.com*, May 17, 2014.

[12] Peter Bailis: "Linearizability Versus Serializability," *bailis.org*, September 24, 2014.

[13] Philip A. Bernstein, Vassos Hadzilacos, and Nathan Goodman: *Concurrency Control and Recovery in Database Systems*. Addison-Wesley, 1987. ISBN: 978-0-201-10715-9, available online at *research.microsoft*.com.

[14] Mike Burrows: "The Chubby Lock Service for Loosely-Coupled Distributed Systems," at *7th USENIX Symposium on Operating System Design and Implementation* (OSDI), November 2006.

[15] Flavio P. Junqueira and Benjamin Reed: ZooKeeper: *Distributed Process Coordination*. O'Reilly Media, 2013. ISBN: 978-1-449-36130-3

[16] "etcd 2.0.12 Documentation," CoreOS, Inc., 2015.

[17] "Apache Curator," Apache Software Foundation, *curator.apache.org*, 2015.

[18] Morali Vallath: *Oracle 10g RAC Grid, Services & Clustering*. Elsevier Digital Press, 2006. ISBN: 978-1-555-58321-7

[19] Peter Bailis, Alan Fekete, Michael J Franklin, et al.: "Coordination-Avoiding Database Systems," *Proceedings of the VLDB Endowment*, volume 8, number 3, pages 185–196, November 2014.

[20] Kyle Kingsbury: "Call Me Maybe: etcd and Consul," *aphyr.com*, June 9, 2014.

[21] Flavio P. Junqueira, Benjamin C. Reed, and Marco Serafini: "Zab: High-Performance Broadcast for Primary-Backup Systems," at *41st IEEE International Conference on Dependable Systems and Networks* (DSN), June 2011. doi:10.1109/DSN.2011.5958223

[22] Diego Ongaro and John K. Ousterhout: "In Search of an Understandable Consensus Algorithm (Extended Version)," at *USENIX Annual Technical Conference* (ATC), June 2014.

[23] Hagit Attiya, Amotz Bar-Noy, and Danny Dolev: "Sharing Memory Robustly in Message-Passing Systems," *Journal of the ACM*, volume 42, number 1, pages 124–142, January 1995. doi:10.1145/200836.200869

[24] Nancy Lynch and Alex Shvartsman: "Robust Emulation of Shared Memory Using Dynamic Quorum-Acknowledged Broadcasts," at *27th Annual International Symposium on Fault-Tolerant Computing* (FTCS), June 1997. doi:10.1109/FTCS.1997.614100

[25] Christian Cachin, Rachid Guerraoui, and Luis Rodrigues: *Introduction to Reliable and Secure Distributed Programming*, 2nd edition. Springer, 2011. ISBN:978-3-642-15259-7, doi:10.1007/978-3-642-15260-3

[26] Sam Elliott, Mark Allen, and Martin Kleppmann: personal communication, thread on *twitter.com*, October 15, 2015.

[27] Niklas Ekstrom, Mikhail Panchenko, and Jonathan Ellis: "Possible Issue with Read Repair?," email thread on *cassandra-dev* mailing list, October 2012.

[28] Maurice P. Herlihy: "Wait-Free Synchronization," *ACM Transactions on Programming Languages and Systems* (TOPLAS), volume 13, number 1, pages 124–149, January 1991. doi:10.1145/114005.102808

[29] Armando Fox and Eric A. Brewer: "Harvest, Yield, and Scalable Tolerant Systems," at *7th Workshop on Hot Topics in Operating Systems* (HotOS), March 1999. doi:10.1109/HOTOS.1999.798396

[30] Seth Gilbert and Nancy Lynch: "Brewer's Conjecture and the Feasibility of Consistent, Available, Partition-Tolerant Web Services," *ACM SIGACT News*, volume 33, number 2, pages 51–59, June 2002. doi:10.1145/564585.564601

[31] Seth Gilbert and Nancy Lynch: "Perspectives on the CAP Theorem," *IEEE Computer Magazine*, volume 45, number 2, pages 30–36, February 2012. doi:10.1109/MC.2011.389

[32] Eric A. Brewer: "CAP Twelve Years Later: How the 'Rules' Have Changed," *IEEE Computer Magazine*, volume 45, number 2, pages 23–29, February 2012. doi:10.1109/MC.2012.37

[33] Susan B. Davidson, Hector Garcia-Molina, and Dale Skeen: "Consistency in Partitioned Networks," *ACM Computing Surveys*, volume 17, number 3, pages 341–370, September 1985. doi:10.1145/5505.5508

[34] Paul R. Johnson and Robert H. Thomas: "RFC 677: The Maintenance of Duplicate Databases," Network Working Group, January 27, 1975.

[35] Bruce G. Lindsay, Patricia Griffiths Selinger, C. Galtieri, et al.: "Notes on Distributed Databases," IBM Research, Research Report RJ2571(33471), July 1979.

[36] Michael J. Fischer and Alan Michael: "Sacrificing Serializability to Attain High Availability of Data in an Unreliable Network," at 1st *ACM Symposium on Principles of Database Systems* (PODS), March 1982. doi:10.1145/588111.588124

[37] Eric A. Brewer: "NoSQL: Past, Present, Future," at *QCon San Francisco*, November 2012.

[38] Henry Robinson: "CAP Confusion: Problems with 'Partition Tolerance,'" *blog.cloudera.com*, April 26, 2010.

[39] Adrian Cockcroft: "Migrating to Microservices," at *QCon London*, March 2014.

[40] Martin Kleppmann: "A Critique of the CAP Theorem," arXiv:1509.05393, September 17, 2015.

[41] Nancy A. Lynch: "A Hundred Impossibility Proofs for Distributed Computing," at 8th *ACM Symposium on Principles of Distributed Computing* (PODC), August 1989. doi:10.1145/72981.72982

[42] Hagit Attiya, Faith Ellen, and Adam Morrison: "Limitations of Highly-Available Eventually-Consistent Data Stores," at *ACM Symposium on Principles of Distributed Computing* (PODC), July 2015. doi:10.1145/2767386.2767419

[43] Peter Sewell, Susmit Sarkar, Scott Owens, et al.: "x86-TSO: A Rigorous and Usable Programmer's Model for x86 Multiprocessors," *Communications of the ACM*, volume 53, number 7, pages 89–97, July 2010. doi:10.1145/1785414.1785443

[44] Martin Thompson: "Memory Barriers/Fences," *mechanicalsympathy.blogspot.co.uk*, July 24, 2011.

[45] Ulrich Drepper: "What Every Programmer Should Know About Memory," *akkadia.org*, November 21, 2007.

[46] Daniel J. Abadi: "Consistency Tradeoffs in Modern Distributed Database System Design," *IEEE Computer Magazine*, volume 45, number 2, pages 37–42, February 2012. doi:10.1109/MC.2012.33

[47] Hagit Attiya and Jennifer L. Welch: "Sequential Consistency Versus Linearizability," *ACM Transactions on Computer Systems* (TOCS), volume 12, number 2, pages 91–122, May 1994. doi:10.1145/176575.176576

[48] Mustaque Ahamad, Gil Neiger, James E. Burns, et al.: "Causal Memory: Definitions, Implementation, and Programming," *Distributed Computing*, volume 9, number 1, pages 37–49, March 1995. doi:10.1007/BF01784241

[49] Wyatt Lloyd, Michael J. Freedman, Michael Kaminsky, and David G. Andersen: "Stronger Semantics for Low-Latency Geo-Replicated Storage," at *10th USENIX Symposium on Networked Systems Design and Implementation* (NSDI), April 2013.

[50] Marek Zawirski, Annette Bieniusa, Valter Balegas, et al.: "SwiftCloud: Fault-Tolerant Geo-Replication Integrated All the Way to the Client Machine," INRIA Research Report 8347, August 2013.

[51] Peter Bailis, Ali Ghodsi, Joseph M Hellerstein, and Ion Stoica: "Bolt-on Causal Consistency," at *ACM International Conference on Management of Data* (SIGMOD), June 2013.

[52] Philippe Ajoux, Nathan Bronson, Sanjeev Kumar, et al.: "Challenges to Adopting Stronger Consistency at Scale," at *15th USENIX Workshop on Hot Topics in Operating Systems* (HotOS), May 2015.

[53] Peter Bailis: "Causality Is Expensive (and What to Do About It)," *bailis.org*, February 5, 2014.

[54] Ricardo Goncalves, Paulo Sergio Almeida, Carlos Baquero, and Victor Fonte: "Concise Server-Wide Causality Management for Eventually Consistent Data Stores," at *15th IFIP International Conference on Distributed Applications and Interoperable Systems* (DAIS), June 2015. doi:10.1007/978-3-319-19129-4_6

[55] Rob Conery: "A Better ID Generator for PostgreSQL," *rob.conery.io*, May 29, 2014.

[56] Leslie Lamport: "Time, Clocks, and the Ordering of Events in a Distributed System," *Communications of the ACM*, volume 21, number 7, pages 558–565, July 1978. doi:10.1145/359545.359563

[57] Xavier Defago, Andre Schiper, and Peter Urban: "Total Order Broadcast and Multicast Algorithms: Taxonomy and Survey," *ACM Computing Surveys*, volume 36, number 4, pages 372–421, December 2004. doi:10.1145/1041680.1041682

[58] Hagit Attiya and Jennifer Welch: *Distributed Computing: Fundamentals, Simulations and Advanced Topics*, 2nd edition. John Wiley & Sons, 2004. ISBN:978-0-471-45324-6, doi:10.1002/0471478210

[59] Mahesh Balakrishnan, Dahlia Malkhi, Vijayan Prabhakaran, et al.: "CORFU: A Shared Log Design for Flash Clusters," at *9th USENIX Symposium on Networked Systems Design and Implementation* (NSDI), April 2012.

[60] Fred B. Schneider: "Implementing Fault-Tolerant Services Using the State Machine Approach: A Tutorial," *ACM Computing Surveys*, volume 22, number 4, pages 299–319, December 1990.

[61] Alexander Thomson, Thaddeus Diamond, Shu-Chun Weng, et al.: "Calvin: Fast Distributed Transactions for Partitioned Database Systems," at *ACM International Conference on Management of Data* (SIGMOD), May 2012.

[62] Mahesh Balakrishnan, Dahlia Malkhi, Ted Wobber, et al.: "Tango: Distributed Data Structures over a Shared Log," at *24th ACM Symposium on Operating Systems Principles* (SOSP), November 2013. doi:10.1145/2517349.2522732

[63] Robbert van Renesse and Fred B. Schneider: "Chain Replication for Supporting High Throughput and Availability," at *6th USENIX Symposium on Operating System Design and Implementation* (OSDI), December 2004.

[64] Leslie Lamport: "How to Make a Multiprocessor Computer That Correctly Executes Multiprocess Programs," *IEEE Transactions on Computers*, volume 28, number 9, pages 690–691, September 1979. doi:10.1109/TC.1979.1675439

[65] Enis Soztutar, Devaraj Das, and Carter Shanklin: "Apache HBase High Availability at the Next Level," *hortonworks.com*, January 22, 2015.

[66] Brian F Cooper, Raghu Ramakrishnan, Utkarsh Srivastava, et al.: "PNUTS: Yahoo!'s Hosted Data Serving Platform," at *34th International Conference on Very Large Data Bases* (VLDB), August 2008. doi:10.14778/1454159.1454167

[67] Tushar Deepak Chandra and Sam Toueg: "Unreliable Failure Detectors for Reliable Distributed Systems," *Journal of the ACM*, volume 43, number 2, pages 225–267, March 1996. doi:10.1145/226643.226647

[68] Michael J. Fischer, Nancy Lynch, and Michael S. Paterson: "Impossibility of Distributed Consensus with One Faulty Process," *Journal of the ACM*, volume 32, number 2, pages 374–382, April 1985. doi:10.1145/3149.214121

[69] Michael Ben-Or: "Another Advantage of Free Choice: Completely Asynchronous Agreement Protocols," at *2nd ACM Symposium on Principles of Distributed Computing* (PODC), August 1983. doi:10.1145/800221.806707

[70] Jim N. Gray and Leslie Lamport: "Consensus on Transaction Commit," *ACM Transactions on Database Systems* (TODS), volume 31, number 1, pages 133–160, March 2006. doi:10.1145/1132863.1132867

[71] Rachid Guerraoui: "Revisiting the Relationship Between Non-Blocking Atomic Commitment and Consensus," at *9th International Workshop on Distributed Algorithms* (WDAG), September 1995. doi:10.1007/BFb0022140

[72] Thanumalayan Sankaranarayana Pillai, Vijay Chidambaram, Ramnatthan Alagappan, et al.: "All File Systems Are Not Created Equal: On the Complexity of Crafting Crash-Consistent Applications," at *11th USENIX Symposium on Operating Systems Design and Implementation* (OSDI), October 2014.

[73] Jim Gray: "The Transaction Concept: Virtues and Limitations," at *7th International Conference on Very Large Data Bases* (VLDB), September 1981.

[74] Hector Garcia-Molina and Kenneth Salem: "Sagas," at *ACM International Conference on Management of Data* (SIGMOD), May 1987. doi:10.1145/38713.38742

[75] C. Mohan, Bruce G. Lindsay, and Ron Obermarck: "Transaction Management in the R* Distributed Database Management System," *ACM Transactions on Database Systems*, volume 11, number 4, pages 378–396, December 1986. doi:10.1145/7239.7266

[76] "Distributed Transaction Processing: The XA Specification," X/Open Company Ltd., Technical Standard XO/CAE/91/300, December 1991. ISBN: 978-1-872-63024-3

[77] Mike Spille: "XA Exposed, Part II," *jroller.com*, April 3, 2004.

[78] Ivan Silva Neto and Francisco Reverbel: "Lessons Learned from Implementing WS-Coordination and WS-AtomicTransaction," at *7th IEEE/ACIS International Conference on Computer and Information Science* (ICIS), May 2008. doi:10.1109/ICIS.2008.75

[79] James E. Johnson, David E. Langworthy, Leslie Lamport, and Friedrich H. Vogt: "Formal Specification of a Web Services Protocol," at *1st International Workshop on Web Services and Formal Methods* (WS-FM), February 2004. doi:10.1016/j.entcs. 2004.02.022

[80] Dale Skeen: "Nonblocking Commit Protocols," at *ACM International Conference on Management of Data* (SIGMOD), April 1981. doi:10.1145/582318.582339

[81] Gregor Hohpe: "Your Coffee Shop Doesn't Use Two-Phase Commit," *IEEE Software*, volume 22, number 2, pages 64–66, March 2005. doi:10.1109/MS.2005.52

[82] Pat Helland: "Life Beyond Distributed Transactions: An Apostate's Opinion," at *3rd Biennial Conference on Innovative Data Systems Research* (CIDR), January 2007.

[83] Jonathan Oliver: "My Beef with MSDTC and Two-Phase Commits," *blog.jonathanoliver.com*, April 4, 2011.

[84] Oren Eini (Ahende Rahien): "The Fallacy of Distributed Transactions," *ayende.com*, July 17, 2014.

[85] Clemens Vasters: "Transactions in Windows Azure (with Service Bus) – An Email Discussion," *vasters.com*, July 30, 2012.

[86] "Understanding Transactionality in Azure," NServiceBus Documentation, Particular Software, 2015.

[87] Randy Wigginton, Ryan Lowe, Marcos Albe, and Fernando Ipar: "Distributed Transactions in MySQL," at *MySQL Conference and Expo*, April 2013.

[88] Mike Spille: "XA Exposed, Part I," *jroller.com*, April 3, 2004.

[89] Ajmer Dhariwal: "Orphaned MSDTC Transactions (-2 spids)," *eraofdata.com*, December 12, 2008.

[90] Paul Randal: "Real World Story of DBCC PAGE Saving the Day," *sqlskills.com*, June 19, 2013.

[91] "in-doubt xact resolution Server Configuration Option," SQL Server 2016 documentation, Microsoft, Inc., 2016.

[92] Cynthia Dwork, Nancy Lynch, and Larry Stockmeyer: "Consensus in the Presence of Partial Synchrony," *Journal of the ACM*, volume 35, number 2, pages 288–323, April 1988. doi:10.1145/42282.42283

[93] Miguel Castro and Barbara H. Liskov: "Practical Byzantine Fault Tolerance and Proactive Recovery," *ACM Transactions on Computer Systems*, volume 20, number 4, pages 396–461, November 2002. doi:10.1145/571637.571640

[94] Brian M. Oki and Barbara H. Liskov: "Viewstamped Replication: A New Primary Copy Method to Support Highly-Available Distributed Systems," at *7th ACM Symposium on Principles of Distributed Computing* (PODC), August 1988. doi:10.1145/62546.62549

[95] Barbara H. Liskov and James Cowling: "Viewstamped Replication Revisited," Massachusetts Institute of Technology, Tech Report MIT-CSAIL-TR-2012-021, July 2012.

[96] Leslie Lamport: "The Part-Time Parliament," *ACM Transactions on Computer Systems*, volume 16, number 2, pages 133–169, May 1998. doi:10.1145/279227.279229

[97] Leslie Lamport: "Paxos Made Simple," *ACM SIGACT News*, volume 32, number 4, pages 51–58, December 2001.

[98] Tushar Deepak Chandra, Robert Griesemer, and Joshua Redstone: "Paxos Made Live – An Engineering Perspective," at *26th ACM Symposium on Principles of Distributed Computing* (PODC), June 2007.

[99] Robbert van Renesse: "Paxos Made Moderately Complex," *cs.cornell.edu*, March 2011.

[100] Diego Ongaro: "Consensus: Bridging Theory and Practice," PhD Thesis, Stanford University, August 2014.

[101] Heidi Howard, Malte Schwarzkopf, Anil Madhavapeddy, and Jon Crowcroft: "Raft Refloated: Do We Have Consensus?," *ACM SIGOPS Operating Systems Review*, volume 49, number 1, pages 12–21, January 2015. doi:10.1145/2723872.2723876

[102] Andre Medeiros: "ZooKeeper's Atomic Broadcast Protocol: Theory and Practice," Aalto University School of Science, March 20, 2012.

[103] Robbert van Renesse, Nicolas Schiper, and Fred B. Schneider: "Vive La Difference: Paxos vs. Viewstamped Replication vs. Zab," *IEEE Transactions on Dependable and Secure Computing*, volume 12, number 4, pages 472–484, September 2014. doi:10.1109/TDSC.2014.2355848

[104] Will Portnoy: "Lessons Learned from Implementing Paxos," *blog.willportnoy.com*, June 14, 2012.

[105] Heidi Howard, Dahlia Malkhi, and Alexander Spiegelman: "Flexible Paxos: Quorum Intersection Revisited," *arXiv:1608.06696*, August 24, 2016.

[106] Heidi Howard and Jon Crowcroft: "Coracle: Evaluating Consensus at the Internet Edge," at *Annual Conference of the ACM Special Interest Group on Data Communication* (SIGCOMM), August 2015. doi:10.1145/2829988.2790010

[107] Kyle Kingsbury: "Call Me Maybe: Elasticsearch 1.5.0," *aphyr.com*, April 27, 2015.

[108] Ivan Kelly: "BookKeeper Tutorial," *github.com*, October 2014.

[109] Camille Fournier: "Consensus Systems for the Skeptical Architect," at *Craft Conference*, Budapest, Hungary, April 2015.

[110] Kenneth P. Birman: "A History of the Virtual Synchrony Replication Model," in *Replication: Theory and Practice*, Springer LNCS volume 5959, chapter 6, pages 91–120, 2010. ISBN: 978-3-642-11293-5, doi:10.1007/978-3-642-11294-2_6

Part 3

파생 데이터

1부와 2부에서는 디스크에 저장된 데이터의 레이아웃부터 결함이 있는 상황에서의 분산된 일관성의 한계까지, 분산 데이터베이스로 가기 위해 고려해야 할 모든 주요 사항을 밑바닥부터 다뤘다. 하지만 1, 2부에서는 애플리케이션이 단일 데이터베이스를 사용한다고 가정했다.

사실 데이터 시스템은 종종 더 복잡하다. 큰 애플리케이션에서는 데이터를 접근하고 처리하는 데 다양한 방법이 필요하다. 하지만 동시에 다른 모든 요구사항을 만족하는 하나의 데이터베이스는 없다. 그래서 애플리케이션은 대개 여러 다른 데이터스토어, 색인, 캐시, 분석 시스템 등 몇 가지를 조합해서 사용하고 한 저장소에서 다른 저장소로 데이터를 이동하는 메커니즘을 구현한다.

3부에서는 데이터 모델도 다르고 최적화된 접근 양식도 다른 여러 데이터 시스템을, 일관성 있는 하나의 애플리케이션 아키텍처로 통합하는 문제에 대해 검토한다. 자사 제품이 모든 고객의 요구사항을 만족할 수 있다고 주장하는 벤더는 시스템을 구축할 때 이런 측면을 간과하기 쉽다. 실제로 복잡한 시스템에서 수행해야 하는 가장 중요한 일 중 하나가 서로 다른 시스템을 통합하는 작업이다.

레코드 시스템과 파생 데이터 시스템

데이터를 저장하고 처리하는 시스템은 크게 두 분류로 나눌 수 있다.

레코드 시스템

레코드 시스템은 믿을 수 있는 데이터 버전을 저장한다. 레코드 시스템은 **진실의 근원(source of truth)**이라고도 하는데 예를 들어 사용자의 입력과 같은 새로운 데이터가 들어오면 먼저 레코드 시스템에 저장된다. 각 사실은 일반적으로 **정규화**를 거쳐 정확하게 한번 표현된다. 레코드 시스템과 다른 시스템 간에 차이가 난다면 정의에 따라 레코드 시스템이 옳다.

파생 데이터 시스템

파생 데이터 시스템에서 데이터는 다른 시스템에 존재하는 데이터를 가져와 특정 방식으로 변환하고 처리한 결과다. 파생 데이터를 잃게 되더라도 원천 데이터로부터 다시 생성할 수 있다. 대표적인 예가 캐시인데 필요한 데이터가 캐시에 있다면 캐시에서 제공하고, 그렇지 않다면 기반 데이터베이스를 거쳐 제공할 수 있다. 같은 범주로 비정규화 값, 색인, 그리고 구체화 뷰 등이 있다. 추천 시스템에서는 예측 요약 데이터가 사용자 로그로부터 파생된다.

엄밀하게 말하자면 파생 데이터는 기존 데이터를 복제한다는 의미에서 **중복(redundant)**이다. 하지만 파생 데이터는 읽기 질의 성능을 높이는 데 종종 필수적이다. 파생 데이터는 대개 **비정규화** 과정을 통해 생성한다. 단일 원천 데이터로 여러 데이터셋을 추출해 각 데이터셋마다 서로 다른 "관점"에서 데이터를 본다.

아키텍처 상 모든 시스템이 레코드 시스템과 파생 데이터 시스템을 명확히 구분하지는 않지만 구분을 해놓으면 시스템 전체 데이터플로가 명확해진다. 시스템의 각 부분이 어떤 입력을 받고 어떤 출력을 하는지, 서로 어떻게 의존하는지 쉽게 알 수 있어 매우 유용하다.

특정 데이터베이스 또는 저장소 엔진이나 질의 언어 자체가 레코드 시스템이냐 파생 데이터 시스템이냐를 결정하지는 않는다. 데이터베이스는 도구일 뿐이며 어떻게 사용할지는 사용자가 결정한다. 레코드 시스템과 파생 데이터 시스템은 도구에 의해 구분되지 않고 애플리케이션에서 어떻게 사용할지에 따라 결정된다.

시스템 아키텍처를 망치지 않고 명료성을 갖추기 위해서는 데이터가 어떤 데이터로부터 파생됐는지를 명확히 해야 한다. 이 부분이 바로 3부 전반에 걸쳐 다룰 주제다.

3부 개요

10장에서는 맵리듀스와 같은 일괄 처리 방식 데이터플로 시스템을 살펴보고 이와 관련된 좋은 도구가 어떤 것이 있는지, 그리고 대규모 데이터 시스템을 구축하기 위한 원리가 무엇인지 알아본다. 11장에서는 10장과 동일한 아이디어를 데이터 스트림에 적용해 본다. 이 방식을 사용하면 낮은 지연으로 일괄 처리와 동일한 작업을 수행할 수 있다. 12장에서는 이 책의 결론으로 미래에 신뢰할 수 있고 확장 가능하며 유지보수하기 쉬운 애플리케이션을 구축하기 위해 앞서 언급한 도구들을 어떻게 사용해야 하는지에 대한 아이디어를 모색한다.

SEA OF DERIVED DATA

To Stream Processing
(Chapter 11)

To Kingdom of Analytics
(Chapter 3) and
Data Integration
(Chapter 12)

Mahout

DELTA
MACHINE

OF
LEARNING

Terrapin

Voldemort

RECOMMENDATION
ENGINES

Spark

Flink

DATAFLOW
SYSTEMS

Hive

RIVER OF
BATCH OUTPUTS

Tez

GraphX

SEARCH INDEXES

ITERATIVE
PROCESSING

Impala

MPP DATABASES

DISTRIBUTED FILESYSTEMS

Solr

Giraph

MapReduce
workflows

ETL
Harbor

SINGLE-NODE
PROCESSING

GraphChi

Unix tools

10장

일괄 처리

한 사람의 영향도가 너무 큰 시스템은 성공하기 어렵다. 초기 설계가 완료되고 상당히 견고해지면 여러
사람이 다양한 관점을 가지고 각각 실험을 진행하면서 실제 테스트가 시작된다.

– 도널드 크누스

1부와 2부에서는 **요청**(request)과 **응답**(response), **질의**(query)와 **결과**(result)에 관한 내용을
주로 다뤘다. 여러 현대 데이터 시스템에서 가정하고 있는 데이터 처리 방식은 먼저 시스템에 요청
하거나 지시를 보낸 후 (요청이 성공한다면) 잠시 뒤에 해당 시스템으로부터 결과를 반환받는 방
식이다. 데이터베이스, 캐시, 검색 색인, 웹 서버 등 그 밖의 많은 시스템이 이 같은 방식으로 동
작한다.

이러한 **온라인** 시스템은 웹브라우저가 특정 페이지를 요청하든 서비스가 원격 API를 호출하든 일반
적으로 사람이 사용자로서 요청을 보내고 응답을 기다린다고 가정한다. 사용자는 오래 기다릴 수 없
기 때문에 이런 시스템에서는 **응답 시간** 단축에 노력을 많이 기울인다(13쪽 "성능 기술하기" 참고).

웹과 점점 늘어나고 있는 HTTP/REST 기반 API 때문에 요청/응답 방식의 상호작용이 매우 흔해져
이를 당연한 것으로 여기기 쉽다. 하지만 이 방법이 시스템을 구축하는 유일한 방법은 아님을 명심해
야 한다. 다른 접근법도 분명 이점이 있기 때문이다. 그러면 시스템을 세 가지 유형으로 구분해보자.

서비스(온라인 시스템)

서비스는 클라이언트로부터 요청이나 지시가 올 때까지 기다린다. 요청 하나가 들어오면 서비스는 가능한 빨리 요청을 처리해서 응답을 되돌려 보내려 한다. 응답 시간은 서비스 성능을 측정할 때 중요한 지표다. 때론 가용성이 매우 중요한데 클라이언트가 서비스에 접근하지 못하면 사용자는 오류 메시지를 받을지 모른다.

일괄 처리 시스템(오프라인 시스템)

일괄 처리 시스템은 매우 큰 입력 데이터를 받아 데이터를 처리하는 **작업**을 수행하고 결과 데이터를 생산한다. 일괄 처리 작업은 수 분에서 때론 수 일이 걸리기 때문에 대개 사용자가 작업이 끝날 때까지 대기하지 않는다. 대신 대부분 하루에 한번 수행과 같이 반복적인 일정으로 수행한다. 일괄 처리 작업의 주요 성능 지표로는 **처리량**이 대표적이다. 처리량은 입력 데이터 중 특정 크기만큼 처리할 때 걸리는 시간으로 나타낸다. 이번 장에서는 일괄 처리 시스템에 대해 논의한다.

스트림 처리 시스템(준실시간 시스템)

스트림 처리는 온라인과 오프라인/일괄 처리 사이의 어딘가에 있기 때문에 때론 **준실시간 처리**(near-real-time processing 또는 nearline processing)라 불린다. 스트림 처리 시스템은 일괄 처리 시스템과 마찬가지로 요청에 대해 응답하지 않으며 입력 데이터를 소비하고 출력 데이터를 생산한다. 그러나 일괄 처리 작업은 정해진 크기의 입력 데이터를 대상으로 작동하지만 스트림 처리는 입력 이벤트가 발생한 직후 바로 작동한다. 이런 차이 때문에 스트림 처리 시스템은 같은 작업을 하는 일괄 처리 시스템보다 지연 시간이 낮다. 스트림 처리는 일괄 처리를 기반으로 하므로 11장에서 다룬다.

이번 장에서 조만간 살펴보겠지만 일괄 처리는 신뢰할 수 있고 확장 가능하며 유지보수하기 쉬운 애플리케이션을 구축하는 데 매우 중요한 구성요소다. 예를 들면 2004년에 발표된 일괄 처리 알고리즘인 맵리듀스(MapReduce)[1]는, 다소 과한 면이 있지만 "구글을 대규모로 확장 가능하게 만든 알고리즘"[2]으로 불렸다. 맵리듀스는 그 이후에 하둡과 카우치DB, 몽고DB 등 다양한 오픈소스 시스템에서 구현됐다.

맵리듀스는 이전에 데이터 웨어하우스용으로 개발했던 병렬 처리 시스템[3, 4]보다 상당히 저수준 프로그래밍 모델이다. 그러나 범용 하드웨어만을 사용해 처리한 데이터 규모 면에서 상당히 진보했다. 지금은 맵리듀스의 중요성이 떨어지고 있지만[5] 왜 일괄 처리가 유용한지 명확하게 그림을 그려주기 때문에 맵리듀스를 이해할 가치는 충분하다.

일괄 처리는 사실 컴퓨터 연산에 있어 매우 오래된 형태다. 프로그램이 가능한 디지털 컴퓨터가 발명되기 훨씬 전 1890년 미국 인구 조사에서 사용된 홀러리스 머신(Hollerith machine)[6]과 같은 천공 카드 집계기는 대량의 입력 데이터로부터 통계를 집계하기 위해 반자동 형태의 일괄 처리를 구현했다. 그리고 맵리듀스는 1940년대와 1950년대에 비즈니스 데이터 처리에 널리 사용된 전기 기계식 IBM 카드 분류기와도 신기할 정도로 비슷하다[7]. 늘 그렇듯 역사는 반복된다.

이번 장에서는 맵리듀스를 알아보고 맵리듀스와 다른 일괄 처리 알고리즘과 프레임워크도 살펴본다. 그리고 현대 데이터 시스템에서 이것을 어떻게 사용하는지 알아본다. 일단 우선 표준 유닉스 도구를 사용해 데이터를 처리하는 방법을 살펴본다. 이미 충분히 익숙한 사람도 있겠지만 유닉스 철학을 되새겨보는 것도 나름 가치가 있다. 유닉스가 주는 아이디어와 교훈이 대규모 이기종 분산 시스템으로 그대로 이어지기 때문이다.

유닉스 도구로 일괄 처리하기

간단한 예제로 시작해 보자. 웹 서버가 하나 있고 들어온 요청이 처리될 때마다 로그 파일에 한 줄씩 추가한다고 가정한다. 아래의 예는 로그 중 한 줄인데 nginx의 기본 액세스 로그 형식을 사용한다.

```
216.58.210.78 - - [27/Feb/2015:17:55:11 +0000] "GET /css/typography.css HTTP/1.1"
200 3377 "http://martin.kleppmann.com/" "Mozilla/5.0 (Macintosh; Intel Mac OS X
10_9_5) AppleWebKit/537.36 (KHTML, like Gecko) Chrome/40.0.2214.115
Safari/537.36"
```

(실제로 한 줄이지만 가독성을 높이기 위해 여러 줄로 나눴다.)

이 줄에는 많은 정보가 들어있다. 해석하려면 로그 형식의 정의가 필요하다. 바로 아래에 있다.

```
$remote_addr - $remote_user [$time_local] "$request"
$status $body_bytes_sent "$http_referer" "$http_user_agent"
```

해석해보면 이 로그는 2015년 2월 27일 UTC 17시 55분 11초에 서버가 클라이언트 IP 주소 216.58.210.78로부터 **/css/typography.css** 파일에 대한 요청을 받았음을 가리킨다. 비인증 사용자여서 $remote_user가 하이픈(−)으로 표시됐다. 응답 상태는 200으로 요청은 성공했고 응답 크기는 3,377바이트였다. 웹 브라우저는 크롬 40이고 파일이 http://martin.kleppmann.com/이라는 URL에서 참조됐다.

단순 로그 분석

다양한 도구를 사용해 로그를 처리하고 웹사이트 트래픽에 관한 보고서를 깔끔하게 만들 수 있다. 연습을 위해 기본 유닉스 도구를 사용해 직접 만들어보자. 예를 들어 웹사이트에서 가장 인기가 높은 페이지 5개를 뽑는다고 하면 유닉스 셸에서 아래와 같이 할 수 있다[1].

---

1 입력 파일을 awk의 인자로 직접 지정할 수 있기 때문에 어떤 사람들은 cat이 필요없다고 말하기도 한다. 그러나 이렇게 쓰면 선형 파이프라인이 좀 더 명백하다.

```
cat /var/log/nginx/access.log | ❶
  awk '{print $7}'      | ❷
  sort                  | ❸
  uniq -c               | ❹
  sort -r -n            | ❺
  head -n 5               ❻
```

❶ 로그를 읽는다.

❷ 줄마다 공백으로 분리해서 요청 URL에 해당하는 7번째 필드만 출력한다. 예제상 요청 URL은 /css/typography.css가 된다.

❸ 요청 URL을 알파벳 순으로 정렬한다. 특정 URL이 *n*번 요청되면 정렬 후에는 이 URL이 연속해서 *n*번 반복된다.

❹ uniq 명령은 인접한 두 줄이 같은지 확인해서 중복을 제거한다. -c는 중복 횟수를 함께 출력하는 옵션이다. 즉, 중복 없는 URL을 기준으로 각각 몇 번씩 요청이 있었는지를 확인한다.

❺ -n 옵션을 사용해 매 줄 첫 번째로 나타나는 숫자, 즉 URL의 요청 수를 기준으로 다시 정렬한다. -r 옵션을 함께 사용해 내림차순으로 정렬한다.

❻ 마지막으로 head 명령을 사용해 앞에서부터 5줄만(-n 5) 출력한다.

위의 연속된 명령을 수행한 결과는 다음과 같다.

```
4189 /favicon.ico
3631 /2013/05/24/improving-security-of-ssh-private-keys.html
2124 /2012/12/05/schema-evolution-in-avro-protocol-buffers-thrift.html
1369 /
 915 /css/typography.css
```

유닉스 도구에 익숙하지 않다면 앞에서 사용한 명령줄을 이해하기 쉽지 않다. 하지만 이런 방식은 상당히 강력하다. 수 기가바이트의 로그 파일을 수 초 내로 처리할 수 있고, 필요에 따라 분석 방법을 수정하기도 쉽다. 예를 들어 CSS 파일을 빼고 싶다면 awk 인수를 `'$7 !~ /\.css$/ {print $7}'`로만 바꾼다든지, 상위 페이지 대신 클라이언트 IP 주소를 세고 싶다면 awk 인수를 `'{print $1}'`로 바꾸는 식으로 얼마든지 응용이 가능하다.

여백상 이 책에서 유닉스 도구를 상세하게 설명하긴 어렵지만 유닉스 도구는 분명 익혀 둘 만하다. 실제로 많은 데이터 분석이 수 분 내에 awk, sed, grep, sort, uniq, xargs의 조합으로 결과를 얻을 수 있고 놀라울 정도로 잘 수행된다[8].

연쇄 명령 대 맞춤형 프로그램

유닉스 연쇄 명령 대신 같은 작업을 하는 간단한 프로그램을 작성할 수도 있다. 루비로 작성한다면 아래와 같다.

```ruby
counts = Hash.new(0)              ❶

File.open('/var/log/nginx/access.log') do |file|
  file.each do |line|
    url = line.split[6]           ❷
    counts[url] += 1              ❸
  end
end

top5 = counts.map{|url, count| [count, url] }.sort.reverse[0...5]   ❹
top5.each{|count, url| puts "#{count} #{url}" }                     ❺
```

❶ counts는 각 URL이 몇 번 나왔는지 저장할 해시 테이블이다. 카운트 기본값은 0이다.

❷ 로그 파일의 각 줄을 공백으로 분리해서 일곱 번째 값을 변수 url에 넣는다. 루비 배열은 인덱스가 0부터 시작하기 때문에 URL이 들어있는 인덱스는 6이다.

❸ 현재 줄에서 추출한 URL의 카운트를 증가시킨다.

❹ 카운트 값으로 해시 테이블을 내림차순 정렬한다. 그리고 상위 5개 항목을 가져온다.

❺ 상위 5개 항목을 출력한다.

이 프로그램은 유닉스 연쇄 파이프보다 간결하지는 않지만 더 읽기 쉽다. 두 방법 중 하나를 선택하는 것은 취향의 문제다. 그러나 표면적인 문법의 차이를 빼고도 두 가지 방법은 실행 흐름이 크게 다르다. 대용량 파일을 분석해 보면 차이가 확연히 드러난다.

정렬 대 인메모리 집계

앞선 루비 스크립트는 URL 해시 테이블을 메모리에 유지한다. 해시 테이블에는 각 URL이 출현한 수를 매핑한다. 유닉스 파이프라인 예제에는 이런 해시 테이블이 없다. 대신 정렬된 목록에서 같은 URL이 반복해서 나타난다.

어떤 접근법이 더 좋을지는 다른 URL이 얼마나 되느냐에 따라 다르다. 중소 규모의 웹사이트 대부분은 고유 URL과 해당 URL 카운트를 대략 1GB 메모리에 담을 수 있다. 예제에서도 **작업 세트**(작업에서 임의 접근이 필요한 메모리 양)는 단순히 고유 URL 수로만 결정된다. 백만 개의 로그 항목이 모두 같은 URL 하나만을 가리킨다면 해시 테이블에 필요한 공간은 한 개의 URL과 그 카운트 값을 저장할 만큼만 필요하다. 작업 세트가 충분히 작다면 인메모리 해시 테이블도 잘 작동한다. 노트북이라도 충분하다.

반면 허용 메모리보다 작업 세트가 크다면 정렬 접근법을 사용하는 것이 좋다. 정렬 접근법은 디스크를 효율적으로 사용하는데, 앞서 논의했던 76쪽 "SS테이블과 LSM 트리"에서 설명한 원리와 다르지 않다. 먼저 데이터 청크를 메모리에서 정렬하고 청크를 세그먼트 파일로 디스크에 저장한다. 그다음 각각 정렬된 세그먼트 파일 여러 개를 한 개의 큰 정렬 파일로 병합한다. 병합 정렬은 순차적 접근 패턴을 따르고 이 패턴은 디스크 상에서 좋은 성능을 낼 수 있다. (순차적 I/O 최적화는 3장에서도 반복됐던 주제였던 점을 기억하자. 같은 패턴이 여기도 다시 나타난다.)

GNU Coreutils(리눅스)에 포함된 sort 유틸리티는 메모리보다 큰 데이터셋을 자동으로 디스크로 보내고 자동으로 여러 CPU 코어에서 병렬로 정렬한다[9]. 이것은 앞에서 본 간단한 유닉스 연쇄 명령이 메모리 부족 없이 손쉽게 큰 데이터셋으로 확장 가능하다는 의미다. 병목이 있다면 아마도 디스크에서 입력 파일을 읽는 속도일 것이다.

유닉스 철학

바로 앞의 예제와 같이 연쇄 명령을 사용해 쉽게 로그 파일을 분석할 수 있었던 것은 우연이 아니다. 이것은 사실 유닉스의 핵심 설계 아이디어 중 하나였으며, 오늘날에도 여전히 유효하다는 점에서 매우 놀랍다. 유닉스에서 빌려 올 수 있는 아이디어가 더 없는지 알아보기 위해 좀 더 깊이 살펴보자 [10].

유닉스 파이프를 발명한 더그 맥일로이(Doug McIlory)는 1964년에 유닉스 파이프를 처음으로 이와 같이 설명했다[11]. "다른 방법으로 데이터 처리가 필요할 때 정원 호스와 같이 여러 다른 프로그램을 연결하는 방법이 필요하다. 이것은 I/O 방식이기도 하다." 그는 이 방식이 배관 공사와 비슷한 점에 착안해 파이프로 프로그램을 연결하는 아이디어를 냈고, 이 아이디어는 지금은 **유닉스 철학**의 일부가 됐다. 현재 유닉스 철학으로 알려진 이 설계 원리는 개발자와 유닉스 사용자 사이에서 더욱 대중화됐다. 1978년에 기술된 유닉스 철학은 아래와 같다[12, 13].

1. 각 프로그램이 한 가지 일만 하도록 작성하라. 새 작업을 하려면 기존 프로그램을 고쳐 새로운 "기능"을 추가해 프로그램을 복잡하게 만들기보다는 새로운 프로그램을 작성하라.

2. 모든 프로그램의 출력은 아직 알려지지 않은 다른 프로그램의 입력으로 쓰일 수 있다고 생각하라. 불필요한 정보로 출력이 너저분해서는 안 된다. 입력 형식으로 엄격하게 열을 맞춘다거나 이진 형태를 사용하지 마라. 대화형 입력을 고집하지 마라.

3. 소프트웨어를 빠르게 써볼 수 있게 설계하고 구축하라. 심지어 운영체제도 마찬가지다. 수 주 안에 끝내는 것이 이상적이다. 거슬리는 부분은 과감히 버리고 새로 구축하라.

4. 프로그래밍 작업을 줄이려면 미숙한 도움보단 도구를 사용하라. 도구를 빌드하기 위해 한참 둘러가야 하고 게다가 사용 후 바로 버린다고 할지라도 도구를 써라.

자동화, 빠른 프로토타이핑, 증분 반복, 실험 친화, 큰 프로젝트를 청크로 나누어 처리하기와 같은 방법은 오늘날의 애자일 및 디봅스(DevOps) 운동과 매우 흡사하고 놀랍게도 40년이 지났지만 거의 바뀌지 않았다.

sort는 한 가지 일을 잘 해내는 프로그램의 훌륭한 예다. sort의 구현은 대부분의 프로그래밍 언어에 포함된 표준 라이브러리보다 확실히 뛰어나다. 표준 라이브러리는 처리하는 데이터를 디스크로 흘려보내지 않고, 다중 스레드를 쓰는 게 분명히 이득인 상황에서도 다중 스레드를 사용하지 않는다. 그러나 sort 단독으로는 그다지 유용하지 않다. uniq 같은 다른 유닉스 도구와 조합해서 사용했을 때 비로소 강력해진다.

bash 같은 유닉스 셸을 사용하면 작은 프로그램들을 가지고 놀랄 만큼 강력한 데이터 처리 작업을 쉽게 **구성**할 수 있다. 이런 프로그램 중 다수를 다른 그룹에 속하는 사람들이 만들었지만 유연한 방식으로 함께 조합할 수 있다. 유닉스에 이런 결합성을 부여하는 것은 무엇일까?

동일 인터페이스

어떤 프로그램의 출력을 다른 프로그램의 입력으로 쓰고자 한다면 이들 프로그램은 같은 데이터 형식을 사용해야 한다. 즉 호환 가능한 인터페이스를 써야 한다. 특정 프로그램이 다른 **어떤** 프로그램과도 연결 가능하려면 프로그램 **모두**가 같은 입출력 인터페이스를 사용해야 한다는 의미다.

유닉스에서의 인터페이스는 파일(좀 더 정확히는 파일 디스크립터)이다. 파일은 단지 순서대로 정렬된 바이트의 연속이다. 파일은 이처럼 단순해서 같은 인터페이스로 파일시스템의 실제 파일, 프로세스 간의 통신 채널(유닉스 소켓, 표준 입력(stdin), 표준 출력(stdout)), 장치 드라이버(예: /dev/audio나 /dev/lp0), TCP 연결을 나타내는 소켓 등 다른 여러 가지 것을 표현할 수 있다. 당연하게 받아들이기 쉽지만 이질적인 것들이 하나의 동일 인터페이스를 공유한다는 점은 사실 꽤나 주목할 만하다. 그렇지 않다면 쉽게 서로 연결하기 어려울 것이다[2].

---

2 동일 인터페이스의 다른 예로 웹의 토대가 되는 URL과 HTTP가 있다. 웹사이트 상의 자원은 URL로 구분되며 다른 웹사이트의 모든 URL에 링크(link) 가능하다. 따라서 서로 다른 사이트는 서로 관련없는 조직이 다른 서버에서 운영하더라도 웹브라우저를 통해 링크를 따라 매끄럽게 이동 가능하다. 너무 당연한 것 같지만 이 원리가 오늘날 웹을 성공으로 이끈 핵심 통찰이다. 이전 시스템은 그만큼 동일하지 않았다. 게시판 시스템(BBS) 시대를 예로 들면 각 시스템은 각각 전화번호와 속도 설정이 있었고 특정 BBS로부터 다른 곳으로 옮겨가기 위해서는 해당 BBS 전화번호를 쓰고 모뎀 설정을 형식에 맞게 넣어야 했다. 사용자는 일단 전화를 끊는다. 그리고 다른 BBS에 전화를 걸어 원하는 정보를 수작업으로 찾는다. 다른 BBS에 있는 내용 일부를 직접 링크하는 것은 불가능했다.

전부는 아니지만 관례상 많은 유닉스 프로그램은 이렇게 연속된 바이트를 아스키 텍스트로 취급한다. 로그 분석 예제에서 바로 이 점을 활용했다. awk, sort, uniq, head는 입력 파일을 \n(개행문자, 아스키 0x0A) 문자로 분리된 레코드로 다룬다. \n가 선택된 이유는 딱히 없다. 애초에 이런 목적으로 사용하려고 만든 0x1E가 아스키 레코드 분리자로 훨씬 좋은 선택일지도 모른다[14]. 어쨌든 같은 레코드 분리자를 사용해 표준화했기 때문에 이 모든 프로그램이 상호 운용 가능하다.

각 레코드를 파싱하는 건 더욱 애매하다. 유닉스 도구는 대개 한 줄을 공백이나 탭 문자로 분리해 필드로 만든다. 하지만 CSV(쉼표로 분리)나 파이프 문자(|) 등의 다른 부호화 방법도 사용한다. xargs와 같이 상당히 간단한 도구도 어떻게 입력을 파싱할지 결정하는 명령줄 옵션이 6가지나 있다.

동일 인터페이스로 아스키 텍스트는 큰 문제가 없지만 그다지 깔끔하지 않다. 로그 분석 예제는 URL을 추출하려고 {print $7}을 사용했다. 하지만 가독성이 좋지 않다. 이상적으로 하자면 {print $request_url}나 그런 비슷한 형태일 것이다. 이 아이디어는 나중에 다시 다룬다.

완벽하지도 않음에도 심지어 수십 년이 지났어도 유닉스의 동일 인터페이스는 여전히 대단하다. 유닉스 도구만큼 상호 운용 또는 구성 면에서 뛰어난 소프트웨어는 많지 않다. 이메일 내용과 온라인 쇼핑 내역을 파이프로 연결해서 맞춤형 분석 도구를 사용해 스프레드시트에 넣고 그 결과를 사회 연결망 또는 위키에 올리는 것은 쉽게 할 수 없다. 오늘날 유닉스 도구처럼 매끄럽게 협동하는 프로그램이 있다는 건 정상이 아니라 예외적이다.

동일한 데이터 모델인 데이터베이스 간에도 한쪽에서 다른 쪽으로 데이터를 옮기는 게 쉽지 않다. 데이터가 발칸화(Balkanization)[3]되는 이유는 유닉스 도구와 같은 통합이 부족했기 때문이다.

로직과 연결의 분리

유닉스 도구의 다른 특징으로 표준 입력(stdin)과 표준 출력(stdout)을 사용한다는 점을 들 수 있다. 프로그램을 실행하고 아무것도 설정하지 않는다면 stdin은 키보드로부터 들어오고 stdout은 화면으로 출력한다. 혹은 파일에서 입력을 가져와 다른 파일로 출력을 재전송할 수도 있다. 파이프는 한 프로세스의 stdout을 다른 프로세스의 stdin과 연결한다. 이때 중간 데이터를 디스크에 쓰지 않고 작은 인메모리 버퍼를 사용해 프로세스 간 데이터를 전송한다.

---

3 (옮긴이) 20세기 발칸반도에서 일어난 여러 분쟁에서 비롯된 용어로서 어떤 나라나 지역이 서로 적대적이거나 비협조적인 여러 개의 작은 나라나 지역으로 쪼개지는 현상을 말한다. 인터넷이 고립된 여러 개의 섬처럼 나뉘어 있는 현상이나 프로그램 언어나 데이터 파일 포맷 등이 분화발전하는 것을 나타내기도 한다(https://ko.wikipedia.org/wiki/%EB%B0%9C%EC%B9%B8%ED%99%94).

필요한 경우라면 프로그램에서 직접 파일을 읽고 쓸 수도 있지만 프로그램이 특정 파일의 경로가 어디에 있는지 신경 쓰지 않고 stdin과 stdout만으로 처리하고 싶다면 유닉스 접근법이 가장 좋다. 셸 사용자는 유닉스 접근법으로 원하는 대로 입력과 출력을 연결할 수 있다. 프로그램은 입력이 어디서부터 들어오는지 출력이 어디로 나가는지 신경 쓰거나 알 필요조차 없다. (이런 형태를 **느슨한 결합**(loose coupling)이나 **지연 바인딩**(late binding)[15] 또는 **제어 반전**(inversion of control)[16]이라고도 한다.) 프로그램에서 입출력을 연결하는 부분을 분리하면 작은 도구로부터 큰 시스템을 구성하기가 훨씬 수월하다.

프로그램을 직접 작성해 운영체제에서 지원하는 도구와 같이 사용할 수 있다. 프로그램을 단순히 stdin으로부터 입력을 읽어 stdout으로 출력하도록 작성하면 데이터 처리 파이프라인에 바로 끼워 사용할 수 있다. 로그 분석 예제에서 사용자 에이전트 문자열을 좀 더 알아보기 쉬운 브라우저 식별자로 바꾸거나 IP 주소를 국가 코드로 바꾸는 도구를 작성해서 파이프라인 사이에 넣는 것도 간단하다. sort 프로그램은 같이 통신하는 프로그램이 다른 운영체제 도구든 사용자가 직접 작성한 프로그램이든 전혀 신경 쓰지 않는다.

그러나 stdin과 stdout을 사용할 때 몇 가지 제약사항이 있다. 프로그램이 여러 개의 입력을 받거나 여러 개의 출력이 필요할 때는 불가능하지는 않지만 까다롭다. 프로그램의 출력을 파이프를 이용해 네트워크와 연결하지는 못한다[17, 18].[4] 프로그램이 파일을 직접 열어 읽고 쓰거나 서브프로세스로 다른 프로그램을 구동하거나 네트워크 연결을 한다면 프로그램의 I/O는 그 프로그램 자체와 서로 묶이게 된다. 설정할 수는 있지만(예를 들어 명령행 옵션을 통해) 그런 경우에 셸에서 입출력을 연결하는 유연함은 감소한다.

투명성과 실험

유닉스 도구가 성공적인 이유 중 하나는 진행 사항을 파악하기가 상당히 쉽기 때문이다.

- 유닉스 명령에 들어가는 입력 파일은 일반적으로 불변으로 처리된다. 이것은 다양한 명령행 옵션을 사용해가며 원하는 만큼 명령을 수행하더라도 입력 파일에는 손상을 주지 않는다는 뜻이다.

- 어느 시점이든 파이프라인을 중단하고 출력을 파이프를 통해 less로 보내 원하는 형태의 출력이 나오는지 확인할 수 있다. 이런 검사 기능은 디버깅할 때 매우 유용하다.

- 특정 파이프라인 단계의 출력을 파일에 쓰고 그 파일을 다음 단계의 입력으로 사용할 수 있다. 이렇게 하면 전체 파이프라인을 다시 시작하지 않고 다음 단계부터 재시작할 수 있다.

---

4 netcat이나 curl 같은 별도 도구를 사용하는 경우는 예외다. 유닉스는 모든 것을 파일로 표현하는 방향성을 가지고 시작했지만 BSD 소켓 API가 이 규칙을 벗어났다[17]. 연구용 운영체제인 Plan 9와 Inferno는 파일을 사용할 때도 일관성이 있었는데 TCP 연결을 /net/tcp와 같이 파일로 표현했다[18].

유닉스 도구는 관계형 데이터베이스의 질의 최적화 도구와 비교하면 상당히 불친절하고 단순하지만 이처럼 놀라울 정도로 유용하다. 특히 실험용으로 매우 좋다.

유닉스 도구를 사용하는 데 가장 큰 제약은 단일 장비에서만 실행된다는 점이다. 바로 이 점이 하둡 같은 도구가 필요한 이유다.

맵리듀스와 분산 파일 시스템

맵리듀스는 유닉스 도구와 비슷한 면이 있지만 수천 대의 장비로 분산해서 실행이 가능하다는 점에서 차이가 있다. 맵리듀스는 유닉스 도구와 마찬가지로 상당히 불친절하고 무차별 대입 방법이지만 대신 엄청나게 효율적인 도구다. 단일 맵리듀스 작업은 하나 이상의 입력을 받아 하나 이상의 출력을 만들어 낸다는 점에서 단일 유닉스 프로세스와 유사하다.

유닉스 도구와 마찬가지로 맵리듀스 작업은 입력을 수정하지 않기 때문에 출력을 생산하는 것 외에 다른 부수 효과는 없다. 출력 파일은 순차적으로 한 번만 쓰여지고 파일에 이미 쓰여진 부분은 고치지 않는다.

유닉스 도구는 stdin과 stdout을 입력과 출력으로 사용하는데 맵리듀스 작업은 분산 파일 시스템 상의 파일을 입력과 출력으로 사용한다. 하둡 맵리듀스 구현에서 이 파일 시스템은 HDFS(Hadoop Distributed File System)라고 하는데 GFS(Google File System)를 재구현한 오픈소스다[19].

HDFS 외에도 GlusterFS, QFS(Quantcast File)[20] 등 다양한 분산 파일 시스템이 있다. 아마존 S3, 애저 Blob 저장소, 오픈스택 스위프트[21] 같은 객체 저장소도 여러 면에서 유사하다.[5] 이번 장에서 다루는 예제는 대부분 HDFS를 사용하지만 기본 원리는 다른 분산 파일 시스템에도 동일하게 적용된다.

HDFS는 **비공유** 원칙(2부 소개 참고)을 기반으로 하는데 **NAS(Network Attached Storage)**와 **SAN(Storage Area Network)** 아키텍처에서 사용하는 공유 디스크 방식과는 반대다. 공유 디스크 저장소는 중앙 집중 저장 장치를 사용하는 데 맞춤형 하드웨어를 사용하거나 파이버 채널(Fibre Channel)과 같은 특별한 네트워크 인프라를 사용하기도 한다. 반면 비공유 방식은 특별한 하드웨어가 필요없다. 일반적인 데이터센터 네트워크에 연결된 컴퓨터면 충분하다.

---

5 HDFS와의 차이점을 하나 들자면 HDFS는 필요한 파일의 복사본이 저장된 장비에서 연산 작업을 수행하게 할 수 있지만 객체 저장은 저장소와 연산 장치가 분리돼 있다는 것이다. 네트워크 대역이 병목이라면 로컬 디스크에서 직접 읽는 것이 성능 향상에 도움이 된다. 그러나 삭제 코딩을 사용한다면 지역성 이점을 잃게 된다. 원본 파일을 재구성하기 위해서는 여러 장비에 있는 데이터를 조합해야 하기 때문이다[20].

HDFS는 각 장비에서 실행되는 데몬 프로세스로 구성된다. 데몬 프로세스는 다른 노드가 해당 장비에 저장된 파일에 접근 가능하게끔 네트워크 서비스를 제공한다. 이때 데이터센터 내 모든 범용 장비에 디스크가 장착돼 있다고 가정한다. **네임노드(NameNode)**라고 부르는 중앙 서버는 특정 파일 블록이 어떤 장비에 저장됐는지 추적한다. 따라서 HDFS는 개념적으로는 매우 큰 하나의 파일 시스템이고 데몬이 실행 중인 모든 장비의 디스크를 사용할 수 있다.

장비가 죽거나 디스크가 실패하는 경우에 대비하기 위해 파일 블록은 여러 장비에 복제된다. 복제는 5장에서와 같이 단순히 여러 장비에 동일한 데이터를 복사하는 방식이 있고 리드 솔로몬 코드(Reed-Solomon code) 같은 **삭제 코딩(erasure coding)** 방식을 사용해 데이터 전체를 복제하는 것보다 적은 저장소 부담으로 손실된 데이터를 복구하는 방식도 있다[20, 22]. 이 기술은 장비 내에 장착된 여러 개의 디스크를 통해 중복을 제공하는 RAID와 유사하다. 차이가 있다면 분산 파일 시스템에서는 파일의 접근과 복제가 특별한 하드웨어 장치 없이 평범한 데이터 센터 네트워크 상에서 이뤄진다는 점이다.

 HDFS는 확장성이 뛰어나다. 이 책을 쓰는 시점에 배포된 가장 큰 HDFS는 수만 대의 장비를 묶어 실행 중이고 용량은 수백 페타바이트에 달한다[23]. HDFS를 이용한 데이터 저장과 접근 비용은 범용 하드웨어와 오픈소스 소프트웨어를 사용하기 때문에 동급 용량의 전용 저장소 장치를 사용하는 비용보다 훨씬 저렴하다. 그렇기 때문에 이런 대규모 확장이 실제로 가능하다[24].

맵리듀스 작업 실행하기

맵리듀스는 HDFS 같은 분산 파일 시스템 위에서 대용량 데이터셋을 처리하는 코드를 작성하는 프로그래밍 프레임워크다. 391쪽 "단순 로그 분석"에 나와 있는 웹 서버 로그 분석을 다시 살펴보면 맵리듀스를 쉽게 이해할 수 있다. 맵리듀스의 데이터 처리 패턴은 로그 분석 예제와 상당히 비슷하다.

1. 입력 파일을 읽는다. **레코드**로 쪼갠다. 웹 서버 로그 예제에서 로그의 각 줄이 레코드가 된다. 즉 레코드 분리자로 \n을 사용한다.

2. 각 입력 레코드마다 매퍼 함수를 호출해 키와 값을 추출한다. 예제에서는 매퍼 함수는 awk ' {print $7}'인데 URL($7)을 키로 추출하고 값은 빈 값으로 한다.

3. 키를 기준으로 키-값 쌍을 모두 정렬한다. 이 과정은 로그 예제에서 첫 번째 sort 명령에 해당한다.

4. 정렬된 키-값 쌍 전체를 대상으로 리듀스 함수를 호출한다. 같은 키가 여러 번 등장했다면 정렬 과정에서 해당 키-값 쌍은 서로 인접한다. 그래서 같은 키를 가지는 값들을 따로 메모리 상에 상태를 따로 유지하지 않고도 쉽게 결합할 수 있다. 리듀서는 예제에서 uniq -c 명령에 해당한다. 이 명령은 키가 같으면서 인접한 레코드의 수를 센다.

맵리듀스 작업 하나는 4가지 단계로 수행한다. 2단계(맵)와 4단계(리듀스)는 사용자가 직접 작성한 데이터 처리 코드다. 1단계는 파일을 나누어 레코드를 만드는 데 입력 형식 파서를 쓴다. 3단계는 정렬 단계로 맵리듀스에 내재하는 단계라서 직접 작성할 필요가 없는데 매퍼의 출력은 리듀스로 들어가기 전에 이미 정렬됐기 때문이다.

맵리듀스 작업을 생성하려면 다음과 같이 동작하는 매퍼와 리듀서라는 두 가지 콜백 함수를 구현해야 한다(47쪽 "맵리듀스 질의"를 참고).

매퍼(Mapper)

매퍼는 모든 입력 레코드마다 한 번씩만 호출된다. 매퍼는 입력 레코드로부터 키와 값을 추출하는 작업이다. 각 입력으로부터 생성하는 키-값 쌍은 빈 쌍을 포함해 원하는 만큼 생성 가능하다. 매퍼는 입력 레코드로부터 다음 레코드까지 상태를 유지하지 않기 때문에 각 레코드를 독립적으로 처리한다.

리듀서(Reducer)

맵리듀스 프레임워크는 매퍼가 생산한 키-값 쌍을 받아 같은 키를 가진 레코드를 모으고 해당 값의 집합을 반복해 리듀서 함수를 호출한다. 리듀서는 출력 레코드를 생산한다. 출력 레코드의 한 예로 동일한 URL이 출현한 횟수가 있다.

웹 서버 로그 예제에서 5번째 단계를 보면 두 번째 정렬 명령어가 있는데 요청 수가 많은 URL 순으로 정렬하는 역할을 했다. 맵리듀스에서 두 번째 정렬이 필요하다면 두 번째 맵리듀스 작업을 구현하면 된다. 이때 첫 번째 작업의 출력을 두 번째 작업의 입력으로 사용한다. 이런 관점에서 매퍼는 정렬에 적합한 형태로 데이터를 준비하는 역할을 하고 리듀서는 정렬된 데이터를 가공하는 역할을 한다.

맵리듀스의 분산 실행

유닉스 명령어 파이프라인과의 가장 큰 차이점은 맵리듀스가 병렬로 수행하는 코드를 직접 작성하지 않고도 여러 장비에서 동시에 처리가 가능하다는 점이다. 매퍼와 리듀서는 한 번에 하나의 레코드만 처리하고 입력이 어디서 오는지 출력이 어디로 가는지 신경 쓰지 않는다. 맵리듀스 프레임워크가 장비 간에 데이터가 이동하는 복잡한 부분을 처리하기 때문이다.

분산 연산에서 매퍼와 리듀서로 표준 유닉스 도구를 사용하는 것도 가능하다[25]. 하지만 대개는 일반적인 프로그래밍 언어로 함수를 작성한다. 하둡 맵리듀스에서 매퍼와 리듀서는 각각 특정 인터페이스를 구현한 자바 클래스다. 몽고DB(MongoDB)와 카우치DB(CouchDB)는 매퍼와 리듀스가 자바스크립트 함수다(47쪽 "맵리듀스 질의" 참고).

그림 10-1은 하둡 맵리듀스 작업에서 데이터플로를 보여준다. 맵리듀스 작업의 병렬 실행은 파티셔닝을 기반으로 한다(6장 참고). 작업 입력으로 HDFS상의 디렉터리를 사용하는 것이 일반적이고,

입력 디렉터리 내 각 파일 또는 파일 블록을 독립된 맵 태스크에서 처리할 독립 파티션으로 간주한다. 그림 10-1에서 맵 태스크를 m1, m2, m3으로 표시했다.

각 입력 파일은 보통 그 크기가 수백 메가바이트에 달한다. 그림에는 없지만 각 매퍼 입력 파일의 복제본이 있는 장비에 RAM과 CPU에 여유가 충분하다면 맵리듀스 스케줄러가 입력 파일이 있는 장비에서 작업을 수행하려 한다[26]. 이 원리를 **데이터 가까이에서 연산하기**라 하는데[27], 이 원리를 적용하면 네트워크를 통해 입력 파일을 복사하는 부담과 네트워크 부하가 감소하고 지역성이 증가한다.

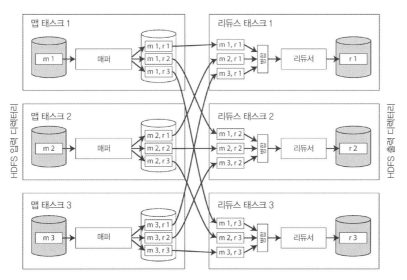

그림 10-1. 매퍼 3개와 리듀서 3개로 구성된 맵리듀스 작업

대부분의 경우 맵 태스크에서 실행될 애플리케이션 코드는 작업이 할당된 장비에 아직 존재하지 않기 때문에 맵리듀스 프레임워크가 작업을 수행하기에 적절한 장비로 코드(자바 프로그램을 예로 들면 JAR 파일)를 복사한다. 복사가 끝나면 장비에서 매퍼 태스크가 시작된다. 입력 파일을 읽기 시작하면 입력 파일에서 한 번에 레코드 하나씩 읽어 매퍼 콜백 함수로 전달한다. 매퍼의 출력은 키-값 쌍으로 구성된다.

리듀서 측 연산도 파티셔닝된다. 맵 태스크 수는 입력 파일의 블록 수로 결정되지만 리듀스 태스크 수는 사용자가 설정한다. 즉 맵 태스크 수와 리듀스 태스크 수는 다를 수 있다. 맵리듀스 프레임워크는 같은 키를 가진 모든 키-값 쌍을 같은 리듀서에서 처리하는 것을 보장하는데, 특정 키-값 쌍이 어느 리듀스 태스크에서 수행될지 결정하기 위해 키의 해시값을 사용한다(203쪽 "키의 해시값 기준 파티셔닝" 참고).

키-값 쌍은 반드시 정렬돼야 하지만 대개 데이터셋이 매우 크기 때문에 일반적인 정렬 알고리즘으로 한 장비에서 모두 정렬하기는 쉽지 않다. 그렇기 때문에 단계를 나누어 정렬을 수행한다. 먼저 각 맵 태스크는 키의 해시값을 기반으로 출력을 리듀서로 파티셔닝한다. 그리고 각 파티션을 매퍼의 로컬 디스크에 정렬된 파일로 기록한다. 여기서 사용한 기술은 76쪽 "SS테이블과 LSM 트리"에서 설명한 것과 유사하다.

매퍼가 입력 파일을 읽어서 정렬된 출력 파일을 기록하기를 완료하면 맵리듀스 스케줄러는 그 매퍼에서 출력 파일을 가져올 수 있다고 리듀서에게 알려준다. 리듀서는 각 매퍼와 연결해서 리듀서가 담당하는 파티션에 해당하는 정렬된 키-값 쌍 파일을 다운로드한다. 리듀서를 기준으로 파티셔닝하고 정렬한 뒤 매퍼로부터 데이터 파티션을 복사하는 과정을 **셔플(suffle)**[26]이라 한다. 셔플이라면 카드를 섞는 것이라 생각하기 쉽지만 맵리듀스에서 셔플은 임의로 섞지 않는다.

리듀스 태스크는 매퍼로부터 파일을 가져와 정렬된 순서를 유지하면서 병합한다. 그렇기 때문에 다른 매퍼가 동일한 키로 레코드를 생성하면 병합된 이후 리듀서의 입력으로 들어갈 때는 서로 인접하게 된다.

리듀서는 키와 반복자(iterator)를 인자로 호출하는데 이 반복자로 전달된 키와 동일한 키를 가진 레코드를 모두 훑을 수 있다. (동일한 키를 가지는 레코드가 메모리에 모두 들어가지 않는 경우도 있다.) 리듀서는 임의의 로직을 사용해서 이 레코드들을 처리하고 여러 출력 레코드를 생성할 수 있다. 이 출력 레코드는 분산 파일 시스템에 파일로 기록된다(대개 리듀서를 수행한 장비의 로컬 디스크에 사본을 하나 만들고 다른 장비에 복제본을 만든다).

맵리듀스 워크플로

맵리듀스 작업 하나로 해결할 수 있는 문제의 범위는 제한적이다. 로그 분석 예제에서 단일 맵리듀스 작업으로 URL당 페이지뷰 수를 구할 수 있지만 가장 인기 있는 URL을 구할 수는 없다. 그러기 위해서는 추가로 정렬 작업이 필요하다.

따라서 맵리듀스 작업을 연결해 **워크플로(workflow)**로 구성하는 방식은 꽤 일반적이다. 맵리듀스 작업 하나의 출력을 다른 맵리듀스 작업의 입력으로 사용하는 식이다. 하둡 맵리듀스 프레임워크는 워크플로를 직접 제공하지 않기 때문에 맵리듀스 작업은 디렉터리 이름을 통해 암묵적으로 연결되는데 첫 번째 작업은 HDFS상에 지정된 디렉터리에 출력하도록 설정하고 두 번째 작업은 해당 디렉터리를 입력으로 사용하도록 설정해야 한다. 맵리듀스 프레임워크의 관점에서 보면 두 작업은 완전히 독립적이다.

연결된 맵리듀스 작업은 유닉스 명령 파이프라인(소량의 메모리 버퍼를 사용해 한 프로세스의 출력이 다른 프로세스의 입력으로 직접 전달되는 방식)과 유사하다기보다는 각 명령의 출력을 임시 파일에 쓰고 다음 명령이 그 임시 파일로부터 입력을 읽는 방식에 더 가깝다. 이 설계는 장단점이 있는데 419쪽 "중간 상태 구체화"에서 다시 논의한다.

일괄 처리 작업의 출력은 작업이 성공적으로 끝났을 때만 유효하다(맵리듀스는 작업이 실패하고 남은 부분 출력은 제거한다). 그렇기 때문에 워크플로 상에서 해당 작업의 입력 디렉터리를 생성하는 선행 작업이 완전히 끝나야만 다음 작업을 시작할 수 있다. 하둡 맵리듀스 작업 간 수행 의존성을 관리하기 위해 다양한 스케줄러가 개발됐다. 스케줄러의 예로 우지(Oozie), 아즈카반(Azkaban), 루이지(Luigi), 에어플로(Airflow), 핀볼(Pinball) 등이 있다[28].

또한 이런 스케줄러에는 많은 일괄 처리 작업의 집합을 유지보수할 때 유용한 관리 기능이 있다. 추천 시스템을 구축하는 데 사용하는 워크플로는 50개에서 100개가 일반적이다[29]. 큰 조직에서 많은 다른 팀이 서로의 출력을 입력으로 하는 다른 작업을 실행하기도 한다. 이런 복잡한 데이터플로를 관리하기 위한 도구를 지원하는 일은 매우 중요하다.

피그(Pig)[30], 하이브(Hive)[31], 캐스캐이딩(Cascading)[32], 크런치(Crunch)[33], 플룸자바(FlumeJava)[34] 같은 다양한 하둡용 고수준 도구는 다중 맵리듀스를 서로 적절하게 자동으로 엮어 워크플로를 설정한다.

리듀스 사이드 조인과 그룹화

조인(join)은 2장에서 데이터 모델과 질의 언어에 대해 논할 때 다뤘지만 실제 조인의 구현 방식에 대해서는 설명하지 않았다. 이번 장에서 다시 상세히 알아보기로 한다.

여러 데이터셋에서 한 레코드가 다른 레코드와 연관이 있는 것은 일반적이다. 관계형 모델에서는 **외래키(foreign key)**, 문서 모델에서는 **문서 참조(document reference)**라 하고 그래프 모델에서는 **간선(edge)**이라 부른다. 연관된 레코드 양쪽(참조하는 레코드와 참조되는 레코드) 모두에 접근해야 하는 코드가 있다면 조인은 필수다. 2장에서 설명한 것과 같이 비정규화 작업으로 조인을 줄일 수 있지만 일반적으로 완전히 제거하기는 어렵다**⁶**.

---

6 이 책에서 다루는 조인은 일반적으로 **동등 조인(equi-join)**을 말한다. 동등 조인은 조인의 가장 일반적인 형태로 레코드의 특정 필드(예를 들면 ID 같은)의 값이 **동일한 값**을 가지는 다른 레코드의 필드와 연관된다. 어떤 데이터베이스는 더 일반적인 형태의 조인을 지원하는데, 예를 들면 동등 연산자 대신 미만(less-than) 연산자를 사용한다. 하지만 지면 관계상 자세히 다루지는 않는다.

데이터베이스에서 적은 수의 레코드만 관련된 질의를 실행한다면 데이터베이스는 일반적으로 **색인(index)**을 사용해 관심 있는 레코드의 위치를 빨리 찾는다(3장 참고). 질의가 조인을 포함하면 여러 색인을 확인해야 할지도 모른다. 하지만 맵리듀스에는 적어도 일반적으로 이야기하는 색인 개념이 없다.

파일 집합이 입력으로 주어진 맵리듀스 작업이 있다면 맵리듀스 작업은 입력 파일 전체 내용을 읽는데 데이터베이스에서 이 연산을 **전체 테이블 스캔(full table scan)**이라 부른다. 적은 수의 레코드만 읽고 싶을 때 전체 테이블 스캔을 사용한다면 색인 탐색에 비해 비용이 터무니없이 많이 든다. 그러나 분석 질의(93쪽 "트랜잭션 처리나 분석?" 참고)는 대량의 레코드를 대상으로 집계 연산을 하는 것이 일반적이다. 이런 경우 입력 전체를 스캔하는 건 상당히 합리적이다. 여러 장비에 걸쳐 병렬 처리가 가능한 경우는 특히 그렇다.

일괄 처리 맥락에서 조인은 데이터셋 내 모든 연관 관계를 다룬다는 뜻이다. 예를 들면 특정 사용자의 데이터만을 찾는 것이 아니라 모든 사용자 데이터를 동시에 처리한다. 특정 사용자의 데이터만 찾는다면 색인을 사용하는 편이 훨씬 효율적이다.

사용자 활동 이벤트 분석 예제

일괄 처리 작업에서 전형적인 조인 예제를 그림 10-2에서 볼 수 있다. 왼쪽은 로그인 사용자가 웹사이트에서 활동한 이벤트 로그(**활동 이벤트(activity event)** 또는 **클릭스트림 데이터(clickstream data)**)고 오른쪽은 사용자 데이터베이스다. 이 예제를 별 스키마의 일부로 생각할 수도 있다(96쪽 "분석용 스키마: 별 모양 스키마와 눈꽃송이 모양 스키마" 참고). 이벤트 로그는 사실 테이블이고 이 사용자 데이터베이스는 여러 차원 중 하나다.

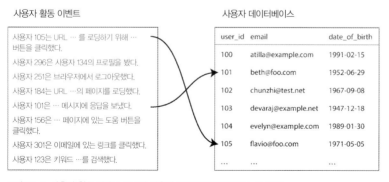

그림 10-2. 사용자 활동 이벤트 로그와 사용자 프로필 데이터베이스 간 조인

이 분석 태스크는 사용자 활동과 사용자 프로필 정보를 연관시켜야 한다. 예를 들어 프로필에 사용자 나이와 생일이 있다면 이 시스템으로 특정 연령군에서 어떤 페이지가 가장 인기 있는지 확인할 수 있다. 그러나 활동 이벤트는 단지 사용자 ID만 포함하고 전체 사용자 프로필 정보는 포함하지 않는다. 단일 활동 이벤트마다 모든 사용자 프로필 정보를 합치는 건 엄청나게 낭비다. 그래서 활동 이벤트에 사용자 프로필 데이터베이스를 조인해야 한다.

이 조인을 가장 간단하게 구현하는 방법은 하나씩 활동 이벤트를 훑으면서 나오는 모든 사용자 ID마다 원격 서버에 있는 사용자 데이터베이스에 질의를 보내는 것이다. 안 될 건 없지만 나쁜 성능 때문에 고생할 가능성이 높다. 이 방법을 사용할 경우 데이터베이스와 통신할 때 발생하는 왕복 시간으로 처리량이 제한되고 지역 캐시의 효율성은 데이터 분포에 크게 좌우되며 상당히 많은 질의가 병렬로 실행되면 데이터베이스에 과부하가 걸리기 쉽다[35].

일괄 처리에서 처리량을 높이기 위해서는 가능한 한 한 장비 내에서 연산을 수행해야 한다. 처리할 모든 레코드를 네트워크를 통해 임의 접근 요청을 하는 것은 너무 느리다. 더욱이 원격 데이터베이스에 질의한다는 건 일괄 처리가 비결정적이라는 뜻이다. 원격 데이터베이스의 데이터가 변경될 수 있기 때문이다.

따라서 더 좋은 방법은 사용자 데이터베이스의 사본(예를 들면 ETL 처리를 통해 데이터베이스 백업으로부터 사본을 추출한다. 94쪽 "데이터 웨어하우징" 참고)을 가져와 사용자 활동 이벤트 로그가 저장된 분산 파일 시스템에 넣는 방법이다. 그러면 사용자 데이터베이스와 사용자 활동 레코드가 같은 HDFS 상에 존재하고 맵리듀스를 사용해 연관된 레코드끼리 모두 같은 장소로 모아 효율적으로 처리가 가능하다.

정렬 병합 조인

매퍼는 입력 레코드로부터 키와 값을 추출하는 것이 목적임을 떠올리자. 그림 10-2의 경우 키는 사용자 ID다. 한 매퍼는 활동 이벤트를 훑어 사용자 ID를 키로, 활동 이벤트를 값으로 추출하고 다른 매퍼는 사용자 데이터베이스를 훑어 사용자 ID를 키로 사용자 생일을 값으로 추출한다. 이 과정이 그림 10-3에 나와 있다.

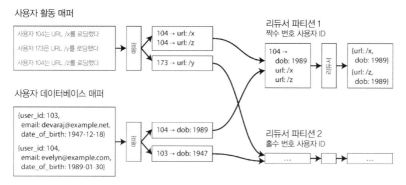

그림 10-3. 사용자 ID를 키로 하는 리듀스 측 정렬 병합 조인. 입력 데이터셋을 여러 파일로 파티셔닝해서 파일 각각을 매퍼에서 병렬 처리할 수 있다.

맵리듀스 프레임워크에서 키로 매퍼의 출력을 파티셔닝해 키-값 쌍으로 정렬한다면 같은 사용자의 활동 이벤트와 사용자 레코드는 리듀서의 입력으로 서로 인접해서 들어간다.

리듀서가 항상 사용자 데이터베이스를 먼저 보고 활동 이벤트를 시간 순으로 보게 하는 식으로 맵리듀스에서 작업 레코드를 재배열하기도 한다. 이 기술은 **보조 정렬(secondary sort)**[26]이라 한다.

보조 정렬 후 리듀서가 수행하는 실제 조인 로직은 간단하다. 리듀서 함수는 모든 사용자 ID당 한 번만 호출되고 보조 정렬 덕분에 첫 번째 값은 사용자 데이터베이스의 생년월일 레코드로 예상할 수 있다. 리듀서는 지역 변수에 생년월일을 저장하고 그다음부터 같은 사용자 ID가 동일한 활동 이벤트를 순회해서 **본 URL(viewed-url)**과 **본 사람의 연령(viewer-age-in-years)**의 쌍을 출력한다. 그러면 맵리듀스 작업들이 각 URL마다 본 사람의 연령 분포를 계산하고 연령대별로 클러스터링할 수 있다.

리듀서는 특정 사용자 ID의 모든 레코드를 한 번에 처리하므로 한 번에 사용자 한 명의 레코드만 메모리에 유지하면 되고 네트워크로 아무 요청도 보낼 필요가 없다. 이 알고리즘을 **정렬 병합 조인(sort-merge join)**이라고 한다. 매퍼 출력이 키로 정렬된 후에 리듀서가 조인의 양측의 정렬된 레코드 목록을 병합하기 때문이다.

같은 곳으로 연관된 데이터 가져오기

병합 정렬 조인 중 매퍼와 정렬 프로세스는 특정 사용자 ID로 조인 연산을 할 때 필요한 모든 데이터를 한 곳으로 모은다. 그래서 사용자 ID별로 리듀서를 한 번만 호출한다. 필요한 데이터를 사전에 줄을 세웠기 때문에 리듀서는 단일 스레드로 동작하는 간단한 코드 조각이 될 수 있으며 레코드를 휘젓고 다닐 때 처리량은 높게 유지하면서도 메모리 부담을 줄일 수 있다.

아키텍처의 이해를 돕기 위해 매퍼가 리듀서로 "메시지 전송"하는 방식을 살펴보자. 매퍼가 키-값 쌍을 내보낼 때 키는 값을 보낼 목적지의 주소 역할을 한다. 키가 IP 주소와 포트번호 같은 실제 네트워크 주소가 아니라 일반 문자열일 뿐이지만 주소처럼 동작한다. 같은 키를 가진 키-값 쌍은 모두 같은 목적지로 배달된다(같은 리듀서를 호출한다).

맵리듀스 프로그래밍 모델은 올바른 장비로 데이터를 모으는 연산의 물리적 네트워크 통신 측면과 받은 데이터를 처리하는 애플리케이션 로직을 분리한다. 이는 전형적인 데이터베이스 사용 유형과 대조적이다. 데이터베이스로부터 데이터를 가져오는 요청은 애플리케이션 코드 내에서 주로 발생한다[36]. 맵리듀스는 모든 네트워크 통신을 직접 관리하기 때문에 특정 장비가 죽는 것과 같이 부분적으로 실패가 발생하더라도 애플리케이션 코드 단에서 고민할 필요가 없다. 맵리듀스는 애플리케이션 로직에 영향이 가지 않게 실패한 태스크는 확실하게 재시도한다.

그룹화

조인 외에도 "같은 곳으로 관련 데이터를 모으는" 일반적인 사용 유형은 SQL에서 GROUP BY 절과 같이 특정 키로 레코드를 그룹화하는 것이다. 같은 키를 가진 모든 레코드로 그룹을 만든다. 그리고 다음 단계로 각 그룹 내에서 집계 연산을 하는데 아래와 같은 예가 있다.

- 각 그룹의 레코드 수를 카운트(페이지뷰 카운트 예제와 같이 SQL로는 COUNT(*)로 표현할 수 있다.)
- 특정 필드 내 모든 값을 더하기(SQL로는 SUM(fieldname))
- 어떤 랭킹 함수를 실행했을 때 상위 k개의 레코드 고르기

맵리듀스로 그룹화 연산을 구현하는 가장 간단한 방법은 매퍼가 키-값 쌍을 생성할 때 그룹화할 대상을 키로 하는 것이다. 그러면 파티션 및 정렬 프로세스가 같은 키를 가진 모든 레코드를 같은 리듀서로 모은다. 즉 맵리듀스 위에서 그룹화와 조인의 구현은 상당히 유사하다.

특정 사용자가 취한 일련의 활동을 찾기 위해 사용자 세션별 활동 이벤트를 수집 분석할 때도 일반적으로 그룹화를 사용한다. 이 과정을 **세션화(sessionization)**[37]라고 하는데, 예를 들면 사용자에게 옛 버전 웹사이트를 보여줬을 때보다 새 버전 웹사이트를 보여줬을 때 구매를 더 했는지(A/B 테스트) 확인하거나 혹은 어떤 마케팅 활동이 가치 있는지 분석하는 것을 말한다.

사용자 요청을 받는 웹 서버가 여러 개라면 특정 사용자의 활동 이벤트는 여러 서버로 분산돼 각각 다른 로그 파일에 저장된다. 세션 쿠키, 사용자 ID나 유사한 식별자를 그룹화 키로 사용해 특정 사용자 활동 이벤트를 모두 한 곳으로 모으면 세션화를 구현할 수 있다. 이때 서로 다른 사용자의 이벤트는 다른 파티션으로 골고루 분산된다.

쏠림 다루기

키 하나에 너무 많은 데이터가 연관된다면 "같은 키를 가지는 모든 레코드를 같은 장소로 모으는" 패턴은 제대로 작동하지 않는다. 소셜 네트워크를 예로 들면 사람들 대다수는 많아야 수백 명 정도 연결되는 데 반해 소수의 유명 인사는 팔로워가 수백만 명에 이르기도 한다. 이렇게 불균형한 활성 데이터베이스 레코드를 **린치핀 객체(linchpin object)**[38] 또는 **핫 키(hot key)**라 한다.

유명 인사 한 사람에 관련된 모든 활동(예를 들어 유명 인사가 올린 글에 대한 반응)을 리듀서 한 개에서 모은다면 상당한 쏠림 현상이 생긴다. 이런 현상을 **핫스팟**이라 한다. 즉 한 리듀서가 다른 리듀서보다 엄청나게 많은 레코드를 처리해야 한다는 뜻이다(205쪽 "쏠린 작업부하와 핫스팟 완화" 참고). 모든 매퍼와 리듀서가 완전히 끝나야지만 맵리듀스 작업이 끝나기 때문에 가장 느린 리듀서가 작업을 완료할 때까지 후속 작업들은 시작하지 못한 채 기다려야 한다.

조인 입력에 핫 키가 존재하는 경우에 핫스팟을 완화할 몇 가지 알고리즘이 있다. 한가지 예로 피그(Pig)에 있는 **쏠린 조인(skewed join)** 메서드는 어떤 키가 핫 키인지 결정하기 위해 샘플링 작업을 수행한다[39]. 실제 조인을 수행할 때 매퍼는 핫 키를 가진 레코드는 여러 리듀서 중 임의로 선택한 하나로 레코드를 보낸다. 키의 해시값을 기반으로 리듀서를 결정하는 관습적인 맵리듀스와는 반대다. 핫 키로 조인할 다른 입력은 핫 키가 전송된 모든 리듀서에 복제한다[40].

이 기법은 핫 키를 여러 리듀서에 퍼뜨려서 처리하게 하는 방법이다. 다른 조인 입력을 여러 리듀서로 복제하는 비용이 들지만 병렬화 효과가 훨씬 크다. 크런치(Crunch)에서 제공하는 **공유 조인(shared join)** 메서드가 이 기법과 비슷하지만 샘플링 작업 대신 핫 키를 명시적으로 지정해야 한다. 또한 205쪽 "쏠린 작업부하와 핫스팟 완화"에서 설명한, 파티셔닝된 데이터베이스에서 핫스팟을 경감시키기 위해 랜덤화를 사용하는 기법과도 매우 비슷하다.

하이브(Hive)는 쏠린 조인을 최적화할 때 다른 방법을 사용한다. 핫 키는 테이블 메타데이터에 명시적으로 지정하고 핫 키와 관련된 레코드를 나머지 키와는 별도 파일에 저장한다. 해당 테이블에서 조인할 때 핫 키를 가지는 레코드는 맵 사이드 조인(map-side join)(다음 절 참고)을 사용해 처리한다.

핫 키로 레코드를 그룹화하고 집계하는 작업은 두 단계로 수행된다. 첫 번째 맵리듀스 단계는 레코드를 임의의 리듀서로 보낸다. 각 리듀서는 핫 키 레코드의 일부를 그룹화하고 키별로 집계해 간소화한 값을 출력한다. 두 번째 맵리듀스 작업은 첫 단계 모든 리듀서에서 나온 값을 키별로 모두 결합해 하나의 값으로 만든다.

맵 사이드 조인

지난 절에서 설명한 여러 조인 알고리즘은 실제 조인 로직을 리듀서에서 수행하기 때문에 **리듀스 사이드 조인**(reduce-side join)이라 한다. 매퍼는 각 입력 레코드에서 키와 값을 추출해 추출한 키-값 쌍을 리듀서 파티션으로 할당하고 키별로 정렬하는, 즉 입력 데이터를 준비하는 역할을 한다.

리듀스 사이드 접근법의 장점은 입력 데이터에 대한 특정 가정이 필요없다는 점이다. 입력 데이터의 속성과 구조가 무엇이든 매퍼는 데이터를 조인할 준비를 할 수 있다. 그러나 정렬 후 리듀서로 복사한 뒤 리듀서 입력을 병합하는 모든 과정에 드는 비용이 상당하다는 점이 큰 단점이다. 맵리듀스 단계를 거칠 때 허용된 메모리 버퍼에 따라 데이터를 여러 번 디스크에 저장해야 할 수도 있다[37].

반면 입력 데이터에 대해 특정 가정이 **가능**하다면 **맵사이드 조인**(map-side join)으로 불리는 기법을 사용해 조인을 더 빠르게 수행할 수 있다. 이 접근법은 축소된 맵리듀스 작업으로, 리듀서는 물론 정렬 작업도 없다. 대신 각 매퍼가 할 작업은 분산 파일 시스템에서 단순히 입력 파일 블록 하나를 읽어 다시 해당 분산 파일 시스템에 출력하는 것이 전부다.

브로드캐스트 해시 조인

맵 사이드 조인은 작은 데이터셋과 매우 큰 데이터셋을 조인하는 경우에 가장 간단하게 적용해볼 수 있다. 특히 이때 사용하는 작은 데이터셋은 전체를 각 매퍼 메모리에 적재 가능할 정도로 충분히 작아야 한다.

예를 들어 그림 10-2의 경우도 사용자 데이터베이스가 메모리에 들어갈 정도로 충분히 작다. 이 경우 매퍼가 시작할 때 우선 분산 파일 시스템에서 사용자 데이터베이스를 읽어서 인메모리 해시 테이블에 넣는다. 일단 이 작업을 수행하고 나면 매퍼는 사용자 활동 이벤트를 모두 스캔할 수 있고 각 이벤트의 사용자 ID를 해시 테이블에서 간단하게 조회할 수 있다[7].

매퍼 태스크를 여러 개 사용할 수도 있다. 각 맵 태스크에 조인할 큰 입력 파일 블록 중 하나를 할당하면 된다(그림 10-2 예제에서는 활동 이벤트가 큰 입력이다). 모든 매퍼는 작은 입력 전체를 메모리에 적재한다.

이 간단하고 효율적인 알고리즘을 **브로드캐스트 해시 조인**(broadcast hash join)이라 한다. **브로드캐스트**라는 단어는 큰 입력의 파티션 하나를 담당하는 각 매퍼는 작은 입력 전체를 읽는다는 것

---

7 이 예제는 해시 테이블에 각 키마다 항목 하나만 있다고 가정한다. 사용자 데이터베이스는 대개 그렇다(사용자 ID는 유일하게 사용자를 식별). 일반적으로 해시 테이블은 같은 키에 여러 항목을 포함할 수도 있다. 이때 조인 연산자는 키에 대해 일치하는 모든 항목을 출력한다.

을 의미한다(그래서 실질적으로 작은 입력을 큰 입력의 모든 파티션에 "브로드캐스트"한다). 그리고 **해시**라는 단어는 해시 테이블을 사용한다는 뜻이다. 피그("복제 조인"이란 이름으로), 하이브("맵조인"), 캐스케이딩, 크런치가 이런 메서드를 지원한다. 또한 임팔라(Impala) 같은 데이터 웨어하우스 질의 엔진에서도 사용한다[41].

작은 조인 입력을 인메모리 해시 테이블로 적재하는 대신 로컬 디스크에 읽기 전용 색인으로 작은 조인 입력을 저장하기도 한다[42]. 이 색인 중 자주 사용된 부분은 운영체제의 페이지 캐시에 남는다. 따라서 이 방법을 사용하면 데이터셋 전체가 메모리 안에 들어오지 않더라도 거의 인메모리 해시 테이블만큼 빠르게 임의 접근 조회가 가능하다.

파티션 해시 조인

같은 방식으로 맵 사이드 조인의 입력을 파티셔닝한다면 해시 조인 접근법을 각 파티션에 독립적으로 적용할 수 있다. 그림 10-2에서 활동 이벤트와 사용자 데이터베이스를 사용자 ID의 마지막 십진 수를 기준으로 파티셔닝해 재배열할 수 있다(따라서 양쪽 모두 10개의 파티션이 생긴다). 예를 들어 3번 매퍼가 ID가 3으로 끝나는 모든 사용자를 해시 테이블에 올리고 ID가 3으로 끝나는 각 사용자 활동 이벤트 모두를 스캔하는 식이다.

제대로 파티셔닝이 작동했다면 조인할 레코드 모두가 같은 번호의 파티션에 위치한다. 그래서 각 매퍼는 각 입력 데이터셋 중 파티션 한 개만 읽어도 충분하다. 이 방법은 각 매퍼의 해시 테이블에 적재해야 할 데이터의 양을 줄일 수 있다는 점이 장점이다.

파티션 해시 조인은 조인할 두 입력 모두를 같은 키와 같은 해시 함수를 기반으로 같은 수로 파티셔닝해야 작동한다. 이전 맵리듀스 작업에서 이런 그룹화로 입력을 생성했다면 이치에 맞는 가정이다.

파티션 해시 조인(partitioned hash join)을 하이브에서는 **버킷 맵 조인**(bucketed map join)이라 한다[37].

맵 사이드 병합 조인

입력 데이터셋이 같은 방식으로 파티셔닝됐을 뿐 아니라 같은 키를 기준으로 **정렬**됐다면 변형된 맵 사이드 조인을 적용할 수 있다. 이때 입력 크기가 메모리에 적재 가능한지 고려할 필요가 없다. 매퍼는 리듀서에서 일반적으로 수행하는 것과 동일한 병합 연산을 수행할 수 있기 때문이다. 수행 과정을 보면 오름차순으로 양쪽 입력 모두를 점진적으로 읽어 키가 동일한 레코드를 맞춘다.

맵 사이드 병합 정렬(map-side merge join)이 가능하다면 선행 맵리듀스 작업이 이미 입력 데이터셋을 파티셔닝하고 정렬해 놓았다는 뜻이다. 이론상으로는 맵 사이드 병합 정렬을 이전 맵리듀스 작업의 리듀스 단계에서 수행할 수도 있다. 그러나 맵 전용 작업에서 병합 조인을 수행하는 편이 나을 때도 있다. 예를 들면 파티셔닝 및 정렬된 데이터셋이 바로 이 조인 외에 다른 용도로 필요한 경우가 그렇다.

맵 사이드 조인을 사용하는 맵리듀스 워크플로

맵리듀스 조인의 출력을 하위 작업에서 입력으로 사용할 때 맵 사이드 조인을 사용할지 리듀스 사이드 조인을 사용할지에 따라 그 출력 구조가 달라진다. 리듀스 사이드 조인은 조인 키로 파티셔닝하고 정렬해서 출력한다. 반면 맵 사이드 조인은 큰 입력과 동일한 방법으로 파티셔닝하고 정렬한다. 파티션 조인을 사용하든 브로드캐스트 조인을 사용하든 간에 큰 조인 입력의 파일 블록마다 맵 태스크가 실행되기 때문이다.

앞서 살펴본 것처럼 맵 사이드 조인을 수행하기 위해서는 크기, 정렬, 입력 데이터의 파티셔닝 같은 제약 사항이 따른다. 조인 전략을 최적화할 때는 분산 파일 시스템 내 저장된 데이터셋의 물리적 레이아웃 파악이 중요하다. 단지 부호화 형식이나 데이터가 저장된 디렉터리 이름을 아는 것으로는 부족하다. 파티션 수가 몇 개인지, 데이터가 어떤 키를 기준으로 파티셔닝되고 정렬됐는지도 꼭 알아야 한다.

하둡 생태계에서는 데이터셋 파티셔닝 관련 메타데이터를 관리하는데 H카탈로그(HCatalog)나 하이브(Hive) 메타스토어를 사용하기도 한다[37].

일괄 처리 워크플로의 출력

지금까지 맵리듀스 작업의 워크플로를 구현하는 데 쓰이는 다양한 알고리즘을 이야기했다. 하지만 아직 중요한 질문이 남았다. 모든 처리를 마친 결과가 어떻게 나오고 애초에 이 모든 작업을 수행하는 이유가 무엇인가라는 질문이다.

데이터베이스 질의의 경우 트랜잭션 처리(OLTP)를 분석 목적과 구별했다(93쪽 "트랜잭션 처리나 분석?" 참고). OLTP 질의는 색인을 사용해 사용자에게 보여줄 소량의 레코드만 특정 키로 조회하는 것이 일반적이다(레코드의 예로 웹 페이지를 들 수 있다). 반면 분석 질의는 대량의 레코드를 스캔해 그룹화와 집계 연산을 수행하고 그 결과를 보고서 형태로 출력한다. 시간 경과에 따라 지표의 변화를 보여주는 그래프나 특정 순위를 따르는 항목 중 상위 10개, 그리고 수량을 하위 범주로 나누는 것이 보고서 형태로 출력한 예다. 분석가나 사업상 결정을 내리는 관리자가 자주 이런 리포트의 소비자가 된다.

그러면 일괄 처리는 어디에 적합할까? 트랜잭션 처리도 아니고 분석도 아니다. 일괄 처리는 입력 데이터셋 대부분을 스캔하는 것이 일반적이라 분석에 더 가깝다. 그러나 맵리듀스 작업의 워크플로는 분석 목적으로 사용하는 SQL 질의와는 다르다(411쪽 "하둡과 분산 데이터베이스 비교" 참고). 일괄 처리의 출력은 흔히 보고서가 아닌 다른 형태의 구조다.

검색 색인 구축

맵리듀스는 구글에서 검색 엔진에 사용할 색인을 구축하기 위해 처음 사용됐었는데 그 당시 사용된 워크플로는 5~10개의 맵리듀스 작업으로 구현됐다[1]. 구글이 색인을 구축하는 목적으로는 맵리듀스를 더이상 사용하지 않지만[43] 검색 색인을 구축하는 과정을 자세히 살펴보면 맵리듀스를 이해하는 데 도움이 많이 된다(최근에도 루씬/솔라용 색인을 구축하는 데 맵리듀스는 여전히 훌륭한 방법이다[44]).

루씬 같은 전문 색인이 어떻게 작동하는지 90쪽 "전문 검색과 퍼지 색인"에서 간략하게 살펴봤다. 이 색인은 용어 사전 파일로서 효율적으로 특정 키워드를 조회해 키워드가 포함된 문서 ID의 목록(포스팅 목록)을 찾는다. 이것은 검색 색인이 가장 단편적인 기능으로 검색 결과를 관련성(relevance) 순으로 순위를 매기고 오타를 수정하고 동의어 문제를 해결하는 등 현실적인 문제를 해결하기 위해서는 다양한 부가 데이터가 필요하다. 하지만 기본 원리는 그대로 유지된다.

정해진 문서 집합을 대상으로 전문 검색이 필요하다면 일괄 처리가 색인을 구축하는 데 매우 효율적이다. 매퍼는 필요에 따라 문서 집합을 파티셔닝하고 각 리듀서가 해당 파티션에 대한 색인을 구축한다. 그리고 색인 파일은 분산 파일 시스템에 저장된다. 문서 기준으로 파티셔닝해 색인을 구축(206쪽 "파티셔닝과 보조 색인" 참고)하는 과정은 병렬화가 매우 잘 된다. 키워드로 검색 색인에 질의하는 연산은 읽기 전용이라서 색인 파일을 한번 생성하면 불변이다.

색인된 문서 집합이 변한다면 전체 문서 집합을 대상으로 주기적으로 전체 색인 워크플로를 재수행하고 수행이 끝나면 이전 색인 파일을 새로 생성된 색인으로 바꾸는 것이 한 가지 방법이다. 문서 중단지 일부만 바뀐다면 이 접근법은 연산량을 보면 너무 비싸지만 색인 과정을 문서가 들어오면 색인이 나오는 식으로 쉽게 추론할 수 있다.

다른 방법으로 증분 색인을 구축하는 것도 가능하다. 3장에서 논의한 것처럼 색인에 문서를 추가하고 지우고 갱신하길 원한다면 루씬은 세그먼트 파일을 새로 기록하고 백그라운드에서 증분식으로 부분 파일을 병합하고 압축한다. 이런 증분 처리 과정은 11장에서 살펴본다.

일괄 처리의 출력으로 키-값을 저장

검색 색인은 일괄 처리 워크플로 출력의 한 가지 예제일 뿐이다. 다른 예로 분류기 같은 머신러닝 시스템(예: 스팸 필터, 이상 검출, 이미지 인식 등)을 구축하거나 추천 시스템(예를 들어 알지도 모르는 사람이나 관심 가질 만한 상품, 연관 검색 등[29])을 구축할 수 있다.

이런 일괄 처리 작업의 출력은 흔히 일종의 데이터베이스가 된다. 예를 들어 사용자에게 추천할 친구를 가져오기 위해 사용자 ID로 질의하는 데이터베이스 또는 관련 상품 목록을 가져오기 위해 상품 ID로 질의하는 데이터베이스[45]가 있다.

이 같은 데이터베이스는 하둡 인프라와 별도로 사용자 요청을 받는 웹 애플리케이션에서 질의해야 한다. 배치 프로세스의 출력을 웹 애플리케이션이 질의하는 데이터베이스로 보내는 방법이 있을까?

가장 확실한 방법은 직접 매퍼와 리듀서 내에서 선호하는 데이터베이스 클라이언트 라이브러리를 사용해 일괄 처리 작업이 한번에 레코드 하나씩 데이터베이스 서버로 직접 요청을 보내는 것이다. 이 방법은 유효하지만(방화벽 규칙에 하둡 환경에서 프로덕션 데이터베이스에 직접 접근 가능하도록 설정돼 있다면) 좋은 아이디어는 아니다. 바로 아래와 같은 이유 때문이다.

- 이전 조인과 관련한 설명처럼 모든 레코드마다 네트워크 요청을 하는 작업은 일반적인 일괄 처리 태스크의 처리량에 비해 상당히 느리다. 클라이언트 라이브러리가 일괄 처리 방식을 지원한다 해도 성능은 떨어진다.

- 맵리듀스 작업은 대개 많은 태스크를 동시에 실행한다. 모든 매퍼나 리듀서가 일괄 처리에서 기대하는 속도로 동시에 같은 출력 데이터베이스에 기록한다면 데이터베이스가 과부하 상태에 빠지기 쉽고 덩달아 질의 성능도 나빠진다. 심지어 시스템의 다른 부분으로 운영상 문제를 전파할 수도 있다[35].

- 일반적으로 맵리듀스 작업은 성공한 경우에만 출력을 생성하는 것을 보장한다. 즉 작업이 성공하면 출력은 각 태스크가 정확하게 한번만 실행한 결과와 같다. 어떤 태스크가 실패하더라도 작업 과정에서 재시도한다. 전체 작업이 실패한다면 출력을 만들지 않는다. 그러나 작업 내부에서 외부 시스템에 기록한다면 이런 방식에서는 감출 수 없는 외부에 드러나는 부수 효과를 만들어낸다. 부분적으로만 완료된 작업의 결과가 외부 시스템에 드러나는 상황을 반드시 신경 써야 한다. 또한 하둡 태스크 시도(task attempt)와 투기적인 실행(speculative execution)[8]의 복잡성도 걱정해야 한다.

훨씬 좋은 해결책은 일괄 처리 작업 **내부**에 완전히 새로운 데이터베이스를 구축해 분산 파일 시스템의 작업 출력 디렉터리에 저장하는 방법으로, 이때 지난 절에서 다뤘던 검색 색인과 유사한 구조로 저장한다. 이 데이터 파일은 한 번 기록되면 불변이고 서버에 벌크(bulk)로 적재해 읽기 전

---

8 (옮긴이) 어떤 작업이 실제로는 필요하지 않을 수도 있지만 일단 실행하고 보는 최적화 기법을 말한다(https://en.wikipedia.org/wiki/Speculative_execution). 하둡에서는 speculative execution을 사용할지 선택할 수 있다. speculative execution이 활성화된 상태에서 특정 태스크의 작업이 너무 오래 걸리면 하둡은 같은 작업을 하는 태스크를 하나 더 띄운다. 그리고 둘 중 먼저 완료된 태스크의 결과를 사용하고 아직 실행 중인 나머지 태스크는 강제로 종료한다. 같은 일을 두 개의 태스크에서 실행하므로 자원은 낭비되지만 실행 시간을 줄이고 싶다면 speculative execution을 활성화하는 게 유리하다.

용 질의를 처리할 수 있다. 다양한 키-값 저장소가 맵리듀스 작업 내에서 데이터베이스 파일을 구축하는 기능을 지원한다. 예를 들어 볼드모트(Voldmort)[46], 테라핀(Terrapin)[47], 엘리펀트DB(ElephantDB)[48], HBase 벌크 적재(HBase bulk loading)[49] 등이 있다.

데이터베이스 파일을 생성하는 작업은 굉장히 좋은 맵리듀스 활용법이다. 매퍼로 키를 추출한 다음, 키로 정렬하는 과정은 색인을 만들 때도 꼭 필요한 작업이다. 키-값 저장소가 대부분 읽기 전용이기 때문에(이 파일들이 일괄 처리 작업에서 기록된 후 변하지 않는다) 자료 구조가 매우 단순하다. 단적으로 이런 저장소는 WAL(84쪽 "신뢰할 수 있는 B 트리 만들기" 참고)이 필요하지 않다.

볼드모트에 데이터를 적재할 때 분산 파일 시스템에서 서버의 로컬 디스크로 새 데이터 파일을 복사하는 동안 서버는 기존 데이터 파일로 요청을 계속 처리한다. 복사를 완료하면 서버는 질의 요청을 원자적으로 새 파일로 바꾼다. 이 과정 중 문제가 발생하면 기존 파일이 아직 남아있고 역시 불변이기 때문에 쉽게 기존 파일로 전환할 수 있다[46].

일괄 처리 출력에 관한 철학

이번 장 전반부에서 설명한 유닉스 철학(390쪽 "유닉스 철학" 참고)은 데이터플로가 '프로그램이 입력을 읽어 출력을 내놓는다'로 명확하기 때문에 실험을 장려한다. 이 과정에서 입력은 변하지 않은 채 새 출력이 이전 출력을 완벽하게 교체한다. 이 과정에는 아무런 부수 효과가 없다. 이는 시스템 상태를 엉망으로 만들지 않고도 얼마든지 원하는 만큼 프로그램을 수정하거나 디버깅 용도로 명령을 재실행할 수 있다는 뜻이다.

맵리듀스 작업도 마찬가지 철학으로 출력을 취급한다. 입력을 불변으로 처리하고 외부 데이터베이스에 기록하는 등의 부수 효과를 피하기 때문에 일괄 처리 작업은 좋은 성능을 내면서도 유지보수가 훨씬 간단하다.

- 코드에 버그가 있어 출력이 잘못되거나 오염됐다면 코드를 이전 버전으로 돌리고 작업을 재수행해 간단하게 출력을 고칠 수 있다. 혹시 다른 디렉터리에 이전 출력을 기록했다면 간단하게 출력의 위치만 바꿔 복구할 수 있다. 읽기 쓰기 트랜잭션이 있는 데이터베이스는 이런 속성이 없다. 버그 있는 코드를 배포해 데이터베이스에 잘못된 데이터를 기록하면 코드를 되돌리는 것만으로 데이터베이스의 데이터를 고쳐주지 않는다(버그 있는 코드로부터 복원할 수 있느냐에 관한 개념을 **인적 내결함성**(human fault tolerance)이라고 한다[50]).

- 쉽게 되돌릴 수 있는 속성의 결과로 실수를 하면 손상을 되돌릴 수 없는 환경에서보다 기능 개발을 빠르게 진행할 수 있다. **비가역성 최소화**(minimizing irreversibility) 원리는 애자일 소프트웨어 개발에 이롭다[51].

- 맵이나 리듀스 태스크가 실패하면 맵리듀스 프레임워크가 해당 태스크를 자동으로 다시 스케줄링하고 동일한 입력을 사용해 재실행한다. 코드 내 버그로 발생한 실패라면 태스크가 계속해서 죽고 몇 번 시도한 뒤 결국 작업이 실패한다. 하지만 일

시적 문제로 발생한 실패라면 충분히 견딜 수 있다. 이런 재시도가 안전한 이유는 입력이 불변이고 맵리듀스 프레임워크가 실패한 태스크의 출력을 폐기하기 때문이다.

- 다양한 작업에서 입력으로 동일한 파일 집합을 사용하곤 한다. 모니터링 작업에서 지표를 계산해서 작업의 결과가 기대했던 특성을 가지는지 평가하는 경우가 그렇다. 현재 실행과 이전 실행의 출력을 비교해 차이를 측정하는 것이 그 사례 중 하나다.

- 유닉스 도구와 마찬가지로 맵리듀스 작업은 입출력 디렉터리를 설정하는 등의 연결 작업과 로직을 분리한다. 그래서 로직과 연결 작업에서 발생하는 관심사를 각각 따로 처리할 수 있고 잠재적으로 코드 재사용도 가능하다. 한 팀이 한 가지 일을 잘 처리하는 작업을 구현하는 데 집중하는 동안 다른 팀은 언제 어디에서 작업을 수행하는 게 좋을지 결정할 수 있다.

이 영역에서는 유닉스에서 잘 동작한 설계 원칙이 하둡에도 잘 동작하는 것 같지만 유닉스와 하둡은 몇 가지 면에서 다르다. 예를 들어 유닉스 도구 대부분은 타입이 없는 텍스트 파일을 가정하고 처리하기 때문에 입력을 파싱하는 부담이 있다(이번 장 초반부의 로그 분석 예제를 보면 URL을 추출하기 위해 {print $7}을 사용한다). 하둡에서는 구조화된 파일 형식을 사용하면 저수준 구문 변환 작업 중 일부를 하지 않아도 된다. 아브로(124쪽 "아브로" 참고) 그리고 파케이(98쪽 "칼럼 지향 저장소" 참고)가 자주 사용하는 구조화 파일 형식이다. 이런 형식은 효율적인 스키마 기반 부호화를 제공하고 시간이 지남에 따라 스키마를 발전시킬 수 있다(4장 참고).

하둡과 분산 데이터베이스의 비교

지금까지 살펴본 대로 하둡은 유닉스의 분산 버전과 다소 비슷하다. HDFS는 파일 시스템이고 맵리듀스는 특별한 방식으로 구현된 유닉스 프로세스다(맵 단계와 리듀스 단계 사이에서는 항상 sort 유틸리티를 실행한다). 또한 하둡의 맵리듀스 기본 요소 위에서 조인과 그룹화을 구현하는 다양한 방식에 대해 알아봤다.

맵리듀스 논문[1]이 발간됐을 때 어떻게 보면 맵리듀스는 전혀 새로운 개념이 아니었다. 지난 몇 개의 절에서 설명했던 처리 알고리즘과 병렬 조인 알고리즘은 수십 년 전에 이른바 **대규모 병렬 처리(massively parallel processing, MPP)** 데이터베이스라 불리는 것에서 모두 구현됐다[3, 40]. 감마 데이터베이스 머신(Gamma database machine), 테라데이터(Teradata), 탠덤 논스톱 SQL(Tandem NonStop SQL)이 이 영역의 선구자다[52].

맵리듀스와의 가장 큰 차이점을 보면 MPP 데이터베이스는 장비 클러스터에서 분석 SQL 질의를 병렬로 수행하는 것에 초점을 두지만 맵리듀스와 분산 파일 시스템[19]의 조합은 아무 프로그램이나 실행할 수 있는 운영체제와 비슷한 속성을 제공한다.

저장소의 다양성

데이터베이스는 특정 모델(예를 들어 관계형 또는 문서형)을 따라 데이터를 구조화해야 한다. 반면 분산 파일시스템의 파일은 어떤 데이터 모델과 인코딩을 사용해서도 기록할 수 있는 연속된 바이트일 뿐이다. 이 파일은 데이터베이스 레코드 집합일 수도 있지만 텍스트나 이미지, 비디오, 센서 판독값, 희소 행렬, 특징 벡터, 게놈 시퀀스 등 다른 어떤 형태도 가능하다.

극단적으로 말하자면 하둡은 데이터가 어떤 형태라도 상관없이 HDFS로 덤프할 수 있는 가능성을 열어 놓았다. 데이터를 어떻게 처리할지는 덤프 이후에야 생각한다[53]. 반대로 MPP 데이터베이스를 사용하면 대개 데이터베이스에 특화된 저장 형태로 데이터를 가져오기 전에 데이터와 질의 형태를 신중하게 선행 모델링해야 한다.

당연하게도 순수주의자 관점에서 보면 세심하게 모델링하고 데이터를 가져오는 일은 바람직한 작업이다. 데이터베이스 사용자가 작업하기 좋은 양질의 데이터를 가지게 된다는 뜻이기 때문이다. 그러나 현실에서는 이상적인 데이터 모델을 만들려고 하기보다 데이터를 빨리 사용 가능하게 만드는 것(데이터가 특이하거나 사용하기 어렵거나 원시 형식일지라도)이 더 가치 있다[54].

이 아이디어는 데이터 웨어하우스(94쪽 "데이터 웨어하우징" 참고)의 개념과 유사하다. 커다란 조직의 다양한 부분에서 나온 데이터를 한 곳에 모으는 작업만으로 큰 가치가 있다. 이전에는 이질적이던 데이터셋을 조인 가능하게 만들기 때문이다. MPP 데이터베이스가 요구하는 세심한 스키마 설계는 중앙 집중식 데이터 수집을 느리게 만든다. 원시 데이터를 수집하고 스키마 설계는 나중에 고민하면 데이터 수집의 속도가 올라간다("데이터 호수(data lake)" 또는 "엔터프라이즈 데이터 허브(enterprise data hub)"라고 알려진 개념[55]).

제약없는 데이터 덤핑(data dumping)은 데이터를 해석하는 부담을 이전시킨다. 데이터셋 생산자에게 데이터셋을 표준 형식으로 바꾸게끔 강제하는 대신 데이터 해석은 소비자가 해결할 문제가 된다(스키마 온 리드(schema-on-read) 접근법[56]이라 함. 39쪽 "문서 모델에서 스키마 유연성"). 생산자와 소비자가 서로 다른 우선순위를 가진 다른 팀에 있다면 이것은 이점이 있다. 하나의 이상적인 데이터 모델은 존재하지 않을지 몰라도 데이터에는 여러 목적에 적합한 다양한 관점이 존재한다. 원시 상태로 데이터를 덤프하는 것만으로도 이런 여러 변환이 가능하다. 이 접근법은 **초밥 원리(sushi principle)**라 부른다. "원시 데이터가 더 좋다"[57].

따라서 하둡은 ETL 프로세스를 구현하는 데 종종 사용되기도 한다(94쪽 "데이터 웨어하우징" 참고). 트랜잭션 처리 시스템에서 데이터를 원시 형태로 분산 파일 시스템에 덤프한다. 그다음 맵리듀스 작업은 데이터를 정리하고 관계형으로 변환한 후 데이터 분석을 위해 MPP 데이터웨어 하우스로 옮긴다. 여전히 데이터 모델링도 하지만 데이터 수집과는 분리된 단계다. 이런 디커플링은 분산 파일 시스템이 어떤 형식으로 부호화된 데이터든지 지원하기 때문에 가능하다.

처리 모델의 다양성

MPP 데이터베이스는 일체식(monolithic) 구조로서 디스크 저장소 레이아웃과 질의 계획, 스케줄링과 실행을 다루는 소프트웨어 조각들이 긴밀하게 통합된다. 이 구성 요소들은 데이터베이스의 특정한 필요에 따라 튜닝하거나 최적화하기 때문에 전체 시스템은 설계된 질의 유형에 대해서는 매우 좋은 성능을 얻을 수 있다. 게다가 SQL 질의 언어를 사용하면 코드를 작성하지 않고도 풍부한 질의 표현과 우아한 시맨틱을 허용하므로 타블로(Tableau) 같은 비즈니스 분석가용 그래픽 도구에 SQL 질의 언어로 접근이 가능하다.

반면 SQL 질의로 모든 종류의 처리를 표현하지는 못한다. 예를 들어 머신러닝이나 추천 시스템 또는 관련성 랭킹 모델을 탑재한 전문 검색 색인을 구축하거나 이미지 분석을 한다면 더 범용적인 데이터 처리 모델이 필요하다. 이런 처리는 특정 애플리케이션(이를테면 기계 학습에 사용하는 특징 엔지니어링, 기계 번역에서 사용하는 자연어 모델, 사기 행위 예측용 위험 예측 기능 등)에 한정되는 경우가 많아서 단순한 질의 작성이 아닌 코드 작성이 반드시 필요하다.

맵리듀스를 이용하면 엔지니어는 자신이 작성한 코드를 대용량 데이터셋 상에서 쉽게 실행할 수 있다. HDFS와 맵리듀스가 있으면 그 위에 SQL 질의 실행 엔진을 **구축할 수 있는데** 하이브 프로젝트가 바로 그런 역할을 한다[31]. 물론 SQL 질의로 표현하기 어려운 다양한 일괄 처리 형태도 직접 작성할 수 있다.

시간이 흘러 사람들은 맵리듀스가 너무 제한적이고 어떤 형태의 처리에서는 성능도 나쁘다는 점을 깨달았다. 그래서 하둡 위에서 다른 다양한 처리 모델이 개발됐다(415쪽 "맵리듀스를 넘어"에서 그 중 일부를 다룬다). SQL과 맵리듀스 두 가지 처리 모델만으로는 충분하지 않았다. 더 많은 모델이 필요했다! 하둡 플랫폼의 개방성 때문에 일체식 MPP 데이터베이스에서는 불가능했던 모든 범위의 접근법을 구현할 수 있었다[58].

결정적으로 이런 다양한 처리 모델은 모두 단일 공유 클러스터 장비에서 실행되고 분산 파일 시스템 상에 존재하는 동일한 파일들에 접근 가능하다. 하둡 접근법에서는 다른 종류의 처리를 하기 위해 여러 다른 특정 시스템으로 데이터를 보낼 필요가 없다. 하둡 시스템은 동일한 클러스터 내에서 다양한 작업부하를 함께 지원할 수 있을 정도로 충분히 유연하다. 데이터를 옮길 필요가 없기 때문에 데이터로부터 가치를 끌어내기 쉽고 새로운 처리 모델을 사용한 실험도 훨씬 쉽다.

하둡 생태계는 HBase(78쪽 "SS테이블과 LSM 트리" 참고) 같은 임의 접근 가능한 OLTP 데이터베이스와 임팔라[41] 같은 MPP 스타일의 분석 데이터베이스를 포함한다. HBase와 임팔라는 맵리듀스를 사용하지는 않지만 둘 다 HDFS를 저장소로 사용한다. HBase와 임팔라는 데이터에 접근하고 처리하는 데 매우 다른 접근법을 사용함에도 공존할 수 있고 같은 시스템으로 통합할 수도 있다.

빈번하게 발생하는 결함을 줄이는 설계

맵리듀스와 MPP 데이터베이스를 비교할 때 설계 방식에서 큰 차이점 두 가지가 두드러진다. 결함을 다루는 방식과 메모리 및 디스크를 사용하는 방식이 그 두 가지다. 일괄 처리는 온라인 시스템에 비해 결함에 덜 민감하다. 일괄 처리 작업이 실패하더라도 즉시 사용자에게 영향을 주지 않으면서 언제든지 다시 실행할 수 있기 때문이다.

질의 실행 중에 한 장비만 죽어도 MPP 데이터베이스 대부분은 전체 질의가 중단된다. 그러면 사용자가 질의를 다시 제출하든지 아니면 자동으로 재실행하게 해야 한다[3]. 일반적인 질의는 수 초에서 수 분 내로 대부분 수행이 끝나기 때문에 이런 방식으로 오류를 다루는 방식은 재시도 비용이 크지 않아 수용 가능하다. MPP 데이터베이스는 또한 디스크에서 데이터를 읽는 비용을 피하기 위해 해시 조인 같은 방식을 사용해 가능하면 메모리에 많은 데이터를 유지하는 것을 선호한다.

하지만 맵리듀스는 맵 또는 리듀스 태스크의 실패를 견딜 수 있다. 개별 태스크 수준에서 작업을 재수행하기 때문에 전체 작업으로 보면 영향을 받지 않는다. 또한 맵리듀스는 데이터를 되도록 디스크에 기록하려 한다. 한편으로는 내결함성을 확보하기 위함이고 다른 한편으로는 메모리에 올리기에는 데이터셋이 너무 크다는 가정 때문이다.

맵리듀스 접근법은 대용량 작업에 더 적합하다. 많은 데이터를 처리하고 오랜 시간 수행하는 작업이라면 그 사이에 최소한 태스크 하나는 실패할 가능성이 높다. 이 경우 태스크 하나가 실패했다고 작업 전체를 재수행하는 일은 분명 낭비다. 개별 태스크 수준에서 복구를 하려면 결함이 없는 처리는 느려지는 오버헤드가 생기지만 태스크 실패율이 상당히 높다면 해볼 만한 시도다.

하지만 이런 가정이 얼마나 현실적일까? 대부분의 클러스터에서 장비 장애는 항상 발생하지만 그렇다고 그렇게 자주 발생하지는 않는다. 아마도 대부분의 작업은 장비 장애를 겪지 않을 정도로 드물 것이다. 내결함성을 확보하기 위해 상당한 오버헤드를 감당하는 게 실제로 가치가 있을까?

맵리듀스가 메모리를 아껴 쓰고 태스크 수준에서 복구하는 이유를 이해하려면 원래 맵리듀스를 설계한 환경을 살펴보면 도움이 된다. 구글은 혼합 사용 데이터 센터를 소유하고 있다. 이곳에서는 온라인 프러덕션 서비스와 오프라인 일괄 처리 작업이 같은 장비에서 실행된다. 각 태스크는 컨테이너를 사용해 CPU 코어, RAM, 디스크 공간 등의 자원을 할당받는다. 모든 태스크에는 우선순위가 있다. 우선순위가 높은 태스크에 더 많은 자원이 필요하다면 자원 확보를 위해 같은 장비에서 수행되던 우선순위가 낮은 태스크를 종료(선점)할 수도 있다. 또한 우선순위는 연산 자원의 가격을 결정한다. 자원을 사용하는 팀은 팀이 사용한 자원에 대한 비용을 지불해야 하고 우선순위가 높은 처리일수록 비용도 더 든다[59].

이 아키텍처를 사용하면 비프로덕션(낮은 우선순위) 연산 자원을 초과 할당할 수 있다. 자원이 필요하면 회수할 수 있다는 점을 시스템이 알고 있기 때문이다. 추가 자원 할당은 프로덕션과 비 프로덕션을 분리하는 시스템과 비교했을 때 장비 가동률이 높고 효율성도 매우 좋다. 그러나 맵리듀스 작업이 낮은 우선순위로 실행될 때 우선순위가 상대적으로 높은 작업이 자원을 요청한다면 언제라도 선점 당할 위험이 있다. 일괄 처리 작업은 사실상 "식탁 아래에서 조각들을 모은다". 우선순위가 높은 프로세스가 필요한 작업을 수행한 뒤에 남은 자원을 사용해 연산을 수행한다.

구글에서 어떤 맵리듀스 태스크가 한 시간 정도 수행된다면 높은 우선순위의 프로세스를 위한 공간을 마련해주기 위해 태스크가 종료될 위험이 약 5%로 하드웨어 문제나 장비 재시작 등 다른 이유로 실패할 확률보다 상당히 높다[59]. 작업이 5% 선점 확률로 10분간 수행하는 100개의 태스크를 가지고 있다면 작업이 완료되기 전에 적어도 태스크 하나가 종료될 가능성이 50%를 넘는다.

이런 이유로 맵리듀스는 태스크 종료가 예상치 못하게 자주 발생하더라도 견딜 수 있게 설계됐다. 즉, 하드웨어를 신뢰할 수 없기 때문이 아니라 프로세스를 임의로 종료할 수 있으면 연산 클러스터에서 자원 활용도를 높일 수 있기 때문이다.

오픈소스 클러스터 스케줄러는 선점 방식을 많이 사용하지는 않는다. YARN에서 사용하는 캐퍼시티 스케줄러(CapacityScheduler)는 다른 큐 간 자원을 할당할 때 균형을 유지하기 위해 선점 방식을 지원하지만[58] 일반적인 우선순위 선점 방식은 YARN, 메소스(Mesos), 쿠버네티스(Kubernetes)를 작성할 당시에는 지원하지 않았다[60]. 태스크가 그렇게 자주 종료되지 않는 환경이라면 맵리듀스를 이런 식으로 설계한 점은 선뜻 이해하기 어렵다. 다음 절에서는 다른 방식으로 설계된 맵리듀스의 여러 대안을 살펴본다.

맵리듀스를 넘어

2000년대 후반 맵리듀스는 매우 인기를 끌었고 그런 인기로 인해 과대 포장된 면이 있었다. 하지만 맵리듀스는 분산 시스템에서 가능한 여러 프로그래밍 모델 중 단지 하나일 뿐이다. 데이터 양에 따라, 자료 구조에 따라, 또는 데이터를 처리하는 방식에 따라 다른 도구가 연산을 표현하는 데 더 적합할지도 모른다.

그럼에도 이번 장에서는 맵리듀스에 대해 논의하는 데 시간을 많이 쏟았다. 맵리듀스는 학습하기가 매우 유용한 도구로서 분산 파일 시스템 상에서 상당히 단순 명료하게 추상화된 모델이기 때문이다. 즉 여기서 말하는 **단순함**은 사용하기 쉽다는 의미가 아니라 무엇을 하고 있는지 이해하기 쉽다는 뜻이다. 정반대로 맵리듀스 원시 API를 사용해서 복잡한 연산을 구현하는 일은 실제로 매우 어렵고 수고가 많이 들어간다. 이를테면 조인 알고리즘을 하나 작성한다고 해도 처음부터 모두 구현해야 한다[37].

맵리듀스를 직접 사용하는 일은 어렵기 때문에 맵리듀스 상에서 추상화된 다양한 고수준 프로그래밍 모델(피그, 하이브, 캐스캐이딩, 크런치)이 등장했다. 이런 고수준 프로그래밍 모델은 맵리듀스가 어떻게 동작하는지 이해하고 있으면 확실히 배우기 쉬울 뿐 아니라 일반적인 일괄 처리 태스크를 구현하기에 상당히 편하다.

그러나 맵리듀스 실행 모델 자체에도 문제가 있으며 이는 추상화 단계를 올린다고 해결되지 않고 일부 유형의 처리에 대해서는 성능 저하를 유발하기도 한다. 반면 맵리듀스는 매우 견고하다. 태스크가 자주 종료돼 신뢰할 수 없는 멀티 테넌트 시스템에서도 대규모 데이터를 처리하기 위해 맵리듀스를 사용할 수 있고 그 작업은 느릴지언정 성공한다. 반면 특정 유형의 처리는 다른 도구들이 훨씬 빠를 때도 있다.

이번 장의 나머지 부분에서는 일괄 처리 방법의 대안을 살펴보는 데 할애한다. 11장에서는 일괄 처리 속도를 높이는 또 하나의 방법으로 볼 수 있는 스트림 처리로 넘어간다.

중간 상태 구체화

앞서 설명한 것과 같이 모든 맵리듀스 작업은 다른 작업과 모두 독립적이다. 작업이 외부 세계와 만나는 주요 접점은 분산 파일 시스템 상의 입력과 출력 디렉터리다. 첫 번째 작업의 출력을 두 번째 작업의 입력으로 사용하려면 두 번째 작업의 입력 디렉터리를 첫 번째 작업의 출력 디렉터리와 같게 설정해야 한다. 그리고 외부 워크플로 스케줄러에서 반드시 첫 번째 작업을 완료한 후에 두 번째 작업을 수행해야 한다.

첫 번째 작업의 출력이 조직 내에 널리 공개하는 데이터셋이라면 이런 설정은 합리적이다. 이 경우 이름으로 참조가 가능해서 다른 여러 작업에서 입력으로 재사용이 가능해야 한다(다른 팀에서 개발된 작업을 포함해서). 분산 파일 시스템 내 잘 알려진 위치에 데이터를 올리면 작업 간 연결이 느슨해 어떤 작업이 입력을 생성하고 출력을 생산하는지 알 필요가 없다(392쪽 "로직과 연결의 분리" 참고).

그러나 대개 한 작업의 출력은 같은 팀 내에서 유지보수하는 다른 특정 작업의 입력으로만 사용된다. 이 경우에 분산 파일 시스템 상에 있는 파일들은 단순히 한 작업에서 다른 작업으로 데이터를 옮기는 수단, 즉 **중간 상태(Intermediate state)**다. 추천 시스템을 구축할 때 사용하는 복잡한 워크플로는 맵리듀스 작업이 50개에서 100개로 구성되는데[29] 여기에는 많은 중간 상태가 존재한다.

중간 상태를 파일로 기록하는 과정을 **구체화(materialization)**라 한다. (구체화는 101쪽 "집계: 데이터 큐브와 구체화 뷰"에서 구체화 뷰에 대해 이야기하던 중 나온 용어다. 구체화는 요청이 왔을 때 계산을 시작하는 것이 아니라 미리 특정 연산 결과를 만들어 둔다는 의미다.)

반대로 이번 장 초반부에 나온 로그 분석 예제는 한 명령의 출력을 다른 명령의 입력으로 연결하기 위해 유닉스 파이프를 사용했다. 파이프는 중간 상태를 완전히 구체화하는 대신 작은 인메모리 버퍼만을 사용해 점진적으로 출력을 입력으로 **스트리밍**한다.

중간 상태를 완전히 구체화하는 맵리듀스 접근법은 유닉스 파이프에 비해 여러 단점이 있다.

- 맵리듀스 작업은 입력을 생성하는 모든 선행 작업이 완료됐을 때만 시작 가능하다. 반면 유닉스 파이프로 연결된 프로세스들은 동시에 시작되고 출력은 생산되는 즉시 소비된다. 장비들 사이에 부하가 한 쪽으로 쏠리거나 변한다면 작업에는 다른 태스크보다 완료할 때까지 시간이 훨씬 긴 뒤처진 태스크가 있게 마련이다. 모든 선행 작업 태스크가 종료될 때까지 기다리면 워크플로 전체 수행 시간은 느려진다.

- 매퍼는 종종 중복되기도 한다. 이 매퍼들은 리듀서에서 막 기록된 동일한 파일을 읽어서 다음 단계인 파티셔닝과 정렬 단계를 준비한다. 대부분 매퍼 코드는 이전 리듀서의 일부가 될 수 있다. 리듀서의 출력을 매퍼 출력과 같은 방식으로 파티셔닝하고 정렬한다면 매퍼 단계를 끼워넣지 않고 리듀서끼리 직접 연결할 수 있다.

- 분산 파일 시스템에서 중간 상태를 저장하는 것은 중간 상태 파일들이 여러 장비에 걸쳐 복제됐다는 의미로서 이런 임시 데이터에게는 과잉조치다.

데이터플로 엔진

맵리듀스에 있는 이러한 문제를 해결하기 위해 분산 일괄 처리 연산을 수행하는 엔진이 새롭게 몇 가지 개발됐다. 그 가운데 스파크(Spark)[61, 62]와 테즈(Tez)[63, 64], 플링크(Flink)[65, 66]가 널리 알려진 엔진이다. 설계 방식에는 많은 차이가 있지만 이 엔진들은 공통점 하나가 있다. 전체 워크플로를 독립된 하위 작업으로 나누지 않고 작업 하나로서 다룬다는 점이다.

이 엔진들은 여러 처리 단계를 통해 데이터 흐름을 명시적으로 모델링하기 때문에 이 시스템을 **데이터플로 엔진(dataflow engine)**이라고 부른다. 데이터플로 엔진은 맵리듀스처럼 단일 스레드에서 사용자 정의 함수를 반복 호출해 한번에 레코드 한 개씩 처리한다. 데이터플로 엔진은 입력을 파티셔닝해 병렬화한다. 그리고 한 함수의 출력을 다른 함수의 입력으로 사용하기 위해 네트워크를 통해 복사한다.

맵리듀스와 달리 이 함수들은 맵과 리듀스를 번갈아 수행하는 식의 규칙을 엄격하게 지킬 필요가 없다. 대신 더 유연한 방법으로 함수들을 조합할 수 있다. 이런 함수를 **연산자(operator)**라고 부르고 데이터플로 엔진은 연산자의 출력과 다른 연산자의 입력을 연결하는 여러 가지 선택지를 제공한다.

- 한 가지 선택지는 레코드를 키로 재파티셔닝하고 정렬하는 것으로 맵리듀스의 셔플 단계와 비슷하다(396쪽 "맵리듀스의 분산 실행" 참고). 이 기능을 사용하면 맵리듀스에서와 같은 방식으로 정렬 병합 조인과 그룹화를 수행할 수 있다.

- 여러 입력을 가져와 파티셔닝하는 점은 동일하지만 이때 정렬을 건너뛰는 선택지도 있다. 이를 이용하면 파티션 해시 조인에서 수행하는 일을 덜 수 있다. 파티션 해시 조인에서 레코드를 파티셔닝하는 일은 중요하지만 해시 테이블을 사용하면 순서가 어차피 무작위로 부여되기 때문에 순서 자체가 무의미하다.

- 브로드캐스트 해시 조인을 사용한다면 한 연산자의 출력을 조인 연산자의 모든 파티션으로 보낼 수 있다.

이런 스타일의 처리 엔진은 드라이어드(Dryad)[67]와 네펠레(Nephele)[68] 같은 연구용 시스템에 기초를 두고 있는데 맵리듀스 모델과 비교했을 때 몇 가지 장점이 있다.

- 정렬과 같은 값비싼 작업은 실제로 필요할 때만 수행한다. 반면 맵리듀스 모델은 기본적으로 모든 맵과 리듀스 사이에서 정렬 작업이 항상 발생한다.

- 필요없는 맵 태스크는 없다. 매퍼가 수행한 작업은 종종 선행 리듀스 연산자로 통합될 수 있기 때문이다(매퍼는 데이터셋의 파티셔닝을 변경하지 않으므로 가능하다).

- 워크플로에 모든 조인과 데이터 의존 관계를 명시적으로 선언하기 때문에 스케줄러가 어느 데이터가 어디에 필요한지에 대한 개요를 가져서 지역성 최적화가 가능하다. 예를 들어 어떤 데이터를 소비하는 태스크를 그 데이터를 생산하는 태스크와 같은 장비에 배치할 수 있다. 그러면 네트워크 상에서 데이터를 복사하지 않고 공유 메모리 버퍼를 통해 데이터를 교환할 수 있다.

- 연산자 간 중간 상태는 대개 메모리나 로컬 디스크에 기록하는 것으로 충분한데 HDFS에 중간 상태를 기록할 때보다 I/O가 훨씬 적게 든다. HDFS를 사용하면 데이터를 여러 장비에 복제해야 하고 각 복제 서버에 있는 디스크에 기록해야 한다. 맵리듀스는 매퍼 출력에 대해 항상 이런 최적화를 사용하지만 데이터플로 엔진은 이 아이디어를 모든 중간 상태로 일반화한다.

- 연산자들은 입력이 준비되는 즉시 실행을 시작할 수 있다. 다음 단계를 시작하기 위해 선행 단계 전체가 끝나기를 기다릴 필요가 없다.

- 새로운 연산자를 실행할 때 이미 존재하는 자바 가상 머신(JVM)을 재활용할 수 있어 각 태스크마다 새로운 JVM을 구동하는 맵리듀스에 비해 시작 부담이 적다.

맵리듀스 워크플로와 동일한 연산을 데이터플로 엔진을 사용해 구현할 수 있다. 게다가 일반적으로 앞서 설명한 최적화로 인해 수행 속도가 훨씬 빠르다. 연산자는 맵과 리듀스를 일반화한 것이기 때문에 피그와 하이브, 캐스캐이딩으로 구현된 워크플로를 코드 수정 없이 간단한 설정 변경만으로 맵리듀스에서 테즈나 스파크로 전환할 수 있다[64].

테즈는 노드 간에 데이터를 실제로 복사하는 데 YARN 셔플 서비스에 의존하는 상당히 가벼운 라이브러리다[58]. 반면 스파크와 플링크는 자체 네트워크 통신 계층과 스케줄러 그리고 사용자 측 API를 갖춘 대형 프레임워크다. 이후에 테즈, 스파크, 플링크에서 제공하는 고수준 API에 대해 간단히 설명한다.

내결함성

분산 파일 시스템에 중간 상태를 모두 구체화할 때 생기는 이점은 내구성이다. 맵리듀스는 중간 상태를 모두 구체화하기 때문에 쉽게 내결함성을 확보한다. 태스크가 실패하더라도 다른 장비에서 태스크를 재실행할 수 있고 파일 시스템으로부터 동일한 입력을 다시 읽을 수 있다.

스파크와 플링크, 테즈는 HDFS에 중간 상태를 쓰지 않기 때문에 내결함성 확보를 위해 다른 접근법을 사용한다. 장비가 죽어서 장비에 있던 중간 상태까지 잃게 되면 아직 유효한 데이터로부터 계산을 다시 해서 복구한다(가능하다면 선행 중간 단계를 사용하고 그렇지 않다면 HDFS 상에 있는 원본 데이터를 사용한다).

재계산이 가능하려면 프레임워크에서 주어진 데이터가 어떻게 연산되는지 추적해야 한다. 어느 입력 파티션을 사용했는지와 어떤 연산자를 적용했는지도 추적해야 한다. 스파크는 데이터의 조상을 추적하기 위해 RDD(resilient distributed dataset) 추상화를 사용한다[61]. 플링크는 연산자 상태를 체크포인트로 남겨 작업 실행 중 실패한 연산자 수행을 재개할 수 있다[66].

데이터를 재연산할 때 중요한 점은 해당 연산이 **결정적인**지 아닌지 파악하는 것이다. 즉, 동일한 입력 데이터가 주어졌을 때 연산자들이 항상 같은 출력을 생산할까? 이미 다운스트림으로 보낸 데이터 중 일부를 잃었다면 이 질문은 매우 중요하다. 연산자를 재시작해서 재연산된 데이터가 잃어버린 원본 데이터와 같지 않다면 다운스트림 연산자가 이전 데이터와 새로운 데이터 간의 모순을 해결하기는 너무 어렵다. 연산자가 비결정적인 경우 해결책은 다운스트림 연산자도 죽이고 신규 데이터를 기준으로 다시 수행하는 방법이 일반적이다.

이처럼 아래로 전파되는 결함을 피하려면 연산자를 결정적으로 만드는 것이 좋다. 그러나 우연히 비결정적 동작이 생기기 쉽다는 점을 주의해야 한다. 예를 들면 많은 프로그래밍 언어는 해시 테이블의 원소를 탐색할 때 특정 순서를 보장하지 않는다. 그리고 많은 확률 통계 알고리즘이 임의로 생성한 숫자에 명시적으로 의존한다. 또한 시스템 시계나 외부 데이터 출처를 쓰는 것도 비결정적이다. 결함으로부터 신뢰성 있게 회복하기 위해서는 비결정적 원인을 제거해야 한다. 이를테면 고정된 시드를 사용해 의사 난수를 생성하는 방법이 있다.

결함에서 복구할 때 데이터를 재연산하는 방식이 항상 정답은 아니다. 중간 데이터가 원천 데이터보다 훨씬 작거나 연산이 CPU 중심적이라면 재연산보다 중간 데이터를 파일로 구체화하는 방식이 더 효과적이다.

구체화에 대한 논의

다시 유닉스에 비유하자면 맵리듀스는 각 명령의 출력을 임시 파일에 기록하는 것과 유사한 반면 데이터플로 엔진은 유닉스 파이프와 매우 비슷하다. 특히 플링크는 파이프라인 실행 개념을 기초로 한다. 즉 연산자의 출력을 다른 연산자로 점진적으로 전달하고 입력을 처리하기 전에 입력이 완료될 때까지 기다리지 않는다.

정렬 연산자는 출력을 생산하기 전에 전체 입력을 소비해야 한다. 맨 마지막 입력 레코드가 가장 낮은 키를 가져서 첫 번째 출력 레코드가 돼야 할 수도 있기 때문이다. 따라서 정렬이 필요한 연산자는 적어도 일시적이라도 상태를 누적할 필요가 있다. 그러나 워크플로의 여러 다른 부분은 파이프라인 방식으로 실행이 가능하다.

작업을 완료하면 출력을 다른 사용자가 찾아 사용할 수 있게 지속성 있는 어떤 곳으로 보내야 한다. 대개 출력을 분산 파일 시스템에 다시 기록한다. 따라서 데이터플로 엔진을 사용할 때 HDFS상에 구체화된 데이터셋은 보통 작업의 입력과 최종 출력이다. 입력은 불변이고 최종 출력을 완전히 교체하는 방식은 맵리듀스와 비슷하다. 맵리듀스보다 개선된 점은 사용자가 직접 모든 중간 상태를 파일 시스템에 기록하는 수고를 덜어준다는 점이다.

그래프와 반복 처리

50쪽 "그래프형 데이터 모델"에서 그래프를 사용해 데이터 모델링을 하고 그래프 질의 언어를 사용해 그래프의 간선과 정점을 순회하는 방법을 설명했다. 2장에서는 OLTP 스타일에 초점을 두고 설명했다. 특정 기준을 만족하는 적은 수의 정점을 찾기 위해 질의를 빠르게 실행하는 방법을 설명했다. 전체 그래프에서 오프라인으로 처리를 수행하거나 분석을 하는 등 일괄 처리 맥락에서 그래프를 살펴보는 것도 흥미롭다. 추천 엔진 같은 머신러닝이나 랭킹 시스템 분야에서도 그래프 처리의 필요성이 떠오르고 있다. 예를 들면 가장 유명한 그래프 분석 알고리즘 중 하나인 페이지랭크[69]를 들 수 있다. 페이지랭크는 웹 페이지를 링크하는 다른 웹 페이지를 기반으로 인기도를 측정하는 알고리 즘이다. 페이지랭크는 웹 검색 엔진에서 검색 결과를 나타낼 때 사용하는 순서를 결정하는 방법 중 하나로 사용된다.

스파크와 플링크, 테즈(416쪽 "중간 상태 구체화" 참고) 같은 데이터플로 엔진은 일반적으로 작업에 있 는 연산자를 비순환 방향 그래프(directed acyclic graph, DAG)로 배열한다. 이것은 그래프 처리와 다 르다. 데이터플로 엔진에서는 데이터 자체는 전형적으로 관계형 튜플의 형태로 구성된 채로 **한 연산자 로부터 다른 연산자로 가는 데이터 흐름이 그래프로 구성된다.** 그래프 처리에서는 **데이터 자체**가 그래 프 형식이다. 불행히도 이름을 잘못지어 혼란을 초래한다.

많은 그래프 알고리즘이 한 번에 하나의 간선을 순회하는 방식으로 표현되는데 특정 정보를 전파하 기 위해 정점 하나와 인접한 정점을 조인하면서 특정 조건(예: 따라갈 간선이 없어질 때까지 또는 특정 지표가 수렴할 때까지)에 도달할 때까지 반복한다. 어떤 지역이 어느 다른 지역 내에 속하는 지 가리키는 간선을 반복적으로 따라가는 방식으로 데이터베이스에 포함된 북미 지역의 모든 위치 목록을 만드는 예제를 그림 2-6에서 봤다. 이런 알고리즘을 **이행적 폐쇄(transitive closure)**라 한다.

그래프는 분산 파일 시스템에 정점과 간선 목록이 포함된 파일의 형태로 저장할 수 있다. 하지만 "완 료할 때까지 반복"이라는 개념은 일반적인 맵리듀스로 표현할 수 없다. 맵리듀스는 데이터를 일회성 으로만 처리하기 때문이다. 따라서 이런 알고리즘은 대개 **반복적** 스타일로 구현된다.

1. 외부 스케줄러가 이 알고리즘의 한 단계를 연산하기 위해 일괄 처리를 수행한다.

2. 해당 일괄 처리가 완료되면 스케줄러는 종료 조건(예: 따라갈 간선이 더 이상 없는지, 이전 반복과 비교해서 변화가 어떤 기 준점 이하인지)을 기반으로 완료됐는지 확인한다.

3. 아직 끝나지 않았다면 스케줄러는 1단계로 돌아가서 다음 일괄 처리를 수행한다.

이 접근법을 맵리듀스로 구현해도 동작하지만 상당히 비효율적이다. 맵리듀스는 알고리즘의 반복적 속성을 고려하지 않기 때문이다. 맵리듀스는 항상 전체 입력 데이터셋을 읽어서 완전히 새로운 출력 데이터셋을 생산한다. 이전 반복과 비교해 그래프의 일부만 변경됐더라도 동일한 수행을 한다.

프리글 처리 모델

일괄 처리 그래프를 최적화하는 방법으로 **벌크 동기식 병렬**(bulk synchronous parallel, BSP) 연산 모델[70]이 널리 사용된다. 그중에서도 아파치 지라프(Apache Giraph)[37], 스파크 그래프 X(Graph X) API, 플링크 젤리(Gelly) API[71] 등이 유명한 BSP 구현체다. 또한 BSP는 **프리글** **(Pregel)** 모델로 불린다. 프리글 모델은 구글의 프리글 논문에서 그래프 처리 방법론으로 소개돼 널리 보급됐다[72].

맵리듀스에서는 개념적으로 매퍼가 특정 리듀서를 호출해 "메시지를 전달"한다. 맵리듀스 프레임워 크가 매퍼의 출력을 동일한 키를 기준으로 수집하기 때문이다. 프리글에도 이 같은 개념이 있다. 한 정점은 다른 정점으로 "메시지를 보낼" 수 있다. 이 메시지는 대개 그래프에서 간선을 따라 보내 진다.

반복할 때마다 개별 정점에서 함수를 호출해 그 정점으로 보내진 모든 메시지를 전달하는데 리듀서 를 호출하는 방식과 비슷하다. 맵리듀스와 프리글 모델의 차이점은 정점은 반복에서 사용한 메모리 상태를 기억하고 있다는 점이다. 그래서 정점은 새로 들어오는 메시지만 처리하면 된다. 아무 메시 지도 받지 않는 그래프 부분은 아무 일도 하지 않는다.

프리글 모델은 액터 모델과 살짝 비슷하다(141쪽 "분산 액터 프레임워크" 참고). 각 정점을 액터로 본다면 정점 상태를 제외하고 정점 사이의 메시지는 내결함성과 지속성이 있다. 메시지 통신은 고정 된 횟수 안에 처리한다. 각 반복에서 이 프레임워크는 이전 반복에서 보내진 모든 메시지를 전달한 다. 액터 모델은 그런 타이밍 보장을 하지 않는다.

내결함성

정점이 서로 직접 질의하는 방식이 아니라 메시지 전달로 통신한다는 점은 프리글 작업 성능 향상에 도움을 준다. 메시지는 일괄 처리가 가능해 통신 중 대기 시간이 발생하지 않기 때문이다. 대기 시간 은 반복과 다음 반복 사이에서만 발생한다. 프리글 모델은 앞선 반복에서 보낸 모든 메시지는 다음 반복에 도착됨을 보장하기 때문에 다음 반복을 시작하기 전에 앞선 반복은 반드시 끝나야 하고 모든 메시지는 네트워크 상에서 복사돼야 한다.

네트워크 상의 문제로 메시지가 사라지거나 중복되거나 지연되더라도(278쪽 "신뢰성 없는 네트워 크" 참고) 프리글 구현상 다음 반복에서 메시지는 목적지 정점에서 정확히 한 번만 처리된다. 맵리 듀스와 마찬가지로 프리글 상에서 알고리즘을 구현하기 위한 프로그래밍 모델을 단순화하기 위해 프리글 프레임워크 차원에서 완벽히 결함을 복구한다.

이런 내결함성은 반복이 끝나는 시점에 모든 정점의 상태를 주기적으로 체크포인트로 저장함으로써 보장된다. 즉 전체 상태를 지속성 있는 저장소에 기록한다. 노드에 장애가 나서 인메모리 상태가 손실됐을 때 가장 간단한 해결책은 전체 그래프 연산을 마지막 체크포인트로 되돌리고 연산을 재시작하는 것이다. 알고리즘이 결정적이고 메시지가 로그로 남는다면 손실된 파티션만 선택해서 복구할 수도 있다(앞에서 데이터플로 엔진을 설명했을 때처럼)[72].

병렬 실행

정점은 어떤 물리 장비에서 실행되는지 알 필요가 없기 때문에 메시지를 다른 정점으로 보낼 때 단순히 정점 ID를 사용해 메시지를 전달한다. 그래프를 파티셔닝하는 일은 프리글 프레임워크가 담당한다. 즉 정점을 어떤 장비에서 실행할지와 올바른 장소로 메시지를 보내기 위해 네트워크 상에서 어떻게 라우팅할지를 결정하는 일을 담당한다.

프로그래밍 모델은 한 번에 정점 한 개를 다루기 때문에(때론 "정점과 같이 생각하기"라고 부른다) 프리글 프레임워크가 임의의 방법으로 그래프를 파티셔닝할 수 있다. 이상적으로는 빈번하게 통신하는 정점끼리는 같은 장비에 위치하는 식으로 파티셔닝하는 게 좋다. 그러나 그렇게 최적화해서 분할하는 것이 어렵기 때문에 실제로는 단순히 임의로 부여된 정점 ID를 기준으로 단순하게 분할하고 관련성이 높은 정점끼리 그룹화하지는 않는다.

결과적으로 그래프 알고리즘은 장비 간 통신 오버헤드가 많이 발생한다. 원본 그래프보다 중간 상태(노드 간 전송된 메시지)가 더 클 수도 있다. 네트워크 상에서 메시지를 보내는 오버헤드 때문에 분산 그래프 알고리즘이 심각하게 느려질 수도 있다.

이런 이유로 그래프가 단일 컴퓨터 메모리에 넣을 수 있는 크기라면 단일 장비 알고리즘이 분산 일괄 처리보다(심지어 단일 스레드를 사용할지라도) 훨씬 성능이 좋을 가능성이 높다[73, 74]. 그래프가 메모리보다는 크지만 단일 컴퓨터의 디스크에 넣을 수 있는 크기라면 그래프치(GraphChi)같은 단일 장비 그래프 처리 프레임워크를 사용하는 것도 쓸만한 방법이다[75]. 그래프가 단일 장비에 넣기에 너무 크다면 프리글 같은 분산 접근법을 꼭 사용해야 한다. 효율적인 병렬 그래프 알고리즘은 지금도 연구가 진행 중인 분야다[76].

고수준 API와 언어

맵리듀스가 처음 유명해진 지 수 년이 흐르자 분산 일괄 처리용 수행 엔진도 성숙해졌다. 이제 인프라는 10,000대가 넘는 장비로 구성된 클러스터 상에서 페타바이트급 데이터를 충분히 저장하고 처리할 정도로 견고해졌다. 물리적으로는 이런 규모로 일괄 처리를 운영하는 문제가 거의 해결됐기 때문에 프로그램 모델을 개선하고 처리 효율을 높이고 이 기술로 해결할 수 있는 문제 범위를 확장하는 등 다른 분야에 더 집중할 수 있게 됐다.

이전 설명처럼 직접 맵리듀스 작업을 작성하는 일은 상당히 어렵기 때문에 하이브, 피그, 캐스케이딩과 크런치 같은 고수준 언어나 API가 인기를 끌었다. 게다가 테즈가 등장하면서 고수준 언어를 사용하면 작업 코드를 새로 작성하지 않고도 맵리듀스 엔진에서 새로운 데이터플로로 옮겨갈 수 있는 이점도 있다. 스파크와 플링크 또한 자체 고수준 데이터플로 API를 가지고 있다. 두 언어는 플룸자바[34]에서 영감을 얻었다.

이런 데이터플로 API는 일반적으로 관계형 스타일의 빌딩 블록을 사용해 연산을 표현한다. 예를 들어 특정 필드의 값을 기준으로 데이터셋을 조인하고 키로 튜플을 그룹화하고 특정 조건으로 필터하고 튜플을 세거나 더하거나 혹은 다른 연산을 해서 집계한다. 내부적으로 이 연산들은 이번 장에서 앞서 설명한 다양한 조인과 그룹화 알고리즘을 사용해 구현됐다.

이런 고수준 인터페이스는 코드를 적게 작성해도 되는 명백한 이점뿐만 아니라 대화식 사용도 지원한다. 즉 셸에서 분석 코드를 점진적으로 작성하고 코드가 어떻게 동작하는지 바로 확인할 수 있다. 이런 개발 스타일은 데이터셋을 조사하고 데이터셋을 처리하기 위해 여러 접근법을 실험해볼 때 매우 유용하다. 이것은 390쪽 "유닉스 철학"에서 설명했던 유닉스 철학을 떠올리게 한다.

더욱이 고수준 인터페이스를 사용하면 사용자가 시스템을 생산성 높게 사용할 수 있을 뿐 아니라 장비 수준에서도 작업을 더욱 효율적으로 수행할 수 있다.

선언형 질의 언어로 전환

조인을 수행하는 코드를 작성하는 방식에 비해 관계형 연산자로 조인을 나타내면 프레임워크가 조인 입력의 속성을 분석해 자동으로 앞서 기술한 조인 알고리즘 중에 어떤 방법이 적절한지 자동으로 결정할 수 있다는 장점이 있다. 하이브, 스파크, 플링크는 이런 식으로 작동하는 비용 기반의 질의 최적화기를 내장하고 있다. 질의 최적화기는 중간 상태를 최소화하기 위해 조인 순서를 바꾸기도 한다[66, 77, 78, 79].

어떤 조인 알고리즘을 선택하느냐에 따라 일괄 처리 작업의 성능이 크게 달라진다. 이번 장에서 설명한 모든 다양한 조인 알고리즘을 모두 이해하고 기억할 필요는 없다. **선언적인** 방법으로 조인을 지정하면 가능하다. 애플리케이션에서 단순히 어떤 조인이 필요한지 명시하면 질의 최적화기가 최적의 수행 방법을 결정한다. 43쪽 "데이터를 위한 질의 언어"에서 이 개념을 잠시 다뤘다.

하지만 어떤 면에서는 맵리듀스와 맵리듀스의 데이터플로 계승자들은 SQL의 완전한 선언형 질의 모델과는 많이 다르다. 맵리듀스는 함수 콜백 개념으로 각 레코드 또는 레코드 그룹을 입력으로 사용자 정의 함수(매퍼 또는 리듀서)를 호출한다. 이 함수에는 출력을 결정하는 코드를 임의로 작성할 수 있다. 파싱, 자연어 분석, 이미지 분석, 수치 또는 통계 알고리즘 등을 수행하는 라이브러리는 대규모 생태계에 이미 존재하고, 이런 라이브러리를 그대로 활용할 수 있다는 점이 이 방법의 장점이다.

코드를 임의로 실행할 수 있다는 점은 MPP 데이터베이스와 맵리듀스를 계승하는 일괄 처리 시스템을 오랜 세월 동안 구별해준 특성이다(411쪽 "하둡과 분산 데이터베이스의 비교"). 데이터베이스가 사용자 정의 함수를 지원한다고 해도 사용하기에 부담스럽고, 대부분의 프로그래밍 언어에서 널리 사용하는 패키지 관리자 및 의존성 관리 시스템(자바용 메이븐, 자바스크립트용 npm, 루비의 Rubygem)과의 통합이 어렵다.

그러나 데이터플로 엔진도 조인 외에 좀 더 선언적인 기능을 통합하면 이점이 있다. 예를 들어 콜백 함수에 간단한 필터링 조건만 포함되거나 레코드의 특정 필드만 선택하는 경우에 모든 레코드를 대상으로 해당 함수를 호출 하는 작업은 CPU 오버헤드가 심하게 발생한다. 그런 간단한 필터링과 매핑 연산을 선언적 방법으로 표현한다면 질의 최적화기가 칼럼 기반 저장 레이아웃(98쪽 "칼럼 지향 저장소" 참고)을 이용해 디스크에서 필요한 칼럼만 읽을 수 있다. 또한 하이브와 스파크 데이터프레임(Spark DataFrame), 임팔라는 벡터화(vectorized) 수행(102쪽 "메모리 대역폭과 벡터화 처리" 참고)을 사용한다. 딱 맞는 내부 루프에서 데이터를 반복해서 CPU 캐시가 잘되게 하거나 함수 호출을 피하는 방식이다. 스파크는 JVM 바이트코드[79]를 생성하고 임팔라는 LLVM를 사용해 이런 내부 루프의 원시 코드를 생성한다[41].

고수준 API에 선언적 측면을 포함하면서 실행 중에 이용할 수 있는 질의 최적화기를 가진다면 일괄 처리 프레임워크는 MPP 데이터베이스와 한층 비슷해진다(비교할 만한 성능도 낸다). 동시에 일괄 처리 프레임워크는 임의의 코드를 실행하고 임의 형식의 데이터를 읽을 수 있는 확장성을 지녀 일괄 처리 프레임워크의 장점인 유연성은 그대로 유지한다.

다양한 분야를 지원하기 위한 전문화

임의 코드를 실행할 수 있는 확장성은 매우 유용하지만 표준화된 처리 패턴이 계속 나타나는 공통 사례 또한 많다. 그래서 재사용 가능한 공통 빌딩 블록을 구현하는 일은 가치가 있다. 전통적으로 MPP 데이터베이스는 비즈니스 정보 분석가와 비즈니스 보고서의 요구에 부합했다. 하지만 그것도 일괄 처리가 사용되는 많은 분야 중 하나일 뿐이다.

중요성이 증가하고 있는 다른 분야로 통계학과 수치 알고리즘이 있다. 통계학과 수치 알고리즘은 분류, 추천 시스템과 같은 머신러닝 애플리케이션을 구축하는 데 필요하다. 떠오르는 재사용 가능한 구현의 예로는 머하웃(Mahout)이 있다. 머하웃은 맵리듀스, 스파크, 플링크 상에서 실행되는 다양한 머신러닝용 알고리즘 구현을 가지고 있다. 반면 매드립(MADlib)은 관계형 MPP 데이터베이스(아파치 HAWQ) 내부에 이와 유사한 기능 구현이 있다[54].

또한 **k 최근접 이웃 알고리즘(k-nearest neighbor)**[80] 같은 공간 알고리즘도 유용하다. k 최근접 이웃 알고리즘은 다차원 공간에 주어진 아이템과 근접한 아이템들을 찾는 일종의 유사도 검색 알고리즘이다. 근사 검색은 유전자 분석 알고리즘에서도 중요하게 사용된다. 유전자 분석에는 동일하지는 않지만 비슷한 염기 서열을 찾는 작업이 필요하다[81].

일괄 처리 엔진은 점차 광범위한 영역에서 필요한 알고리즘을 분산 수행하는 데 사용된다. 일괄 처리 시스템은 내장 기능과 고수준 선언적 연산자를 모두 가지고 있고 MPP 데이터베이스는 한층 프로그래밍이 가능하게끔 유연해졌기 때문에 이 둘은 더욱더 비슷해 보이기 시작했다. 일괄 처리 시스템과 MPP 데이터베이스 모두 결국에는 데이터를 저장하고 처리하는 시스템이기 때문이다.

정리

이번 장에서는 일괄 처리에 대해 설명했다. awk, grep, sort 등의 유닉스 도구를 살펴보는 것을 시작으로 이 도구들의 설계 철학이 어떻게 맵리듀스와 최근에 개발된 데이터플로 엔진에 녹아 있는지 살펴봤다. 이 설계 원리 중 몇 가지를 뽑아보면 다음과 같다. 입력은 불변이고 출력은 다른 (아직 알지 못하는) 프로그램의 입력으로 사용한다. 그리고 복잡한 문제도 "한 가지 일을 잘하는" 작은 도구를 엮어서 해결한다.

유닉스 환경에서 프로그램과 다른 프로그램을 연결하는 단일 인터페이스는 파일과 파이프다. 맵리듀스의 인터페이스는 분산 파일 시스템이다. 데이터플로 엔진은 파이프와 비슷한 자체 데이터 전송 메커니즘을 사용해 분산 파일 시스템에 중간 상태를 구체화하는 것을 피한다. 다만 작업의 초기 입력과 최종 출력은 여전히 HDFS를 사용한다.

분산 일괄 처리 프레임워크가 해결해야 할 두 가지 중요한 문제가 있다.

파티셔닝

맵리듀스에서 매퍼는 입력 파일 블록에 따라 파티셔닝된다. 매퍼의 출력은 재파티셔닝해 정렬하고 리듀서 파티션으로 병합한다. 리듀서 파티션 개수는 설정할 수 있다. 이 과정의 목적은 관련된 모든 데이터(예: 같은 키를 가지는 모든 레코드)를 같은 장소로 가져오는 것이다.

맵리듀스 이후 데이터플로 엔진은 필요한 경우가 아니라면 정렬하지 않는다. 그렇지 않다면 대체로 비슷한 방법으로 파티셔닝한다.

내결함성
맵리듀스는 빈번히 디스크에 기록한다. 디스크에 기록하면 개별 태스크가 실패하더라도 전체 작업을 재수행하지 않고 쉽게 복구할 수 있다. 하지만 작업이 실패하지 않는 경우 수행 시간이 느려지는 것은 감수해야 한다. 데이터플로 엔진은 중간 상태를 최대한 구체화하지 않고 대신 메모리에 상태를 유지한다. 이것은 특정 노드가 실패한다면 재계산 양이 늘어난다는 것을 의미한다. 결정적 연산자를 사용하면 재계산이 필요한 데이터의 양을 줄일 수 있다.

앞서 맵리듀스에서 사용하는 몇 가지 조인 알고리즘을 설명했다. 이 알고리즘 대부분은 MPP 데이터베이스와 데이터플로 엔진 내부에서도 사용한다. 또한 이 알고리즘들은 파티셔닝 알고리즘이 어떻게 동작하는지 잘 설명해주는 예제다.

정렬 병합 조인
조인할 각 입력은 조인 키를 추출하는 매퍼를 통과한다. 파티셔닝, 정렬, 병합 과정을 마치면 같은 키를 가지는 모든 레코드는 하나의 리듀서에서 호출된다. 이 리듀서 함수에서 병합된 레코드를 출력할 수 있다.

브로드캐스트 해시 조인
조인할 입력 두 개 중 하나가 상대적으로 작다면 파티셔닝하지 않고 해시 테이블에 모두 적재할 수 있다. 큰 조인 입력의 각 파티션에서 매퍼를 시작할 때 각 매퍼에 작은 입력으로 만들어진 해시 테이블을 적재하고 큰 입력에서 한 번에 하나씩 레코드를 스캔하면서 각 레코드가 해시 테이블에 존재하는지 질의한다.

파티션 해시 조인
조인 입력 두 개를 같은 방식으로 파티셔닝하면(같은 키와 같은 해시 함수와 같은 파티션 수를 사용) 해시 테이블 방식을 각 파티션별로 독립적으로 사용할 수 있다.

분산 일괄 처리 엔진은 의도적으로 제한된 프로그래밍 모델을 제공한다. 매퍼와 리듀서 같은 콜백 함수는 상태 정보가 없다고 가정한다. 그리고 지정된 출력 외에 외부에서 보이는 부수 효과가 없어야 한다. 이 제한으로 프레임워크는 분산 시스템에서 발생하는 어려운 문제들을 추상화 아래로 숨길 수 있다. 장비가 죽거나 네트워크 문제에 직면하더라도 태스크는 안전하게 재시도된다. 그리고 실패한 태스크의 출력은 버린다. 한 파티션에서 여러 태스크가 성공한다면 실제로는 그중 하나의 출력만 보인다.

이 프레임워크 덕분에 일괄 처리 작업을 하는 코드는 내결함성 메커니즘을 구현할 필요가 없다. 프레임워크는 작업의 최종 출력이 결함이 생기지 않을 때와 동일하게 보장한다. 실제로는 여러 태스크가 재시도됐을지도 모른다. 이런 신뢰성의 시맨틱은 온라인 서비스에서 사용자 요청을 처리하고 그 부수 효과로 데이터베이스에 기록하는 것에 비해 훨씬 강력하다.

일괄 처리 작업의 차별화된 특징은 입력을 수정하지 않고 입력을 읽어 출력을 생산한다는 점이다. 다시 말하자면 출력은 입력으로부터 파생된다. 결정적으로 입력 데이터는 **고정된 크기로 한정된다**. 예를 들어 입력 파일은 특정 시점의 로그 파일 집합으로 구성되거나 데이터베이스 내용의 스냅숏으로 구성된다. 크기가 한정되기 때문에 작업은 입력 전체를 다 읽었는지 알 수 있고 그래서 결과적으로 작업을 종료할 수 있다.

다음 장에서는 스트림 처리를 다룬다. 스트림 처리에서는 입력이 **한정되지 않는다**. 즉 작업의 입력은 끝이 없는 데이터 스트림이다. 이 경우 작업은 결코 끝나지 않는다. 언제라도 입력이 더 들어올 수 있기 때문이다. 어떤 점에서는 일괄 처리와 스트림 처리가 비슷하지만 입력이 제한없는 스트림이라는 가정 때문에 시스템을 구축하는 방법이 크게 달라진다.

참고 문헌

[1] Jeffrey Dean and Sanjay Ghemawat: "MapReduce: Simplified Data Processing on Large Clusters," at *6th USENIX Symposium on Operating System Design and Imple-mentation* (OSDI), December 2004.

[2] Joel Spolsky: "The Perils of JavaSchools," *joelonsoftware.com*, December 25, 2005.

[3] Shivnath Babu and Herodotos Herodotou: "Massively Parallel Databases and MapReduce Systems," *Foundations and Trends in Databases*, volume 5, number 1, pages 1–104, November 2013. doi:10.1561/1900000036

[4] David J. DeWitt and Michael Stonebraker: "MapReduce: A Major Step Backwards," originally published at *databasecolumn.vertica.com*, January 17, 2008.

[5] Henry Robinson: "The Elephant Was a Trojan Horse: On the Death of MapReduce at Google," *the-paper-trail.org*, June 25, 2014.

[6] "The Hollerith Machine," United States Census Bureau, *census.gov*.

[7] "IBM 82, 83, and 84 Sorters Reference Manual," Edition A24-1034-1, International Business Machines Corporation, July 1962.

[8] Adam Drake: "Command-Line Tools Can Be 235x Faster than Your Hadoop Cluster," *aadrake.com*, January 25, 2014.

[9] "GNU Coreutils 8.23 Documentation," Free Software Foundation, Inc., 2014.

[10] Martin Kleppmann: "Kafka, Samza, and the Unix Philosophy of Distributed Data," *martin.kleppmann.com*, August 5, 2015.

[11] Doug McIlroy: Internal Bell Labs memo, October 1964. Cited in: Dennis M. Richie: "Advice from Doug McIlroy," *cm.bell-labs.com*.

[12] M. D. McIlroy, E. N. Pinson, and B. A. Tague: "UNIX Time-Sharing System: Foreword," *The Bell System Technical Journal*, volume 57, number 6, pages 1899–1904, July 1978.

[13] Eric S. Raymond: The *Art of UNIX Programming*. Addison-Wesley, 2003. ISBN: 978-0-13-142901-7

[14] Ronald Duncan: "Text File Formats – ASCII Delimited Text – Not CSV or TAB Delimited Text," *ronaldduncan. wordpress.com*, October 31, 2009.

[15] Alan Kay: "Is 'Software Engineering' an Oxymoron?," *tinlizzie.org*.

[16] Martin Fowler: "InversionOfControl," *martinfowler.com*, June 26, 2005.

[17] Daniel J. Bernstein: "Two File Descriptors for Sockets," *cr.yp.to*.

[18] Rob Pike and Dennis M. Ritchie: "The Styx Architecture for Distributed Systems," *Bell Labs Technical Journal*, volume 4, number 2, pages 146–152, April 1999.

[19] Sanjay Ghemawat, Howard Gobioff, and Shun-Tak Leung: "The Google File Sys- tem," at *19th ACM Symposium on Operating Systems Principles* (SOSP), October 2003. doi:10.1145/945445.945450

[20] Michael Ovsiannikov, Silvius Rus, Damian Reeves, et al.: "The Quantcast File System," *Proceedings of the VLDB Endowment*, volume 6, number 11, pages 1092–1101, August 2013. doi:10.14778/2536222.2536234

[21] "OpenStack Swift 2.6.1 Developer Documentation," OpenStack Foundation, *docs.openstack.org*, March 2016.

[22] Zhe Zhang, Andrew Wang, Kai Zheng, et al.: "Introduction to HDFS Erasure Coding in Apache Hadoop," *blog. cloudera.com*, September 23, 2015.

[23] Peter Cnudde: "Hadoop Turns 10," *yahoohadoop.tumblr.com*, February 5, 2016.

[24] Eric Baldeschwieler: "Thinking About the HDFS vs. Other Storage Technologies," *hortonworks.com*, July 25, 2012.

[25] Brendan Gregg: "Manta: Unix Meets Map Reduce," *dtrace.org*, June 25, 2013.

[26] Tom White: *Hadoop: The Definitive Guide*, 4th edition. O'Reilly Media, 2015. ISBN: 978-1-491-90163-2

[27] Jim N. Gray: "Distributed Computing Economics," Microsoft Research Tech Report MSR-TR-2003-24, March 2003.

[28] Márton Trencséni: "Luigi vs Airflow vs Pinball," *bytepawn.com*, February 6, 2016.

[29] Roshan Sumbaly, Jay Kreps, and Sam Shah: "The 'Big Data' Ecosystem at LinkedIn," at *ACM International Conference on Management of Data* (SIGMOD), July 2013. doi:10.1145/2463676.2463707

[30] Alan F. Gates, Olga Natkovich, Shubham Chopra, et al.: "Building a High-Level Dataflow System on Top of Map-Reduce: The Pig Experience," at *35th International Conference on Very Large Data Bases* (VLDB), August 2009.

[31] Ashish Thusoo, Joydeep Sen Sarma, Namit Jain, et al.: "Hive – A Petabyte Scale Data Warehouse Using Hadoop," at *26th IEEE International Conference on Data Engineering* (ICDE), March 2010. doi:10.1109/ICDE.2010.5447738

[32] "Cascading 3.0 User Guide," Concurrent, Inc., *docs.cascading.org*, January 2016.

[33] "Apache Crunch User Guide," Apache Software Foundation, *crunch.apache*.org.

[34] Craig Chambers, Ashish Raniwala, Frances Perry, et al.: "FlumeJava: Easy, Efficient Data-Parallel Pipelines," at *31st ACM SIGPLAN Conference on Programming Language Design and Implementation* (PLDI), June 2010. doi:10.1145/1806596.1806638

[35] Jay Kreps: "Why Local State is a Fundamental Primitive in Stream Processing," *oreilly.com*, July 31, 2014.

[36] Martin Kleppmann: "Rethinking Caching in Web Apps," *martin.kleppmann.com*, October 1, 2012.

[37] Mark Grover, Ted Malaska, Jonathan Seidman, and Gwen Shapira: *Hadoop Application Architectures*. O'Reilly Media, 2015. ISBN: 978-1-491-90004-8

[38] Philippe Ajoux, Nathan Bronson, Sanjeev Kumar, et al.: "Challenges to Adopting Stronger Consistency at Scale," at *15th USENIX Workshop on Hot Topics in Operating Systems* (HotOS), May 2015.

[39] Sriranjan Manjunath: "Skewed Join," *wiki.apache.org*, 2009.

[40] David J. DeWitt, Jeffrey F. Naughton, Donovan A. Schneider, and S. Seshadri: "Practical Skew Handling in Parallel Joins," at *18th International Conference on Very Large Data Bases* (VLDB), August 1992.

[41] Marcel Kornacker, Alexander Behm, Victor Bittorf, et al.: "Impala: A Modern, Open-Source SQL Engine for Hadoop," at *7th Biennial Conference on Innovative Data Systems Research* (CIDR), January 2015.

[42] Matthieu Monsch: "Open-Sourcing PalDB, a Lightweight Companion for Storing Side Data," *engineering.linkedin.com*, October 26, 2015.

[43] Daniel Peng and Frank Dabek: "Large-Scale Incremental Processing Using Distributed Transactions and Notifications," at *9th USENIX conference on Operating Sys‐ tems Design and Implementation* (OSDI), October 2010.

[44] ""Cloudera Search User Guide," Cloudera, Inc., September 2015.

[45] Lili Wu, Sam Shah, Sean Choi, et al.: "The Browsemaps: Collaborative Filtering at LinkedIn," at *6th Workshop on Recommender Systems and the Social Web* (RSWeb), October 2014.

[46] Roshan Sumbaly, Jay Kreps, Lei Gao, et al.: "Serving Large-Scale Batch Computed Data with Project Voldemort," at *10th USENIX Conference on File and Storage Technologies* (FAST), February 2012.

[47] Varun Sharma: "Open-Sourcing Terrapin: A Serving System for Batch Generated Data," *engineering.pinterest.com*, September 14, 2015.

[48] Nathan Marz: "ElephantDB," *slideshare.net*, May 30, 2011.

[49] Jean-Daniel (JD) Cryans: "How-to: Use HBase Bulk Loading, and Why," *blog.cloudera.com*, September 27, 2013.

[50] Nathan Marz: "How to Beat the CAP Theorem," *nathanmarz.com*, October 13, 2011.

[51] Molly Bartlett Dishman and Martin Fowler: "Agile Architecture," at *O'Reilly Software Architecture Conference*, March 2015.

[52] David J. DeWitt and Jim N. Gray: "Parallel Database Systems: The Future of High Performance Database Systems," *Communications of the ACM*, volume 35, number 6, pages 85–98, June 1992. doi:10.1145/129888.129894

[53] Jay Kreps: "But the multi-tenancy thing is actually really really hard," tweetstorm, *twitter.com*, October 31, 2014.

[54] Jeffrey Cohen, Brian Dolan, Mark Dunlap, et al.: "MAD Skills: New Analysis Practices for Big Data," *Proceedings of the VLDB Endowment*, volume 2, number 2, pages 1481–1492, August 2009. doi:10.14778/1687553.1687576

[55] Ignacio Terrizzano, Peter Schwarz, Mary Roth, and John E. Colino: "Data Wrangling: The Challenging Journey from the Wild to the Lake," at *7th Biennial Conference on Innovative Data Systems Research* (CIDR), January 2015.

[56] Paige Roberts: "To Schema on Read or to Schema on Write, That Is the Hadoop Data Lake Question," *adaptivesystemsinc.com*, July 2, 2015.

[57] Bobby Johnson and Joseph Adler: "The Sushi Principle: Raw Data Is Better," at *Strata+Hadoop World*, February 2015.

[58] Vinod Kumar Vavilapalli, Arun C. Murthy, Chris Douglas, et al.: "Apache Hadoop YARN: Yet Another Resource Negotiator," at *4th ACM Symposium on Cloud Computing* (SoCC), October 2013. doi:10.1145/2523616.2523633

[59] Abhishek Verma, Luis Pedrosa, Madhukar Korupolu, et al.: "Large-Scale Cluster Management at Google with Borg," at *10th European Conference on Computer Systems* (EuroSys), April 2015. doi:10.1145/2741948.2741964

[60] Malte Schwarzkopf: "The Evolution of Cluster Scheduler Architectures," *firmament.io*, March 9, 2016.

[61] Matei Zaharia, Mosharaf Chowdhury, Tathagata Das, et al.: "Resilient Distributed Datasets: A Fault-Tolerant Abstraction for In-Memory Cluster Computing," at *9th USENIX Symposium on Networked Systems Design and Implementation* (NSDI), April 2012.

[62] Holden Karau, Andy Konwinski, Patrick Wendell, and Matei Zaharia: *Learning Spark*. O'Reilly Media, 2015. ISBN: 978-1-449-35904-1

[63] Bikas Saha and Hitesh Shah: "Apache Tez: Accelerating Hadoop Query Processing," at *Hadoop Summit*, June 2014.

[64] Bikas Saha, Hitesh Shah, Siddharth Seth, et al.: "Apache Tez: A Unifying Frame- work for Modeling and Building Data Processing Applications," at *ACM International Conference on Management of Data* (SIGMOD), June 2015. doi:10.1145/2723372.2742790

[65] Kostas Tzoumas: "Apache Flink: API, Runtime, and Project Roadmap," *slide-share.net*, January 14, 2015.

[66] Alexander Alexandrov, Rico Bergmann, Stephan Ewen, et al.: "The Stratosphere Platform for Big Data Analytics," *The VLDB Journal*, volume 23, number 6, pages 939–964, May 2014. doi:10.1007/s00778-014-0357-y

[67] Michael Isard, Mihai Budiu, Yuan Yu, et al.: "Dryad: Distributed Data-Parallel Programs from Sequential Building Blocks," at *European Conference on Computer Systems* (EuroSys), March 2007. doi:10.1145/1272996.1273005

[68] Daniel Warneke and Odej Kao: "Nephele: Efficient Parallel Data Processing in the Cloud," at *2nd Workshop on Many-Task Computing on Grids and Supercomputers* (MTAGS), November 2009. doi:10.1145/1646468.1646476

[69] Lawrence Page, Sergey Brin, Rajeev Motwani, and Terry Winograd: "The PageRank Citation Ranking: Bringing Order to the Web," Stanford InfoLab Technical Report 422, 1999.

[70] Leslie G. Valiant: "A Bridging Model for Parallel Computation," *Communications of the ACM*, volume 33, number 8, pages 103–111, August 1990. doi:10.1145/79173.79181

[71] Stephan Ewen, Kostas Tzoumas, Moritz Kaufmann, and Volker Markl: "Spinning Fast Iterative Data Flows," *Proceedings of the VLDB Endowment*, volume 5, number 11, pages 1268-1279, July 2012. doi:10.14778/2350229.2350245

[72] Grzegorz Malewicz, Matthew H. Austern, Aart J. C. Bik, et al.: "Pregel: A System for Large-Scale Graph Processing," at *ACM International Conference on Management of Data* (SIGMOD), June 2010. doi:10.1145/1807167.1807184

[73] Frank McSherry, Michael Isard, and Derek G. Murray: "Scalability! But at What COST?," at *15th USENIX Workshop on Hot Topics in Operating Systems* (HotOS), May 2015.

[74] Ionel Gog, Malte Schwarzkopf, Natacha Crooks, et al.: "Musketeer: All for One, One for All in Data Processing Systems," at *10th European Conference on Computer Systems* (EuroSys), April 2015. doi:10.1145/2741948.2741968

[75] Aapo Kyrola, Guy Blelloch, and Carlos Guestrin: "GraphChi: Large-Scale Graph Computation on Just a PC," at *10th USENIX Symposium on Operating Systems Design and Implementation* (OSDI), October 2012.

[76] Andrew Lenharth, Donald Nguyen, and Keshav Pingali: "Parallel Graph Analytics," *Communications of the ACM*, volume 59, number 5, pages 78–87, May 2016. doi:10.1145/2901919

[77] Fabian Hüske: "Peeking into Apache Flink's Engine Room," *flink.apache.org*, March 13, 2015.

[78] Mostafa Mokhtar: "Hive 0.14 Cost Based Optimizer (CBO) Technical Overview," *hortonworks.com*, March 2, 2015.

[79] Michael Armbrust, Reynold S Xin, Cheng Lian, et al.: "Spark SQL: Relational Data Processing in Spark," at *ACM International Conference on Management of Data* (SIGMOD), June 2015. doi:10.1145/2723372.2742797

[80] Daniel Blazevski: "Planting Quadtrees for Apache Flink," *insightdataengineering.com*, March 25, 2016.

[81] Tom White: "Genome Analysis Toolkit: Now Using Apache Spark for Data Processing," *blog.cloudera.com*, April 6, 2016.

11장

스트림 처리

복잡하지만 잘 작동하는 시스템은 예외 없이 간단하지만 잘 작동하는 시스템으로부터 발전한다. 이 명제 는 역도 참이다. 처음부터 복잡하게 설계된 시스템은 절대 작동할 리도 없고 작동하게 만들지도 못한다.

– 존 갈, 체계론(1975)

10장에서는 일괄 처리에 대해 설명했다. 일괄 처리는 입력으로 파일 집합을 읽어 출력으로 새로운 파일 집합을 생성하는 기술이다. 출력은 **파생 데이터** 형태다. 즉, 필요하다면 일괄 처리를 다시 수행 해 재생성 가능한 데이터셋이다. 간단하지만 강력한 이 아이디어는 검색 색인이나 추천 시스템, 분 석 등에서 사용된다.

그러나 10장 전체에서는 입력을 사전에 알려진 유한한 크기로 한정한다는 중요한 가정이 있다. 그 래서 일괄 처리는 입력을 읽는 작업이 끝나는 시점을 알 수 있다. 예를 들어 맵리듀스의 핵심인 정렬 연산은 출력을 생산하기 전에 전체 입력을 다 읽어야 한다. 마지막 입력 레코드가 가장 낮은 키라면 이 레코드는 가장 먼저 출력돼야 한다. 즉, 조기에 출력을 시작할 수가 없다.

실제로는 많은 데이터가 시간이 지나면서 점진적으로 도착하기 때문에 한정되지 않는다. 사용자는 데이터를 어제는 물론 오늘도 생산한다. 그리고 내일도 데이터 생산을 계속할 것이다. 사업을 중단하지 않는 한 그 과정은 절대 끝나지 않는다. 그래서 데이터셋은 어떤 의미로든 절대 "완료"되지 않는다[1]. 따라서 일괄 처리 프로세서는 인위적으로 일정 기간씩 데이터 청크를 나눠야 한다. 예를 들어 하루가 끝나는 시점에 그날 하루 분량의 데이터 또는 매 시간이 끝나는 시점에 그 한 시간 분량의 데이터를 처리한다.

일간 일괄 처리의 문제점은 입력의 변화가 하루가 지나야 반영된다는 것인데 성격 급한 사용자가 느끼기에는 너무 느리다. 이런 지체를 줄이려면 좀 더 자주 처리를 실행해야 한다. 말하자면 매 초가 끝나는 시점에 1초 분량의 데이터를 처리하거나, 고정된 시간 조각이라는 개념을 완전히 버리고 단순히 이벤트가 발생할 때마다 처리해야 한다. 이 방법이 **스트림 처리**의 기본 개념이다.

일반적으로 "스트림"은 시간 흐름에 따라 점진적으로 생산된 데이터를 일컫는다. 이 개념은 유닉스의 stdin과 stdout, 프로그래밍 언어(느긋한 리스트(lazy lists))[2], 자바의 FileInputStream 같은 파일 시스템 API, TCP 연결, 인터넷 상의 오디오와 비디오 전송 등 많은 곳에서 등장한다.

이번 장에서는 데이터 관리 메커니즘으로 **이벤트 스트림**을 설명한다. 이벤트 스트림은 지난 장에서 다뤘던 일괄 처리 데이터와는 반대로 한정되지 않고 점진적으로 처리된다. 처음 설명할 내용은 스트림을 표현하는 방법, 저장하는 방법, 네트워크 상에서 전송하는 방법이다. 448쪽 "데이터베이스와 스트림"에서 스트림과 데이터베이스 사이의 관계를 알아본다. 끝으로 461쪽 "스트림 처리"에서는 연속적으로 스트림을 처리하는 접근법과 도구를 탐색하고 이를 이용해 애플리케이션을 구축하는 방법을 알아본다.

이벤트 스트림 전송

일괄 처리 환경에서 작업은 입출력이 파일(아마도 분산 파일 시스템에 있는)이다. 그러면 스트림 처리에서는 어떨까?

입력이 파일(바이트의 연속)일 때 대개 첫 번째 단계로 파일을 분석해 레코드의 연속으로 바꾸는 처리를 한다. 스트림 처리 문맥에서 레코드는 보통 **이벤트**라고 하지만 특정 시점에 일어난 사건에 대한 세부 사항을 포함하는, 작고 독립된 불변 객체라는 점에서 본질적으로 동일하다. 이벤트는 일반적으로 일기준 시계를 따르는 이벤트 발생 타임스탬프를 포함한다(287쪽 "단조 시계 대 일 기준 시계" 참고).

예를 들면 웹 페이지를 보거나 상품을 구입하는 일 같은 사용자가 취한 행동이 이벤트가 될 수 있다. 또는 온도 센서에서 주기적으로 측정한 값이나 CPU 사용률 지표와 같이 장비에서 발생한 것도 마찬가지로 이벤트가 될 수 있다. 387쪽 "유닉스 도구로 일괄 처리하기" 예제에서는 웹 서버 로그의 각 줄을 이벤트 하나로 취급한다.

이벤트는 4장에서 설명한 것처럼 텍스트 문자열이나 JSON 또는 이진 형태 등으로 부호화된다. 이벤트는 부호화 과정을 통해 저장할 수 있다. 예를 들어 부호화한 이벤트를 파일에 덧붙이거나 관계형 테이블에 삽입하거나 문서 데이터베이스에 기록하거나 하는 식으로 저장 가능하다. 또한 부호화함으로써 이벤트를 다른 노드에서 처리하게끔 네트워크를 통해 전송할 수 있다.

일괄 처리에서 파일은 한 번 기록하면 여러 작업에서 읽을 수 있다. 스트리밍에서도 이와 비슷하다. **생산자(producer)**가 이벤트를 한 번 만들면(**발행자(publisher)**나 **발송자(sender)**라고도 한다.) 해당 이벤트를 복수의 **소비자(consumer, 구독자(subscriber)** 또는 **수신자(recipient)**)가 처리할 수 있다[3]. 파일 시스템에서는 관련 레코드 집합을 파일 이름으로 식별하지만 스트림 시스템에서는 대개 **토픽(topic)**이나 **스트림**으로 관련 이벤트를 묶는다.

이론상으로는 파일이나 데이터베이스가 있으면 생산자와 소비자를 연결하기에 충분하다. 생산자는 만들어낸 모든 이벤트를 데이터스토어에 기록하고 각 소비자는 주기적으로 데이터스토어를 폴링해 마지막으로 처리한 이벤트 이후에 새로 발생한 이벤트가 있는지 확인한다. 일괄 처리에서 매일 마지막에 그날 데이터 분량을 처리하는 것과 본질적으로 동일하다.

그러나 지연 시간이 낮으면서 지속해서 처리하는 방식을 지향할 때 데이터스토어를 이런 용도에 맞게 설계하지 않았다면 폴링 방식은 비용이 크다. 폴링이 잦을수록 새로운 이벤트를 반환하는 요청 비율이 낮아지기 때문에 폴링을 수행하는 오버헤드가 커진다. 오히려 새로운 이벤트가 나타날 때마다 소비자에게 알리는 편이 더 낫다.

데이터베이스는 전통적으로 알림 메커니즘을 강력하게 지원하지 않는다. 관계형 데이터베이스에는 보통 **트리거(trigger)** 기능이 있다. 트리거는 예를 들어 테이블에 로우를 삽입하는 등의 변화에 반응할 수 있다. 그러나 트리거는 기능이 제한적이고 데이터베이스를 설계한 이후에 도입한 개념이다 [4, 5]. 대신 이벤트 알림 전달 목적으로 개발된 특별한 도구들이 있다.

메시징 시스템

새로운 이벤트에 대해 소비자에게 알려주려고 쓰이는 일반적인 방법은 **메시징 시스템**(messaging system)을 사용하는 것이다. 생산자는 이벤트를 포함한 메시지를 전송한다. 그리고 메시지는 소비자에게 전달된다. 139쪽 "메시지 전달 데이터플로"에서 메시징 시스템을 잠시 다뤘는데 이번 장에서 좀 더 상세하게 살펴보겠다.

메시징 시스템을 구축하는 가장 간단한 방법은 생산자와 소비자 사이에 유닉스 파이프나 TCP 연결과 같은 직접 통신 채널을 사용하는 방법이다. 그러나 메시징 시스템 대부분은 이 기본 모델을 확장한다. 특히 유닉스 파이프와 TCP는 전송자 하나를 정확히 수신자 하나에 연결한다. 반면 메시징 시스템은 다수의 생산자 노드가 같은 토픽으로 메시지를 전송할 수 있고 다수의 소비자 노드가 토픽하나에서 메시지를 받아 갈 수 있다.

발행/구독(publish/subscribe) 모델에서는 여러 시스템들이 다양한 접근법을 사용한다. 모든 목적에 부합하는 단 하나의 정답은 없다. 아래 두 가지 질문이 이 시스템을 구별하는 데 상당히 도움이된다.

1. **생산자가 소비자가 메시지를 처리하는 속도보다 빠르게 메시지를 전송한다면 어떻게 될까?** 대략 세 가지 선택지가 있다. 시스템은 메시지를 버리거나 큐에 메시지를 버퍼링하거나 **배압**(backpressure, 흐름 제어(flow control)라고도 한다. 생산자가 메시지를 더 보내지 못하게 막는다)을 적용한다. 일례로 유닉스 파이프와 TCP는 배압을 사용한다. 작은 고정 크기 버퍼를 두고 버퍼가 가득 차면 수신자가 버퍼에서 데이터를 가져갈 때까지 전송자를 막는다(282쪽 "네트워크 혼잡과 큐 대기" 참고).

   메시지가 큐에 버퍼링될 때 큐 크기가 증가함에 따라 어떤 현상이 생기는지 이해하는 것이 중요하다. 큐 크기가 메모리 크기보다 더 커지면 시스템이 중단되는가, 메시지를 디스크에 쓰는가? 디스크에 쓴다면 디스크 접근이 메시징 시스템의 성능에 어떤 영향을 주는가[6]?

2. **노드가 죽거나 일시적으로 오프라인이 된다면 어떻게 될까?** 손실되는 메시지가 있을까? 데이터베이스를 사용할 때처럼 지속성을 갖추려면 디스크에 기록하거나 복제본 생성을 하거나 둘 모두를 해야 한다(227쪽 "복제와 지속성" 사이드바 참고). 그렇기 때문에 비용이 든다. 때로 메시지를 잃어도 괜찮다면 같은 하드웨어에서 처리량은 높이고 지연 시간은 낮출 수 있다.

메시지의 유실을 허용할지 말지는 애플리케이션에 따라 상당히 다르다. 예를 들어 주기적으로 전송되는 센서 판독값과 지표는 가끔 데이터가 누락되더라도 큰 문제가 없다. 얼마 지나지 않아 갱신된 값이 전송되기 때문이다. 하지만 메시지가 너무 많이 누락된다면 지표가 정확하지 않다는 것을 즉시 인식하기 어렵다[7]. 이벤트 수를 세는 경우 메시지가 유실됐다는 것은 카운터가 잘못됐다는 의미이기 때문에 메시지를 신뢰성 있게 전송하는 일은 매우 중요하다.

10장에서 설명한 일괄 처리 시스템은 강력한 신뢰성 보장이라는 좋은 속성을 지원한다. 실패한 태스크를 자동으로 재시도하고 실패한 태스크가 남긴 부분적인 출력을 자동으로 폐기한다. 출력이 실패가 발생하지 않을 때와 같기 때문에 프로그래밍 모델을 단순화하기 좋다. 이번 장 후반부에는 스트림 문맥에서 이와 비슷한 처리 보장을 하기 위해 어떻게 해야 하는지 알아본다.

생산자에서 소비자로 메시지를 직접 전달하기

많은 메시지 시스템은 중간 노드를 통하지 않고 생산자와 소비자를 네트워크로 직접 통신한다.

- UDP 멀티캐스트는 낮은 지연이 필수인 주식 시장과 같은 금융 산업에서 널리 사용된다[8]. UDP 자체는 신뢰성이 낮아도 애플리케이션 단의 프로토콜은 읽어버린 패킷을 복구할 수 있다(생산자는 필요할 때 패킷을 재전송할 수 있게 전송한 패킷을 기억해야 한다).

- ZeroMQ[9] 같은 브로커가 필요없는 메시징 라이브러리와 나노메시지(nanomsg)가 이와 유사한 접근법을 사용하는데 TCP 또는 IP 멀티캐스트 상에서 발행/구독 메시징을 구현한다.

- StatsD[10]과 BruBeck[7]은 네트워크 상의 모든 장비로부터 지표를 수집하고 모니터링하는 데 UDP 메시징을 사용한다. (StatsD 프로토콜은 모든 메시지를 받아야 카운터 지표가 정확하다. UDP를 사용하면 지표는 기껏해야 근사값이 된다[11]. (283쪽 "TCP 대 UDP" 참고)

- 소비자가 네트워크에 서비스를 노출하면 생산자는 직접 HTTP나 RPC 요청(134쪽 "서비스를 통한 데이터플로: REST와 RPC" 참고)을 직접 보낼 수 있다. 이것은 웹후크(webhook)[12]를 뒷받침하는 아이디어로 서비스 콜백 URL을 다른 서비스에 등록하는 형식이다. 웹후크는 이벤트가 발생할 때마다 콜백 URL로 요청을 보낸다.

직접 메시징 시스템은 설계 상황에서는 잘 동작하지만 일반적으로 메시지가 유실될 수 있는 가능성을 고려해서 애플리케이션 코드를 작성해야 한다. 하지만 허용 가능한 결함은 상당히 제한적이다. 프로토콜이 네트워크 상에서 패킷 유실을 감지하고 재전송하더라도 직접 메시징 시스템은 일반적으로 생산자와 소비자가 항상 온라인 상태라고 가정한다.

소비자가 오프라인이라면 메시지를 전달하지 못하는 상태에 있는 동안 전송된 메시지는 잃어버릴 수 있다. 일부 프로토콜은 실패한 메시지 전송을 생산자가 재시도하게끔 하지만 생산자 장비가 죽어버리면 재시도하려고 했던 메시지 버퍼를 잃어버릴 수 있기 때문에 문제가 있다.

메시지 브로커

직접 메시징 시스템의 대안으로 널리 사용되는 방법은 **메시지 브로커(메시지 큐**라고도 한다)를 통해 메시지를 보내는 것이다. 메시지 브로커는 근본적으로 메시지 스트림를 처리하는 데 최적화된 데이터베이스의 일종이다[13]. 메시지 브로커는 서버로 구동되고 생산자와 소비자는 서버의 클라이언트로 접속한다. 생산자는 브로커로 메시지를 전송하고 소비자는 브로커에서 메시지를 읽어 전송받는다.

브로커에 데이터가 모이기 때문에 이 시스템은 클라이언트의 상태 변경(접속, 접속 해제, 장애)에 쉽게 대처할 수 있다. 지속성 문제가 생산자와 소비자에서 브로커로 옮겨갔기 때문이다. 어떤 메시지 브로커는 메모리에만 메시지를 보관한다. 반면 다른 브로커(설정에 따라)는 브로커가 장애로 중단됐을 때도 메시지를 잃어버리지 않기 위해 디스크에 메시지를 기록한다. 소비 속도가 느린 소비자가 있으면 일반적으로 브로커는 큐가 제한 없이 계속 늘어나게 한다(메시지를 버리거나 배압을 사용하는 것과는 반대로). 이런 선택은 설정이 가능할 수도 있다.

또한 큐 대기를 하면 소비자는 일반적으로 **비동기**로 동작한다. 생산자가 메시지를 보낼 때 생산자는 브로커가 해당 메시지를 버퍼에 넣었는지만 확인하고 소비자가 메시지를 처리하기까지 기다리지 않는다. 메시지를 소비자로 배달하는 것은 정해지지 않는 미래 시점이지만(대개는 순식간에) 때로는 큐에 백로그가 있다면 상당히 늦을 수도 있다.

메시지 브로커와 데이터베이스의 비교

어떤 메시지 브로커는 XA 또는 JTA(357쪽 "현실의 분산 트랜잭션" 참고)를 이용해 2단계 커밋을 수행하기도 한다. 메시지 브로커와 데이터베이스에는 중요한 실용적 차이가 있지만 이 특징은 데이터베이스의 속성과 상당히 비슷하다.

- 데이터베이스는 명시적으로 데이터가 삭제될 때까지 데이터를 보관한다. 반면 메시지 브로커 대부분은 소비자에게 데이터 배달이 성공할 경우 자동으로 메시지를 삭제한다. 이런 메시지 브로커는 오랜 기간 데이터를 저장하는 용도로 적당하지 않다.

- 메시지 브로커는 대부분 메시지를 빨리 지우기 때문에 작업 집합이 상당히 작다고 가정한다. 즉 큐 크기가 작다. 소비자가 느려 메시지 브로커가 많은 메시지를 버퍼링해야 한다면(메시지를 메모리 안에 다 넣을 수 없으면 디스크로 내보낼 수도 있다) 개별 메시지 처리 시간이 길어지고 전체 처리량이 저하된다[6].

- 데이터베이스는 보조 색인을 지원하고 데이터 검색을 위한 다양한 방법을 지원하는 반면 메시지 브로커는 특정 패턴과 부합하는 토픽의 부분 집합을 구독하는 방식을 지원한다. 메커니즘은 다르지만 둘 다 본질적으로 클라이언트가 데이터에서 필요한 부분을 선택하는 방법이다.

- 데이터베이스에 질의할 때 그 결과는 일반적으로 질의 시점의 데이터 스냅숏을 기준으로 한다. 다른 클라이언트가 이어서 질의 결과를 바꾸는 어떤 데이터를 데이터베이스에 기록한다면 첫 번째 클라이언트는 다시 질의하거나, 데이터 변화를 폴링하지 않는다면 앞선 결과가 기간이 지나 유효하지 않다는 점을 알 길이 없다. 반대로 메시지 브로커는 임의 질의를 지원하지 않지만 데이터가 변하면(즉 전달할 새로운 메시지가 생겼을 때) 클라이언트에게 알려준다.

이것은 메시지 브로커의 전통적인 관점으로 JMS[14]와 AMQP[15]와 같은 표준으로 캡슐화되어 래빗MQ(RabbitMQ), 액티브MQ(ActiveMQ), 큐피드(Qpid), 호닛Q(HornetQ), 팁코 엔터프라이즈 메시지 서비스(TIBCO Enterprise Message Service), IBM MQ, 애저 서비스 버스(Azure Service Bus), 구글 클라우드 Pub/Sub[16] 같은 소프트웨어로 구현됐다.

복수 소비자

복수 소비자가 같은 토픽에서 메시지를 읽을 때 사용하는 주요 패턴 두 가지를 그림 11-1에서 설명한다.

로드 밸런싱

각 메시지는 소비자 중 **하나**로 전달된다. 따라서 소비자들은 해당 토픽의 메시지를 처리하는 작업을 공유한다. 브로커는 메시지를 전달할 소비자를 임의로 지정한다. 이 패턴은 메시지를 처리하는 비용이 비싸서 처리를 병렬화하기 위해 소비자를 추가하고 싶을 때 유용하다. (AMQP는 같은 큐를 소비하는 클라이언트를 여러 개 둬서 로드 밸런싱을 구현할 수 있다. JMS에서는 이 방식을 **공유 구독**(shared subscription)이라 한다.)

팬 아웃

각 메시지는 **모든** 소비자에게 전달된다. 팬 아웃 방식을 사용하면 여러 독립적인 소비자가 브로드캐스팅된 동일한 메시지를 서로 간섭 없이 "청취"할 수 있다. 이것은 같은 입력 파일을 읽어 여러 다른 일괄 처리 작업에서 사용하는 것과 동일하다. (이 기능은 JMS에서는 토픽 구독, AMQP에서는 바인딩 교환으로 제공된다.)

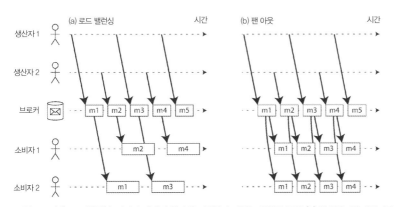

그림 11-1. (a) 로드 밸런싱: 여러 소비자가 하나의 토픽을 소비하는 작업을 공유 (b) 팬 아웃: 각 메시지를 복수 개의 소비자로 전달

이 두 가지 패턴은 함께 사용 가능하다. 예를 들어 두 개의 소비자 그룹에서 하나의 토픽을 구독하고 각 그룹은 모든 메시지를 받지만 그룹 내에서는 각 메시지를 하나의 노드만 받게 하는 식이다.

확인 응답과 재전송

소비자는 언제라도 장애가 발생할 수 있다. 브로커가 메시지를 소비자에게 전달했지만 소비자가 메시지를 처리하지 못하거나 부분적으로만 처리한 후 장애가 나는 경우가 생긴다. 메시지를 잃어버리지 않기 위해 메시지 브로커는 **확인 응답**을 사용한다. 클라이언트는 메시지 처리가 끝났을 때 브로커가 메시지를 큐에서 제거할 수 있게 브로커에게 명시적으로 알려야 한다.

브로커가 확인 응답을 받기 전에 클라이언트로의 연결이 닫히거나 타임아웃되면 브로커는 메시지가 처리되지 않았다고 가정하고 다른 소비자에게 다시 전송한다. (메시지가 실제로 **완전히 처리됐다**고 해도 네트워크 상에서 확인 응답을 유실할 수도 있다. 이런 경우를 처리하기 위해 원자적 커밋 프로토콜이 필요하다. 이 내용은 357쪽 "현실의 분산 트랜잭션"에서 설명했다.)

부하 균형 분산과 결합할 때 이런 재전송 행위는 흥미롭게도 메시지 순서에 영향을 미친다. 그림 11-2를 보면 소비자는 대개 생산자가 보낸 순서대로 메시지를 처리하지만 소비자 1이 메시지 m4를 처리하고 있을 때 소비자 2가 메시지 m3을 처리하던 중 장애가 발생한다. m3은 확인 응답을 받지 못해 이어서 소비자 1로 재전송된다. 그 결과로 소비자 1에서는 m4, m3, m5 순으로 메시지를 처리한다. 즉 m3, m4는 생산자 1이 보낸 순서와 다르게 전달된다.

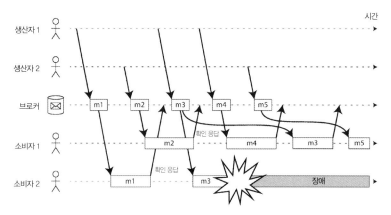

그림 11-2. 소비자 2가 m3을 처리하던 도중 장애가 발생해 이후에 m3을 소비자 1로 재전송한다

메시지 브로커는 JMS와 AMQP 표준에서 요구하는 대로 메시지 순서를 유지하려 노력할지라도 부하 균형 분산과 메시지 재전송을 조합하면 필연적으로 메시지 순서가 변경된다. 소비자마다 독립된 큐를 사용하면, 즉 부하 균형 분산 기능을 사용하지 않는다면 이 문제를 피할 수 있다. 메시지가 서로 완전히 독립이라면 메시지 순서가 바뀌는 것은 문제가 되지 않는다. 하지만 메시지 간 인과성이 있다면 이것은 매우 중요한 문제다. 이 문제는 이번 장 후반부에서 다룬다.

파티셔닝된 로그

네트워크 상에서 패킷을 전송하거나 네트워크 서비스에 요청하는 작업은 보통 영구적 추적을 남기지 않는 일시적 연산이다. 패킷 캡처와 로깅을 사용해 영구적으로 기록하는 것은 가능하지만 일반적으로 그런 방법은 고려하지 않는다. 메시지 브로커가 메시지를 디스크에 지속성 있게 기록하더라도 메시지가 소비자에게 전달된 후 즉시 삭제한다. 브로커는 메시지를 일시적으로 보관하는 개념으로 만들어졌기 때문이다.

데이터베이스와 파일 시스템의 접근법은 이와 반대다. 일반적으로 데이터베이스나 파일에 저장하는 모든 데이터는 적어도 누군가 명시적으로 다시 삭제할 때까지는 영구적으로 보관된다고 간주한다.

이런 개념의 차이는 파생 데이터를 생성하는 방식에 큰 영향을 미친다. 10장에서 설명한 일괄 처리의 핵심 기능은 입력이 읽기 전용이기 때문에 입력을 손상하지 않고 반복 수행해 각 처리 단계를 실험할 수 있다는 것이다. AMQP/JMS 형식의 메시징 처리는 그렇지 않다. 브로커가 확인 응답을 받으면 브로커에서 메시지를 삭제하기 때문에 이미 받은 메시지는 복구할 수 없다. 그래서 소비자를 다시 실행해도 동일한 결과를 받지 못한다.

메시징 시스템에 새로운 소비자를 추가하면 일반적으로 소비자를 등록한 시점 이후에 전송된 메시지부터 받기 시작한다. 이전 메시지는 한번 지나가면 다시 복구할 수 없다. 파일 시스템, 데이터베이스는 이와 반대다. 클라이언트를 새로 추가하더라도 과거에 기록했던 데이터도 애플리케이션이 명시적으로 덮어쓰거나 지우지 않으면 얼마든지 읽을 수 있다.

데이터베이스의 지속성 있는 저장 방법과 메시징 시스템의 지연 시간이 짧은 알림 기능을 조합할 수는 없을까? 이것이 **로그 기반 메시지 브로커(log-based message broker)**의 기본 아이디어다.

로그를 사용한 메시지 저장소

로그는 단순히 디스크에 저장된 추가 전용 레코드의 연속이다. 3장에서는 로그 구조화 저장 엔진과 쓰기 전 로그의 맥락에서, 5장에서는 복제본의 맥락에서 로그를 설명했다.

브로커를 구현할 때도 같은 구조를 사용한다. 생산자가 보낸 메시지는 로그 끝에 추가하고 소비자는 로그를 순차적으로 읽어 메시지를 받는다. 소비자가 로그 끝에 도달하면 새 메시지가 추가됐다는 알림을 기다린다. 유닉스 도구 tail -f는 파일에 추가되는 데이터를 감시하는데 본질적으로 이 구조와 동일하다.

디스크 하나를 쓸 때보다 처리량을 높이기 위해 확장하는 방법으로 로그를 **파티셔닝**(6장과 같은 의미의 파티션이다)하는 방법이 있다. 다른 파티션은 다른 장비에서 서비스할 수 있다. 그러면 각 파티션은 다른 파티션과 독립적으로 읽고 쓰기가 가능한 분리된 로그가 된다. 토픽은 같은 형식의 메시지를 전달하는 파티션들의 그룹으로 정의한다. 그림 11-3에서 이 방법을 설명한다.

각 파티션 내에서 브로커는 모든 메시지에 **오프셋**이라고 부르는, 단조 증가하는 순번을 부여한다(그림 11-3에서 상자 내 숫자가 메시지 오프셋이다). 파티션이 추가 전용이고 따라서 파티션 내 전체 메시지는 전체 순서가 있기 때문에 순번을 부여하는 것은 타당하다. 단 다른 파티션 간 메시지의 순서는 보장하지 않는다.

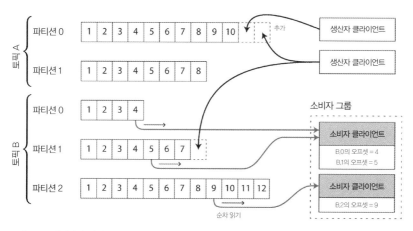

그림 11-3. 생산자가 메시지를 전송하면 메시지는 토픽 파티션 파일에 추가된다. 그러면 소비자는 순서대로 파티션 파일을 읽는다.

아파치 카프카(Apache Kafka)[17, 18], 아마존 키네시스 스트림(Amazon Kinesis Stream)[19], 트위터의 분산 로그(DistributedLog)[20, 21]가 이런 방식으로 동작하는 로그 기반 메시지 브로커다. 구글 클라우드 Pub/Sub은 아키텍처는 비슷하지만 노출된 API는 로그 추상화가 아닌 JMS 형식이다[16]. 이런 메시지 브로커는 모든 메시지를 디스크에 저장하지만 여러 장비에 메시지를 파티셔닝해 초당 수백만 개의 메시지를 처리할 수 있고 메시지를 복제함으로써 장애에 대비할 수 있다[22, 23].

로그 방식과 전통적인 메시징 방식의 비교

로그 기반 접근법은 당연히 팬 아웃 메시징 방식을 제공한다. 소비자가 서로 영향 없이 독립적으로 로그를 읽을 수 있고 메시지를 읽어도 로그에서 삭제되지 않기 때문이다. 개별 메시지를 소비자 클라이언트에게 할당하지 않고 소비자 그룹 간 로드 밸런싱하기 위해 브로커는 소비자 그룹의 노드들에게 전체 파티션을 할당할 수 있다.

각 클라이언트는 할당된 파티션의 메시지를 **모두** 소비한다. 일반적으로 소비자에 로그 파티션이 할당되면 소비자는 단일 스레드로 파티션에서 순차적으로 메시지를 읽는다. 이런 거친 방식의 로드 밸런싱 방법은 몇 가지 불리한 면이 있다.

- 토픽 하나를 소비하는 작업을 공유하는 노드 수는 많아야 해당 토픽의 로그 파티션 수로 제한된다. 같은 파티션 내 메시지는 같은 노드로 전달되기 때문이다.[1]

- 특정 메시지 처리가 느리면 파티션 내 후속 메시지 처리가 지연된다(선두 차단(head-of-line blocking) 형태. 13쪽 "성능 기술하기" 참고).

즉 메시지를 처리하는 비용이 비싸고 메시지 단위로 병렬화 처리하고 싶지만 메시지 순서는 그렇게 중요하지 않다면 JMS/AMQP 방식의 메시지 브로커가 적합하다. 반면 처리량이 많고 메시지를 처리하는 속도가 빠르지만 메시지 순서가 중요하다면 로그 기반 접근법이 효과적이다.

소비자 오프셋

파티션 하나를 순서대로 처리하면 메시지를 어디까지 처리했는지 알기 쉽다. 소비자의 현재 오프셋보다 작은 오프셋을 가진 메시지는 이미 처리한 메시지고 소비자의 현재 오프셋보다 큰 오프셋을 가진 메시지는 아직 처리하지 않은 메시다. 따라서 브로커는 모든 개별 메시지마다 보내는 확인 응답을 추적할 필요가 없다. 단지 주기적으로 소비자 오프셋을 기록하면 된다. 이 방법을 이용하면 추적 오버헤드가 감소하고 일괄 처리와 파이프라이닝을 수행할 수 있는 기회를 제공해 로그 기반 시스템의 처리량을 늘리는 데 도움을 준다.

사실 메시지 오프셋은 단일 리더 데이터베이스 복제에서 널리 쓰는 **로그 순차 번호**(log sequence number)와 상당히 유사하다. 로그 순차 번호는 157쪽 "새로운 팔로워 설정"에서 설명했다. 데이터베이스 복제에서 팔로워가 리더와 연결이 끊어졌다가 다시 접속할 때 로그 순차 번호를 사용한다. 로그 순차 번호를 사용하면 기록을 누락하지 않고 복제를 재개할 수 있다. 정확하게 같은 원리가 여기서도 사용된다. 메시지 브로커는 데이터베이스의 리더처럼 동작하고 소비자는 팔로워처럼 동작한다.

---

1 하나의 파티션을 처리하는 작업을 공유하는 소비자 둘로 나누어 로드 밸런싱하는 방식을 사용할 수 있는데 양쪽 소비자 모두 모든 메시지 집합을 읽지만 그중 한 소비자는 짝수 오프셋 메시지만 처리하고 다른 소비자는 홀수 오프셋 메시지만 처리하는 식이다. 다른 방법으로는 스레드 풀을 사용해 메시지 처리를 분산할 수 있다. 하지만 이 방법은 소비자 오프셋 관리가 복잡하다. 일반적으로 한 파티션은 단일 스레드가 처리하는 것이 적절하고 병렬성을 높이고 싶다면 파티션 수를 늘리는 게 좋다.

소비자 노드에 장애가 발생하면 소비자 그룹 내 다른 노드에 장애가 발생한 소비자의 파티션을 할당하고 마지막 기록된 오프셋부터 메시지를 처리하기 시작한다. 장애가 발생한 소비자가 처리했지만 아직 오프셋을 기록하지 못한 메시지가 있다면 이 메시지는 재시작할 때 두 번 처리된다. 이 문제는 이번 장 후반부에서 다시 다룬다.

디스크 공간 사용

로그를 계속 추가한다면 결국 디스크 공간을 전부 사용하게 된다. 디스크 공간을 재사용하기 위해 실제로는 로그를 여러 조각으로 나누고 가끔 오래된 조각을 삭제하거나 보관 저장소로 이동한다(디스크 공간을 확보하는 좀 더 정교한 방법은 이후에 설명한다).

소비자 처리 속도가 느려 메시지가 생산되는 속도를 따라잡지 못하면 소비자가 너무 뒤처져 소비자 오프셋이 이미 삭제한 조각을 가리킬 수도 있다. 즉 메시지 일부를 잃어버릴 가능성이 있다는 뜻이다. 결과적으로 로그는 크기가 제한된 버퍼로 구현하고 버퍼가 가득 차면 오래된 메시지 순서대로 버린다. 이런 버퍼를 **원형 버퍼**(circular buffer) 또는 **링 버퍼**(ring buffer)라고 한다. 그러나 버퍼가 디스크 상에 있다면 상당히 커질 수 있다.

간단하게 계산해 보자. 이 글을 쓰는 시점 기준으로 일반적으로 큰 하드디스크는 용량이 6TB, 순차 기록 처리량은 150MB/s다. 가능한 최대 속도로 메시지를 기록한다면 디스크를 가득 채우는 데 약 11시간이 걸린다. 즉 이 하드디스크는 11시간 동안 발생한 메시지를 버퍼링할 수 있다. 그 이후에는 오래된 메시지를 덮어쓰기 시작한다. 하드디스크를 더 많이 사용하고 장비를 더 많이 사용하더라도 이 비율은 동일하다. 실제로 배치된 시스템이 디스크 기록 대역폭을 전부 사용하는 경우는 드물다. 그래서 로그는 일반적으로 하드디스크 버퍼에 수 일에서 수 주간 메시지를 보관할 수 있다.

메시지 보관 기간과 관계없이 모든 메시지를 디스크에 기록하기 때문에 로그 처리량은 일정하다 [18]. 이런 동작은 기본적으로 메모리에 메시지를 유지하고 큐가 너무 커질 때만 디스크에 기록하는 메시징 시스템과는 반대다. 이 시스템은 큐가 작을 때는 빠르지만 디스크에 기록하기 시작하면 매우 느려진다. 그래서 이 시스템의 처리량은 보유한 메시지 양에 따라 다르다.

소비자가 생산자를 따라갈 수 없을 때

438쪽 "메시징 시스템" 도입부에서 소비자가 메시지를 전송하는 생산자를 따라갈 수 없을 때 선택할 수 있는 선택지 세 가지를 설명했다. 바로 메시지 버리기, 버퍼링, 배압 적용하기다. 로그 기반 접근법을 이 방식으로 분류하자면 대용량이지만 (가능한 디스크 공간으로 제한된) 고정 크기의 버퍼를 사용하는 버퍼링 형태다.

소비자가 뒤처져 필요한 메시지가 디스크에 보유한 메시지보다 오래되면 필요한 메시지는 읽을 수 없다. 그래서 브로커는 버퍼 크기를 넘는 오래된 메시지를 자연스럽게 버린다. 소비자가 로그의 헤드로부터 얼마나 떨어졌는지 모니터링하면 눈에 띄게 뒤처지는 경우 경고할 수 있다. 버퍼가 커질수록, 사람이 소비자 처리가 느린 문제를 고쳐 메시지를 잃기 전에 따라 잡을 시간을 충분히 벌 수 있다.

어떤 소비자가 너무 뒤처져서 메시지를 잃기 시작해도 해당 소비자만 영향을 받고 다른 소비자들의 서비스를 망치지는 않는다. 이 점은 운영상 상당한 장점이다. 프로덕션 서비스에 영향을 줄 우려 없이 개발, 테스트, 디버깅 목적으로 프로덕션 로그를 소비하는 실험이 가능하다. 소비자가 종료되거나 죽으면 자원 소비가 중단되고 소비자 오프셋만 남는다.

이 동작은 전통적인 메시지 브로커와 대조적이다. 전통적 메시지 브로커는 소비자가 중단되면 그 소비자가 사용하던 큐를 삭제해줘야 한다. 그렇지 않으면 큐에 불필요한 메시지가 누적되고 여전히 활성화된 소비자로부터 메모리를 계속 뺏어가게 된다.

오래된 메시지 재생

이전에 AMQP와 JMS 유형의 메시지 브로커에서 메시지를 처리하고 확인 응답하는 작업은 브로커에서 메시지를 제거하기 때문에 파괴적 연산이라 언급했다. 반면 로그 기반 메시지 브로커는 메시지를 소비하는 게 오히려 파일을 읽는 작업과 더 유사한데 로그를 변화시키지 않는 읽기 전용 연산이기 때문이다.

소비자의 출력을 제외한, 메시지 처리의 유일한 부수 효과는 소비자 오프셋 이동이다. 하지만 소비자 오프셋은 소비자 관리 아래에 있다. 그래서 필요하다면 쉽게 조작할 수 있다. 예를 들어 한 소비자의 어제 오프셋을 복사했다가 전날 분량의 메시지를 재처리하기 위해 다른 위치에 출력을 기록할 수 있다. 또한 몇 번이든지 처리 코드를 변경해 재처리할 수 있다.

이 점은 지난 장에서 다룬 일괄 처리와 유사한 측면이다. 로그 기반 메시징과 일괄 처리는 변환 처리를 반복해도 입력 데이터에 영향을 전혀 주지 않고 파생 데이터를 만든다. 로그 기반 메시징 시스템은 많은 실험을 할 수 있고 오류와 버그를 복구하기 쉽기 때문에 조직 내에서 데이터플로를 통합하는 데 좋은 도구다[24].

데이터베이스와 스트림

앞서 메시지 브로커와 데이터베이스를 비교했다. 브로커와 데이터베이스는 전통적으로 전혀 다른 범주의 도구로 생각되지만 로그 기반 브로커는 데이터베이스에서 아이디어를 얻어 메시징에 적용하는 데 성공했다. 그 반대도 가능하다. 메시징과 스트림에서 아이디어를 가져와 데이터베이스에 적용할 수 있다.

이전에 언급했듯이 이벤트는 특정 시점에 발생한 사건을 기록한 레코드다. 사건은 사용자 활동(예: 사용자 질의를 타이핑)이나 측정 판독일 수 있지만 **데이터베이스에 기록**하는 것일 수도 있다. 데이터베이스에 뭔가를 기록한다는 사실은 캡처해서 저장하고 처리할 수 있는 이벤트다. 이런 관측을 통해 데이터베이스와 스트림 사이의 연결점이 단지 디스크에 로그를 저장하는 물리적 저장소 이상이라는 점을 알 수 있다. 이것이 가장 근본적인 개념이다.

사실 복제 로그(160쪽 "복제 로그 구현" 참고)는 데이터베이스 기록 이벤트의 스트림이다. 데이터베이스가 트랜잭션을 처리할 때 리더는 데이터베이스 기록 이벤트를 생산한다. 팔로워는 기록 스트림을 해당 데이터베이스 복제본에 기록해 완전히 동일한 데이터 복사본을 만든다. 복제 로그 이벤트는 데이터에 변경이 발생했음을 나타낸다.

345쪽 "전체 순서 브로드캐스트"에서 **상태 기계 복제**의 원리를 잠시 설명했다. 이 원리는 모든 이벤트가 데이터베이스 쓰기를 나타내고 모든 복제 장비에서 같은 이벤트는 동일한 순서로 처리된다고 하면 복제 장비는 동일한 최종 상태로 끝난다는 것이다(이벤트 처리는 결정적 연산이라 가정). 즉 상태 기계 복제도 이벤트 스트림의 일종이다.

이번 절에서는 이종 데이터 시스템에서 발생하는 문제 한 가지를 먼저 살펴본 다음 이벤트 스트림의 아이디어를 데이터베이스에 적용해 이 문제를 해결하는 방법을 찾는다.

시스템 동기화 유지하기

이 책 어디에도 데이터 저장과 질의, 처리 요구사항을 모두 만족하는 단일 시스템은 없었다. 실제로 대부분의 중요 애플리케이션이 요구사항을 만족하기 위해 몇 가지 다른 기술의 조합이 필요하다. 사용자 요청에 대응하기 위한 OLTP 데이터베이스, 공통 요청의 응답 속도를 높이기 위한 캐시, 검색 질의를 다루기 위한 전문 색인, 분석용 데이터 웨어하우스가 그 예다. 이 시스템 각각은 데이터의 복제본을 가지고 있고 그 데이터는 목적에 맞게 최적화된 형태로 각각 저장된다.

관련이 있거나 동일한 데이터가 여러 다른 장소에서 나타나기 때문에 서로 동기화가 필수다. 데이터 베이스에 아이템 하나를 갱신하면 캐시와 색인과 데이터 웨어하우스도 마찬가지로 갱신해야 한다. 데이터 웨어하우스에서는 이 동기화 과정을 대개 ETL 과정에서 수행(94쪽 "데이터 웨어하우징" 참고)한다. 흔히 데이터베이스 전체를 복사하고 변환한 후 데이터 웨어하우스로 벌크 로드한다. 즉 이 과정은 일괄 처리다. 407쪽 "일괄 처리 워크플로의 출력"에서 검색 색인, 추천 시스템과 일괄 처리를 사용해 만들 수도 있는 다른 파생 데이터 시스템을 알아봤다.

주기적으로 데이터베이스 전체를 덤프하는 작업이 너무 느리면 대안으로 사용하는 방법으로 **이중 기록(dual write)**이 있다. 이중 기록을 사용하면 데이터가 변할 때마다 애플리케이션 코드에서 명시적으로 각 시스템에 기록한다. 예로 먼저 데이터베이스에 기록한 다음 검색 색인을 갱신한다. 그리고 캐시 엔트리를 무효화한다(또는 해당 쓰기 작업을 동시에 수행한다).

그러나 이중 기록에는 몇 가지 심각한 문제가 있다. 그중 하나는 그림 11-4에 나오는 경쟁 조건이다. 이 예제에서 두 클라이언트는 동시에 아이템 X를 업데이트하려 한다. 클라이언트 1은 값을 A로, 클라이언트 2는 값을 B로 설정하려 한다. 각 클라이언트는 먼저 데이터베이스에 새 값을 쓴 후 색인에 기록한다. 타이밍이 좋지 않아 요청이 서로 교차했다. 데이터베이스에 클라이언트 1이 먼저 값 A를 쓰고 그다음 클라이언트 2가 값을 B로 바꾼다. 그래서 데이터베이스의 최종 값은 B다. 색인은 클라이언트 2의 기록을 먼저 본 후 클라이언트 1의 기록을 봤다. 그래서 색인 최종 값은 A다. 두 시스템은 오류가 발생하지 않았음에도 이제 영원히 서로 일치하지 않는다.

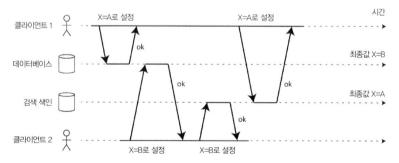

그림 11-4. 데이터베이스에서 X를 먼저 A로 설정했다가 B로 바꿨다. 반면 색인에는 쓰기 요청이 반대 순서로 도착했다.

186쪽 "동시 쓰기 감지"에서 설명한 버전 벡터와 같은 동시성 감지 메커니즘을 따로 사용하지 않으면 동시에 쓰기가 발생해도 알아차리지 못한 채 한 값이 다른 값을 덮어 쓴다.

이중 쓰기의 다른 문제는 한쪽 쓰기가 성공할 때 다른 쪽 쓰기는 실패할 수 있다는 점이다. 이것은 동시성 문제라기보다는 내결함성 문제로 두 시스템 간 불일치가 발생하는 현상이 발생한다. 동시 성공 또는 동시 실패를 보장하는 방식은 원자적 커밋 문제다. 이 문제를 해결하는 데는 비용이 많이 든다(351쪽 "원자적 커밋과 2단계 커밋(2PC)" 참고).

단일 리더 복제 데이터베이스 하나를 사용한다면 리더가 쓰기 순서를 결정한다. 따라서 상태 기계 복제 방법은 데이터베이스 복제본 사이에서 작동한다. 그러나 그림 11-4에는 단일 리더가 있지 않다. 데이터베이스에도 리더가 있고 검색 색인에도 리더가 있을지 모르지만 다른 쪽을 팔로우하지 않기 때문에 충돌이 발생할 수 있다(169쪽 "다중 리더 복제" 참고).

색인용 인덱스를 데이터베이스의 팔로워로 만들어 실제로 리더 하나만 존재하게 한다면 상황은 훨씬 낫다. 하지만 실제로 가능한 이야기일까?

변경 데이터 캡처

대다수 데이터베이스의 복제 로그와 관련된 문제는 공개 API가 아니라 오랫동안 데이터베이스 내부 상세 구현으로 간주됐다. 클라이언트는 일반적으로 복제 로그를 파싱해서 데이터를 추출하는 방식을 사용하지 않고 데이터 모델과 질의 언어를 통해 데이터베이스에 질의한다.

수십 년 동안 많은 데이터베이스는 데이터 변경 로그를 얻는 방법에 대해 기술한 문서를 제공하지 않았다. 그렇기 때문에 데이터베이스에서 발생하는 데이터 변화를 감지해서 변경된 내용을 검색 색인, 캐시, 데이터 웨어하우스 같은 다른 저장 기술에 복제하기 어려웠다.

최근 들어 **변경 데이터 캡처(change data capture, CDC)**에 관심이 높아지고 있다. 변경 데이터 캡처는 데이터베이스에 기록하는 모든 데이터의 변화를 관찰해 다른 시스템으로 데이터를 복제할 수 있는 형태로 추출하는 과정이다. CDC는 데이터가 기록되자마자 변경 내용을 스트림으로 제공할 수 있으면 특히 유용하다.

예를 들면 데이터베이스의 변경 사항을 캡처해 같은 변경 사항을 검색 색인에 꾸준히 반영할 수 있다. 같은 순서로 로그 변경이 반영된다면 데이터베이스의 데이터와 색인이 일치할 것이다. 그림 11-5를 보면 검색 색인 뿐만 아니라 다른 파생 데이터 시스템도 단지 변경 스트림의 소비자다.

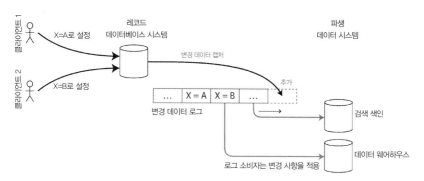

그림 11-5. 데이터베이스에 쓰여진 순서대로 데이터를 가져와 다른 시스템에 변경 사항을 같은 순서로 적용한다.

변경 데이터 캡처의 구현

3부 도입부에서 설명한 것처럼 검색 색인과 데이터 웨어하우스에 저장된 데이터는 레코드 시스템에 저장된 데이터의 또 다른 뷰일 뿐이므로 로그 소비자를 **파생 데이터 시스템**이라 할 수 있다. 변경 데이터 캡처는 파생 데이터 시스템이 레코드 시스템의 정확한 데이터 복제본을 가지게 하기 위해 레코드 시스템에 발생하는 모든 변경 사항을 파생 데이터 시스템에 반영하는 것을 보장하는 메커니즘이다.

변경 데이터 캡처는 본질적으로 변경 사항을 캡처할 데이터베이스 하나를 리더로 하고 나머지를 팔로워로 한다. 로그 기반 메시지 브로커는 원본 데이터베이스에서 변경 이벤트를 전송하기에 적합하다. 로그 기반 메시지 브로커는 메시지 순서를 유지하기 때문이다(그림 11-2의 순서 변경 문제를 회피).

변경 데이터 캡처를 구현하는 데 데이터베이스 트리거를 사용하기도 한다(163쪽 "트리거 기반 복제" 참고). 데이터 테이블의 모든 변화를 관찰하는 트리거를 등록하고 변경 로그 테이블에 해당 항목을 추가하는 방식이다. 하지만 이 방식은 고장 나기 쉽고 성능 오버헤드가 상당하다. 복제 로그를 파싱하는 방식은 스키마 변경 대응 등 해결해야 할 여러 문제가 있지만 트리거 방식보다 견고한 방법이다.

링크트인의 데이터버스(Databus)[25], 페이스북의 웜홀(Wormhole)[26], 야후!의 셰르파(Sherpa)[27]에서 대규모 데이터를 다룰 때 이 아이디어를 사용한다. 보틀드 워터(Bottled Water)는 쓰기 전 로그를 복호화하는 API를 사용해 포스트그레스큐엘용 CDC를 구현하고[28], 맥스웰(Maxwell)과 디비지움(Debezium)은 binlog를 파싱해 유사한 방식으로 마이SQL용 변경 데이터 캡처를 구현한다[29, 30, 31]. 몽고리버(Mongoriver)는 몽고DB의 oplog를 읽고[32, 33] 골든게이트(GoldenGate)는 비슷한 기능을 오라클용으로 제공한다[34, 35].

변경 데이터 캡처는 메시지 브로커와 동일하게 비동기 방식으로 동작한다. 레코드 데이터베이스 시스템은 변경 사항을 커밋하기 전에 변경 사항이 소비자에게 적용될 때까지 기다리지 않는다. 운영상 이점이 있는 설계로 느린 소비자가 추가되더라도 레코드 시스템에 미치는 영향이 적다. 하지만 복제 지연의 모든 문제가 발생하는 단점이 있다(163쪽 "복제 지연 문제" 참고).

초기 스냅숏

데이터베이스에서 발생한 모든 변경 로그가 있다면 로그를 재현해서 데이터베이스의 전체 상태를 재구축할 수 있다. 그러나 대부분 모든 변경 사항을 영구적으로 보관하는 일은 디스크 공간이 너무 많이 필요하고 모든 로그를 재생하는 작업도 너무 오래 걸린다. 그래서 로그를 적당히 잘라야 한다.

전문 색인을 새로 구축할 때를 예로 들면 전체 데이터베이스 복사본이 필요하다. 최근에 갱신하지 않은 항목은 로그에 없기 때문에 최근 변경 사항만 반영하는 것으로는 충분하지 않다. 따라서 전체 로그 히스토리가 없다면 157쪽 "새로운 팔로워 설정"에서 설명한 것처럼 일관성 있는 스냅숏을 사용해야 한다.

데이터베이스 스냅숏은 변경 로그의 위치나 오프셋에 대응돼야 한다. 그래야 스냅숏 이후에 변경 사항을 적용할 시점을 알 수 있다. 일부 CDC 도구는 이런 스냅숏 기능을 내장하고 있으나 수작업으로 진행해야 하는 CDC 도구도 있다.

로그 컴팩션

로그 히스토리의 양을 제한한다면 새로운 파생 데이터 시스템을 추가할 때마다 스냅숏을 만들어야 한다. 하지만 **로그 컴팩션**(log compaction)이라는 대안이 있다.

74쪽 "해시 색인"에서 로그 구조화 저장 엔진을 설명하는 맥락에서 로그 컴팩션을 다뤘다(그림 3-2 참고). 원리는 간단하다. 저장 엔진은 주기적으로 같은 키의 로그 레코드를 찾아 중복을 제거하고 각 키에 대해 가장 최근에 갱신된 내용만 유지한다. 컴팩션과 병합 과정은 백그라운드로 실행된다.

로그 구조화 저장 엔진에서 특별한 널 값(**툼스톤**(tombstone))으로 갱신하는 것은 키의 삭제를 의미하고 로그 컴팩션을 수행할 때 실제로 값을 제거한다. 그러나 툼스톤은 키를 덮어쓰거나 삭제하지 않는 한 영구적으로 유지한다. 컴팩션한 로그를 저장하는 데 필요한 디스크 공간은 지금까지 데이터베이스에 발생한 쓰기 수가 아니라 현재 데이터베이스에 있는 내용에 달려있다. 같은 키를 여러 번 덮어썼다면 이전 값은 결국 가비지 컬렉션되고 최신 값이 유지된다.

로그 기반 메시지 브로커와 변경 데이터 캡처의 맥락에서도 마찬가지다. CDC 시스템에서 모든 변경에 기본키가 포함되게 하고 키의 모든 갱신이 해당 키의 이전 값을 교체한다면 특정 키에 대해 최신 쓰기만 유지하면 충분하다.

이제는 검색 색인과 같은 파생 데이터 시스템을 재구축할 때마다 새 소비자는 컴팩션된 로그 토픽의 오프셋 0부터 시작해서 순차적으로 데이터베이스의 모든 키를 스캔하면 된다. 로그에 데이터베이스에 있는 모든 키의 최신 값이 존재하는 것이 보장된다(컴팩션 중인 경우 이전 값도 약간 존재 가능). 즉 CDC 원본 데이터베이스의 스냅숏을 만들지 않고도 데이터베이스 콘텐츠 전체의 복사본을 얻을 수 있다.

아파치 카프카는 로그 컴팩션 기능을 제공한다. 이번 장 후반부에서 다루겠지만 메시지 브로커는 일시적 메시징뿐만 아니라 지속성 있는 저장소로도 사용 가능하다.

변경 스트림용 API 지원

최근 데이터베이스들은 기능 개선이나 리버스 엔지니어링을 통해 CDC 지원을 하기보다 점진적으로 변경 스트림을 기본 인터페이스로서 지원하기 시작했다. 예로 리싱크DB(RethinkDB)는 질의 결과에 변경이 있을 때 알림을 받을 수 있게 구독이 가능한 질의를 지원한다[36]. 파이어베이스(FireBase)[37]와 카우치DB(CouchDB)[38]는 애플리케이션에도 사용 가능한 변경 피드 기반의 데이터 동기화를 지원한다. 그리고 미티어(Meteor)는 몽고DB의 oplog를 사용해 데이터 변경사항을 구독하거나 사용자 인터페이스를 갱신한다[39].

볼트DB(VoltDB)는 스트림 형태로 데이터베이스에서 데이터를 지속적으로 내보내는 트랜잭션을 제공한다[40]. 볼트DB는 튜플을 삽입할 수 있지만 질의는 할 수 없는 테이블로서 관계형 데이터 모델 내의 출력 스트림을 표현한다. 스트림은 커밋된 트랜잭션들이 이 특수한 테이블에 커밋된 순서대로 기록한 튜플의 로그로 구성된다. 외부 소비자는 이 로그를 비동기로 소비해 파생 데이터 시스템을 갱신하는 데 사용한다.

카프카 커넥트(Kafka Connect)[41]는 카프카를 광범위한 데이터 시스템용 변경 데이터 캡처 도구로 활용하기 위한 노력의 일환이다. 변경 이벤트를 스트림하는 데 카프카를 사용하면 검색 색인과 같은 파생 데이터 시스템을 갱신하는 데 사용 가능하고 이번 장 후반부에 설명할 스트림 처리 시스템에도 이벤트 공급이 가능하다.

이벤트 소싱

여기서 설명한 아이디어와 **이벤트 소싱(event sourcing)** 은 유사한 면이 있다. 이벤트 소싱은 도메인 주도 설계(domain-driven design, DDD) 커뮤니티에서 개발한 기법이다[42, 43, 44]. 이벤트 소싱은 스트리밍 시스템에 관련한 유용한 아이디어를 포함하기 때문에 이벤트 소싱에 대해 간략히 설명한다.

이벤트 소싱은 변경 데이터 캡처와 유사하게 애플리케이션 상태 변화를 모두 변경 이벤트 로그로 저장한다. 변경 데이터 캡처와 가장 큰 차이점은 이 아이디어를 적용하는 추상화 레벨이 다르다는 점이다.

- 변경 데이터 캡처에서 애플리케이션은 데이터베이스를 변경 가능한 방식으로 사용해 레코드를 자유롭게 갱신하고 삭제한다. 변경 로그는 데이터베이스에서 저수준으로 추출한다(예로 복제 로그를 파싱). 변경 로그는 데이터베이스에서 추출한 쓰기 순서가 실제로 데이터를 기록한 순서와 일치하고 그림 11-4에서 설명한 경쟁 조건이 나타나지 않게 보장한다. 데이터베이스에 기록하는 애플리케이션은 CDC가 실행 중인지 알 필요가 없다.

- 이벤트 소싱에서 애플리케이션 로직은 이벤트 로그에 기록된 불변 이벤트를 기반으로 명시적으로 구축한다. 이때 이벤트 저장은 단지 추가만 가능하고 갱신이나 삭제는 권장하지 않거나 금지한다. 이벤트는 저수준에서 상태 변경을 반영하는 것이 아니라 애플리케이션 수준에서 발생한 일을 반영하게끔 설계됐다.

이벤트 소싱은 데이터 모델링에 쓸 수 있는 강력한 기법이다. 애플리케이션 관점에서 사용자의 행동을 불변 이벤트로 기록하는 방식은 변경 가능한 데이터베이스 상에서 사용자의 행동에 따른 효과를 기록하는 방식보다 훨씬 유의미하다. 이벤트 소싱을 사용하면 애플리케이션을 지속해서 개선하기가 매우 유리하다. 어떤 상황이 발생한 후에 상황 파악이 쉽기 때문에 디버깅에 도움이 되고 애플리케이션 버그를 방지한다(457쪽 "불변 이벤트의 장점" 참고).

예를 들어 "어떤 학생이 강의 신청을 취소했다"는 이벤트를 저장한다고 하자. 이 동작은 명백하게 단일 동작의 의도를 중립적인 방식으로 표현한다. 반면 이 동작의 부수 효과인 "수강 테이블에서 항목 하나를 삭제하고 학생 피드백 테이블에 취소 사유를 추가한다"는 데이터가 나중에 사용되는 방식에 관한 많은 가정을 포함한다. 만약 애플리케이션에 "대기 목록의 다음 사람에게 자리를 제공"하는 새로운 기능을 추가하더라도 이벤트 소싱 접근법을 사용하면 새로 발생한 부수 효과를 기존 이벤트에서 쉽게 분리할 수 있다.

이벤트 소싱은 연대기 데이터 모델(chronicle data model)[45]과 유사하다. 또한 이벤트 로그와 별 모양 스키마에서 발견한 사실 테이블 사이에도 유사점이 있다(93쪽 "분석용 스키마: 별 모양 스키마와 눈꽃송이 모양 스키마" 참고).

이벤트 스토어(Event Store)[46] 같은 특화된 데이터베이스는 이벤트 소싱을 사용하는 애플리케이션을 지원하게끔 개발하고 있지만 일반적으로 이벤트 소싱 접근법은 특정 도구와 독립적이다. 일반 데이터베이스나 로그 기반 메시지 브로커도 이런 방식으로 애플리케이션을 구축하는 데 사용할 수 있다.

이벤트 로그에서 현재 상태 파생하기

이벤트 로그는 그 자체로는 그렇게 유용하지 않다. 사용자는 일반적으로 시스템의 현재 상태를 보기를 원하지 수정 히스토리를 원하지 않기 때문이다. 쇼핑 웹사이트를 예로 들면 사용자는 장바구니에 발생한 모든 변경 사항을 기록한 추가 전용 목록이 아니라 현재 장바구니의 내용을 보고 싶어한다.

따라서 이벤트 소싱을 사용하는 애플리케이션은 시스템에 **기록한** 데이터를 표현한 이벤트 로그를 가져와 사용자에게 보여주기에 적당한 애플리케이션 상태(시스템에서 데이터를 읽는 방식[47])로 변환해야 한다. 이 변환 과정은 로직을 자유롭게 사용할 수 있지만 결정적 과정이어야 한다. 다시 수행하더라도 이벤트 로그로부터 동일한 애플리케이션 상태를 만들 수 있어야 하기 때문이다.

변경 데이터 캡처와 마찬가지로 이벤트 로그를 재현하면 현재 시스템 상태를 재구성할 수 있다. 하지만 로그 컴팩션은 다르게 처리해야 한다.

- 레코드 갱신용 CDC 이벤트는 일반적으로 레코드의 가장 새로운 버전을 보유한다. 그래서 기본키의 현재 값은 전적으로 기본키의 가장 최신 이벤트로 결정되고 같은 키의 이전 이벤트는 로그 컴팩션을 통해 버린다.

- 반면 이벤트 소싱은 이벤트를 보다 상위 수준에서 모델링한다. 이벤트는 대개 사용자 행동의 결과로 발생한 상태 갱신 메커니즘이 아닌 사용자 행동 의도를 표현한다. 이 경우 뒤에 발생한 이벤트가 앞선 이벤트를 덮어쓰지 않는다. 그래서 마지막 상태를 재구축하기 위해서는 이벤트의 전체 히스토리가 필요하다. 이런 방식에서는 로그 컴팩션이 불가능하다.

이벤트 소싱을 사용하는 애플리케이션은 일반적으로 이벤트 로그에서 파생된 현재 상태의 스냅숏을 저장하는 메커니즘이 있기 때문에 전체 로그를 반복해서 재처리할 필요는 없다. 하지만 이 메커니즘은 장애 발생 시 읽고 복구하는 성능을 높여주는 최적화에 불과하다. 이벤트 소싱 시스템에는 모든 원시 이벤트를 영원히 저장하고 필요할 때마다 모든 이벤트를 재처리할 수 있어야 한다는 의도가 있다. 이 가정은 460쪽 "불변성의 한계"에서 설명한다.

명령과 이벤트

이벤트 소싱 철학은 **이벤트**와 **명령(command)**을 구분하는 데 주의한다[48]. 사용자 요청이 처음 도착했을 때 이 요청은 명령이다. 이 시점에서는 명령이 실패할 수도 있다. 예로 특정 무결성 조건을 위반하면 실패한다. 애플리케이션은 먼저 명령이 실행 가능한지 확인해야 한다. 무결성이 검증되고 명령이 승인되면 명령은 지속성 있는 불변 이벤트가 된다.

예를 들어보자. 사용자가 특정 사용자명으로 등록을 시도하거나 극장이나 비행기의 좌석을 예매하려 한다면 애플리케이션은 해당 사용자명이 이미 사용 중이거나 좌석이 이미 예약이 끝났는지 확인할 필요가 있다. (361쪽 "내결함성을 지닌 합의"에서 설명한 예제) 확인이 성공하면 애플리케이션은 특정 사용자명을 특정 사용자 ID로 등록한다라는 이벤트를 생성하거나 특정 고객이 특정 좌석을 예약한다라는 이벤트를 생성한다.

이벤트는 생성 시점에 **사실(fact)**이 된다. 사용자가 나중에 예약을 변경하거나 취소하더라도 이전에 특정 좌석을 예약했다는 사실은 여전히 진실이며 변경이나 취소는 나중에 추가된 독립적인 이벤트다.

이벤트 스트림 소비자는 이벤트를 거절하지 못한다. 소비자가 이벤트를 받은 시점에는 이벤트는 이미 불변 로그의 일부분이다. 다른 소비자도 이미 받았을 것이다. 따라서 명령의 유효성은 이벤트가 되기 전에 동기식으로 검증해야 한다. 이를테면 직렬성 트랜잭션을 사용해 원자적으로 명령을 검증하고 이벤트를 발행할 수 있다.

혹은 좌석을 예약하는 사용자 요청을 이벤트 두 개로 분할할 수 있다. 하나는 가예약 이벤트고 다른 하나는 유효한 예약에 대한 확정 이벤트다(347쪽 "전체 순서 브로드캐스트를 사용해 선형성 저장소 구현하기"에서의 설명과 마찬가지로). 이렇게 분할하면 비동기 처리로 유효성 검사를 할 수 있다.

상태와 스트림 그리고 불변성

일괄 처리에서 입력 파일의 불변성이 주는 이점을 10장에서 설명했다. 즉 입력 파일에 손상을 주지 않고 기존 입력 파일에 얼마든지 실험적 처리 작업을 수행할 수 있다. 또한 불변성 원리가 이벤트 소싱과 변경 데이터 캡처를 매우 강력하게 만든다.

일반적으로 데이터베이스는 애플리케이션의 현재 상태를 저장한다고 생각한다. 데이터베이스를 이런 식으로 표현하면 읽기에 최적화되고 대개 질의를 처리하는 데 매우 편리하다. 상태의 본질은 변하는 것이다. 그래서 데이터베이스는 데이터 삽입 외에도 데이터 갱신과 삭제를 지원한다. 이것이 불변성과 어떻게 어울릴 수 있을까?

상태가 변할 때마다 해당 상태는 시간이 흐름에 따라 변한 이벤트의 마지막 결과다. 예를 들면 현재 예약 가능한 좌석의 목록은 예약을 처리한 결과이고 현재 계좌 잔고는 계좌의 입금과 출금의 결과다. 그리고 웹 서버의 응답 시간 그래프는 발생한 모든 개별 요청의 응답 시간을 집계한 것이다.

상태가 어떻게 바뀌었든 항상 이런 변화를 일으킨 일련의 이벤트가 있다. 사건이 발생했다가 취소되더라도 이벤트가 발생했다는 점은 엄연한 사실이다. 변경 가능 상태와 추가 전용 불변 이벤트 로그는 마치 동전의 양면과 같이 서로 모순이다. 모든 **변경 로그(changelog)**는 시간이 지남에 따라 바뀌는 상태를 나타낸다.

수학적으로 말하자면 그림 11-6에서 볼 수 있듯이 애플리케이션 상태를 시간에 따른 이벤트 스트림을 적분해서 구할 수 있고 변경 스트림은 시간으로 상태를 미분해서 구할 수 있다[49, 50, 51]. 이런 비유는 제한적이지만(상태를 초 단위로 미분하는 것은 의미가 크게 없다.) 데이터에 관한 생각의 출발점으로 충분히 유용하다.

$$state(now) = \int_{t=0}^{now} stream(t)\, \mathrm{d}t \qquad stream(t) = \frac{\mathrm{d}\, state(t)}{\mathrm{d}t}$$

그림 11-6. 현재 애플리케이션 상태와 이벤트 스트림 간 관계

변경 로그를 지속성 있게 저장한다면 상태를 간단히 재생성할 수 있는 효과가 있다. 이벤트 로그를 레코드 시스템으로 생각하고 모든 변경 가능 상태를 이벤트 로그로부터 파생된 것으로 생각하면 시스템을 거치는 데이터 흐름에 관해 추론하기 쉽다. 팻 헬랜드(Pat Helland)가 언급한 내용을 보자 [52].

> 트랜잭션 로그는 데이터베이스에 적용된 모든 변경 사항을 기록한다. 로그는 고속으로 덧붙여지고, 덧붙이기가 로그를 변경하는 유일한 방법이다. 이런 측면에서 데이터베이스의 내용은 로그의 최근 레코드 값을 캐시하고 있는 셈이다. 즉 로그가 진실이다. 데이터베이스는 로그의 부분 집합의 캐시다. 캐시한 부분 집합은 로그로부터 가져온 각 레코드와 색인의 최신 값이다.

452쪽 "로그 컴팩션"에서 설명한 것처럼 로그 컴팩션은 로그와 데이터베이스 상태 사이의 차이를 메우는 한 가지 방법이다. 로그 컴팩션은 각 레코드의 최신 버전만을 보유하고 덮어 쓰여진 버전은 삭제한다.

불변 이벤트의 장점

데이터베이스에서 불변성을 이용하는 아이디어는 생각보다 오래됐다. 예를 들어 회계사는 금융 부기에 수 세기 동안 불변성을 이용해 왔다. 거래(트랜잭션)가 발생하면 거래 정보를 **원장(ledger)**에 추가만 하는 방식으로 기록한다. 원장은 본질적으로 돈, 상품, 서비스를 교환한 정보를 설명한 이벤트 로그다. 손익 또는 대차대조표 같은 회계는 원장의 거래 내역을 합산해 만든다[53].

실수가 발생해도 회계사는 원장의 잘못된 거래 내역을 지우거나 고치지 않는다. 대신 실수를 보완하는 거래 내역을 추가한다. 잘못된 과세에 대한 환급이 그런 예다. 잘못된 거래 내역은 원장에 영원히 남는다. 그것이 회계 감사에 중요한 사유가 될 수 있기 때문이다. 틀린 원장으로부터 만든 수치가 이미 발표됐다면 다음 회계 기간에 수정한다. 이 과정은 회계에서 매우 정상적인 과정이다[54].

그런 감사 기능은 금융 시스템에서 특히 중요하지만 그런 엄격한 규제가 필요하지 않은 많은 다른 시스템에도 유용하다. 410쪽 "일괄 처리 출력에 관한 철학"에서 설명한 것처럼 우연히 버그가 있는 코드를 배포해서 데이터베이스에 잘못된 데이터를 기록했을 때 코드가 데이터를 덮어썼다면 복구하기가 매우 어렵다. 추가만 하는 불변 이벤트 로그를 썼다면 문제 상황의 진단과 복구가 훨씬 쉽다.

또한 불변 이벤트는 현재 상태보다 훨씬 많은 정보를 포함한다. 예로 쇼핑 웹사이트에서 고객이 장바구니에 항목 하나를 넣었다가 제거했다고 하자. 주문 이행 관점에서는 두 번째 이벤트는 단지 첫 번째 이벤트를 취소한 것에 불과하지만 분석가에게는 고객이 특정 항목을 구매하려 했다가 하지 않았다는 것을 알 수 있는 유용한 정보. 그 고객은 아마도 나중에 구매하려고 했거나 대체재를 찾았을 것이다. 이 정보는 이벤트 로그에 기록되지만 데이터베이스에서는 장바구니에서 항목을 제거했을 때 잃어버리는 정보다[42].

동일한 이벤트 로그로 여러 가지 뷰 만들기

불변 이벤트 로그에서 가변 상태를 분리하면 동일한 이벤트 로그로 다른 여러 읽기 전용 뷰를 만들 수 있다. 이것은 한 스트림이 여러 소비자를 가질 때(그림 11-5)와 동일한 방식으로 작동한다. 예로 분석 데이터베이스 드루이드(Druid)는 이 방식을 사용해 카프카로부터 직접 데이터를 읽어 처리하고[55], 피스타치오(Pistachio)는 분산 키-값 저장소로 카프카를 커밋 로그처럼 사용한다[56]. 그리고 카프카 커넥트 싱크(Kafka Connect Sink)는 카프카에서 여러 데이터베이스와 색인에 데이터를 내보낼 수 있다[41]. 다른 여러 저장소나 검색 서버와 같은 색인 시스템이 분산 로그에서 직접 입력을 가져오는 것은 합리적인 방법이다(448쪽 "시스템 동기화 유지하기" 참고).

이벤트 로그에서 데이터베이스로 변환하는 명시적인 단계가 있으면 시간이 흐름에 따라 애플리케이션을 발전시키기 쉽다. 기존 데이터를 새로운 방식으로 표현하는 새 기능을 추가하려면 이벤트 로그를 사용해 신규 기능용으로 분리한 읽기 최적화된 뷰를 구축할 수 있다. 또한 기존 시스템을 수정할 필요가 없고 기존 시스템과 함께 운용이 가능하다. 신구 시스템을 나란히 구동하는 것은 기존 시스템에서 복잡한 스키마 이전을 수행하는 것보다 쉽다. 구 시스템이 더 이상 필요하지 않으면 기존 시스템을 내리고 기존 시스템이 사용하던 자원을 회수할 수 있다[47, 57].

일반적으로 데이터에 어떻게 질의하고 접근하는지 신경 쓰지 않는다면 데이터 저장은 상당히 직관적인 작업이다. 스키마 설계, 색인, 저장소 엔진이 가진 복잡성은 특정 질의와 특정 접근 형식을 지원하기 위한 결과로 발생한다(3장 참고). 이런 이유로 데이터를 쓰는 형식과 읽는 형식을 분리해 다양한 읽기 뷰를 허용한다면 상당한 유연성을 얻을 수 있다. 이 개념을 **명령과 질의 책임의 분리**(command query responsibility segregation, CQRS)[42, 58, 59]라 부른다.

데이터베이스와 스키마 설계의 전통적인 접근법은 데이터가 질의를 받게 될 형식과 같은 형식으로 데이터를 기록해야 한다는 잘못된 생각에 기초한다. 데이터를 쓰기 최적화된 이벤트 로그에서 읽기 최적화된 애플리케이션 상태로 전환 가능하면 정규화와 비정규화에 관한 논쟁(33쪽 "다대일과 다대다 관계" 참고)은 의미가 거의 없다. 읽기 최적화된 뷰는 데이터를 비정규화하는 것이 전적으로 합리적이다. 변환 프로세스가 뷰와 이벤트 로그 사이의 일관성을 유지하는 메커니즘을 제공하기 때문이다.

11쪽 "부하 기술하기"에서 트위터의 홈 타임라인을 설명했다. 홈 타임라인은 메일함과 비슷하게 특정 사용자가 팔로잉한 사람들이 최근에 쓴 트윗의 캐시로 읽기 최적화된 상태의 한 예다. 홈 타임라인은 특히 상당히 비정규화돼 있다. 사용자의 트윗은 그 사용자를 팔로잉한 사람들의 모든 타임라인에 중복해 나타나기 때문이다. 그러나 팬 아웃 서비스는 새 트윗과 새 팔로잉 관계가 생겨도 이런 중복된 상태가 동기화되게 해주고 중복을 관리 가능한 상태로 유지한다.

동시성 제어

이벤트 소싱과 변경 데이터 캡처의 가장 큰 단점은 이벤트 로그의 소비가 대개 비동기로 이뤄진다는 점이다. 그래서 사용자가 로그에 이벤트를 기록하고 이어서 로그에서 파생된 뷰를 읽어도 기록한 이벤트가 아직 읽기 뷰에 반영되지 않았을 가능성이 있다. 164쪽 "자신이 쓴 내용 읽기"에서 이 문제를 설명하고 해결책을 설명했다.

해결책 하나는 읽기 뷰의 갱신과 로그에 이벤트를 추가하는 작업을 동기식으로 수행하는 방법이다. 이 방법을 쓰려면 트랜잭션에서 여러 쓰기를 원자적 단위로 결합해야 하므로 이벤트 로그와 읽기 뷰를 같은 저장 시스템에 담아야 한다. 다른 시스템에 있다면 분산 트랜잭션이 필요하다. 대안으로 347쪽 "전체 순서 브로드캐스트를 사용해 선형성 저장소 구현하기"에서 설명한 접근법도 있다.

반면 이벤트 로그로 현재 상태를 만들면 동시성 제어 측면이 단순해진다. 다중 객체 트랜잭션(228쪽 "단일 객체 연산과 다중 객체 연산" 참고)은 단일 사용자 동작이 여러 다른 장소의 데이터를 변경해야 할 때 필요하다. 이벤트 소싱을 사용하면 사용자 동작에 대한 설명을 자체적으로 포함하는 이벤트를 설계할 수 있다. 그러면 사용자 동작은 한 장소에서 한 번 쓰기만 필요하다. 즉 이벤트를 로그에 추가만 하면 되며 원자적으로 만들기 쉽다.

이벤트 로그와 애플리케이션 상태를 같은 방식으로 파티셔닝하면(예를 들어 3번 파티션에 있는 사용자의 이벤트를 처리할 때 애플리케이션 상태의 3번 파티션만 갱신하면 된다면) 간단한 단일 스레드 로그 소비자는 쓰기용 동시성 제어는 필요하지 않다. 단지 단일 이벤트를 한 번에 하나씩 처리한다(252쪽 "실제적인 직렬 실행" 참고). 파티션 내에서 이벤트의 직렬 순서를 정의하면 로그에서 동시성의 비결정성을 제거할 수 있다[24]. 한 이벤트가 여러 개의 상태 파티션에 영향을 준다면 더 많은 작업이 필요하다. 관련 내용은 12장에서 다룬다.

불변성의 한계

이벤트 소스 모델을 사용하지 않는 많은 시스템에서도 불변성에 의존한다. 다양한 데이터베이스는 내부적으로 시점 스냅숏을 지원하기 위해 불변 자료 구조나 다중 버전 데이터를 사용한다(241쪽 "색인과 스냅숏 격리" 참고). 깃, 머큐리얼(Mercurial), 포씰(Fossil)과 같은 버전 관리 시스템도 파일의 버전 히스토리를 보존하기 위해 불변 데이터에 의존한다.

영구적으로 모든 변화의 불변 히스토리를 유지하는 것이 어느 정도까지 가능할까? 그 답은 데이터셋이 뒤틀리는 양에 따라 다르다. 대부분 데이터를 추가하는 작업이고 갱신이나 삭제는 드물게 발생하는 작업부하는 불변으로 만들기 쉽다. 상대적으로 작은 데이터셋에서 매우 빈번히 갱신과 삭제를 하는 작업부하는 불변 히스토리가 감당하기 힘들 정도로 커지거나 파편화 문제가 발생할 수도 있다. 또한 컴팩션과 가비지 컬렉션의 성능 문제가 견고한 운영을 하는 데 큰 골칫거리가 되기도 한다[60, 61].

성능적인 이유 외에도 데이터가 모두 불변성임에도 관리상의 이유로 데이터를 삭제할 필요가 있는 상황일 수 있다. 사생활 침해 규제로 인해 사용자가 계정을 폐쇄한 이후 사용자의 개인 정보를 지울 필요가 있다든지 데이터 보호법에 따라 잘못된 정보를 삭제해야 한다든지 민감한 정보가 우발적으로 노출되는 것을 방지해야 하는 경우가 그 예다.

이런 상황에서는 이전 데이터를 삭제해야 한다는 또 다른 이벤트를 로그에 추가한다고 해결되지 않는다. 실제로 원하는 바는 히스토리를 새로 쓰고 문제가 되는 데이터를 처음부터 기록하지 않았던 것처럼 하는 것이다. 데이토믹(Datomic)은 이 기능을 **적출(exicision)**[62]이라 부르고 포씰 버전 관리 시스템에는 **셔닝(shunning)**[63]이라는 비슷한 개념이 있다.

데이터를 진짜로 삭제하는 작업은 놀라울 정도로 어렵다[64]. 많은 곳에 복제본이 남아 있기 때문이다. 예를 들어 저장소 엔진, 파일 시스템, SSD는 같은 장소에 데이터를 덮어 쓰기보다 주로 새로운 장소에 기록한다[52]. 그리고 사고로 인한 삭제나 손상을 방지하기 위해 백업은 의도적으로 불변으로 만든다. 즉 삭제는 해당 데이터를 "찾기 불가능하게끔" 하는 문제라기보다는 "찾기 어렵게" 하는 문제다. 그럼에도 때로는 542쪽 "법률과 자기 규제"의 설명과 같이 행동해야 할 때가 있다.

스트림 처리

이번 장에서는 지금까지 스트림이 어디에서 오는지(사용자 활동 이벤트, 센서, 데이터베이스에 쓰기)에 대해 설명했고 스트림이 어떻게 전송되는지(직접 메시징, 메시지 브로커, 이벤트 로그를 통한 방법)에 대해 설명했다.

지금부터는 스트림으로 할 수 있는 일에 대해 설명한다. 스트림을 처리하는 방법에는 크게 세 가지 선택지가 있다.

1. 이벤트에서 데이터를 꺼내 데이터베이스나 캐시, 검색 색인 또는 유사한 저장소 시스템에 기록하고 다른 클라이언트가 이 시스템에 해당 데이터를 질의한다. 그림 11–5에 나온 것과 같이 이 방법은 시스템의 다른 부분에서 발생한 변화와 데이터베이스를 동기화하기에 좋은데, 특히 스트림 소비자가 데이터베이스에 데이터를 기록하는 유일한 클라이언트일 경우가 그렇다. 저장소 시스템에 기록하는 것은 407쪽 "일괄 처리 워크플로의 출력"에서 설명한 것과 동일한 스트리밍이다.

2. 이벤트를 사용자에 직접 보낸다. 예를 들어 이메일 경고나 푸시 알림을 전송하거나 이벤트를 시각화하는 실시간 대시보드에 이벤트를 스트리밍한다. 이 경우 사람이 스트림의 최종 소비자다.

3. 하나 이상의 입력 스트림을 처리해 하나 이상의 출력 스트림을 생산한다. 스트림은 최종 출력(1, 2번 선택지)에 이르기까지 여러 처리 단계로 구성된 파이프라인을 통과할 수도 있다.

이번 장의 나머지 부분에서는 스트림을 처리해 다른 파생 스트림을 생산하는, 즉 3번 선택지에 대해 설명한다. 이처럼 스트림을 처리하는 코드 조각을 **연산자**(operator)나 **작업**(job)이라 부른다. 이것은 10장에서 설명한 유닉스 프로세스, 맵리듀스 작업과 밀접한 관련이 있다. 그리고 그 데이터플로의 양식도 비슷한데 스트림 처리자는 읽기 전용 방식으로 입력 스트림을 소비해 추가 전용 방식으로 다른 곳에 출력을 쓴다.

스트림 처리자를 파티셔닝하고 병렬화하는 양식도 10장에서 다뤘던 맵리듀스, 데이터플로 엔진의 양식과 상당히 유사하다. 그래서 이 주제를 여기서 반복 설명하지는 않는다. 변환, 필터링과 같은 기본 매핑 연산 또한 동일하게 작동한다.

일괄 처리 작업과 가장 크게 다른 점은 스트림은 끝나지 않는다는 점이다. 이 차이에는 여러 함축된 의미가 있다. 이번 장 초반부에 설명한 것처럼 끝없는 데이터셋을 정렬하는 것은 말이 안 된다. 즉 정렬 병합 조인(399쪽 "리듀스 사이드 조인과 그룹화" 참고)을 사용할 수 없다. 내결함성 메커니즘 또한 변경이 필요하다. 몇 분 동안 실행된 일괄 처리 작업은 실패한 태스크를 처음부터 재시작하는 것으로 충분하다. 하지만 몇 년 동안 실행 중인 스트림 작업은 장애 발생 이후 처음부터 재시작하는 방법은 비현실적이다.

스트림 처리의 사용

스트림 처리는 특정 상황이 발생하면 조직에 경고를 해주는 모니터링 목적으로 오랜 기간 사용돼 왔다. 그 예를 아래에 정리했다.

- 사기 감시 시스템은 신용카드의 사용 패턴이 기대치 않게 변경되는지 확인해서 도난된 것으로 의심되면 카드 결제를 막는다.

- 거래 시스템은 금융 시장의 가격 변화를 감지해서 특정 규칙에 따라 거래를 실행해야 한다.

- 제조 시스템은 공장의 기계 상태를 모니터링하다 오작동을 발견하면 문제를 빨리 규명해야 한다.

- 군사 첩보 시스템은 잠재적 침략자의 활동을 추적해 공격 신호가 있으면 경보를 발령해야 한다.

이런 종류의 애플리케이션은 상당히 복잡한 패턴 매칭과 상관 관계 규명이 필요하다. 그러나 시간이 흘러 다른 용도로 스트림 처리를 사용하는 사용자들이 나타나기 시작했다. 이번 절에서는 이러한 애플리케이션들을 간략히 비교하고 대조한다.

복잡한 이벤트 처리

복잡한 이벤트 처리(complex event processing, CEP)는 1990년대에 이벤트 스트림 분석용으로 개발된 방법이다. CEP는 특정 이벤트 패턴을 검색해야 하는 애플리케이션에 특히 적합하다[65, 66]. CEP는 정규 표현식으로 문자열에서 특정 문자 패턴을 찾는 방식과 유사하게 스트림에서 특정 이벤트 패턴을 찾는 규칙을 규정할 수 있다.

CEP 시스템은 감지할 이벤트 패턴을 설명하는 데 종종 SQL 같은 고수준 선언형 질의 언어나 그래픽 사용자 인터페이스를 사용하기도 한다. 질의는 처리 엔진에 제출하고 처리 엔진은 입력 스트림을 소비해 필요한 매칭을 수행하는 상태 기계를 내부적으로 유지한다. 해당 매치를 발견하면 엔진은 감지한 이벤트 패턴의 세부 사항을 포함하는, 글자 그대로 **복잡한 이벤트**(complex event)를 방출한다[67].

이 시스템에서 질의와 데이터의 관계는 일반적 데이터베이스와 비교했을 때 반대다. 데이터베이스는 일반적으로 데이터를 영구적으로 저장하고 질의를 일시적으로 다룬다. 질의가 들어오면 데이터베이스는 질의와 매칭되는 데이터를 찾고 찾는 작업이 끝나면 해당 질의에 대해서는 잊는다. CEP 엔진은 이 역할을 서로 바꾼다. 질의는 오랜 기간 저장되고 입력 스트림으로부터 들어오는 이벤트는 지속적으로 질의를 지나 흘러가면서 이벤트 패턴에 매칭되는 질의를 찾는다[68].

CEP 구현에는 에스퍼(Esper)[69], IBM 인포스피어 스트림(IBM InfoSphere Streams)[70], 아파마(Apama), 팁코 스트림베이스(TIBCO StreamBase), SQL스트림(SQLstream) 등이 있다. 쌈자(Samza) 같은 분산 스트림 처리자는 스트림에 선언형 질의를 하는 SQL도 지원한다[71].

스트림 분석

스트림 처리를 사용하는 다른 영역으로 스트림 **분석(analytics)**이 있다. CEP와 스트림 분석 사이의 경계는 불분명하지만 일반적으로 분석은 연속한 특정 이벤트 패턴을 찾는 것보다 대량의 이벤트를 집계하고 통계적 지표를 뽑는 것을 더 우선한다. 아래는 그 예다.

- 특정 유형의 이벤트 빈도 측정(시간당 얼마나 자주 발생하는지)

- 특정 기간에 걸친 값의 이동 평균(rolling average) 계산

- 이전 시간 간격과 현재 통계값의 비교(추세를 감지하거나 지난 주 대비 비정상적으로 높거나 낮은 지표에 대해 경고)

일반적으로 이런 통계는 고정된 시간 간격 기준으로 계산한다. 예를 들어 지난 5분간 서비스에 들어온 초당 질의 수의 평균을 구하거나 같은 기간 동안의 99분위 응답 시간을 구한다. 수 분간 평균을 구하면 초 단위의 무의미한 변동을 부드럽게 만들어 제거하면서도 여전히 시간에 따른 트래픽 패턴 변화에 관한 그림을 제공한다. 집계 시간 간격을 **윈도우(window)**라 한다. 윈도우는 465쪽 "시간에 관한 추론"에서 좀 더 자세히 살펴본다.

스트림 분석 시스템은 81쪽 "성능 최적화"에서 나왔던 확률적 알고리즘을 사용하기도 한다. 집합 구성원 확인 용도의 블룸 필터(Bloom filter), 원소 개수 추정 용도의 하이퍼로그로그(HyperLogLog)[72], 다양한 백분위 추정 알고리즘(16쪽 "실전 백분위" 참고) 등이 있다. 확률적 알고리즘은 근사 결과를 제공한다. 대신 스트림 처리자 내에서 차지하는 메모리가 정확한 알고리즘을 쓸 때보다 상당히 적다. 근사 알고리즘을 사용하다 보면 가끔 스트림 처리 시스템이 항상 데이터를 누락하거나 부정확하다고 생각하기 쉬운데 잘못된 생각이다. 스트림 처리가 본질적으로 근사적인 것은 아니다. 확률적 알고리즘은 일종의 최적화 기법일 뿐이다[73].

아파치 스톰(Apache Storm), 스파크 스트리밍(Spark Streaming), 플링크(Flink), 콩코드(Concord), 쌈자(Samza), 카프카 스트림(Kafka Streams)[74] 등 많은 분산 스트림 처리 오픈소스 프레임워크가 분석 용도로 설계됐다. 호스팅 서비스로는 구글 클라우드 데이터플로(Google Cloud Dataflow)와 애저 스트림 분석(Azure Stream Analytics)이 있다.

구체화 뷰 유지하기

448쪽 "데이터베이스와 스트림"에서 알아본 대로 데이터베이스 변경에 대한 스트림은 캐시, 검색 색인, 데이터 웨어하우스 같은 파생 데이터 시스템이 원본 데이터베이스의 최신 내용을 따라잡게 하는 데 쓸 수 있다. 이런 예들은 **구체화 뷰**(104쪽 "집계: 데이터 큐브와 구체화 뷰" 참고)를 유지하는 특별한 사례로 볼 수 있다. 어떤 데이터셋에 대한 또 다른 뷰를 만들어 효율적으로 질의할 수 있게 하고 기반이 되는 데이터가 변경될 때마다 뷰를 갱신한다[50].

마찬가지로 이벤트 소싱에서 애플리케이션 상태는 이벤트 로그를 적용함으로써 유지된다. 여기서 애플리케이션 상태는 일종의 구체화 뷰다. 스트림 분석 시나리오와는 달리 어떤 시간 윈도우 내의 이벤트만 고려하면 보통 충분치 않다. 구체화 뷰를 만들려면 잠재적으로 임의의 시간 범위에 발생한 **모든** 이벤트가 필요하다(452쪽 "로그 컴팩션" 참고). 그 결과 시작 시점까지 늘려진 윈도우가 필요하다.

대부분 제한된 기간의 윈도우에서 동작하는 일부 분석 지향 프레임워크의 가정과 이벤트를 영원히 유지해야 할 필요성은 서로 상반되지만 이론상으로는 어떤 스트림 처리자라도 구체화 뷰를 유지하는 데 쓸 수 있다. 쌈자와 카프카 스트림은 카프카의 로그 컴팩션 지원을 기반으로 구체화 뷰 유지 용도로 사용할 수 있다[75].

스트림 상에서 검색하기

복수 이벤트로 구성된 패턴을 찾는 CEP 외에도 전문 검색 질의와 같은 복잡한 기준을 기반으로 개별 이벤트를 검색해야 하는 경우도 있다.

예를 들어 미디어 모니터링 서비스는 미디어 아웃렛에서 새 기사와 방송 피드를 구독하고 관심 있는 회사나 상품 또는 주제를 언급하는 뉴스를 검색한다. 사전에 검색 질의를 설정하면 꾸준히 스트림으로 들어오는 뉴스 항목을 이 질의에 매칭한다. 비슷한 기능이 있는 웹사이트도 있다. 예를 들어 부동산 웹사이트의 사용자는 부동산 시장에 사용자가 설정한 검색 기준과 매칭되는 새 부동산이 나오면 알려달라고 요청할 수 있다. 엘라스틱서치[76]의 여과(percolator) 기능은 이런 류의 스트림 검색을 구현하는 데 사용 가능한 선택지 중 하나다.

전통적인 검색 엔진은 먼저 문서를 색인하고 색인을 통해 질의를 실행한다. 반대로 스트림 검색은 처리 순서가 뒤집힌다. 질의를 먼저 저장한다. 그리고 CEP와 같이 문서는 질의를 지나가면서 실행 된다. 가장 간단한 사례로 모든 질의에 대해 모든 문서를 테스트할 수 있다. 엄청나게 많은 질의가 있다면 매우 느리긴 하겠지만 말이다. 이 과정을 최적화하기 위해 문서뿐만 아니라 질의도 색인할 수 있다. 그러면 매칭될지도 모르는 질의 집합을 줄일 수 있다[77].

메시지 전달과 RPC

139쪽 "메시지 전달 데이터플로"에서 메시지 전달 시스템을 RPC 대안으로 사용할 수 있다고 설명 했다. 즉 액터 모델 등에서 쓰이는 서비스 간 통신 메커니즘으로 사용할 수 있다. 이런 시스템은 메 시지와 이벤트에 기반을 두지만 일반적으로 이것들을 스트림 처리자로 생각하지는 않는다.

- 액터 프레임워크는 주로 동시성을 관리하고 통신 모듈을 분산 실행하는 메커니즘이다. 반면 스트림 처리는 기본적으로 데이 터 관리 기법이다.

- 액터 간 통신은 주로 단기적이고 일대일이다. 반면 이벤트 로그는 지속성이 있고 다중 구독이 가능하다.

- 액터는 임의의 방식으로 통신할 수 있다(순환 요청/응답 패턴도 포함). 그러나 스트림 처리자는 대개 비순환 파이프라인에 설정된다. 이런 파이프라인에서 모든 스트림은 특정 작업의 출력이며 잘 정의된 입력 스트림 집합에서 파생된다.

즉, 유사 RPC 시스템과 스트림 처리 사이에 겹치는 영역이 있다. 예를 들어 아파치 스톰에는 **분산 RPC(distributed RPC)**라 부르는 기능이 있다. 이 기능을 사용하면 이벤트 스트림을 처리하는 노 드 집합에 질의를 맡길 수 있다. 이 질의는 입력 스트림 이벤트가 끼워지고 그 결과들을 취합해 사용 자에게 돌려준다[78](513쪽 "다중 파티션 데이터 처리" 참고).

또한 액터 프레임워크를 이용한 스트림 처리도 가능하다. 그러나 액터 프레임워크는 대부분 장애 상 황에서 메시지 전달을 보장하지 않기 때문에 추가적인 재시도 로직을 구현하지 않으면 처리에 내결 함성을 보장하지 못한다.

시간에 관한 추론

스트림 처리자는 종종 시간을 다뤄야 할 때가 있다. 특히 분석 목적으로 사용하는 경우에 그렇다. 이 때 주로 "지난 5분 동안 평균" 같은 시간 윈도우를 자주 사용한다. "지난 5분"의 의미는 애매하지 않 고 명확한 의미라고 느껴지지만 안타깝게도 이 개념은 놀랍게도 까다롭다.

일괄 처리에서 태스크는 과거에 쌓인 대량의 이벤트를 빠르게 처리한다. 시간 단위로 쪼갤 필요가 있다면 일괄 처리는 각 이벤트에 내장된 타임스탬프를 봐야 한다. 하지만 일괄 처리를 수행하는 장비의 시스템 시계를 보는 것은 의미가 없다. 프로세스를 수행하는 시간과 이벤트가 실제로 발생한 시간과는 아무 관계가 없기 때문이다.

일괄 처리는 몇 분 안에 과거 이벤트 1년 치를 읽어야 할 수도 있다. 대부분의 경우 관심 있는 시간대는 처리를 수행하는 몇 분이 아니라 과거 이벤트가 쌓인 1년이다. 더욱이 이벤트의 타임스탬프를 사용하면 이벤트 처리를 결정적으로 만들 수 있다. 같은 입력으로 동일한 처리를 다시 하더라도 같은 결과를 내놓는다(422쪽 "내결함성" 참고).

반면 많은 스트림 처리 프레임워크는 윈도우 시간을 결정할 때 처리하는 장비의 시스템 시계(**처리 시간**)를 이용한다[79]. 이 접근법은 간단하다는 장점이 있다. 이벤트 생성과 이벤트 처리 사이의 간격이 무시할 정도로 작다면 꽤 합리적이다. 그러나 눈에 띌 정도로 처리가 지연되면, 즉 이벤트가 실제로 발생한 시간보다 처리 시간이 많이 늦어지면 문제가 생긴다.

이벤트 시간 대 처리 시간

처리가 지연되는 데는 많은 이유가 있다. 큐 대기, 네트워크 결함(278쪽 "신뢰성 없는 네트워크" 참고), 메시지 브로커나 처리자에서 경쟁을 유발하는 성능 문제, 스트림 소비자의 재시작, 결함에서 복구하는 도중이나 코드 상의 버그를 고친 후 과거 이벤트의 재처리(447쪽 "오래된 메시지 재생" 참고) 등의 이유다.

게다가 메시지가 지연되면 메시지 순서를 예측하지 못할 수도 있다. 예를 들어 사용자가 첫 번째 웹 요청(웹 서버 A에서 처리하는 요청)을 보낸 후 두 번째 웹 요청(웹 서버 B에서 처리하는 요청)을 보냈다고 하자. 웹 서버 A와 B는 각각이 처리한 요청을 담은 이벤트를 방출한다. 그러나 웹 서버 A의 이벤트가 메시지 브로커에 도달하기 전에 웹 서버 B의 이벤트가 먼저 도착했다. 그러면 스트림 처리자는 실제로 이벤트가 발생한 순서가 반대임에도 B 이벤트를 먼저 처리하고 A 이벤트를 처리한다.

이해를 돕기 위한 비유로 영화 **스타워즈**를 떠올려 보자. 에피소드 IV는 1977년, 에피소드 V는 1980년 그리고 에피소드 VI는 1983년에 개봉했다. 이어 에피소드 I, II, III은 각각 1999년, 2002년, 2005년에 개봉했고 에피소드 VII는 2015년에 개봉했다[80][2]. 개봉한 순서대로 영화를 봤다면 이야기 순서의 일관성이 깨진다. (에피소드 번호는 이벤트의 타임스탬프와 같고 영화를 본 날짜는

---

2 이 비유를 제안한 플링크 커뮤니티의 코스타스 클라우다스(Kostas Kloudas)에게 감사를 표한다.

처리 시간이다.) 사람은 그런 불연속에 대해 대처하는 능력이 있지만 스트림 처리 알고리즘은 그런 타이밍과 순서 문제를 처리하게끔 명확히 작성할 필요가 있다.

이벤트 시간과 처리 시간을 혼동하면 좋지 않은 데이터가 만들어진다. 예를 들어 요청률을 측정(초당 요청 수를 센다)하는 스트림 처리자가 있다고 하자. 스트림 처리자가 재배포되면 1분간 스트림 처리가 셧다운됐다가 복구됐을 때 백로그 이벤트를 처리한다. 처리 시간을 기준으로 요청 비율을 측정하면 실제 요청률은 안정적이지만 백로그를 처리하는 동안 요청이 비정상적으로 튀는 것처럼 보인다(그림 11-7).

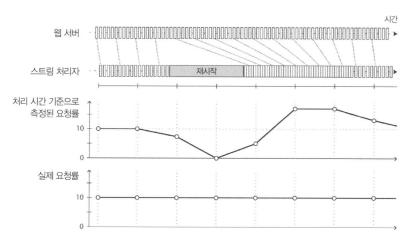

그림 11-7. 처리 시간 기준으로 윈도우를 만들면 처리율의 변동 때문에 생기는 허상을 남긴다.

준비 여부 인식

이벤트 시간 기준으로 윈도우를 정의할 때 발생하는 까다로운 문제는 특정 윈도우에서 모든 이벤트가 도착했다거나 아직도 이벤트가 계속 들어오고 있는지를 확신할 수 없다는 점이다.

예를 들어 분당 요청 수를 세기 위해 1분 윈도우에 이벤트를 그룹화한다고 하자. 37분에 속하는 타임스탬프를 가진 이벤트를 카운트한 다음 시간이 흘렀다. 그리고 이제 들어오는 이벤트는 대부분 38분과 39분에 속한다. 그러면 37분 윈도우는 언제 종료를 선언하고 카운트 값을 출력해야 할까?

타임아웃을 설정하고 얼마 동안 새 이벤트가 들어오지 않으면 윈도우가 준비됐다고 선언할 수 있지만 일부 이벤트는 네트워크 중단 때문에 지연돼 다른 장비 어딘가에 버퍼링됐을 가능성도 여전히 있다. 윈도우를 이미 종료한 후에 도착한 **낙오자** 이벤트를 처리할 방법이 필요하다. 크게 두 가지 방법이 있다[1].

1. 낙오자 이벤트는 무시한다. 정상적인 환경에서는 낙오자 이벤트는 대체로 적은 비율을 차지하기 때문이다. 놓친 이벤트의 수를 지표로 추적해 많은 양의 데이터가 누락되는 경우 경고를 보낼 수 있다.

2. **수정** 값을 발행한다. 수정 값은 낙오자 이벤트가 포함된 윈도우를 기준으로 갱신된 값이다. 또한 이전 출력을 취소해야 할 수도 있다.

어떤 경우에는 "이제부터 t보다 이른 타임스탬프를 가진 메시지는 없다"고 가리키는 특별한 메시지를 사용하기도 한다. 이 메시지는 윈도우를 트리거하는 소비자가 사용한다[81]. 그러나 다른 장비에 있는 여러 생산자가 저마다 최소 타임스탬프 임계치를 가지고 이벤트를 만든다면 소비자는 개별 생산자를 모두 추적해야 한다. 이 경우 생산자를 추가하거나 제거하기가 더 까다롭다.

어쨌든 어떤 시계를 사용할 것인가?

이벤트가 시스템의 여러 지점에 버퍼링됐을 때 이벤트에 타임스탬프를 할당하는 것은 더 어렵다. 예를 들어 사용률 지표 측정용 이벤트를 서버로 보고하는 모바일 앱이 하나 있다고 하자. 이 앱은 장치가 오프라인일 때도 사용할 수 있다. 오프라인일 때는 장치의 로컬에 이벤트를 버퍼링하다가 인터넷 연결이 가능해지면 이벤트를 서버로 보낸다(한 시간 후 아니면 며칠 후가 될 수도 있다). 스트림 소비자는 이 이벤트를 극단적으로 지연된 낙오자 이벤트로 본다.

이런 맥락에서 이벤트의 타임스탬프는 모바일 장치 로컬 시계를 따르는, 실제 사용자와 상호작용이 발생했던 실제 시각이어야 한다. 그러나 우연히 또는 고의로 잘못된 시간이 설정됐을 가능성이 있기 때문에 사용자가 제어하는 장비의 시계를 항상 신뢰하기는 어렵다(289쪽 "시계 동기화와 정확도" 참고). 서버는 운영자가 관리하기 때문에 (서버의 시계를 따르는) 이벤트를 서버에서 받은 시각이 좀 더 정확하지만 사용자와의 상호작용을 설명하기에는 의미가 부족하다.

잘못된 장치 시계를 조정하는 한 가지 방법은 세 가지 타임스탬프를 로그로 남기는 것이다[82].

- 이벤트가 발생한 시간. 장치 시계를 따른다.

- 이벤트를 서버로 보낸 시간. 장치 시계를 따른다.

- 서버에서 이벤트를 받은 시간. 서버 시계를 따른다.

두 번째와 세 번째의 타임스탬프 차이를 구하면 장치 시계와 서버 시계 간의 오프셋을 추정할 수 있다. 이때 필요한 타임스탬프 정확도에 비해 네트워크 지연은 무시할 만하고 이벤트가 발생한 시간과 이벤트를 서버로 보낸 시간 사이에는 장치 시계 오프셋이 변하지 않았다고 가정한다. 그러면 계산한 오프셋을 이벤트 타임스탬프에 적용해 이벤트가 실제로 발생한 시간을 추정할 수 있다.

이 문제가 스트림 처리에서만 나타나는 것은 아니다. 일괄 처리에서도 시간을 추론하는 데 정확하게 동일한 문제가 발생한다. 단지 스트림 처리를 할 때는 일괄 처리를 할 때보다 시간의 흐름을 더 잘 알 수 있기 때문에 이 문제가 더 두드러질 뿐이다.

윈도우 유형

이벤트 타임스탬프를 어떻게 결정할지 안다면 다음 단계는 윈도우 기간을 어떻게 정의해야 하는지 결정하는 일이다. 윈도우는 이벤트 수를 세거나 윈도우 내 평균값을 구하는 등 집계를 할 때 사용한다. 일반적으로 사용하는 윈도우 유형 몇 가지가 아래에 있다[79, 83].

텀블링 윈도우(Tumbling window)

텀블링 윈도우의 크기는 고정 길이다. 그리고 모든 이벤트는 정확히 한 윈도우에 속한다. 예를 들어 1분 텀블러 윈도우가 있다고 하자. 그러면 10시 03분 00초에서 10시 03분 59초 사이의 타임스탬프를 가지는 이벤트는 모두 한 윈도우에 그룹화된다. 그리고 10시 04분 00초에서 10시 04분 59초 사이의 이벤트는 다음 윈도우에 그룹화되고 다음 윈도우도 마찬가지다. 각 이벤트의 타임스탬프를 가져와 타임스탬프에 가장 가까운 분이 되게끔 초 단위를 버려 윈도우를 결정하는 식으로 1분 텀블링 윈도우를 구현할 수 있다.

홉핑 윈도우(Hopping window)

홉핑 윈도우도 고정 길이를 사용한다. 그러나 홉핑 윈도우는 결과를 매끄럽게 만들기 위해 윈도우를 중첩할 수 있다. 예를 들어 1분 크기의 홉을 사용하는 5분 윈도우가 10시 03분 00초와 10시 07분 59초 사이의 이벤트를 포함한다고 하자. 그러면 다음 윈도우는 10시 04분 00초부터 10시 08분 59초의 이벤트를 담당한다. 그다음 윈도우도 마찬가지다. 1분 텀블링 윈도우를 먼저 계산하고 여러 인접한 윈도우를 모아 홉핑 윈도우를 구현할 수 있다.

슬라이딩 윈도우(Sliding window)

슬라이딩 윈도우는 각 시간 간격 사이에서 발생한 모든 이벤트를 포함한다. 예를 들어 5분 슬라이딩 윈도우가 하나 있다고 하면 10시 03분 39초의 이벤트와 10시 08분 12초의 이벤트는 두 이벤트의 타임스탬프가 5분 이하라서 같은 윈도우에 포함된다. 텀블링 윈도우와 홉핑 윈도우는 고정된 경계를 사용하기 때문에 이 두 이벤트를 같은 윈도우에 넣을 수 없다. 슬라이딩 윈도우는 시간 기준으로 정렬한 이벤트를 버퍼에 유지하고 오래된 이벤트가 만료되면 윈도우에서 제거하는 방식으로 구현할 수 있다.

세션 윈도우(Session window)

이전 윈도우 유형과는 다르게 세션 윈도우는 고정된 기간이 없다. 대신 같은 사용자가 짧은 시간 동안 발생시킨 모든 이벤트를 그룹화해서 세션 윈도우를 정의한다. 그리고 일정 시간이 지나 사용자가 비활성화되면(예를 들어 30분 동안 이벤트가 없다든지) 윈도우를 종료한다. 세션화는 웹사이트 분석을 할 때 흔히 필요하다(403쪽 "그룹화" 참고).

스트림 조인

10장에서 일괄 처리 작업에서 키로 데이터셋을 조인하는 방법과 조인을 사용해 데이터 파이프라인의 핵심부를 구성하는 방법을 설명했다. 스트림 처리는 데이터 파이프라인을 끝이 없는 데이터셋의 증분 처리로 일반화하기 때문에 스트림에서도 조인에 대한 필요성은 정확히 동일하다.

그러나 스트림 상에서 새로운 이벤트가 언제든 나타날 수 있다는 사실은 스트림 상에서 수행하는 조인을 일괄 처리 작업에서 수행하는 조인보다 훨씬 어렵게 만든다. 이해를 돕기 위해 조인의 유형을 **스트림 스트림 조인**(stream-stream join), **스트림 테이블 조인**(stream-table join), **테이블 테이블 조인**(table-table join) 세 가지로 구분한다[84]. 아래 절에서 예제를 통해 각 조인을 설명한다.

스트림 스트림 조인(윈도우 조인)

웹사이트에 검색 기능이 있고 거기서 검색된 URL의 최신 경향을 파악하고 싶다고 하자. 그러면 누군가 검색 질의를 타이핑할 때마다 질의와 반환된 결과가 있는 이벤트를 로깅한다. 그리고 누군가가 그 검색 결과에서 하나를 클릭할 때마다 클릭을 기록하는 다른 이벤트를 로깅한다. 검색 결과에서 각 URL당 클릭율을 계산하려면 같은 세션 ID를 가져서 서로 연관되는 검색 활동 이벤트와 클릭 활동 이벤트를 함께 모아야 한다. 광고 시스템에서도 이와 유사한 분석을 한다[85].

사용자가 검색 결과를 쓰지 않고 버리면 클릭이 전혀 발생하지 않을 수도 있다. 클릭이 발생했더라도 검색과 클릭 사이의 시간은 매우 가변적일 수 있다. 대부분 수 초 내지만 수 일에서 수 주가 걸릴 수도 있다(사용자가 검색을 수행했지만 해당 브라우저 탭을 잊어버렸다가 나중에 탭을 발견하고 늦게 클릭하는 경우). 네트워크 지연도 가변적이기 때문에 클릭 이벤트가 검색 이벤트보다 먼저 도착할 수 있다. 그래서 조인을 위한 적절한 윈도우 선택이 필요하다. 예를 들면 한 시간 이내에 발생한 검색과 클릭을 조인하는 방법을 선택할 수 있다.

클릭 이벤트에 검색에 관한 세부 내용을 추가하는 작업은 이벤트를 조인하는 것과 동일하지 않다. 그렇게 하는 것은 사용자가 클릭한 검색 결과만 알려주지 클릭하지 않은 검색 결과를 알려주지는 않는다. 검색 품질을 측정하기 위해서는 정확한 클릭율이 필요하다. 클릭율을 구하려면 검색 이벤트와 클릭 이벤트가 모두 필요하다.

이런 유형의 조인을 구현하려면 스트림 처리자가 **상태**(state)를 유지해야 한다. 예를 들어 지난 시간에 발생한 모든 이벤트를 세션 ID로 색인한다. 검색 이벤트나 클릭 이벤트가 발생할 때마다 해당 색인에 추가하고 스트림 처리자는 같은 세션 ID로 이미 도착한 다른 이벤트가 있는지 다른 색인을 확인해야 한다. 이벤트가 매칭되면 검색한 결과를 클릭했다고 말해주는 이벤트를 방출한다. 검색 이벤트가 클릭 이벤트 매칭 없이 만료되면 검색 결과가 클릭되지 않았다라고 말해주는 이벤트를 방출한다.

스트림 테이블 조인(스트림 강화)

400쪽 "사용자 활동 이벤트 분석 예제"(그림 10-2)에서 두 데이터셋, 즉 사용자 활동 이벤트 집합과 사용자 프로필 데이터베이스를 조인하는 일괄 처리 예제를 설명했다. 사용자 활동 이벤트를 스트림으로 간주하고 스트림 처리자에서 동일한 조인을 지속적으로 수행하는 게 자연스럽다. 이때 입력은 사용자 ID를 포함한 활동 이벤트 스트림이고 출력은 해당 ID를 가진 사용자 프로필 정보가 추가된 활동 이벤트다. 이 과정을 데이터베이스의 정보로 활동 이벤트를 **강화**(enriching)한다고 한다.

이 조인을 수행하기 위해 스트림 처리는 한 번에 하나의 활동 이벤트를 대상으로 데이터베이스에서 이벤트의 사용자 ID를 찾아 활동 이벤트에 프로필 정보를 추가해야 한다. 데이터베이스 탐색은 원격 데이터베이스를 질의하게끔 구현할 수 있다. 그러나 400쪽 "사용자 활동 이벤트 분석 예제"에서 설명한 것처럼 그러한 원격 질의는 느리고 데이터베이스에 과부하를 줄 위험이 있다[75].

또 다른 방법은 네트워크 왕복 없이 로컬에서 질의가 가능하도록 스트림 처리자 내부에 데이터베이스 사본을 적재하는 것이다. 이 기법은 405쪽 "맵 사이드 조인"에서 설명한 해시 조인과 상당히 비슷하다. 데이터베이스의 로컬 사본 용량이 충분히 작으면 메모리 내 해시 테이블에 넣는 것이 가능하다. 또는 색인을 로컬 디스크에 넣을 수도 있다.

일괄 처리 작업은 입력으로 데이터베이스의 특정 시점 스냅숏을 사용하는 반면 스트림 처리는 오랜 기간 수행하기 때문에 시간이 흘러가면서 데이터베이스의 내용이 변할 가능성이 높다. 그래서 스트림 처리자가 사용하는 데이터베이스의 로컬 복사본을 최신 상태로 유지해야 한다. 이 문제는 변경 데이터 캡처를 사용하면 해결 가능하다. 스트림 처리자는 활동 이벤트를 스트림으로 받는 것처럼 사용자 프로필 데이터베이스의 변경 로그를 구독할 수 있다. 프로필을 생성하거나 수정하면 스트림 처리자는 로컬 복사본을 갱신한다. 그러면 활동 이벤트와 프로필 갱신이라는 두 개의 스트림을 조인할 수 있다.

스트림 테이블 조인은 실제로 스트림 스트림 조인과 매우 비슷하다. 가장 큰 차이점은 스트림 테이블 조인을 할 때, 테이블 변경 로그 스트림 쪽은 "시작 시간"까지 이어지는 윈도우(개념상 무한 윈도우)를 사용하며 레코드의 새 버전으로 오래된 것을 덮어쓴다는 점이다. 스트림 테이블 조인을 할 때 스트림 입력 쪽은 윈도우를 전혀 유지하지 않을 수도 있다.

테이블 테이블 조인(구체화 뷰 유지)

11쪽 "부하 기술하기"에서 설명한 트위터 타임라인 예제를 생각해보자. 사용자가 자신의 홈 타임라인을 볼 때 사용자가 팔로우한 사람 모두를 순회하며 최근 트윗을 찾아 그것들을 병합하는 데는 너무 비용이 많이 든다.

그 대신 트윗이 전송될 때 기록되는, 일종의 사용자별 "받은 편지함"과 같은 타임라인 캐시를 사용한다. 그러면 타임라인을 읽을 때 단일 조회로 가능하다. 이 캐시를 구체화하고 유지보수하기 위해 다음과 같은 이벤트 처리가 필요하다.

- 사용자 u가 새로 트윗을 보냈을 때 u를 팔로잉하는 모든 사용자의 타임라인에 트윗을 추가한다.

- 사용자가 트윗을 삭제하면 모든 사용자의 타임라인에서 해당 트윗을 삭제한다.

- 사용자 u_1이 사용자 u_2를 팔로우하기 시작하면 u_2의 최근 트윗을 u_1의 타임라인에 추가한다.

- 사용자 u_1이 사용자 u_2 팔로우를 취소했을 때 사용자 u_2의 트윗을 사용자 u_1의 타임라인에서 제거한다.

스트림 처리자에서 이 캐시 유지를 구현하려면 트윗 이벤트 스트림(전송과 삭제)과 팔로우 관계 이벤트 스트림(팔로우와 언팔로우)이 필요하다. 스트림 처리는 새로운 트윗이 도착했을 때 어떤 타임라인을 갱신해야 하는지 알기 위해 각 사용자의 팔로우 집합이 포함된 데이터베이스를 유지해야 한다[86].

이런 스트림 처리를 구현하는 다른 방법은 아래와 같이 트윗과 팔로우, 두 테이블을 조인하는 질의에 대한 구체화 뷰를 유지하는 것이다.

```
SELECT follows.follower_id AS timeline_id,
  array_agg(tweets.* ORDER BY tweets.timestamp DESC)
FROM tweets
JOIN follows ON follows.followee_id = tweets.sender_id
GROUP BY follows.follower_id
```

스트림 조인은 해당 쿼리의 테이블 조인에 직접 대응된다. 결과적으로 이 질의 결과의 캐시가 타임라인이 되며 조인 대상 테이블이 변할 때마다 갱신된다[3].

---

3 그림 11-6처럼 스트림을 테이블의 도함수로 간주하고 조인을 두 테이블의 곱 $u \cdot v$으로 간주하면 재미있는 일이 생긴다. 구체화 조인의 변경 스트림은 곱셈 규칙 $(u \cdot v)' = u'v + uv'$을 따른다. 즉 트윗의 변화를 현재 팔로워와 조인하고 팔로워의 변화를 현재 트윗과 조인한다[49, 50].

조인의 시간 의존성

여기서 설명한 세 가지 조인 유형(스트림 스트림, 스트림 테이블, 테이블 테이블)은 공통점이 많다. 세 가지 유형 모두 스트림 처리자가 하나의 조인 입력을 기반으로 한 특정 상태(검색과 클릭 이벤트, 사용자 프로필, 팔로워 목록)를 유지해야 하고 다른 조인 입력에서 온 메시지에 그 상태를 질의한다.

상태를 유지하는 이벤트의 순서는 매우 중요하다(먼저 팔로우한 다음 언팔로우했는지 아니면 그 반대인지가 중요하다). 파티셔닝된 로그에서 단일 파티션 내 이벤트 순서는 보존되지만 다른 스트림이나 다른 파티션 사이에서 순서를 보장하는 일반적인 방법은 없다.

여기서 의문이 하나 생긴다. 비슷한 시각에 다른 스트림에서 발생한 이벤트가 있으면 어떤 순서로 처리될까? 스트림 테이블 조인 예제에서 사용자가 자신의 프로필을 갱신한다면 이전 프로필과 조인할 활동 이벤트(프로필 갱신 전에 처리되는)는 어느 것이고 새 프로필과 조인할 이벤트(프로필 갱신 이후에 처리되는)는 어느 것일까? 다시 표현하면 시간에 따라 변하는 상태를 조인해야 한다면 어느 시점을 조인에 사용해야 할까[45]?

이런 시간 의존성은 많은 곳에서 발생한다. 예를 들어 어떤 물건을 판다고 할 때 송장에는 올바른 세율을 표시해야 하는데 세율은 어느 국가인지, 주인지, 상품의 종류는 무엇인지, 판매 날짜는 언제인지에 따라 다르다. 세율이 수시로 변경되기 때문이다. 세율 테이블에 판매를 조인할 때 대개 판매 시각에 맞는 세율과 조인하기를 원한다. 과거 데이터를 재처리한다면 그때 세율과 현재 세율이 다를 수 있다.

복수 개의 스트림에 걸친 이벤트 순서가 결정되지 않으면 조인도 비결정적이다[87]. 이것은 동일한 입력으로 같은 작업을 재수행하더라도 반드시 같은 결과를 얻지는 못한다는 의미다. 이런 작업을 재수행하면 입력 스트림의 이벤트가 다른 식으로 배치될지도 모른다.

이 문제를 데이터 웨어하우스에서는 **천천히 변하는 차원**(slowly changing dimension, SCD)이라 한다. 이 문제는 흔히 조인되는 레코드의 특정 버전을 가리키는 데 유일한 식별자를 사용해 해결한다. 이를테면 세율이 바뀔 때마다 새 식별자를 부여하고 송장에는 판매 시점의 세율을 표시하는 식별자를 포함해야 한다[88, 89]. 이렇게 변경한 조인은 결정적이지만 테이블에 있는 레코드의 모든 버전을 보유해야 하기 때문에 로그 컴팩션이 불가능하다.

내결함성

이번 장의 마지막 절에서는 스트림 처리자가 어떻게 결함에 견딜 수 있는지 생각해보자. 10장에서 일괄 처리 프레임워크는 상당히 쉽게 결함에 대처할 수 있다고 설명했다. 맵리듀스 작업의 태스크 하나가 실패하면 간단히 다른 장비에서 해당 테스트를 다시 실행하고 실패한 태스크의 결과는 버린다. 이런 명쾌한 재처리가 가능한 이유는 입력 파일이 불변이고 각 태스크는 HDFS 상의 분리된 파일에 출력을 기록하며 태스크가 성공적으로 완료돼야만 그 결과를 볼 수 있기 때문이다.

특히 일괄 처리가 결함을 견디는 접근법은 일부 태스크가 실패할지라도 일괄 처리 작업의 결과가 아무런 문제가 없던 작업의 결과와 동일함을 보장한다. 마치 모든 레코드를 정확하게 한번만 처리한 것처럼 보인다. 빠진 레코드도 없고 두 번 처리된 레코드도 없다. 태스크를 재시작하는 것은 사실 레코드를 여러 번 처리할 수도 있다는 뜻이지만 출력은 한 번만 처리된 것으로 보이는 효과가 나타난다. 이 원리를 **정확히 한 번 시맨틱**(exactly-once semantics)이라 하지만 **결과적으로 한 번**(effectively-once)이라는 용어가 그 의미를 더 잘 설명한다[90].

스트림 처리에서도 동일한 내결함성 문제가 발생한다. 그러나 이 문제를 다루는 방법은 덜 직관적이다. 출력을 노출하기 전에 태스크가 완료될 때까지 기다리는 것은 해결책으로 사용할 수 없다. 스트림은 무한하고 그래서 처리를 절대 완료할 수 없기 때문이다.

마이크로 일괄 처리와 체크포인트

한 가지 해결책은 스트림을 작은 블록으로 나누고 각 블록을 소형 일괄 처리와 같이 다루는 방법이다. 이 방법을 **마이크로 일괄 처리**(microbatching)라 한다. 마이크로 일괄 처리는 스파크 스트리밍[91]에서 사용한다. 마이크로 일괄 처리 크기는 일반적으로 약 1초 정도로 성능상 타협한 결과다. 일괄 처리 크기가 작을수록 스케줄링과 코디네이션 비용이 커진다. 반면 일괄 처리가 클수록 스트림 처리의 결과를 보기까지 지연시간이 길어진다.

또한 마이크로 일괄 처리는 일괄 처리 크기와 같은 텀블링 윈도우를 암묵적으로 지원한다(이벤트 타임스탬프 기준이 아닌 처리 시간 기준의 윈도우). 마이크로 일괄 처리 크기보다 큰 윈도우가 필요한 작업은 마이크로 일괄 처리 작업을 수행한 후 상태를 명시적으로 다음 마이크로 일괄 처리 작업으로 넘길 필요가 있다.

아파치 플링크는 변형된 접근법을 사용한다. 주기적으로 상태의 롤링 체크포인트를 생성하고 지속성 있는 저장소에 저장한다[92, 93]. 스트림 연산자에 장애가 발생하면 스트림 연산자는 가장 최근 체크포인트에서 재시작하고 해당 체크포인트와 장애 발생 사이의 출력은 버린다. 체크포인트는 메시지 스트림 내 배리어(barrier)가 트리거한다. 배리어는 마이크로 일괄 처리 사이의 경계 (boundary)와 비슷하지만 윈도우의 크기를 특정하지 않는다.

스트림 처리 프레임워크 내에서 마이크로 일괄 처리와 체크포인트 접근법은 일괄 처리와 같이 정확히 한 번 시맨틱을 지원한다. 그러나 출력이 스트림 처리자를 떠나자마자(예를 들어 데이터베이스에 기록하거나 메시지를 외부 메시지 브로커에 보내거나 이메일을 보내거나) 스트림 처리 프레임워크는 실패한 일괄 처리 출력을 더 이상 지울 수 없다. 이 경우 실패한 태스크를 재시작하면 외부 부수 효과가 두 번 발생한다. 마이크로 일괄 처리와 체크포인트 접근법만으로는 이 문제를 방지하기에 충분하지 않다.

원자적 커밋 재검토

장애가 발생했을 때 정확히 한 번 처리되는 것처럼 보일려면 처리가 성공했을 **때만** 모든 출력과 이벤트 처리의 부수 효과가 발생하게 해야 한다. 이 효과는 다운스트림 연산자나 외부 메시징 시스템에 메시지 보내기(이메일 또는 푸시 알림), 데이터베이스에 쓰기, 연산자 상태 변화, 입력 메시지의 확인을 포함한다(로그 기반 메시지 브로커의 오프셋을 앞으로 옮기는 것도 포함).

이런 효과는 원자적으로 모두 일어나거나 또는 모두 일어나지 않아야 하지만 서로 동기화가 깨지면 안 된다. 이 접근법이 낯설지 않다면 357쪽 "정확히 한 번 메시지 처리"에서 분산 트랜잭션과 2단계 커밋을 설명하는 맥락에서 다뤘기 때문이다.

9장에서 XA 같은 전통적인 분산 트랜잭션을 구현할 때 발생하는 문제를 설명했다. 그러나 좀 더 제한된 환경에서는 그러한 원자적 커밋을 효율적으로 구현하는 것이 가능하다. 이 접근법은 구글 클라우드 데이터플로(Google Cloud DataFlow)[81, 92], 볼트DB(VoltDB)[94]에서 사용되고, 아파치 카프카도 유사한 기능을 추가할 계획이다[95, 96]. XA와는 다르게 이종 기술 간 트랜잭션을 지원하지 않는 대신 스트림 처리 프레임워크 내에서 상태 변화와 메시지를 관리해 트랜잭션을 내부적으로 유지한다. 트랜잭션 프로토콜에서 발생하는 오버헤드는 단일 트랜잭션 내에서 여러 입력 메시지를 처리해 상쇄할 수 있다.

멱등성

결국 목표는 처리 효과가 두 번 나타나는 일 없이 안전하게 재처리하기 위해 실패한 태스크의 부분 출력을 버리는 것이다. 분산 트랜잭션이 이 목표를 달성하는 한 가지 방법이지만 그 밖의 다른 방법으로 **멱등성**(idempotence)[97]에 의존하는 방법이 있다.

멱등 연산은 여러 번 수행하더라도 오직 한 번 수행한 것과 같은 효과를 내는 연산이다. 예를 들면 키-값 저장소에서 하나의 키에 고정된 특정 값을 설정하는 것은 멱등 연산이다(값을 다시 쓰면 그냥 동일한 값으로 덮어쓴다). 반면 카운터를 증가시키는 것은 멱등 연산이 아니다(증가 연산을 두 번 수행하면 값도 두 번 증가한다).

연산 자체가 멱등적이지 않아도 약간의 여분 메타데이터로 연산을 멱등적으로 만들 수 있다. 예를 들어 카프카로부터 메시지를 소비할 때 모든 메시지에는 영속적이고 단조 증가하는 오프셋이 있다. 외부 데이터베이스에 값을 기록할 때 마지막으로 그 값을 기록하라고 트리거한 메시지의 오프셋을 함께 포함한다면 이미 갱신이 적용됐는지 확인할 수 있기 때문에 반복해서 같은 갱신이 수행되는 것을 막을 수 있다.

스톰의 트라이던트(Trident)가 상태를 다루는 방법도 유사한 아이디어를 기반으로 한다[78]. 멱등성에 의존한다는 것은 몇 가지 가정을 내포한다. 실패한 태스크를 재시작할 때는 반드시 같은 순서로 같은 메시지를 재생해야 한다(로그 기반 메시지 브로커가 이렇게 한다). 그리고 처리는 결정적이어야 하며 어떤 노드도 동시에 같은 값을 갱신하지 않아야 한다[98, 99].

처리 중인 한 노드에서 다른 노드로 장애 복구가 발생할 때 죽었다고 생각되지만 실제로는 살아있는 노드의 간섭을 방지하기 위해 펜싱이 필요하다(301쪽 "리더와 잠금" 참고). 이런 모든 주의 사항이 있음에도 멱등 연산은 정확히 한 번 시맨틱을 달성하는 데 적은 오버헤드만 드는 효율적인 방법이다.

실패 후에 상태 재구축하기

윈도우 집계(카운터나 평균 또는 히스토그램)나 조인용 테이블과 색인처럼 상태가 필요한 스트림 처리는 실패 후에도 해당 상태가 복구됨을 보장해야 한다.

한 가지 방법은 원격 데이터 저장소에 상태를 유지하고 복제하는 것이다. 다만 471쪽 "스트림 테이블 조인(스트림 강화)"에서 설명한 것처럼 개별 메시지를 원격 데이터베이스에 질의하는 것은 느리다. 다른 방법으로는 스트림 처리자의 로컬에 상태를 유지하고 주기적으로 복제하는 것이다. 그러면 스트림 처리자가 실패한 작업을 복구할 때 새 태스크는 복제된 상태를 읽어 데이터 손실 없이 처리를 재개할 수 있다.

예를 들어 플링크는 주기적으로 연산자 상태의 스냅숏을 캡처하고 캡처한 상태를 HDFS와 같은 지속성 있는 저장소에 기록한다[92, 93]. 쌈자와 카프카 스트림은 로그 컴팩션을 사용하는 상태 복제 전용 카프카 토픽에 상태 변화를 보내서 복제한다[84, 100]. 이 방식은 변경 데이터 캡처와 비슷하다. 볼트DB는 각 입력 메시지를 여러 노드에서 중복 처리해 상태를 복제한다(252쪽 "실제적인 직렬 처리" 참고).

어떤 경우에는 상태 복제가 필요 없을 수도 있다. 입력 스트림을 사용해 재구축할 수 있기 때문이다. 예를 들어 상당히 작은 크기의 윈도우를 집계해 만든 상태라면 그냥 해당 윈도우에 해당하는 입력 이벤트를 재생해도 충분히 빠르다. 해당 상태가 변경 데이터 캡처를 해서 유지하는, 데이터베이스의 로컬 복제본이라면 데이터베이스도 또한 로그 컴팩션된 변경 스트림을 사용해 재구축할 수 있다(452쪽 "로그 컴팩션" 참고).

그러나 이 모든 트레이드오프는 기반 인프라스트럭처의 성능 특성에 달려있다. 어떤 시스템은 디스크 접근 지연 시간보다 네트워크 지연이 더 짧고 네트워크 대역폭이 디스크 대역폭과 비슷할 수도 있다. 모든 상황을 만족하는 이상적인 트레이드오프는 없다. 로컬 상태 대 원격 상태의 가치는 저장소와 네트워크 기술의 발전에 따라 얼마든지 바뀔 수 있다.

정리

이번 장에서는 이벤트 스트림을 설명하고 이벤트 스트림를 하는 목적과 이벤트 스트림을 처리하는 방법을 설명했다. 어떻게 보면 스트림 처리는 10장에서 설명했던 일괄 처리와 상당히 비슷하다. 그러나 스트림 처리는 고정 크기의 입력이 아니라 끝이 없는 스트림 상에서 연속적으로 실행된다. 이런 관점으로 보면 스트림 처리에서 메시지 브로커와 이벤트 로그는 파일 시스템과 같은 역할을 한다.

한편 두 유형의 메시지 브로커를 비교하는 데 상당히 시간을 할애했다.

AMQP/JMS 스타일 메시지 브로커

브로커는 개별 메시지를 소비자에게 할당하고 소비자는 받은 메시지를 처리하는 데 성공하면 개별 메시지의 확인 응답을 보낸다. 브로커가 확인 응답을 받은 메시지는 삭제된다. 이 방법은 RPC와 같은 비동기 양식에 적절하다(139쪽 "메시지 전달 데이터플로" 참고). 예를 들어 태스크 큐는 메시지의 처리가 정확한 순서대로 이뤄지는 것이 중요하지 않고 메시지가 처리된 후에 이전으로 돌아가 과거 메시지를 다시 읽을 필요가 없다.

로그 기반 메시지 브로커

브로커는 한 파티션 내의 모든 메시지를 동일한 소비자 노드에 할당하고 항상 같은 순서로 메시지를 전달한다. 병렬화는 파티션을 나누는 방식을 사용한다. 소비자는 최근에 처리한 메시지의 오프셋을 체크포인트로 남겨 진행 상황을 추적한다. 브로커는 메시지를 디스크에 유지하기 때문에 필요한 경우 뒤로 돌아가 이전 메시지를 다시 읽을 수 있다.

로그 기반 접근법은 데이터베이스(5장 참고)에서 사용되는 복제 로그와 로그 구조화 저장 엔진(3장 참고)과 유사하다. 이 접근법은 스트림 처리 시스템이 입력 스트림을 소비해 파생된 상태나 파생된 출력 스트림을 생성할 때 특히 적합하다.

어디서 스트림이 흘러오는지에 따라 몇 가지 가능성을 설명했다. 사용자 활동 이벤트, 주기적인 센서 판독값, 데이터 피드(예: 금융 시장 데이터)는 자연스럽게 스트림으로 표현할 수 있다. 또한 데이터베이스에 기록하는 작업을 스트림처럼 생각하는 것이 유용하다는 것을 설명했다. 암묵적으로 변경 데이터 캡처를 통하거나 명시적으로 이벤트 소싱을 통해 변경 로그(즉 데이터베이스에 적용된 모든 변경 이력)를 캡처할 수 있다. 로그 컴팩션을 사용하면 스트림에서 데이터베이스 내용의 전체 사본을 유지할 수 있다.

데이터베이스를 스트림처럼 표현하면 여러 시스템을 손쉽게 통합하는 기회가 열린다. 변경 로그를 소비해 그 로그를 파생 시스템에 적용하면 검색 색인, 캐시, 분석용 시스템과 같은 파생 데이터 시스템을 항상 최신 상태로 유지할 수 있다. 아예 처음부터 시작해 현재까지 모든 변경 로그를 소비하면 기존 데이터의 새로운 뷰를 구성하는 것도 가능하다.

상태를 스트림 형태로 유지하고 메시지를 재생하는 기능은 다양한 스트림 처리 프레임워크에서 스트림을 조인하거나 내결함성을 확보하기 위한 기술의 기초다. 이벤트 패턴 검색(복잡한 이벤트 처리), 윈도우 집계 연산(스트림 분석), 파생 데이터 최신성 유지(구체화 뷰)를 포함한 스트림 처리의 목적 몇 가지를 설명했다.

다음으로 스트림 처리자에서 시간에 관한 추론의 어려움을 설명했다. 처리 시간과 이벤트 타임스탬프를 구분하기, 윈도우가 종료됐다고 판단한 후에 도착한 낙오자 이벤트 다루기 등을 설명했다.

스트림 처리에서 발생하는 세 가지 유형의 조인을 구별했다.

스트림 스트림 조인

두 입력 스트림은 활동 이벤트로 구성하고 조인 연산자는 시간 윈도우 내에 발생한 관련 이벤트를 검색한다. 예를 들어 같은 사용자가 취한 행동 중 시간 차가 30분 이내인 두 개의 행동을 매치하는 식이다. 한 스트림 내에서 관련 이벤트를 찾는다면 두 조인 입력은 사실 같은 스트림(**자체 조인(self-join)**)이다.

스트림 테이블 조인

한 입력 스트림은 활동 이벤트로 구성하고 다른 스트림은 데이터베이스의 변경 로그로 구성한다. 변경 로그는 데이터베이스의 최신 상태의 사본을 로컬에 유지한다. 조인 연산자는 각 활동 이벤트마다 데이터베이스에 질의하고 조인한 데이터를 추가한 활동 이벤트를 출력한다.

테이블 테이블 조인

양쪽 입력 스트림이 모두 데이터베이스의 변경 로그다. 이 경우 한 쪽의 모든 변경을 다른 쪽의 최신 상태와 조인한다. 조인의 결과는 두 테이블을 조인한 구체화 뷰의 변경 스트림이 된다.

마지막으로 스트림 처리자에서 내결함성과 정확히 한 번 시맨틱을 달성하는 기법을 설명했다. 일괄 처리가 그랬던 것처럼 실패한 태스크의 부분 출력은 버려야 한다. 그러나 스트림 처리는 아주 오랜 기간 실행되고 계속 출력을 생산하기 때문에 모든 출력을 버리기가 간단하지 않다. 대신 마이크로 일괄 처리, 체크포인팅, 트랜잭션, 멱등적 쓰기 등을 기반으로 한 세밀한 단위의 복구 메커니즘을 사용한다.

참고 문헌

[1] Tyler Akidau, Robert Bradshaw, Craig Chambers, et al.: "The Dataflow Model: A Practical Approach to Balancing Correctness, Latency, and Cost in Massive-Scale, Unbounded, Out-of-Order Data Processing," *Proceedings of the VLDB Endowment*, volume 8, number 12, pages 1792–1803, August 2015. doi:10.14778/2824032.2824076

[2] Harold Abelson, Gerald Jay Sussman, and Julie Sussman: *Structure and Interpretation of Computer Programs*, 2nd edition. MIT Press, 1996. ISBN: 978-0-262-51087-5, available online at mitpress.mit.edu

[3] Patrick Th. Eugster, Pascal A. Felber, Rachid Guerraoui, and Anne-Marie Kermarrec: "The Many Faces of Publish/Subscribe," *ACM Computing Surveys*, volume 35, number 2, pages 114–131, June 2003. doi:10.1145/857076.857078

[4] Joseph M. Hellerstein and Michael Stonebraker: *Readings in Database Systems*, 4th edition. MIT Press, 2005. ISBN: 978-0-262-69314-1, available online at *redbook.cs.berkeley.edu*

[5] Don Carney, Uğur Çetintemel, Mitch Cherniack, et al.: "Monitoring Streams – A New Class of Data Management Applications," at *28th International Conference on Very Large Data Bases* (VLDB), August 2002.

[6] Matthew Sackman: "Pushing Back," *lshift.net*, May 5, 2016.

[7] Vicent Martí: "Brubeck, a statsd-Compatible Metrics Aggregator," *githubengineering.com*, June 15, 2015.

[8] Seth Lowenberger: "MoldUDP64 Protocol Specification V 1.00," *nasdaqtrader.com*, July 2009.

[9] Pieter Hintjens: *ZeroMQ – The Guide*. O'Reilly Media, 2013. ISBN: 978-1-449-33404-8

[10] Ian Malpass: "Measure Anything, Measure Everything," *codeascraft.com*, February 15, 2011.

[11] Dieter Plaetinck: "25 Graphite, Grafana and statsd Gotchas," *blog.raintank.io*, March 3, 2016.

[12] Jeff Lindsay: "Web Hooks to Revolutionize the Web," *progrium.com*, May 3, 2007.

[13] Jim N. Gray: "Queues Are Databases," Microsoft Research Technical Report MSR-TR-95-56, December 1995.

[14] Mark Hapner, Rich Burridge, Rahul Sharma, et al.: "JSR-343 Java Message Service (JMS) 2.0 Specification," *jms-spec.java.net*, March 2013.

[15] Sanjay Aiyagari, Matthew Arrott, Mark Atwell, et al.: "AMQP: Advanced Message Queuing Protocol Specification," Version 0-9-1, November 2008.

[16] "Google Cloud Pub/Sub: A Google-Scale Messaging Service," *cloud.google.com*, 2016.

[17] "Apache Kafka 0.9 Documentation," *kafka.apache.org*, November 2015.

[18] Jay Kreps, Neha Narkhede, and Jun Rao: "Kafka: A Distributed Messaging System for Log Processing," at *6th International Workshop on Networking Meets Data–bases* (NetDB), June 2011.

[19] "Amazon Kinesis Streams Developer Guide," *docs.aws.amazon.com*, April 2016.

[20] Leigh Stewart and Sijie Guo: "Building DistributedLog: Twitter's High-Performance Replicated Log Service," *blog.twitter.com*, September 16, 2015.

[21] "DistributedLog Documentation," Twitter, Inc., *distributedlog.io*, May 2016.

[22] Jay Kreps: "Benchmarking Apache Kafka: 2 Million Writes Per Second (On Three Cheap Machines)," *engineering.linkedin.com*, April 27, 2014.

[23] Kartik Paramasivam: "How We're Improving and Advancing Kafka at LinkedIn," *engineering.linkedin.com*, September 2, 2015.

[24] Jay Kreps: "The Log: What Every Software Engineer Should Know About Real-Time Data's Unifying Abstraction," *engineering.linkedin.com*, December 16, 2013.

[25] Shirshanka Das, Chavdar Botev, Kapil Surlaker, et al.: "All Aboard the Databus!," at *3rd ACM Symposium on Cloud Computing* (SoCC), October 2012.

[26] Yogeshwer Sharma, Philippe Ajoux, Petchean Ang, et al.: "Wormhole: Reliable Pub-Sub to Support Geo-Replicated Internet Services," at *12th USENIX Symposium on Networked Systems Design and Implementation* (NSDI), May 2015.

[27] P. P. S. Narayan: "Sherpa Update," *developer.yahoo.com*, June 8, .

[28] Martin Kleppmann: "Bottled Water: Real-Time Integration of PostgreSQL and Kafka," *martin.kleppmann.com*, April 23, 2015.

[29] Ben Osheroff: "Introducing Maxwell, a mysql-to-kafka Binlog Processor," *developer.zendesk.com*, August 20, 2015.

[30] Randall Hauch: "Debezium 0.2.1 Released," *debezium.io*, June 10, 2016.

[31] Prem Santosh Udaya Shankar: "Streaming MySQL Tables in Real-Time to Kafka," *engineeringblog.yelp.com*, August 1, 2016.

[32] "Mongoriver," Stripe, Inc., *github.com*, September 2014.

[33] Dan Harvey: "Change Data Capture with Mongo + Kafka," at *Hadoop Users Group UK*, August 2015.

[34] "Oracle GoldenGate 12c: Real-Time Access to Real-Time Information," Oracle White Paper, March 2015.

[35] "Oracle GoldenGate Fundamentals: How Oracle GoldenGate Works," Oracle Corporation, *youtube.com*, November 2012.

[36] Slava Akhmechet: "Advancing the Realtime Web," *rethinkdb.com*, January 27, 2015.

[37] "Firebase Realtime Database Documentation," Google, Inc., *firebase.google.com*, May 2016.

[38] "Apache CouchDB 1.6 Documentation," *docs.couchdb.org*, 2014.

[39] Matt DeBergalis: "Meteor 0.7.0: Scalable Database Queries Using MongoDB Oplog Instead of Poll-and-Diff," *info.meteor.com*, December 17, 2013.

[40] "Chapter 15. Importing and Exporting Live Data," VoltDB 6.4 User Manual, *docs.voltdb.com*, June 2016.

[41] Neha Narkhede: "Announcing Kafka Connect: Building Large-Scale Low-Latency Data Pipelines," *confluent.io*, February 18, 2016.

[42] Greg Young: "CQRS and Event Sourcing," at *Code on the Beach*, August 2014.

[43] Martin Fowler: "Event Sourcing," *martinfowler.com*, December 12, 2005.

[44] Vaughn Vernon: *Implementing Domain-Driven Design*. Addison-Wesley Professional, 2013. ISBN: 978-0-321-83457-7

[45] H. V. Jagadish, Inderpal Singh Mumick, and Abraham Silberschatz: "View Maintenance Issues for the Chronicle Data Model," at *14th ACM SIGACT-SIGMOD- SIGART Symposium on Principles of Database Systems* (PODS), May 1995. doi:10.1145/212433.220201

[46] "Event Store 3.5.0 Documentation," Event Store LLP, *docs.geteventstore.com*, February 2016.

[47] Martin Kleppmann: *Making Sense of Stream Processing*. Report, O'Reilly Media, May 2016.

[48] Sander Mak: "Event-Sourced Architectures with Akka," at *JavaOne*, September 2014.

[49] Julian Hyde: personal communication, June 2016.

[50] Ashish Gupta and Inderpal Singh Mumick: *Materialized Views: Techniques, Implementations, and Applications*. MIT Press, 1999. ISBN: 978-0-262-57122-7

[51] Timothy Griffin and Leonid Libkin: "Incremental Maintenance of Views with Duplicates," at *ACM International Conference on Management of Data* (SIGMOD), May 1995. doi:10.1145/223784.223849

[52] Pat Helland: "Immutability Changes Everything," at *7th Biennial Conference on Innovative Data Systems Research* (CIDR), January 2015.

[53] Martin Kleppmann: "Accounting for Computer Scientists," *martin.kleppmann.com*, March 7, 2011.

[54] Pat Helland: "Accountants Don't Use Erasers," *blogs.msdn.com*, June 14, 2007.

[55] Fangjin Yang: "Dogfooding with Druid, Samza, and Kafka: Metametrics at Metamarkets," *metamarkets.com*, June 3, 2015.

[56] Gavin Li, Jianqiu Lv, and Hang Qi: "Pistachio: Co-Locate the Data and Compute for Fastest Cloud Compute," *yahoohadoop.tumblr.com*, April 13, 2015.

[57] Kartik Paramasivam: "Stream Processing Hard Problems – Part 1: Killing Lambda," *engineering.linkedin.com*, June 27, 2016.

[58] Martin Fowler: "CQRS," *martinfowler.com*, July 14, 2011.

[59] Greg Young: "CQRS Documents," *cqrs.files.wordpress.com*, November 2010.

[60] Baron Schwartz: "Immutability, MVCC, and Garbage Collection," *xaprb.com*, December 28, 2013.

[61] Daniel Eloff, Slava Akhmechet, Jay Kreps, et al.: "Re: Turning the Database Inside-out with Apache Samza," Hacker News discussion, *news.ycombinator.com*, March 4, 2015.

[62] "Datomic Development Resources: Excision," Cognitect, Inc., *docs.datomic.com*.

[63] "Fossil Documentation: Deleting Content from Fossil," *fossil-scm.org*, 2016.

[64] Jay Kreps: "The irony of distributed systems is that data loss is really easy but deleting data is surprisingly hard," *twitter.com*, March 30, 2015.

[65] David C. Luckham: "What's the Difference Between ESP and CEP?," *complexevents.com*, August 1, 2006.

[66] Srinath Perera: "How Is Stream Processing and Complex Event Processing (CEP) Different?," *quora.com*, December 3, 2015.

[67] Arvind Arasu, Shivnath Babu, and Jennifer Widom: "The CQL Continuous Query Language: Semantic Foundations and Query Execution," *The VLDB Journal*, volume 15, number 2, pages 121–142, June 2006. doi:10.1007/s00778-004-0147-z

[68] Julian Hyde: "Data in Flight: How Streaming SQL Technology Can Help Solve the Web 2.0 Data Crunch," *ACM Queue*, volume 7, number 11, December 2009. doi:10.1145/1661785.1667562

[69] "Esper Reference, Version 5.4.0," EsperTech, Inc., *espertech.com*, April 2016.

[70] Zubair Nabi, Eric Bouillet, Andrew Bainbridge, and Chris Thomas: "Of Streams and Storms," IBM technical report, *developer.ibm.com*, April 2014.

[71] Milinda Pathirage, Julian Hyde, Yi Pan, and Beth Plale: "SamzaSQL: Scalable Fast Data Management with Streaming SQL," at *IEEE International Workshop on High-Performance Big Data Computing* (HPBDC), May 2016. doi:10.1109/IPDPSW. 2016.141

[72] Philippe Flajolet, Éric Fusy, Olivier Gandouet, and Frédéric Meunier: "HyperLog Log: The Analysis of a Near-Optimal Cardinality Estimation Algorithm," at *Conference on Analysis of Algorithms* (AofA), June 2007.

[73] Jay Kreps: "Questioning the Lambda Architecture," *oreilly.com*, July 2, 2014.

[74] Ian Hellström: "An Overview of Apache Streaming Technologies," *databaseline.wordpress.com*, March 12, 2016.

[75] Jay Kreps: "Why Local State Is a Fundamental Primitive in Stream Processing," *oreilly.com*, July 31, 2014.

[76] Shay Banon: "Percolator," *elastic.co*, February 8, 2011.

[77] Alan Woodward and Martin Kleppmann: "Real-Time Full-Text Search with Luwak and Samza," *martin.kleppmann.com*, April 13, 2015.

[78] "Apache Storm 1.0.1 Documentation," *storm.apache.org*, May 2016.

[79] Tyler Akidau: "The World Beyond Batch: Streaming 102," *oreilly.com*, January 20, 2016.

[80] Stephan Ewen: "Streaming Analytics with Apache Flink," at *Kafka Summit*, April 2016.

[81] Tyler Akidau, Alex Balikov, Kaya Bekiroğlu, et al.: "MillWheel: Fault-Tolerant Stream Processing at Internet Scale," at *39th International Conference on Very Large Data Bases* (VLDB), August 2013.

[82] Alex Dean: "Improving Snowplow's Understanding of Time," *snowplowanalytics.com*, September 15, 2015.

[83] "Windowing (Azure Stream Analytics)," Microsoft Azure Reference, *msdn.microsoft.com*, April 2016.

[84] "State Management," Apache Samza 0.10 Documentation, *samza.apache.org*, December 2015.

[85] Rajagopal Ananthanarayanan, Venkatesh Basker, Sumit Das, et al.: "Photon: Fault-Tolerant and Scalable Joining of Continuous Data Streams," at *ACM International Conference on Management of Data* (SIGMOD), June 2013. doi:10.1145/2463676.2465272

[86] Martin Kleppmann: "Samza Newsfeed Demo," *github.com*, September 2014.

[87] Ben Kirwin: "Doing the Impossible: Exactly-Once Messaging Patterns in Kafka," *ben.kirw.in*, November 28, 2014.

[88] Pat Helland: "Data on the Outside Versus Data on the Inside," at *2nd Biennial Conference on Innovative Data Systems Research* (CIDR), January 2005.

[89] Ralph Kimball and Margy Ross: *The Data Warehouse Toolkit: The Definitive Guide to Dimensional Modeling*, 3rd edition. John Wiley & Sons, 2013. ISBN: 978-1-118-53080-1

[90] Viktor Klang: "I'm coining the phrase 'effectively-once' for message processing with at-least-once + idempotent operations," *twitter.com*, October 20, 2016.

[91] Matei Zaharia, Tathagata Das, Haoyuan Li, et al.: "Discretized Streams: An Efficient and Fault-Tolerant Model for Stream Processing on Large Clusters," at *4th USENIX Conference in Hot Topics in Cloud Computing* (HotCloud), June 2012.

[92] Kostas Tzoumas, Stephan Ewen, and Robert Metzger: "High-Throughput, Low-Latency, and Exactly-Once Stream Processing with Apache Flink," *data-artisans.com*, August 5, 2015.

[93] Paris Carbone, Gyula Fóra, Stephan Ewen, et al.: "Lightweight Asynchronous Snapshots for Distributed Dataflows," arXiv:1506.08603 [cs.DC], June 29, 2015.

[94] Ryan Betts and John Hugg: *Fast Data: Smart and at Scale*. Report, O'Reilly Media, October 2015.

[95] Flavio Junqueira: "Making Sense of Exactly-Once Semantics," at *Strata+Hadoop World London*, June 2016.

[96] Jason Gustafson, Flavio Junqueira, Apurva Mehta, Sriram Subramanian, and Guozhang Wang: "KIP-98 – Exactly Once Delivery and Transactional Messaging," *cwiki.apache.org*, November 2016.

[97] Pat Helland: "Idempotence Is Not a Medical Condition," *Communications of the ACM*, volume 55, number 5, page 56, May 2012. doi:10.1145/2160718.2160734

[98] Jay Kreps: "Re: Trying to Achieve Deterministic Behavior on Recovery/Rewind," email to *samza-dev* mailing list, September 9, 2014.

[99] E. N. (Mootaz) Elnozahy, Lorenzo Alvisi, Yi-Min Wang, and David B. Johnson: "A Survey of Rollback-Recovery Protocols in Message-Passing Systems," *ACM Com− puting Surveys*, volume 34, number 3, pages 375–408, September 2002. doi:10.1145/568522.568525

[100] Adam Warski: "Kafka Streams – How Does It Fit the Stream Processing Landscape?," *softwaremill.com*, June 1, 2016.

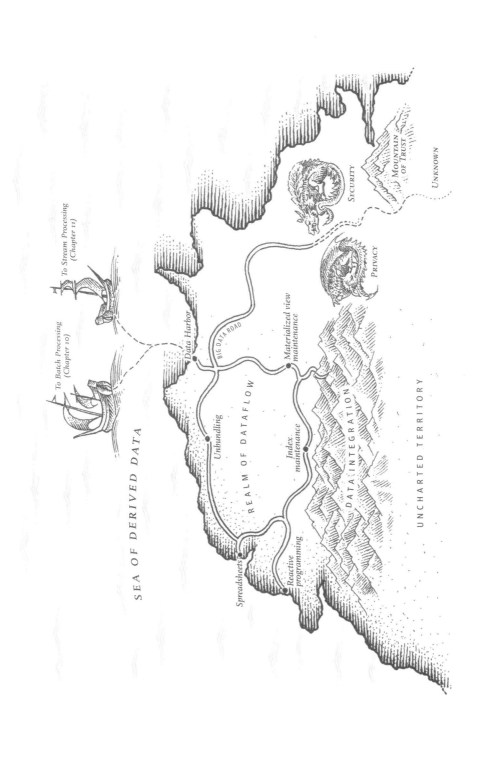

SEA OF DERIVED DATA

To Stream Processing
(Chapter 11)

To Batch Processing
(Chapter 10)

Data Harbor

BIG DATA ROAD

Materialized view
maintenance

Unbundling

REALM OF DATAFLOW

Index
maintenance

DATA INTEGRATION

SECURITY

MOUNTAIN
OF TRUST

UNKNOWN

PRIVACY

Spreadsheets

Reactive
programming

UNCHARTED TERRITORY

12장

데이터 시스템의 미래

어떤 것이 결국 다른 것이 될 운명이라면 그 끝은 존재의 보존일 수 없다. 그러므로 선장은 그가 맡은 배를 보존하려 하지 않는다. 배는 결국 항해를 할 운명이기 때문이다. (선장의 가장 큰 목적이 배를 보존하는 것이라면 배는 영원히 항구에 머물 것이라고 인용되곤 한다.)

— 성 토마스 아퀴나스, 신학대전(1265-1274)

지금까지 책의 대부분을 현재 **존재하는** 것을 설명하는 데 할애했다면 마지막 장은 관점을 미래로 바꿔 미래에는 **어떻게 돼야 하는지**를 설명한다. 애플리케이션을 설계하고 구축하는 방법을 근본적으로 개선하는 몇 가지 아이디어와 접근법을 제시하려 한다.

물론 미래에 대한 의견과 고찰은 주관적이다. 그래서 이번 장에서 내 개인적인 의견을 적을 때는 일인칭을 사용할 것이다. 내 의견에 동의하지 않고 여러분 자신의 의견을 갖는 것은 얼마든지 환영이다. 하지만 적어도 이번 장에서 설명할 아이디어가 생산적인 토론의 출발점이 되길 바라고 일부 혼란스러운 개념을 명확히 하는 데 도움됐으면 한다.

이 책의 목적은 애플리케이션과 시스템을 **신뢰할 수 있고 확장 가능하며 유지보수하기 쉽게** 만드는 방법을 탐구하는 것이라고 1장에서 설명했다. 이 주제는 모든 장에서 유지된다. 예를 들어 신뢰성 개선에 도움을 주는 많은 내결함성 알고리즘과 확장성을 개선하기 위한 파티셔닝, 그리고 유지보수성을 개선하기 위한 진화와 추상화 메커니즘에 대해 설명했다. 이번 장에서는 이 아이디어들을 함께 모아 그것을 기반으로 미래를 고찰한다. 그 목적은 현재보다 나은, 즉 견고하고 정확하며 발전 가능한, 궁극적으로는 인류에 도움이 되는 애플리케이션을 설계하는 방법을 발견하는 것이다.

데이터 통합

이 책에서 되풀이되는 주제는 어떤 문제에 대한 몇 가지 해결책을 놓고 장점과 단점 그리고 트레이드오프에 대해 설명하는 것이다. 3장에서 저장소 엔진을 설명할 때는 로그 구조화 저장소 엔진과 B 트리, 칼럼 지향 저장소를 예로 들었다. 5장에서 복제를 설명할 때는 단일 리더, 복수 리더, 리더 없는 접근법을 예로 들어 설명했다.

"데이터를 저장하고 나중에 조회하기"와 같은 문제가 주어졌을 때 모든 문제를 만족하는 하나의 해결책은 없지만 상황에 따라 적절한 서로 다른 접근법은 많이 있다. 소프트웨어를 구현할 때는 일반적으로 특정 접근법 하나를 채택한다. 하나의 코드 경로로 견고하고 잘 동작하게 만들기는 어렵다. 소프트웨어 하나로 모든 것을 하려고 하면 대부분 구현이 빈약하기 마련이다.

따라서 가장 적절한 소프트웨어 도구를 선택하는 것은 상황에 따라 다르다. 일부 소프트웨어가 범용 데이터베이스라 불린다고 하더라도 분명 특정 사용 양식에 맞춰 설계된다.

선택의 폭이 넓을 경우 첫 번째 난제는 소프트웨어 제품과 그 제품이 잘 어울리는 환경 사이의 대응 관계를 파악하는 것이다. 벤더는 당연히 그들의 소프트웨어가 적합하지 않은 작업부하에 대해 말하기를 꺼린다. 이전 장에서 숨은 의미를 파악하고 발생하는 트레이드오프를 잘 이해할 수 있는 몇 가지 질문을 설명했으니 이를 잘 활용하길 바란다.

그러나 도구와 도구를 사용하는 환경 사이의 대응 관계를 완벽하게 이해하더라도 다른 문제가 있다. 복잡한 애플리케이션에서는 데이터를 여러 가지 다른 방법으로 사용한다. 데이터를 사용하는 **모든** 다른 상황에 적합한 소프트웨어가 있을 가능성은 낮다. 그래서 원하는 애플리케이션 기능을 제공하기 위해서는 반드시 여러 다른 소프트웨어를 함께 엮어 사용해야 한다.

파생 데이터에 특화된 도구의 결합

예를 들어 OLTP 데이터베이스와 임의의 키워드를 대상으로 질의하는 전문 검색 색인을 통합하는 요구는 일반적이다. 포스트그레스큐엘 같은 데이터베이스는 간단한 애플리케이션을 만들기에 충분한 전문 색인 기능[1]이 포함돼 있지만 더 복잡한 검색 기능을 지원하기 위해서는 전문적인 정보 탐색 도구가 필요하다. 반대로 검색 색인은 일반적으로 지속성 있는 레코드 시스템으로는 적합하지 않기 때문에 많은 애플리케이션은 요구사항을 만족하기 위해 두 도구를 결합해 사용한다.

448쪽 "시스템 동기화 유지하기"에서 데이터 시스템을 통합하는 문제를 다뤘다. 데이터를 다른 방식으로 표현하는 수가 늘어날수록 데이터 시스템을 통합하기가 더욱 어렵다. 데이터베이스와 검색 색인 외에도 분석 시스템(데이터 웨어하우스나 일괄 처리 또는 스트림 처리 시스템)에 해당 데이터의 사본을 유지할 필요가 있다. 캐시나 원본 데이터에서 파생된 객체의 비정규화 버전을 유지하거나 머신러닝, 분류, 랭킹, 추천 시스템으로 데이터를 전달하며 데이터 변화를 기반으로 한 알림을 보내기도 한다.

나는 놀랍게도 이렇게 말하는 소프트웨어 엔지니어를 종종 보곤 한다. "내가 해봤는데 사람들 99%는 X만 있으면 돼" 또는 "사람들 99%는 X가 전혀 필요없어"(X에는 다양한 것이 올 수 있다). 나는 이런 말은 기술의 실제 유용성보다는 화자의 경험에 대해 얘기하는 것이라고 생각한다. 데이터를 다루는 범위는 어지러울 정도로 넓다. 어떤 사람에게는 애매하거나 의미 없는 기능이 다른 사람에게는 핵심 요구사항일 수 있다. 데이터 통합의 필요성은 나무가 아닌 숲을 보기 위해 줌아웃해서 조직 전체 데이터플로를 고려할 때야 비로소 명확해진다.

데이터플로에 대한 추론

다른 데이터 접근 양식을 만족하기 위해 같은 데이터의 사본을 여러 저장소 시스템에 유지해야 할 때 입력과 출력을 분명히 할 필요가 있다. 어디서 데이터를 처음으로 기록하는지, 어떤 표현형이 어떤 원본에서 파생되는지, 데이터를 모두 올바른 장소로 올바른 형식으로 어떻게 넣는지 등에 대해 충분히 고려해야 한다.

예를 들면 데이터를 먼저 레코드 데이터베이스 시스템에 기록하고 데이터베이스 변경사항을 캡처해서(450쪽 "변경 데이터 캡처" 참고) 동일한 순서로 검색 색인에 변경 사항을 반영하게끔 조정한다고 하자. 변경 데이터 캡처(CDC)가 색인을 갱신하는 유일한 방법이라면 색인은 전적으로 레코드 시스템에서 파생되므로 소프트웨어의 버그가 아닌 이상 일관성이 보장된다. 이 시스템에 새로운 입력을 공급하는 유일한 방법은 데이터베이스 쓰기다.

애플리케이션이 검색 색인과 데이터베이스에 직접 데이터를 기록하게끔 한다면 그림 11-4에서 봤던 문제가 발생한다. 그림 11-4를 보면 두 클라이언트가 동시에 보낸 쓰기가 충돌을 일으켜 두 저장소 시스템에서 서로 다른 순서로 데이터를 처리한다. 이 경우 데이터베이스와 검색 색인이 모두 쓰기의 순서를 결정하는 "책임"을 맡지 않기 때문에 모순된 결정을 내리고 서로 영구적인 불일치가 발생한다.

모든 쓰기의 순서를 결정하는 단일 시스템으로 모든 사용자 입력을 밀어넣을 수 있다면 쓰기를 같은 순서로 처리해 데이터를 다른 표현형으로 파생하기가 훨씬 쉬워진다. 이 방법은 345쪽 "전체 순서 브로드캐스트"에서 설명한 상태 기계 복제 접근법의 응용이다. 변경 데이터 캡처를 사용하는지 이벤트 소싱 로그를 사용하는지는 전체 순서를 결정하는 것보다 덜 중요한 문제다.

파생 데이터 시스템은 이벤트 로그를 기반으로 갱신하면 결정적이고 멱등성(475쪽 "멱등성" 참고)을 지녀 결함에서 복구하기가 상당히 쉬워진다.

파생 데이터 대 분산 트랜잭션

서로 다른 데이터 시스템 간 일관성을 유지하는 고전적인 방법은 351쪽 "원자적 커밋과 2단계 커밋(2PC)"에서 설명한 분산 트랜잭션이다. 파생 데이터 시스템을 사용하는 방법은 분산 트랜잭션과 비교해서 어떨까?

추상적인 수준에서 보면 파생 데이터와 분산 트랜잭션은 다른 방식으로 유사한 목표를 달성한다. 분산 트랜잭션은 상호 배타적인 잠금을 사용해 쓰기 순서를 결정한다(256쪽 "2단계 잠금(2PL)" 참고). 반면 CDC와 이벤트 소싱은 순서를 결정하는 데 로그를 사용한다. 분산 트랜잭션은 원자적 커밋을 사용해 변경 효과가 정확히 한 번 나타나도록 보장한다. 반면 로그 기반 시스템은 결정적 재시도와 멱등성을 기반으로 한다.

두 시스템은 큰 차이점이 있다. 트랜잭션 시스템은 일반적으로 선형성을 지원한다(322쪽 "선형성" 참고). 선형성은 자신이 쓴 내용 읽기 같은 유용한 기능을 보장해준다(164쪽 "자신이 쓴 내용 읽기" 참고). 반면 파생 데이터 시스템은 대개 비동기로 갱신되기 때문에 기본적으로 동시간 갱신 보장을 하지 않는다.

분산 트랜잭션 비용을 지불할 만한 제한된 환경에서는 분산 트랜잭션 시스템을 성공적으로 사용해 왔다. 그러나 내 생각으로는 XA는 결함 대응에 취약하고 성능 면에서도 나쁘다(357쪽 "현실의 분산 트랜잭션" 참고). 그래서 XA의 유용성은 매우 제한적이다. 나는 분산 트랜잭션에 좀 더 적합한 프로토콜을 만들 수 있다고 믿는다. 그러나 그런 프로토콜이 널리 채택되고 기존 도구와 통합되는 것은 매우 어려운 일이며 근시일 내에는 이런 일이 생기지 않을 것이다.

훌륭한 분산 트랜잭션 프로토콜이 널리 지원되지 않는 상태에서 나는 로그 기반 파생 데이터가 이종 데이터 시스템을 통합하는 가장 장래성 있는 접근법이라고 생각한다. 그러나 자신이 쓴 내용 읽기를 보장하는 것은 여전히 유용하다. 나는 모든 사람들에게 "최종적 일관성이 필수야. 받아들이고 배워" 라고 말하는 것은 생산적이지 않다고 생각한다. 적어도 최종적 일관성을 **어떻게** 다루는지에 관한 훌륭한 지침 없이는 말이다.

513쪽 "정확성을 목표로"에서 비동기 파생 시스템 상에서 더 강력한 보장을 구현하는 몇 가지 방법을 설명한다. 그리고 분산 트랜잭션과 비동기 로그 기반 시스템 사이 중간 지점을 찾아본다.

전체 순서화의 제약

충분히 작은 시스템에서 이벤트 로그의 순서 전체를 보장하는 것은 가능하다(이런 로그로 구성한 단일 리더 복제 데이터베이스의 인기로 입증된다). 그러나 규모가 더 커지고 더 복잡한 작업부하가 발생함에 따라 한계가 드러나기 시작한다.

- 대부분의 경우 전체 순서가 정해진 로그를 구축할 때 순서를 결정하려면 모든 이벤트가 **단일 리더 노드**를 통해야 한다. 이벤트의 처리량이 단일 장비에서 처리할 수 있는 양보다 커진다면 복수의 장비로 파티셔닝을 해야 한다(443쪽 "파티션된 로그" 참고). 그러면 다른 두 파티션의 이벤트 순서는 애매해진다.

- 예를 들어 특정 데이터센터 전체가 오프라인 상태가 되는 것에 대처하기 위해 서버가 **지역적으로 분산된** 여러 데이터센터에 걸쳐있다면 일반적으로 각 데이터센터에 독립적인 리더를 둔다. 네트워크 지연 때문에 데이터센터를 걸쳐 동기식으로 코디네이션하는 것은 비효율적이기 때문이다(169쪽 "다중 리더 복제" 참고). 즉 두 가지 다른 데이터센터에서 나온 이벤트는 서로 순서가 정해지지 않았다는 의미다.

- 애플리케이션을 **마이크로서비스**로 배포(134쪽 "서비스를 통한 데이터플로: REST와 RPC" 참고)한다고 가정할 때 흔히 선택하는 설계는 각 서비스와 서비스의 지속적인 관련 상태 정보를 독립된 단위로 배포하고 지속적인 상태는 서비스 간에 공유하지 않는 것이다. 두 이벤트가 서로 다른 서비스에서 발생했다면 이들 사이에는 정해진 순서가 없다.

- 어떤 애플리케이션은 클라이언트 측 상태를 유지하고 사용자 입력이 들어올 때마다 서버의 확인 응답을 기다리지 않고 바로 갱신한다. 심지어 오프라인일 때도 계속 동작한다(171쪽 "오프라인 작업을 하는 클라이언트" 참고). 이런 애플리케이션은 이벤트의 순서가 클라이언트와 서버에서 서로 다를 가능성이 높다.

이벤트의 전체 순서를 결정하는 것을 공식적인 용어로 **전체 순서 브로드캐스트**라고 한다. 전체 순서 브로드캐스트는 합의와 동등하다(363쪽 "합의 알고리즘과 전체 순서 브로드캐스트" 참고). 대부분의 합의 알고리즘은 단일 노드가 전체 이벤트 스트림을 처리하기에 충분한 처리량을 가진 상황을 가정하고 설계한다. 이 알고리즘들은 이벤트 순서를 정하는 작업을 여러 노드에서 공유하는 메커니즘은 제공하지 않는다. 단일 노드의 처리량을 넘어서는 규모와 지리적으로 분산된 설정에서 잘 동작하는 합의 알고리즘 설계는 아직 해결되지 않은 연구 과제다.

인과성 획득을 위한 이벤트 순서화

이벤트 간 인과성이 없는 경우 전체 순서가 정해지지 않아도 큰 문제가 아니다. 동시에 발생한 이벤트는 임의로 순서를 정할 수 있기 때문이다. 다루기 쉬운 다른 경우를 예로 들면 같은 객체가 여러 번 갱신됐을 때 특정 객체 ID로 실행된 모든 갱신을 동일한 로그 파티션으로 전달하면 전체 순서화가 가능하다. 그러나 때로는 인과성이 미묘한 방식으로 발생하기도 한다(337쪽 "순서화와 인과성" 참고).

예를 들어 사회 연결망 서비스에서 관계를 맺은 두 사용자가 방금 관계를 끊었다고 하자. 사용자 한 명이 다른 사용자와 친구 관계를 삭제하고 남은 친구들에게 삭제한 친구에 대해 불평하는 메시지를 보냈다. 이 사용자의 의도는 친구였던 사용자가 이 무례한 메시지를 보지 않는 것이다. 친구 상태를 취소한 이후에 보낸 메시지이기 때문이다.

그러나 친구 상태를 저장하는 곳과 메시지를 저장하는 곳이 다른 시스템에서는 **친구 끊기** 이벤트와 **메시지 보내기** 이벤트 사이의 순서 의존성이 없다. 인과성을 획득하지 못하면 새 메시지에 대해 알림을 보내는 서비스가 **메시지 보내기** 이벤트를 **친구 끊기** 이벤트 전에 보내서 이전 친구에게 잘못된 알림을 보낼 가능성이 있다.

이 예제에서 알림은 결과적으로 메시지와 친구 관계를 조인한 것으로, 이전에 설명했던(473쪽 "조인의 시간 의존성" 참고) 조인의 타이밍 문제과 관련이 있다. 불행하게도 이 문제를 간단히 해결하는 방법은 없다[2, 3]. 문제 해결을 위한 출발점 몇 가지를 보자.

- 논리적 타임스탬프를 사용하면 코디네이션 없이 전체 순서화를 지원(341쪽 "일련번호 순서화" 참고)할 수 있기 때문에 전체 순서 브로드캐스트를 쓸 수 없는 환경에서는 도움이 될지도 모른다. 그러나 여전히 수신자가 잘못된 순서로 전달된 이벤트를 처리해야 하고 추가로 메타데이터를 전달해야 한다.

- 사용자가 결정을 내리기 전에 사용자가 본 시스템 상태를 기록하는 이벤트를 로깅할 수 있고 해당 이벤트에 고유 식별자를 부여할 수 있다면 이후 이벤트는 인과적 의존성을 기록하기 위한 이벤트 식별자를 참조할 수 있다[4]. 511쪽 "읽기도 이벤트 다"에서 이 아이디어를 다시 다룬다.

- 충돌 해소 알고리즘(175쪽 "자동 충돌 해소" 참고)은 예상치 못한 순서로 전송된 이벤트를 처리하는 데 도움을 준다. 이 알고리즘은 상태를 유지하는 데 유용하지만 활동에 외부 부수 효과(사용자에게 알림을 보내는 작업 등)가 있다면 도움이 되지 않는다.

아마도 시간이 흐르면 모든 이벤트가 전체 순서 브로드캐스트의 병목을 거치지 않고서도 인과적 의존성을 효율적으로 캡처하고 파생 상태를 정확히 유지하는 애플리케이션 개발 패턴이 등장할 것이다.

일괄 처리와 스트림 처리

나는 데이터 통합의 목표는 데이터를 올바른 장소에 올바른 형태로 두는 것이라고 생각한다. 그렇게 하기 위해서는 입력을 소비해 형태를 바꾸고 필터링하고 집계해 모델을 학습하고 평가한 뒤 마지막에는 적절한 출력으로 기록해야 한다. 일괄 처리자와 스트림 처리자는 이 목표를 달성하기 위한 도구다.

일괄 처리와 스트림 처리의 출력은 파생 데이터셋이다. 이런 데이터셋에는 검색 색인이나 구체화 뷰, 사용자에게 보여주기 위한 추천, 집계 지표 등이 있다(407쪽 "일괄 처리 워크플로의 출력"과 462쪽 "스트림 처리의 사용" 참고).

10장과 11장에서 설명한 것처럼 일괄 처리와 스트림 처리는 여러 공통 원리가 있다. 하지만 일괄 처리와 스트림 처리의 근본적인 주요 차이점은 스트림 처리는 끝이 없는 데이터셋 상에서 운영되는 반면 일괄 처리는 유한한 크기의 입력을 사용한다는 것이다. 물론 처리 엔진을 구현하는 방법에도 세부적으로 많은 차이가 있지만 이런 구분은 희미해지기 시작했다.

스파크는 일괄 처리 엔진 상에서 스트림을 처리하는데 스트림을 **마이크로 일괄 처리** 단위로 나누어 일괄 처리한다. 반면 아파치 플링크는 스트림 처리 엔진 상에서 일괄 처리를 수행한다[5]. 이론적으로는 한 가지 처리 유형을 다른 유형 위에서 애뮬레이션할 수 있다. 하지만 성능 특성은 다양하게 나타난다. 예를 들어 마이크로 일괄 처리는 홉핑 윈도우나 슬라이딩 윈도우를 구현하기에는 성능이 좋지 않다[6].

파생 상태 유지

일괄 처리는 함수형 프로그래밍 언어로 코드를 작성하지 않아도 상당히 강력한 함수형 특징을 가진다. 일괄 처리는 결정적이고 출력이 입력에만 의존하며 명시적 출력 외에는 다른 부수 효과가 없는 순수 함수를 장려하며 입력을 불변으로 간주하고 출력은 추가 전용으로만 사용한다. 스트림 처리도 유사하지만 연산자를 확장해 상태를 관리할 수 있고 내결함성을 지니게 한다(476쪽 "실패 후에 상태 재구축하기" 참고).

입력과 출력을 잘 정의한 결정적 함수의 원리는 내결함성에 도움이 될 뿐 아니라(475쪽 "멱등성" 참고) 조직 내의 데이터플로 추론을 단순화한다[7]. 파생 데이터가 검색 색인, 통계 모델 또는 캐시인지 여부와 상관 없이, 한 가지로부터 다른 것을 파생하는 데이터 파이프라인의 관점에서 생각하는 것은 도움이 된다. 이 데이터 파이프라인은 함수형 애플리케이션 코드를 통해 한 시스템의 상태 변화를 밀어 넣고 그 결과를 파생 시스템에 적용한다.

이론상으로 파생 데이터 시스템은 관계형 데이터베이스가 색인할 테이블에 기록하는 트랜잭션 내에서 보조 색인을 동기식으로 갱신하는 것처럼 동기식으로 운영할 수 있다. 하지만 비동기 방식을 사용하면 이벤트 로그 기반 시스템을 훨씬 견고하게 만든다. 비동기 방식은 시스템 일부의 결함이 국소적으로 남아 있게 해준다. 반면 분산 트랜잭션은 참여 장비 일부가 실패하면 어보트하기 때문에 나머지 시스템으로 실패가 확산되어 실패가 증폭되는 경향이 있다(360쪽 "분산 트랜잭션의 제약" 참고).

206쪽 "파티셔닝과 보조 색인"에서 보조 색인은 종종 파티션 경계를 넘나든다고 설명했다. 보조 색인을 가진 파티셔닝된 시스템이 색인을 용어 기준으로 파티셔닝했다면 복수의 파티션으로 쓰기 요청을 보내야 한다. 아니면 색인을 문서 기준으로 파티셔닝했다면 모든 파티션으로 읽기 요청을 보내야 한다. 색인을 비동기 방식으로 유지한다면 이런 파티션 간 통신에서 더욱 신뢰성 있고 확장성이 좋아진다[8](513쪽 "다중 파티션 데이터 처리" 참고).

애플리케이션 발전을 위한 데이터 재처리

파생 데이터를 유지할 때 일괄 처리와 스트림 처리는 모두 유용하다. 스트림 처리를 이용하면 입력의 변화를 빠르게 파생 뷰에 반영할 수 있다. 일괄 처리 시스템을 사용하면 누적된 상당한 양의 과거 데이터를 재처리해 기존 데이터셋을 반영한 새 파생 뷰를 만들 수 있다.

특히 기존 데이터를 재처리하는 것은 시스템을 유지보수하기 위한 좋은 메커니즘으로 새로운 기능 추가와 변경된 요구사항에 대응할 수 있다(4장 참고). 재처리 없이 스키마를 변경하는 작업은 레코드에 새 선택적 필드를 추가하거나 새로운 타입의 레코드를 추가하는 것과 같은 간단한 것으로 제한된다. 이런 제약은 읽기 스키마와 쓰기 스키마 모두에 해당된다(39쪽 "문서 모델에서의 스키마 유연성"을 참고). 반면 재처리를 이용하면 새로운 요구사항을 더 잘 만족하기 위해 완전히 다른 모델로 데이터셋을 재구축할 수 있다.

> **철도 스키마 이전**
>
> 컴퓨터 시스템이 아닌 곳에서도 대규모 "스키마 이전"이 발생한다. 예를 들어 19세기 영국 철도 건설 초기에 두 레일 간 내측폭의 표준을 정하는 경쟁이 한창이었다. 한 표준을 따르는 기차는 다른 표준을 따르는 선로를 달릴 수 없었다. 통일되지 않은 표준은 철도망에서 상호 연결을 제한했다[9].
>
> 1846년 마침내 단일 내측폭 표준이 결정된 후 이와 다른 내측폭의 선로는 모두 표준에 맞춰 바꿔야만 했다. 하지만 기차 운행을 수 개월에서 수 년간 중단하지 않고 어떻게 변경할 수 있을까? 해법은 먼저 세 번째 레일을 추가해 선로를 **이중** 또는 **혼합** 내측폭을 갖게끔 변경하는 것이다. 이 변경 과정은 점진적으로 이뤄진다. 이 과정이 끝나면 두

가지 다른 내측폭을 사용하는 기차들이 세 개의 레일 중 두 개를 사용해 선로 하나에서 달릴 수 있다. 최종적으로 모든 기차가 표준에 맞춰지면 비표준 내측폭을 가진 기차를 지원했던 선로는 제거한다.

이 방식으로 기존 선로를 "재처리"해 이전 버전과 새로운 버전이 나란히 존재하게 만들면 수 년에 걸쳐 점진적으로 표준을 변경할 수 있다. 그럼에도 이 방식은 비용이 많이 드는 사업이라 오늘날까지 여전히 비표준 내측폭 선로가 존재한다. 예를 들어 샌프란시스코 만 지역의 BART 시스템은 미국에서 사용되는 대다수의 내측폭과 다른 길이를 사용한다.

파생 뷰를 사용하면 **점진적** 발전이 가능하다. 데이터셋을 재구축한다고 해보자. 한 번에 갑자기 뷰 이전을 수행할 필요는 없다. 대신 이전 스키마와 새 스키마를 함께 유지해 같은 데이터를 기반으로 두 개의 독립적인 파생 뷰를 만들 수 있다. 대부분의 사용자에게는 기존 뷰를 제공하면서도 일부 사용자는 새로운 뷰를 보게 해 성능 테스트를 하고 버그를 찾을 수 있다. 점진적으로 새 뷰를 접근하는 사용자의 비율을 늘려가서 결국에는 기존 뷰를 내릴 수 있게 된다[10].

점진적 이전의 장점은 처리의 모든 단계에서 뭔가 잘못됐을 때 쉽게 이전으로 되돌릴 수 있다는 점이다. 언제든지 돌아갈 수 있는 동작하는 시스템이 남아 있다. 되돌릴 수 없는 손상의 위험을 줄임으로써 새로 하는 작업에 좀 더 자신감을 가질 수 있고 따라서 시스템을 빠르게 개선해 갈 수 있다[11].

람다 아키텍처

일괄 처리를 과거 데이터를 재처리하는 데 사용하고 스트림 처리를 최근 갱신 데이터를 처리하는 데 사용한다고 할 때 어떻게 두 방식을 조합해 사용할 수 있을까? **람다 아키텍처**(lambda architecture)[12]는 이 분야에서 많은 관심을 받은 제안이다.

람다 아키텍처의 핵심 아이디어는 입력 데이터를 불변 이벤트로서 증가하기만 하는 데이터셋에 추가하는 방식으로 기록해야 한다는 것으로 이벤트 소싱(454쪽 "이벤트 소싱" 참고)과 유사하다. 이 이벤트에서 읽기에 최적화된 뷰를 파생한다. 람다 아키텍처는 두 개의 다른 시스템을 병행해서 운용하기를 제안한다. 하둡 맵리듀스 같은 일괄 처리 시스템과 스톰 같은 분리된 스트림 처리 시스템을 함께 운용한다.

람다 아키텍처 접근법에서 스트림 처리자는 이벤트를 소비해 근사(approximate) 갱신을 뷰에 빠르게 반영한다. 이후에 일괄 처리자가 **같은** 이벤트 집합을 소비해 정확한 버전의 파생 뷰에 반영한다. 람다 아키텍처의 설계 배경은 일괄 처리는 간단해서 버그가 생길 가능성이 적은 반면 스트림 처리자는 신뢰성이 떨어지고 내결함성을 확보하기 어렵다는 것이다(474쪽 "내결함성" 참고). 그리고 일괄 처리가 느리고 정확한 알고리즘을 사용하는 반면 스트림 처리는 빠른 근사 알고리즘을 사용할 수 있다.

람다 아키텍처는 데이터 시스템 설계를 향상시키는 데 영향을 준 아이디어였다. 특히 불변 이벤트 스트림에 대한 뷰를 파생하고 필요할 때 이벤트를 재처리하는 원리를 보급했다. 하지만 나는 람다 아키텍처에는 실질적 문제가 몇 가지 있다고 생각한다.

- 일괄 처리와 스트림 처리 양쪽 프레임워크에서 같은 로직을 유지해야 하는 데는 상당한 노력이 필요하다. 서밍버드(Summingbird)[13]처럼 일괄 처리와 스트림 처리 문맥에서 모두 실행 가능하도록 연산을 추상화하는 라이브러리가 있지만 디버깅과 튜닝, 서로 다른 두 시스템을 유지하는 운영상 복잡성이 여전히 남아있다[14].

- 스트림 파이프라인과 일괄 처리 파이프라인은 분리된 출력을 생산하기 때문에 사용자 요청에 대응하기 위해 출력을 병합해야 한다. 두 출력을 병합하는 것은 텀블링 윈도우를 사용하는 간단한 집계 연산의 경우는 그다지 어렵지 않다. 하지만 조인이나 세션화 같은 좀 더 복잡한 연산을 사용해 뷰를 만든다든지 출력이 시계열이 아니라면 상당히 어려워진다.

- 전체 과거 데이터를 재처리할 수 있다는 점은 훌륭하다. 하지만 대용량 데이터셋에서 자주 그 일을 수행한다고 하면 그 비용도 만만치 않다. 그렇기 때문에 일괄 처리 파이프라인이 모든 데이터를 재처리하기보다는 증분으로 일괄 처리(예를 들어 매 시각 끝에 한 시간 분량의 데이터를 처리)하게끔 설정하기도 한다. 그러나 이 방식은 낙오자 처리 문제나 일괄 처리 사이 겹치는 경계에서 윈도우 다루기 같은 문제가 발생한다. 이 문제는 465쪽 "시간에 관한 추론"에서 다뤘다. 증분으로 일괄 처리를 하면 복잡성이 증가하고 스트림 레이어와 비슷해져 일괄 처리 레이어를 가능한 한 단순하게 유지하려는 목표와 배치된다.

일괄 처리와 스트림 처리의 통합

최근에는 같은 시스템에서 일괄 처리 연산(과거 데이터 재처리)과 스트림 연산(이벤트가 도착하는 대로 처리)을 모두 구현함으로써 람다 아키텍처의 단점을 빼고 장점만 취할 수 있게 하는 작업이 진행되고 있다[15].

한 시스템 내에서 일괄 처리와 스트림 처리를 통합하려면 아래 기능들이 필요하고 이미 사용 가능한 기능도 광범위하게 늘어나고 있다.

- 최근 이벤트 스트림을 다루는 처리 엔진에서 과거 이벤트를 재생하는 능력. 예를 들어 로그 기반 메시지 브로커는 메시지를 재생하는 능력(447쪽 "오래된 메시지 재생" 참고)이 있고 어떤 스트림 처리자는 HDFS 같은 분산 파일 시스템에서 입력을 읽을 수 있다.

- 스트림 처리자에서 사용되는 정확히 한 번 시맨틱. 이 기능은 실제로 결함이 발생하더라도 결함이 없었던 상황과 동일한 출력을 내는 것을 보장한다(474쪽 "내결함성" 참고). 일괄 처리와 마찬가지로 실패한 태스크의 부분 출력을 폐기하는 기능이 필요하다.

▪ 처리 시간 기준이 아니라 이벤트 시간 기준으로 윈도우를 처리하는 도구. 과거 이벤트를 처리할 때 처리 시간은 의미가 없기 때문이다(465쪽 "시간에 관한 추론" 참고). 예를 들어 아파치 빔(Apache Beam)은 그런 연산을 표현하는 API를 제공한다. 이 API로 표현하면 아파치 플링크나 구글 클라우드 데이터플로 상에서 구동할 수 있다.

데이터베이스 언번들링

추상화 수준에서 보면 데이터베이스, 하둡, 운영체제는 모두 같은 기능을 수행한다. 이 시스템은 모두 데이터를 저장하고 처리하며 질의도 한다[16]. 데이터베이스는 특정 데이터 모델의 레코드(테이블의 로우, 문서, 그래프의 정점 등)로 데이터를 저장한다. 반면 운영체제는 데이터를 파일로서 파일 시스템에 저장한다. 하지만 그 핵심은 양쪽 모두 "정보 관리" 시스템[17]이라는 점이다. 10장에서 설명한 것처럼 하둡 생태계는 유닉스의 분산 버전과 다소 비슷하다.

물론 실제로는 차이가 많이 있다. 예를 들어 많은 파일 시스템이 한 디렉터리에 있는 천만 개의 작은 파일을 잘 처리하지 못하는 반면 데이터베이스가 천만 개의 작은 레코드를 가지고 있는 것은 일반적이고 그다지 대단한 일이 아니다. 그럼에도 운영체제와 데이터베이스 사이의 유사점과 차이점은 탐구할 가치가 있다.

유닉스와 관계형 데이터베이스는 정보 관리 문제를 각기 매우 다른 철학으로 접근했다. 유닉스는 논리적이지만 꽤 저수준인 하드웨어 추상화를 프로그래머에게 제공하는 것을 목적으로 뒀다. 하지만 관계형 데이터베이스는 디스크 상의 자료 구조, 동시성, 장애 복구 등의 복잡성을 감추는 고수준 추상화를 애플리케이션 프로그래머에게 제공하려 했다. 유닉스에서는 파이프와 단지 바이트의 순차열일 뿐인 파일이 개발됐지만 데이터베이스에서는 SQL과 트랜잭션이 개발됐다.

어느 접근법이 더 좋을까? 물론 이것은 무엇을 원하느냐에 달려있다. 유닉스는 하드웨어를 상당히 얇게 감싼다는 뜻에서 "간단하다"면 관계형 데이터베이스는 짧은 선언형 질의로 강력한 인프라(질의 최적화, 색인, 조인 메서드, 동시성 제어, 복제 등)를 활용 가능하다는 뜻으로 "간단하다".

유닉스와 관계형 데이터베이스 사이의 긴장감은 수 세기 동안(유닉스와 관계형 데이터베이스 모델 모두 1970년대 초반에 등장했다.) 지속됐고 여전히 해결되지 않았다. 이를테면 나는 NoSQL을 유닉스의 저수준 추상화 접근법을 분산 OLTP 데이터 저장소 분야로 적용하려는 움직임으로 해석한다.

나는 이번 절에서 양쪽 세계의 장점을 결합하기를 바라는 마음으로 두 철학을 화해시키려 한다.

데이터 저장소 기술 구성하기

이 책에서는 데이터베이스가 제공하는 다양한 기능을 설명하고 그 기능이 어떻게 동작하는지를 설명했다. 요약하면 아래와 같다.

- 보조 색인은 필드 값을 기반으로 레코드를 효율적으로 검색할 수 있는 기능이다(88쪽 "기타 색인 구조" 참고).

- 구체화 뷰는 질의 결과를 미리 연산한 캐시의 일종이다(104쪽 "집계: 데이터 큐브와 구체화 뷰" 참고).

- 복제 로그는 데이터의 복사본을 다른 노드에 최신 상태로 유지하는 기능이다(160쪽 "복제 로그 구현" 참고).

- 전문 검색 색인은 텍스트에서 키워드 검색을 가능하게 하는 기능(90쪽 "전문 검색과 퍼지 색인" 참고)으로 일부 관계형 데이터베이스는 이 기능을 내장하고 있다[1].

10장과 11장에서도 이와 비슷한 주제가 등장했다. 407쪽 "일괄 처리 워크플로의 출력"에서 전문 검색 색인을 구축하는 방법과 464쪽 "구체화 뷰 유지하기"에서 구체화 뷰를 유지하는 방법, 그리고 450쪽 "변경 데이터 캡처"에서 데이터베이스의 변경 사항을 파생 데이터 시스템으로 복제하는 방법을 설명했다.

데이터베이스에 내장된 기능과 일괄 처리와 스트림 처리로 구축하는 파생 데이터 시스템 사이에는 유사점이 있다.

색인 생성하기

관계형 데이터베이스에 새 색인을 생성하기 위해 CREATE INDEX를 실행했을 때 무슨 일이 일어날지 생각해보자. 데이터베이스는 테이블의 일관된 스냅숏을 사용해 스캔하고 색인할 필드 값을 모두 골라 정렬하고 색인에 기록한다. 그다음에는 일관된 스냅숏을 만든 이후에 실행된 쓰기의 백로그를 처리해야 한다(색인을 생성하는 동안 테이블을 잠금을 걸지 않아서 계속 쓰기가 가능하다고 가정). 색인 생성을 완료하면 데이터베이스는 트랜잭션이 테이블에 쓸 때마다 꾸준히 색인에 반영해야 한다.

이 과정은 새 팔로워 복제본을 구축하는 과정과 대단히 비슷하다(157쪽 "새로운 팔로워 설정" 참고). 또한 스트림 시스템에서 변경 데이터 캡처의 예비 과정과도 상당히 유사하다(452쪽 "초기 스냅숏" 참고).

CREATE INDEX를 실행할 때마다 데이터베이스는 근본적으로 기존 데이터셋을 재처리(494쪽 "애플리케이션 발전을 위한 데이터 재처리" 참고)해서 기존 데이터를 반영하는 새로운 뷰로서 색인을 파생한다. 기존 데이터는 발생한 모든 변경 로그라기보다는 특정 상태의 스냅숏일 수 있지만 변경 로그와 상태 스냅숏은 상당히 관련이 있다(456쪽 "상태와 스트림 그리고 불변성" 참고).

모든 것의 메타데이터베이스

이런 관점에서 볼 때 내게는 전체 조직의 데이터플로가 거대한 데이터베이스처럼 보이기 시작했다 [7]. 일괄 처리나 스트림 처리, ETL 처리를 통해 데이터를 특정 장소에 있는 특정 형태에서 다른 장소에 있는 다른 형태로 바꿔 전송할 때마다 색인이나 구체화 뷰를 최신으로 유지하는 데이터베이스의 하위 시스템과 동일하게 작동한다.

마찬가지 관점에서 보면 일괄 처리와 스트림 처리자는 트리거와 스토어드 프로시저 그리고 구체화 뷰 유지 루틴을 정교하게 구현한 것과 같다. 일괄 처리와 스트림 처리로 유지하는 파생 데이터 시스템은 마치 다양한 색인 유형과 비슷하다. 예를 들면 어떤 관계형 데이터베이스는 B 트리 색인, 해시 색인, 공간 색인(89쪽 "다중 칼럼 색인" 참고)과 다른 유형의 색인을 지원한다. 파생 데이터 시스템 아키텍처가 등장하면서 이런 도구를 하나로 통합된 데이터베이스 제품의 기능으로 구현하지 않고, 여러 장비에서 실행되고 여러 팀에서 관리하는 다양한 소프트웨어를 사용해 제공한다.

이런 개발 방법은 미래에 과연 우리를 어디로 데려갈까? 모든 접근 패턴에 적합한 단일 데이터 모델이나 저장 형식이 없다고 전제해 보자. 나는 서로 다른 저장소와 처리 도구를 사용하지만 하나의 응집된 시스템으로 구성할 수 있는 두 가지 길이 존재한다고 생각한다.

연합 데이터베이스: 읽기를 통합

연합 데이터베이스(federated database) 또는 **폴리스토어**(polystore)[18, 19]라고 알려진 접근법은 엄청나게 많은 하단 저장소 엔진과 처리 메서드를 통합해 질의하는 인터페이스를 제공한다. 예를 들면 포스트그레스큐엘이 제공하는 **외래 데이터 랩퍼**(foreign data wrapper) 기능은 이 유형에 꼭 들어 맞는다[20]. 애플리케이션에서 특정 데이터 모델과 특정 질의 인터페이스가 필요한 경우에는 여전히 하단 저장소에 직접 접근할 수 있지만 사용자가 다른 장소의 데이터를 결합하기 원한다면 연합 인터페이스를 통해 쉽게 처리할 수 있다.

연합 질의 인터페이스는 고수준 질의 언어와 우아한 시맨틱을 사용하지만 구현이 복잡한 단일 통합 시스템이라는 관계형 데이터베이스의 전통을 따른다.

언번들링 데이터베이스: 쓰기를 통합

연합 데이터베이스는 다른 여러 시스템을 읽기 전용으로 질의하는 문제를 해결하지만 여러 시스템에 걸친 쓰기를 동기화하기에는 적합하지 않은 해결책이다. 단일 데이터베이스 내에서 일관된 색인을 생성하는 것은 내장된 기능이라고 앞서 설명했다. 여러 시스템으로 구성됐을 때도 마찬가지로 변경된 모든 데이터가 올바른 장소에 반영되도록 보장해야 한다. 일부 결함에 직면하더라도 말이다. 저장소 시스템들을 신뢰성 있게 결합하기 쉽게 만드는 것(예를 들어 변경 데이터 캡처와 이벤트 로그를 통해)은 데이터베이스의 색인 유지 기능을 다른 기술에 걸친 쓰기를 동기화할 수 있는 방식으로 **언번들링**(unbundling)하는 방식과 유사하다[7, 21].

언번들링 접근법은 하나만 잘하는 작은 도구를 사용하는 유닉스 전통을 따른다[22]. 이 도구들은 통일된 저수준 API(파이프)를 통해 통신한다. 또한 셸 같은 고수준 언어를 사용해 구성하는 것도 가능하다[16].

언번들링이 동작하게 만들기

다양한 구성 요소로부터 신뢰할 수 있고 확장 가능하며 유지보수하기 쉬운 시스템을 만든다는 측면에서 연합과 언번들링은 동전의 양면과 같다. 연합된 읽기 전용 질의는 한 데이터 모델을 다른 모델로 사상해야 한다. 이것은 생각을 좀 해봐야 하지만 궁극적으로는 관리할 수 있는 문제다. 하지만 나는 여러 저장 시스템에 적용되는 쓰기를 동기화하는 것은 그보다 어려운 엔지니어링 문제라 생각하기 때문에 이 문제에 초점을 맞추겠다.

쓰기를 동기화하는 전통적인 접근법은 이종 저장소 시스템 간 분산 트랜잭션이 필요하다[18]. 나는 이 방법이 잘못된 해결책이라 생각한다(490쪽 "파생 데이터 대 분산 트랜잭션" 참고). 단일 저장소나 스트림 처리 시스템에서 트랜잭션은 쓸 만하다. 하지만 데이터가 다른 기술 사이의 경계를 오간다면 멱등성을 기반으로 쓰기를 수행하는 비동기 이벤트 로그를 사용하는 편이 훨씬 더 강력하고 현실적인 접근법이라고 본다.

예를 들어 분산 트랜잭션은 특정 스트림 처리자 내에서 정확히 한 번 시맨틱을 달성하기 위해 사용(475쪽 "원자적 커밋 재검토" 참고)할 수 있는데 상당히 잘 작동한다. 그러나 다른 그룹의 사람들이 만든 시스템이 트랜잭션에 개입하려면(예로 스트림 처리자에서 분산 키–값 저장소나 검색 색인으로 데이터를 기록할 때) 표준 트랜잭션이 없어 통합하기가 매우 어렵다. 멱등적 소비자가 사용하는 순서가 정해진 이벤트 로그(475쪽 "멱등성" 참고)는 훨씬 더 단순한 추상화라서 이종 시스템에 걸쳐 구현하기도 훨씬 더 쉽다[7].

로그 기반 통합의 큰 장점은 다양한 구성 요소 간 **느슨한 결합(loose coupling)**이다. 아래 두 가지 수준에서 이 장점이 명백히 드러난다.

1. 시스템 수준에서 비동기 이벤트 스트림을 사용하면 전체 시스템이 개별 구성 요소의 장애나 성능 저하가 생겨도 잘 견디게 만들 수 있다. 이벤트 소비자가 느리거나 장애가 난다면 이벤트 로그는 메시지를 버퍼링하고(446쪽 "디스크 공간 사용" 참고) 생산자와 다른 소비자는 영향 없이 계속해서 수행할 수 있다. 결함 있는 소비자의 문제가 해결되면 소비자가 버퍼링된 메시지를 사용해 따라잡을 수 있다. 결국 데이터는 누락되지 않고 결함은 밖으로 퍼지지 않는다. 반대로 분산 트랜잭션의 동기식 상호작용은 지역적 결함이 대규모 장애로 확대되는 경향이 있다(360쪽 "분산 트랜잭션의 제약").

2. 인적 수준에서 데이터 시스템을 언번들링하면 소프트웨어 구성 요소와 서비스를 다른 팀에서 각자 개발하고 개선하고 독립적으로 유지보수할 수 있다. 각 팀을 전문화하고 다른 팀 시스템과 인터페이스를 잘 정의하는 방식으로 연동한다면 각 팀은 한 가지 일을 잘 해내는 데만 집중하면 된다. 이벤트 로그는 상당히 강력한 일관성 속성을 캡처(지속성과 이벤트 순서화 덕분에)하는 인터페이스를 제공할 뿐 아니라 거의 어떤 종류의 데이터에도 적용할 수 있을 정도로 범용적이다.

언번들링 대 통합 시스템

언번들링이 실제로 미래에 사용될 방법이라고 가정해도 현재 형태의 데이터베이스를 대체하지는 못할 것이다. 데이터베이스는 그 어느 때보다도 필요할 것이다. 데이터베이스는 여전히 스트림 처리자의 상태를 유지하기 위해 필요하고 일괄 처리와 스트림 처리자의 출력에 대한 질의를 처리하기 위해서도 필요하다(407쪽 "일괄 처리 워크플로의 출력"과 461쪽 "스트림 처리" 참고). 전문화된 질의 엔진은 특정 작업부하에 쓰는 용도로 여전히 중요할 것이다. 예를 들어 MPP 데이터 웨어하우스의 질의 엔진은 탐구적 분석 질의에 최적화됐고 이런 종류의 작업부하를 매우 잘 다룬다(411쪽 "하둡과 분산 데이터베이스의 비교" 참고).

여러 다른 인프라에서 수행하는 복잡성도 문제가 될 수 있다. 각 소프트웨어마다 학습 곡선과 설정 문제, 그리고 운영상에서만 나타나는 특성이 있다. 따라서 동적 부분을 가능하면 적게 배포해야 유리하다. 단일 통합 소프트웨어 제품은 설계된 용도에 맞춰 사용하면 애플리케이션 코드로 연결한 여러 도구로 구성된 시스템보다 뛰어나고 예측 가능한 성능을 낼 수 있다[23]. 서문에서 언급한 것과 같이 필요하지도 않은 확장성을 고려해 시스템을 구축하는 노력은 전적으로 낭비일 뿐더러 유연하지 못한 설계에 갇힐 수 있다. 사실상 이것은 성급한 최적화의 한 형태다.

언번들링의 목표는 특정 작업부하에 대한 성능 측면에서 개별 데이터베이스와 경쟁하는 것이 아니다. 몇 개의 다른 데이터베이스를 결합해 단일 소프트웨어로 가능한 것보다 더 넓은 범위의 작업부하에 대해 좋은 성능을 달성하기 위함이다. 즉 깊이가 아니라 폭에 관한 것이다. 411쪽 "하둡과 분산 데이터베이스의 비교"에서 설명한 저장소, 처리 모델의 다양성과 같은 맥락이다.

즉 필요한 모든 것을 만족하는 단일 기술이 있다면 저수준 구성 요소로부터 직접 재구현하려 하지 말고 그냥 해당 제품을 사용하는 것이 좋다. 언번들링과 합성의 장점은 요구사항을 모두 만족하는 단일 소프트웨어가 없는 상황에서만 드러난다.

뭐가 빠졌지?

데이터 시스템을 구성하는 도구는 점점 좋아지고 있다. 그러나 나는 중요한 부분 하나가 빠졌다고 생각한다. 아직까지 유닉스 셸(즉 단순하고 선언적인 방법으로 저장소와 처리 시스템을 구성하는 고수준 언어)과 동일한 언번들링된 데이터베이스가 존재하지 않는다.

예를 들어 나는 유닉스 파이프[22]와 비슷하게 `mysql | elasticsearch`로 단순하게 선언할 수 있다면 너무 좋을 것 같다. 이 선언은 `CREATE INDEX`와 동일한 동작을 언번들링된 데이터베이스 관점으로 나타낸 것으로 마이SQL 데이터베이스에서 모든 문서를 가져와 엘라스틱서치 클러스터에서 이 문서들

을 색인한다는 의미다. 그 동작은 지속적으로 데이터베이스에서 모든 변경 사항을 캡처해 자동으로 검색 색인에 변경 사항을 반영할 것이다. 이 과정에 맞춤형 애플리케이션 코드는 없다. 이런 종류의 통합은 거의 모든 저장소와 색인 시스템에서 가능해야 한다.

마찬가지로 캐시를 사전계산하고 좀 더 쉽게 갱신할 수 있으면 매우 좋을 것이다. 구체화 뷰는 본질적으로 사전계산된 캐시다. 따라서 그래프에 대한 재귀 질의(50쪽 "그래프형 데이터 모델" 참고)와 애플리케이션 로직을 포함한 복잡한 질의에 대한 구체화 뷰를 선언적으로 지정함으로써 캐시를 만드는 것을 상상할 수 있다. 이 분야에서 **미분 데이터플로(differential dataflow)**[24, 25] 같은 흥미로운 초기 연구가 진행되고 있다. 이런 아이디어가 프로덕션 시스템에 적용되기를 희망한다.

데이터플로 주변 애플리케이션 설계

애플리케이션 코드로 특화된 저장소와 처리 시스템을 조립하는 언번들링 데이터베이스 접근법은 "데이터베이스 인사이드 아웃" 접근법이라고도 한다[26]. 내가 2014년 한 컨퍼런스 발표의 제목을 "데이터베이스 인사이드 아웃"으로 사용한 이후 그렇게 알려졌다[27]. 하지만 이 접근법을 "새 아키텍처"라고 부르기에는 너무 거창하다. 나는 이것을 디자인 패턴 또는 논의의 출발점으로 보려 한다. 단지 설명의 편의를 위해 단순히 이름을 부여했을 뿐이다.

이 아이디어는 내 생각이 아니다. 배울 만한 가치가 있는 다른 여러 사람의 아이디어를 합쳤을 뿐이라고 나는 생각한다. 특히 오즈(Oz)[28]와 저틀(Juttle)[29] 같은 **데이터플로** 언어와 엘름(Elm) 같은 **함수형 반응형 프로그래밍(functional reactive programming, FRP)** 언어[30, 31], 그리고 블룸(Bloom)[32]과 같은 **논리적 프로그래밍(logic programming)** 언어와 서로 많은 부분이 겹친다. 이 문맥에서 사용하는 **언번들링**은 제이 크렙스(Jay Kreps)[7]가 제안한 용어다.

스프레드시트조차 대부분의 주류 프로그래밍 언어보다 수 마일 앞선 데이터플로 프로그래밍 능력을 보유하고 있다[33]. 스프레드시트에서 한 셀에 수식을 넣으면(예를 들어 다른 칼럼에 포함된 모든 셀의 합) 수식의 입력이 바뀔 때마다 수식 결과가 자동으로 재계산된다. 이것은 바로 데이터 시스템 수준에서 필요한 기능이다. 데이터베이스의 레코드가 변할 때도 그 레코드에 해당하는 색인을 자동으로 갱신하고 그 레코드에 의존하는 캐시 뷰나 집계를 자동으로 리프레시할 필요가 있다. 어떻게 리프레시가 실행되는지 기술적 세부사항을 걱정할 필요는 없지만 올바르게 작동한다고 믿을 수 있어야 한다.

따라서 나는 데이터 시스템 대부분이 비지칼크(VisiCalc)[34]가 1979년에 이미 가지고 있던 기능에서 배울 것이 여전히 남아 있다고 생각한다. 스프레드시트와 차이점은 현대 데이터 시스템은 내결함성과 확장성이 있어야 하고 지속성 있게 데이터를 저장해야 한다는 점이다. 또한 데이터 시스템은 시간이 흐름에 따라 다른 그룹의 사람들이 개발한 이종 기술과도 통합이 가능해야 할 뿐 아니라 이미 존재하는 라이브러리와 서비스를 재사용 가능해야 한다. 모든 소프트웨어가 특정 언어와 프레임워크 또는 도구만을 사용해 개발될 것으로 기대하는 것은 비현실적이다.

나는 이번 절에서 이런 아이디어를 확장해 언번들링 데이터베이스와 데이터플로의 아이디어 주변에서 애플리케이션을 구축하는 몇 가지 방법을 탐구하려 한다.

파생 함수로서의 애플리케이션 코드

데이터셋이 다른 데이터셋으로부터 파생될 때는 변환 함수 몇 가지를 거친다. 아래는 그 예다.

- 보조 색인은 단순한 변환 함수를 사용하는 파생 데이터셋의 일종이다. 기반 테이블의 각 로우나 문서마다 색인할 칼럼이나 필드를 골라 그 값을 기준으로 정렬한다(3장에서 설명한 대로 키로 정렬된 B 트리나 SS테이블 색인으로 가정).

- 전문 검색 색인은 언어 감지, 단어 분리, 어간 추출, 기본형 처리, 철자 교정, 동의어 식별 등의 다양한 자연어 처리 함수를 적용한 다음 효율적인 조회를 위한 자료 구조를 구축한다(예: 역 색인).

- 머신러닝 시스템에서 모델은 다양한 특징(feature) 추출과 통계 분석 함수를 사용해 학습 데이터로부터 파생된 것으로 간주할 수 있다. 모델에 새 입력 데이터를 적용하면 입력과 기존 모델에서 모델의 출력이 파생된다(따라서 학습 데이터로부터는 간접적으로 파생된다).

- 캐시는 흔히 사용자 인터페이스(UI)에 보여줄 형태의 데이터 집합을 포함한다. 따라서 캐시를 채우려면 UI에서 참조되는 필드가 무엇인지 지식이 필요하다. UI가 변한다면 캐시를 채우고 재구축하는 방법의 정의를 갱신해야 한다.

보조 색인용 파생 함수는 아주 일반적인 요구사항이라서 많은 데이터베이스에 핵심 기능으로 내장돼 있다. 단지 CREATE INDEX라 명령하는 것만으로 보조 색인을 생성할 수 있다. 전문 색인의 경우에는 공통 언어를 위한 기본 언어 분석 기능을 데이터베이스에 포함하는 경우도 있지만 좀 더 복잡한 기능을 지원하려면 영역에 특화된 튜닝이 종종 필요하다. 머신러닝에서 특징 엔지니어링(feature engineering)은 애플리케이션에 특화돼 있기로 악명 높다. 그래서 종종 사용자 상호작용과 애플리케이션 배포에 관한 세부 지식을 통합해야 할 때가 있다[35].

파생 데이터셋을 생성하는 함수가 보조 색인 생성 함수와 같은 비슷비슷한 표준 함수가 아니라면 사용자 정의 코드를 써서 애플리케이션에 특화된 측면을 다뤄야 한다. 그리고 많은 데이터베이스가 고군분투하는 곳이 바로 이 사용자 정의 코드다. 관계형 데이터베이스는 일반적으로 데이터베이스 내에서 애플리케이션 코드를 실행할 수 있게 해주는 트리거, 스토어드 프로시저, 사용자 정의 함수를 지원하지만 이 기능들은 데이터베이스 설계 이후에 추가한 부분이다(436쪽 "이벤트 스트림 전송" 참고).

애플리케이션 코드와 상태의 분리

이론상 데이터베이스가 운영체제와 같이 임의의 애플리케이션 코드를 배포하는 환경이 될 수 있다. 하지만 실제로는 이런 용도로 사용하기에 상당히 적합하지 않다고 밝혀졌다. 데이터베이스는 의존성과 패키지 관리, 버전 컨트롤, 롤링 업그레이드, 발전성, 모니터링, 지표, 네트워크 서비스 호출, 외부 시스템과 통합 등의 현대적 애플리케이션 배포 요구사항과 잘 맞지 않는다.

반면 메소스, 얀, 도커, 쿠버네티스 등과 같은 배포와 클러스터 관리 도구는 애플리케이션 코드를 수행하는 목적으로 특별히 설계됐다. 하나를 잘 하자는 관점에 집중함으로써 이 도구들은 데이터베이스가 많은 기능 중 하나로서 사용자 정의 함수의 실행을 지원하는 것보다 훨씬 잘 할 수 있다.

나는 시스템의 일부는 지속성 있는 데이터 저장을 전문으로 하고 다른 일부는 애플리케이션 코드 실행을 전문으로 하는 게 합리적이라 생각한다. 두 부분이 독립적이라도 여전히 상호작용할 수 있다.

오늘날 대부분의 웹 애플리케이션이 상태 비저장 서비스로 배포된다. 상태 비저장 서비스 내에서 사용자 요청은 어떤 애플리케이션 서버로도 라우트될 수 있다. 그리고 응답 결과를 보내고 난 요청에 대해서는 완전히 잊어버린다. 이런 배포 양식은 원할 때마다 서버를 추가하고 제거하기에 매우 편리하다. 그러나 상태는 어딘가에 꼭 있어야 한다. 일반적으로 그곳은 데이터베이스가 된다. 요즘 추세는 상태 관리(데이터베이스)와 상태 비저장 애플리케이션 로직을 분리한다. 즉 데이터베이스에 애플리케이션 로직을 넣지 않고 애플리케이션에 영구적인 상태를 넣지 않는다[36]. 함수형 프로그래밍 커뮤니티의 사람들이 좋아하는 이런 농담 대로다. "우리는 교회(Church)와 정치(state)는 분리하는 것이 옳다고 믿는다."[37][1]

전형적인 웹 애플리케이션 모델에서 데이터베이스는 네트워크를 통해 동기식으로 접근할 수 있는 변경 가능한 공유 변수와 같이 동작한다. 애플리케이션은 이 변수를 읽고 갱신할 수 있다. 데이터베이스는 이 변수를 지속성 있게 만들고 동시성 제어와 내결함성을 지원한다.

그러나 대부분의 프로그래밍 언어에서 변경 가능한 변수의 변경을 구독할 수 없다. 단지 주기적으로 읽어볼 수밖에 없다. 스프레드시트와 다르게 변수 값이 변해도 변수를 읽는 사람이 알림을 받지 못한다. **관찰자 패턴(observer pattern)**이라 알려진 알림 기능을 직접 구현할 수 있지만 대부분의 언어는 이 패턴을 내장 기능으로 지원하지 않는다.

---

1 농담을 설명한다고 나아질 것은 없지만 아무도 소외감을 느끼지 않았으면 하는 차원에서 말하자면 **교회**는 수학자 알론조 처치(Alonzo Church)에서 따왔다. 그는 람다 대수(lambda calculus)를 만들었다. 람다 대수는 함수형 프로그래밍 언어 대부분의 기초가 되는 연산의 초기 형태다. 람다 대수에는 변경 가능한 상태가 없다. 즉 덮어쓰여지는 변수가 없다. 그래서 변경 가능한 상태는 교회(처치)의 작업과 분리됐다고 말할 수 있다.

데이터베이스는 변경 가능한 데이터에 대한 이러한 수동적 접근법을 상속한다. 데이터베이스의 내용이 변경됐는지 확인하고 싶다면 폴링, 즉 주기적으로 질의를 반복하는 게 유일한 방법이다. 변경 데이터 구독은 이제 막 등장하기 시작한 기능이다(453쪽 "변경 스트림용 API 지원" 참고).

데이터플로: 상태 변경과 애플리케이션 코드 간 상호작용

데이터플로 측면에서 애플리케이션을 생각한다는 것은 애플리케이션 코드와 상태 관리 간의 관계를 재조정한다는 의미다. 데이터베이스를 애플리케이션이 직접 조작하는 수동적 변수로 취급하는 대신 상태와 상태 변경, 그리고 상태를 처리하는 코드 간의 상호작용과 협동에 관해 좀 더 생각해 볼 수 있다. 애플리케이션 코드는 어떤 곳에서 상태 변화를 트리거해 다른 곳의 상태 변화에 응답한다.

448쪽 "데이터베이스와 스트림"에서 데이터베이스의 변경 로그를 구독 가능한 이벤트 스트림으로 취급하는 내용을 설명했다. 액터와 같은 메시지 전달 시스템(139쪽 "메시지 전달 데이터플로") 또한 이러한 이벤트 응답의 개념을 가지고 있다. 1980년 대에 이미 **튜플 공간(tuple space)** 모델에서 상태 변화를 관찰해 그 변화에 반응하는 과정의 측면으로 분산 연산을 표현하는 방법을 탐구했다 [38, 39].

설명한 바와 같이 데이터베이스에서 데이터 변경으로 트리거가 발생하거나 색인된 테이블에 변경 사항을 반영하기 위해 보조 색인을 갱신할 때 비슷한 일이 발생한다. 데이터베이스를 언번들링한다는 의미는 이 아이디어를 채택해 원본 데이터베이스 외부에 파생 데이터셋을 생성할 때 적용한다는 뜻이다. 이런 파생 데이터셋에는 캐시, 전문 검색 색인, 머신러닝 또는 분석 시스템 등이 있다. 스트림 처리와 메시징 시스템을 이런 용도에 사용할 수 있다.

가장 명심해야 할 점은 파생 데이터를 유지하는 것이 전통적인 메시징 시스템의 설계 목적인 비동기 작업 실행과는 같지 않다는 것이다(444쪽 "로그 방식과 전통적인 메시징 방식의 비교" 참고).

- 파생 데이터를 유지할 때 상태 변경 순서가 중요할 때가 있다(여러 뷰가 한 이벤트 로그로부터 파생된다면 뷰 간에 서로 일관성을 유지하기 위해 같은 순서로 이벤트를 처리할 필요가 있다). 442쪽 "확인 응답과 재전송"에서 설명한 것처럼 확인 응답을 받지 못한 메시지를 다시 전달할 때 많은 메시지 브로커가 이런 속성을 가지고 있지 않다. 이중 기록도 마찬가지다 (448쪽 "시스템 동기화 유지하기" 참고).

- 내결함성은 파생 데이터의 핵심이다. 메시지 하나를 잃는 것만으로 파생 데이터셋이 영구적으로 데이터 원본과 동기화가 깨진다. 메시지 전달과 파생 상태 갱신 양쪽 모두 반드시 신뢰성이 있어야 한다. 예를 들어 많은 액터 시스템은 기본적으로 메모리에 액터 상태와 메시지를 유지하기 때문에 액터를 실행하는 장비가 죽으면 상태를 잃어버린다.

안정적인 메시지 순서화와 내결함성이 있는 메시지 처리는 상당히 엄격한 요구사항이지만 분산 트랜잭션보다 훨씬 저렴하면서 탄탄한 운영을 가능하게 한다. 최신 스트림 처리자는 대규모로 순서화와 신뢰성 보장을 제공한다. 그리고 스트림 처리자에서 애플리케이션 코드를 스트림 연산자로 실행할 수 있다.

이 애플리케이션 코드로 데이터베이스에 내장된 파생 함수가 일반적으로 지원하지 않는 임의 처리가 가능하다. 파이프로 연결한 유닉스 도구와 같이 스트림 처리자를 구성해서 데이터플로를 중심으로 대형 시스템을 구축할 수 있다. 각 연산자는 상태 변경 스트림을 입력으로 받아 다른 상태 변경 스트림을 출력으로 생산한다.

스트림 처리자와 서비스

최근 유행하는 애플리케이션 개발 스타일은 각 기능을 REST API와 같은 동기 네트워크 요청을 통해 통신하는 **서비스**의 집합으로 나누는 것이다(134쪽 "서비스를 통한 데이터플로: REST와 RPC"). 단일 일체식 애플리케이션에 비해 서비스 지향 아키텍처의 가장 큰 장점은 느슨한 연결을 통한 조직적 확장성이다. 서로 다른 팀은 다른 서비스를 운영하기 때문에 팀 사이에 조정해야 할 노력을 줄여준다. 각 서비스가 독립적으로 배포되고 갱신될 수 있는 동안은 적어도 그렇다.

스트림 연산자로 데이터플로 시스템을 구성하는 것은 마이크로서비스 접근법과 유사한 특징이 상당히 많다[40]. 하지만 기반이 되는 통신 메커니즘은 매우 다르다. 마이크로서비스 접근법이 동기식 요청/응답 상호작용을 사용하지만 스트림 연산자로 구성한 시스템은 단방향 비동기식 메시지 스트림을 사용한다.

향상된 내결함성 등 139쪽 "메시지 전달 데이터플로"에 나열된 장점 외에도 데이터플로 시스템은 더욱 뛰어난 성능을 낼 수 있다. 예를 들어 한 소비자가 특정 통화로 가격이 매겨진 상품을 구매했지만 지불은 다른 통화로 했다고 가정하자. 일단 통화 변환을 하기 위해서는 환율을 알아야 한다. 이 연산은 두 가지 방법으로 구현 가능하다[40, 41].

1. 마이크로서비스 접근법에서 구매 처리 코드는 아마도 특정 통화의 현재 환율을 얻기 위해 환율 서비스나 데이터베이스에 질의한다.

2. 데이터플로 접근법에서 구매 처리 코드는 미리 환율 갱신 스트림을 구독하고 환율이 바뀔 때마다 로컬 데이터베이스에 환율을 기록한다. 구매 처리가 들어올 때 단지 로컬 데이터베이스에 질의하면 된다.

두 번째 접근법은 다른 서비스로 보내는 동기식 네트워크 요청을 로컬 데이터베이스 질의로 교체했다(같은 장비일 수도 있고 심지어 같은 프로세스일 수도 있다)[2]. 데이터플로 접근법은 훨씬 빠를 뿐

---

2 마이크로서비스 접근법에서도 환율을 로컬에 있는 구매 처리 서비스에 캐시해 동기식 네트워크 요청을 회피할 수 있다. 하지만 캐시 최신성을 유지하기 위해 갱신된 환율을 주기적으로 폴링하거나 변경 스트림을 구독해야 한다. 이것은 데이터플로 접근법로 쓰는 방법과 정확히 같다.

아니라 다른 서비스 장애에도 훨씬 잘 버틸 수 있다. 가장 빠르고 가장 신뢰성 있는 네트워크 요청은 네트워크 요청을 전혀 하지 않는 것이다. 이제 RPC를 대신해 구매 이벤트와 환율 갱신 이벤트 간의 스트림 조인이 생겼다(471쪽 "스트림 테이블 조인(스트림 강화)" 참고).

이 조인에는 시간 의존성이 있다. 구매 이벤트를 이후 시점에 재처리한다면 환율이 변경됐을 것이다. 원래 출력이 다시 나오기를 원한다면 구매 시점의 과거 환율을 얻어야 한다. 이런 시간 의존성은 환율 서비스에 질의를 하든 환율 갱신 스트림을 구독하든 상관없이 다뤄야 한다(473쪽 "조인의 시간 의존성" 참고).

변경 스트림 구독은 필요할 때 현재 상태를 조회하는 것보다 스프레드시트의 연산 모델에 더 가깝다. 일부 데이터 변경이 있을 때 해당 데이터에 의존하는 파생 데이터가 신속히 갱신된다. 시간 의존성 조인과 관련된 문제 등 아직 해결되지 않은 문제가 많지만 나는 데이터플로 아이디어를 사용해 애플리케이션을 구축하는 것은 매우 유망한 방향이라 생각한다.

파생 상태 관찰하기

추상적인 수준에서 지난 절에서 설명한 데이터플로 시스템은 검색 색인이나 구체화 뷰 또는 예측 모델과 같은 파생 데이터셋을 생성하고 최신 상태로 유지하는 과정에 사용할 수 있다. 이 과정을 **쓰기 경로(write path)**라 부르자. 시스템에 정보를 기록할 때마다 일괄 처리와 스트림 처리의 여러 단계를 거친 다음 결과적으로 기록된 데이터를 모든 파생 데이터셋에 통합해 갱신한다. 그림 12-1에 검색 색인을 갱신하는 과정의 예가 있다.

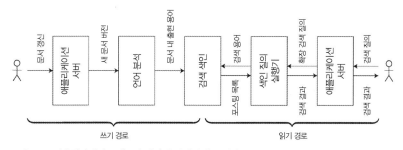

그림 12-1. 검색 색인에서 쓰기(문서 갱신)가 읽기(질의)를 만나다.

그런데 애초에 파생 데이터셋을 왜 생성할까? 이후에 다시 질의할 가능성이 크기 때문이다. 이것이 **읽기 경로(read path)**다. 사용자 요청을 처리할 때 먼저 파생 데이터셋을 읽고 그 결과를 어느 정도 가공한 후 사용자 응답을 만든다.

읽기 경로와 쓰기 경로를 종합하면 데이터를 수집하는 지점에서 데이터를 소비하는 지점(아마도 다른 사람이)까지 데이터의 모든 여정을 포함한다. 쓰기 경로는 데이터의 여정 중 미리 계산된 부분이다. 즉 누군가 해당 데이터 조회를 요청했는지에 상관없이 데이터가 들어오는 대로 바로 계산한다. 읽기 경로는 데이터의 여정 중에서 누군가 요청했을 때만 발생하는 부분이다. 함수형 프로그래밍 언어에 익숙하다면 쓰기 경로는 조급한 평가(eager evaluation)와, 읽기 경로는 느긋한 평가(lazy evaluation)와 비슷하다는 사실을 알아챘을 것이다.

그림 12-1에서 본 것처럼 파생 데이터셋은 쓰기 경로와 읽기 경로가 만나는 장소다. 파생 데이터셋은 쓰기 시간에 필요한 작업의 양과 읽기 시간에 필요한 작업의 양 간에 트레이드오프를 나타낸다.

구체화 뷰와 캐싱

전문 검색 색인은 좋은 예제다. 쓰기 경로는 색인을 갱신하고 읽기 경로는 색인을 사용해 키워드를 찾는다. 읽기와 쓰기 모두 어떤 작업이 필요하다. 쓰기는 문서에 출현한 모든 용어의 색인 항목을 갱신해야 한다. 읽기는 질의에 포함된 각 단어를 검색한 다음, 질의에 포함된 모든 단어를 포함하는 문서를 찾거나(AND 연산자) 각 단어의 동의어 중 **어떤 것이든** 포함하는 문서를 찾기(OR 연산자) 위해 불 논리(Boolean logic)를 적용해야 한다.

색인이 존재하지 않는다면 검색 질의는 모든 문서를 스캔(grep과 비슷하게)해야 한다. 문서량이 많다면 상당한 비용이 드는 방법이다. 색인이 없으면 쓰기 경로의 작업량은 줄지만(갱신할 색인이 없으므로) 읽기 경로의 작업이 상당히 늘어난다.

반대로 모든 가능한 질의의 검색 결과를 미리 계산해 놓는다고 생각해보자. 이 경우 읽기 경로에서 처리하는 작업량이 줄어든다. 불 논리도 없고 단지 해당 질의의 결과를 찾아 반환하면 된다. 하지만 쓰기 경로에 많은 비용이 발생한다. 요청 가능한 검색 질의 집합은 무한하다. 따라서 모든 가능한 검색 결과를 미리 계산하는 데 무한한 시간과 무한한 저장 공간이 필요하기 때문에 실제로 작동하기 어렵다.[3]

다른 선택지로 고정된 가장 공통적인 질의 집합의 검색 결과를 미리 계산해 두는 방법이 있다. 그러면 색인까지 가지 않고 빠르게 처리 가능하다. 일반적이지 않은 질의는 그대로 색인에서 처리한다. 이 방법을 구체화 뷰라고 부를 수도 있다. 공통 질의 중 하나의 결과에 포함해야 하는 새 문서가 나타날 때 갱신돼야 하기 때문이다. 일반적으로 공통 질의의 **캐시**라고 부른다.

---

3 아주 조금 진지하게 말하자면 유한한 코퍼스를 가정하면 검색 결과가 없는 경우를 제외한, 중복이 없는 검색 질의는 유한하다. 하지만 그 수는 코퍼스 내 용어 수에 지수적일 것이다. 그렇다면 여전히 나쁜 소식이다.

이 예제를 통해 읽기 경로와 쓰기 경로 사이에 가능한 경계에는 색인만 있는 게 아니라는 점을 알 수 있다. 흔한 검색 결과를 캐시하는 것도 가능하고 적은 문서에서는 색인 없이 grep과 비슷하게 스캔하는 것도 가능하다. 이런 관점에서 보면 캐시와 색인 그리고 구체화 뷰는 읽기 경로와 쓰기 경로 사이의 경계를 옮기는 단순한 역할을 한다. 이런 파생 데이터셋을 사용하면 쓰기 경로에서 더 많을 일을 수행해 미리 결과를 계산할 수 있기 때문에 읽기 경로의 작업이 줄어든다.

쓰기 경로와 읽기 경로 간 수행 작업의 경계 옮기기는 사실 이 책의 초반부인 11쪽 "부하 기술하기"에 나온 트위터 예제의 주제였다. 이 예제에서 유명 인사와 일반 사용자를 비교할 때 읽기 경로와 쓰기 경로 사이의 경계가 어떻게 다르게 그려지는지도 설명했다. 약 500쪽이 지나 다시 원점으로 돌아왔다!

오프라인 대응 가능한 상태 저장 클라이언트

나는 읽기 경로와 쓰기 경로 사이 경계 개념이 흥미롭다고 생각한다. 이 경계 이동에 대해 토론할 수 있고 이런 경계 이동이 의미하는 바가 무엇인지 탐구 가능하기 때문이다. 그러면 이 개념을 다른 맥락에서 한 번 살펴보자.

지난 20년 간 웹 애플리케이션은 대단한 인기를 끌었고 이런 인기 때문에 당연하다고 생각하기 쉬운 웹 애플리케이션에 관한 몇 가지 가정이 생겼다. 특히 클라이언트는 대체로 상태 비저장이고 서버가 데이터를 관장하는 클라이언트/서버 모델은 너무 일반적이어서 이 모델 외에 다른 모델이 존재한다는 사실을 잊어버릴 정도다. 그러나 기술은 가만히 있지 않기 때문에 나는 때때로 현재 상태에 대해 질문을 던지는 것이 중요하다고 생각한다.

전통적으로 웹 브라우저는 상태 비저장 클라이언트로 인터넷 연결이 됐을 때만 유용한 일을 할 수 있다(오프라인 상태에서 할 수 있는 유일한 일은 온라인일 때 로드된 예전 페이지를 위아래로 스크롤하는 것 뿐이다). 그러나 최근 "단일 페이지" 자바스크립트 웹 앱은 클라이언트 측 사용자 인터페이스 상호작용과 웹 브라우저 내 영속적인 로컬 저장소를 포함해서 상태 저장 능력을 많이 얻었다. 마찬가지로 모바일 앱은 많은 상태를 모바일 장치에 저장할 수 있고 사용자 상호작용 대부분을 처리할 때 서버까지 왕복할 필요가 없다.

이처럼 변모하고 있는 능력 덕분에 **오프라인 우선(offline-first)** 애플리케이션에 관심을 다시 한 번 불러일으켰다. 오프라인 우선 애플리케이션은 인터넷 연결 요구 없이 같은 장치의 로컬 데이터베이스를 이용해 가능한 많은 일을 하고 네트워크 연결이 가능할 때 백그라운드에서 원격 서버와 동기화한다[42]. 모바일 장치는 때때로 느리거나 셀룰러 인터넷 연결이 불안정하기 때문에 사용자 인터페이스가 동기식 네트워크 요청을 기다리지 않아도 된다면 그리고 앱이 대부분 오프라인으로 작동한다면 사용자에게 상당한 이점이다(171쪽 "오프라인 작업을 하는 클라이언트" 참고).

상태 비저장 클라이언트가 항상 중앙 서버와 통신한다는 가정에서 벗어나 최종 사용자 장치에서 상태를 유지하는 쪽으로 나아가면 새로운 기회가 있는 세상이 열린다. 특히 장치 상 상태를 **서버 상 상태의 캐시**로 생각할 수 있다. 클라이언트 앱의 모델 객체는 원격 데이터센터의 상태를 로컬에 복제한 것이고 화면의 화소는 클라이언트 앱의 모델 객체를 보여주는 구체화 뷰다[27].

상태 변경을 클라이언트에게 푸시하기

웹 브라우저에 일반적인 웹 페이지 하나가 로드된 후 서버에서 데이터가 변경된다면 페이지가 새로 로드될 때까지 브라우저는 해당 변경 사항을 알 수 없다. 브라우저는 특정 시점의 데이터만 읽고 해당 데이터는 정적이라 가정하며 서버의 갱신 사항을 구독하지 않는다. 따라서 명시적으로 변경 사항을 폴링하지 않으면 장치의 상태는 갱신되지 않은 신선도가 떨어지는 캐시다. (RSS와 같은 HTTP 기반 피드 구독 프로토콜은 실제로는 기본적인 형태의 폴링일 뿐이다.)

많은 최신 프로토콜이 HTTP의 기본적인 요청/응답 패턴을 벗어나고 있다. 서버 전송 이벤트(이벤트소스(EventSource) API)와 웹소켓(WebSocket)은 웹브라우저가 서버와 TCP 접속을 유지하면서 연결이 유지되는 동안 서버가 주도적으로 메시지를 브라우저에 보내는 방식의 통신 채널을 제공한다. 이 방식을 사용하면 서버의 로컬에 저장된 상태에 변경이 발생했을 때 서버에서 주도적으로 최종 사용자에게 알려줄 수 있어 클라이언트 측 상태의 신선도가 떨어지는 상황을 줄일 수 있다.

쓰기 경로와 읽기 경로 모델 측면에서 상태 변화를 적극적으로 클라이언트 장치에까지 푸시하면 쓰기 경로가 최종 사용자까지 확장된다. 클라이언트를 처음 초기화할 때 여전히 초기 상태를 읽기 위해 읽기 경로를 사용해야 한다. 하지만 이후에는 서버가 보내주는 상태 변경 스트림만 따르면 된다. 이 아이디어는 스트림 처리와 메시징에서 설명했다. 이 아이디어는 데이터센터 내부에서만 실행하는 것으로 제한되지 않는다. 이 아이디어를 좀 더 넓게 채택하면 최종 사용자 장치까지 확장할 수 있다[43].

장치가 얼마 동안 오프라인이라서 그 시간 동안 서버에서 상태 변경 알림을 받지 못할 수 있다. 그러나 이 문제는 445쪽 "소비자 오프셋"을 설명하면서 이미 해결했다. 로그 기반 메시지 브로커를 사용하는 소비자가 접속이 실패하거나 끊긴 이후 어떻게 재접속하고 접속이 끊겼을 동안 도착한 메시지를 빠짐없이 받을 수 있는지에 대해 설명했었다. 개별 사용자에 대해서도 동일한 기법이 작동한다. 각 장치는 작은 이벤트 스트림을 구독하는 작은 구독자다.

종단 간 이벤트 스트림

엘름(Elm) 언어[30]와 페이스북 툴체인인 리액트(React), 플럭스(Flux), 리덕스(Redux)[44] 같은 상태 저장 클라이언트와 사용자 인터페이스 개발용 최신 도구는 이미 내부적으로 사용자 입력을 표현하는 이벤트 스트림이나 서버 응답 스트림을 구독하는 방식을 사용해 클라이언트 측 상태를 관리한다. 이 방식은 구조적으로 이벤트 소싱과 비슷하다(454쪽 "이벤트 소싱" 참고).

서버가 상태 변경 이벤트를 클라이언트 측 이벤트 파이프라인으로 푸시하게끔 프로그래밍 모델을 확장하는 것 또한 매우 자연스럽다. 따라서 상태 변경은 종단 간(end-to-end) 쓰기 경로를 따라 흐를 수 있다. 즉 상태 변경이 트리거된 한 장치의 상호작용으로부터 이벤트 로그를 거쳐 여러 파생 데이터 시스템과 스트림 처리자를 통해 다른 장치의 상태를 보고 있는 사람의 사용자 인터페이스까지 이어진다. 이런 상태 변경이 전파되는 지연 시간은 상당히 낮은데 종단 간에는 대개 1초 이하로 끝난다.

즉석 메시징이나 온라인 게임 같은 일부 애플리케이션은 이미 그러한 "실시간" 아키텍처를 가지고 있다(297쪽 "응답 시간 보장"의 의미가 아니라 상호작용의 지연 시간이 짧다는 의미로). 그런데 왜 모든 애플리케이션을 이런 방식으로 구축하지 않을까?

문제는 상태 비저장 클라이언트와 요청/응답 방식의 상호작용이 데이터베이스, 라이브러리, 프레임워크, 프로토콜에 뿌리 깊게 배어 있기 때문이다. 많은 데이터스토어가 요청 하나에 응답 하나를 하는 읽기 쓰기 연산을 지원하지만 변경 사항 구독 기능(즉 시간에 따라 응답 스트림을 반환하는 요청)을 지원하는 데이터스토어는 드물다(453쪽 "변경 스트림용 API 지원" 참고).

쓰기 경로를 최종 사용자까지 확장하려면 근본적으로 시스템을 구축하는 방식을 재고할 필요가 있다. 즉 요청/응답 상호작용 방식에서 벗어나 발행/구독 데이터플로 방식으로 변경해야 한다는 의미다[27]. 나는 좀 더 반응성 있는 사용자 인터페이스를 지원하고 더 나은 오프라인 지원을 하기 위해 들이는 노력이 가치 있다고 생각한다. 데이터 시스템을 설계한다면 현재 상태를 단지 질의하는 방식이 아니라 변경 사항을 구독하는 방식을 염두에 둬야 한다고 생각한다.

읽기도 이벤트다

스트림 처리자가 파생 데이터를 저장소(데이터베이스나 캐시 또는 색인)에 기록할 때 그리고 사용자가 저장소에 질의 요청을 할 때 해당 저장소가 읽기 경로와 쓰기 경로 사이의 경계로 작동한다고 설명했다. 저장소는 임의 접근 읽기 질의가 가능하다. 그렇지 않다면 전체 이벤트 로그를 스캔해야 한다.

많은 경우에 데이터 저장소는 스트림 시스템과 분리돼 있다. 하지만 스트림 처리자도 집계와 조인을 수행할 때 상태 유지가 필요하다는 점을 떠올려 보자(470쪽 "스트림 조인" 참고). 이 상태는 보통 스트림 처리자 내부에 숨어있다. 하지만 어떤 프레임워크는 외부 클라이언트가 질의할 수 있게끔 허용한다[45]. 그런 경우 스트림 처리자는 그 자체로 일종의 단순한 데이터베이스가 된다.

이 아이디어에 대해 좀 더 생각해보자. 지금까지 설명한 것과 같이 저장소에 쓰기는 이벤트 로그를 거친다. 반면 읽기는 질의 대상 데이터가 저장된 노드로 직접 보내는 일시적 네트워크 요청이다. 합리적이지만 유일하게 가능한 설계는 아니다. 읽기 요청을 이벤트 스트림으로 표현하고 읽기 이벤트와 쓰기 이벤트 모두를 스트림 처리자를 통해 보내는 방법도 가능하다. 스트림 처리자는 읽기 결과를 출력 스트림으로 방출해 읽기 이벤트에 응답한다[46].

쓰기와 읽기 모두 이벤트로 표현하고 이벤트 처리를 위해 같은 스트림 연산자로 라우팅하는 것은 사실상 읽기 질의 스트림과 데이터베이스 사이의 스트림 테이블 조인 수행과 동일하다. 읽기 이벤트는 해당 데이터를 가지고 있는 데이터베이스 파티션으로 보내야 하는데(214쪽 "요청 라우팅" 참고), 일괄 처리나 스트림 처리자가 조인할 때 입력을 같은 키를 기준으로 함께 파티셔닝해야 하는 방식과 거의 같다(399쪽 "리듀스 사이드 조인과 그룹화" 참고).

요청 서빙과 조인 수행을 동일하게 본다는 것은 상당히 근본적이다[47]. 일회성 읽기 요청은 단지 조인 연산자를 통해 흘러가고 이후 즉시 사라진다. 구독 요청은 조인의 다른 쪽에 있는 과거, 미래 이벤트와의 영속적인 조인이다.

또한 읽기 이벤트 로그를 기록하면 잠재적으로 인과적 의존성과 시스템 전체의 데이터 출처를 추적할 수 있다는 이점이 있다. 읽기 이벤트 로그를 기록하면 사용자가 특정 결정을 내리기 전에 봤던 것을 재구성할 수 있다. 예를 들어 온라인 쇼핑에서 소비자에게 제공하는 예상 발송 날짜와 재고 상태가 상품 구매 여부에 영향을 줄 가능성이 크다[4]. 이 연결 관계를 분석하기 위해서는 발송과 재고 상태에 관한 사용자 질의 결과를 기록할 필요가 있다.

따라서 지속성 있는 저장소에 읽기 이벤트를 기록하면 인과적 의존성을 추적하기가 더 용이하다(492쪽 "인과성 획득을 위한 이벤트 순서화" 참고). 하지만 이 방법은 추가적인 저장소가 필요하고 I/O 비용이 더 발생한다. 이런 시스템 오버헤드를 낮추기 위한 최적화 문제는 아직 해결되지 않은 연구 과제다[2]. 그러나 운영 목적으로 읽기 요청을 요청 처리의 부수 효과로서 이미 로깅하고 있다면 대신 그 로그를 요청의 출처로 바꾸기가 그리 어렵지 않다.

다중 파티션 데이터 처리

단일 파티션에만 접근하는 질의를 처리하기 위해 스트림을 통해 질의를 보내고 응답 스트림을 수집하는 노력은 아마도 과잉 작업이다. 그러나 스트림 처리자가 이미 제공하는 메시지 라우팅과 파티셔닝, 그리고 조인용 인프라를 이용하면 이 개념이 여러 파티션의 데이터 통합이 필요한 복잡한 질의를 분산 실행할 수 있는 가능성을 열어준다.

스톰의 분산 RPC 기능이 이런 사용 패턴을 지원한다(465쪽 "메시지 전달과 RPC" 참고). 예를 들면 트위터에서 특정 URL을 본 사람 수를 계산하는 데 사용 가능하다. 즉 이 URL을 트윗한 모든 사람의 팔로워 집합의 합집합을 구하는 작업이다[48]. 트위터 사용자 집합이 파티션돼 있다면 이 계산은 많은 파티션의 결과를 결합해야 한다.

이 패턴의 다른 예로 사기 방지를 들 수 있다. 특정 구입 이벤트의 사기성 위험도를 평가하기 위해 사용자 IP 주소, 이메일 주소, 대금 청구 주소, 배송지 주소 등의 평판 점수를 조사할 수 있다. 각 평판 데이터베이스 자체가 파티션돼 있기 때문에 특정 구입 이벤트의 점수를 수집하려면 서로 다르게 파티셔닝된 데이터셋을 사용한 일련의 조인이 필요하다[49].

MPP 데이터베이스의 내부 질의 실행 그래프도 비슷한 특성이 있다(411쪽 "하둡과 분산 데이터베이스의 비교" 참고). 다중 파티션 조인을 수행할 필요가 있다면 아마도 스트림 처리자를 사용해 구현하는 것보다 이 기능을 제공하는 데이터베이스를 사용하는 편이 더 간단하다. 그러나 질의를 스트림으로 간주하면 기성 솔루션의 한계를 넘어서는 대규모 애플리케이션을 구현하는 방안이 생긴다.

정확성을 목표로

데이터를 읽기만 하는 상태 비저장 서비스는 뭔가 잘못됐다고 해도 큰 문제가 아니다. 버그를 고친 다음 서비스를 재시작하면 모든 것이 정상으로 돌아온다. 데이터베이스 같은 상태 저장 시스템은 그렇게 간단하지 않다. 이 시스템은 영원히 기억하게끔 설계됐기 때문에 무언가 잘못되면 그 효과가 영원히 지속될 가능성이 있다. 즉 좀 더 신중하게 생각할 필요가 있다는 의미다[50].

모두가 신뢰성 있고 **정확한** 애플리케이션을 구축하기를 원한다(즉 다양한 결함에 직면하더라도 시맨틱이 잘 정의되고 이해 가능한 프로그램). 대략 40년 동안 정확한 애플리케이션을 구축하기 위해 선택한 도구는 트랜잭션의 속성인 원자성, 격리성, 지속성(7장)이었다. 그러나 이런 토대는 보기보다 약하다. 완화된 격리 수준을 사용할 때 생기는 혼란의 예를 보면 알 수 있다(232쪽 "완화된 격리 수준" 참고).

어떤 영역에서는 트랜잭션을 완전히 포기하고, 더 좋은 성능과 확장성을 제공하지만 시맨틱은 지저분한 모델로 대체했다(179쪽 "리더 없는 복제" 예제 참고). **일관성**은 종종 언급되지만 잘못 정의되기도 한다(225쪽 "일관성"과 9장 참고). 일부 사람들은 향상된 가용성을 위해 "완화된 일관성을 받아들여야 한다"고 주장하지만 실제로 이것이 무엇을 의미하는지에 대한 명확한 개념이 부족하다.

매우 중요한 주제임에도 사람들의 이해도와 엔지니어링 방법은 놀랍게도 깊이가 없다. 예를 들면 특정 트랜잭션 격리 수준이나 복제 설정으로 특정 애플리케이션을 실행하는 것이 안전한지 그렇지 않은지 결정하기는 매우 어렵다[51, 52]. 동시성이 적고 결함이 없는 간단한 솔루션은 종종 정확하게 작동하는 것처럼 보일 때도 있지만 더 많은 요구 상황이 있는 환경에서는 미묘한 버그가 많이 발생한다.

예를 들어 카일 킹스베리(Kyle Kingsbury)는 젭슨(Jepson) 실험[53]에서 네트워크 문제와 장애가 나타나는 경우 어떤 제품이 주장하는 안전 보장과 실제 동작 사이에는 명백한 불일치가 있다고 강조했다. 데이터베이스 같은 인프라 제품에 문제가 없더라도 제품에서 제공하는 기능을 애플리케이션 코드에서 정확하게 사용할 필요가 있다. 설정을 이해하기 어렵다면 오류가 발생하기 쉽다(완화된 격리 수준이나 정족수 설정 등의 경우).

애플리케이션이 가끔씩 예측하지 못한 방식으로 데이터가 깨지거나 누락되는 것을 견딜 수 있다면 삶은 매우 단순해지고 행운을 바라며 단순히 잘되길 비는 것에서 벗어날 수 있다. 반면 더 강력한 정확성 보장이 필요하다면 직렬성과 원자적 커밋이 확실한 방법이지만 비용이 따른다. 이것들은 전형적으로 한 데이터센터 내에서만 작동하고(지리적으로 분산된 아키텍처는 배제) 달성 가능한 확장성과 내결함성 속성을 제한한다.

전통적인 트랜잭션 접근법이 사라지고 있지는 않지만 나는 이것이 애플리케이션을 정확하게 만들고 결함에 견딜 수 있게 하는 최후의 방법이라고 믿지는 않는다. 이번 절에서 나는 데이터플로 아키텍처의 맥락에서 정확성에 관해 생각하는 몇 가지 방법을 제안한다.

데이터베이스에 관한 종단 간 논증

단지 애플리케이션이 직렬성 트랜잭션 같은 비교적 강력한 안전성 속성을 지원하는 데이터 시스템을 사용한다고 해서 애플리케이션에 데이터 유실과 손상이 없을 것이라는 보장은 없다. 예를 들어 애플리케이션에 정확하지 않은 데이터를 데이터베이스에 기록하거나 데이터베이스에서 데이터를 지우는 버그가 있다면 직렬성 트랜잭션도 문제를 해결해주지 못한다.

이 예제가 시시해 보일 수도 있지만 주의 깊게 볼 만하다. 애플리케이션 버그는 발생하고 사람은 실수를 한다. 456쪽 "상태와 스트림 그리고 불변성"에서 내가 불변성과 추가 전용 데이터를 지지하는 주장을 펼칠 때 이 예제를 사용했다. 결함이 있는 코드 때문에 좋은 데이터를 파괴하게 되는 능력을 제거한다면 그런 실수로부터 복구하기가 쉬워지기 때문이다.

불변성이 유용하긴 해도 그 자체가 만능은 아니다. 그러면 발생할 수 있는 더욱 미묘한 데이터 손상 사례를 하나 보자.

연산자의 정확히 한 번 실행

474쪽 "내결함성"에서 **정확히 한 번**(또는 **결과적으로 한 번**) 시맨틱을 설명했다. 메시지 처리 중 뭔가 잘못된다면 포기하거나(메시지를 버린다. 즉 데이터 손실이 생긴다) 재시도할 수 있다. 재시도한다면 첫 번째 시도에 성공했을 위험이 있음에도 실제로 성공했는지 확인할 수 없기 때문에 결국 두 번 메시지가 처리된다.

두 번 처리되는 것은 데이터 손상의 한 형태다. 같은 서비스를 고객에게 두 번 청구(과다 청구)하거나 카운터를 두 번 증가(통계 과장)하는 것은 바람직하지 않다. 이런 맥락에서 **정확히 한 번**은 연산이 어떤 결함 때문에 실제로 연산자를 재시도했더라도 결함이 없었던 것과 동일한 결과를 최종적으로 얻기 위해 계산을 조정한다는 뜻이다. 이 목표를 달성하기 위해 이전에 설명한 접근법 몇 가지가 있다.

가장 효과적인 접근법 중 하나는 연산을 **멱등**으로 만드는 것이다(475쪽 "멱등성" 참고). 연산이 멱등이라는 것은 연산을 한 번 실행하든 여러 번 실행하든 관계 없이 같은 효과가 나타남을 보장한다는 뜻이다. 그러나 본질적으로 멱등이 아닌 연산을 멱등으로 만드는 데는 어느 정도 노력과 신중함이 필요하다. 값을 갱신한 연산의 ID 집합 같은 메타데이터를 추가로 유지해야 할 수도 있고 한 노드에서 다른 노드로 장애 복구될 때 펜싱을 보장할 필요도 있다(301쪽 "리더와 잠금").

중복 억제

스트림 처리 외에도 많은 곳에서 동일한 중복 제거 패턴이 발생한다. 예를 들어 TCP는 패킷의 일련 번호를 사용해 수신자에게 올바른 순서로 패킷을 전달하고 네트워크 상에서 패킷을 잃어버렸는지 중복됐는지 확인한다. TCP 스택은 애플리케이션으로 데이터를 전달하기 전에 잃어버린 패킷을 재전송하고 중복 패킷을 제거한다.

그러나 이러한 중복 억제는 단지 단일 TCP 연결 문맥 내에서만 작동한다. 이 TCP 연결이 클라이언트에서 데이터베이스에 접속하고 현재 예제 12-1의 트랜잭션을 실행한다고 가정하자. 많은 데이터베이스에서 트랜잭션은 클라이언트 연결과 묶여있다(클라이언트가 질의 여러 개를 보내면 데이터베이스는 같은 TCP 연결로 보낸 질의이기 때문에 이 질의들이 같은 트랜잭션에 속해있다는 것을 안다). 클라이언트가 COMMIT을 전송한 후 네트워크가 불안정해 해당 연결에 타임아웃이 발생했으나 데이터베이스 서버로부터 응답을 받지 못했다면 해당 트랜잭션이 커밋을 성공했는지 실패했는지 알 수 없다(그림 8-1).

예제 12-1. 한 계좌에서 다른 계좌로 예금을 비멱등적으로 전송하는 예제

```
BEGIN TRANSACTION;
UPDATE accounts SET balance = balance + 11.00 WHERE account_id = 1234;
UPDATE accounts SET balance = balance - 11.00 WHERE account_id = 4321;
COMMIT;
```

클라이언트는 데이터베이스에 재연결해 트랜잭션을 재시도할 수 있지만 그때는 TCP 중복 억제 범위를 벗어나 버린다. 예제 12-1의 트랜잭션은 멱등이 아니기 때문에 원래 보내려 했던 11달러가 아닌 22달러를 전송할 가능성이 있다. 따라서 예제 12-1이 트랜잭션 원자성의 표준 예제임에도 실제로는 정확하지 않고 진짜 은행도 이렇게 동작하지 않는다[3].

2단계 커밋(351쪽 "원자적 커밋과 2단계 커밋(2PC)" 참고) 프로토콜은 TCP 연결과 트랜잭션 간 일대일 대응 관계를 깬다. 네트워크 장애 이후 트랜잭션 코디네이터가 데이터베이스에 재접속해 의심스러운 트랜잭션이 커밋됐는지 어보트됐는지 파악해야 하기 때문이다. 이것으로 트랜잭션이 한 번만 실행되도록 보장하기에 충분할까? 안타깝게도 그렇지 않다.

데이터베이스 클라이언트와 서버 사이에서 중복 트랜잭션을 억제할 수 있더라도 최종 사용자 장치와 애플리케이션 서버 간 네트워크 상황도 고려할 필요가 있다. 예를 들어 보자. 최종 사용자 클라이언트가 웹 브라우저라면 서버에 명령을 제출할 때 아마도 HTTP POST 요청을 사용할 것이다. 사용자는 아마도 불안정한 셀룰러 데이터 연결을 사용할 테고 POST 전송에는 성공했지만 서버에서 응답을 받기 전에 신호가 너무 약해져 버릴 수 있다.

이 경우 사용자는 에러 메시지를 받고 수동으로 재시도한다. 그러면 웹 브라우저는 경고한다. "이 양식을 다시 제출하기를 원합니까?" 그리고 사용자는 원하던 연산이기 때문에 "네"라고 답한다. (Post/Redirect/Get 형식[54]은 정상적인 연산에서는 이 경고 메시지를 피할 수 있지만 POST 요

청이 타임아웃되면 도움이 되지 않는다.) 웹 서버의 관점에서는 재시도가 별도의 요청이고 데이터 베이스 관점에서 재시도는 분리된 트랜잭션이다. 일반적인 중복제거 메커니즘은 도움이 되지 않는다.

연산 식별자

여러 네트워크 통신 홉을 통과하는 연산을 멱등적으로 만들기 위해 데이터베이스가 제공하는 트랜잭션 메커니즘에 의존하는 것은 충분하지 않다. 해당 요청의 **종단 간** 흐름을 생각할 필요가 있다.

예를 들어, 연산의 고유 식별자(UUID 같은)를 만들어 클라이언트 애플리케이션 내 숨은 폼 필드(hidden form field)에 포함하거나 유효한 모든 폼 필드의 해시값을 계산해서 연산 ID를 만들어낼 수도 있다[3]. 웹 브라우저가 POST 요청을 두 번 제출한다면 두 요청은 같은 연산 ID를 갖기 때문에 해당 연산 ID를 데이터베이스까지 전달하고 예제 12-2처럼 특정 ID에 대해 딱 한 번만 연산을 실행할 수 있다.

예제 12-2. 고유 ID를 사용해 중복 요청 억제

```
ALTER TABLE requests ADD UNIQUE (request_id);

BEGIN TRANSACTION;

INSERT INTO requests
(request_id, from_account, to_account, amount)
VALUES('0286FDB8-D7E1-423F-B40B-792B3608036C', 4321, 1234, 11.00);

UPDATE accounts SET balance = balance + 11.00 WHERE account_id = 1234;
UPDATE accounts SET balance = balance - 11.00 WHERE account_id = 4321;

COMMIT;
```

예제 12-2는 request_id를 사용하는 유일성 제약 조건에 의존한다. 트랜잭션에서 이미 존재하는 ID를 삽입하려 한다면 INSERT는 실패하고 트랜잭션이 어보트된다. 따라서 같은 트랜잭션을 두 번 수행하는 것을 막을 수 있다. 관계형 데이터베이스는 일반적으로 완화된 격리 수준에서도 유일성 제약 조건을 올바르게 유지할 수 있다(그러나 246쪽 "쓰기 스큐와 팬텀"에서 설명한 것처럼 비직렬성 격리 수준을 사용하면 애플리케이션 수준의 "확인 후 삽입"은 실패할 수 있다).

중복 요청 억제 외에도 예제 12-2의 requests 테이블은 이벤트 로그처럼 동작하며 이벤트 소싱으로 가는 방향을 시사한다(454쪽 "이벤트 소싱" 참고). 계좌 잔고 갱신은 이벤트 삽입 트랜잭션과 실제로 같은 트랜잭션에서 실행될 필요는 없다. 계좌 잔고 갱신 정보는 요청 이벤트에 중복돼 있고 다운스트림 소비자의 요청 이벤트로부터 파생할 수 있기 때문이다. 이벤트가 정확히 한 번 처리되기만 하면 되는데, 이것은 다시 요청 ID를 사용해 보장할 수 있다.

종단 간 논증

이 중복 트랜잭션 억제 시나리오는 **종단 간 논증(end-to-end argument)**이라 부르는, 좀 더 일반적인 원리의 한 예다. 종단 간 논증은 1984년 솔처(Saltzer), 리드(Reed), 클라크(Clark)가 제안한 원리다[55].

> 문제 기능은 통신 시스템의 종단점에 위치한 애플리케이션의 지식과 도움이 있어야만 완벽하고 정확하게 구현 가능하다. 따라서 문제 기능을 통신 시스템 자체 기능으로 제공하는 것은 불가능하다. (때로는 통신 시스템에서 제공하는 불완전한 버전의 기능은 성능 향상 차원에서 유용할 수 있다.)

예제에서 중복 억제 기능이 바로 **문제 기능**이다. TCP가 TCP 연결 수준에서 중복 패킷을 억제하고 스트림 처리자가 메시지 처리 수준에서 정확히 한 번 시맨틱이라 부르는 기능을 제공하지만 첫 번째 요청에서 타임아웃이 발생한다면 사용자가 중복된 요청을 제출하는 것을 막기 어렵다는 점을 앞서 설명했다. TCP, 데이터베이스 트랜잭션, 스트림 처리자 자체만으로는 이러한 중복 문제를 해결할 수 없다. 이 문제는 종단 간 해결책이 필요하다. 바로 최종 사용자 클라이언트로부터 데이터베이스에 이르는 모든 경로에 트랜잭션 식별자를 포함하는 방법이다.

종단 간 논증은 데이터 무결성 검사에도 적용할 수 있다. 이더넷, TCP, TLS 내부에 구축된 체크섬을 사용하면 네트워크 상에서 패킷이 손상됐는지 감지할 수 있지만 네트워크 연결의 송신과 수신 종단에 있는 소프트웨어의 버그 때문에 발생한 손상이나 데이터를 저장한 디스크의 손상은 감지하지 못한다. 데이터 손상이 생길 수 있는 모든 곳에서 데이터 손상을 발견하기 위해서는 종단 간 체크섬도 필요하다.

비슷한 논증을 암호화에도 적용할 수 있다[55]. 집에서 사용하는 와이파이 네트워크의 암호는 와이파이 트래픽을 스누핑하는 사람으로부터 보호하지만 인터넷 어딘가에 있는 공격자로부터 보호하는 것은 아니다. 클라이언트와 서버 간 TLS/SSL은 네트워크 공격자로부터 보호하지만 서버 침해로부터 보호하는 것은 아니다. 종단 간 암호화와 인증만이 이 모든 것에 대해 보호가 가능하다.

저수준 기능(TCP 중복 억제와 이더넷 체크섬, 와이파이 암호화)이 그 자체로 필요한 종단 간 기능을 제공하지 않아도 이 기능들은 여전히 유용하다. 좀 더 높은 수준에서 문제가 발생할 확률을 낮추기 때문이다. 예를 들어 TCP가 올바른 순서로 패킷을 보내지 않으면 HTTP 요청이 엉망이 된다. 저수준 신뢰성 기능이 그 자체로 종단 간 정확성을 보장하기에 충분하지 않다는 사실을 기억하기만 하면 된다.

종단 간 사고를 데이터 시스템에 적용하기

이제 내 논제로 다시 돌아간다. 애플리케이션이 직렬성 트랜잭션과 같은 비교적 강력한 안전성 속성을 지원하는 데이터 시스템을 사용한다는 이유만으로 애플리케이션에 데이터 손실이나 손상이 발생하지 않는다고 말할 수 없다. 애플리케이션 자체가 중복 억제와 같은 종단 간 대책을 갖출 필요가 있다.

안타까운 일이다. 내결함성 메커니즘은 올바르게 구현하기 어렵기 때문이다. TCP 내부 등에서 동작하는 저수준 신뢰성 메커니즘은 꽤 잘 동작하기 때문에 남은 상위 수준에서 발생하는 결함은 극히 드물다. 남은 고수준 내결함성 장치를 추상화로 감싸 애플리케이션 코드에서 신경 쓰지 않게끔 만들면 정말 멋질 것이다. 하지만 내 생각에는 우리가 아직 올바른 추상화를 발견하지 못한 것 같다.

트랜잭션은 오랜 기간 매우 훌륭한 추상화로 간주됐고 아직도 유용하다고 나는 믿는다. 7장 도입부 설명처럼 트랜잭션은 광범위한 문제(동시 쓰기, 제약 조건 위반, 충돌, 네트워크 끊김, 디스크 고장)를 가져다 커밋과 어보트의 두 가지 출력으로 축소한다. 이것은 프로그래밍 모델을 엄청나게 단순화하지만 내 생각에는 이것으로는 충분하지 않은 듯하다.

트랜잭션은 비용이 많이 든다. 특히 이종 저장소 기술을 함께 사용할 때 더 그렇다(357쪽 "현실의 분산 트랜잭션" 참고). 비용이 너무 커서 분산 트랜잭션 사용을 거부하면 결국 애플리케이션 코드 안에서 내결함성 메커니즘을 재구현해야 한다. 책 전반에 나오는 많은 예제에서 볼 수 있듯이 동시성과 부분 실패에 관한 추론은 어렵고 직관적이지 않기 때문에 나는 대부분의 애플리케이션 수준 메커니즘은 올바르게 동작하지 않을 것으로 추측한다. 결과적으로 데이터를 잃거나 데이터가 손상될 것이다.

이런 이유로 나는 애플리케이션에 특화된 종단 간 정확성 속성을 제공하기 쉽게 만들어 줄 뿐만 아니라 대규모 분산 환경에서도 좋은 성능과 좋은 운영적 특성을 유지하는 내결함성 추상화를 탐구하는 것이 가치가 있다고 생각한다.

제약 조건 강제하기

언번들링 데이터베이스와 관련된 맥락에서 정확성을 생각해보자(497쪽 "데이터베이스 언번들링" 참고). 앞서 클라이언트로부터 쓰기를 기록하는 데이터베이스에 이르기까지 요청 ID를 전달해 종단 간 중복 억제를 달성한다고 설명했다. 그러면 다른 종류의 제약 조건은 어떻게 달성할 수 있을까?

특히 예제 12-2에 나온 유일성 제약 조건에 집중해보자. 328쪽 "제약 조건과 유일성 보장"에서 유일성을 강제할 필요가 있는 애플리케이션 기능의 몇 가지 예제를 봤다. 사용자명과 이메일 주소는 유일한 사용자를 식별해야 하고 파일 저장소 서비스는 이름이 같은 파일이 하나보다 많아서는 안 된다. 또한 비행기나 극장에서 두 사람이 같은 좌석을 예약할 수 없다.

다른 종류의 제약 조건은 매우 비슷하다. 예를 들어 계좌 잔고가 절대 음수가 되지 않게 보장하기, 창고 재고분보다 더 많은 상품을 팔지 않도록 보장하기 혹은 회의실 예약이 겹치지 않게 보장하기 등이 있다. 유일성을 강제하는 기술은 이런 종류의 제약 조건에도 사용 가능하다.

유일성 제약 조건은 합의가 필요하다

9장에서 분산 설정으로 유일성 제약 조건을 강제하기 위해서는 합의가 필요하다는 점을 설명했다. 값이 같은 요청이 동시에 여러 개 존재한다면 시스템은 어떤 방식으로든 충돌한 연산 중 하나를 수용하고 나머지를 제약 조건 위반으로 거부해야 한다.

이 합의를 달성하는 가장 일반적인 방법은 단일 노드를 리더로 만들고 해당 노드가 모든 결정을 하게끔 책임을 부여하는 것이다. 이 방법은 모든 요청이 단일 노드로 모이는 것을 꺼려하지 않는 한 (클라이언트가 지구 반대편에 있더라도) 그리고 리더 노드에 장애가 발생하지 않는 한 잘 작동한다. 리더 장애에 대응할 필요가 있다면 다시 합의 문제로 돌아가야 한다(364쪽 "단일 리더 복제와 합의" 참고).

유일성 검사는 유일성이 필요한 값을 기준으로 파티셔닝하면 확장 가능하다. 예를 들어 요청 ID의 유일성 보장이 필요하다면 예제 12-2처럼 같은 요청 ID를 사용하는 모든 요청을 같은 파티션으로 라우팅하는 방식으로 보장할 수 있다(6장 참고). 사용자명이 유일할 필요가 있다면 사용자명의 해시값을 사용해 분할하면 된다.

그러나 비동기 다중 마스터 복제는 쓸 수 없다. 다른 마스터에서 동시에, 충돌되는 쓰기를 받아들여서 값이 더 이상 유일하지 않을 수 있기 때문이다(330쪽 "선형성 시스템 구현하기" 참고). 제약 조건을 위반하면 어떤 쓰기도 즉시 거부하기를 원한다면 동기식 코디네이션을 피할 수 없다[56].

로그 기반 메시징의 유일성

로그는 모든 소비자가 동일한 순서로 메시지를 보도록 보장한다. 공식적으로 이 보장을 **전체 순서 브로드캐스트**(total order broadcast)라 부르고 이것은 합의와 동일하다(345쪽 "전체 순서 브로드캐스트" 참고). 로그 기반 메시징을 사용하는 언번들링 데이터베이스 접근법에서 유일성 제약 조건을 강제하기 위해 매우 비슷한 접근법을 사용할 수 있다.

스트림 처리자는 단일 스레드 상에서 한 로그 파티션의 모든 메시지를 순차적으로 소비한다(444쪽 "로그 방식과 전통적인 메시징 방식의 비교" 참고). 따라서 유일성이 필요한 값을 기준으로 로그를 파티셔닝하면 스트림 처리자는 충돌이 발생한 연산 중 어떤 것이 처음 들어온 연산인지 분명하면서도 결정적으로 판결할 수 있다. 같은 사용자명을 쓰고자 하는 여러 사용자의 경우를 예로 들어 보자 [57].

1. 모든 사용자명 요청은 메시지로 부호화해 사용자명의 해시값으로 결정된 파티션에 추가한다.

2. 스트림 처리자는 로그에서 요청을 연속해서 읽고 로컬 데이터베이스를 이용해 어떤 사용자명을 사용했는지 추적한다. 사용할 수 있는 사용자명의 모든 요청마다 해당 이름을 기록하고 성공 메시지를 출력 스트림에 방출한다. 이미 누군가 쓰고 있는 사용자명을 요청한다면 거부 메시지를 출력 스트림에 방출한다.

3. 사용자명을 요청한 클라이언트는 출력 스트림을 보면서 보낸 요청에 해당하는 성공 또는 거부 메시지가 오기를 기다린다.

이 알고리즘은 기본적으로 347쪽 "전체 순서 브로드캐스트를 사용해 선형성 저장소 구현하기"에서 설명한 내용과 동일하다. 파티션 수를 늘리면 쉽게 확장할 수 있어 대규모 요청을 처리할 수 있다. 각 파티션을 독립적으로 처리할 수 있기 때문이다.

이 접근법은 유일성 제약 조건뿐만 아니라 다른 많은 제약 조건에도 사용할 수 있다. 이 접근법의 근본 원리는 충돌이 발생할 수 있는 쓰기를 모두 같은 파티션으로 라우팅하고 순서대로 처리하는 것이다. 176쪽 "충돌은 무엇인가"와 246쪽 "쓰기 스큐와 팬텀"에서 설명한 것처럼 충돌의 정의는 애플리케이션에 따라 다르다. 하지만 스트림 처리자는 요청 유효성을 검증하기 위한 임의 로직을 사용할 수 있다. 이 개념은 1990년대 바이유(Bayou) 시스템을 개발할 때 발명된 접근법과 비슷하다.

다중 파티션 요청 처리

제약 조건을 만족하면서 원자적으로 연산을 실행하는 것을 보장하는 작업은 여러 파티션이 포함될 때 훨씬 흥미진진하다. 예제 12-2를 보면 잠재적으로 세 파티션이 존재한다. 요청 ID를 포함하는 파티션, 받는 사람 계좌를 포함하는 파티션, 보내는 사람 계좌를 포함하는 파티션이다. 각각이 모두 독립적이기 때문에 세 가지 데이터가 꼭 같은 파티션에 있어야 할 이유는 없다.

데이터베이스의 전통적인 접근법에서는 트랜잭션을 실행할 때 모든 파티션에 걸쳐 원자적 커밋이 필요하다. 그러면 본질적으로 이러한 파티션 중 하나라도 쓰는 다른 모든 트랜잭션에 대해 전체 순서를 정해야 한다. 파티션에 걸친 코디네이션이 있기 때문에 더 이상 파티션을 독립적으로 처리하지 못하고 결국 처리량에 고민이 생길 것이다.

그러나 원자적 커밋이 없이 파티셔닝된 로그를 사용하면 동등한 정확성을 달성할 수 있음이 밝혀졌다.

1. 계좌 A에서 계좌 B로 송금하는 요청은 클라이언트에게 고유 요청 ID를 발급받아 요청 ID를 기준으로 특정 로그 파티션에 추가된다.

2. 스트림 처리자는 요청 로그를 읽는다. 각 요청 메시지마다 보내는 사람 계좌 A의 출금 지시 메시지(A로 파티셔닝됨)와 받는 사람 계좌 B의 입금 지시 메시지(B로 파티셔닝됨) 두 가지를 출력 스트림으로 방출한다. 방출된 메시지에는 원 요청 ID가 포함된다.

3. 후속 처리자는 출금과 입금 지시 스트림을 소비해 요청 ID로 중복을 제거한 다음 변경 내용을 계좌 잔고에 반영한다.

클라이언트가 직접 입금 지시와 출금 지시를 보낸다면 둘 다 동시에 처리하거나 동시에 처리하지 않는 것을 보장하기 위해 두 파티션 간 원자적 커밋이 필요하다. 그래서 1단계와 2단계는 반드시 필요하다. 분산 트랜잭션을 사용하지 않으려면 먼저 요청을 메시지 형태로 로그에 지속성 있게 남겨야 한다. 그다음 첫 번째 메시지로부터 입금과 출금 지시를 생성해야 한다. 단일 객체 쓰기는 대부분의 데이터 시스템에서 원자적 연산이다(230쪽 "단일 객체 쓰기" 참고). 그래서 해당 요청은 로그에 있거나 없거나 둘 중 하나다. 이렇게 하면 다중 파티션에 걸친 원자적 커밋이 필요가 없다.

2단계에서 스트림 처리자에 장애가 발생하면 이전 체크포인트에서 처리를 재개한다. 이 과정 중 어떤 요청 메시지도 누락하지 않는다. 그러나 요청을 중복 처리해 입금과 출금 지시가 중복 생산될 가능성이 있다. 그러나 이 요청은 결정적이기 때문에 같은 지시를 다시 생성했더라도 3단계 처리에서 종단 간 요청 ID를 사용해 쉽게 중복을 제거할 수 있다.

보내는 사람 계좌에서 중복 인출이 되지 않음을 보장하기 위해 추가적인 스트림 처리자를 사용할 수 있다(보내는 사람의 계좌번호로 파티셔닝됨). 이 처리자는 계좌 잔고를 유지하고 트랜잭션 유효성을 검증한다. 유효한 트랜잭션만 1단계의 요청 로그에 들어갈 수 있다.

다중 파티션 트랜잭션을 서로 다르게 파티셔닝된 두 단계로 나누고 종단 간 요청 ID를 사용하면 결함 존재 여부와 상관없이, 그리고 원자적 커밋 프로토콜을 쓰지 않고도 동일한 정확성 속성을 달성할 수 있다(모든 요청은 보내는 사람과 받는 사람 계좌에 모두 정확히 한 번만 적용된다). 서로 다르게 파티셔닝된 다중 단계를 사용하는 개념은 513쪽 "다중 파티션 데이터 처리"에서 설명한 내용과 비슷하다(459쪽 "동시성 제어"도 함께 참고).

적시성과 무결성

트랜잭션의 한 가지 편리한 속성은 대개 선형성이 있다는 점이다(322쪽 "선형성" 참고). 즉 기록자는 트랜잭션이 커밋될 때까지 기다리고 커밋 이후부터 해당 쓰기가 모든 독자에게 보인다.

이 속성은 다중 단계로 스트림 처리자를 거쳐 연산을 언번들링하는 경우와 다르다. 로그 소비자는 설계상 비동기식이다. 그래서 전송자는 소비자가 메시지를 처리할 때까지 기다리지 않는다. 그러나 클라이언트가 출력 스트림에 메시지가 나타날 때까지 기다리는 것은 가능하다. 이것은 521쪽 "로그 기반 메시징의 유일성"에서 유일성 제약 조건을 만족했는지 여부를 확인할 때 사용한 방법이다.

이 예제에서 유일성 검사의 정확성은 메시지 전송자가 출력물을 기다리는지에 달려있지 않다. 이 기다림의 유일한 목적은 전송자에게 유일성 검사가 성공했는지 알려주기 위해서지만 이 알림은 메시지 처리 효과에서 따로 떼어낼 수 있다.

일반적으로 볼 때 **일관성**이라는 용어는 두 가지 요구사항이 합쳐졌다고 나는 생각한다. 이 요구사항은 분리해서 생각해볼 가치가 있다.

> **적시성(Timeliness)**
>
> 적시성은 사용자가 시스템을 항상 최신 상태로 관측 가능하다는 의미다. 사용자가 데이터의 뒤처진 복사본을 읽는다면 일관성이 없는 상태의 데이터를 관측할 가능성이 있다(163쪽 "복제 지연 문제" 참고). 하지만 일관성이 없는 상태는 일시적이고, 기다렸다 재시도하면 결국 해소된다.
>
> CAP 정리(333쪽 "선형성의 비용" 참고)는 선형성의 의미로 일관성을 사용한다. 선형성은 적시성을 달성하는 강력한 방법이다. **쓰기 후 읽기** 일관성(164쪽 "자신이 쓴 내용 읽기" 참고) 같은 완화된 적시성 속성 또한 유용하다.

> **무결성(Integrity)**
>
> 무결성은 손상이 없다는 의미다. 즉 누락된 데이터도 없고 모순된 데이터도, 잘못된 데이터도 없다는 뜻이다. 특히 어떤 파생 데이터셋이 어떤 기초 데이터를 기반으로 하는 뷰로 유지된다면(455쪽 "이벤트 로그에서 현재 상태 파생하기") 해당 파생은 반드시 정확해야 한다. 예를 들어 데이터베이스 색인은 데이터베이스의 내용을 정확하게 반영해야 한다. 일부 레코드가 누락된 색인은 그다지 유용하지 않다.
>
> 무결성을 위반하면 불일치가 영원히 지속된다. 대부분의 경우에 기다렸다 재시도한다고 해도 데이터베이스 손상이 고쳐지지 않는다. 그 대신 명시적인 검사와 수리가 필요하다. ACID 트랜잭션(223쪽 "ACID의 의미" 참고)의 맥락에서 대개 일관성은 애플리케이션에 특화된 무결성 개념의 일종으로 본다. 원자성과 지속성은 무결성을 보존하기 위한 중요한 도구다.

슬로건 형태로 말하자면 적시성 위반은 "최종적 일관성"이고 무결성 위반은 "영구적 불일치"다.

나는 대부분의 애플리케이션에서 무결성이 적시성보다 훨씬 중요하다고 단언한다. 적시성을 위반하면 성가시고 혼란스러울 수는 있다. 하지만 무결성을 위반하면 파국을 맞는다.

예를 들어 신용카드 명세서에 24시간 내로 결제한 내역이 아직 보이지 않아도 놀랍지 않다. 시스템에 일정 지연이 있는 것은 정상이다. 은행이 거래를 비동기로 조정하고 확정하는 것은 대부분이 아는 사실이다. 여기서 적시성은 그렇게 중요하지 않다[3]. 그러나 명세서 잔고가 거래의 합과 이전 명세서 잔고를 더해도 같지 않거나(합계 오류) 결제가 구매자에게만 부과되고 상인에게 지불되지 않는다면(돈이 사라짐) 매우 나쁜 상황이다. 이런 문제는 시스템 무결성을 위반한 것이다.

데이터플로 시스템의 정확성

ACID 트랜잭션은 대개 적시성(예로 선형성)과 무결성(예로 원자적 커밋) 양쪽 모두 보장한다. 따라서 ACID 트랜잭션의 관점에서 애플리케이션 정확성을 접근한다면 적시성과 무결성을 따로 구별하는 것은 그다지 중요하지 않다.

반면 이번 장에서 설명한 이벤트 기반 데이터플로 시스템의 흥미로운 속성 하나가 적시성과 무결성을 분리하는 것이다. 이벤트 스트림을 비동기로 처리할 때 소비자가 반환하기 전에 명시적으로 메시지 도착을 기다리도록 구축하지 않는다면 적시성은 보장되지 않는다. 그러나 사실 무결성이 스트림 시스템의 핵심이다.

정확히 한 번이나 **결과적으로 한 번** 시맨틱(474쪽 "내결함성" 참고)은 무결성을 보존하는 메커니즘이다. 이벤트가 유실되거나 이벤트의 효과가 중복된다면 데이터 시스템의 무결성을 위반할 가능성이 있다. 따라서 내결함성 메시지 전달과 중복 억제(예: 멱등 연산)는 결함 상황에서 데이터 시스템의 무결성을 지키는 데 매우 중요한 기능이다.

지난 절에서 설명한 것처럼 신뢰성 있는 스트림 처리 시스템은 분산 트랜잭션과 원자적 커밋 프로토콜 없이 무결성을 보존할 수 있다. 이 점은 이 시스템이 비교할 만한 정확성을 달성하면서도 더 좋은 성능과 운영적 견고함을 줄 수 있음을 의미한다. 이 무결성은 아래 메커니즘의 결합을 통해 달성할 수 있다.

- 쓰기 연산 내용을 단일 메시지로 표현하기. 단일 메시지는 원자적으로 기록하기 쉽고 이벤트 소싱(454쪽 "이벤트 소싱" 참고)과 매우 잘 맞는 접근법이다.

- 결정적 파생 함수를 사용해 해당 단일 메시지에서 모든 상태 갱신을 파생하기. 파생 함수는 스토어드 프로시저와 비슷하다 (252쪽 "실제적인 직렬 실행"과 503쪽 "파생 함수로서의 애플리케이션 코드" 참고).

- 클라이언트가 생성한 요청 ID를 모든 처리 단계를 통해 전달하기. 이 방법을 사용하면 종단 간 중복 억제와 멱등성이 가능하다.

- 메시지를 불변으로 만들고 필요 시 파생 데이터 재처리하기. 이 방법을 쓰면 버그에서 회복하기가 쉬워진다(457쪽 "불변 이벤트의 장점" 참고).

나는 이 메커니즘의 조합이 미래에 내결함성 애플리케이션을 구축하는 데 상당히 유망한 방향이라 생각한다.

느슨하게 해석되는 제약 조건

앞서 설명한 것처럼 유일성 제약 조건을 강제하려면 합의가 필요하다. 합의는 일반적으로 모든 이벤트를 단일 노드를 통해 특정 파티션으로 보내 처리하는 방식으로 구현된다. 유일성 제약 조건의 전통적인 형태가 필요하다면 이 제한은 피할 수 없다. 스트림 처리도 마찬가지로 피할 수 없는 제한 사항이다.

그러나 실제로 많은 애플리케이션이 훨씬 완화된 유일성 개념을 사용해 이 제한을 피할 수 있다.

- 두 사람이 동시에 같은 사용자명을 등록하거나 같은 좌석을 예약한다면 두 사람 중 한 사람에게 사과 메시지를 보내 다른 이름이나 좌석을 고르게끔 부탁할 수 있다. 오류를 바로잡는 이러한 종류의 변경 방법을 **보상 트랜잭션**이라 한다[59, 60].

- 소비자가 재고보다 더 많은 상품을 주문한다면 일단 재고 주문을 더 넣고 소비자에게 배송 지연에 대해 사과하고 가격을 할인해준다. 이 방법은 말하자면 창고에 지게차 트럭이 창고의 물건을 일부 치워서 창고에 구매하려고 했던 양보다 상품이 더 적게 남았을 때 실제로 해야 하는 행동과 동일하다[61]. 따라서 이 사과(apology) 워크플로는 어쨌든 이미 비즈니스 과정의 일부로서 필요하다. 그래서 재고 상품수가 반드시 선형성 제약 조건을 만족해야 하는 것은 아니다.

- 비슷하게 많은 항공사가 일부 승객이 비행기를 놓칠 것으로 예상하고 초과 예약을 받는다. 또한 많은 호텔도 일부 투숙객이 예약을 취소할 것에 대비해 초과 예약을 받는다. 이 경우 "한 좌석당 한 사람"이라는 제약 조건을 비즈니스적 이유로 고의로 위반하고 실제 초과 수요가 발생하는 상황에서 보상 처리(환급이나 승급 또는 인근 호텔 객실을 무료로 제공)를 한다. 초과 예약이 없더라도 사과와 보상 처리는 악천후나 파업 등으로 발생한 결함에 대비하기 위해 필요하다. 이런 문제에서 복구하는 과정은 정상적인 비즈니스의 일부일 뿐이다[3].

- 누군가 계좌 잔고보다 더 많은 돈을 뺀다면 은행은 그 사람에게 초과 인출 수수료를 부과하고 빚진 돈을 값으라고 요구한다. 일일 전체 초과 인출 금액을 제한하면 은행이 감수해야 할 위험을 제한할 수 있다.

많은 비즈니스 맥락에서 제약 조건을 일시적으로 위반하고 나중에 사과해 바로잡는 것은 실제로 수용 가능한 방법이다. 사과에 드는 비용(돈이나 평판의 의미로)은 유동적이지만 때론 매우 낮다. 이미 보낸 이메일을 취소할 수는 없어도 수정한 이메일을 바로 이어 보낼 수 있다. 실수로 신용카드가 중복 결제되면 그중 한 번은 환불받을 수 있다. 이때 발생한 비용은 수수료 처리나 아마도 고객의 불평 정도다. 돈이 ATM으로 빠져나가면 직접 돌려받을 수가 없다. 원론적으로는 계좌에서 초과 인출이 되고 해당 고객이 갚으려 하지 않는다면 돈을 돌려받기 위해 빚 수금 대행원을 보낼 수도 있지만 말이다.

사과 비용을 수용할 만한지 여부는 비즈니스적 결정 사안이다. 수용 가능하면 데이터를 쓰기 전에 모든 제약 조건을 검사하는 전통적인 모델은 불필요하게 제한적이며 선형적 제약 조건도 필요하지 않다. 낙관적으로 쓰기를 즉시 하고 사후에 제약 조건을 검사하는 방법은 합리적인 선택일 수 있다. 복구 비용이 비싼 일은 여전히 수행 전에 유효성 검증을 보장할 수 있다. 그러나 이러한 상황 때문에 데이터를 쓰기 전에는 꼭 유효성 검사를 해야 한다는 뜻은 아니다.

이런 애플리케이션은 무결성을 **반드시** 요구한다. 예약을 놓치거나 입금액과 출금액이 일치하지 않아 돈이 사라지는 것을 원하지는 않을 것이다. 그러나 제약 조건을 강제하는 상황에서도 적시성은 반드시 필요한 것은 **아니다**. 재고보다 많은 상품을 팔았다면 사후에 사과를 하고 문제를 해결할 수 있다. 이 방법은 173쪽 "쓰기 충돌 다루기"에서 설명했던 충돌 해소 방법과 비슷하다.

코디네이션 회피 데이터 시스템

여기서 두 가지 흥미로운 점을 관찰할 수 있다.

1. 데이터플로 시스템은 원자적 커밋과 선형성, 그리고 파티션에 걸친 동기 코디네이션 없이도 파생 데이터에 대한 무결성 보장을 유지할 수 있다.

2. 엄격한 유일성 제약 조건은 적시성과 코디네이션을 요구하지만 많은 애플리케이션은 느슨한 제약 조건을 사용해도 실제로 괜찮다. 전반적으로 무결성이 보존되는 한 일시적으로 제약 조건을 위반하더라도 이후에 고칠 수 있다.

종합하면 이런 관찰이 의미하는 바는 데이터플로 시스템은 코디네이션 없이도 많은 애플리케이션용 데이터 관리 서비스를 제공할 수 있을 뿐 아니라 여전히 무결성을 강력하게 보장한다는 점이다. 이런 **코디네이션 회피**(coordination-avoiding) 데이터 시스템에는 많은 장점이 있다. 동기식 코디네이션이 필요한 시스템보다 성능이 더 좋고 더 나은 내결함성을 지닌다[56].

예를 들어 이러한 데이터 시스템은 다중 리더 구성에서 여러 데이터 센터로 분산해 운영 가능하고 비동기로 지역 간 복제가 가능하다. 어떤 데이터 센터도 다른 데이터 센터와 독립적으로 계속해서 운영 가능하다. 지역 간 동기식 코디네이션이 필요하지 않기 때문이다. 대신 이 시스템은 적시성을 약하게 보장한다. 코디네이션을 도입하지 않는 이상 선형성이 없다. 하지만 여전히 무결성은 강력하게 보장한다.

이런 맥락에서 직렬성 트랜잭션은 파생 상태를 유지하는 데 부분적으로만 유용하다. 그러나 잘 작동하는 작은 범위에서는 충분히 실행 가능하다[8]. XA 트랜잭션 같은 이종 분산 트랜잭션(357쪽 "현실의 분산 트랜잭션" 참고)은 필요하지 않다. 여전히 동기식 코디네이션은 필요한 곳에 도입할 수 있다(예를 들어 회복이 불가능한 연산을 수행하기 전에 엄격한 제약 조건을 강제하기). 그러나 애플리케이션의 작은 일부에서만 코디네이션이 필요하다면 모든 곳에서 코디네이션 비용을 지불할 필요는 없다[43].

코디네이션과 제약 조건을 보는 다른 방법이 있다. 코디네이션과 제약 조건은 불일치 때문에 해야 하는 사과의 수를 줄인다. 하지만 또한 잠재적으로 시스템의 성능과 가용성을 줄일 수 있고 따라서 중단 때문에 해야 하는 사과의 수도 잠재적으로 늘어날 수 있다. 사과의 수를 0으로 줄일 수는 없지만 요구사항에 대한 최상의 트레이드오프를 찾는 것을 목표로 해야 한다. 즉 너무 많은 불일치나 너무 많은 가용성 문제가 없는 최적의 장소를 찾는 것이 목표다.

믿어라. 하지만 확인하라.

지금까지 정확성, 무결성, 내결함성에 대해 설명할 때 어떤 것은 잘못될 테지만 다른 것은 그렇지 않을 것이라고 가정했다. 이런 가정을 **시스템 모델**(309쪽 "시스템 모델을 현실 세계에 대응시키기" 참고)이라 한다. 예를 들면 항상 프로세스들이 죽을 수 있고 장치에 전원이 나갈 수도 있으며 네트워크에서 멋대로 메시지가 지연되거나 사라질 수 있다고 가정해야 한다. 그러나 또한 fsync 이후에는 디스크에 쓴 데이터를 잃지 않는다거나 메모리 상의 데이터는 손상되지 않는다든지 CPU의 곱셈 인스트럭션은 항상 옳은 결과를 반환한다고 가정할 수 있다.

이러한 가정은 꽤 합리적이다. 대체로 사실일 뿐 아니라 컴퓨터가 하는 실수를 계속 걱정해야 한다면 아무것도 하기 어려울 것이기 때문이다. 시스템 모델은 전통적으로 결함에 대해 이원 접근법을 사용했다. 즉 어떤 상황은 발생할 수 있고 다른 어떤 상황은 절대 발생하지 않는다고 가정한다. 현실적으로는 어떤 것은 가능성이 높고 어떤 것은 가능성이 낮은, 확률적 문제에 가깝다. 이 문제는 실제로 이런 가정을 위반하는 상황이 충분히 자주 발생하는지 여부다.

디스크에 아무 일도 하지 않았는데 데이터가 손상되는 상황은 계속 발생한다(227쪽 "복제와 지속성" 참고). 때때로 네트워크 상에서 TCP 체크섬에서도 걸리지 않는 데이터 손상이 있다(306쪽 "약한 형태의 거짓말" 참고). 어쩌면 이것이 우리가 더 신경 써야 할 부분일까?

과거에 내가 공을 들여 만든 애플리케이션은 클라이언트에서 장애 보고서를 수집했다. 받은 보고서의 일부는 해당 장치 메모리에 무작위 비트 플립(bit-flips)이 발생했다고밖에 설명할 수 없었다. 가능성이 낮은 일이지만 해당 소프트웨어를 실행하는 장치가 충분히 많다면 발생하기가 극히 어려운 일도 일어난다. 하드웨어 결함이나 방사선 때문에 무작위로 발생한 메모리 손상이 아니더라도 결함이 없는 메모리에서도 비트 플립을 발생시킬 수 있는 병적인 메모리 접근 패턴도 있다[62]. 이 효과는 운영체제의 보안 메커니즘을 무력화하는 데 사용되곤 한다[63](**로해머**(rowhammer) 기법). 자세히 들여다보면 하드웨어는 보기보다 추상화를 완벽하게 제공하지 않는다.

분명히 하자면 무작위 비트 플립은 현대 하드웨어에서는 거의 발생하지 않는다[64]. 나는 단지 이 문제가 가능성의 영역을 넘어서는 것은 아니라는 점을 지적하는 바다. 그래서 어느 정도는 주의를 기울일 필요가 있다.

소프트웨어 버그가 발생해도 무결성 유지하기

하드웨어 문제 외에 소프트웨어 버그의 위험성은 항상 존재한다. 소프트웨어 버그는 저수준 네트워크, 메모리 또는 파일시스템 체크섬으로 발견하지 못한다. 심지어 널리 사용하는 데이터베이스 소프트웨어도 버그가 있다. 나는 개인적으로 마이SQL이 유일성 제약 조건을 올바르게 유지하는 데 실패하는 경우[65]와 포스트그레스큐엘의 직렬성 격리 수준에서 쓰기 스큐 이상 현상이 발생하는 경우[66]를 목격했다. 마이SQL과 포스트그레스큐엘은 견고하고 좋은 평가를 받는 데이터베이스로 많은 사람이 수년 간 많은 테스트를 했음에도 말이다. 좀 더 성숙도가 낮은 소프트웨어에서는 상황이 훨씬 심각하다.

설계와 테스트 그리고 리뷰를 신중하게 하기 위해 적지 않은 노력을 하더라도 버그는 여전히 생긴다. 버그가 드물더라도 결국은 발견되고 수정되게 마련이다. 그러면 버그가 있었던 동안에 데이터가 손상됐을 가능성이 있다.

애플리케이션 코드에서는 더 많은 버그를 각오해야 한다. 대부분의 애플리케이션은 데이터베이스 코드만큼 리뷰와 테스트를 받지 못하기 때문이다. 심지어 많은 애플리케이션이 외래키나 유일성 제약 조건 같은, 데이터베이스가 무결성 보장을 위해 제공하는 기능을 올바르게 사용하지 않는다[36].

ACID에서 일관성(225쪽 "일관성" 참고)은 데이터베이스가 일관성 있는 상태로 시작해서 트랜잭션이 데이터베이스를 일관성 있는 어떤 상태에서 일관성 있는 다른 상태로 바꾸는 개념을 기반으로 한다. 따라서 데이터베이스는 항상 일관성 있는 상태에 있으리라고 기대하지만 이 생각은 트랜잭션에 버그가 없을 때만 통한다. 애플리케이션이 데이터베이스를 어떤 식으로든 정확하게 사용하지 않으면, 예를 들어 완화된 격리 수준을 안전하지 않게 사용하면 데이터베이스 무결성은 보장할 수 없다.

약속을 맹목적으로 믿지 마라.

하드웨어와 소프트웨어가 항상 원하는 만큼 이상적으로 동작하지는 않기 때문에 데이터 손상은 머지않아 반드시 발생한다. 따라서 버그를 고치고 오류의 원인을 추적하기 위해 적어도 데이터가 손상됐는지 찾는 방법을 마련해야 한다. 데이터 무결성을 체크하는 작업을 **감사(auditing)**라고 한다.

457쪽 "불변 이벤트의 장점"에서 설명했듯이 감사는 회계 애플리케이션을 위한 것만은 아니다. 그러나 감사 기능은 재무에서 상당히 중요하다. 실수는 항상 발생한다는 것을 모두가 알기 때문이다. 그래서 모두가 문제를 감지하고 해결할 필요가 있다고 인식한다.

성숙한 여러 시스템은 가능성이 낮지만 뭔가 잘못될 가능성을 고려하고 위험을 관리하는 비슷한 경향이 있다. 예를 들어 HDFS나 아마존 S3 같은 대규모 저장소 시스템은 디스크를 완전히 신뢰하지 않는다. 이 시스템들은 알지 못하는 사이에 손상이 생길 위험을 줄이기 위해 백그라운드로 프로세스를 실행해 지속적으로 파일을 읽어 다른 복제본과 비교하고 디스크 사이에서 이동시킨다[67].

데이터가 여전히 거기에 있다고 확인하려면 실제로 파일을 읽어서 확인해야 한다. 대부분은 그 장소에 있을 테지만 그렇지 않다면 정말 일찌감치 발견하길 원할 것이다. 같은 논지로 때때로 백업을 복구해 보는 게 중요하다. 그렇지 않으면 백업이 깨졌다는 사실을 너무 늦게 알아 데이터를 잃어버릴 수 있다. 맹목적으로 모든 것이 잘 동작한다고 믿지 마라.

검증하는 문화

HDFS와 S3 같은 시스템은 여전히 대부분의 시간에는 디스크가 정확하게 작동한다고 가정해야 한다. 이 가정은 합리적이지만 **항상** 올바르게 작동한다는 가정과는 다르다. 그러나 현재 많은 시스템이 지속적으로 스스로 감사하는 "믿어라. 하지만 확인하라" 접근법을 쓰지 않는다. 대부분 정확성 보장이 절대적이라고 가정하며 희박한 데이터 손상 가능성은 대비하지 않는다. 나는 미래에는 무결성 확인을 백지 위임하기보다는 스스로 무결성 확인을 지속적으로 수행하는 **자가 검증(self-validation)**이나 **자가 감사(self-auditing)** 시스템을 더 많이 볼 수 있길 바란다[68].

나는 ACID 데이터베이스의 문화가 트랜잭션 메커니즘 같은 백지 위임 기술에 기초해서 애플리케이션을 개발하고 그 과정에서 감사 기능을 가볍게 보게 만들었다고 본다. 이 기술이 오랜 기간 충분히 잘 작동해서 신뢰받고 있기 때문에 감사 메커니즘을 투자할 가치가 있다고 생각하지 않았다.

그러나 데이터베이스 지형이 바뀌었다. NoSQL의 기치 아래 완화된 일관성 보장이 표준이 됐고 덜 성숙한 저장소 기술이 널리 사용되기 시작했다. 그러나 아직 감사 메커니즘을 개발하지 않았기 때문에 이런 접근법이 이제 더 위험해졌음에도 여전히 백지 위임 기반의 애플리케이션 개발을 계속하고 있다. 그럼 감사 기능 설계에 관해 잠시 생각해보자.

감사 기능 설계

트랜잭션이 데이터베이스 내 객체 몇 개를 변경한다고 할 때 사후에 이 트랜잭션이 무엇을 뜻할지 알기는 어렵다. 트랜잭션 로그를 캡처하더라도(450쪽 "변경 데이터 캡처" 참고) 다양한 테이블 내에서 발생한 삽입, 갱신, 삭제만으로 **왜** 이런 변경을 수행했는지 명확한 모습을 알 수 없다. 이 변경을 결정한 애플리케이션 호출은 일시적이라서 재현할 수 없다.

반대로 이벤트 기반 시스템은 더 나은 감사 기능을 제공한다. 이벤트 소싱 접근법에서 시스템의 사용자 입력은 단일 불변 이벤트로 표현되고 어떤 상태 갱신 결과도 이벤트에서 파생할 수 있다. 이런 파생 과정은 결정적이고 반복 가능하다. 그래서 같은 버전의 파생 코드를 통해 같은 이벤트 로그를 실행하면 동일한 상태 갱신 결과를 만들 수 있다.

데이터플로를 명시적으로 만들면(410쪽 "일괄 처리 출력에 관한 철학" 참고) 데이터의 **유래** (provenance)가 더욱 명확해져 무결성 확인이 좀 더 수월해진다. 이벤트 로그의 경우 이벤트 저장소가 손상됐는지 확인하기 위해 해시를 사용할 수 있다. 어떤 파생 상태라도, 같은 결과가 나오는지 확인하기 위해 일괄 처리와 스트림 처리를 재실행해서 이벤트 로그로부터 파생할 수 있고 심지어 병렬로 중복 파생 과정을 실행할 수도 있다.

결정적이고 잘 정의한 데이터플로를 사용하면 디버깅과 시스템에서 왜 그렇게 행동했는지 판별하기 위한 추적이 쉬워진다[4, 69]. 예상치 못한 어떤 일이 발생한다면 예상치 못한 상황이 된 정확한 환경을 재현하는 분석 능력을 보유하는 것이 가치 있다. 일종의 시간 여행 디버깅 능력이라 할 수 있다.

다시 종단 간 논증

시스템의 모든 개별 구성 요소가 절대로 손상되지 않는다(즉 모든 하드웨어 구성에 결함이 없고 모든 소프트웨어 구성에도 버그가 없다)고 완전히 믿기 어렵다면 최소한 데이터의 무결성만이라도 주기적으로 확인해야 한다. 주기적으로 무결성 확인을 하지 않는다면 손상이 너무 오래 지속돼 다운스트림에 어떤 피해를 야기할 때까지 이 손상을 발견할 수 없다. 이런 상황에서는 문제를 추적하기가 너무 어렵고 비용도 훨씬 많이 든다.

데이터 시스템의 무결성을 확인하는 방법은 종단 간 방식(514쪽 "데이터베이스에 관한 종단 간 논증" 참고)이 최선이다. 무결성 확인이 가능한 시스템이 많을수록 처리 과정의 어떤 단계에서 손상이 발견되지 않을 가능성이 낮아진다. 종단 간 전체 파생 데이터 파이프라인이 정확한지 확인이 가능하다면 파이프라인을 따르는 디스크와 네트워크, 서비스와 알고리즘이 이 확인에 암묵적으로 포함된다.

종단 간 무결성 확인을 꾸준히 하면 시스템이 정확하다는 확신이 높아져 더 빠르게 옮겨 갈 수 있다 [70]. 테스트 자동화와 마찬가지로 감사 기능은 버그를 빨리 발견할 가능성을 높여 시스템이나 새 저장 기술에 가한 변경이 손상을 일으킬 위험을 줄인다. 변화를 두려워하지 않는다면 변하는 요구사 항에 대응하기 위한 애플리케이션을 훨씬 잘 발전시킬 수 있다.

감사 데이터 시스템용 도구

현재 감사 기능을 최고 수준으로 고려하는 시스템은 많지 않다. 어떤 애플리케이션은 스스로 감사 메커니즘을 구현하기도 한다. 예를 들어 분리된 감사 테이블에 모든 변경 사항을 로그로 남긴다. 하 지만 감사 로그와 데이터베이스 상태의 무결성을 보장하는 것은 여전히 어렵다. 트랜잭션 로그는 하 드웨어 보안 모듈을 사용해 주기적으로 서명하는 방식으로 변경하기가 어렵게(tamper-proof) 만 들 수 있지만 이 방식은 애초에 올바른 트랜잭션이 로그에 들어갔는지를 보장하지는 않는다.

암호화 도구를 사용해 시스템의 무결성을 증명하려는 시도는 흥미롭다. 이 방법은 광범위한 하드 웨어, 소프트웨어 문제와 악의적인 동작에도 견고한 방식으로 암호화 도구를 사용한다. 비트코 인(Bitcoin), 이더리움(Ethereum), 리플(Ripple), 스텔라(Stellar) 등과 같은 다양한 암호화폐 (cryptocurrency), 블록체인(blockchain), 분산 원장(distributed ledger) 기술이 이 분야를 탐 구하기 위해 나타났다.

내가 이런 화폐 기술이나 계약 체결 메커니즘의 장점을 논할 자격은 없지만 데이터 시스템 관점에서 재미있는 개념 몇 가지가 있다. 이 기술은 본질적으로 데이터 모델과 트랜잭션 메커니즘을 사용하는 분산 데이터베이스로 서로 신뢰하기 어려운 조직에서 다른 복제본을 호스팅할 수 있다. 이 복제본은 지속적으로 각각 다른 복제본의 무결성을 확인하고 실행해야 할 트랜잭션에 동의하는 합의 프로토 콜을 사용한다.

나는 비잔틴 내결함성 측면에서 이 기술에 대해 다소 회의적이다(304쪽 "비잔틴 결함" 참고). 나는 이러한 **작업 증명**(proof of work, 예: 비트코인 채굴) 기술이 엄청나게 소모적이라고 생각한다. 비 트코인의 트랜잭션 처리량은 낮은데 기술적인 이유보다는 정치 경제적인 이유에서다. 하지만 이런 무결성 확인은 상당히 흥미로운 측면이다.

암호화 감사 기능과 무결성 확인은 종종 **머클 트리**(Merkle tree)에 의존한다[74]. 머클 트리는 해 시 트리로 특정 데이터셋(및 다른 몇 가지) 내에 나타나는 레코드를 효율적으로 증명하는 데 사용한 다. 암호화폐의 과대 광고 외에도 **인증서 투명성**(certificate transparency)은 머클 트리를 사용해 TLS/SSL 인증 유효성을 확인하는 보안 기술이다[75, 76].

나는 무결성 확인과 감사 알고리즘이 인증서 투명성과 분산 원장 알고리즘처럼 데이터 시스템에서 일반적으로 널리 사용되는 것을 상상해본다. 성능 불이익이 낮으면서도 암호화 감사 기능이 없는 시스템과 동등한 수준으로 확장 가능하려면 어떤 작업이 더 필요할 것이다. 그러나 나는 이 작업이 앞으로 두고 볼 흥미로운 영역이라 생각한다.

옳은 일 하기

나는 이 책의 마지막 절에서 한걸음 물러나려 한다. 책 전반에 걸쳐 데이터 시스템의 다양한 아키텍처와 각각의 장단점을 살펴봤다. 그리고 신뢰할 수 있고 확장 가능하며 유지보수하기 쉬운 애플리케이션을 구축하는 기술도 알아봤다. 그러나 이런 논의에 중요하고 근본적인 부분이 아직 남았고 나는 이 부분을 지금부터 채우겠다.

모든 시스템은 목적을 가지고 구축된다. 모든 행동에는 의도한 결과와 의도하지 않은 결과가 모두 있다. 시스템의 목적이 단순히 돈 벌이일 수 있지만 그 결과가 세상에 미치는 영향은 원래 목적을 뛰어넘기도 한다. 시스템을 구축하는 엔지니어는 이 결과를 신중하게 생각해서 의식적으로 어떤 세상에 살고 싶은지 결정할 책임이 있다.

데이터를 추상적인 것이라 이야기하지만 많은 데이터셋이 행동, 관심사, 정체성과 같이 인간과 관련된 것이다. 이런 데이터는 인간애와 존경심을 가지고 다뤄야 한다. 사용자도 인간이다. 인간 존엄성은 그 무엇보다 중요하다.

소프트웨어 개발에 윤리적 선택이 갈수록 중요해졌다. ACM에서 나온 소프트웨어 공학 윤리 강령 (Software Engineering Code of Ethics and Professional Practice)[77]과 같은 소프트웨어 엔지니어가 이런 문제를 해결하는 데 도움을 주는 지침이 있지만 실제로는 거의 논의되지도, 적용되지도, 강제되지도 않았다. 결과적으로 엔지니어와 제품 관리자는 때때로 제품에서 발생할 수 있는 사생활이나 잠재적인 부정적 문제에 대해 무신경한 태도를 취하기도 한다[78, 79, 80].

기술은 그 자체로 좋거나 나쁜 것이 아니다. 중요한 것은 기술을 어떻게 사용하고 기술이 어떻게 사람들에게 영향을 주는가다. 이것은 검색 엔진 같은 소프트웨어 시스템이 총 같은 무기와 비슷하게 동작하는 것과 마찬가지다. 나는 소프트웨어 엔지니어가 오로지 기술에만 집중하고 그 영향을 무시하는 것만으로는 충분하지 않다고 생각한다. 소프트웨어 엔지니어도 윤리적 책임을 져야 한다. 윤리에 대한 논증은 어렵지만 너무 중요해서 무시할 수 없다.

예측 분석

예측 분석은 예를 들자면 "빅데이터" 판촉에 중요한 부분이다. 날씨 예측이나 질병 확산 예측 분석을 하는 데 데이터를 사용하는 것도 그중 하나다[81]. 하지만 기결수의 재범 여부나 채무자의 채무 불이행 가능성 또는 보험 고객의 고액 청구 여부를 예측하는 것은 또 다른 이야기다. 후자는 개인의 삶에 직접적인 영향을 준다.

지불 네트워크가 사기 거래를 방지하려 하고 은행이 불량 채권을 피하려 하고 항공사가 공중 납치를 피하려 하며 회사가 비효율적이고 신뢰하기 어려운 사람을 고용하기를 꺼리는 것은 자연스러운 일이다. 조직의 관점에서 볼 때 놓친 사업적 기회 비용은 작지만 불량 채권이나 골칫거리 종업원 때문에 발생하는 비용은 상당히 크다. 그래서 조직이 이런 문제에 신중하려는 태도는 자연스럽다. 조금이라도 의심스러우면 "아니오"라고 말하는 편이 낫다.

그러나 알고리즘에 의한 의사 결정이 점점 보편화되면서 사실이든 아니든 특정 알고리즘으로 위험성 있다고 딱지가 붙여진 사람은 많은 "아니오" 결정으로 고통받는다. 시스템적으로 직업, 항공 여행, 보험 보장 범위, 부동산 임대, 금융 서비스를 비롯한 사회의 주요 측면에서 배제되는 일은 개인 자유의 커다란 제약 사항이다. 이를 "알고리즘 감옥(algorithmic prison)"[82]이라 부른다. 인권을 존중하는 나라에서 범죄 판결 시스템은 유죄로 증명될 때까지는 무죄로 가정한다. 반면 자동화 시스템은 시스템적으로나 임의로 유죄 증명 없이 그리고 변론할 기회도 거의 없이 사람을 사회 참여에서 배제시킬 수 있다.

편견과 차별

알고리즘이 내린 결정이 사람이 내린 결정보다 반드시 좋거나 나쁜 것은 아니다. 사람은 편견을 가지기 쉽다. 심지어 사람들이 편견을 막으려 노력할지라도 말이다. 또한 차별 관행은 문화적으로 제도화될 수 있다. 사람들이 내리는 주관적이고 본능적인 결정보다는 데이터를 기반으로 하는 결정이 전통적인 시스템에서 간과되기 쉬운 사람들에게 더 나은 기회를 제공할 수 있다는 희망이 있다[83].

예측 분석 시스템을 개발할 때 그저 "예" 또는 "아니오"를 언제 말할지 결정하는 규칙을 규정하는 소프트웨어를 사용해 인간의 결정을 자동화하지는 않는다. 심지어 규칙 자체가 데이터로부터 추론되게 놔두기도 한다. 그러나 시스템으로 학습한 패턴은 투명하지 않다. 데이터에서 상관 관계가 나왔어도 왜 그런지를 알지 못할 가능성이 있다. 알고리즘에 투입된 입력에 시스템적 편견이 있다면 시스템은 그 편견을 학습하고 그 편견을 증폭해서 출력을 내보낼 가능성이 높다[84].

많은 나라에서 차별 금지법으로 사람을 인종, 나이, 성별, 성 정체성, 장애, 신앙 같은 특징으로 다르게 대우하는 것을 금지한다. 개인의 여러 특징을 분석할 수 있지만 이 특징이 민감한 특성과 상관관계가 있다면 어떻게 될까? 예를 들면 인종적으로 분리된 지역에서는 누군가의 우편번호나 IP 주소는 강력한 인종 예측자가 된다. 이와 같이 특정 알고리즘이 입력으로 다소 치우친 데이터를 받아 공평하고 치우침 없는 출력을 내기를 바라는 것은 터무니없다[85]. 하지만 데이터 주도 의사결정 지지자들이 은연중에 이런 믿음을 내보인다. 이런 태도를 "머신러닝은 편견을 위해 돈 세탁하는 일"이라 풍자한다[86].

예측 분석 시스템은 오직 과거로부터 추정한다. 과거가 차별적이라면 예측 분석 시스템은 차별을 성문화한다. 과거보다 나은 미래를 원한다면 도덕적 상상력이 필요하다. 도덕적 상상력은 단지 인간만이 제공할 수 있다[87]. 데이터와 모델은 도구여야지 주인이 돼서는 안 된다.

책임과 의무

의사결정 자동화는 아직 책임과 의무에 대한 문제가 해결되지 않았다[87]. 사람이 실수를 하면 그 사람은 책임을 질 수 있고 그 결정에 영향을 받은 사람은 이의를 제기할 수 있다. 알고리즘도 실수를 할 수 있다. 그러나 알고리즘이 잘못됐을 때 누가 책임을 져야 할까[88]? 자율주행 자동차가 사고를 냈을 때는 누구의 책임일까? 신용 점수 자동화 알고리즘이 시스템적으로 특정 인종이나 종교로 사람을 차별한다면 구제할 방법이 있을까? 머신러닝 시스템이 내린 결정을 사법 심사 한다면 판사에게 어떻게 알고리즘이 이런 결정을 내렸는지 설명할 수 있을까?

신용 등급 기관은 데이터를 수집해서 사람에 관한 결정을 내리는 오래된 예다. 나쁜 신용 점수는 삶을 어렵게 만든다. 그러나 적어도 신용 점수는 일반적으로 그 사람의 실제 차용 내역에 관한 사실을 기반으로 하고 레코드의 오류는 수정될 수 있다(신용 등급 기관이 일반적으로 쉽게 해주지는 않지만). 그러나 머신러닝을 기반으로 한 점수 알고리즘은 보통 더 넓은 범위의 입력을 사용하고 과정이 상당히 불투명해서 왜 그런 결정을 내렸는지 이해하기 어렵고 누군가가 불공평하거나 차별적인 대우를 받는지 알기 어렵다[89].

신용 점수는 "당신이 과거에 어떤 행동을 했는지"를 요약하는 데 반해 예측 분석 시스템은 대개 "누가 당신과 비슷한지 그리고 당신과 비슷한 사람들이 과거에 어떤 행동을 했는지"에 기반을 두고 작동한다. 다른 사람의 행동과 유사점을 그리는 것은 사람들을 고정 관념화한다는 것을 암시한다. 예를 들어 사는 곳을 기반으로 인종과 사회 경제적 계층을 밀접하게 대리할 수 있다. 잘못된 버킷으로 들어간 사람들은 어떻게 되는가? 게다가 틀린 데이터 때문에 그 결정이 잘못됐다면 거의 구제가 불가능하다[87].

본질적으로 풍부한 데이터는 통계적이다. 즉 데이터의 확률 분포가 전체적으로 정확해도 개별 사례는 잘못될 수 있다는 뜻이다. 예를 들어 특정 국가의 평균 기대 수명이 80살이라도 특정인이 80세 생일날 사망한다는 의미는 아니다. 평균과 확률 분포로 특정인의 수명을 말해줄 수 없다. 마찬가지로 예측 시스템의 출력은 확률적이기 때문에 개별적으로는 충분히 잘못될 수 있다.

의사결정에 데이터를 최우선으로 하는 맹목적 믿음은 망상일 뿐 아니라 절대적으로 위험하다. 데이터 주도 의사결정이 보편화될수록 알고리즘을 설명 가능하고 투명하게 만드는 방법을 찾아야 한다. 그리고 존재하는 편견이 강화되는 것을 막는 방법과 반드시 발생하는 실수를 수정하는 방법도 찾아야 한다.

또한 데이터가 사람들을 해치지 않게 하고 그 대신 긍정적 잠재력을 실현하는 방법을 찾아야 한다. 예를 들면 분석을 통해 사람들 삶의 재정적 특징 및 사회적 특징을 나타낼 수 있다. 한편 이 힘을 가장 필요한 사람들을 돕고 지원하는 데 집중할 수 있다. 반면 악질적인 사업체가 취약층을 골라내 고금리 대출이나 쓸모없는 대학 학위와 같은 위험한 상품을 파는 데 사용되기도 한다[87, 90].

피드백 루프

추천 시스템과 같이 사람들에게 즉각적으로 지대한 영향을 미치지 않는 예측 애플리케이션이라도 직면해야 할 어려운 문제가 있다. 서비스가 사람들이 보고자 하는 콘텐츠를 예측하는 데 익숙해지면 사람들에게 이미 그들이 공감하는 의견만을 보여줘 고정관념과 오보, 양극화를 불러오는 에코 채임버(echo chamber)가 돼 버릴지도 모른다. 선거 운동에서 소셜 미디어 에코 채임버의 영향력은 이미 잘 알려졌다[91].

예측 분석이 사람들 삶에 영향을 미칠 때 특히 자기 강화 피드백 루프 때문에 치명적인 문제가 발생한다. 예를 들어 고용 가능성 평가를 위해 신용 점수를 사용하는 고용주가 있다고 하자. 신용 점수가 좋은 노동자가 갑자기 스스로 어떻게 할 수 없는 불운으로 경제적 어려움에 처했다. 제때 청구서 지불을 하지 못하자 신용 점수는 나빠지고 구직을 하기도 어려워졌다. 실업은 사람을 더욱 가난으로 내몰고 신용 점수는 더 악화된다. 그러면 직업을 찾기가 훨씬 어려워진다[87]. 이 악순환은 수학적 엄밀함과 데이터의 위장 뒤에 숨은 악독한 가정 때문에 발생한다.

이런 피드백 루프가 언제 발생할지 항상 예측 가능한 것은 아니지만 전체 시스템(컴퓨터화된 부분뿐 아니라 시스템과 상호작용하는 사람들까지)을 생각하면 많은 결과를 예측할 수 있다. 이 접근법은 **시스템 사고**[92]라 한다. 데이터 분석 시스템이 어떻게 다른 행동과 구조, 특성과 반응하는지 이해하려고 노력할 수 있다. 이 시스템이 사람들 간에 존재하는 차이를 강화하고 증폭시키는가(예로 부자를 더 부자로 또는 가난한 사람을 더욱 가난하게), 아니면 불의와 맞서려고 하는가? 최선의 의도였더라도 의도하지 않은 결과를 반드시 주의해야 한다.

사생활과 추적

예측 분석 문제, 즉 데이터를 사용해 사람에 대한 결정을 자동화하는 문제 외에도 데이터 수집 그 자체로 윤리적 문제가 있다. 데이터를 수집하는 조직과 데이터를 수집 당하는 사람들 사이의 관계는 무엇일까?

사용자가 시스템이 특정 방식으로 데이터를 저장하고 처리하길 원하기 때문에 시스템이 사용자가 명시적으로 입력한 데이터만 저장한다면 시스템은 사용자에게 서비스를 제공하고 사용자는 고객이 된다. 그러나 사용자의 활동을 추적하고 사용자가 하는 행동의 부수 효과로서 로그를 남긴다면 이 관계가 불명확하다. 서비스는 더 이상 사용자가 원하는 것만 하지 않고, 사용자의 이익과 충돌이 발생할 수 있는 자신의 관심사를 수집한다.

행동 데이터 추적은 많은 온라인 서비스에서 사용자 대면 기능을 위해 한층 중요해지고 있다. 어떤 검색 결과를 클릭했는지 추적하는 것은 검색 결과 순위를 개선하는 데 유용하다. "X를 좋아하고 Y도 좋아하는 사람들"을 추천하는 것은 사용자가 흥미롭고 유용한 것들을 발견하는 데 도움이 된다. A/B 테스트와 사용자 흐름 분석은 사용자 인터페이스가 얼마나 개선됐는지 알려주는 데 유익하다. 이런 기능은 어느 정도의 사용자 행동 추적이 필요하고 사용자는 이런 기능의 이점을 누린다.

그러나 회사의 사업 모델에 따라 추적이 여기서 그치지 않을 때도 있다. 서비스가 광고에서 자금을 조달받는다면 광고주가 실제 고객이고 사용자 이익은 뒷전이다. 마케팅 목적으로 각 개인의 상세 프로필을 구축하기 위해 데이터를 더욱 구체적으로 추적하고 더욱 자세히 분석하며 오랜 기간 보관한다.

이제 회사와 데이터가 수집되는 사용자 사이의 관계가 꽤 다르게 보이기 시작한다. 사용자는 서비스를 무료로 제공받고 가능한 한 많이 서비스에 참여하게 된다. 사용자 추적은 주로 개인을 위한 것이 아니라 서비스에 돈을 대는 광고주의 필요로 제공한다. **감시(surveillance).** 나는 이 불길한 의미의 단어가 이 관계를 적절히 설명한다고 생각한다.

감시

데이터란 단어를 **감시**로 바꾸고 여전히 좋은 문구로 들리는지 사고 실험을 해보자[93]. "우리 감시 주도 조직은 실시간으로 감시 스트림을 수집해 감시 웨어하우스에 저장합니다. 감시 과학자들은 새로운 통찰력을 얻기 위해 선진 분석 기법과 감시 처리 기법을 사용합니다." 어떤가?

이 사고 실험은 이 책, **감시 중심 애플리케이션 설계**(Designing Surveillance-Intensive Application)에 대해 유별나게 논쟁적이지만 나는 이 점을 강조하기 위해 강력한 단어가 필요하다고 생각한다. 소프트웨어가 "세상을 잡아먹게(eat the world)"[94] 하려는 시도로 세계에서 가장 거대한 감시 인프라를 구축했다. 사물 인터넷을 향해 돌진하는 지금, 사람이 사는 모든 공간에 인터넷이 연결된 마이크가 적어도 한 개는 포함된 세상으로 빠르게 접근하고 있다. 스마트폰, 스마트 TV, 음성 제어 보조 장치, 유아 모니터, 심지어 클라우드 기반 음성 인식 유아 장난감의 형태로 말이다. 이런 장치 중 다수가 보안상 심각한 문제를 일으킬 수 있는 기록을 가지고 있다[95].

가장 전체주의적이고 억압적인 정권만이 모든 방에 마이크를 넣고 모든 사람이 자신의 위치와 이동 경로를 추적할 수 있는 장치를 항상 휴대하게끔 강요할 수 있을 것이다. 그러나 사람들은 명백하게 자발적이고 심지어 열정적으로 전체 감시 세계에 자신을 던진다. 차이는 단지 정부 기관이 아니라 기업이 데이터를 수집한다는 것뿐이다[96].

모든 데이터가 필수적으로 감시 대상인 것은 아니지만 이를 조사해 보면 데이터 수집 업체와 사람들의 관계를 이해하는 데 도움이 된다. 사람들은 왜 기업의 감시를 기꺼이 받아들일까? 아마도 사람들은 감출 게 없다고 느꼈기 때문일 것이다. 다른 말로 그 사람들은 완전히 기존 권력 구조를 따르고, 소외된 소수가 아니라서 핍박을 무서워할 필요가 없다[97]. 모든 사람들이 그렇게 운이 좋은 것은 아니다. 아니면 아마 감시의 목적이 선의로 보였을 수도 있다. 노골적인 강압이나 순응이 아니라 단지 추천을 더 잘 하고 개인에게 더 적합한 마케팅을 하려는 목적이다. 그러나 지난 절의 예측 분석 논의와 연관지어 생각하면 그 구별은 그리 명확하지 않다.

이미 자동차 보험료와 연계된 자동차 추적 장치가 있고 사람들이 착용한 건강 추적 장치로 보장 범위가 결정되는 건강 보험이 있다. 보험 보장 범위나 고용과 같이 삶의 중요한 측면에 영향을 주는 것을 결정하는 데 감시가 사용되면 더 이상 호의적으로 보이지 않기 시작한다. 더욱이 데이터 분석은 놀랍게도 침입적이다. 예를 들면 스마트시계나 건강 추적기의 운동 센서를 사용해 비밀번호 같은 것을 입력하는 내용을 상당히 높은 정확도로 알아낼 수 있다[98]. 그리고 분석용 알고리즘은 계속 향상되고 있다.

동의와 선택의 자유

사용자가 사용자 행동을 추적하는 서비스 사용을 자발적으로 선택하고 서비스 약관과 개인 정보 보호 정책에 동의했기 때문에 데이터 수집에 동의했다고 주장할 수 있다. 심지어 사용자가 제공하는 데이터를 대가로 좋은 서비스를 받기 때문에 추적은 서비스를 제공하기 위해 필수적이라고 주장하기도 한다. 소셜 네트워크, 검색 엔진 등 다양한 무료 온라인 서비스가 사용자에게 유용하다는 사실은 틀림없다. 그러나 이런 주장에는 문제가 있다.

사용자는 사용자가 제공하는 데이터가 무엇이고 어떻게 유지하며 처리하는지에 대한 지식이 거의 없다. 그리고 대부분의 개인 정보 보호 정책은 보기보다 훨씬 애매하다. 사용자가 사용자의 데이터로 어떤 일을 하는지 알지 못한 채 받은 동의는 의미가 없다. 어떤 경우에는 사용자 한 명의 데이터가 서비스를 사용하지 않는 사람들과 약관에 동의하지 않는 사람들에 관한 사정을 말하기도 한다. 3부에서 설명한 파생 데이터셋(전체 사용자 기반의 데이터가 행동 추적과 외부 데이터 소스와 함께 결합됐을 가능성이 있는)은 확실히 사용자가 의미 있는 이해를 하기에 불가능한 데이터 유형이다.

게다가 데이터는 일방적인 과정을 거쳐 사용자로부터 추출하며 사용자와 상호 대등한 관계도, 공평한 가치 교환도 없다. 여기에는 사용자가 데이터를 얼마나 제공하고 사용자가 대가로 받는 서비스가 무엇인지 협상할 수 있는 대화나 선택 사항이 없다. 서비스와 사용자 간의 관계는 매우 비대칭적이고 일방적이다. 약관은 사용자가 아닌 서비스가 설정한다[99].

감시에 동의하지 않는 사람이 선택할 수 있는 실질적인 대안은 서비스를 사용하지 않는 것뿐이다. 그러나 이 선택은 무료가 아니다. 모든 사람들에게 "기본 사회적 참여를 위해 반드시 필요한 서비스"로 간주될 정도로 인기 있는 서비스라면[99] 사람들이 이 서비스를 떠나기를 바라는 것은 합리적이지 않다. **사실상** 서비스를 사용하도록 강제한다. 예를 들어 대부분의 서양 소셜 커뮤니티에서는 스마트폰을 가지고 다니면서 사교 생활을 위해 페이스북을 사용하고 정보를 찾기 위해 구글을 사용하는 것이 대중화되고 있다. 특히 서비스가 네트워크 효과를 가지면 해당 서비스를 사용하지 **않기**를 선택하는 사람들이 지불해야 할 사회적 비용이 존재한다.

소수의 사람만이 사용자를 추적한다는 이유로 서비스 사용을 거부할 특권이 있다. 이들은 개인 정보 보호 정책을 이해할 시간과 지식이 있고, 서비스에 참여하면 받을 수 있는 사회적 참여와 전문적 기회를 놓치는 것을 감당할 만한 사람들이다. 이런 특권이 없는 사람에게는 유의미한 선택의 자유가 없다. 감시를 피할 수 없다.

사생활과 데이터 사용

가끔 사람들이 "사생활은 죽었다"고 주장하기도 한다. 사람들이 그들의 소셜 미디어에 때론 일상적이지만 때로는 매우 사적인, 삶에 관한 모든 것을 기꺼이 게시하기 때문이다. 그러나 이 주장은 잘못됐다. 이 주장은 **사생활**(privacy)이란 단어를 오해한 것에서 기인한다.

사생활 보호가 모든 것을 비밀로 한다는 뜻은 아니다. 사생활은 누구에게 어떤 것을 보여줄 것인지, 어떤 것을 공개로 할 것인지, 어떤 것을 비밀로 할 것인지 고를 수 있는 자유를 가진다는 의미다. 사생활 보호 권리는 결정권이다. 사생활 보호가 보장되면 상황에 따라 비밀과 공개 사이의 스펙트럼에서 개인이 원하는 정도를 스스로 결정할 수 있다[99]. 이 점은 인간의 자유와 자주성의 측면에서 매우 중요하다.

감시 인프라를 통해 사람들로부터 데이터를 추출할 때 사생활 보호 권리가 꼭 손상되는 것은 아니고 데이터 수집 측으로 이전된다. 데이터를 획득하는 기업은 본질적으로 "우리가 당신의 데이터를 올바르게 사용한다고 믿어주세요"라고 말한다. 이 말은 무엇을 공개할지 무엇을 기밀로 할지 결정할 권리를 개개인에서 기업으로 이전한다는 뜻이다.

기업은 감시 결과를 최대한 기밀로 하기로 결정한다. 이를 드러내는 것은 끔찍한 일이고 사업 모델에 해를 끼칠 수도 있기 때문이다. 이 사업 모델은 다른 회사보다 사람들에 대해 많이 알수록 유리하다. 사용자에 관한 은밀한 정보는 간접적으로만 나타난다. 예를 들면 특정 질병으로 고통받는 사람들 같은 특별한 그룹의 사람들에게 광고를 타게팅하는 도구의 형태로 나타난다.

특정 광고에 타게팅된 사람들의 집합에서 특정 사용자 개인을 재식별할 수 없을지라도 그 사람들은 어떤 질병에 고통받고 있는지 여부와 같은 은밀한 정보의 공개에 관한 대리인을 잃어버렸다. 개인의 성향을 기반으로 누구에게 무엇을 보여줄지 결정하는 것은 사용자가 아니라 기업이다. 기업은 이익을 극대화하기 위해 사생활 보호 권리를 행사한다.

많은 기업은 끔찍한 기업으로 **인식되지** 않으려는 목표가 있다. 기업은 데이터 수집이 실제로 얼마나 침입적인지에 대한 질문은 피하는 대신 사용자 인식을 관리하는 데 집중한다. 그리고 심지어 이런 사용자 인식도 관리가 매우 형편없다. 예를 들어 실제로 정확한 사실일지라도 고통스러운 기억을 불러온다면 사용자는 그 기억을 회상하고 싶지 않을지도 모른다[100]. 어떤 데이터라도 어떤 식으로든 데이터가 잘못되거나 달갑지 않거나 적절하지 않을 가능성을 고려해야 한다. 그리고 이런 결함에 대처하는 메커니즘을 구축해야 한다. 어떤 것이 "달갑지 않은지" 또는 "적절하지 않은지"는 물론 인간의 판단 아래에 있다. 알고리즘을 인간의 요구를 따르게끔 프로그래밍하지 않으면 알고리즘은 이런 개념을 염두에 두지 않는다. 시스템 엔지니어는 겸손해야 하고 이런 결함을 수용하고 대비해야 한다.

온라인 서비스 사용자가 자신의 어떤 데이터를 다른 사람이 볼 수 있는지 제어할 수 있는 사생활 설정이, 사생활 제어를 사용자에게 되돌려주기 위한 시작점이다. 그러나 이런 설정과 무관하게 서비스 그 자체는 여전히 사용자 데이터에 제한 없이 접근할 수 있고, 데이터를 개인 정보 보호 정책에서 허용된 방식으로 사용하는 것은 자유다. 서비스에서 데이터를 서드파티에 팔지 않는다고 약속하더라도 보통 그 서비스 자체에게는 데이터를 내부적으로 처리하고 분석할 권리를 제한 없이 허용한다. 이런 서비스에서는 종종 사용자에게 명백히 보이는 것보다 훨씬 지나치게 데이터를 사용할 때가 있다.

이런 식으로 개인의 사생활 권리를 기업에 대규모로 이전하는 것은 역사적으로 전례가 없다[99]. 감시는 항상 존재했지만 비용이 크고 수동이었으며 확장성이 있지도, 자동화되지도 않았다. 신뢰 관계도 항상 존재했다. 이를테면 환자와 의사, 피고인과 변호인의 관계가 있었다. 그러나 이런 경우에 데이터 사용은 윤리적 제약 조건, 법적 제약 조건, 규제 제약 조건으로 엄격하게 제한됐다. 인터넷 서비스는 의미 있는 동의를 받지 않고도 막대한 양의 민감한 정보를 축적하기 쉽게 만들었다. 또한 인터넷 서비스는 사용자가 자신의 사생활 데이터에 무슨 일이 생기는지 이해하지도 못한 채로 이런 데이터를 거대한 규모로 사용하기도 쉽게 만들었다.

자산과 권력으로서의 데이터

행동 데이터는 사용자가 서비스와 상호작용하면서 나오는 부산물이기 때문에 때론 "데이터 배출(data exhaust)"이라 한다. 이 용어는 데이터가 쓸모없는 물질이라는 점을 시사한다. 이런 관점에서 볼 때 행동 분석과 예측 분석은 그렇지 않으면 버려질 데이터에서 가치를 추출하는 재활용의 한 형태로 볼 수 있다.

정반대 관점에서 보는 게 더 정확하다. 경제적 관점에서 볼 때 타케팅 광고가 서비스를 위해 지불하는 것이라면 사람들의 행동 데이터는 서비스의 핵심 자산이다. 이 경우 사용자와 상호작용하는 애플리케이션은 단지 감시 인프라로 개인 정보를 더욱 많이 공급하기 위해 사용자를 낚는 수단일 뿐이다[99]. 종종 온라인 서비스로 표현되는 인간의 유쾌한 창의성과 사회적 관계는 데이터 추출 기계에 의해 냉소적으로 이용당하기도 한다.

데이터 중개상의 존재는 개인 데이터가 가치 있는 자산이라는 주장에 힘을 실어준다. 데이터 중개상은 비밀리에 운영되는 음성적 사업으로서 주로 마케팅 목적으로 침해된 개인 데이터를 구매, 집계해서 분석, 추론 후 재판매한다[90]. 스타트업은 현재 사용자 수와 "눈(eyeballs)", 즉 그들의 감시 능력으로 가치가 평가된다.

데이터는 가치 있기 때문에 많은 사람들이 데이터를 원하고 기업도 물론 데이터를 원한다. 이것이 애초에 모든 사람들이 데이터를 수집하려고 하는 이유다. 하지만 정부 역시 비밀 거래, 강압, 법적 강요 또는 그냥 데이터를 훔치기 위해 데이터를 얻고자 한다[101]. 기업이 부도를 맞으면 수집된 개인 데이터는 팔아 치울 수 있는 자산 중 하나가 된다. 게다가 데이터 보안이 어렵기 때문에 위반 사례가 당황스러울 정도로 자주 발생한다[102].

이런 모습을 보고 비평가들은 데이터가 단순한 자산이 아니라 "악성 자산(toxic asset)"[101] 또는 적어도 "위험 물질(hazardous material)"[103]이라고 말한다. 데이터 남용을 방지하는 능력이 있다고 생각할지라도 데이터를 수집할 때마다 데이터가 악당의 손아귀에 떨어질 위험과 이익의 균형을 맞출 필요가 있다. 컴퓨터 시스템은 범죄자나 적대적 해외 정보 기관에게 침해 당할 수도 있고, 내부자가 데이터를 유출하거나, 회사가 이런 가치를 공유하지 않는 비양심적 경영자의 손에 떨어지거나, 데이터를 넘기라고 강요하는 데 거리낌이 없는 세력에게 국가 정권이 넘어갈 수도 있다.

데이터를 수집할 때는 현재의 정치적 환경뿐만 아니라 미래에 등장할 가능성이 있는 정부도 고려해야 한다. 미래에 선출될 모든 정부가 인권과 시민의 자유를 존중한다는 보장은 없다. 그래서 "언젠가 경찰 국가를 가능케 할 기술을 설치하는 것은 시민 위생을 열악하게 한다."[104]

"아는 것이 힘"이라는 옛 격언이 있다. 더욱이 "자신은 감시를 피하면서 다른 사람들은 면밀히 감시하는 것은 권력의 가장 중요한 형태 중 하나다."[105] 이것이 전체주의 정부가 감시를 원하는 이유다. 감시는 전체주의 정부에게 시민을 통제할 수 있는 권력을 준다. 오늘날 기술 기업들이 명백히 정치 권력을 추구하지는 않을지라도 기업이 축적한 데이터와 지식은 공공의 감시를 벗어나 기업에게 암암리에 시민의 삶 전반에 걸쳐 많은 권력을 부여한다[106].

산업 혁명의 기억

데이터는 정보화 시대의 본질적 특징이다. 인터넷, 데이터 저장, 처리, 소프트웨어 주도 자동화는 세계 경제와 인류 사회에 중요한 영향력을 행사한다. 지난 10년 동안 시민의 일상과 사회 조직이 지속적으로 변해 왔고 다가올 수십 년 동안 본질적인 변화가 지속될 것이기 때문에 산업 혁명과의 비교가 대두된다[87, 96].

산업 혁명은 주요한 기술과 농업의 발전을 통해 이뤄졌다. 산업 혁명으로 장기간에 걸쳐 경제 성장을 지속했고 생활 수준을 현저하게 개선했다. 그러나 산업 혁명 또한 많은 문제를 일으켰다. 매연과 화학 처리 때문에 발생한 대기 오염과 산업과 생활 폐기물 때문에 발생한 수질 오염은 끔찍했다. 공장주는 호화로운 곳에 살았지만 도시 노동자들은 매우 열악한 집에 살았고 고약한 환경에서 장시간 일했다. 어린이 노동은 일반적이었다. 광산에서 위험하게 일하면서 형편없는 보수를 받는 어린이도 있었다.

환경 보호 규제와 근무 환경 안전 규약, 어린이 노동 불법화, 그리고 식품 건강 조사와 같은 보호 수단이 확립될 때까지는 상당한 시간이 걸렸다. 공장이 더 이상 강에 공장 폐수를 흘려보내지 않고 더러운 음식을 팔지 않고 노동자를 착취하지 않는다면 사업 비용 증가가 명백하다. 그러나 사회 전체적으로는 매우 큰 이익이고 규제 이전으로 돌아가길 원하는 것은 소수에 불과하다[87].

산업 혁명이 가진 어두운 면을 관리할 필요가 있는 것처럼 정보화 시대로 이전할 때 직면하는 중요한 문제들을 풀어야 한다. 나는 데이터의 수집과 사용이 이 문제 중 하나라고 믿는다. 브루스 슈나이어(Bruce Schneier)는 다음과 같이 말했다[96].

> 데이터는 정보화 시대의 오염 문제고 사생활 보호는 환경적 난제다. 대부분의 컴퓨터가 정보를 생산한다. 데이터는 주변에 항상 머무르면서 썩어간다. 데이터를 어떻게 다루는가, 즉 데이터를 어떻게 가지고 있고 어떻게 처분하는가가 정보 경제를 건강하게 만드는 핵심이다. 오늘날 산업화 시대 초기를 되돌아보며 조상들이 산업화 세계를 서둘러 구축할 때 어떻게 오염을 무시할 수 있었는지 궁금하듯이 후손들도 정보화 시대 초기를 돌아보며 우리 세대가 데이터 수집과 데이터 오용 문제에 어떻게 대처했는지 판단할 것이다.

반드시 자손들이 우리 세대를 자랑스러워하게끔 만들어야 한다.

법률과 자기 규제

데이터 보호법으로 개인의 권리를 보호할 수 있다. 예를 들어 1995년 유럽 데이터 보호 지침(European Data Protection Directive)에 따르면 개인 데이터는 "명확하고 명시적이며 합법적인 목적으로 수집하고 이 목적과 맞지 않는 방향으로 추가 처리해서는 안 된다." 또한 데이터는 "타당해야 하고, 수집한 목적과 관련이 있어야 하며 그 목적을 뛰어넘어서는 안 된다."[107]

그러나 이 법률이 오늘날 인터넷 맥락에 효과적인지는 의심스럽다[108]. 이 규칙은 직접적으로 빅데이터 철학을 거스른다. 빅데이터는 최대로 데이터를 수집하고 다른 데이터셋과 수집한 데이터를 결합하며 새로운 통찰을 얻기 위해 실험하고 탐구한다. 탐구는 예측하지 못한 목적으로 데이터를 사용한다는 의미다. 이 목적은 사용자가 동의한(동의를 의미 있게 말할 수 있다면[109]) "명확하고 명시적"인 목적과는 반대다. 그래서 최근 갱신된 규제가 개발 중이다[89].

사람들의 데이터를 많이 수집하는 기업은 혁신에 부담이자 장애물이란 이유로 규제를 반대한다. 이 반대도 어느 정도 정당하다. 예를 들어 의학 데이터를 공유할 때 사생활 보호에 관한 명백한 위험이 있다. 그러나 잠재적 기회도 물론 있다. 데이터 분석이 더 나은 진단을 하고 더 나은 처방을 발견하는 데 도움을 준다면 얼마나 많은 사망자를 줄일 수 있을까[110]? 과도한 규제가 그런 발전을 막을 수 있다. 잠재적 기회와 이런 위험성 사이에 균형점을 찾는 일은 매우 어렵다[105].

근본적으로 나는 개인 데이터에 관한 기술 산업에 문화 전환(culture shift)이 필요하다고 생각한다. 사용자를 최적화할 지표로 삼지 말고 존중, 존엄, 대리의 자격이 있는 인간이라는 점을 기억해야 한다. 소프트웨어에 의존하는 사람들의 신뢰를 확립하고 유지하기 위해서는 데이터 수집과 처리를 수행할 때 자기 규제가 필요하다[111]. 기업과 소프트웨어 개발자는 사용자 데이터가 어떻게 사용되는지 감추지 않고 최종 사용자에게 교육할 책임이 있다.

각 개인은 스스로 자신의 사생활을 보호할 수 있어야 한다. 즉 스스로 사생활 데이터의 통제권을 가져야 하고 감시를 통해 통제권을 훔쳐서는 안 된다. 데이터를 통제할 수 있는 개인의 권리는 국립 공원의 자연 환경과 비슷하다. 명시적으로 보호하고 돌보지 않으면 파괴된다. 이것은 모두의 비극이고 이 때문에 더욱 상황은 악화될 것이다. 유비쿼터스 감시가 불가피한 것은 아니다. 아직은 막을 수 있다.

정확히 어떻게 이를 달성할지는 아직 해결되지 않은 문제다. 우선 데이터는 영원히 보관하지 않아야 하고 더 이상 필요하지 않으면 당장 폐기해야 한다[111, 112]. 데이터 폐기는 불변성 개념을 거스르지만(460쪽 "불변성의 한계" 참고) 이 문제는 해결 가능하다. 내가 전망 있다고 생각하는 방법은 단지 정책만 사용하는 것이 아니라 암호화 프로토콜을 통한 접근 제어를 강제하는 것이다[113, 114]. 문화와 태도 전반에 걸친 변화가 필요하다.

정리

이번 장에서는 데이터 시스템을 설계하는 새로운 방법을 설명했다. 그리고 미래에 관한 개인적 의견과 고찰을 덧붙였다. 이번 장은 가능한 모든 경우를 효율적으로 서비스할 수 있는 단일 도구가 없다는 고찰로부터 출발했다. 따라서 제각기 자신의 목적을 달성하는 다른 종류의 여러 소프트웨어로 애플리케이션을 구성해야 한다. 다른 시스템 사이에 데이터 변경 사항이 흘러다닐 수 있게 일괄 처리와 이벤트 스트림을 사용해 **데이터 통합** 문제를 해결하는 방법을 설명했다.

이 접근법에서는 특정 시스템을 레코드 시스템으로 지정하고 시스템에서 변환을 통해 다른 데이터를 파생한다. 이 방법으로 색인과 구체화 뷰, 머신러닝 모델, 통계적 요약 등을 유지보수할 수 있다. 이러한 파생과 변환을 비동기식으로 만들고 느슨하게 연결하면 한 영역의 문제가 관련없는 시스템 부분까지 전파되는 현상을 막는다. 그러면 시스템 전체적으로 견고성과 내결함성이 증가한다.

또한 한 데이터셋에서 다른 데이터셋으로 변환하는 것으로 데이터플로를 표현하면 애플리케이션이 발전하는 데 도움이 된다. 예를 들어 색인이나 캐시의 구조를 변경하는 것처럼 처리 단계 중 하나를 변경하려면 출력을 다시 만들기 위해 입력 데이터셋 전체를 새 변환 코드로 재실행하면 된다. 마찬가지로 무언가 잘못됐을 경우 이를 복구하기 위해 코드를 고쳐 데이터를 재처리할 수 있다.

이 처리는 데이터베이스가 이미 내부적으로 하는 일과 상당히 유사하다. 그래서 데이터플로 애플리케이션의 개념을 데이터베이스의 구성 요소를 **언번들링**하는 것으로 재정리하고 이렇게 느슨하게 연결된 구성 요소를 구성하는 방식으로 애플리케이션을 구축한다.

기저 데이터의 변화를 관찰하면 파생 상태를 갱신할 수 있다. 게다가 다운스트림 소비자는 파생 상태 자체를 훨씬 잘 관찰할 수 있다. 심지어 데이터가 표시되는 최종 사용자 장치까지 이 데이터플로를 가져갈 수 있다. 그래서 동적으로 갱신해 데이터 변경 사항을 반영하고 오프라인 상태에서도 계속 실행할 수 있는 사용자 인터페이스 구축이 가능하다.

그다음으로 결함이 있을 때도 모든 처리가 정확히 실행되게 하는 방법을 설명했다. 비동기 이벤트 처리를 사용해 강력한 무결성 보장을 확장성 있게 구현할 수 있다. 연산을 멱등으로 만드는 종단 간 연산 식별자를 사용하고 제약 조건을 비동기 방식으로 확인하면 된다. 클라이언트는 확인이 될 때까지 기다리거나 제약 조건을 위반했을 때 사과해야 하는 위험을 감수하고 대기 없이 진행하는 방법이 있다. 이 접근법은 분산 트랜잭션을 사용하는 전통적인 접근법보다 훨씬 확장성 있고 견고하다. 그리고 실제로 많은 사업이 동작하는 방식과 잘 맞는다.

데이터플로로 애플리케이션을 구조화하고 제약 조건을 비동기로 확인하면 코디네이션 대부분을 피할 수 있고 무결성을 유지하지만 성능은 뛰어난 시스템을 생성할 수 있다. 심지어 지역적으로 분산된 상황에서나 결함이 존재하는 상황에서도 말이다. 다음으로 데이터 무결성을 검증하고 손상을 감지하기 위해 감사 기능을 사용하는 것에 관해 잠시 이야기했다.

마지막으로 한걸음 떨어져 데이터 중심 애플리케이션 구축의 윤리적 측면을 검토했다. 데이터는 유용하게 사용될 수 있지만 중대한 해를 입힐 수 있다는 점을 설명했다. 즉 데이터를 잘못 사용하면 사람들의 삶에 심각한 영향을 주지만 대응하기 어려운 결정을 정당화해 차별과 착취를 유도하고 감시를 일상화하며 개인 정보를 노출할 수 있다. 데이터는 유출 위험이 있을 뿐 아니라 좋은 의도로 데이터를 사용하려 해도 의도하지 않은 결과를 낳을 수 있다.

이처럼 소프트웨어와 데이터가 세상에 미치는 영향이 매우 크기 때문에 엔지니어는 우리가 원하는 세상, 즉 사람이 사람답게 존중받는 세상을 위해 일할 책임이 있음을 기억해야 한다. 나는 우리가 이 목표를 향해 함께 일하기를 바란다.

참고 문헌

[1] Rachid Belaid: "Postgres Full-Text Search is Good Enough!," *rachbelaid.com*, July 13, 2015.

[2] Philippe Ajoux, Nathan Bronson, Sanjeev Kumar, et al.: "Challenges to Adopting Stronger Consistency at Scale," at *15th USENIX Workshop on Hot Topics in Operating Systems* (HotOS), May 2015.

[3] Pat Helland and Dave Campbell: "Building on Quicksand," at *4th Biennial Conference on Innovative Data Systems Research* (CIDR), January 2009.

[4] Jessica Kerr: "Provenance and Causality in Distributed Systems," *blog.jessitron.com*, September 25, 2016.

[5] Kostas Tzoumas: "Batch Is a Special Case of Streaming," *data-artisans.com*, September 15, 2015.

[6] Shinji Kim and Robert Blafford: "Stream Windowing Performance Analysis: Concord and Spark Streaming," *concord.io*, July 6, 2016.

[7] Jay Kreps: "The Log: What Every Software Engineer Should Know About Real-Time Data's Unifying Abstraction," *engineering.linkedin.com*, December 16, 2013.

[8] Pat Helland: "Life Beyond Distributed Transactions: An Apostate's Opinion," at *3rd Biennial Conference on Innovative Data Systems Research* (CIDR), January 2007.

[9] "Great Western Railway (1835–1948)," Network Rail Virtual Archive, *networkrail.co.uk*.

[10] Jacqueline Xu: "Online Migrations at Scale," *stripe.com*, February 2, 2017.

[11] Molly Bartlett Dishman and Martin Fowler: "Agile Architecture," at *O'Reilly Software Architecture Conference*, March 2015.

[12] Nathan Marz and James Warren: *Big Data: Principles and Best Practices of Scalable Real-Time Data Systems*. Manning, 2015. ISBN: 978-1-617-29034-3

[13] Oscar Boykin, Sam Ritchie, Ian O'Connell, and Jimmy Lin: "Summingbird: A Framework for Integrating Batch and Online MapReduce Computations," at *40th International Conference on Very Large Data Bases* (VLDB), September 2014.

[14] Jay Kreps: "Questioning the Lambda Architecture," *oreilly.com*, July 2, 2014.

[15] Raul Castro Fernandez, Peter Pietzuch, Jay Kreps, et al.: "Liquid: Unifying Nearline and Offline Big Data Integration," at *7th Biennial Conference on Innovative Data Systems Research* (CIDR), January 2015.

[16] Dennis M. Ritchie and Ken Thompson: "The UNIX Time-Sharing System," *Communications of the ACM*, volume 17, number 7, pages 365–375, July 1974. doi:10.1145/361011.361061

[17] Eric A. Brewer and Joseph M. Hellerstein: "CS262a: Advanced Topics in Computer Systems," lecture notes, University of California, Berkeley, *cs.berkeley.edu*, August 2011.

[18] Michael Stonebraker: "The Case for Polystores," *wp.sigmod.org*, July 13, 2015.

[19] Jennie Duggan, Aaron J. Elmore, Michael Stonebraker, et al.: "The BigDAWG Polystore System," *ACM SIGMOD Record*, volume 44, number 2, pages 11–16, June 2015. doi:10.1145/2814710.2814713

[20] Patrycja Dybka: "Foreign Data Wrappers for PostgreSQL," *vertabelo.com*, March 24, 2015.

[21] David B. Lomet, Alan Fekete, Gerhard Weikum, and Mike Zwilling: "Unbun‑ dling Transaction Services in the Cloud," at *4th Biennial Conference on Innovative Data Systems Research* (CIDR), January 2009.

[22] Martin Kleppmann and Jay Kreps: "Kafka, Samza and the Unix Philosophy of Distributed Data," *IEEE Data Engineering Bulletin*, volume 38, number 4, pages 4–14, December 2015.

[23] John Hugg: "Winning Now and in the Future: Where VoltDB Shines," *voltdb.com*, March 23, 2016.

[24] Frank McSherry, Derek G. Murray, Rebecca Isaacs, and Michael Isard: "Differential Dataflow," at *6th Biennial Conference on Innovative Data Systems Research* (CIDR), January 2013.

[25] Derek G Murray, Frank McSherry, Rebecca Isaacs, et al.: "Naiad: A Timely Dataflow System," at *24th ACM Symposium on Operating Systems Principles* (SOSP), pages 439–455, November 2013. doi:10.1145/2517349.2522738

[26] Gwen Shapira: "We have a bunch of customers who are implementing 'database inside-out' concept and they all ask 'is anyone else doing it? are we crazy?'" *twitter.com*, July 28, 2016.

[27] Martin Kleppmann: "Turning the Database Inside-out with Apache Samza," at *Strange Loop*, September 2014.

[28] Peter Van Roy and Seif Haridi: *Concepts, Techniques, and Models of Computer Programming*. MIT Press, 2004. ISBN: 978-0-262-22069-9

[29] "Juttle Documentation," *juttle.github.io*, 2016.

[30] Evan Czaplicki and Stephen Chong: "Asynchronous Functional Reactive Programming for GUIs," at *34th ACM SIGPLAN Conference on Programming Language Design and Implementation* (PLDI), June 2013. doi:10.1145/2491956.2462161

[31] Engineer Bainomugisha, Andoni Lombide Carreton, Tom van Cutsem, Stijn Mostinckx, and Wolfgang de Meuter: "A Survey on Reactive Programming," *ACM Computing Surveys*, volume 45, number 4, pages 1–34, August 2013. doi:10.1145/2501654.2501666

[32] Peter Alvaro, Neil Conway, Joseph M. Hellerstein, and William R. Marczak: "Consistency Analysis in Bloom: A CALM and Collected Approach," at *5th Biennial Conference on Innovative Data Systems Research* (CIDR), January 2011.

[33] Felienne Hermans: "Spreadsheets Are Code," at *Code Mesh*, November 2015.

[34] Dan Bricklin and Bob Frankston: "VisiCalc: Information from Its Creators," *danbricklin.com*.

[35] D. Sculley, Gary Holt, Daniel Golovin, et al.: "Machine Learning: The High Interest Credit Card of Technical Debt," at *NIPS Workshop on Software Engineering for Machine Learning* (SE4ML), December 2014.

[36] Peter Bailis, Alan Fekete, Michael J Franklin, et al.: "Feral Concurrency Control: An Empirical Investigation of Modern Application Integrity," at *ACM International Conference on Management of Data* (SIGMOD), June 2015. doi:10.1145/2723372.2737784

[37] Guy Steele: "Re: Need for Macros (Was Re: Icon)," email to ll1-discuss mailing list, *people.csail.mit.edu*, December 24, 2001.

[38] David Gelernter: "Generative Communication in Linda," *ACM Transactions on Programming Languages and Systems* (TOPLAS), volume 7, number 1, pages 80–112, January 1985. doi:10.1145/2363.2433

[39] Patrick Th. Eugster, Pascal A. Felber, Rachid Guerraoui, and Anne-Marie Kermarrec: "The Many Faces of Publish/Subscribe," *ACM Computing Surveys*, volume 35, number 2, pages 114–131, June 2003. doi:10.1145/857076.857078

[40] Ben Stopford: "Microservices in a Streaming World," at *QCon London*, March 2016.

[41] Christian Posta: "Why Microservices Should Be Event Driven: Autonomy vs Authority," *blog.christianposta.com*, May 27, 2016.

[42] Alex Feyerke: "Say Hello to Offline First," *hood.ie*, November 5, 2013.

[43] Sebastian Burckhardt, Daan Leijen, Jonathan Protzenko, and Manuel Fähndrich: "Global Sequence Protocol: A Robust Abstraction for Replicated Shared State," at *29th European Conference on Object-Oriented Programming* (ECOOP), July 2015. doi:10.4230/LIPIcs.ECOOP.2015.568

[44] Mark Soper: "Clearing Up React Data Management Confusion with Flux, Redux, and Relay," *medium.com*, December 3, 2015.

[45] Eno Thereska, Damian Guy, Michael Noll, and Neha Narkhede: "Unifying Stream Processing and Interactive Queries in Apache Kafka," *confluent.io*, October 26, 2016.

[46] Frank McSherry: "Dataflow as Database," *github.com*, July 17, 2016.

[47] Peter Alvaro: "I See What You Mean," at *Strange Loop*, September 2015.

[48] Nathan Marz: "Trident: A High-Level Abstraction for Realtime Computation," *blog.twitter.com*, August 2, 2012.

[49] Edi Bice: "Low Latency Web Scale Fraud Prevention with Apache Samza, Kafka and Friends," at *Merchant Risk Council MRC Vegas Conference*, March 2016.

[50] Charity Majors: "The Accidental DBA," *charity.wtf*, October 2, 2016.

[51] Arthur J. Bernstein, Philip M. Lewis, and Shiyong Lu: "Semantic Conditions for Correctness at Different Isolation Levels," at *16th International Conference on Data Engineering* (ICDE), February 2000. doi:10.1109/ICDE.2000.839387

[52] Sudhir Jorwekar, Alan Fekete, Krithi Ramamritham, and S. Sudarshan: "Auto− mating the Detection of Snapshot Isolation Anomalies," at *33rd International Conference on Very Large Data Bases* (VLDB), September 2007.

[53] Kyle Kingsbury: Jepsen blog post series, *aphyr.com*, 2013–2016.

[54] Michael Jouravlev: "Redirect After Post," *theserverside.com*, August 1, 2004.

[55] Jerome H. Saltzer, David P. Reed, and David D. Clark: "End-to-End Arguments in System Design," *ACM Transactions on Computer Systems*, volume 2, number 4, pages 277–288, November 1984. doi:10.1145/357401.357402

[56] Peter Bailis, Alan Fekete, Michael J. Franklin, et al.: "Coordination-Avoiding Database Systems," *Proceedings of the VLDB Endowment*, volume 8, number 3, pages 185–196, November 2014.

[57] Alex Yarmula: "Strong Consistency in Manhattan," *blog.twitter.com*, March 17, 2016.

[58] Douglas B Terry, Marvin M Theimer, Karin Petersen, et al.: "Managing Update Conflicts in Bayou, a Weakly Connected Replicated Storage System," at *15th ACM Symposium on Operating Systems Principles* (SOSP), pages 172–182, December 1995. doi:10.1145/224056.224070

[59] Jim Gray: "The Transaction Concept: Virtues and Limitations," at *7th International Conference on Very Large Data Bases* (VLDB), September 1981.

[60] Hector Garcia-Molina and Kenneth Salem: "Sagas," at *ACM International Conference on Management of Data* (SIGMOD), May 1987. doi:10.1145/38713.38742

[61] Pat Helland: "Memories, Guesses, and Apologies," *blogs.msdn.com*, May 15, 2007.

[62] Yoongu Kim, Ross Daly, Jeremie Kim, et al.: "Flipping Bits in Memory Without Accessing Them: An Experimental Study of DRAM Disturbance Errors," at *41st Annual International Symposium on Computer Architecture* (ISCA), June 2014. doi:10.1145/2678373.2665726

[63] Mark Seaborn and Thomas Dullien: "Exploiting the DRAM Rowhammer Bug to Gain Kernel Privileges," *googleprojectzero.blogspot.co.uk*, March 9, 2015.

[64] Jim N. Gray and Catharine van Ingen: "Empirical Measurements of Disk Failure Rates and Error Rates," Microsoft Research, MSR-TR-2005-166, December 2005.

[65] Annamalai Gurusami and Daniel Price: "Bug #73170: Duplicates in Unique Secondary Index Because of Fix of Bug#68021," *bugs.mysql.com*, July 2014.

[66] Gary Fredericks: "Postgres Serializability Bug," *github.com*, September 2015.

[67] Xiao Chen: "HDFS DataNode Scanners and Disk Checker Explained," *blog.cloudera.com*, December 20, 2016.

[68] Jay Kreps: "Getting Real About Distributed System Reliability," *blog.empathybox.com*, March 19, 2012.

[69] Martin Fowler: "The LMAX Architecture," *martinfowler.com*, July 12, 2011.

[70] Sam Stokes: "Move Fast with Confidence," *blog.samstokes.co.uk*, July 11, 2016.

[71] "Sawtooth Lake Documentation," Intel Corporation, *intelledger.github.io*, 2016.

[72] Richard Gendal Brown: "Introducing R3 CordaTM: A Distributed Ledger Designed for Financial Services," *gendal.me*, April 5, 2016.

[73] Trent McConaghy, Rodolphe Marques, Andreas Müller, et al.: "BigchainDB: A Scalable Blockchain Database," *bigchaindb.com*, June 8, 2016.

[74] Ralph C. Merkle: "A Digital Signature Based on a Conventional Encryption Function," at *CRYPTO '87*, August 1987. doi:10.1007/3-540-48184-2_32

[75] Ben Laurie: "Certificate Transparency," *ACM Queue*, volume 12, number 8, pages 10-19, August 2014. doi:10.1145/2668152.2668154

[76] Mark D. Ryan: "Enhanced Certificate Transparency and End-to-End Encrypted Mail," at *Network and Distributed System Security Symposium* (NDSS), February 2014. doi:10.14722/ndss.2014.23379

[77] "Software Engineering Code of Ethics and Professional Practice," Association for Computing Machinery, *acm.org*, 1999.

[78] François Chollet: "Software development is starting to involve important ethical choices," *twitter.com*, October 30, 2016.

[79] Igor Perisic: "Making Hard Choices: The Quest for Ethics in Machine Learning," *engineering.linkedin.com*, November 2016.

[80] John Naughton: "Algorithm Writers Need a Code of Conduct," *theguardian.com*, December 6, 2015.

[81] Logan Kugler: "What Happens When Big Data Blunders?," *Communications of the ACM*, volume 59, number 6, pages 15–16, June 2016. doi:10.1145/2911975

[82] Bill Davidow: "Welcome to Algorithmic Prison," *theatlantic.com*, February 20, 2014.

[83] Don Peck: "They're Watching You at Work," *theatlantic.com*, December 2013.

[84] Leigh Alexander: "Is an Algorithm Any Less Racist Than a Human?" *theguardian.com*, August 3, 2016.

[85] Jesse Emspak: "How a Machine Learns Prejudice," *scientificamerican.com*, December 29, 2016.

[86] Maciej Cegłowski: "The Moral Economy of Tech," *idlewords.com*, June 2016.

[87] Cathy O'Neil: *Weapons of Math Destruction: How Big Data Increases Inequality and Threatens Democracy*. Crown Publishing, 2016. ISBN: 978-0-553-41881-1

[88] Julia Angwin: "Make Algorithms Accountable," *nytimes.com*, August 1, 2016.

[89] Bryce Goodman and Seth Flaxman: "European Union Regulations on Algorithmic Decision-Making and a 'Right to Explanation'," *arXiv:1606.08813*, August 31, 2016.

[90] "A Review of the Data Broker Industry: Collection, Use, and Sale of Consumer Data for Marketing Purposes," Staff Report, *United States Senate Committee on Commerce, Science, and Transportation, commerce.senate.gov*, December 2013.

[91] Olivia Solon: "Facebook's Failure: Did Fake News and Polarized Politics Get Trump Elected?" *theguardian.com*, November 10, 2016.

[92] Donella H. Meadows and Diana Wright: *Thinking in Systems: A Primer*. Chelsea Green Publishing, 2008. ISBN: 978-1-603-58055-7

[93] Daniel J. Bernstein: "Listening to a 'big data'/'data science' talk," *twitter.com*, May 12, 2015.

[94] Marc Andreessen: "Why Software Is Eating the World," *The Wall Street Journal*, 20 August 2011.

[95] J. M. Porup: "'Internet of Things' Security Is Hilariously Broken and Getting Worse," *arstechnica.com*, January 23, 2016.

[96] Bruce Schneier: *Data and Goliath: The Hidden Battles to Collect Your Data and Control Your World*. W. W. Norton, 2015. ISBN: 978-0-393-35217-7

[97] The Grugq: "Nothing to Hide," *grugq.tumblr.com*, April 15, 2016.

[98] Tony Beltramelli: "Deep-Spying: Spying Using Smartwatch and Deep Learning," Masters Thesis, IT University of Copenhagen, December 2015. Available at *arxiv.org/abs/*1512.05616

[99] Shoshana Zuboff: "Big Other: Surveillance Capitalism and the Prospects of an Information Civilization," *Journal of Information Technology*, volume 30, number 1, pages 75–89, April 2015. doi:10.1057/jit.2015.5

[100] Carina C. Zona: "Consequences of an Insightful Algorithm," at *GOTO Berlin*, November 2016.

[101] Bruce Schneier: "Data Is a Toxic Asset, So Why Not Throw It Out?," *schneier.com*, March 1, 2016.

[102] John E. Dunn: "The UK's 15 Most Infamous Data Breaches," *techworld.com*, November 18, 2016.

[103] Cory Scott: "Data is not toxic - which implies no benefit - but rather hazardous material, where we must balance need vs. want," *twitter.com*, March 6, 2016.

[104] Bruce Schneier: "Mission Creep: When Everything Is Terrorism," *schneier.com*, July 16, 2013.

[105] Lena Ulbricht and Maximilian von Grafenstein: "Big Data: Big Power Shifts?," *Internet Policy Review*, volume 5, number 1, March 2016. doi:10.14763/2016.1.406

[106] Ellen P. Goodman and Julia Powles: "Facebook and Google: Most Powerful and Secretive Empires We've Ever Known," *theguardian.com*, September 28, 2016.

[107] Directive 95/46/EC on the protection of individuals with regard to the processing of personal data and on the free movement of such data, Official Journal of the European Communities No. L 281/31, *eur-lex.europa.eu*, November 1995.

[108] Brendan Van Alsenoy: "Regulating Data Protection: The Allocation of Respon− sibility and Risk Among Actors Involved in Personal Data Processing," Thesis, KU Leuven Centre for IT and IP Law, August 2016.

[109] Michiel Rhoen: "Beyond Consent: Improving Data Protection Through Consumer Protection Law," *Internet Policy Review*, volume 5, number 1, March 2016. doi:10.14763/2016.1.404

[110] Jessica Leber: "Your Data Footprint Is Affecting Your Life in Ways You Can't Even Imagine," *fastcoexist.com*, March 15, 2016.

[111] Maciej Cegłowski: "Haunted by Data," *idlewords.com*, October 2015.

[112] Sam Thielman: "You Are Not What You Read: Librarians Purge User Data to Protect Privacy," *theguardian.com*, January 13, 2016.

[113] Conor Friedersdorf: "Edward Snowden's Other Motive for Leaking," *theatlantic.com*, May 13, 2014.

[114] Phillip Rogaway: "The Moral Character of Cryptographic Work," CryptologyePrint 2015/1162, December 2015.

용어집

 이 용어집에 등장하는 정의는 간결하고 간단하며 핵심 개념을 전달하지만 용어의 모든 세부 사항을 다 루지는 않는다. 자세한 내용은 본문의 참고 문헌을 참고하라.

비동기(asynchronous)

어떤 작업이 완료될 때까지(예를 들어 네트워크 상에서 데이터를 다른 노드로 전달하기) 기다리지 않고 해당 작업이 얼마나 오래 걸릴지 가정하지 않음. 155쪽 "동기식 대 비동기식 복제", 284쪽 "동기 네트워크 대 비동기 네트워크", 306쪽 "시스템 모델과 현실" 참고.

원자적(atomic)

1. (동시성 연산의 맥락에서) 연산의 효과가 어느 한 시점에 나타나서 "절반만 수행된" 상태를 동시에 실행되는 다른 프로세스에서 볼 수 없음. **격리(isolation)** 참고.

2. (트랜잭션의 맥락에서) 반드시 모두 커밋되거나 모두 롤백돼야 하는(결함이 생기더라도) 쓰기 집합을 묶음. 224쪽 "원자성", 351쪽 "원자적 커밋과 2단계 커밋(2PC)" 참고.

배압(backpressure)

데이터 수신자가 데이터를 따라잡을 수 없을 때 데이터 전송자가 전송 속도를 낮추는 것. **흐름 제어(flow control)**라고도 한다. 438쪽 "메시징 시스템" 참고.

일괄 처리(batch process)

고정된(대개 매우 큰) 데이터셋을 입력으로 사용하며 입력은 변경하지 않은 채 다른 데이터를 출력으로 생산하는 연산. 10장 "일괄 처리" 참고.

제한 있는(bounded)

알려진 상한(upper limit)이나 크기가 있다. 예를 들어 네트워크 지연(281쪽 "타임아웃과 기약 없는 지연" 참고)과 데이터셋(11장 소개 참고)의 맥락에서 사용.

비잔틴 결함(Byzantine fault)

무작위로 잘못된 행동을 하는 노드. 예를 들어 모순되거나 악의적인 메시지를 다른 노드에 보내는 노드. 304쪽 "비잔틴 결함" 참고.

캐시(cache)

이후에 같은 데이터를 읽을 때 속도를 높이기 위해 최근에 사용한 데이터를 기억하는 구성 요소. 일반적으로 모든 데이터를 보유하지는 않는다. 즉 특정 데이터가 캐시에 없을 때 완벽한 데이터 복사본을 가진 느린 하단 데이터 시스템에서 해당 데이터를 불러와야 한다.

CAP 정리(CAP theorem)

실제로 유용하지 않은 널리 잘못 알려진 이론적 결과. 334쪽 "CAP 정리" 참고.

인과성(causality)

시스템에서 어떤 일이 다른 일"보다 먼저 발생"할 때 생기는 이벤트 간 의존 관계. 예를 들어 나중 이벤트는 이전 이벤트의 응답이거나 이전 이벤트로 구축된 이벤트거나 이전 이벤트를 감안해야 이해 가능한 이벤트를 말한다. 188쪽 "'이전 발생' 관계와 동시성"과 337쪽 "순서화와 인과성" 참고.

합의(consensus)

분산 컴퓨팅의 근본적인 문제로 여러 노드가 특정 사안에 대해서 동의를 구할 때 발생한다. 예를 들어 데이터베이스 클러스터에서 어떤 노드가 리더가 돼야 하는지 선택하는 문제가 있다. 이 문제는 보기보다 훨씬 어렵다. 361쪽 "내결함성을 지닌 합의" 참고.

데이터 웨어하우스(data warehouse)

여러 다른 OLTP 시스템의 데이터를 합쳐 데이터 분석 목적으로 쓰기 위해 준비된 데이터베이스. 94쪽 "데이터 웨어하우징" 참고.

선언적(declarative)

어떤 속성을 가져야 하는지 기술하지만 그 속성을 달성하는 정확한 과정은 기술하지 않음. 질의의 맥락에서 질의 최적화기는 선언형 질의를 받아 어떻게 하면 가장 잘 실행할지를 결정한다. 43쪽 "데이터를 위한 질의 언어" 참고.

비정규화(denormalize)

읽기 속도를 높이기 위해 일반적으로 **캐시**나 **색인**과 같은 형태로 **정규화**된 데이터셋에 일부 중복을 도입하는 것. 비정규화된 값은 사전에 계산된 질의 결과로 구체화 뷰와 유사하다. 228쪽 "단일 객체 연산과 다중 객체 연산"과 458쪽 "동일한 이벤트 로그로 여러 가지 뷰 만들기" 참고.

파생 데이터(derived data)

다른 데이터로부터 반복 가능한 처리를 통해 생성된 데이터셋. 이 처리는 필요한 경우 다시 수행 가능하다. 파생 데이터는 대개 특정한 형태로 데이터를 읽는 속도를 높이는 데 사용된다. 파생 데이터의 예로 색인, 캐시, 구체화 뷰가 있다. 3부 개요 참고.

결정적(deterministic)

같은 입력을 줄 때 항상 같은 출력을 생산하는 함수를 가리켜 결정적이라고 한다. 함수가 결정적이면 무작위 수, 시각, 네트워크 통신이나 다른 예측하지 못한 것에 의존하지 않는 뜻이다.

분산된(distributed)

네트워크로 여러 노드를 연결해서 구동함. **부분 실패(partial failure)**가 나타나는 특징이 있다. 시스템의 특정 부분이 고장 나더라도 다른 부분은 여전히 작동하기 때문에 소프트웨어의 어느 부분이 고장 났는지 정확히 알기 어렵다. 274쪽 "결함과 부분 장애" 참고.

지속성 있는(durable)

다양한 결함이 발생해도 손실되지 않는다고 여겨지는 방식으로 데이터를 저장함. 226쪽 "지속성" 참고.

ETL

추출(Extract)-변환(Transform)-적재(Load). 원천 데이터베이스에서 데이터를 추출하는 과정과 분석 질의에 더 적합한 형태로 데이터를 변환하는 과정, 그리고 데이터를 데이터 웨어하우스나 일괄 처리 시스템으로 적재하는 과정을 묶어서 말한다. 94쪽 "데이터 웨어하우징" 참고.

장애 복구(failover)

단일 리더가 있는 시스템에서 장애 처리는 리더십이 한 노드에서 다른 노드로 옮겨가는 과정이다. 158쪽 "노드 중단 처리" 참고.

내결함성(fault-tolerant)

무언가 잘못됐을 때 자동으로 복구하는 능력(예를 들어 장비가 죽었거나 네트워크 링크에 장애가 있다면). 6쪽 "신뢰성" 참고.

흐름 제어(flow control)

배압(backpressure) 참고.

팔로워(follower)

클라이언트로부터 쓰기 요청을 직접 수용하지 않고 리더로부터만 데이터 변경 사항을 받아 처리하는 복제본. **보조 복제본**(secondary replica), **슬레이브 복제본**(slave replica), **읽기 복제본**(read replica), **핫스탠바이**(hot standby)라고도 한다. 154쪽 "리더와 팔로워" 참고.

전문 검색(full-text search)

임의 키워드로 텍스트를 찾는 것으로 흔히 부가 기능으로 철자가 비슷한 단어나 동의어를 찾는 기능이 있다. 전문 색인은 **보조 색인**의 일종으로 전문 검색 질의를 지원한다. 90쪽 "전문 검색과 퍼지 색인".

그래프(graph)

정점(vertex, 참조 가능한 것. **노드**(node)나 **엔티티**(entity)라고도 한다)과 **간선**(edge, 한 정점과 다른 정점의 연결. **관계**(relationship)나 **아크**(arc)라고도 한다)으로 구성된 데이터 구조. 50쪽 "그래프형 데이터 모델" 참고.

해시(hash)

입력을 무작위로 보이는 숫자로 바꾸는 함수. 같은 값을 입력하면 항상 같은 숫자를 출력으로 반환한다. 두 다른 값을 입력하면 서로 다른 숫자를 출력으로 반환할 가능성이 매우 높다. 하지만 두 다른 값을 입력해도 같은 출력을 반환할 가능성이 있다(**충돌**(collision)이라고 한다). 203쪽 "키의 해시값 기준 파티셔닝" 참고.

멱등(idempotent)

안전하게 재시도할 수 있는 연산을 설명할 때 사용한다. 이 함수를 한 번 이상 실행해도 딱 한 번만 실행한 것과 같은 효과를 낸다. 475쪽 "멱등성" 참고.

색인(index)

특정 필드에서 특정 값을 갖는 모든 레코드를 효율적으로 찾게 해주는 자료 구조. 72쪽 "데이터베이스를 강력하게 만드는 자료 구조" 참고.

격리(isolation)

트랜잭션 맥락에서 동시에 실행하는 트랜잭션이 서로 얼마나 간섭하는지 나타내는 정도를 설명하는 용어. **직렬성**(serializable) 격리는 가장 강력한 보장을 지원하지만 완화된 격리 수준도 사용한다. 225쪽 "격리성" 참고.

조인(join)

같은 값을 갖는 레코드를 함께 모음. 한 레코드가 다른 레코드를 참조하면서(외래키, 문서 참조, 그래프의 간선) 참조가 가리키는 레코드를 얻어야 하는 경우에 주로 사용된다. 33쪽 "다대일과 다대다 관계"와 399쪽 "리듀스 사이드 조인과 그룹화" 참고.

리더(leader)

리더는 데이터나 서비스가 여러 노드에 걸쳐 복제됐을 때 변경 사항 반영이 가능하도록 지정된 복제본이다. 리더는 특정 프로토콜을 따라 선출되거나 관리자가 수동으로 지정할 수 있다. 154쪽 "리더와 팔로워" 참고.

선형성(linearizable)

원자적 연산으로 갱신되는 시스템에서 데이터가 단일 복제본만 존재하는 것처럼 작동함. 322쪽 "선형성" 참고.

지역성(locality)

자주 동시에 필요한 여러 데이터를 같은 장소에 함께 두는 성능 최적화의 한 가지 방법. 41쪽 "질의를 위한 데이터 지역성" 참고.

잠금(lock)

스레드나 노드 또는 트랜잭션이 특정 자원에 단 하나만 접근 가능함을 보장하는 메커니즘. 같은 자원에 접근하려는 다른 것은 잠금이 해제될 때까지 기다려야 한다. 256쪽 "2단계 잠금(2PL)"과 301쪽 "리더와 잠금" 참고.

로그(log)

데이터 저장을 위한 추가 전용 파일. **쓰기 전 로그(write-ahead-log)**는 저장소 엔진을 장애에 견딜 수 있게 만드는 데 사용한다(84쪽 "신뢰할 수 있는 B 트리 만들기" 참고). **로그 구조화(log structured)** 저장소 엔진은 로그를 주요 저장 형식으로 사용한다(78쪽 "SS테이블과 LSM 트리" 참고). **복제 로그(replication log)**는 리더에서 팔로워로 쓰기를 복제할 때 사용한다(154쪽 "리더와 팔로워" 참고). **이벤트 로그(event log)**는 데이터 스트림을 표현할 수 있다(443쪽 "파티션 로그" 참고).

구체화(materialize)

요청했을 때 결과를 계산하는 것과 반대로 미리 연산을 수행하는 것. 104쪽 "집계: 데이터 큐브와 구체화 뷰"와 416쪽 "중간 상태 구체화" 참고.

노드(node)

컴퓨터 상에서 실행하고 있는 소프트웨어 인스턴스로 특정 태스크를 수행하기 위해 네트워크를 거쳐 다른 노드와 통신한다.

정규화된(normalized)

중복이 없는 방식으로 구조화된 것을 말한다. 정규화된 데이터베이스에서는 데이터 변화가 있을 때 여러 장소에 있는 복사본이 아니라 한 곳의 데이터만 변경하면 된다. 33쪽 "다대일과 다대다 관계" 참고.

OLAP

온라인 분석 처리. 많은 레코드를 대상으로 한 집계(예를 들어 카운트, 합계, 평균)가 특징인 접근 패턴. 93쪽 "트랜잭션 처리나 분석?" 참고.

OLTP

온라인 트랜잭션 처리. 대개 키(key)로 색인된 적은 수의 레코드를 대상으로 읽고 쓰는 빠른 질의가 특징인 접근 패턴. 93쪽 "트랜잭션 처리나 분석?" 참고.

파티셔닝(partitioning)

단일 장비에서 처리하기에 너무 큰 대규모 데이터셋 또는 연산을 작은 부분으로 나누고 여러 장비에 분배하는 작업. **샤딩(sharding)**이라고도 부른다. 6장 참고.

백분위(percentile)

기준치 위나 아래에 값이 얼마나 많이 있는지 세어 값의 분포를 측정하는 방법. 예를 들어 특정 기간의 95분위 응답 시간이 t시간이라면 해당 기간 동안 요청 중 95%가 t시간 이전에 완료됐고 나머지 5%는 t시간보다 더 오래 걸렸다는 뜻이다. 13쪽 "성능 기술하기" 참고.

기본키(primary key)

레코드를 고유하게 식별하는 값으로 숫자나 문자열을 사용하는 것이 일반적이다. 기본키는 많은 애플리케이션에서 일반적으로 사용자가 설정하지 않고 레코드를 만들 때 시스템이 자동으로(예를 들어 일련번호나 임의로) 생성한다. **보조 색인** 참고.

정족수(quorum)

연산을 성공한 것으로 간주하기 위한 투표에 필요한 최소 노드의 수. 181쪽 "읽기와 쓰기를 위한 정족수" 참고.

재균형화(rebalance)

부하를 동등하게 분배하기 위해 한 노드에서 다른 노드로 데이터나 서비스를 옮기는 일. 209쪽 "파티션 재균형화" 참고.

복제(replication)

특정 데이터가 있는 한 노드에 접근할 수 없더라도 다른 노드에서 해당 데이터 접근이 가능하도록 데이터의 복사본을 여러 노드(**복제본**)에 유지하는 일. 5장 참고.

스키마(schema)

데이터 구조를 나타내는 명세. 필드와 데이터 형식을 포함한다. 특정 데이터가 스키마를 준수하는지는 데이터 일생의 여러 시점에서 확인할 수 있다(39쪽 "문서 모델에서의 스키마 유연성" 참고). 스키마는 시간이 지남에 따라 변경 가능하다(4장 참고).

보조 색인(secondary index)

기본 데이터 저장소와 함께 유지되는 추가적인 데이터 구조로서 특정 조건에 맞는 레코드를 효율적으로 찾는 데 사용한다. 88쪽 "기타 색인 구조"와 206쪽 "파티셔닝과 보조 색인" 참고.

직렬성(serializable)

여러 트랜잭션이 동시에 실행될 때 트랜잭션이 연속된 순서로 한 번에 하나씩만 실행되는 것처럼 작동하게 보장한다는 의미. 251쪽 "직렬성" 참고.

비공유(shared-nothing)

각기 CPU와 메모리, 디스크를 가지는 독립된 노드로 구성된 아키텍처. 노드들은 일상적으로 사용하는 네트워크로 연결돼 있다. 공유 메모리나 공유 디스크 아키텍처의 반대 개념. 2부 서문 참고.

쏠림(skew)

파티션 간 부하 불균형. 특정 파티션만 요청이나 데이터가 많고 다른 파티션은 훨씬 적은 상태를 말한다. 핫스팟(hot spot)이라고도 한다. 205쪽 "쏠린 작업부하와 핫스팟 완화"와 404쪽 "쏠림 다루기" 참고.

스큐(skew)

이벤트 순서를 예측할 수 없으며 비순차적으로 나타나게 하는 타이밍 이상 현상. 236쪽 "스냅숏 격리와 반복 읽기"의 읽기 스큐 설명과 246쪽 "쓰기 스큐와 팬텀"의 쓰기 스큐 설명과 291쪽 "순서화 이벤트의 타임스탬프"의 시계 스큐 설명 참고.

스플릿 브레인(split brain)

두 노드가 동시에 자신을 리더로 판단하는 시나리오. 이 시나리오가 발생하면 시스템 보장이 위반될 수도 있다. 158쪽 "노드 중단 처리"와 300쪽 "진실은 다수결로 결정된다" 참고.

스토어드 프로시저(stored procedure)

완전히 데이터베이스 서버에서 실행되고 실행 중에 클라이언트와 통신하지 않는 방식으로 트랜잭션 로직을 부호화하는 방법. 252쪽 "실제적인 직렬 실행" 참고.

스트림 처리(stream process)

끝나지 않는 이벤트 스트림을 입력으로 소비해 입력으로부터 어떤 출력을 파생하기 위해 지속적으로 실행하는 연산. 11장 참고.

동기(synchronous)

비동기(asynchronous)의 반대.

레코드 시스템(system of record)

근본적이고 권위 있는 데이터 버전을 보유하는 시스템으로서 진실의 근원(source of truth)이라고도 한다. 레코드 시스템은 변경 사항이 처음 기록되는 곳이고 여기서 다른 데이터셋이 파생된다. 3부 참고.

타임아웃(timeout)

결함을 감지하는 가장 간단한 방법 중 하나. 즉 일정 시간 동안 응답이 없음을 관측하는 일. 그러나 원격 노드에 문제가 생겨 타임아웃이 발생했는지 네트워크 문제로 타임아웃이 발생했는지 구별하는 것은 불가능하다. 281쪽 "타임아웃과 기약 없는 지연" 참고.

전체 순서(total order)

항상 둘 중 하나가 크고 다른 하나가 작다고 항상 판별할 수 있는 비교 방법(예: 타임스탬프). 비교할 수 없는 것들이 포함된 순서화(어느 것이 크거나 작은지 판단할 수 없는)는 부분 순서(partial order)라고 부른다. 338쪽 "인과적 순서가 전체 순서는 아니다" 참고.

트랜잭션(transaction)

오류 처리와 동시성 문제를 단순화하기 위해 여러 읽기 쓰기를 하나의 논리적 단위로 묶은 것.

2단계 커밋(two-phase commit, 2PC)

트랜잭션이 여러 데이터베이스 노드에서 모두 커밋하거나 모두 어보트되게 하는 알고리즘. 351쪽 "원자적 커밋과 2단계 커밋(2PC)" 참고.

2단계 잠금(2PL)

직렬성 격리를 수행하는 알고리즘으로 트랜잭션이 읽거나 쓰는 모든 데이터를 대상으로 잠금을 획득하고 트랜잭션이 끝날 때까지 잠금을 보유하는 방식으로 동작한다. 257쪽 "2단계 잠금(2PL)" 참고.

제한 없는(unbounded)

한계나 크기를 알지 못하는. 제한 있는(bounded)의 반대.

[S]

[ㅅ]

[ㅇ]

[ㅋ - ㅌ]

[ㅍ - ㅎ]